한일회담 청구권 교섭 핵심 자료집 IV

청구권협정 조문 교섭 / 조인 / 비준

한일회담
자료총서 22

한일회담 청구권 교섭 핵심 자료집 Ⅳ

청구권협정 조문 교섭 / 조인 / 비준

동북아역사재단 편

동북아역사재단
NORTHEAST ASIAN HISTORY FOUNDATION

발간사

한일관계에서 한일협정만큼 민감하고 논쟁적인 주제는 없을 것입니다. 한일 양국은 1951년 10월 국교정상화를 위한 회담을 시작하였습니다. 이후 회담은 13년 8개월에 걸쳐 중단과 재개를 되풀이하였고, 1965년 6월 한일 양국은 협정에 조인하였습니다. 한일회담은 광복 후 한일관계뿐만 아니라 한국현대사의 기본 틀을 만드는 과정이었습니다. 최근 한일 양국이 첨예하게 대립하는 근본 원인도 한일회담에 있다고 할 수 있습니다. 2018년 10월 30일 일제 강제동원 피해자 손해배상소송 판결과 2021년 1월 9일 일본군'위안부' 피해자 손해배상소송 판결은 1965년 한일협정이 지나간 과거가 아닌 현재진행형의 문제라는 사실을 확인시켰습니다.

한국 정부와 법원은 1910년 강제병합조약은 원천 무효이고 반인도적 범죄에 대한 배상 문제는 1965년 한일청구권협정으로 해결되지 않았다고 주장합니다. 하지만 일본 정부와 법원은 강제병합조약은 합법이고 청구권협정으로 모든 배상 문제가 해결되었다고 주장합니다. 한일협정에 대한 평가와 해석을 둘러싸고 이처럼 첨예하게 대립하는 근본 원인은 무엇일까요? 한일협정 해석을 둘러싼 갈등은 해결할 수 있는 것일까요?

이 문제들에 대한 해답을 찾기 위해서는 한일협정 조문 해석뿐만 아니라 협정이 어떤 과정을 거쳐 체결되었는지, 당시 양국 정부가 어떠한 역사인식과 전략을 토대로 협상하였는지를 한일회담 당시 관련 일차 자료에 근거하여 파악할 필요가 있습니다.

한일회담 외교문서가 공개된 계기는 강제동원 피해자들이 2002년 한국 정부를 상대로 문서공개요구소송을 한 것이었습니다. 강제동원 피해자들은 일본에서 제기한 소송에서 일본 법원이 1965년 청구권협정으로 모든 배상은 해결되었다는 판결을 내리자, 청구권협정에서 강제동원 피해자 문제가 어떻게 다루어졌는지 공개하라며 한국 정부를 상대로 소송을 하였습니다. 이후 2004년 강제동원 피해자들이 승소하였고, 한국 정부는 2005년 약 3만 5,000장의 관련 문서를 공개하였습니다. 일본에서도 시민 단체인 '일한회담문서 전면공개를 요구하는 모임'이 문서 공개를 요구하자, 일본 정부는 2008~2015년까지 약 9만 장의 문서를 공개하였습니다.

동북아역사재단은 한일 양국에서 한일회담 외교문서가 공개된 이후 국민대학교 일본학연구소와 협력하여 방대한 분량의 외교문서를 체계적으로 정리하는 작업을 해왔습니다. 그 첫 작업으로 한국외교문서를 체계적으로 분류 · 해제한 『한일회담 외교문서 해제집』 5권을 2008년에 발간하였습니다. 이후 소송을 통해 추가로 공개된 문서를 포함한 일본외교문서 약 9만 장을 체계적으로 분류하여 그 결과물을 2021년 『한일회담 일본외교문서 상세목록』 5권으로 발간하였습니다. 한국외교문서 원본은 〈동북아역사넷〉에서 제공하고 있으며, 일본외교문서 원본도 순차적으로 공개하고 있습니다. 또한 미국 국무성 문서도 국사편찬위원회의 협력을 받아 〈동북아역사넷〉에서 공개하고 있습니다.

이렇게 외교문서의 원문을 제공하는 작업은 한일회담의 전모를 밝히는 데 크게 기여하고 있지만, 외교문서를 찾아보는 일반 대중과 연구자, 정책 입안자들이 필기체로 된 방대한 문서에서 필요한 자료를 찾아내는 것은 쉬운 일은 아닙니다. 이에 우리 재단은 국민과 학계, 관계 기관에서 한일회담 관련 자료를 폭넓게 활용할 수 있도록 한일회담 관련 핵심 문서를 자료총서로 발간하는 작업을 하고 있습니다. 이 자료총서가 한일회담의 전모를 파악하고 핵심 쟁점이 어떻게 논의되었는지를 이해하고 한일회담에 대한 객관적인 이해를 토대로 현재 한국과 일본이 직면한 문제를 해결하는 데에 기여할 수 있기를 기대합니다. 나아가 앞으로 진행될 북일 국교정상화 관련 대응에도 도움이 될 것입니다.

한일회담 자료총서 발간 작업은 연구자들과 활동가들의 열정적인 노력이 있었기에 시작할 수 있었습니다. 외교문서가 공개될 수 있도록 노력하신 많은 분들과 방대한 분량의 외교문서를 한 장 한 장 검토해 주신 분들께 감사를 드립니다.

2025년

동북아역사재단 이사장

책머리에

1965년 한일협정 체제를 통해 한국과 일본은 국교를 정상화하며 새로운 시대를 열었다. 그러나 60여 년이 지난 오늘날, 한국 사회에서 청구권협정만큼 민감하고 소모적인 논쟁의 대상도 드물 것이다. 2018년 강제동원 피해자 손해배상 판결과 2021년 일본군 '위안부' 피해자 배상 판결은, 이 협정이 단순한 과거의 기록에 머무는 것이 아니라 오늘날 우리 사회가 직면하고 있는 현재적 과제임을 다시금 확인시켜 주었다.

과거사 문제를 둘러싼 한일 양국의 입장은 평행선이다. 한국 정부는 2005년 8월, '위안부', 사할린동포, 원폭 피해 문제는 청구권협정으로 해결되지 않았으며, 강제동원 피해 배상 문제는 해결된 것으로 보아야 한다는 입장을 표명하였다. 한국 사법부는 2018년 10월, 강제동원 피해 또한 청구권협정으로 완전히 해결되지 않았다는 판결을 내렸다. 반면 일본 정부는 청구권협정으로 모든 청구권이 최종적 · 완전하게 해결되었다는 주장을 고수하고 있다. 이처럼 양국 간 대립의 근본을 이해하기 위해서는 1965년 또는 그 이전으로 거슬러 올라가 '한일청구권협정'이라는 최종 결과물 뒤에 가려진 협상 과정을 살펴볼 필요가 있다.

한일 국교정상화 교섭 과정은 길고도 험난하였다. 13년 8개월이라는 시간은 한국 외교사상 유례없는 오랜 협상 기간이었으며, 양국 간에 놓인 역사적 앙금과 현실적 이해관계의 간극이 얼마나 컸는지를 웅변한다. 특히 청구권 교섭은 치열한 논쟁과 감정 대립의 연속이었다. 비록 청구권 교섭이 식민지배 피해에 대한 배상이 아닌 한국의 독립으로부터 발생한 '법적 · 청산적 성질'의 청구권 해결로 귀착되었지만, 그 본질은 식민지배의 불법성 여부를 둘러싼 역사인식의 충돌에서 시작하여 국제법적 해석, 피해자 개인의 권리와 국가 간 조약의 상관관계 등 여러 가지 문제가 복잡하게 얽힌 고차

방정식이었다.

이 『한일회담 청구권 교섭 핵심 자료집』은 이처럼 복잡한 청구권 문제의 교섭과 관련한 한일 양국의 외교사료를 정리하여 한데 모은 것이다. 제1차~제7차 회담까지의 교섭 기록, 양국 정부의 대표단에 대한 훈령, 자체 회의 기록 및 국내 대응책 등 각종 자료를 알기 쉽게 정리하여 수록하였다. 교섭 당시의 국제 정세는 물론, 교섭에 영향을 미친 외부적 요소, 즉 미국의 관여 기록 등도 함께 담았다. 제3차 한일회담 결렬의 빌미가 되었던 구보타 간이치로(久保田貫一郎) 대표의 '역청구권' 주장과 '식민지 시혜론' 망언에 대해 한국 대표단이 어떻게 대응했는지, 파국으로 치닫던 교섭이 어떤 과정을 거쳐 타협에 이르게 되었는지, 논란의 중심에 놓였던 '김종필-오히라 메모'의 내용은 구체적으로 무엇이었고 어떠한 배경과 의미 속에서 작성되었는지 등 독자들은 이 자료집을 통해 역사 속에 파편처럼 흩어져 있는 주요 사건의 실체와 내막을 직접 확인할 수 있다. 이와 함께 현재까지도 최대 쟁점으로 남아 있는 청구권자금의 성격 규정 문제에 대해서도 입체적인 해석의 단초를 발견할 수 있다. 박정희 정권에게 청구권자금은 어떠한 의미였는지, 일본의 이케다 하야토(池田勇人), 사토 에이사쿠(佐藤栄作) 정권이 한일회담 말미까지 '청구권'이라는 용어 사용을 철저히 회피하고 '경제협력'을 주장한 이유는 무엇인지, 양국의 내부 문서가 각각 그들의 논리와 전략을 명확히 보여준다.

청구권 문제 교섭에서 신생 독립국이었던 한국 협상단은 시종일관 도덕적 우위와 인내심을 가지고 일본을 설득하려 했으며, 일본은 법리 논쟁을 통해 한국의 청구 범위를 최소화하는 데 집중했다. 협상자들의 발언과 주장에는 양국이 처한 현실을 바탕으로 국가의 미래를 염두에 둔 전략이 집약되어 있었다. 이러한 양국 대표단의 태도와 발언 내용도 이 자료집을 통해 확인할 수 있다.

현재의 한일 관계에서 청구권 문제를 비롯한 과거사 현안은 양국 관계를 불안정하게 만드는 요소다. 이 자료집은 이러한 현실 속에서 단순히 과거의 기록이라는 일차원적인 기능을 넘어, 과거를 성찰하고 현재를 직시하며 미래를 예견하기 위한 다차원적인 도구로 기능하고자 한다. 이 자료집은 '약속 위반'이나 '역사 왜곡'과 같은 단순한 정치적 구호를 넘어, 1965년 협정을 맺기까지 이를 둘러싼 첨예한 대립과 복잡한 계산, 그리고 고뇌에 찬 타협의 실체를 있는 그대로 보여준다. 우리는 이 기록을 통해

'그렇게 합의되었기를 바라는' 역사가 아니라 '실제로 무엇이 합의되었고 무엇이 미해결로 남았는지'를 바라보아야 한다. 지난 수십 년간 비공개로 묶여 있던 외교문서가 공개되면서 우리의 이해는 더욱 깊고 정교해졌다. 이 자료집은 지적 탐구의 연장선에서 보다 포괄적이고 체계적인 사료를 제공함으로써 논의의 수준을 한 단계 끌어올리는 것을 목표로 한다.

미래지향적 한일 관계는 과거에 대한 상호 배타적 해석 위에 세워질 수 없다. 그것이 고통스럽고 지난한 과정일지라도, 분쟁의 기원에 대해 증거에 기반한 공동의 이해를 모색하는 노력 위에서만 가능하다. 이 자료집은 정치적 편의가 아니라, 기록 그 자체에만 기반한 새로운 대화의 시작을 제안한다. 역사의 진실을 마주할 용기, 그리고 그 토대 위에서 새로운 관계를 모색하려는 의지를 가진 모든 이들에게 이 자료집이 귀중한 길잡이가 되기를 희망한다. 이 자료집이 학계와 시민사회, 정책 현장에서 두루 활용되어, 한국과 일본이 과거를 넘어 미래로 나아가는 길에 의미 있는 마중물이 되기를 기대한다.

마지막으로, 이 자료집이 발간되기까지 노고를 아끼지 않으신 유의상 전 외교부 대사(현 광운대학교 겸임교수)께 깊은 사의를 표한다. 유 대사는 이 자료집의 자료 정리부터 해제, 번역 및 감수에 이르기까지 전 과정을 혼자서 묵묵히 수행해 내셨다. 아울러 발간을 흔쾌히 허락해 주신 박지향 이사장님께도 감사의 말씀을 드린다.

2025년 가을

조윤수

차 례

청구권 문제에 대한 합의사항 타결

청구권 문제의 최종 타결을 위한 정지작업

이동원 장관의 방일과 '청구권 문제에 관한 문제 해결 및 경제협력에 관한 합의사항' 가서명

청구권협정의 조문화 교섭

한일 양국의 청구권협정 문안 제시

청구권의 해결에 관한 조항 교섭: 숲속에 들어간 '개 논쟁'

청구권협정의 조인과 비준

청구권협정의 조인

청구권협정의 비준 및 한일 국교 정상화

일러두기

이 자료집의 원문과 구성 원칙은 다음과 같다.

· 원문은 2005년 외교부에서 공개한 한일회담 외교문서이며, 동북아역사넷(contents.nahf.or.kr) 및 외교부 외교사료관, 국회도서관, 국가기록원에서 확인할 수 있다.
· 이 자료집은 공개된 문서 중 사료 가치가 크지 않은 일부 문서를 제외한 대부분의 문서를 수록하였다.
· 이 자료집에 수록된 문서의 문서명에 '전문', '공문', '내부 재가 문서', '훈령안', '보고서' 등을 첨기하여 문서의 종류를 구분할 수 있도록 하였다.
· 원문과 비교할 수 있도록 본문 왼쪽에 마이크로필름 프레임 번호를 제시하였다.
· 내용은 원문대로 표기하는 것을 원칙으로 하였다.
· 원문에는 없지만 편집 과정에서 추가한 내용은 [ ]로 처리하였다.
· 원문 상태가 좋지 않아 판독이 어려운 일부 단어는 □로 표기하였다.
· 이 자료집에 수록된 일본어 및 영어 사료는 감수자가 번역한 한글 번역본을 함께 수록하였다.

가독성을 고려하여 다음과 같이 수정하였다.

· 띄어쓰기와 맞춤법은 국립국어원 표준어 규정에 맞추었다.
· 원문의 명백한 오기 및 현대어 문법에 맞지 않는 단어는 일부 바로잡았다.
· 한자는 한글로 표기하되, 필요한 경우 원문을 병기하였다.
· 한자식 고어 일부와 고유명사는 현대어로 수정하였다.
· 『 』와 「 」는 서명, 신문 · 잡지명, 문서, 조약, 법령, 안을 제외하고 큰따옴표, 작은따옴표로 수정하였다.
· 문서의 제목과 번호, 날짜 위치는 문서의 유형에 따라 임의로 왼쪽, 오른쪽, 또는 중앙으로 편집하여 정렬하였다.

외래어 표기는 다음과 같은 규정을 적용하였다.

· 일본어 고유명사(인명, 지명 등)는 일본어 독음으로 표기하고 [ ]에 원문을 병기하였다.
· 고유명사와 보통명사가 결합된 일본어는 고유명사만 일본어 독음으로 표기하였다.
· 인명, 지명, 국명 중 주요한 것은 국립국어원 외래어 규정에 맞춰 표기하였다.

청구권 문제에 대한
합의사항 타결

청구권 문제의
최종 타결을 위한 정지작업

그간의 한일교섭에서 난항을 거듭하였던 청구권 금액과 명목 문제가 1962년 11월 12일 '김-오히라 합의'를 통해 타결됨에 따라, 한일 간에 국교 정상화를 위한 남은 교섭은 순조로이 진행되어 나갈 것으로 예상되었다. 그러나 이후에도 한일협정이 체결되기까지는 2년 반 정도의 시일이 더 소요되었다.

전체적인 한일회담의 타결이 지연된 이유는 우선, 한국에서 1963~1965년 초반까지 '김-오히라 합의'에 대한 극심한 반대 투쟁이 전개되면서, 국내 정국이 혼란에 휩싸였기 때문이다. 이 합의에 대한 한국 국내의 반대는 ① 군사 정변으로 권력을 잡은 박정희, 김종필 등에 대한 정치적 차원의 반대, ② 일본에 대한 징벌적 성격의 배상 요구를 통해 식민지지배에 대한 피해의식을 보상받고자 했던 국민들의 감정, ③ 일본 자본 도입으로 한국경제가 일본 종속이 될지도 모른다는 우려 등이 복합적으로 뒤섞이면서 일어난 현상이라고 볼 수 있다.[1] 이와 함께, 어업 문제 등 나머지 현안에 대한 교섭과 조정 작업이 순조롭지 않았던 점도 회담의 타결을 지체시키는 요인이 되었다. 일본 측은 어업 문제에 대한 한국 측의 양보(12해리 전관수역 수락)를 요구하면서, 청구권 문제의 미해결 사안(OA 지불 문제, 정부 차관 상환 기간)과 청구권 세목 토의를 어업 문제의 해결과 연계[2]시키는 등 소극적인 자세로 일관하였다.[3]

이러한 어려운 여건하에서도 한일회담의 조기 타결을 원했던 박정희 대통령은[4] 우선 회담관련 업무를 담당하게 될 진용을 새로이 구축하였다. 1964년 7월 자신의 비

1 유의상, 『대일외교의 명분과 실리』, 역사공간, 2016, 398~405쪽.

2 日本外交文書 1784, 日韓會談今後の進め方について(改正案), 1964. 7. 13, 4-5쪽.

3 한국 외교문서 755, 속개 제6차 한일회담 본회의 개최를 위한 예비교섭: 최규하 본부대사 방일 접촉 보고 및 본회의 1963. 6-64. 3, JAW-02008, 최규하 대사와 우시로쿠 국장 간 비공식 환담 결과 보고, 1963. 2. 1, 525-526쪽.

4 1961년 5월 16일 군사 정변으로 정권을 잡은 박정희는, 2년 반 뒤인 1963년 10월 15일 대통령 선거에 출마하여 당선되었으며, 12월 17일 제15대 대통령으로 취임하였다.

서신장이었던 당시 38세인 이동원을 외무부 장관으로 임명하여 일본과의 교섭을 진두지휘하도록 하였다. 이어 이승만 정부에서 외무부 정무국장과 차관으로 한일회담에 깊이 관여하였던 김동조를 1964년 10월 6일 자로 주일대사에 임명하고 한일회담 조기 타결을 위한 최전선의 임무를 맡겼다. 10월 20일 도쿄에 부임한 김동조 대사는 10월 22일 부임 인사차 시나 에쓰사부로(椎名悅三郎) 외상을 만나 중단 상태나 다름없었던 한일회담의 재개를 희망한다는 뜻을 전하였다.[5] 이어 10월 29일 한일회담 수석대표직 겸임 발령을 받고 같은 날 개최된 제20차 한일회담 수석대표 간 비공식회의에 참석하여 한일회담 조기 재개에 관한 강한 의지를 표명하였다.[6]

일본에서는 11월 9일, 그간 한일 국교 정상화에 일관되게 적극적 태도를 보여왔던 사토 에사쿠(佐藤榮作)가 총리로 선출되었으며, 새 내각에서 시나 에쓰사부로 외상은 유임되었다. 한국 정부는 사토 내각 출범을 한일회담 타결을 위한 긍정적 요소로 평가하였다.[7] 김동조 대사는 11월 12일 유임된 시나 외상을 다시 만나, 연내 방한을 원하나 그것이 불가능할 경우 1965년 초에 방한해 줄 것을 요청하고, 한일회담의 재개 시기는 외상 방한과 동시에 발표하기를 희망한다고 하였다. 김 대사는 또한, 어업 문제를 중시하는 일본 측 입장에 대해 한국 국내사정상 어업 문제만을 다루는 회담의 개최는 곤란하며, 전체 회담 재개 후 어업 문제를 우선적으로 협의하는 방안을 제시하였다.[8] 김 대사는 13일 사토 총리를 만나 회담 재개를 위한 양측의 의지를 재확인하였다.[9] 일본 측은 11월 14일 김동조–우시바 노부히코(牛場信彦) 외무심의관 협의에서 어업 문제의 실질적인 진전이 가능하다면 한일회담은 연내라도 재개할 수 있으며, 시나 외상의 방한은 한국 측이 '선물'을 기대하지 않는 순수한 방한이라면 응할 용의가 있다는 뜻을 한국 측에 문서로 전달하였다.[10]

---

5 한국 외교문서 1459, 제7차 회담 본회의 및 수석대표 회담, 1964-65, JAW-10392, 시나 외상 면담 결과 보고, 1964. 10. 22, 421-424쪽.

6 한국 외교문서 758, 속개 제6차 한일회담 본회의 수석대표 간 비공식 회의(본회의 상임위원회 회합) 1-21차, 1964. 3. 26-11. 5, JAW-10504, 제20차 수석대표 간 비공식 회담 결과 보고, 1964. 10. 29.

7 한국 외교문서 1459, 재개 한일회담에 임하는 방침, 1964. 11. 19, 490쪽.

8 한국 외교문서 1459, JAW-11247, 시나 외상 면담 결과 보고, 64. 11. 12, 468-472쪽.

9 위의 문서철, JAW-11271, 사토 총리 면담 결과 보고, 64. 11. 13, 475-477쪽.

10 日本外交文書 1786, 日韓會談再開問題等に關する韓國側申いれに對する日本側回答, 1964. 11. 14.

정무 협의를 위해 일시 귀국하였던 김동조 대사는 일본 귀임 후, 11월 25일 시나 외상을 만났다. 그는 한일회담 재개를 위한 분위기 조성 차원에서 한국 정부가 나포한 일본어선 3척과 어민 16명의 11월 말 석방을 결정하였음을 통보한 뒤, 시나 외상에 대한 이동원 장관의 방한 초청장을 전달하면서 이 장관이 1965년 2월 중순경 유엔에서의 한국 문제 토의 참석차 방미 예정이므로 그 전에 시나 외상의 방한을 희망한다는 뜻을 전하였다. 이 면담에서 양국은 1964년 4월부터 사실상 중단된 것이나 마찬가지였던 한일회담을 12월 3일 재개하기로 합의하였다. 일본 측은 사토 신내각이 발족하였고, 한국의 회담 수석대표도 바뀌었으므로 속개되는 한일회담을 제7차 회담으로 하자고 제안하였다. 한국도 이에 동의하였다.[11]

12월 3일 제7차 한일회담이 개최되어 한국은 기본관계, 재일한국인 법적지위, 어업 및 평화선 등 의제별 위원회 회의와 함께, 1965년 1월 20일부터 일본과 수석대표 간 회의를 개최하여 현안에 관한 입장 차를 계속 좁혀나갔다. 기본관계조약은 조약의 명칭에 합의를 이룬 뒤, 이견을 좁히지 못한 1910년 8월 22일 이전 체결된 구 조약의 무효 확인 문제와 한국 정부의 유일 합법성 확인 문제는 서울에서 곧 개최될 양국 간 외상회담에서 합의 도출 후, 가서명을 할 수 있기를 기대하는 정도까지 진전을 이루었다.[12] 일본의 중점 현안인 어업은 1965년 2월까지 소위원회가 9차례 개최되었으나, ① 제주도 주변의 기선 확정, ② 공동규제수역에서의 일본 출어 척수, ③ 어업협력을 위한 일본 측의 자금제공 문제 등에 관한 양국 간 대립이 이어지면서 여타 현안의 해결에도 영향을 미치고 있었다. 일본 측이 어업 문제의 선 해결을 요구한 까닭에 한국 측이 역점을 두고 있던 청구권소위원회는 아예 개최되지 않았다. ① 청구권 명목 문제(청구권과 경제협력의 어휘를 여하히 사용할지에 관한 조정), ② 유상차관 2억 불의 변제기간(7년 거치기간을 총 변제기간 20년에 포함할지 여부), ③ OA의 처리 문제 등이 미해결 상태로 남아있었다. 양국은 이러한 상황을 감안, 시나 외상의 방한 시에는 기본관계조약만 최종 합의를 이루는 것으로 목표를 설정하였다. 일본 측은 애초, 시나 외상

11 한국 외교문서 1459, 시나 외상 면담 결과 보고, 1964. 11. 25, 534-538쪽.

12 한국 외교문서 1459, JAW-02283, 제5차 수석대표 회담 결과 보고, 1965. 2. 12, 695-697쪽.

의 방한 목적을 친선방문으로 설정하였으나, 현안 교섭이 진전을 이룸에 따라 실질적인 교섭도 하는 방향으로 바꾸었다.[13]

이동원 장관 초청으로 시나 외상이 2월 17일부터 20일까지 한국을 공식방문하였다. 시나 외상은 "양국 간의 오랜 역사 중에 불행한 기간이 있었던 것은 참으로 유감스러운 일로서 깊이 반성하는 바이다"라는 구절이 포함된 도착 성명을 발표함으로써,[14] 한국 국민의 감정을 어느 정도 완화시켜 한일회담의 최종 타결을 위한 촉매제 역할을 한 것으로 평가받았다.[15] 이동원 장관은 2월 18일 및 19일 시나 외상과 회담을 개최하여 제반 현안에 관해 협의하고, 한일회담의 조기 타결에 관한 의지를 재확인하는 공동성명을 발표하였다. 공동성명에는 시나 외상의 "깊이 반성한다"라는 문구도 포함되었다.[16] 실무자들 간에는 기본관계조약 문구에 관한 밀도 높은 교섭이 진행되어 남아있던 입장 차가 해소됨으로써, 2월 20일 애초 목표대로 조약 문안(영어본)에 대한 가서명이 이루어졌다. 시나 외상은 이 장관의 일본 방문을 초청하였으며, 3월 초 방일을 추진하는 것으로 의견이 모아졌다.

---

13 한국 외교문서 1500, 시나 에쓰사부로 일본 외상 방한, 1965. 2. 17.-20, 한일 외상회담에서 논의될 문제점에 대한 의견 상신, 1965. 2. 15, 650-656쪽; 日本外交文書 1787, 當面の日韓諸懸案の取扱振りに關する件, 1965. 2. 9.

14 한국 외교문서 1500, 시나 에쓰사부로 일본국 외무대신 방한에 관한 보고, 시나 외상 도착 성명, 1965. 2. 17, 839쪽; 「椎名 日 外相 着韓」, 『동아일보』, 1965. 2. 17.

15 한국 외교문서 1500, 시나 에쓰사부로 일본 외상 방한에 관한 보고, 1965. 2, 시나 에쓰사부로 일본 외상 방한 보고, 833쪽.

16 한국 외교문서 1500, 시나 에쓰사부로 일본 외상 방한에 관한 보고, 1965. 2 & 이동원 외무부 장관과 시나 외무대신 간의 공동성명, 1965. 2. 20, 883-885쪽.

한국 외교문서	일본 외교문서
1. 755, 속개 제6차 한일회담 본회의 개최를 위한 예비교섭(최규하 본부대사 방일 접촉 보고) 및 본회의 1963. 6-64. 3, JAW-02008, 최규하 대사와 우시로쿠 국장 간 비공식 환담 결과 보고, 1963. 2. 1	
	2. 1784, 일한회담 금후의 진행방식에 관해(개정안)(日韓會談今後の進め方について(改正案)), 1964. 7. 13
3. 1459, 제7차 회담 본회의 및 수석대표 회담, 1964-65, JAW-10392, 시나 외상 면담 결과 보고, 1964. 10. 22	
4. 한국 외교문서 758, 속개 제6차 한일회담 본회의 수석대표 간 비공식 회의(본회의 상임위원회 회합) 1-21차, 1964. 3. 26-11. 5, JAW-10504, 제20차 수석대표 간 비공식 회담 결과 보고, 1964. 10. 29	
5. 1459, 제7차 회담 본회의 및 수석대표 회담, 1964-65, 재개 한일회담에 임하는 방침, 1964. 11. 19	
6. 1459, 제7차 회담 본회의 및 수석대표 회담, 1964-65, JAW-11247, 시나 외상 면담 결과 보고, 1964. 11. 12	
7. 1459, 제7차 회담 본회의 및 수석대표 회담, 1964-65, JAW-11271, 사토 총리 면담 결과 보고, 1964. 11. 13	
	8. 1786, 일한회담 재개 문제 등에 관한 한국 측 요청에 대한 일본 측 회답(日韓會談再開問題等に關する韓國側申いれに對する日本側回答), 1964. 11. 14
9. 1459, 제7차 회담 본회의 및 수석대표 회담, 1964-65, 시나 외상 면담 결과 보고, 1964. 11. 25	
10. 1459, 제7차 회담 본회의 및 수석대표 회담, 1964-65, JAW-02283, 제5차 수석대표 회담 결과 보고, 1965. 2. 12	

한국 외교문서	일본 외교문서
11. 1500, 시나 에쓰사부로 일본 외상 방한, 1965. 2. 17-20, 한일 외상회담에서 논의될 문제점에 대한 의견 상신, 1965. 2. 15	
	12. 1787, 당면의 일한 제 현안의 취급 방법에 관한 건(當面の日韓諸懸案の取扱振りに關する件), 1965. 2. 9
13. 1500, 시나 에쓰사부로 일본 외상 방한, 1965. 2. 17-20, 시나 에쓰사부로 일본국 외무대신 방한에 관한 보고, 시나 외상 도착 성명, 1965. 2. 17	
14. 1500, 시나 에쓰사부로 일본 외상 방한, 1965. 2. 17-20, 시나 에쓰사부로 일본 외상 방한에 관한 보고, 1965. 2, 시나 에쓰사부로 일본 외상 방한 보고	
15. 1500, 시나 에쓰사부로 일본 외상 방한, 1965. 2. 17-20, 시나 에쓰사부로 일본 외상 방한에 관한 보고, 1965. 2 & 이동원 외무부 장관과 시나 외무대신 간의 공동성명, 1965. 2. 20	

1. JAW-02008, 최규하 대사와 우시로쿠 국장 간 비공식 환담 결과 보고, 1963. 2. 1

한국 외교문서 755, 속개 제6차 한일회담 본회의 개최를 위한 예비교섭(최규하 본부대사 방일 접촉 보고) 및 본회의 1963. 6-64. 3

1963년 2월 1일 최규하 대사와 우시로쿠 일 외무성 아시아국장 간의 면담 결과를 보고한 문서(전문)다.

최 대사는 어업 문제의 진전 여부가 한일회담의 타결에 영향을 미치게 될 것이라는 관찰 보고를 했다.

대한민국 외무부

암호전보

번 호: JAW-02008

일 시: 011903

수신인: 장 관 (사본: 주일대사)

발신인: 대사 최규하

본직은 금 1일 1300 부터 약 2 시간 동안 우시로구 외무성 아세아국장의 초청으로 오찬을 같이하면서 비공식으로 환담하였는바 동 결과를 아래와같이 요약 보고합니다.

1. 회담에대한 양측 기본 태도에관하여 : (1) 우시로구는 회담을 조기 타결한다는 일정의 태도는 확고한것이라고하면서 특히 금 1일 일본국회에서의 질의에대한 이께다수상의 답변을 인용하면서 동수상이 "한국과의 조기 국교정상화는 먼저의 공약이며 국민에대한 정부 책임이다"라고 하면 종래보다 일층강한 어구로 회담 조기타결의 결의를 피력하였다고말하였음 (2) 본직은 한국정부의 회담 조기 타결에 관한 기본 태도에는 변함이없음을 밝히고 이와같은 한국정부의 태도는 최근의 박대통령과 "러스크"장관간의 공동 성명, 또는 금년초의 대통령 년두교서등에 명백하게 표명되어있음을 지적 설명하였음 이밖 이와 관련하여 본직은 한국내에서 한일회담에대하여 강경한 여론이있음을 지적하고 일측도 이와같은 사정을 이해하여 조기 타결을위해 협조하여야할것을 강조하였음.

2. 어업교섭의 현황에관하여: (1) 우시로구는 어업 규제문제에있어 현상 유지에 의한 실적을 규제의 기준으로 삼는다는 원칙에는 상호 합의하고있으나 규제를

척수로할것인가 톤수로할것인가가 문제점이라로하고 자기가 보기에는 금년에 회담이 재개된이래 어업 교섭에는 별로 진전이없었다고하면서 일본 농림성 및 수산청당국자들도 거의 단념하고있는 상태라고 말하였음. (2) 이에대하여 본직은 별다른 진전이없었음은 일측이 실적에대한 구체적인 숫자를 제시하지않는데 기인하는것이 아닌가고 반문하였던바 우시로구는 대행이 지는 64차 예비절충 (130) 에서 양측의 태도가 상당히 완화되어 규제 방식의 기초에관한 타결안이 마련될 가능성이 많다고 하면서 규제방식을 분명히하고 금후 교섭진행을 촉진하기위하여 오는 2.3 (월) 1400 시에 일측으로부터 자기 (우시로구)와 와다대표, 한국측으로부터 최세황, 김명년 양대표 및 예비절충에 출석하는 당사자가 회담하여 방식을 결정하기를 희망하며 동결정이되면 규제문제에관한 토의는 상당히 진전됨이 기대된다고 말하였음. (3.) 본직은 단순한 전문가간의 이야기보다 이와같이 고위대표가 동석하여 난점을 IRON OUT 하는것은 좋은일이라고하였음. (4) 우시로구는 월요일의 회합에서 FORMULA 가 결정되면 뒤이어 래주 (23-8) 말까지 규제문제에관한 토의를 급 템포로 진전시켜 규제문제 대강의 타결을 보도록 하여야할것이라고 말하고 래주를 넘기면 시기적으로 너무 늦게될것이기 때문에 월요일의 회합 및 래주중의 교섭이 회담 전체의 전환점이될것이라는 의견을 표명하였음.

3. 회담 전체의 금후 전망에관하여: (1) 본직은 회담의 금후 진행의 전망 및 방식에관하여서는 오히라대신 및 시마차관과 면담하였을시 우시로구 국장에게 위임한다는 말을 들었는데 이에대하여 생각하여보았는가고 문의하였던바 우시로구는

어업문제의 해결이 가능하다는 전망이 보이면 정치회담에서 남은 어려운 문제들을 해결하고 곧이어 타협안 전반에관한 각위원회를 일제히 개최하여 문제별로 미해결점을 해결해나가면서 요강을 작성하여야할것이라는 견해를 표명하였음.

(2) 이에대하여 본직은 각현안별 미해결점 토의 및 요강작성과 병행하여 AD HOC COMMITTEE (즉 DRAFTING COMMITTEE)을 설치하여 협정문 초안을 작성하면 시간이 절약 될것이아닌가고 하였던바 그렇게함이 좋을것이라는 답변이 있었음. (3) 본직은 정치회담에관하여 어업문제의 진전을 보아가면서 정할것이아니라 반대로 먼저 일자를 정하여놓고 이일정자에 맞게 어업 대표단을 편달하여 교섭을 촉진케하는 방법에관한 견해를 물었던바 우시로구는 좋은생각이나 규제문제 토의에 진전이 없는데 먼저 일자를 결정하는것도 생각할 문제라고 하면서 월요일의 회합 및 그후 래주중의 전문가간의 토의진행 결과를 보면 어느정도 전망이 설것이라고 하면서 정치회담 및 전면회담의 일자등에관하여서는 내주중에 본직과 다시한번 만나 상의하자고하였음. 이와 관련하여 우시로구는 정치회담에 올라갈 문제점은 되도록 적어야할것이라는 견해를 피력하였음.

4. 어업협정의 형태에관하여:

(1) 본직은 일측이 앞으로 체결될 어업협정을 잠정적인것으로 하는데 반대하고있다고 듣고있는데 한국측으로서는 (가) 자원상태에관한 양측 견해가 상반하고있으므로 지금 결정하는 규제의 내용은 공동위원회의 조사가 완료된후에 다시 조정되어야 할 필요성이있으며 (나) 한국 어민은 협정체결로 말미아마 어업을 계속하지못하는

궁지에 빠지지않나하는 불안감을 가지고있는만큼 장래에대한 보장을 줄필요가 있으므로 잠정적인 성격의 어업협정을 체결하여야할 필요성이있다고하였음. 이에 대하여 우시로구는 양국 군민에대하여 희망을 가지게할 필요성이있음을 인정하며 잠정협정을 체결하여도 좋다는 견해를 표명하였음. (2) 본직은 이어서 규제문제와 협력문제는 표리의 관계에있는만큼 어업협정의 제목은 예컨데 "어로 및 어업협력에 관한 한일잠정 협정" 이라는 식으로하여야할것이며 그렇게함으로서만 어업문제에 관한 한국정부의 대국민 설명이 용이해질것이라고하였던바 우시로구는 자기 개인으로서는 좋다고 생각하는데 조약 전문가에게 검토시키겠다고하였음.

5. 어업협력 문제에관하여:

(1) 우시로구는 무상공여 형식의 어업협력은 코롬보 계획이외에는 불가능하다고하고 차관형식에의한 협력은 수출입 은행 베이스의것이될것이라고 하였음.

(2) 이에대하여 본직은 아국이 지금 도입하고있는 이불 어업차관에 언급하여 차관 형식 협력의 조건이 이불차관보다 불리하여서는 절대로 않된다는점을 설명하였던바 우시로구는 연구하여보겠다고하였음.

6. 본직의 관측:

(1) 이상의 우시로구 발언을 생각해보건데 일측은 앞으로의 교섭진도 여하에따라 금년 상반기중의 회담 타결 여부를 결정할 의도인것으로 보이며 일측으로서는 내주중의 어업회의 진첩도를보고 정부 태도를 결정할것으로 판단됨.

(2) 만일 내주중의 어업교섭이 여의치않을경우에는 일본 농림성측으로서는 금년

-5-

상반기중의 회담 타결에관하여 日 자신을 잃게되는것이라고 생각하고있다고 관측됨. (3) 따라서 내주 월요일에있을 회의와 이에뒤이어 개최될 전문가 회의의 성과여하가 앞으로의 회담 전반에대하여 지대한 영향을 미치게될것으로 사료됨.

예고: 재분류: 66. 12. 31.

2. 日韓會談今後の進め方について(改正案), 1964. 7. 13 日本外交文書 1784

제6차 한일회담 끝 무렵 일본 측의 교섭 전략이 담긴 문서다.

일본 측은 어업 문제에 대한 한국 측의 양보(12해리 전관수역 수락)를 요구하면서, 청구권 문제의 미해결 사안(OA 지불 문제, 정부 차관 상환기간)과 청구권 세목 토의를 어업 문제의 해결과 연계시키는 방안을 견지하였다.

이 문서의 내용에는 한국에 대한 부정적인 견해가 상당히 많이 담겨있다.

일한회담 금후의 진행 방안에 관해서(개정안), 1964. 7. 13

1. 회담의 경위와 우리 측의 대처방침
2. 회담에 임하는 우리 측 자세
3. 청구권 문제와 어업 문제의 성과
4. 금후 해결을 요하는 문제점
5. 회담 타결을 곤란하게 하는 한국 측 사정
6. '제 현안 일괄 해결 후 국교 정상화' 방식의 문제점
7. 조금씩 처리해 나가는 국교 정상화 방식
8. 회담의 진행 방안
9. 북한과의 관계

1. 일한 양국 간 제 현안을 해결하고 국교를 정상화하는 것을 목적으로 하는 일한회담은 1951년 10월 예비회담이 시작된 후 12년 반 정도의 오랜 기간에 걸쳐 수많은 곡절을 거치면서 지속적으로 이어져, 현재의 제6차 회담에 이르고 있다. 일한회담에서 토의되어 온 문제는, (1) 기본관계, (2) 재산청구권(선박 및 문화재 포함), (3) 어업, (4) 재일한국인의 법적지위와 같은 제 현안이며, 한국에서 반일 정책을 계속 펴온 이승만이 정권을 계속 잡고 있었던 동안은 토의의 진척에 자연히 한도가 있었으나, 1960년 여름에 장면 정권이 성립한 후 양국 관계의 조정에 열의를 가지고 임해 온 덕분에 그 후 상호 이해와 신뢰가 점차 깊어져 갔으며, 1961년 5월 군사정권이 수립된 후 동년 10월 20일에 개시된 제6차 회담에서는 각 안건에 관해 상당한 진전이 보였으며, 특히 청구권 문제는 1962년 말까지 큰 틀의 합의가 이루어졌다. 1963년에 들어선 이래, 토의의 중심은 어업 문제로 옮겨져, 전문가를 중심으로 하는 토의가 거듭된 후, 기본적인 점에 관해 해결을 요하는 문제가 남게 됨에 따라 금년 3월 10일부터 양국 농림장관 회담이 시작되어 쌍방의 이해가 더욱 깊어지게 되었다. 그러나 3월 하순 한국에서 일한회담의 진행방식을 비난 공격하는 학생 데모가 발생하였으며, 사태는 더욱 발전

해 박 정권 그 자체에 반대하는 움직임으로 변화하면서 정정 불안이 계속되어 한국 측에서 실제 회담을 계속 할 수 없는 상태가 됨에 따라 목하 양국 간 교섭은 중단된 실정이다.

정부는 오래전부터 일한회담의 정리 방식에 관해 지극히 전통적인(orthodox) 방침을 취하면서 상기 제 현안을 동시에 일괄 해결한 후에 국교를 정상화한다는 태도를 견지해 왔다. 1962년 말 청구권 문제 해결에 관해 큰 틀의 합의가 이루어진 후에는 특히, 우리 측이 가장 중시하는 어업 문제가 일본 측이 만족할 수 있는 정도로 해결을 보지 않는 한 회담의 전반적 타결은 있을 수 없다는 입장을 한국 측이 철저하게 느끼도록 노력해 왔다. 즉 청구권 문제 해결을 위한 협정도 어업 문제와 기타 제 현안이 해결되기를 기다려 이들 문제를 위한 협정과 동시에 조인하는 것으로 하고 있는 것인데, 환언하면 제 현안의 일괄 동시 해결로 양국 간의 국교를 정상화하고, 그 후에 무상 3억 불, 유상 2억 불의 경제협력도 제공되도록 한다는 방침을 견지해 온 것이다.

이상과 같은 회담 경위와 우리 측의 대처방침은, 한국 측의 기본적 태도가 지금까지 과거의 청산에 중점을 두고 장래의 우호 제휴 관계 추진을 위해서는 우선 청구권 문제에서 일본 측이 성의 표시를 해야 함을 강하게 요구해 온 사실이 있는 반면, 우리 측이 회담 타결의 결과 직접적으로 취할 수 있는 이익은, 제 현안 가운데 어업 문제 해결에 의한 안전 조업의 확보뿐이며, 나머지는 올려서 토의를 계속해야만 하는 안건의 내용만 보더라도 실제 좋은 점은 없다고 할 수밖에 없다.

2. 정부는 이전부터 내외에 대해, 한국이 우리나라와는 역사적, 지리적으로 매우 두터운 관계에 있고, 동등하게 자유 진영에 속하는 가장 가까운 인국이므로 이 나라와 속히 국교 정상화를 추진하는 것은 당연하다는 견지에서 회담을 적극적으로 추진한다는 기본적인 자세를 계속해서 명확히 하면서 오늘에 이르고 있다.

그리하여, 우리 측의 일관된 관련 방침에도 불구하고, 종래 양국 관계의 조정(국교 정상화)에 도달하지 못한 것은 주로 한국 측의 사정에 의한 것이며, 한국의 반복되는 불안정한 정정에 대해서는 이해와 동정으로 이를 받아들여야만 할 것인데, 일본 측으로서는, 회담의 조기 타결을 희망하는 일한 양국 국민 대다수의 기분을 배경으로 하여 조기 국교 정상화에 노력한다는 방침을 계속 유지해 왔다.

이상과 같은 일한회담에 대한 방침은 1951년 10월 예비회담 이래 지금에 이르기까지 역대 내각을 거치면서 그 기조에 어떠한 변화도 없이 잘 지켜 왔으며, 일한회담의 조기 타결은 각 내각이 제시한 주요 외교 방침에 일관되게 포함되면서 이른바 전후 일본 외교의 '가장 대표적인 정책'이었다고 할 수도 있을 것이다.

3. 회담의 주요 현안인 청구권 문제와 어업 문제에 관해 종래의 성과를 간략히 적어보면 다음과 같다.

(1) 청구권 문제

한국 측은 진작에 대일 청구 8항목을 제시하고, 일본 측에 이 청구를 인정할 것을 요구해 왔으며, 이에 대해 일본 측은 청구권으로서 지불을 인정할 수 있는 것은 충분한 법적 근거가 있고 또한 사실관계가 충분히 입증된 것에 한한다는 입장을 취하면서 토의를 계속해 왔다. 법적 근거의 유무에 관해서는 쌍방의 견해에 큰 차이가 있고, 또한 전후 십수 년이 경과하고 6·25 전쟁을 거쳐 온 현재에 있어, 사실관계를 정확히 입증하는 것도 매우 곤란하다는 것이 판명되었다. 그러나 이 문제를 미해결 상태로 언제까지고 방치하는 것은 있을 수 없는 일이므로, 일본 측은 이 곤란을 극복하기 위해 새로운 궁리에 몰두했으며, 그 구상의 골자는 장래에 양국 간의 친교관계를 확립한다는 전망에 입각하여 한국의 민생 안정과 경제발전에 공헌하기 위해 무상, 유상의 경제협력을 시행하고 이러한 경제협력 제공이 가져오는 효과로서 평화조약 제4조의 청구권 문제가 동시에 해결되어 이제 존재하지 않게 된 것을 일한간에 확인하자는 것이다. 1962년 8월 이후의 예비교섭에서 이러한 기본적 생각을 축으로 하여 진지한 절충이 계속된 결과, 그 해 말에 이르러 양국 정부는 이 생각에 원칙적으로 동의했는 바, 즉 (1) 무상경제협력은 3억 불을 10년에 걸쳐 일본국의 생산물 및 일본인의 역무를 제공하고, (2) 장기저리차관은 2억 불을 10년에 걸쳐 해외경제협력기금에서 제공(연리 3.5%, 거치 기간 7년 정도를 포함하여 상환 기간 20년 정도) 하는 것으로 되었다.

(위의 것 외에 상당한 금액의 통상 민간신용 공여가 기대된다. 또한 한국 측은 무역상의 채무 4,573만 불을 일정 기간 내에 상환하는 것으로 되었다.)

(2) 어업 문제

종래의 회담에서는 일한 간 어업 능력의 격차가 현저하므로 어디까지나 이승만 라인이 존속해야 한다고 고집하는 한국 측 주장과 이 라인은 국제법상 불법 부당한 것이므로 인정할 수 없다는 일본 측 주장이 정면으로 대립하여 타협의 실마리조차 보이지 않는 상황이었으나, 제5차 회담 이후 쌍방의 이해가 깊어지면서 토의가 마침내 궤도에 올라 1963년 여름경까지는 어업 문제의 해결은, 국제 관행을 존중하는 것, 어족 자원의 최대 지속적 생산성을 확보하는 견지에 입각하는 것, 공평하게 실시 가능한 규제 방식을 택하는 것, 지금까지의 조업 실태를 존중하는 것 등에 관해 원칙적인 의견 일치를 보았다. 관련된 제 원칙을 당해 해역의 지리적 조건, 어업 실태에 관해 어떻게 구체화할 것인가가 당면 문제가 되었으며, 금년 3월 10일부터 4월 6일까지 12회에 걸쳐 일한 어업 각료회담이 개최되었다. 그 결과, (1) 전관수역의 폭에 관해 한국 측은 이것을 명시적으로 12해리라고 약속하지는 않았으나 국제 통념을 존중하는 것으로 하겠다고 발언함에 따라, 제반 사실문제의 검토에 있어 12해리를 전제로 한 논의를 하게 되었고, (2) 전관수역의 기선의 내용에 관해, 제주도 부근, 대흑산·소흑산 군도, 동해안의 일부, 서해안의 일부 등 4점만을 빼고 합의에 도달하였으며, 특히 가장 문제가 많은 제주도 부근에 관해, 일본 측은 이 섬을 분리한 직선 기선을, 한국 측은 이 섬을 포함한 직선 기선을 주장함으로써 의견 대립이 남아있는 상황이었으나, 이 대립을 해결하기 위해 아카기 농림대신 시안을 기초로 한 검토가 이루어져 쌍방 주장의 차가 극히 줄어든 점이 주목되며, (3) 각 공동규제 구역의 규제 척수에 관해 구체적 숫자가 제시되었으며, 또한 규제의 성격에 관해서도 토의가 행해졌고, (4) 어업협력 문제에 관해서도 상당히 구체적인 의견 교환이 이루어져, 그 방식 및 금액에 관해 결론까지는 도출하지 못했으나 일본 측으로서는 어업협력이 어디까지나 민간 기업에 의한 상업상의 신용 공여의 일부로서 또한, 어업 문제가 일괄 해결된다는 조건하에 7,000만 불의 금액을 제시하기에 이르렀다. 이상과 같이 어업 문제를 내용적으로 보면, 아직 쌍방의 주장이 대립하고 있는 점이 많으나, 농상회담을 통해 일본 측은 이러한 대립점의 해결선에 관해 어느 정도의 심증을 갖게 되었으므로 회담이 재개되고 협의의 진전 여하에 따라서는 일거에 큰 틀에서의 타결을 이루는 것도 불가능하지는 않다는 예측을 할 수 있을 정도의 기초가 마련되었다고 생각하고 있다. (한편, 금 후 어업 문제에 관한 교섭이 진행된다면 앞선 어업 각료회담에서의 토의내용이 출발점이 되어야 한다는 것은 두말할 필요도 없으며, 이것을 벗어난다면 어업 교섭의 백지화를 의미하는 것이 된다.)

4. 상기와 같이 청구권 문제의 해결에 관해서는 큰 틀에서 합의가 이루어졌고, 어업 문제에 관해서도 농상회담의 결과 쌍방의 이해가 상당히 깊어졌으나, 회담의 제 현안을 일괄적으로 동시에 해결하기 위해서는 각각의 안건에 관해 바짝 입장 차를 줄이지 않으면 안 되는 다음과 같은 문제점이 남아있기 때문에 한국 측의 종래의 교섭 태도로 미루어 모든 문제의 해결까지는 아직 갈 길이 멀다는 생각을 저버릴 수가 없다.

(1) 기본관계

(가) 한국 정부의 관할권을 어떻게 표현할 것인가(북한을 어떻게 인식할 것인가)

(나) 형식을 어떻게 할 것인가(기본조약으로 할 것인가, 공동선언 정도로 할 것인가)

(다) 일한 간 해저전선 분할 문제

(2) 청구권 및 경제협력

(가) 장기저리차관(2억 불)의 상환 기한

(나) 대한 채권(약 4,573만 불)의 변제 방법

(다) '명목' 문제('경제협력 공여 결과 청구권 문제는 소멸'이라는 표현을 취하는 문제)

(라) 무상 유상 경제협력 실시 세칙

(3) 선박

(가) 한국 치적선 등의 반환 청구(한국 측)

(나) 나포 일본어선의 반환 청구(일본 측)

(4) 문화재

(가) 문화협정의 체결

(나) 한국 출토 재일문화재의 대한국 증여의 범위

(5) 어업

(가) 어업전관수역(12해리)과 기선의 획선 방법

(나) 어업전관수역 외에서의 공동 규제 조치

(다) 공동위원회의 조직과 권한

(라) 어업협력(한국 해산물(김을 포함) 수입 증가 문제 및 어선 등의 대한 수출 문제를 포함)

(6) 재일한국인 법적지위

(가) 영주권 부여 범위

(나) '국적 확인 조항'의 취급(북한계 재일조선인 문제)

(다) 영주권자의 퇴거 강제 범위

(라) 영주권자의 처우

(마) 영주 귀국자의 휴재 재산

(7) 독도 문제

5. 일한회담이 최종적으로 마무리되는 경우의 모습으로서, 한국 측은 이전부터 일한 간 종합국력의 차이와 과거의 역사로 인한 한국민 일반의 대일 감정을 감안해 대등한 양보가 이뤄지는 내용으로는 수용하기 어렵고, 일본 측이 대국적 견지에서 더 큰 양보를 해 주어야 타결이 가능할 것이라는 주장을 거듭해 왔다. 최근에도 한국 정부 소식통은(정일권 총리가 외무부 장관 시절에 이케다 총리에게 한 이야기) 이 점과 관련, 일본 측이 제 현안에 대해 '7'을 양보하고 '3'을 취하는 것으로 만족하지 않는다면 일한 회담을 조기에 타결하는 것은 어렵다는 의견을 표명한 바 있다. 이 점 일본 측도 종래 어느 정도 어쩔 수 없이 그렇게 해야 하는 이유를 인식하고 일한 관계의 특수성에 비추어 청구권, 문화재, 어업, 법적지위 등의 제 현안에 관해 일본 국민이 납득할 수 있는 합리적인 내용의 요청이 허용하는 가능한 한 한도까지 양보하여 이른 바 '6' 대 '4'에 머물지 않고 '7' 대 '3'까지 한국 측에 양보하는 제안을 해 왔다고 하는 것이 실정이라고 말할 수 있을 것이다.

그러나 기존의 경위, 특히 최근에 학생시위가 발생한 이후 한국 여론의 동향을 관찰하면, 예를 들어 한국 정부 관계자는 '7' 대 '3'의 수준으로 타결되는 데까지 진행되어 왔다고 하더라도, 한국의 일반 여론은 아직 이 정도의 거래조차 승인할 정도로 충분히 성숙되어 있지 않다, 즉, '36년간의 원한'은 고작 20년으로는 충분히 진정되지 않았음을 보여주고 있다.

그렇다고 '8' 대 '2' 또는 '9' 대 '1'의 거래로는 일본 측에서도 국회나 여론의 지지를 얻을 수 없기 때문에 잘해봐야 '7' 대 '3'의 비율 정도밖에 될 수 없다. 일본 유력자의 논설이나 평론기의 논평이 일한 정상화를 찬성하는 경우에도 예외 없이 이른바 대국론에 근거한 안이한 타결을 경계하면서, 이치에 맞는 신중한 교섭이 중요하다고 강조했음을 상기해야 한다. 이러한 양국 정부 또는 국민의 일한 교섭에 대한 접근 또는 기대의 갭에 비추어, 본래는 일한 친화를 위한 것이 되어야 하는 교섭이나 협정이 한국에서는 오히려 일본에 대한 불신이나 불만을 야기하는 원인이 되고, 나아가 일한이 서로 멀어지는 원인이 되는 얄궂게도 '반대 목적' 적인 결과가 되기도 하는 것이다.

그러나 한편으로는 한국 국내의 반일 감정에는 다분히 관념적, 추상적인 면이 있으며, 이와 같은 관념적, 추상적 반일 감정은 이승만 시대의 반일 교육과 함께 지금까지 전후에 일한 간의 인적 접촉이 극히 제한되어 있었다고 하는 것에 큰 원인이 있다고 생각된다. 이러한 감정은 그것이 관념적, 추상적이므로 일한 관계가 현재와 같은 상태로 계속된다면 쉽게 개선을 기대할 수 없으며, 일한회담 타결 시에는 어쨌든 간에 상당한 저항이 있을 것으로 생각되나, 일단 어떻게 해서든 타결이 된다고 하면 일한 간의 계속되는 구체적인 접근을 통해 급속도로 개선될 수 있는 잠재력을 가지고 있는 면도 부정할 수 없다.

여기서 문제는 다소 국내의 반발을 억누르고서라도 일한회담 타결까지 끌고 갈 수 있을 만큼 기초가 확립된, 정치력이 있는 정권의 성립을 한국 측에 기대할 수 있느냐 하는 것이다.

전후에 한국 역대 정권을 돌이켜 보면, 반일을 표방한 이승만 대통령 시대는 잠시 접어두고, 어느 정권도 일한회담의 타결, 양국 관계의 조정에 열의를 보이면서도, 궁극적으로 그 실현을 이루지 못한 이유는, 정권의 지도력에 대한 국민의 일반적인 신뢰 결여에 기초한 정정의 불안정에 있으며, 또한 그 근저에는 한편으로는 각 정치세력 간의 제거하기 어려운 확집과 각 정치세력 내부에 권력 항쟁이 존재하고, 다른 한편에서는 정부 및 여당 세력이 범해온 소위 부정부패의 문제가 가로놓여 있다고 할 수 있을 것이다. 이러한 당쟁과 오직(汚職)은 기탄없이 말한다면 한국 정치에 있어 다분히 체질적인 것이라 생각할 수 있으며, 현재 계엄령 선포 후의 사태 수습이 어떻게 이루어질지, 그것에 의해 일거에 없어질 것이라고는 쉽게 기대할 수 없는 것이 있다.

현시점에서 한국에 어느 정도 강력한 정권이 안정적으로 출현할 것이라고 구체적으로 예상하기에는 아직 한국 내 정세가 너무 유동적이다. 하지만 여기서 간과할 수 없는 것은 첫째, 한국의 일반시민이 결국 이번 학생시위에 합류하지 않았다는 점과 애초 일한회담을 반대했음에도 불구하고 그 후의 시위에서는 일반시민의 모습이 완전히 자취를 감춘 점, 둘째, 계엄령 선포 이후 한국에서는 일종의 반성 분위기가 확산되고 있으며 국민들이 사태 수습을 위한 여야협조를 강하게 요망하고 있다는 점, 셋째, '새로운 악(新惡)'의 화신으로 간주되던 김종필의 하야와 외유를 계기로 일한회담 반대를 포함한 박정희 정권에 대한 공격 분위기가 그 격렬함을 갑자기 상실해 가고 있다는 점 등이다. 일한회담의 타결은 지금까지의 한국 정부에게는 국민 앞에 제시할 수 있는 장래의 전망이라는 관점에서 말하자면 유일한 것이었기 때문에 시국 수습과정에서 아무래도 한국 측이 일한회담을 타결해야 한다는 자각이 다시 힘을 얻게 되는 것을 결코 기대할 수 없는 바는 아니라고 생각된다. 일본 측으로서는 이 같은 한국 국내 정치의 성장을 시간을 갖고 기다릴 수밖에 없다.

6. 앞서 말했듯이, 향후 논의해야 할 회담 현안의 개수, 성격, 내용으로 보아 전면 타결까지는 상당한 시간과 정력을 소비해야 할 전망이다. 다른 한편으로는 전술(前述)한 바와 같이 한국의 정정이나 국민감정을 보더라도 지금까지 교섭의 타결을 저해해 온 요인에 급격한 변화를 기대할 수도 없이 앞으로 당분간 이 상태가 계속될 것으로 보인다면, 종래 일본 정부가 취해 온 '현안을 일괄적으로 동시에 해결한 후 국교정상화'하는 전통적인(orthodox), 이른바 전부를 얻거나 아니면 아무 것도 얻지 않는 all or nothing 정책만으로는 당면한 국교 정상화라는 본래의 목적 달성은 실제 문제로서 오히려 어렵다고 말할 수밖에 없다.

따라서 향후 일한 관계에 대한 대처 방법으로 종래와 같은 교섭을 병행하면서도, 이것과 모순되거나 이를 저해하지 않는 중간적 조치(modus vivendi)도 가미할 필요가 있다.

7. 여기서 일한 간에 조금씩 처리해 나가기 혹은 쌓아 올리기식으로 국교 정상화하는 방식의 타당성, 현실성을 생각해야 한다. 그 방법으로 (1) 일단 주한일본 대표부의 설치를 목표로 하고(우리 측이 대사관 설치도 단행할 수 있지만, 상대 측이 이를 수용할 준비가 되어있지 않다), (2) 한국 측이 요청한 대로 일반 무역에서 한국상품의 수입을 확

대하며, (3) 통상의 상업베이스의 민간 차관 공여와 관련, 국교 정상화가 되지 않았다는 것을 이유로 일괄적으로 소극적인 태도를 취하지 않고 개별 안건의 장점, 조건의 적부 등을 구체적으로 검토한 후 일본 측이 취할 수 있는 범위 내에서 실시해가는 방침으로 임하는 것이 좋지 않을까 생각된다. 마침 최근 한국 측도 회담의 진전 여하와는 상관없이 일반적인 무역이나 경제협력에서 사태를 개선하는 것이 더 급선무이고, 오히려 이것이 향후 회담의 원활한 진행과 타결에 긍정적인 영향을 미친다는 취지의 견해를 제시하고 있으며, 이른바 일한 국교의 '부분적 정상화' 구상도 일부에서 검토하고 있는 모양인 것 같다.

상기와 같은 태도는 회담 현안을 해결하기 위한 노력을 당분간 자제한다는 것이 물론 아니다. 또한 현재와 같은 형식의 일한 교섭의 중단, 쌓아 올리기 방식으로의 전환을 정면에서 제기하는 것은 한국과의 관계는 물론, 국내 정치상으로도 득책이 아니다. 현재 교섭의 실질적 진전이 바람직스럽지 않다고 해도, 일한 국교 정상화의 조기 실현을 기하려 하는 기본적 자세는 이것을 무너뜨리려는 것이 아니고, 한국 측으로부터의 구체적 제안에 호응하고, 언제라도 이것을 받아들인다는 방침을 가지고 계속해서 임해야 하는 것이다. 다만, 종래와 같은 '일한회담' 방식 일변도의 자세는 현실적이지 못하며, 또한 그 적극 추진이라는 것을 정부의 대표적 간판 정책으로 지나치게 내세운다면 타결을 위한 타결을 서두르는 것과 같은 분위기를 만들거나, 또는 일한 양국 국내에서 이러한 인상을 줄 수도 있으며, 심지어 일본 측이 회담 촉진을 위해 초조해하고 있는 것 같은 인상을 한국 측에 줄 위험도 있다. 요점은 일한 교섭에 대한 그러한 과장된(over) 자세나 홍보를 시정하고, '도전을 받고 응한다'는 정상적인 자세로 돌아가야 한다는 것이다. 이때 '일한회담' 이전에 '일한 관계'라는 것이 엄존하고, 이웃 나라로서의 일본은 이를 최대한 우호적으로 유지해 가야 한다는 기본 인식에 입각해, 꾸준히 구체적인 개별 안건을 적극적으로 처리해 가는 쪽에 더 중점을 두어야 할 것이다. 이것은 일한회담 촉진을 위한 첩경이기도 하다.

8. 한편, 한국 정부가 국민에게 보여줄 수 있는 유일한 선행 전망이 일한회담의 타결이라면, 현재의 한국 정세가 일단 진정되면 한국 측은 형식적이라도 좋으니 '일한회담'을 재개해 달라고 요구할 것으로 생각된다. 그러나 일한회담의 실질적 진전을 도모

할 수 있기 위해서는 우선 어업 문제에 대해 3월부터 4월까지 열었던 어업 장관회담의 토의내용을 토대로 고위급 정치교섭을 재개하여, 해결책의 큰 틀에 대한 합의에 도달하는 것이 선결되어야 하며. 이러한 교섭은 쌍방이 마음만 먹으면 타결하는 데까지 그다지 시간이 걸리는 문제가 아니라고 생각된다.

그러나 만일 한국 측이 유연성 있는 태도를 취할 수 있는 태세를 갖추지 않았음에도 불구하고 형식적으로 어업 교섭을 재개한다면, 이는 논의해야 할 내용이 없다는 점에서 무의미할 뿐만 아니라 지금까지의 경험에 비추어보더라도 역효과를 낳을 우려가 있다. 즉, 회담을 개최했다는 형식에 의해 한국 측은 일한회담을 하고 있다는 자기만족에 빠지고, 회담 타결을 이끌어 내기 위해서 무엇을 해야 하는지 생각하는 진지함(seriousness)을 잊어버리며, 그것에 기초한 결단을 하지 않은 채 오직 우리 측에 전기(前記)한 '7' 대 '3' 이상의 양보를 기대하기만 하는 태도를 취해, 결과적으로 보면 회담 타결을 지연시키는 것이 될 것이다. 따라서, 한국 측으로부터의 회담 재개 요청이 있는 경우에는, 한국 측이 어업 문제에 관해 실질적 진전을 도모할 수 있는 태세가 갖추어질 때까지는 오히려 이것에 응해서는 안 된다고 생각된다.

9. 한편, 한국과의 관계를 생각하는 경우에 서둘러 검토를 요하는 것은 금후의 북한과의 관계에 여하히 대처할 것인가 하는 문제다. 종래 정부는 일본과 북한과의 접촉이 과거 일한 관계에 영향을 미쳤다는 점을 감안해 개별 사안에 대해 매우 신중하게 검토해야 한다는 방침을 견지해 왔으며, 무역은 사실상 자유롭게 되어 있지만, 인적교류 문제에 대해서는 여전히 엄격하고도 제한적인 태도를 유지하고 있고, 일본인의 북한 여행, 북한으로부터의 일본 입국은 극히 소수의 예외를 제외하고는 인정하지 않고 있다. 재일조선인의 이른바 자유왕래 문제에 대해서는 일절 이를 허가하지 않는다는 입장으로 오늘에 이르고 있다. 북한과의 관계에 임하는 그러한 우리 정부의 기존 입장은 어디까지나 한국과의 국교 정상화 실현을 우선시하여 이에 악영향을 미치지 않는 범위 내에서 북한 관계의 개별 안건에 대해 예외적으로 완화 조치를 취하는 데 그치고, 중요한 정치적 결정은 모두 한국과의 국교 정상화 이후로 유보하려 노력하는 것이었다. 그러나 최근 일한회담의 타결이 일단 가까운 장래에 기대하기 어렵다는 점에서, 다른 한편으로 북한과 일본의 무역이 점차 확대되고 있는 현실적 요청도 있어 상

기(上記)한 바와 같은 정부의 기본 방침을 수정하라고 요구하는 목소리가 점점 강해지고 있다. 정부도 지금까지와 같은 상태가 자연스러운 것이라고는 생각하지 않으며, 무역 관계자의 입국에 대해서는 전향적인 자세로 검토한다는 취지를 대국회 관계에서 이미 약속했다. 한편, 올림픽 개최 시기가 임박함에 따라 북한으로부터의 일본 입국자 수는 필연적으로 증가할 것으로 예상된다. 일한회담이 순조롭게 진전되는 등 제반 분위기가 고양되는 시기라면 북한과의 인적 교류 문제에 관한 정부 정책의 변경은 사소한 것일지라도 한국 측의 강한 반발을 초래할 우려가 있으나, 현재는 회담이 사실상 중단 상태에 있는 시기인 만큼, 그 영향은 과거에 비해 그렇게 크지 않다고 전망할 수도 있으므로, 현재의 객관적 정세는 일본이 지금까지 북한에 보였던 태도를 수정하기에 유리한 방향에 있다고 할 수 있다. 그렇다고 북한에 대한 기본 개념을 수정하고 인적 교류 등 모든 면에서 기존의 한계를 일거에 철폐할 시기는 물론 아니다. 그렇기 때문에 결국 구체적으로 무역 관계자를 포함한 북한 입국자에 대해 어느 정도 이를 완화할 것인가, 일본에서 북한을 방문할 경우 어느 범위까지 여권을 발급할 것인가, 또 재일조선인이 북한을 방문할 경우 어디까지 재입국을 허가할 것인가 같은 구체적인 문제들을 그 실시 시기를 포함해 종합적인 관점에서 추가적으로 검토하고, 각각 대처방침의 원칙에 대해 관계 성 청(省廳)의 양해를 구해야 할 것으로 생각된다.

日韓会談今後の進め方について（改訂案）

39.7.13

1. 会談の経緯とわが方の対処方針

2. 会談に臨むわが方の姿勢

3. 請求権問題と漁業問題の成果

4. 今後解決を要する問題点

5. 会談妥結を困難ならしめる韓国側の事情

6. 「諸懸案一括解決後国交正常化」方式の問題点

7. なしくずし国交正常化方式

8. 会談の進め方

9. 北鮮との関係

1. 日韓両国間の諸懸案を解決し、国交を正常化することを目的とする日韓会談は、1951年10月の予備会談にはじまり、その後12ヵ年半余の長きにわたり、幾多の曲折を経て断続的に続けられ、現在の第6次会談に及んでいる。日韓会談で討議されてきた問題は、(1)基本関係、(2)財産請求権(船舶および文化財を含む)、(3)漁業、(4)在日韓国人の法的地位の諸懸案であり、韓国において反日政策を掲げた李承晩が続いていた間は、討議の進捗にもおのずから限度があつたが、1960年夏に張勉政権が成立し、両国関係の調整に熱意をもつて臨んで来たのに伴い、爾来相互の理解と信頼は漸次深まつて行き、1961年5月軍事政権が樹立された後同年10月20日に開始された第6次会談においては、各案件につき相当の進展が見られ、殊に請求権問題は1962年末までに大筋の合意ができあがるに至つた。1963年にはいつて以来、討議の中心は漁業問題に移り、専門家を中心とする討議が重ねられた後、なお基本的な点につき解決を要する問題が残されたので、本年3月10日より両国の農林大臣による会談がはじめられ、双方の理解は一段と深まるに至つた。しかしながら、3月下旬韓国に日韓会談の進め方を非難攻撃する学生デモが発生し、事態はさらに発展して朴政権そのものに反対する動きと化し、ために政情不安が続き、韓国側において実際上会談を続け得ない状態に陥つたため、両国間の交渉は目下中断されている実情にある。

政府はかねて日韓会談のまとめ方について極めてオーソドックスな方針をとり、上記の諸懸案を同時に一括解決した上で国交を正常化するとの態度を堅持してきた。1962年末をもつて請求権問題解決について大筋の合意が成立した後においては特に、わが方の最も重視する漁業問題が日本側の満足し得るような解決を見ることなしに会談の全般的妥結はあり得ないとの立場を韓国側に徹底させるに努めてきた。すなわち請求権問題解決のための協定も漁業問題その他の諸懸案の解決を待ち。そのための協定と同時に調印することとしているわけであり。換言すれば、諸懸案の一括同時解決をもつて両国間の国交を正常化し、しかる後にはじめて無償3億ドル、有償2億ドルの経済協力も供与されるものであるとの方針を堅示してきた次第である。

以上のような会談の経緯ならびにわが方の対処方針は、韓国側の基本的態度がこれまで過去の清算に重きをおき、将来の友好提携関係を進めるためにまずもつて請求権問題における日本側の誠意表示を強く求めて来たという事実がある反面、わが方が会談妥結の結果直接に収め得る取り分は、諸懸案のうち漁業問題解決による安全操業の確保のみであり。残余はあげて持出しばかりであるという案件の内容からしても、実際上よんどころない次第であつたといわざるを得ない。

2. 政府はかねて内外に対し、韓国がわが国とは歴史的、地理的に極めて深い関係を有し、等しく自由陣営に属する最も近い隣邦であつて、これと速やかに国交の正常化をはかるべきことは当然であるとの見地から、会談を積極的に推進するとの基本的な姿勢を明らかにし続けて今日に至つている。

しこうして、わが方のかかる一貫した方針にもかかわらず、従来両国関係の調整を見るに至らなかつたのは、主として韓国側の事情によるものであり、韓国のしばしば流動性を帯びる政情に対しては理解と同情をもつて接するべきであり、日本側としては、会談の早期妥結を希望する日韓両国民大多数の気持を背景として早期国交正常化に努力するとの方針をくずさないで来ている。

以上のごとき日韓会談に対する方針は、1951年10月の予備会談以来今日に至るまで、歴代内閣を通じてその基調において何ら

6

変ることなく保持されてきており、むしろ、日韓会談の早期妥結は各内閣が掲げた主要外交方針に一貫していた、いわば戦後日本外交の「一枚看板」であつたとすらみることができるであろう。

3. 会談の主要懸案たる請求権問題と漁業問題につき従来の成果を略述すれば、次のとおりである。

(1) 請求権問題

韓国側はかねて対日請求8項目を提示し、日本側がこの請求を認めることを要求したのに対し、日本側は、請求権として支払いを認め得るものは、十分な法的根拠があり、かつ、事実関係の十分に立証されたものに限るとの立場をとつて討議を重ねてきたが、法的根拠の有無については双方の見解に大きな隔りがあり、また、戦後十数年を経過し、とくに朝鮮動乱を経てきた現在において、事実関係を正確に立証することも極めて困難なことが判明するに至つた。しかしながら、この問題を未解決のままいつまでも放置することは許されないので、日本側として、この困難を克服するため新たな工夫をこらすこととしたが、その構想の骨子は、将来にわたる両国間の親交関係を確立するとの展望に立つて、この際韓国の民生の安定、経済の発展に貢献するため、無償、有償の経済協力を行ない、このような経済協力供与の随伴的な効果として平和条約第4条の請求権問題が同時に解決し、もはや存在しなくなつたことを日韓間で確認するというものである。1962年8月以降の予備交渉においてこのような基本的考え方を軸として真剣な折衝が続けられた結果、同年末に至つて両国政府はこの考え方に原則的に同意し、すなわち、(イ)無償経済協力は3億ドルを10年間にわたり日本国の生産物および日本人の役務により供与し、(ロ)長期低利借款は2億ドルを10年間にわたり海外経済協力基金より供与(年利率3.5パーセント、償還期間20年程度、うち据置期間7年程度)することとなつた。

(以上のほか相当多額の通常の民間の信

9

用供与が期待される。又、韓国側は貿易上の債務4,573万ドルを一定期間内に償還することとなつている。）

(2) 漁業問題

従来の会談においては、日韓間の漁業能力の格差が著しいためあくまで李ラインの存続を固執する韓国側の主張と、李ラインは国際法上不法不当で、これを認め得ないとする日本側主張とが真向うから対立し、話合いの糸口すら見出し得ない状況であつたが、第5次会談以降双方の理解も進み、討議はようやく軌道に乗り、1963年夏ごろまでに、漁業問題の解決は、国際慣行を尊重したものであること、魚族資源の最大の持続的生産性を確保する見地に立つこと、公平にして実施可能な規制方式をとること、これまでの操業実態を尊重すること等について原則的な意見の一致をみた。かかる諸原則を当該海域の地理的条件、漁業の実態につき如何に具体化するかが当面の問題となり、本年3月10日から4月6日まで12回にわたり日韓漁業閣僚会談が開かれた。この結果、(イ)専管水域の幅員について韓国側はこれを明示的に12カイリとは約さなかつたが、国際通念を尊重したものとすることを述べ、諸般の事実問題の検討に当り12カイリを前提とした議論を行なうに至り、(ロ) 専管水域の基線の内容につき、済州島付近、大黒山小黒山群島、東海岸の一部、西海岸の一部の4点を除き合意に達し、とくに最も問題のある済州島付近につき、日本側は同島を切り離した直線基線を、韓国側はこれを含めた直線基線を主張して意見の対立が残されたものの、この対立を解決するための赤城農林大臣試案を基礎とした検討が行なわれ、双方の主張の差が極めて縮まつた点が注目され、(ハ)各共同規制区域の規制隻数につき具体的数字が提示され、また、規制の性格についても討議が行なわれ、(ニ)漁業協力問題についてもかなり具体的な意見の交換が行なわれ、その方式および金

12

額について結論が出るには至らなかつたが、日本側としては、漁業協力があくまで民間企業による商業上の信用供与の一部としてかつ、漁業問題が一括解決することを条件として、7,000万ドルの金額を提示するに至つた。以上の如く漁業問題を内容的にみれば、未だ双方の主張が対立している点の方が多いが、農相会談を通じて、日本側としてはこれらの対立点の落着き先につきある程度の心証を得るに至つたので、会談が再開された上で話合いの進展如何によつては、一挙に大綱妥結に至ることも必ずしも不可能ではないとの見通しを立て得る程度の基礎ができたものと考えられる。（なお、今後漁業問題につき交渉が行なわれる際には、先般の漁業閣僚会談における討議内容が出発点とならねばならぬことはいうまでもなく、これをはなれることは、漁業交渉の白紙化を意味するものである。）

4. 上記のとおり、請求権問題解決については大筋の合意が見られ、漁業問題についても農相会談の結果双方の理解はかなり深まつたのであるが、会談の諸懸案を一括同時解決に持込むためには、それぞれの案件に関して、なお煮詰めねばならないつぎのような問題点が残されていて、韓国側従来の交渉態度より見て、そのすべての解決までにはなお前途遼遠の感なきを得ない。

(1) 基本関係

(イ) 韓国政府の管轄権を如何に表現するか（北朝鮮を如何に認識するか）

(ロ) 形式を如何にするか（基本条約とするか、共同宣言程度にするか）

(ハ) 日韓間海底電線分割問題

(2) 請求権および経済協力

(イ) 長期低利借款（2億ドル）の返済期限

(ロ) 対韓債権（約4573万ドル）の返済方法

(ハ)　「名目」問題（「経済協力供与の結果請求権問題は消滅」との表現をとる問題）

(ニ)　無償有償の経済協力の実施細則

(3)　船舶

(イ)　韓国置籍船等の返還請求（韓国側）

(ロ)　拿捕日本漁船の返還請求（日本側）

(4)　文化財

(イ)　文化協定の締結

(ロ)　韓国出土在日文化財の対韓贈与の範囲

(5)　漁業

(イ)　漁業専管水域（12カイリ）と基線の引き方

(ロ)　漁業専管水域外における共同規制措置

(ハ)　管轄権と取締り

(ニ)　共同委員会の組織と権限

(ホ)　漁業協力（韓国海産物（海苔を含む）輸入増加問題及び漁船等の対韓輸出問題を含む）

15

(6) 在日韓国人の法的地位

(イ) 永住権付与の範囲

(ロ) 「国籍確認条項」の取扱い(北鮮系在日朝鮮人の問題)

(ハ) 永住権者の退去強制の範囲

(ニ) 永住権者の処遇

(ホ) 永住帰国者の持帰り財産

(7) 竹島問題

5. 日韓会談が最終的にまとまる場合の姿として、韓国側ではかねて日韓間の綜合国力の差や過去の歴史から来る韓国民一般の対日感情にかんがみ、内容的に対等な譲歩が行なわれたということでは受入れがたく、日本側が大局的見地に立つてより大きな譲歩をしてくれてこそはじめて妥結があり得るとの主張を重ねて来た。最近においても、韓国政府筋(丁一権総理の外相時代の池田総理に対する談話)はこの点に関し、日本側が諸懸案につき「7」譲つて「3」を得ることで満足してくれなければ、日韓会談を早期に妥結することは難しいとの意見を表明したことがある。この点日本側も従来ある程度そのやむを得ない所以を認識し、日韓関係の特殊性にてらして、請求権、文化財、漁業、法的地位等の諸解決案について、日本国民の納得が得られる合理的内容という要請が許容するぎりぎりの限度まで譲歩を行ない、いわば「6」対「4」にとどまらず、「7」対「3」にまで韓国側に譲つた提案をなし来つたというのが実情であるといえよう。

しかしながら、従来の経緯、特に最近における学生デモ発生以来の韓国世論の動向を観察するに、たとえ韓国政府筋は「7」対「3」のレベルで妥結するところまで進んで来たとしても韓国の一般世論はまだこの程度のバーゲンすら承認する程十分には熟しておらない、すなわち「36年の怨」はまだ20年では十分鎮静していないことを示している。

さりとて「8」対「2」や「9」対「1」のバーゲンでは日本側でも国会や世論の支持が得られないので、せいぜい「7」対「3」のかねあい程度とならざるを得ない。日本の有力紙の論説や評論家のコメントが日韓正常化を賛成する場合もいずれも所謂大局論に基く安易な妥結を戒め、筋を通した慎重な交渉の要を強調していたことが想起されよう。かかる両国政府ないし国民の日韓交渉に対するアプローチないし期待のギャップから、本来は日韓親和のためのものであるはずの交渉や協定が韓国では却つて日本に対する不信や不満を生む原因となり、ひいて日韓離反の源となるという皮肉な cross purpose 的な結果ともなりかねない。

しかしながら、他面、韓国国内の反日感情には多分に観念的・抽象的な面があり、このような観念的・抽象的反日感情は李承晩時代の反日教育とともに、これまで戦後における日韓間の人的接触が極めて限られていたことに大きな原因があると考えられる。このような感情は、それが観念的・抽象的であるゆえに、日韓の関係が現在のまま続くにおいては容易にその改善を期待し得ず、日韓会談妥結に際してはいずれにしろかなりの抵抗があると考えられるが、一旦何とか妥結することができれば、続く具体的な日韓間の接近を通じて急速に改善されうるポテンシャリティーを有する面も否定し得ない。

そこで問題は、多少の国内からの反発を抑えても日韓会談妥結まで持つて行けるだけの基礎の確立した政治力ある政権の成立が韓国側に期待できるか否かという点になつてくる。

戦後における韓国歴代の政権を顧みるに、反日を標榜した李承晩大統領の時代はしばらくおき、いずれも日韓会談の妥結、両国関係の調整に熱意を示しながらも、遂にその実現を果し得なかつた所以は、政権の指導力に対する国民一般の信頼の欠如に基づく政情の不安定にあり、さらにその根底には、各政治勢力間の抜き難い確執と各政治勢力内部における権力抗争とが一方に存し、他方において、政府および与党勢力が犯して来たいわゆる不正、腐敗の問題が横たわつているといえよう。かかる党争と汚職とは、忌憚なくいえば韓国の政治において多分に体質的なものと考えられ、現在の戒厳令宣布後の事態の収拾が如何に行なわれようとも、それによつて一挙に消えうせるとは容易に期待できないものがある。

現時点において韓国内にある程度強力な安定政権が出現することを具体的に予想するには、未だ韓国国内の政情があまりに流動的でありすぎるが、ここに見逃し得ないのは、第一に、韓国の一般市民がついに今次の学生デモに合流するに至らず、当初は日韓会談反対が唱えられていたにもかかわらず、その後のデモにおいてはすつかり影をひそめたこと、第二に、戒厳令宣布後の韓国において一種の反省ムードが高まつており、事態収拾のための与野協調が国民の強い要望となつていること、第三に、「新悪」の権化視された金鍾泌の下野外遊を契機に、日韓会談反対を含む朴正熙政権攻撃の勢がその激しさをにわかに失つてきていることとの諸点である。日韓会談の妥結は、これまでの韓国政府にとつて国民の前に示し得る先行きの見通しとしていわば唯一のものであつたことゆえ、時局収拾の過程においていずれ韓国側において、日韓会談を妥結しなければならないという自覚があらためて力を加えてくることは全く期待できない問題ではないと考えられる。日本側としてはこのような韓国国内政治の成長を時間をかけて待つより仕方がない。

22

6. 上述のとおり、今後討議すべき会談の諸懸案の数、その性質、内容から見て全面的妥結まではなお相当程度に時間と精力を費さねばならぬとの見通しであり、他方において前述の如き韓国の政情や国民感情からしても、これまで交渉の妥結を阻害していた要因に急激な変化の期待が持てないまま今後とも当分の間続くものと見られるならば、従来日本政府がとり来つたオーソドックスな「諸懸案を一括同時解決した上での国交正常化」といういわば all or nothing 的方針のみをもつてしては、当の国交正常化なる本来の目的の達成は実際問題として却て難しいといわざるを得ない。

よつて、今後の日韓関係への対処の仕方としては、従来の如き交渉と平行しながら、且つこれと矛盾、阻碍しない中間的措置（modus vivendi）をも加味する要があろう。

7. ここにおいて、日韓間におけるなしくずしないし積上げ国交正常化方式の妥当性、現実性が考えられてしかるべきであろう。その方法として(1)差当り在韓日本代表部の設置実現を目標とする(大使館設置もわが方として踏み切れぬわけではないが、先方がここまで進み得まい)、(2)韓国側より要請してきている通常貿易面における韓国産品の輸入増加、(3)通常の商業ベースの民間借款供与の面について国交未正常ということを理由に一概に消極的な態度をとることなく、個々の案件のメリット、条件の適否等を具体的に検討した上、日本側としてできることをできる範囲内で実施して行くとの方針で臨むのがよいのではないかと考えられる。偶々最近韓国側においても会談の進展如何とはかかわりなく、通常貿易面や経済協力面における事態の改善の方が急務であり、むしろこれが将来における会談の円滑なる進展、妥結へ好影響を及ぼすと考える旨の見解が示されるに至つており、いわゆる日韓国交の「部分的正常化」の構想も一部では検討されている模様でもある。

上述のごとき態度は、会談の諸懸案を解決するための努力を当分の間差控えるということでは勿論ない。又、現在の形式の日韓交渉の打切り、積上方式への転換を正面より打ちあげることは、対韓関係上は勿論のことであるが、国内政治上も不得策である。現在たとえ交渉の実質的進展が望めないとしても、日韓国交正常化の早期実現を期するという基本的姿勢はこれを崩すべきでなく、韓国側よりの具体的提案に呼応し、いつでもこれを受けて立つ方針をもつて引続き臨むべきであろう。ただ、従来のごとく「日韓会談」方式一辺倒の姿勢はリアリスティクでなく、又その積極的推進を政府の表看板に出しすぎると、妥結のための妥結をいそぐが如きムードを醸成したり、ないしはかかる印象を日韓両国内で生んだり、はなはだしきは日本側が会談の促進を焦つているが如き印象を韓国側にあたえたりする危険がある。要はかかる日韓交渉に対する「オーヴァー」な姿勢やPRを是正し、「受けて立つ」という「ノーマル」な姿勢に復すべきである。すなわち、この際、「日韓会談」の以前に「日韓関係」というものが厳存しており、隣邦としての日本はこれをできるだけ友好的なものに保つて行かねばならないとの基本的認識に立つて、地道に具体的な個々の案件を前向きに処理して行くことにもつと重点を置くべきであろう。これがまた「日韓会談」促進の捷径でもある。

8. なお、韓国政府が国民に示し得る唯一の先行きの見通しが日韓会談の妥結であれば、現在の韓国政情が一応の落着きをとり戻せば、韓国側は形式的にでもよいから「日韓会談」を再開してくれと求めてくることが考えられる。しかし、日韓会談の実質的進展を図り得るためには、先ず漁業問題について3月より4月にかけての農相会談における討議内容を基礎として高級政治交渉を再開し、本問題について解決策の大筋につき合意に達することが先決であり、このような交渉は双方がその気になれば妥結までにさして時間のかかる問題ではないとも思われる

しかしながら、万一、漁業交渉において柔軟性ある態度をとれる如き韓国側態勢が整わないにも拘らず、形式的な会談再開のみを行なうならば、その討議すべき内容がないという点から無意味であるばかりでなく、これまでの経験に照してみても、逆効果を生むおそ

れすらある。すなわち、会談の開催という形式によつて韓国側は日韓会談を行なつているのだという自己満足に陥り、会談妥結をもたらすためには韓国側で何をなさねばならないかについて考える seriousness を忘れ、それに基づく決断を怠り、もつぱらわが方に前記「7」対「3」以上の譲歩を期待するだけの態度をとり、結果的にみれば会談妥結を永びかせることとなろう。従つて、韓国側よりの会談再開の求めがある場合には、韓国側において漁業問題について実質的進展を図り得る態勢が整うまではむしろこれに応ずるべきでないと考えられる。

9. なお、韓国との関係を考える場合にあわせて検討を要するのは今後の北鮮との関係に如何に対処すべきかの問題である。従来政府は日本と北鮮との接触が過去において日韓関係に影響を及ぼしたことがあることにかんがみ、個々の事案につき極めて慎重に検討しなければならないとの方針を堅持してきており、貿易面は事実上自由となつてきているが、人事交流の問題については依然厳重な制限的態度を崩しておらず、日本人の北鮮渡航、北鮮からの本邦入国については極めて少数の例外を除いて認めておらず、在日朝鮮人のいわゆる自由往来問題に至つては、一切これを許さぬ立場で今日に至つている。北鮮との関係に臨むかかるわが政府の従来の立場は、あくまで韓国との国交正常化実現を優先させ、これに悪影響を及ぼさない範囲内で個々の案件につき例外的な緩和策をとるにとどめ、重要な政治的決定はあげて韓国との国交正常化の後まで保留するに努めようとしたものであつた。

しかしながら、最近に至り、日韓会談の妥結が差当り近い将来に期待し難いというところから、また一方において日朝貿易が漸次拡大されてきている現実面の要請もあつて、上記のような政府の基本方針の修正を求める声がようやく強まつてきており、政府としてもこれまでのような状態が自然なものであるとは思つておらず、貿易関係者の入国については前向きの姿勢で検討する旨を対国会関係で既にコミットしている。他方、オリンピックの時期が迫るにつれ、北鮮からの本邦入国者の数は必然的に増加するものと予想される。日韓会談が順調に進展し、四囲のムードが高まつている際であれば、北鮮との間の人事交流問題に関する政府の方針の変更は、それが些少なものであつても韓国側から強い反発を招くおそれがあるが、現在のごとく会談が事実上中断の状態にある時期だけに、その影響は一時に比べてそれ程大きなものとならずにすむ見通しも立て得るわけであり、現時点における客観情勢は、わが国がこれまでの対北鮮態度に修正を加えるに有利な方向にあるといえよう。しかしながら、北鮮に対する基本的な考え方を変更し、人事交流のすべての面において従来の制限を一挙に撤廃することは勿論その時期でないので、結局、具体的に北鮮からの入国者につき貿易関係者を含めてどの程度にこれを緩和するか、また、本邦からの北鮮渡航者につきどの範囲にまで旅券を発給するか、さらに、在日朝鮮人の北鮮行きにどこまで再入国を認めるか等の具体的な諸問題に関して、その実施のタイミングをも含めて、綜合的な見地から検討を加え、それぞれの対処方針の原則について関係各省間で了解をとげておく必要があるものと考えられる。

3. JAW-10392, 시나 외상 면담 결과 보고, 1964. 10. 22

한국 외교문서 1459, 제7차 회담 본회의 및 수석대표 회담, 1964-65

1964년 10월 22일 김동조 신임 주일대사가 시나 에쓰사부로 일본 외상을 면담한 결과를 보고한 문서(전문)다.

김 대사는 이날 면담에서 그간 중단 상태나 다름 없었던 한일회담의 재개를 희망한다는 뜻을 전달하였다.

대한민국 외무부

번호: JAW-10392
일시: 221744

암호전보

수신인: 외무부장관

발신인: 주일대사

김동조 대사는 이규성 참사관을 대동하고 금 22일 1430 시에 "시이나" 일외상을 방문하여 착임인사를 겸하여서 약 45분간 면담하였기 그 내용을 아래와같이 보고함.
(일측 "우시로구" 아세아 국장 배석)

1. 신임인사를 끝낸후, 김대사는 " 이께다 " 수상의 병환에 대하여 총리께서 걱정을하고 계시며, 총리의 위문친서 및 홍삼을 전달하여줄것을 요망하고 조속 쾌유를 바란다는 말씀을 전달하였음. "시이나" 외상은 사의를 표명하고 곧 전달하도록 하겠다고 말하였음.

2. 김대사는 또한 이외무장관께서도 "이께다" 수상의 병환을 걱정하고있으며 위문의 뜻을 "시이나" 외상에게 전달하여 줄것을 요망하였다하고, 김대사 자신으로서도 수상을 방문하여 직접 문병하고 싶으나 면회를 금지하고 있다하므로 가보지 못하니 위문의 뜻을 전하여달라고 하였음. "시이나" 외상은 재차 감사의 뜻을 표명하였음

3. 김대사는 금반 부임하여보니 오림픽이 성공리에 진행되고있어 일본정부를 경하하는 바이라하고, 한국으로 부터 약 5 천명의 관객이 와있는바 이기회에 일본내의 실정을 직접관찰할수있어 상호 이해를 깊게하는데 도움이 될수있을것으로 생각한다고 말하고 이들에 대한 일본정부의 협조에 사의를 표하였음.

4. 김대사는 금번 주일대사로 임명된 이후 서울에서 정부수뇌, 여당간부 및 야당 지도자들과 한일문제에 관하여 토의할 기회가 있었는데 한일양국이 조속히 현안 문제를 해결하고 국교정상화를 이룩한다는것은 비단 두나라만의 이익이 될뿐 아니라 전자유진영의 결속과 단결에 이바지한다는 뜻에서 한일간 국교의 조기 정상화에는 의의가 있었다고 말하고 한국정부로서는 일본정부가 회담을 재개할 용의가 있다면 언제라도 이에 응할수있는 태세를 갖추고있다고 말하였음. 이에 대하여 "시이나" 외상은 그와같은 한국정부의 입장을 듣게됨을 기쁘게 생각한다고 말하면서 일본정부로서도 한국측의 사정이 허락한다면 언제라도 회담재개에 응하겠다고 말하였음.

5. 김대사는 일측의 이와같은 생각을 환영하는바이라하고 현재 불행히 한일회담에 관한 양국의 분위기가 어느정도 냉각되어 있는바 연내에 실질적인 회담을 하자면 회담기간을 약 1 개월을 잡는다 하도 11 월 20 일경에는 본격적인 회담이 재개되어야 할것으로 생각되는데 현재 저하되어있는 분위기를 조성하기위하여 "시이나" 외상이 11 월 중순경에 1 차 방한할수있다면 좋은 결과를 가져올수있을것이라고 말하였음. 김대사는 이어 비공식으로 들리는바에의하면 "시이나" 외상의 방한 가능성이있다고 하므로 일본의 국내사정이 허락한다면 가능한한 상기한 시기에 방한할것을 요망하고, 외상의 의향을 표명한다면 곧 외무장관이 정식으로 초청장을 발송할 준비가 완료되어있다고 말하였음. "시이나" 외상은 자신이 1 차 방한함이 좋을것으로 생각하나 국내적으로 "이께다" 수상의 와병문제가 있고 유엔총회의 개회연기 일정

등이 아직 확정되지않은 관계등도 있어 현단계로서는 어렵지 않을까 생각된다고 하면서 이문제는 잘연구해보겠다고 말하였음.

6. "시이나" 외상은 한일회담의 본격적인 재개문제에 관하여 "아까기"농상과도 상의해보았다고 하면서 청구권 문제도 대강이 해결되었으니 어업문제에 있어 한국측이 좀더 접근하여 오기를 바란다고 말하고, 어업문제의 실질적인 타결을위한 교섭의 조속한 재개를 요망하였음. 이에대하여 김대사는 회담진행의 구체적인 방법에 관하여서는 추후 "스기"수석대표등과 토의할 기회가 있을것으로 생각되나 청구권문제를 보드라도 대강의 금액 및 조건등이 결정되었을뿐 아직도 많은문제점이 남아있고 어업문제에 있어서는 일측이 이를 중요시하는태도를 이해할수는있으나 이제까지 장기간에 궁한 교섭의 경위나 한일회담의 전반적인 구조로보아 비록 중점이 어업문제에 있다하드라도 모든 현안이 동시에 다루어진다는 형식이 되어야 할것임을 강조하고 실제 교섭에서 내용적으로 어업문제에 중점을두고 해결해나간다는 방법은 좋을것으로 생각한다고 말하였음. "시이나"외상은 김대사의 발언을 이해할수있으며 자기로서도 그렇게 생각이 든다고하면서 금후 구체적인 방법을 토의해나가기를 바란다고 말하였음.

7. "시이나"외상은 현재 회담의 분위기가 저하되어있는것은 한국측에의한 일어선의 나포에도 한원인이있다고하면서 선거기인 관계도있겠으나 일어선의 나포사건이 연발하여 일본의 야당만이아니라 여당내에까지 강경한의견이대두하고있어 일본정부의 입장이 난처하다고말하였으며 이를 받아 "우시로꾸"국장은 현재 억류되어있는 일어부 및 일어선을조속석방하여주기를간절히 요망한다고말하였음. 이에대하여 김대사는

전에도 이와같은 일측의 요망이있었다는말을 들었으며 부임전에 서울에서 이문제에 관하여 토의한바도있었으나 일측에 어려운 사정이있는이상으로 한국측의 입장이난처하다고 일본어선이 평화선내에들어오지말어야할것이며 한국정부로서는 이를 쫓아내려하드라도계속들어오는 이상 나포치않을수없으며, 일단 나포한 이상의 석방은 국내적으로매우 곤란한 문제다고말하였음. 이와관련하여 김대사는 부임전 "호오고마루"의 선체및 병약자및 미성년사2명의 석방을결정한바있다하고 금후 분위기가 호전될경우 이를 계기로 해결이 가능할것으로생각하나 현단계로서는 나머지 어부및 어선의 석방이 곤란할것이다고말하고 회담의 재개를 앞두고 일측이 자숙하여 평화선 침범을 삼가하므로서 자극적인 요소를제거하여줄것을강조하였음.

8. 김대사는 2천만불의 상업차관문제에관하여 당초 일본정부로부터 이야기가나왔던것이 그간 각종 우여곡절로 오랜 시일을 끌었으나 금조 이참사관이 일측과 이에관한원칙적인 합의를보았으며 자기로서는 사무적으로처리할수있는것은 조속히 처리해나간다는 방침으로 임할작정이라고말하였음. 이에대하여 시이나 외상은 자기도 이에관하여 보고를 들은바있으며 하나사식 현안을 처리해나간다는것을 매우 좋은일이라고말하면서 현안중인 어선수출문제및 한국산 해태도입문제등도 어업회담이 재개되는기회를 이용하여 해결할수있도록 "아까기"농상과 이야기하고있는중이라고말하였음.

9. 끝으로 김대사는 금후 실무적으로 해결이 어려운문제가있으면 언제라도 대신하고 이야기하여 해결할수있는 기회를주기를 바란다고하였던바, 시이나 외상은 기꺼히 이에 응하겠다고하였음. (외아북 — 주일정)

예고 : 66. 12. 31. 일반문서로.

4. JAW-10504, 제20차 수석대표 간 비공식 회담 결과 보고, 1964. 10. 29

한국 외교문서 758, 속개 제6차 한일회담 본회의 수석대표 간 비공식회의(본회의 상임위원회 회합) 1-21차, 1964. 3. 26-11. 5

1964년 10월 29일 개최된 김동조 신임 한국 측 수석대표와 스기 일본 측 수석대표 간 비공식회의 결과 보고 문서(전문)다.

김동조 주일대사는 10월 29일 한일회담 한국 측 수석대표로 임명되자 곧바로 스기 수석대표를 만나 한일회담 조기 재개에 관한 강한 의지를 표명하였다. 이 회의와 11월 6일 개최된 제21차 수석대표 간 비공식회의가 제6차 한일회담을 마무리 짓는 회의가 되었다.

대한민국 외무부

번호: JAW-10504

일시: 291803

수신인: 장관

발신인: 주일대사

제 20 차 수석대표간 비공식 회담 결과 보고

1. 일시: 64. 10. 29. 15:00 - 16:30

2. 참석자: 한국측: 김대사, 이참사관

일본측: 스기수석, 우시로구 아세아국장 (우시바대사는 타 용무로 불참)

3. 토의 내용

(1) 김대사는 신임 인사차 "고노" 국무상, "아까기" 농상, "스스기" 관방장관등 일본정부 수뇌와 접촉할 기회를 가졌으며 금반 "이께다" 수상의 사임에 따른 정치정세의 변동에도 불구하고 한일회담 조기 타결의 일본정부 방침에 변화가 없다는 일치된 견해를 듣고 기쁘게 생각하는 바이라고 하였음. 일측은 정부 수뇌의 교체가 있드라도 "이께다" 노선을 답습할것이며 회담조기 타결의 일본정부 기본방침에는 조금도 변화가 없을것이라고 말하였음.

(2) 김대사는 신내각이 구성되면 "시이나" 외상의 유임 여부에 불구하고 신외상과 새로운 접촉을 하겠으나, 착임 이후 최초로 "시이나" 외상과 면담한 석상에서 한일회담을 조속히 타결하여 양국간의 국교를 조기에 정상화한다는데 의견의 일치를 보았음을

상기하고,

(가) 회담재개에 관하여 한국측은 언제라도이에 응할 용의가 있음으로 일측 사정이 좋다면 11 월 20 일경에 회담을 재개하여 연내에 약 1 개월정도 PITCH 를 올려 양측 의견의 차이를 좁혀나가는것이 좋다고 생각하며, 특히 연내에 회담을 재개한다는것은,

(ㄱ) 일측이 정부수반 교체가 있었음에도 불구하고 한일회담을 추진한다는 결의를 내외에 천명하였으며,

(ㄴ) 한국측으로서도 한일회담이 전국민적 관심사가 되고있음으로 너무 오래 중단상태를 계속하여 공기를 냉각시키는것보다 연내에 재개하여 조기 타결의 결의를 명확히 함이 좋을것으로 생각됨으로, 연내재개에 대한 일측 사정이 어떠한가고 문의하였음.

(나) 회담 재개시의 운영방법에 관하여 김대사는 "시이나" 외상과 면담하였을시 일측은 어업문제에 최중점을 두고 이에 관한 토의를 선행시키려는의향을 표명한바 있으나, 한일회담의 이제까지의 경위로 보아 모든현안이 다같이 중요한 것임으로 각현안에 대한 토의를 동시에 병행시켜양측의견의 차이를 좁혀나감이 회담을 조기에 타결할수있는 방법이라는 점을 강조하여 "시이나" 외상도 이를 납득한것으로 양해한다하고 김대사가 접촉한 일정부 수뇌도 이와 같은 의견에 반대의사를표명한바 없다고 말하였음.

(다) 김 대사는 또한 현재 양국이 공히 냉각되어있는 분위기를 호전시키기 위하여

- 3 -

"시이나" 외상에게 회담 재개 이전에 일차 방한할것을 권유한바 있다하고 일측이 유엔 총회 일정, "이께다" 수상의 병환등 유동적인 정세를 이유로 즉답을 할수없다는 입장은 들었으나 가능하면 11 월 중순경에 2,3 일간의 여행이라도하여 한국정부의 지도자들과 허심탄회하게 대국적인 문제를 토의할수있다면 회담분위기 조성에 크게 도움이 될수있을것이라고 말하였음.

(라) 회담 분위기의 조성을 위한 또하나의 조치로서 김대사는 한일회담 이외에 현안중인 제 문제점을 조속히 해결하여 정지작업을 함이 좋을것으로 생각한다하고, 한국측도 사무적으로 처리할수있는것은 과감히 해결할것임으로 일측도 좀더 대국적인 견지에서 실질에 크게 관계없는 사소한 문제에 구애되지않기를 바란다고 말하였음.

(마) 아측은 또한 정부가 중요 언론인의 상호교환을 통하여 분위기를 조성할 계획을 하고 있음을 말한바, 일측도 전폭적 찬의를 표명하였음.

3. 일측은 김대사의 발언내용에 대하여 아래와 같은 반응을 보였음.

(가) 한일회담의 조기 재개에 대하여서는 일본정부도 전적으로 동감인바, 다만 일본의 정치정세와 불가분의 관계가 있으며 수상선출을 위한 임시국회의 소집 및 내각 개조등의 일정과 대조하여가면서 결정하지 않을수 없을것임으로 회담 재개의 구체적인 타이밍은 국내정국의 추이에 비추어 결정하자고 하였음.

(나) 회담 재개시의 운영방법에 관하여서는 거반 제 1 차 어업각료회담의 경위로보아 각료급 회담을 통하여 어업문제의 대강을 해결한 연후에 각 현안에 대한 실질적

토의에 들어간다는것이 외무성 부내의 의견이며, 어업문제 대강의 타결을 보지못하면 대장성등 관계성을 끌고나가기가 어려운실정이라고 말하였음.

(다) "시이나" 외상의 방한문제에 관하여서는 국교여부에 불구코 인국간의 이해를 깊게한다는 의미에서 원칙적으로 좋다는 생각이나,

(ㄱ) 방문시기에 있어서는 국내정치정세, 유엔총회의 일정등을 고려에 넣지않을수 없을것이며 이에 관한 사정을 종합하여볼때 연내방한을 하기는 어려울것같은 감촉임으로 방한이 실현되드래도 명년이될것으로 생각한다고 하고,

(ㄴ) 외상방한의 방법에 있어서는 현안중인 문제점의 해결과 관련없이 순수히 친선 증진 및 분위기 조성에 국한되어야한다는 의견이라고 말하였음.

(라) 일외상 방한문제와 관련하여 일측은 현안중인 제문제점, 예컨데 농수산물의 대일 수출문제등의 해결이 외상방한의 선행조건인가를 문의함으로 아측은 외상방한 및 회담 재개이전에 현안중인 제문제점이 전반적으로 해결되어 거리낌없는 분위기에서 회담에 들어감이 좋을것이라는 희망을 가지고있으나, 일측이 이에 관련없이 회담재개로 나가도 좋다는 생각이라면 구태어 제현안의 해결을 외상방한 또는 회담 재개와 결부시킬 생각은 없다고 말하였음.

(마) 전항과 같은 아측입장에 대하여 일측은 외상방한전에 억류중인 일어선 3척 및 어부 16명 문제는 필히 해결을 보아야할것이라는 의견을 이야기함으로, 이와 관련하여 아측은 대일수출증대 문제 및 대한 어선수출 금지조치문제는 해결을 볼수있어야할것이라는 점을 강조하였음. 이와 같은 문제점의 해결을 위하여서는

명일부터 곧 양측이 실무적인 절충에 들어갈것에 합의하였음.

(4) 아측은 각현안에 대한 토의가 병행되어야할것이라는 아측입장을 재강조하고, 어업 문제에 관한 교섭에 있어 일측은 각료회담의 재개를 희망하는것으로 보이나 우선 각위원회별로 토의를 진행한다는 견지하에 회담재개문제를 ● 다루고 구체적인 진행방법은 가장 효과적인 방법을 회담재개에 당하여 토의 결정토록하자고 말하였음.

4. 신문 발표

(1) 한일회담의 조기 타결 및 회담의 조기 재개에 관하여 의견의 일치를 보았으며 구체적인 재개 일정등은 계속 토의하기로하였음.

(2) 양측은 회담이외의 각현안문제를 조속히 타결하기로 의견의 일치를 보았음.

5. 차기회담: 64. 11. 5. (목) 15:00

(주일정-외아북)

예고: 일반 문서로 재분류 66. 12. 31.

5. 재개 한일회담에 임하는 방침, 1964. 11. 19

한국 외교문서 1459, 제7차 회담 본회의 및 수석대표 회담, 1964-65

제7차 한일회담 개최를 앞두고 수립한 한국 측의 교섭 방침에 관한 내부재가 문서다.

이 문서에서는 일본의 정권 교체, 즉 이케다 총리에서 사토 총리로의 정권 교체를 한일회담의 타결을 위한 긍정적인 요소로 평가하였다.

기 안 지

기 안 자	동북아과 공로명	전화번호	74-3874	공 보	필 요	불필요
과장	국장	차관	장관		국무총리	대통령
金	[서명]	[서명]	[서명]		[서명]	[서명]
협조자 서명					보존 년한	
기안 년월일	64.11.19.	시행 년월일		통제관	정서	기장
분류기호 문서번호						
경유 수신 참조	품의		발신			
제 목	재개 한일회담에 임하는 방침					

제 6 차 한일회담을 재개함에 임하여 별첨과 같이 정세를 보고하고 아측이 취하여야 할 방침을 품의하옵고 동 방침에 따라 재개 회담에 임할 것을 건의합니다.

유첨: 1. 한일회담 재개를 위한 정부 방침

2. 각 현안별 양측 입장, 및 해결 방안. 끝

검토필(1965. 6. 30.)[서명]

공통서식 1-2 (갑) (16절지)

(별첨 1)

한일회담 재개를 위한 정부 방침

1. 회담 재개에 관련된 일측 정세의 검토

(1) "이께다"수상의 후임으로 "사또 에이사꾸"씨가 신 수상으로 취임하였는 바, "사또"수상은 우선은 "이께다"전 수상이 밟아 온 노선을 그대로 답습한다 하고 그러한 의미에서 신 내각의 구성에 있어서는 "이께다"각료 전원을 유임시켰다.

(2) 자민당 당칙에 의하면 당총재 즉 수상으로 되어 있는 만큼, "사또"수상은 12. 1. 당총회에서 총재로 공선될 것인 바, 동씨는 "이께다"노선 답습이라는 방침하에 이께다 전 총재가 선임한 현 당 집행부를 그대로 유지하리라 한다.

(3) 그러나 "사또"씨 자신으로서는 정권을 자기 책임하에 담당하게 된 만큼 "사또"씨 자신의 구상에 따라 국정을 운영하여야 할 것이 당연한 일이므로 "이께다"노선의 답습이라는 원칙은 어디까지나 잠정적인 것이며 궁극에 있어서는 자기 구상에 맞는 내각 및 당 집행부의 개편이 필요할 것이다. 이러한 필요성은 더욱이 수상 선임 경과로 보아 자민당 각 정파에 대한 처우 및 조정을 위하여서도 가중되는 것이다.

(4) 전기와 같은 "사또"구상에 의한 내각 개조 및 당 개편 시기는 신년도 예산 심의가 끝나는 3월 이후의 기간으로 보여지는 바, 특히 참의원 선거가 있을 5월 하순 또는 6월이 가장 가능성이 많은 것으로 관측된다. 연이나 자민당내의 정치 동태와 중요 정책의 중점적 시행이라는 등의 이유로 일부의 개편이 있을수 있다는 가능성은 배제할수 없을 것이다.

공통서식 1—2 (을) (16절지)

(5) 위와 같이 "사또" 구상에 의한 내각 및 당 집행부의 개편 시기는 내년 3월말 이후로 예측되지만 "사또" 구상에 의한 인물 선정은 당 총재 공선이 있은후 부터 진행되리라 하며 년말 까지에는 그 윤곽이 굳어질 것으로 보인다.

(6) 여사한 경우 "사또" 구상내의 인물은 "사또" 수상을 통하여 일본의 정책 결정에 점차 영향력을 미치게 될 것이므로 한일 회담 추진이라는 견지에서 볼때에는 이들에 대한 긴밀한 접촉이 아측으로서는 필요할 것이다.

2. 사또 내각과 한일 회담

(1) 위에서 검토한 바와 같이 "사또" 현 내각은 현재로서는 잠정적인 성격의 것이라고 볼수 있는 바. 통상의 경우 잠정 정권은 중요한 결정을 필요로 하는 외교 교섭등을 추진하지 않는 것이므로 "사또" 내각이 현 단계에서 한일회담에 관하여 적극적인 태도를 반드시 취할 것이라고는 단정할수 없을 것이다.

(2) 그러나 "사또" 수상은 이 잠정적인 성격을 오히려 역이용하여 한일회담 타결의 공과를 잠정내각에 귀속시킨다는 저의에서 한일회담 타결에 적극성을 보일 가능성을 부인하여서는 않될 것이다.

(3) 따라서 아측으로서는 "사또" 수상이 유지하여 온 한일 국교 정상화에 대한 일관된 적극적인 태도와 수상 취임 이후 양차에 걸쳐 표명한 조기 타결의 의도를 뒷받침으로 하여 잠정적인 성격을 가진 현 "사또" 내각 하에서도 회담을 타결시킬수 있는 만반의 태세를 갖추고 교섭에 임하여야 할 필요성이 있는 것이다.

3. 회담 재개에 대한 일측 태도

(1) 11.12.의 김동조 대사와 "시이나" 외상과의 면담 및 11.14.의 "우시바" 심의관과의 면담에서 일측은 회담을 년내에 재개하는

공통서식 1—2 (을) (16절지)

메에 원칙적으로 동의한다는 태도를 표명하였다.

(2) 그러나 일측은 회담 재개 이전에 아측이 나포한 일어선 3척과 어부 16명의 석방과 평화선 내에서의 안전 조업의 사실상의 보장이 있어야 한다하고 2,000만불 차관의 조인을 계기로 석방을 시행할 경우에는 일측은 회담 재개를 위한 정지 작업으로서,

가. 방어용 쿼타 50만불, 오징어용 100만불을 증액할 용의

나. 해태 및 냉동어선 11척 문제에 대하여 곧 구체적인 협의에 들어갈 용의

다. 프리아크릴 및 냉간 압연의"프란트"도입문제에 관하여 내년에 구체적인 검토에 응할 용의가

있다고 표명하였다.

(3) 일측의 나포 어선 및 선원 석방요청은 상당히 강경한 것으로 일측은 아측의 석방 조치가 없는 한 회담 재개에 응할수 없다는 입장을 취하고 있으며 이를 회담 재개의 전제 조건으로 삼고 있다.

4. 아측 방침

(1) 어선 및 선원의 석방

가. 어선 및 어부 석방문제는 우리나라 여론에 예민한 작용을 하고 회담에 임하는 정부의 자세 문제에 까지 파급되는 문제이다. 더욱이 일측이 어선 및 선원의 석방을 회담 재개의 전제 조건으로 내걸고, 또 그러한 사정이 국내에 널리 알려져 있는 사정하에서는 이 석방문제는 일측의 상응하는 조치와 병행된다는 점을 국민에게 명백하게 이해 시킬수 있는 방법으로 다루어 져야할 것이다.

나. 한편 어선 및 선원 석방문제에 관한 일측 태도는 위에서 설명한 바와 같이 강경한 것이며, 또 이 문제는 "사또" 신

공통서식 1—2 (을) (16절지)

수상 자신에 대한 정치적 평가에도 관련되는 점이 없지도 않은 만큼 동 수상의 조기 타결 의도의 표명과 아측의 조기타결 희망을 현실화 하여 조속한 회담의 재개를 이룩하기 위하여서는 아측은 일측의 요청을 고려하지 않을수도 없을 것이다.

다. 따라서 어선 및 선원의 석방 문제에 관하여서는 아래와 같은 3 개의 방안을 생각할수 있으며 일측과의 교섭 결과에 따라 택일함이 가하다고 생각 한다.

제1안: 회담은 무조건으로 재개하는 형식을 취하고, 이 사실을 공동 발표하는 2, 3일 후에 석방 성명을 행한다. 단, 회담재개 공동 성명에 대한 합의에 이르기 위하여 필요 하다면, 주일대사가 일 외상에게 아측의 석방 의사를 표명하여도 가하다.

제2안: 회담 재개에 관한 공동 성명과 동시에 석방 성명을 행한다. 단, 일본 외상의 조기 방한 (1, 2월 방한) 에 관한 공동 성명과 동시에 석방 성명을 행하여도 가하다.

제3안: 즉시 석방하고 그후 2, 3일내로 회담재개 및 일외상의 조기 방한에 관한 공동 성명을 발표한다.

라. 위의 3 개안중 여하한 안을 채택할 경우라도 정부가 국민에 대하여 설명하는 내용은 일측의 성의를 감안하고 앞으로의 교섭을 유리하게 인도하기 위하여 석방하는 것이라고 함이 가하며, 일측에 대하여는 회담 재개 이전에 일측이 말하는 소위 정지

공통서식 1—2 (을) (16절지)

작업이 전면적으로 실현되도록 요청하고 이에 대한 확약을 받기로 한다.

또한, 상기 정지 작업외에 대일 미국 8만톤의 수출문제에 대한 최종 결정을 보도록 한다.

(2) 회담 타결 시기에 관한 목표

회담의 타결은 빠르면 빠를 수록 좋으므로 교섭의 모든 단계에 있어서 최단 시일내의 타결이 있도록 최선의 노력을 하는 것을 원칙으로 하는 바, 우선은 일 외상의 1, 2월 방한이 이루어 질 경우에는 동 방한을 계기로 전면 타결을 기도할 것이며, 이 경우에 필요하다면 외무부 장관의 답례 방일도 고려하기로 한다.

(3) 회담 재개 일자

일측은 한국측의 요청이 있으면 12월에는 회담 재개에 응할수 있다고 한 만큼 12. 7.(월)에 재개하도록 한다.

(4) 재개 회담의 진행 방식

12. 7.에 본회의를 개최하여 12.20.경 까지를 회담 기간으로 하는 바, 금번 회담에 있어서는 각 현안 문제별 양측 입장을 검토하고 가능한대로 양측 입장의 접근을 기도함으로서 명년초로 기대되는 본격적인 회담을 위하여 보다 나은 소지를 마련하기로 한다.

(5) 신년도 회담에 임하는 방침

신년도에 있어서는 금년도 재개 회담을 자동적으로 속개하여 본격적이며 전면적인 회담을 진행시키기로 한다. 이를 위하여 신년도에는 각 분과위원회를 전면 개최할 것인 바, 이러한 각 분과위원회의 진행 상황에 따라 정치회담의 개최도 고려하기로 한다.

(6) 대표단 구성

가. 금년도 재개 회담에 있어서는 전술한 회담 진행

공통서식 1—2 (을) (16절지)

방침에 입각하여 년말 까지는 실무자급 회담을 위주로 하는 만큼 현재 임명되어 있는 대표를 고려하여 아래와 같이 대표단을 구성 파견하기로 한다.

수석대표: 김동조 대사
대 표: O방 희 공사
O이규성 참사관 (公使)
이상덕 한은 이사
이홍직 교수
O아 주 국 장
O법 무 국 장
O수 산 국 장
O김명년 수산진흥원장
보 좌: 외무부 및 주일대표부 실무자

또한 실무자 회의라 하지만 본격적인 회담을 위한 준비 작업인 만큼 수석대표를 보좌할수 있는 저명 인사 1, 2명을 자문위원으로 임명 파견할 것을 고려한다.

나. 내년도 본격 회담에 대비하는 대표단은 금번 재개회담의 결과에 따라 신축성 있게 구성한다.

(7) 각 현안별 아측 입장

각 현안에 대한 양측 입장 및 아측이 고려할수 있는 해결 방안은 별첨 2 와 같은 바, 금번 회담에 있어서는 원칙적으로 기히 주일대사에게 훈령된 입장 (외아북 722-3616 및 261, 64. 3. 6. 및 4.17. "어업", 외아북 722-168 및 234, 64. 3.16. 및 4.17. "법적 지위", 외아북 722-167 및 169, 64. 3.16. "청구권", 외아북 722-166, 64. 3.16. "문화재") 을 그대로 유지하기로 한다. (별첨 2 의

공통서식 1—2 (을) (16절지)

해결 방안중 청구권, 법적지위 및 문화재에 관하여는 전기한 훈령으로 주일대사에게 훈령된 바 있다).

5. 회담의 원활한 진행을 위한 대책

(1) 언론계에 대한 대책

우리나라의 중요 언론인 (편집국장 및 주필등) 을 일측 신문인과 상호 방문케 하여 양측 언론인으로 하여금 회담 타결의 필요성을 인식케 함과 아울러 일본 언론인이 아측 주장을 더 잘 이해케 하는 동시에 아측 언론인으로 하여금 일본에 대한 과도한 경계심을 감소케 함으로서 앞으로의 신문 논조 및 신문편집 방향을 회담 타결에 유리하도록 인도한다. (현재 예정으로는 아측 언론인이 11.25.에, 일측 언론인이 2월중에 상호 방문하기로 되어 있다.)

(2) 공보 활동

회담 타결의 필요성, 각 현안의 문제점 특히 평화선 문제에 대한 국민의 올바른 이해를 촉구함과 아울러 어업회담에 있어서의 정부의 입장이 현재의 침체된 어업 이익을 더욱 전진시키는 것이라는 점에 대한 적극적인 피.알을 전개하도록 한다.

(3) 초당 외교태세의 수립

이미 설치된바 있는 "외교자문위원회"를 충분히 활용함과 동시에 여야 국회의원 및 정당인과 사회 지명인사에게 적극적으로 작용하여 국민으로 하여금 정부가 초당적인 입장에서 한일회담을 추진하고 있음을 인식시키도록 한다.

(4) 일어선 나포 문제

회담 기간중에는 평화선 내에서 일어선을 나포하지 않는 방침으로 임하기로 한다. 단, 일측에 대하여는 평화선 내의 출어를 삼가하도록 강력히 요구 한다. 끝

공통서식 1—2 (을)

別添 (乙)

韓日會談 諸懸案問題에 關한 兩側主張 및 解決方案

1964. 11. 18

外務部 亞洲局

243

공통서식 1—2 (을) (16절지)

I. 請求權 問題

1. 名目問題

(全面的 指示案)

我側 主張	日側 主張	解決 方案
(가) "請求權問題를 解決하고 經濟協力을 增進하기 爲하여"는 것을 協定前文에 規定	같음.	合意
(나) 協定本文에 日側이 主張하는 바 內容의 것을 規定하는 것에 反對.	前記前文 規定外 本文에 "3億弗은 無償經濟協力으로, 2億弗 政府借款은 有償經濟協力으로 提供"한다는 것을 規定함.	前記前文 規定外 本文에는 日側이 無償 3億弗, 政府借款 2億弗, 商業借款 1億弗 以上을 提供한다는 事實만을 規定토록 함.

2. OA 問題

清算計定上의 我側負債 $45,729,398.08을 無償 3億弗에서 10年間에 걸쳐 均等 탕감 함.	我側負債는 無償 3億弗에서 最初 3年間에 支拂토록 함. 但 이로 말미암아 韓國側 導入額의 不足分은 補充할 必要가	日側主張을 받아드리되, 無償 3億弗의 支拂期間을 短縮시킴으로서 實質的으로 OA를 長期間에 걸쳐 支拂하는 結果는 가지오도록 함.

공통서식 1—2 (을)　　(16절지)

	생길 때에는 億弗의 政府借款의 支拂期間을 短縮시킬 수 있음.	
3. 政府借款의 償還期間		
7年 据置後 20年 償還.	7年의 据置期間은 20年 償還期間에 包含되는 것임.	日本의 海外經濟協力基金法의 規定을 勘案하여 日側 主張을 受諾.
4. "1億弗 以上"의 商業借款의 性格問題		
商業借款이 提供되는 것을 容易하게 하고 促進시키기 爲하여 日本政府가 모든 措置를 取한다는 趣旨의 規定은 協定文에 두도록 함.	이것은 通常의 商談이 아니게 되는 것이므로 協定文에 規定할 必要가 없음.	協定文에 規定하기 困難할 때에는 別途 文書에라도 規定토록 함.

245

공통서식 1-2 (을) (16절지)

Ⅱ. 漁業問題

1. 直線基線問題

가. 釜山-上白島間과 Outer Six의 入漁权

我側主張	日側主張	解決方案
鴻島-干汝岩-上白島	濟州島附近의 問題 가 日側主張과 같이 落着될 경우 我側 主張을 受諾할 用意 가 있음. 不然이면 專管水域 外廓 6哩 二入漁权 을 主張함	濟州島附近 問題와 關聯시킴 없이 我側 主張을 貫徹

4. 濟州島 周辺

濟州島와 本土를 分離 시키지 않음; 濟州東側; 蓋民浦串-牛島- 巨文島-上白島 濟州西側; 馬羅島-竹島-晚 才島-小黑山島	濟州島와 本土를 分離 시킴: 巨文島-麗瑞島를 連結하는 直線과 東經 127°07線과의 交点 까지; 屛風島-下楸子島를 連結하는 線과 東經 126°線과의 交点까 지;	濟州島를 本土와 分離시키지 않음. 濟州東側: 蓋民浦串-牛島- 巨文島-上白島 濟州西側: (第1案) 馬羅島-竹島 -晚才島-小黑山島 (第2案) 馬羅島-竹島 -同山嶼

	各々 直線基線을 긋고 나머지 水域은 韓國側이 一方的으로 專管水域을 宣言함. 但 韓國側이 一方的으로 宣言한 專管水域에 對하여 ICJ에 提訴할 權限은 留保함	
다. 大·小黑山群島		
本土와 分離시키자는 案은: 小黑山島-居屹島-中苔島-單洗島-紅島-橫島	濟州島의 경우와 같이 本土와 分離시킴: -間嶼-每勿島-七發島-小許沙島-小飛雉島-橫島	1. 本土와 分離시키지 않는 方案: (第1案) 晩才島-小黑山島-中苔島-紅島-橫島 (第2案) 晩才島-中苔島-紅島-橫島 (第3案) 間嶼-晩才島-中苔島-紅島-橫島 2. 本土와 分離시킬 때는 日側案과 같이 함

247

공통서식 1-2 (을) (16절지)

라. 以北地域에 대한 問題		
以北에도 直線基線을 劃線함	漁業交涉에서 除外함	從前方針에 따라 以北地域에도 劃線함

2. 專管水域 問題		
專管水域 12哩를 認定하되 이를 明文上으로 規定하지 않음	專管水域의 幅을 12哩로 主張함	緯度, 經度로 表示하든지, 또는 海圖上에 이를 表示하고 沿岸漁業保護水域等의 名稱을 부침

3. 規制水域의 劃定問題 가. A·B·C· 및 D 水域 問題		
規制措置內容等의 關聯으로 A 水域은 除外하고는 最終合意를 留保함	我側과 同一	規制內容의 討議를 勘案하면서 決定함

나. E 水域 問題		
韓國沿岸을 回遊하는 漁族의 越冬場이므로 冬期 3個月間 機船底曳網操業	冬期回遊路에 不過함. 國民感情上 困難하므로 앞으로의 共同研究委員會의 科學	資源保存 및 平和線을 固執하는 國民感情上 E水域의 設置를 貫徹함

공통서식 1-2 (을) (15절지)

을 禁止함	的 檢討後 決定함	

4. 規制措置問題

過去의 日本實績을 認定함. 但 實績(漁獲量)은 隻數當 漁獲量으로 除한 數字를 日本의 操業隻數로 함	日本政府에서 現在 許可한 隻數는 全部 出漁를 認定함	合意한 原則(實績認定)下에서 各 規制水域의 彼我 出漁隻數를 規定함.

5. 漁業協力問題

가. 借款

協力金으로 11,400萬弗을 要求함	7,000萬弗을 示唆하고 있음	1億 乃至 9千萬弗線을 確保하도록 함

나. 水産物交易問題

全般的 制限 및 禁止措置의 撤廢를 主張함	고등어, 정갱이의 輸入은 不可하나 其他는 日漁民의 利害를 勘案하여 好意的으로 解決할 것을 主張함	我側主張을 貫徹함

공통서식 1—2 (을) (15절지)

Ⅲ. 法的 地位

1. 永住權의 賦與範圍 (全面的 指示要)

日側主張	韓國主張	解決方案
戰前 韓籍에 屬하는 者와 그의 子孫으로 協定發效후 5年內 出生한 者	日側主張에 同意	合意

2. 申請方法

日側主張	韓國主張	解決方案
永住許可를 申請함에 있어서 國籍證明을 添付하든지 韓國政府가 全面的으로 協力할 것을 主張	申請書만으로(國籍證明 添付없이) 永住權이 賦與될 것을 原則으로 하고 申請者中 國籍이 不分明한 者에 限하여 國籍證明에 協調	韓國主張으로 解決

3. 永住權者의 退去强制事由

日側主張	韓國主張	解決方案
內亂, 外患 및 騷擾罪로 禁錮以上의 受刑者	騷擾罪는 全的으로 削除하고 刑量은 2年以上.	韓國主張으로 解決
麻藥犯으로 2年以上 또는 3回以上의 刑을 받은 者	刑量으로 3年以上.	

兇暴犯으로 7年을 超過하는 刑의 受刑者	刑事犯으로 10年以上	
日本□의 重大한 外交上의 利害를 害하는 行爲를 行한 者	□交犯으로 2年以上의 受刑者	最終段階에서 日本에 同意하되 條約의 規定 또는 退去實施에 있어서 韓□側의 合意必要.

4. 永住權者의 子의 退去強制

日側 立場	韓□ 立場	解決方案
永住權者로서 成年에 達한 後 日本에 永住하는 者에 對하여 貧困, 疾病을 理由로 退去시키지는 않을것을.	永住權者에 準함	日側과 合意에 到達하지 못할 경우에는 本問題를 未解決問題로 남겨두고 兩側 見解가 一致하지 않았다는 事實을 別途文書에 記錄하여 追後 協議할수있는 餘地를 남겨둠

5. □籍確認條項

日側 立場	韓□ 立場	解決方案
□籍確認條項을 協定에 規定할 必要없음	「在日韓人은 大韓民□民이다」라는 □籍確認條項을 協定에 規定함.	最終段階에 가서는 我側主張을 撤回하는 代身 協定對象

		者를「大韓民國 國民」으로 表現하고 「大韓民國 國民」은 大韓民國의 憲法과 國籍法에 依하는 者이라는 뜻을 公式記錄에 남김

6. 其他問題

其他問題로서 (가) 戰後入國者의 處遇 (나) 財產權과 職業權 (다) 敎育問題 (라) 社會保障問題 (마) 永住歸國者의 財產搬出과 送金問題 등이 있음.

日側은 이러한 問題는 協定本文에는 規定하지 않고 合意議事錄 등의 附屬文書에 規定할 것을 主張하고 있음.

我側은 解決原則만은 協定本文에 規定할 것을 (戰後入國者의 處遇는 例外) 主張하고 있음.

IV. 船舶問題

船舶返還問題

我側主張	日側主張	解決方案
相當隻數의 新造船을 韓國側에 返還할 것을 主張함	船舶返還의 國際法上 義務가 없을 뿐만 아니라 一般請求權으로 莫大한 金額을 日側이 支拂하게 되므로 同事實을 考慮하여 一般請求權을 解決하는 協定에서 船舶問題도 包含하여 解決한다고 規定하는 경우, 日側은 我側이 拿捕한 日本漁船에 對한 請求權을 主張하지 않겠다고 하고 있음	(第一案) 6,000 ~ 20,000 噸의 返還을 主張 (第二案) 最終段階에서 他懸案을 考慮한 交涉材料로 쓰면서 日主張에 同意

공통서식 1—2 (을) (16절지)

Ⅴ. 文化財問題

1. 返還 (全面的 指示畧)

我側主張	日側主張	解決方案
1905年以來 不法不當하게 日本으로 搬出된 모든 日本國有 및 私有의 韓國文化財를 返還할 것	返還하야 할 國際法上의 義務가 없으나 日本政府가 所有하는 韓國文化財中 一部를 返還할 用意가 있음	我側要求는 日本國有文化財에 限定함

2. 文化協定

我側主張	日側主張	解決方案
原則的으로 文化協定締結에 同意함	文化財問題를 解決함에 있어서는 議定書形式의 協定을 締結하고 文化協定締結은 交涉하지 않을 것이며 日本이 同國有인 我側 文化財의 一部를 返還한다는 것과 兩國學者等에 依한 文化財研究活動에 便宜를 提供한다는 것은 規定함	文化協定締結에는 異議가 없으나 文化協定交涉은 文化財研究에 對한 便宜提供에 關하여서는 文化侵略이라는 先入感이 國民中에 있음을 考慮하여 그 表現을 模糊하게 함

공용서식 1—2 (을) (16절지)

Ⅵ. 基本關係問題

1. 締結形式

我側主張	日側主張	解決方案
條約의 形式으로 規定.	共同宣言의 形式으로 規定	我側主張貫徹
2. 旧韓日條約의 無效確認問題		
1910年 8月 22日 以前에 旧大韓帝國과 日本帝國間에 締結된 모든 條約이 (當初부터) 無效임을 確認.	그러한 條約이 將來에 있어서 失效한다고 規定.	我側主張貫徹
3. 海底電線의 歸屬問題		
平和條約 第4條 C項의 規定에 따라 兩國間 海底電線을 等分 所有한다는 것을 規定.	다만 平和條約 第4條를 確認한다고 規定함으로서 足함.	我側主張貫徹

공통서식 1—2 (을) (15절지)

VII. 独島問題

我側主張	日側主張	解決方案
第三国調停	一定期間(一年)后에도 第三国調停이 成立되지 않을時에는 國際司法裁判所에 回附	(1) 会談과 関聯시킴이 없이 外交経路를 通하여 解決 (2) 第三国調停

1966.12.31 에 예고문에 의거 일반문서로 재분류됨

[illegible] 재분류(66.12.31.)

6. JAW-11247, 시나 외상 면담 결과 보고, 1964. 11. 12
한국 외교문서 1459, 제7차 회담 본회의 및 수석대표 회담, 1964-65

1964년 11월 12일 김동조 주일대사가 시나 일본 외상을 만나 한일회담 재개 등에 관해 협의한 결과를 보고한 문서(전문)다.

김동조 대사는 시나 외상의 연내 방한을 원하나 그것이 불가능할 경우 1965년 초에 방한해 줄 것을 요청하고, 한일회담의 재개 시기는 외상 방한과 동시에 발표하기를 희망한다고 하였다. 김 대사는 또한, 어업 문제를 중시하는 일본 측 입장에 대해 한국 국내사정상 어업 문제만을 다루는 회담의 개최는 곤란하며, 전체 회담 재개 후 어업 문제를 우선적으로 협의하는 방안을 제시하였다.

대한민국 외무부

번 호: JAW-11247

"지급"

일 시: 121541

A 387

수신인: 외무부장관 귀하

발신인: 주일대사

본직은 금 12일 11:00부터 약 50분간 "시이나" 일외상과 면담한바 그결과를 아래와같이 요약 보고함. (이규성 참사관, 우시로구 아세아국장 동석)

[illegible]의 기본태도

[illegible] "사또" 수상의 취임 및 "시이나" 외상의 유임에 축의를 표하고 신내각의 [illegible]영하는 바 이라하였음. 이에대하여 일외상은 이제까지 "이께다" 수상도 [illegible]담의 타결을 위하여 노력하여왔었으나, 신수상은 특히 "야마구찌"현 출신으로도 [illegible]관계 해결에 정열을 가지고있는것으로 보인다고 하였음. 그러나 그난 이와같은 태도가 각 현안을 무작정 서둘러 해결한다는것은 아니고, 조속해결의 여부는 어떠 [illegible]가지나 내용에 좌우될것이라고 말하였음.

2. 일외상 방한문제

(1) 본직의 타진에대하여 일외상은 원칙적으로 찬동한다는것을 확인한후, 정부의 제반 스케쥴 및 자기자신의 사정으로보아 연내방한은 사실상 불가능하다고 말하였음.

(2) 명년초에 방한할수있는 가능성에 대하여서는, 수상이 년초에 방미하는문제도 있으므로, 수상과 상의해보아야 할것이라고하고, 그결과를 곧 본직에게 회답

하겠다고 하였음.

(3) 회담방안을 사전에 공동으로 발표하는데 관하여서도 이의가 없는듯한 태도를 보이면서 역시 곧 일측입장을 회답하겠다고 하였음.

3. 한일회담 재개

(1) 재개시기: 일측은 조기재개의 원칙을 재확인하였으나, 구체적 재개일자에 관하여서는 신내각이 발족한지 일천하여 아직 정부방침이 확정되지 못하였으므로 곧 관계각성, 특히 대장성 및 농림성과 협의하여 구체적으로 재개 가능일자를 회답하겠다고 하였음. 이와관련하여 일측은 연내재개의 가능성이 희박한듯한 태도를 보이면서, 12 월중에는 임시국회가 열리고있을것이며, 특히 동 국회가 "사또" 신내각이 최초로 맞이하는 국회인만큼, 회담이 연내에 재개된다 하드라도 실질적인 토의의 진전은 기대하기 어려울것이라는 의견을 표명하였음. 일측은 회담재개 일자가 확정되면 이를 공동으로 발표하는데 대하여는 이의가없다고 하였음.

(2) 재개방법: 회담재개의 방법에 관하여 일측은 어업문제의 토의에 중점을 두고 싶다고 하였음. 이에관하여 일측은 해결이 가능한 문제부터 해결해 나간다는 데는 이의가없으나, 어업문제가 진전을 보지않는한 사실상 타협안에대한 토의가 실질적으로 진행되기 어려울것인바, 이는 회담도중에 어선나포문제가 발생하여 회담진행이 어려워질것으로 예상되기 때문이라고 말하였음. 이에대하여 본직은 어업문제에 중점을 두자는 일측 태도에 변동이없다면 오히려 어업문제만을 먼저 토의하는것이 옳다고 생각하나, 일본측이 어떤 3, 40만의 이익만을 위하여 어업회담만을 개최함으로써

— 3 —

1 억 일본국민의 이익을 무시할수는 없을것으로 생각된다하고, 해결이 가능한것부터 해결해 나가자는것은 반듯이 각 현안을 개별적으로 해결하자는것이 아니며, 제현안의 문제점에 대한 DIVERGENT VIEWS 를 좁혀나가자는 견지에서 전면회담을재개하여 전면적토의를 진행시켜야 옳을것으로 생각한다고 주장하였음. 또한 본직은 일측이 농상간 회담의 재개를 희망한것으로 보이나, 이와같은회담은 성격상 정치적 회담임으로 꼭 농상간의 회담이 아니라도 외상, 법상 또는 총리간의 정치적 회담도 생각할수 있는만큼, 이러한 정치적 회담은 필요에따라 개최여부를 검토하도록 하자고 말하였음. 회담 재개방법에 관하여서는 결국 양측의견이 평행하였기때문에 결론을 보지못하고 일측이 아측입장을 참작하여 검토한후 곧 일측입장을 회답하겠다고 하였음.

4. 회담재개를위한 정지작업

(1) 일외상이 문제를 먼저 제기하여 한국측에 정식으로 통보할 성질의것은 아니나 자기와 "아까기" 농상간에 이야기된것을 내통하여준다 하면서 일농상으로서는 냉동선 11 척문제는 곧 해결할방침이며 해태 50 만속의 구입은 연내에는 곤란하나 명년초에는 해결할 의향이라고 말하고 회담의 재개에있어서나 또는정지작업의 추진함에있어 억류중인 일어부 및 어선의 석방이 불가결하다는 일측입장은 확고하다고 말하였음.

(2) 이를받아 "우시로구" 국장은 제 21 차 수석대표간 비공식회담에서 발언한바를 되푸리하여 내주중에라도 2 천만불 차관협정이 조인되면 이를계기로 한국측에서 일어부 및 어선을

석방하여주고 일측으로서도 즉시 냉동선 11 척에대한 수출 및 방어수입 외화쿼타의 중액조치를 취한후 시기를보아 해태문제를 해결도록함이 좋지않겠는가하는 의견을 말하였음.

(3)이에대하여 본직은 일측입장도 이해는할수있으나 한국측사정으로서는 일측이말하는 조치가 취하여지기전에 일어부 및 어선을 석방함은 매우 어렵다는것을 설명하고 또한 정지작업과 관련하여 금번 시행을 보는 2 건의 프란트 이외에 현안중인 "포리아크릴", " 냉간 압연"의 2 건도 연내에 실현을 보아야할것이다하고 이와관련하여 아측이 일측에서 원하는 사항을 확인하여준이상, 금후 건건이 이를 확인하며 하지말고 금번 "노트"를 포괄적인것으로 해석하여 앞으로는 업자의신청이 있으면 자동적으로 이를 허가하도록 조치하여 달라고 하였음. 일외상은 잘알겠다고 하면서, 잔여 2 건의 프란트도 조속 실현되도록 노력하겠다고 하였음.

(4)일측은 정지작업에 관련하여 어느문제를 어떤순서로 시행하는가에 관하여 다시 일측 입장을 검토하여서 아측에게 회답하겠다고 하였음.

5. 동남아 외상회담

본직은 WJA—11122 로로 지하신바에따라 일외상에게 동남아 외상회담의 목적 및 참가예정국과 일정부초청에 관련한 그간의 경위를 설명한후 일외상으로서도 이에 반드시 참가하여야 할것임을 강조하니 참가의향이 있으면 언제라도 정식초청장을 보내도록 하겠다고 말하였음. 일측은 수상 및 당과 상의하여 회답하겠다고 하였는바 우선은 FAVOURABLE 한 반응을 보이는듯하였음.

— 5 —

6. 중공문제

본직은 극히 비공식으로 중공문제에 관한 일본정부의 정책 및 태도를 참고로 문의한바 일측은 곧 이를 종합하여 본직에게 알려주겠다고 하였음.

7. 종합보고 및 관측

(1)본직은 본국정부의 훈령에의하여 협의차 오는 14 일(토), 늦어도 16 일(월)까지는 일시 귀국할 예정이라고 한바 일측은 본보고 제 2 항의 (2)(3), 제 3 항의 (1),(2) 및 제 4 항의 (4)에서 언급된 일측 회답을 그시일안에 아측에게 주겠다고 하였음.

(2)정지작업에 관련한 수상의 일측 태도로보아 매매 50 만속은 명년 3 월경에 신회계년도 (4 월)부터 시작되는 신년도 쿼타를 앞당겨서 구입할것으로 보이며 현안인 어선 및 어부문제에 관하여서는 정지작업의 후진, 외상방한, 회담재개등과 관련한 현지실정으로보아 금번 2 천만불 차관협정이 조인됨을 계기로 양측에서 상호 발표함이없이 석방하여줌이 좋을것으로 사료됨.

(3) 본 면담에서 "시이나" 외상이 본직에게 표명한 의견은 전반적으로 일외무성 관리의 보고 및 의견과 동외상이 "아까기" 농상과 접촉한 내용을 기초로한것으로 관찰되며 선수상의 방침이 반영된것은 없는것으로 보인는바 특히 일외무성 관리전으로서는 선수상이 한일관계에서 열성을가지고 종래에비하여 빠른템포로 나가려는 태도와(수상의 첫 기자회견에서 표명된바와같은)에 의식적으로BRAKE 를 거려고 한것으로 보임. 따라서 본직은 조속한 시일내에 "사또" 수상과만나 서상한 아측 입장을 재강조하는동시 그의 반응을 듣고 또한 일외상의 회답을 받아 금주말에서 내주초(14—16)에 귀국하겠음 (외아북—주일정)

7. JAW-11271, 사토 총리 면담 결과 보고, 1964. 11. 13

한국 외교문서 1459, 제7차 회담 본회의 및 수석대표 회담, 1964-65

1964년 11월 13일 김동조 주일대사의 사토 신임 총리 면담 결과 보고 문서(전문)다.

김 대사는 이 면담에서 한일회담 재개를 위한 한일 두 나라의 의지를 재확인하였다.

대한민국 외무부

번호: JAW-11271

URGENT

일시: 131604

수신인: 외무부장관

발신인: 주일대사

본직은 금 13 일 11:40 에 "사또" 수상을 수상관저로 방문하여 약 25 분간 면담한바, 아래와같이 요약보고함.

1. 먼저 "사또" 수상은 본직의 면담요청이 있음을 알고 곧 만나도록 하였으나, 외무성에서 외교의례를 운위하므로서 면담이 좀 늦게되어 미안하게 생각한다고 하면서, 아는 사람도 뜻대로 못만나니 수상직이 매우 거북한 자리라는 농담을하였음. 그는 금일 만난내용은 단순한 예방으로 발표하여달라고 하였음. (이와관련하여 일본외무성은 본직에게 약 10 분정도로 순전한 예방에 그쳐달라고 요망한바있었음).

2. 본직이 금반 수상에 취임하게된데 대한 축의를 표하자, "사또" 수상은 한국정부로부터 정중한 축전 및 축의를 받고 이를 매우 고맙게 생각하고있다고 하면서, 자기는 첫기자회견 또는 각의에서도 분명히 한바있지만, 한일문제의 해결에는 굳은 결심을 가지고임할 작정이라고하였음. 그는 다만 한일관계의 조속한 타결을 위하여서는 "무드"를 조성하여야하는데 사사로운 문제로 사무레벨에서 자구 말썽이나 트집이 안생기도록 서로 조심하여야겠다고 말하고, 박대통령 께서도 한일관계 타결에 비상한 열의를 가지고 계신것으로 생각되며,

자기도 똑같은 생각인바, 한일관계의 악결은 박대통령과 자기 양인에게만 맡겨서는 안될것이며, 정치가는 정치가로서의 여러가지 입장이 있는것이니 밑의 사무진을 단단히 단속하여야 말썽이나 트집이 없이 진행되도록 하여야 할것이라하고 이런면에서 본직의 협조를 바란다고 말하였음.

3. 한일회담의 분위기를 조성한다는데 관련하여 본직은 "시이나" 외상이 가능하면 년내에 한국을 친선방문함이 매우 유익할것임을 말한바, 수상은 곧 "시이나" 외상에게 형편이 어떤가를 물어보겠다고하면서, 현재 매우 바쁜것이 사실이라고말하였음. (여사한 대화에서 본직이 받은 인상은 수상으로서 외상에게 가능하면 가도록하라는 권고는 할것이나, 반드시 가야한다는 특명을 내릴것으로는 생각되지않았음) 이와관련하여 일H 일수상은 이와같은 일은 극비밀리에 진행되다가 가게되면 이를 DRAMATICALLY 발표하도록함이 분위기 조성에 도움이 될것으로 생각한다고하면서 만일 외상을 초대하였음이 신문지상등에 알려졌다가 못가는 경우가되면 실망을 줌으로서 오히려 역효과가 될것이라는 의견을 말하였음.

4. 본직은 회담재개를위한 정지작업을 위하여 수상께서 현안해결을 위하여 특명을 내려달라고 하였든바, 수상은 자기의 기분은 차차 알게될것이라고하면서 사무진에서 말썽이나지않도록 하여달라는것을 재강조하고 문제되고있는 억류어선 및 선원은 자기의 흉미취임 기념으로 석방하여주면 어떻겠는가고 말하였음.

5. 한일회담 재개에 관하여 수상은 진흙땅 (도로누마) 에 빠지지않도록 잘연구하여 서로 이해가 가도록 하여야할것이라하므로 본직은 일측이 어선문제에 중점을두려는 모양이나 이문제가 가장 어려운 지점을 보지못하니 이를 피하여서는 길이없겠는가

고하였던바, 수상은 다시 "도로누마" 에빠지지않도록 헤나가는 방법이 있지 않겠는가고 말하였음.

6. "사또" 수상은 또한 한일양국간에 국교정상화가 안되고 대사관의 교환이 없어 일본정부로서 호의적으로 한국에 협력하는 조치를 취하려하여도 국내법 등으로 잘안되는면이있다고하면서 국교정상화와 대사관 교환만되면 외상의 상호 방문등은 간단한일로 생각한다고 말하였음. 이에대하여 본직은 그와같은 경우에는 외상만이 아니라 수상이 직접 방문토록함이 좋지않은가고 하였음. (이에관하여 본직이 받은 인상은 국교가되면 "사또" 수상이 최초의 일수상으로서 한국을 방문하려는 의향을 가지고있는듯하였음) (외아북-주일정)

예고: 재분류 (66.12.31)

8. 日韓會談再開問題等に關する韓國側申いれに對する日本側回答, 1964. 11. 14

日本外交文書 1786, 세 번째 문서

한국 측이 요청한 한일회담의 재개 및 시나 외상의 방한에 관한 일본 측 입장이 정리된 문서다.

번역

일한회담 재개 문제 등에 관한 한국 측 요청에 대한 일본 측 회답

1964. 11. 14, 북동아시아과

1. '정지작업'의 절차

(1) 2,000만 불 차관의 교섭이 마무리(교환공문 서명)되는 것을 계기로 하여, 그 직후에 한국 측은 4척(신양호, 제83 보행호, 제82 원복호, 제65 소덕호)의 억류 어선 및 선원의 석방을 실시하는 것으로 이해한다. (단, 어선 나포 문제는, 다른 제 현안과는 전혀 카테고리를 달리하며, 교섭 시 함께 다루어서는 안 된다는 것을 반복하여 지적한다.)

(2) 한국 경비정에 의한 단속이 최근 극심해지고 있으며, 이 때문에 우리나라 어선의 공해상에서의 조업이 현저하게 제약을 받으면서 평년에 비해 6할의 어획고밖에 올리지 못하였고, 도산하려는 선주도 나타나고 있는 상황이다. 따라서 정부, 여당 간에는, '정지작업'의 일환으로 후술하는 제 항목의 실시에 앞서, 우리나라 어선의 이러한 조업 상태의 개선이라고 하는 성과를 올리지 않으면 안 된다고 하는 목소리가 있음을 다시 한번 지적한다.

(3) 부리의 수입에 관해서는 50만 불의 할당을 내정해 놓았으며, 연말까지 적당한 시기에 공표할 예정이다. 또한 오징어 등의 수산물의 할당에 관해서도 상기 (2)와의 관련을 고려해 가면서 연구할 용의가 있다.

(4) 어선 11척의 수출 허가 및 해태 51만 속의 추가 수입에 관해서는 지금까지 누차 거부해 온 사정이 있으며, 한국 측의 희망에 부합하는 것은 할 수 없다.

한편, 한국 측은, 종래 각각 2회에 걸쳐, 수출 금지를 알고 있으면서 어선 건조를 행한다거나, 추가 수입을 인정받지 못한다는 것을 알면서 해태를 일본의 항구까지 싣고 와 정치적 압력에 의해 일본 측의 허가를 요청하는 태도를 취했는바, 금후는 이러한 것은 절대 없다는 점에 주의해 주기 바란다.

(5) 플랜트 연불의 2건 추가 건은 최초의 2건에 관한 협의 시 한국 측으로부터 금년

도는 이 2건에 한할 것이라는 확언이 있었으며 그 기초에 의해 대장성을 설득한 경위에 비추어 지금에 와서 다시금 2건을 추가하는 것은 불가능하다. (단, 내년도에 들어서 이 2건을 우선적으로 검토할 용의가 있다.)

(6) 재한 일본 상사 과세 문제가 조기에 원할히 해결되도록 한국 정부 당국의 특단의 배려를 바란다.

(7) '정지작업'의 중요한 일환으로 이 기회에 일본 측이 주문하고 싶은 것은 금후 회담이 재개되어 협의가 마무리되어 가는 시기가 될 때, 다시금 한국 국내에서 일한회담 반대 움직임이 표면화된다면 양국 관계자의 모처럼의 노력이 수포로 돌아가게 되므로, 한국 정부로서는 한층 국내 PR에 노력을 기울여 주기 바란다.

2. 일한회담 재개 문제

일본 측으로서는 종래의 경위, 특히 2년 전 한국 측의 강한 희망을 받아 청구권 문제의 대강에 관해 우선 해결을 도모한 사정에 비추어, 일한회담의 조기 타결을 위해서는 우선 어업 문제의 대강에 관해 합의를 성립시킬 필요가 있다고 확신하고 있다. 따라서 회담을 재개함에 있어서는 어업 문제의 토의가 곧바로 실질적 진전을 볼 수 있는 전망이 서는 것이 반드시 필요하며, 이 전망이 서게 된다면 재개의 시기는 연내가 되더라도 괜찮다고 생각한다.

만일 한국 측이 곧바로 어업 각료회담을 개최하는 것을 원하지 않고, 우선 대표 레벨의 회담부터 하기를 원한다면, 일본 측도 새로이 개최되는 대표 레벨의 회담에서는 한국 측 대표도 종래와는 다르게 대폭 재량권을 부여받는다는 전제가 설 경우 이 회담에 응할 용의가 있다. (대표 레벨의 회합을 계속하는 의의가 있는가는 2~3회 개최해 보면 알 것이다.)

한편, 한국 측은 모든 현안의 토의를 동시에 개시하자고는 하지 않고 있으나, 국내에 대한 설명 문제도 있고 해서 하다못해 법적지위 문제의 토의라도 동시에 재개하자고 요구하고 있는데, 일본 측으로서도 이에 응할 용의가 있다. 다만, 이것은 근본적으로 일본 측의 어업 우선 해결의 방침을 수정하는 것이 아니며, 또한 법적지위의 토의에서 한국 측이 금년 봄까지 양국 대표 간에 비공식적으로 의견 일치를 보고 있는 선에서 후퇴하지 않는다는 이해를 전제로 하는 것이다.

日韓会談再開問題等に関する
韓国側申入れに対する日本側
回答

32 11 14
北東アジア課

1. 「整地作業」の段取り

(1) 2000万ドル借款の交渉がまとまる(交換公文署名)のをきっかけとして、その直後に、韓国側は4隻(新洋丸、第83宝幸丸、第82源福丸、第65昭徳丸)の抑留漁船および船員の釈放を実施するものと了解する。(但し、漁船拿捕問題は、他の諸懸案とは全くカテゴリーを異にし、かけひきの具に供せられるべきでないことを重ねて指摘する。)

(2) 韓国警備艇による取締は最近極めて厳しさを加え、ために本邦漁船の公海上における操業は著しく制約を受け、平年に比し6割の漁獲しかあげられず、倒産に瀕している船主も現われている状況である。従つて、政府、与党の間にすら、「整地作業」の一つとして、後述の諸項目の実施に先立ち、本邦漁船のかかる操業状態の改善という成果があげられねばならぬという声があることをあらためて指摘する。

(3) ぶりの輸入については、50万ドルの外割を内定しており、年末までの適当な時期に公表する予定である。また、するめ等の水産物の外割についても、上記(4)との関連も考慮しつつ研究する用意がある。

(4) 漁船11隻の輸出許可および海苔51万束の追加輸入については、これまで屡次指指してきた事情があり、韓国側の希望に添うことはできない。

なお、韓国側は、従来それぞれ2回にわたつて、輸出禁止を承知の上で漁船建造を行なつたり、追加輸入の認められないことを承知の上で海苔を日本の港まで運んできて、その上で政治的圧力により日本側の許可を要請する態度をとつているが、今後はこのようなことは絶対ないよう十分注意してほしい。

(5) プラント延払いの2件追加の件は、最初の2件についての話合いに当り韓国側より本年度はこの2件に限る旨確言があり、その基礎に大蔵側をおろした経緯にもかんがみ、今になつてさらに2件を追加することはできない。（但し、明年度になつてこの2件を優先的に取上げて検討する用意はある。）

(6) 在韓日本商社課税問題が早期に円満解決するよう韓国政府当局の特段の配慮を望む。

(7) 「整地作業」の重要な一環としてこの際日本側から注文したいことは、今後会談が再開し話合いがまとまつて行く時期になつて、また韓国国内において日韓会談反対の動きが表面化するようでは、両国関係者の折角の努力も水泡に帰するので、この際韓国政府におかれては一段と国内ＰＲに努力していただきたい。

2　日韓会談再開問題

日本側としては、従来の経緯、とくに2年前韓国側の強い希望を容れて請求権問題の大綱につき優先解決をはかつた事情にかんがみ、日韓会談の早期妥結のためには、この際先ず漁業問題の大綱につき合意を成立せしめる必要があると確信している。従つて、会談を再開するに当つては、漁業問題の討議が直ちに実質的進展をみるという見通しが立つことが是非必要であり、この見通しさえ立つならば再開の時期は年内であつても差支えないと考える。

もし韓国側が直ちに漁業閣僚会談を開くことを好まず、先ず代表レベルの会談からはじめたいというのであれば、日本側としても、新たに開かれる代表レベルの会議においては韓国側代表も従来とは異り大幅の裁量権を与えられるという前提に立つ限り、これに応ずる用意がある。（代表レベルの会合を続ける意義があるかどうかは2～3回開いてみればわかる。）

なお、韓国側はあえてすべての懸案の討議を同時に開始してほしいとはいわないが、国内に対する説明の都合もあり、せめて法的地位問題の討議でも同時に再開してほしいと要求しているので、日本側としてもこれに応ずる用意がある。但し、このことはもとより日本側の漁業優先解決の方針を修正するものではなく、また、法的地位の討議において、韓国側が本年春までに両国代表間で非公式に意

見一致をみているラインから後退しないとの

了解を 前提とするものである。

3. 椎名外相の訪韓問題

訪韓に際しておみやげを期待されては困るが、純粋な親善訪問ということであれば、今年は無理だが、来年になつてからの適宜な時期をえらんでお招きに応ずる用意がある。また、時期については、差当つては、明年前半というような漠然たる表現にとどめることにしたい。

4　東南アジア外相会議

日本政府としては、アジア地域の平和と繁栄に応分の寄与ができることであれば、これに積極的態度で臨む方針であることは御承知のとおりであるが、現在計画されている東南アジア外相会議は、第一に、参加国がアジア諸国のうちの特定の性格の国のみに限定されており、アジアの複雑微妙な国際関係にかんがみ、この会議に参加する国としない国との関係において却つて種々の悪感情やしこりを惹起する危険性があると考えられ、さらに、第二に準備について会議の目的ないし議題が漠然としており、具体的な成果が乏しい結果に終るのではないかと考えられるので、折角のお招きではあるが、日本としては今度の会議に参加する意向はないので御了承ありたい。

9. JAW-11532, 시나 외상 면담 결과 보고, 1964. 11. 25
한국 외교문서 1459, 제7차 회담 본회의 및 수석대표 회담, 1964-65

정무 협의차 일시 귀국했던 김동조 대사가 일본 귀임 후 1964년 11월 25일 시나 외상을 만나 협의한 결과를 보고한 문서(전문)다.

김 대사는 시나 외상에게 한일회담 재개를 위한 분위기 조성 차원에서 한국 정부가 나포한 일본어선 3척과 어민 16명의 11월 말 석방을 결정하였음을 통보한 뒤, 시나 외상에 대한 이동원 장관의 방한 초청장을 전달하면서 이 장관이 1965년 2월 중순경 유엔에서의 한국 문제 토의 참석차 방미 예정이므로 그 전에 시나 외상의 방한을 희망한다는 뜻을 전하였다. 양국은 1964년 4월부터 사실상 중단된 것이나 마찬가지였던 한일회담을 12월 3일 재개하기로 합의하였으며, 재개되는 회담은 일본 측 제안에 따라 제7차 회담으로 하기로 했다.

대한민국 외무부

번 호: JAW-11532

"긴급"

일 시: 251929

수신인: 외무부장관 귀하

발신인: 주일대사

대: 외아북 722 — 666

본직은 금 25 일 16:45 에 "시이나" 일외상을 방문하고 약 35 분간 면담한바 동내용을 아래와같이 요약보고함. (이규성 참사관, "우시로꾸" 아세아국장 배석).

1. 조기타결방침의 재확인:

본직은 과반 본국정부와 정부협의차 일차귀국하였던 경위를 언급하고 아국정부의 한일회담 조기타결 방침에는 변함이 없음을 전달하였음.

2. 일어부 및 어선석방:

(1)본직은 우리정부가 회담조기타결에 기여한다는 대국적 견지에서 나포일어부 16 명 및 일어선 3 척을 11 월말경에 석방하기로 결정하였다고 한데대하여, 일외상은 이와 같은 결정을 기쁘게듣고 심심한 감사를 표하는바이라 하였음.

(2)본직은 석방에 앞서 아직 국내절차가 남아있으므로 일측이 일방적으로 발표하는일이 없을것을 요청하고, 발표를 원한다면 적절한 시기에 서울과 동경에서 공동으로 발표토록 사무적으로 절충하자고 하였음. 이에대하여 일측은 아측입장은 충분히 이해하나 일선돈계가 이를 중요시하여 고대하고 있으므로 도저히 발표를 삼가하기 어렵다는 고충을 말하여, 결국 일측이 "한일회담 개최(12. 3)이전에 낭보가 있을듯한 인상을

— 2 —

받았다" 고 발표한다는데 합의하였음.(그러나 18:00 경 일외무성 당국이 양해를 구하여온바에 의하면 상기와같은 발표내용을 기자단이 납득하지않아 결국 "김대사가 회담개최이전까지 석방되도록 노력하겠다고 언명하였다" 는것으로 발표하였다함.)

3. 한일회담의재개:

(1)본직은 일측이 년내 재개에 응하겠다는 태도를 표명하였음을 본국정부에 보고하였다하고, 우리정부는 조기타결의 방침아래 년내에 재개키로하여 오는 12 월 3 일(목)에 본회담을 재개하고 곧이어 각분과위원회를 개최토록하였음. 일측은 이에 합의하면서, 금반 일본에서는 "사또" 신내각이 발족하고, 한국측도 수석대표 김 주일대사가 갱질되었으므로 이를 계기로 중단되었던 제 6 차 한일회담은 일단락짓고, 제 7 차 한일회담을 하는것으로 하자고 제의하여왔으므로, 본직은 이에 응하였음.

(2)각분과위원회의 진행에있어 일측은 어업교섭을 중심으로 진행시키자는 의향을 시사함으로, 본직은 그러면 일측입장을 고려하여 우선 년내에는 기본관계, 어업 및 법적지위의 3 개위원회를 개최하여 진행시켜도 좋다고하였음. 일측은 이에 이의없다고 하였으나, 실질적으로 기본관계 및 법적지위는 한국측으로부터 새로운 대안이 제시되지않으면 오의진전을 기대하기 어려울것이라는 의견을 표명하였음.

(3) 회담재개와 관련하여 일측은 최근 한국측으로부터 "김. 오히라" 청구권 대강합의 및 "원. 아까기" 회담내용의 백지화등이 보도되고있는데 대한 염려를 표명함으로 본직은 그동안 장기간회담이 중단되었었으므로 금반 각분위를 개최하여 양측입장을 정리하고 또

각대립점에관한 의견을 좁혀나가자고 하였음.

(4)일측은 거반 어업각료회담시를 상기하면서 회담이 재개되면 일어선이 나포되는일이 없도록하여달라 하고, 평화선내에서의 일어선의 안전조업을 보장하여 달라고 하였음. 이에대하여 본직은 우선 일어선이 평화선 침범을 삼가하는것이 선결요건이라 하고 금년은 작년도에 비하여 나포어선의 수효가 실질적으로 감소되었음을 지적하고 일측이 침범을 삼가토록 하여주기를 바란다고한후, 안전조업운운은 본국정부에도 일단은 보고하였으나, 한국측으로서는 논의의 대상이 될수없는것이라는 입장이라고 하였던바, "시이나"외상은 행정지도로서 "REFRAIN "하는것은 좋으나 실제 어획량이 작년도의 6 할밖에 되지않으므로 곤란한 입장이라고 말하였음.

4. 일외상 방한

(1) 본직은 외무부장관의 초청장을 수교하고, 가능한한 1 월초에 이것이 불가능할경우에는 이장관의 유엔참석일정등도 있으므로 늦어도 2 월중순까지는 방한이 실현되도록 요망하였음.

(2)"시이나"외상은 자기도 조속한 시일내에 방한키를 희망하나, "사도"수상이 1 월초에 방미키를 희망하여 미측과 조정중이며, 이것이 1 월초로 결정되면 자기도 수행하여야 할것이며 또한 영국과의 정기각료협의 일정이 아직 최종적으로 결정되지않어 1 월중 방한은 어려울듯하나, 이장관의 유엔총회참석 일정도 있다하니 늦어도 2 월중순이전에 방한토록 하겠다고 하였음.

(3)구체적방한 일자가 결정되는대로 양측이 공동 발표하기로 합의하였음.

5. 기타 현안

(1)본직은 회담이외의 정지작업에 관한 각현안등이 년내에, 가능한한 회담재개 이전에라도 전반적으로 해결될수있도록 일본정부가 조치하여 줄것을 요망하였음. 외상도 이를위해 노력하겠다는 태도를 보였음.

(2)본직은 특히 미곡수출의 년내 실현을위한 일본정부측의 협조를 강력히 요망하였음.

6. 중요언론인 교환

(1)본직은 금반 한국의 중요언론인이 방일하는 일정을 말하고 이에대한 협조를 구하는 동시, 이들이 수상, 외상등을 방문하는데 편의를 도모하도록 요망하였음.

(2)외상은 이에 적극협조하겠다면서, 자진하여 "다나까"장상, "아까기"농상도 방문토록 하여달라함으로 본직은 이에 즉각 합의하였음.

(3)특히 본직은 금반 내일하는 언론인중 몇몇 중요인사와 "시이나"외상, "아까기"농상 등과 사적분위기에서 개인적인 의견을 교환할수 있도록 기회를 마련하겠으니 이에 협조하여 달라고한바, 외상은 찬의를 표명하면서, 자기가 12. 6. 경에는 미국으로부터 돌아오므로, 그후 여사한 기회를 마련하여 주면 기꺼이 응하겠다고하였음.

7. 신문발표

아래와같은 요지를 발표할것에 합의하여음.

(1)가. 제 7 차회담 본회의 12. 3. 에 개최.

나. 12. 7.부터 각분위 개최 (우선 년내에는 기본관계, 어업, 법적지위의 3 개분위 진행)

(2) 가. 외무부장관의 일외상 방한 초청장 수교

나. "시이나"외상은 늦어도 2월중순까지 방한하겠다는 의사표명

(3) 회담이외의 현안 문제등은 가능하면 회담개최이전에라도 해결토록 상호 노력.

(4) (상기한 제 2 항 (2) 와같은 일어부, 어선석방에 관한 조치)

추이: 상기와같은 경위로 보아 나포일어부 및 어선은 필히 11. 30.에 석방되도록

조치하여 주시기 바람. (주일정 —외아북)

예고: 일반문서로 재분류: (66. 12. 31.)

10. JAW-02283, 제5차 수석대표 회담 결과 보고, 1965. 2. 12

한국 외교문서 1459, 제7차 회담 본회의 및 수석대표 회담, 1964-65

1965년 2월 12일 개최된 제7차 한일회담 제5차 수석대표 회담 결과 보고 문서(전문)다.

이 회의에서는 기본관계 조약에 관한 토의가 이루어져 양측은 조약의 명칭에 합의를 이룬 뒤, 이견을 좁히지 못한 1910년 8월 22일 이전 체결된 구 조약의 무효 확인 문제와 한국 정부의 유일 합법성 확인 문제는 서울에서 곧 개최될 양국 간 외상회담에서 합의 도출 후, 가서명을 할 수 있기를 기대하는 정도까지 진전을 이루었다.

대한민국 외무부

번 호: JAW-02283
일 시: 122142

수 신 인: 외무부장관

발 신 인: 주일대사

제 5차 수석 대표회담. (2. 12. 1615-1800) 결과를 아래와같이 보고함.

1. 기본관계 조약에 관하여 장시간의 토의가 있었는바, 동결과는 아래와같음.

1) 명칭을 "treaty on basic relations between the republic of Korea and Japan" 으로 확정하였음.

2) 아측 초안 전문 제 3항 " BELIEVING ....." 이하는 삭제키로 하였음.

3) 아측 초안 제 1조 (항구적 평화와 영속적 우호관계), 일측 초안 제 3조 (B) 항 (통상항해에 관한 잠정규정) 및 일측 초안 제 7조 (분쟁해결) 는 전부 삭제키로 합의하였음.

단, 통상항해조약이 체결될때7까지의 잠정조치에 관하여서는 기본조약과는 완전히 분리시키되, 현행 3개 잠정협정은 그 테두리 안에서 개정이 필요한 부분이 있으면 이를 통상확대 및 무역불 균형 시정등을 위하여 개최될 무역회담에서 검토키로 한다는 양해가 있었으며, 일측은 이를 표현하는 문서초안을 명일 제시하겠다고 하였음. 일측은 정신적인 규정 (예컨대 일, 인도네시아 간의 평화조약 제 3조 (B) 만이라도 조약본문 또는 부속문서에 규정하자고 요망하였으나 아측의 반대로 전기와같이 양해된것임.

- 2 -

4) 아측초안 제 2조 (한국정부의 유일합법성 확인)에 관하여 아측은 원안을 고집한바, 일측은 (ㄱ) "... IS THE ONLY LAWFUL GOVERNMENT IN KOREA WITHIN THE MEANING OF THE RESOLUTION...." 및 (ㄴ) "... IS SUCH ONLY LAWFUL GOVERNMENT IN KOREA AS DECLARED ..." 의 양개 대안을 제시하였음. (ㄱ) 안의 WITHIN 은 IN 으로 MEANING 은 SENSE 로 각각 대치할수있으며, (ㄴ) 안의 SUCH 앞에 THE 를 추가하여도 좋다함.

본문제는 결국 합의에 이르지 못하였음.

주: 일측은 작일 늦게 "기시" 전수상으로부터 될수있는대로 한국측 입장에 좇아 해결하라는 특별한 요망이있어 전기 대안을 작성한것이라는 설명이 있었음.

5) 아측초안 제 3조 (합병조약등의 무효확인) 에 관하여는 "ARE" 와 HAVE BECOME 이 대립된채 합의가 없었음.

6) 일측초안의 전문 제 3항 (RECALLING 이하), 일측초안 제 2조 (유엔헌장 운운) 및 각조의 전면적 배열문제, 기타 수개 WORDING 의 의견차이가있었음을 확인하고 이는 명일 위원회 레벨에서 해결키로하였음.

7) 일측은 시이나 외상 방한시 조약안에 합의되면, 서울에서 가조인(INITIAL) 할수있다는 입장이며, 그경우 일측에서는 "우시로꾸" 국장이INITIAL 하게 될것이라고함.

8) 결국 기본 조약에 있어서는,

(ㄱ) 합병조약등의 무효확인문제에 있어서는 NULL AND VOID 는 합의되고 ARE 와 HAVE BECOME 의 대립이 있으며, (ㄴ) 한국정부의 유일합법성 확인에 있어서는 "THE ONLY LAWFUL GOVERNMENT" 는 합의되고 "IN THE MEANING OF"와 AS DECLARED IN" 의 대립이 있음을 확인하였는바, 이두개 문제점은 일외상 방한시 해결키로 하였음.

- 3 -

2. 양외상 공동성명:

아측은 아측초안을 제시하고 일측의 검토를 요망하였음. 일측은 아직 준비가 안되여 명일 동 초안을 제시하겠다함.

단, 일측은 해태수입 제한 해제, 대한 어선 수출 ~~####~~ 금지조치 해제등의 구체적인 사항을 공동성명에 포함시키는데 대하여 강한 난색을 표명하였음.

본직 귀국시 대체로 일측과 양해된 안을 지참토록 노력하겠음.

3. 도착 성명:

일측은 명일 초안을 수교하겠다 하는바, 내용에 있어서 아국의 국민감정을 고려한 표현에 포함되도록 재차 종용하겠음.

추이: 제 4차 회담에 관하여서는 JAW -02236호와 수산국장이 지참한 보고를 참조바람. (외아북) (수석대표)

예고: 재분류 67. 12. 31.

11. 한일 외상회담에서 논의될 문제점에 대한 의견 상신, 1965. 2. 15

한국 외교문서 1500, 시나 에쓰사부로 일본 외상 방한, 1965. 2. 17-20

주일 대표부가 시나 에쓰사부로 일본 외상의 1965년 2월 17-20일간 방한 시 개최되는 외상회담에서 논의가 예상되는 중요 문제점 및 한국 측 입장에 관한 의견을 작성하여 보고한 문서다.

주 일 대 표 부

주일정 722 – 49　　　　　　　　　　1965 . 2 . 15 .

보통문서로 재분류(66. 12. 31.)

수신 : 외무부장관

제목 : 한일외상회담에서 논의될 문제점에 대한 의견 상신

오는 2 . 17 – 2 . 20으로 예정된 "시이나"일외상의 방한시, 한일 양국 외상회담에서 논의될 것으로 예상되는 중요문제점에 대하여 본직의 의견을 구신합니다.

예고 : 일반문서로 재분류(67 . 12 . 31 .)

19 . 12. 31 에 예고문에 의거 일반문서로 재분류됨

주 일 대 사　　　　김 동 조

1. "시이나" 일외상 방한의 성격

(1) "시이나"외상은 금반 방한에 관하여 당초 실질적인 외교교섭을 목적으로 하지 않는 단순한 친선방문임을 전제로 한바 있으나, 그후 교섭의 진행상황등을 고려하여 단순한 친선방문에 국한치 않고, 한국측이 제기한다면 실질적인 내용을 가진 토의 또는 교섭에 응하겠다는 태도를 가지게 된것으로 관측됨.

(2) 그러나 "시이나"외상으로서는 이제까지의 실무교섭을 통하여 이미 합의된 사항을 확인하거나 또는 대립점이 명백히 됨으로서 정치적인 판단만을 필요로 하는 문제점을 제외하고 교섭의 구체적인 내용에 들어가 절충하려는 의사는 없는것으로 보이며, 또한 금반 일외상의 수행원 명단으로 보아 현안 전반에 걸쳐 광범위한 교섭을 할수있는 진용이 되지 못하는 바임.

2. 한일외상회담에서 논의될 중요문제점

(1) 한일회담 조기타결방침의 재확인과 금후교섭의 방향

회담 조기타결에 관한 양국정부의 기본방침 재확인 및 공동성명에 동지발표가 있을것으로 사료되는바, 아측으로서는 이번 기회에 금후 회담 진행의 방향, 조인 또는 비준등의 처리 방안 및 시기등에 관한 일본정부의 복안을 타진함이 좋을 것으로 사료됨.

2

(2) 기본관계

(가) "대한민국과 일본국과의 기본관계에 관한 조약" 안이 수개미합의 점을 남겨놓았을 뿐이므로 외상회담에서 동 미합의점에 대한 합의가 이루어지면 이에 가조인 할수 있을것임. 본직은 본조약안이 한일회담에 있어서 최초로 합의되는 실질적인 문서인 만큼 양국외상간에 가조인함이 좋을것으로 사료하며, "시이나" 외상에게도 이를 종용하고 있음. 단, 일측은 국내절차상 기술적 난점이 있다는바, 양외상간에 가조인이 이루어지지 못할 경우에는 우선 내용을 서울에서 공표하고 본직이 동경으로 귀임하여 "다까스기" 수석과 가조인 할수있을것임.

(나) 조약안의 미합의점중 한일외상회담에서 토의 해결되어야할 문제점은

(ㄱ) 대한민국 정부의 유일합법성의 확인

(ㄴ) 구합병조약등의 무효확인의 2개문제점인바 양측입장과 표현등에 관하여는 별도공문 (주일정 722 — 48 참조), 양문제점의 실질적인 비중을 고려할때 대한민국의 유일합법성의 확인이 중요함은 두말할것도 없음. 그러나 유일합법성의 확인규정에 대하여는 일본정부로서도 정치적인 문제이며, 또한 현재의 일측안이 실무당국의 저항에도 불구하고 본직의

측면 정치교섭을 통하여 제시케된 경위등이 있는 만큼 일측이 아측안을 수락하는것은 매우 어려울 것으로 관측됨. 따라서 아측으로서는 "... are null and void. "는 아측안을 관철시키고, 유일합법성 확인에 관하여서는 "... such only lawful ... as ..."의 표현으로 하되 양측의 번역문에서 "such"의 표현을 강하게 하지 않는 방법으로 타결할것을 건의함. 기타 소소한 표현상의 미해결점은 실무 교섭으로서 해결될수 있을것임.

(3) 재일한인의 법적지위

아측으로서는 영주권자의 자손의 범위를 "1대"에 한하지않고 "직계비속"이란 표현으로 자자손손에 미치도록한다는 ~~"직계비속"이란 표현으로~~ 원칙과 처우에 있어 권리자체의 성질상 일본인에게만 허용되는 권리를 제외하고는 내국민대우를 부여한다는 원칙을 강하게 주장하여 합의토록 하실것을 건의함.

(4) 어업문제

(가) 금년도 속개회담에서는 주로 규제조치의 내용에 관한 토의가 있었는바, 일측 출어척수에 있어서 일측은 이미 제시하였던 최고출어 척수외에 월별 (또는 기별) 최고출어척수 및 각수역별로 중요 어업의 어획량을 비공식으로 제시한바 있음. 일측은 이러한 새로운 자료의 제시로 출어척수를 어획량과 결부시킴으로써 해결의 실마리를 찾을수

있지 않을까 생각을 가진듯 하나, 규제문제, 특히 출어척수에 관하여 실무교섭으로서 이이상의 진전이 매우 어려운것이 사실임.

(나) 한편 아측은 그간 어업협력에 관하여 일측으로부터 통상민간 상업차관의 조건보다 유리한 조건으로 1억불의 어업협력차관을 확보할것을 목표로 교섭을 추진하여 왔으나, 일측은 규제문제 특히 출어척수의 대강만이라도 해결을 보지못하면 대장성등 관계성의 반발로 어업협력에서 결심을 하기 어렵다는 태도를 취하고 있으며, 어업협력소위원회의 개최도 아측의 누차에 걸친 촉구에도 불구하고 아직 실현되지 못하고 있는바임.

(다) 이와같이 실무교섭의 진전이 매우 어려운 사정하에서 일측은 제주도주변의 기선문제, 어업협력문제 및 규제문제는 모괄하여 고위정치절충으로서 타결하지 않을수 없을 것이라는 생각을 가진듯함.
이와같은 경우, 일본의 국내정치 체제로 보아 어업문제는 "아가기" 농상의 손으로 대강을 타결하지 않으면 안되며 "시이나" 외상으로서는 금반 외상회담에서 어업문제의 구체적인 교섭을 할수 없는 입장이라함. "아가기" 농상은 어업문제의 대강타결을 위하여 언제라도 각료회담에 응할 용의가 있음을 비공식으로 표명하고 있으며, 동 각료회담의 장소는 서울 또는 동경 어느 편이라도 구애하지 않는다는 생각을 가진 것으로

5

보임. 단, 서울에서 개최될 경우에는 "아까기" 농상으로서는 참의원에서 예산안에 대한 종합질문이 있을 3월10일경 이전, 빠르면 2월중에라도 방한할수 있을것이라는 비공식 의향이 표명된바 있음. 아측은 이와같은 일측의 비공식적인 의향을 본국정부에 보고하겠다는 정도로 응수하였으며, 아측태도의 표명은 보류하고 있는 바임.

(라) 서상한 경위에 비추어, 금반 외상회담에서는 어업문제의 구체적 내용에 관한 토의가 어려울 것으로 보이며, 따라서 1억불의 협력자관에 대한 언질을 얻기가 매우 어려울것으로 보임. 아측이 이를 강하게 주장할 경우, 일측은 규제 수역에서의 평등한(사실상 수자상의)공동규제의 원칙 및 일본 어업실적 및 실태존중의 원칙을 강하게 주장할 가능성이 있음. 금차회담에서는 금후의 어업교섭의 전반적인 방향, 특히 일측이 새로이 제시한 규제척수에 관한 자료의 처리방안, 또는 어업문제에 관한 고위정치회담(즉 각료회담)의 개최여부 및 이에 합의할 경우, 이에 따른 구체적인 토의가 있어야 할것으로 사료됨.

(5) 청구권문제(문화재 및 선박 포함)

그간 개최되지 않고 있든 청구권위원회 및 문화재 소위원회의 개최일자가 결정되어야 할것이며, 선박문제에 관하여서는 양측의 입장이 기본적으로 대립되여있는만큼 금반 외상회담에서 정치절충으로 이의 금후 처리 방안을 결정토록 하여야 할것임.

(6) 한일간 각료급 무역회담의 개최

(가) 그간 당대표부로서는 한일 양국간 무역불균형의 시정 및 한국산 농수산품의 대일수출증대를 통한 통상확대의 필요성을 기회 있을때마다 각계각층에 강조한바 있으며, 이를 위하여 한일양국간의 각료급 무역회담을 조속한 시일내에, 가능하면 3월중에 개최하도록 비공식으로 제의 한바 있음. 이에 관하여 일측은 그간 관계 각성간에 협의를 거쳐 무역회담을 개최한다는 원측을 결정하였으며, 시기 및 장소에 관하여는 아직 검토중인것으로 관측됨. 따라서 금반 외상회담에 있어서는 일본이 한국산 제1차산품 수입증대를 통한 무역불균형의 시정을 강력히 요구하고 이를 위하여 각료급 무역회담을 3월중에 개최하도록 합의함이 좋을것으로 사료함.

(나) 농수산물의 대일수출증대와 관련하여 아측으로서는 지난 2월6일의 정총리, 사또수상간의 회담에서 언급이 있었던바, 한국산 해태수입에 대한 제한조치를 전면적으로 해제하든가, 또는 현 커―타를 대폭 증대(500만속 까지)시키도록 강력히 요망함이 필요할것인바, 일측은 제한 조치의 전면적 해제에는 아직도 강한 반발을

보이고 있음. 또한 기타 농수산물의 커-타증가도 요구되어야할것이며, 대한 어선수출금지 조치의 해제도 강력히 요망되여야 할것이나, 금차 외상회담에서 해결을 보기가 매우 어려울 것으로 관측됨.

(다) 기본관계에 관한 조약안을 토의함에 있어서 아측이 통상항해조약이 체결될때까지 잠정조치로 현행잠정협정을 수정하는 교섭을 무역회담에서 행하여도 좋겠다는 입장을 표명한바 있음을 참고바람.

(7) <u>독도문제 및 주한대표부 설치문제</u>

일측은 이 2개 문제점을 외상회담에서 제기할 가능성이 있음. 특히 주한대표부문제를 제기할 의향은 이미 표명한바 있음으로 이에 대하여는 가능한한 회담말기에 잠간 touch 하는 정도로 하여 회담의 분위기를 경화하지 않도록 일측의 주의를 환기한바 있음.

(또한 일측은 재한 일상사 과세문제의 해결을 요망할 가능성이 있음)

(8) <u>이장관 방일 초청</u>

"시이나"외상은 이번 기회에 이외무부장관이 일본을 방문할것을 공식으로 초청할것임.

3. 공동성명

아측은 상기한바와 같은 토의 또는 합의내용을 골자로하는 공동성명(별첨 아측안 참조)을 발표하는데 관하여 일측의 의향을 비공식으로 타진한바, 일측은 너무 구체적인 사항을 포함시키는것이 어렵다는 입장을 표명한바 있음.(별첨 일측 Comment 참조).

4. 도착성명

아측은 그간 시이나외상이 도착성명에서 한국국민의 민족적 감정을 고려한 발언을 하도록 종용하여 왔으나 일측은 시이나 외상의 정치적 입장을 보아 이와같은 발언을 도착성명에서 행하기가 어려우므로 이를 서울에서의 기자단 회견시 기자로부터 질문이 있으면 그와같은 취지로 답변하겠다는 태도를 표명하여 왔음. 아측은 계속 도착성명 및 공동성명에서 이와 같은 표현이 나오도록 노력하겠음. 일측 도착성명 초안은 별첨과 같음. 끝.

12. 當面の日韓諸懸案の取扱振りに關する件, 1965. 2. 9
日本外交文書 1787, 네 번째 문서

시나 에쓰사부로 외상의 방한에 따른 한일 외상회담에 대비하여 일본 측이 작성한 당면 현안 대응 방안이 수록된 문서다.

번역

당면한 일한 제 현안의 취급 방법에 관한 건

아시아국, 1965. 2. 9

시나 외상 방한과 관련, 금후 일한회담의 진행방식에 관해 현재 교섭 중인 각 의제 중 실무적으로는 타개 곤란한 약간의 제 문제를 어떠한 레벨에서의 협의로 해결을 기대할 수 있을까 대략 전망을 세워둘 필요가 있으며, 또한 일한 교섭의 정식 의제 이외의 약간의 중요 현안에 관해서도 같은 모양으로 취급한다는 복안을 정해 둘 필요가 있으며, 대략 다음 구상에 의한 것으로 한다.

기

갑. 일한회담의 의제에 관한 것

1. 기본조약 관계

본 건은 실무 레벨의 교섭으로 대략 결론이 나올 정도가 되어 있으나, (1) "한국 정부를 조선에서 유일한 합법 정부로 인정한다는 뜻을 명기하기를 원한다"라는 한국 측의 희망을, 우리 측은 "일한 조약은 남한의 것에 한정한다"고 하는 기본입장과 어떻게 조화롭게 표현할 것인가가 문제이며, 경우에 따라서는 병합 관계 조약의 효력에 관한 규정이 감정적인 요소도 얽히면서 실무적으로는 마지막까지 마무리하지 못할 가능성이 크다.

그러나 위는 어느 것이나 실리가 얽히지 않은 이념상의 문제-따라서 표현의 문제, 적어도 대신 방한의 기회에 이 두 가지 점에 관해 마지막 타결을 이룬 후, 기본조약 전체의 안문에 대해 이니셜을 완료하고 외상 방한의 선물 또는 수확으로 삼는 것을 목표로 한다.

2. 청구권 관계

(1) 현재 남아있는 최대의 난문(難問)인 구 조선 치적선 등에 대한 한국 측의 청구권을 포기토록 하는 문제는 적어도 우리 측에서 이 라인 수역에서 나포된 어선의 반환 또는 보상에 관한 대한 청구권을 포기하지 않는 한, 한국 측은 동의하지 않을 것이다. 후자(後者)는 우리 측도 국내적으로 재외재산 일반의 처리 방

침이나 보상 문제 등을 유발하므로 사전에 총리 결재하에 우리 측 내부 방침을 정해 놓을 필요가 있고, 본 건에 대한 교섭도 일한 양 총리 회담 등의 의제로 해야 할 것인 바, 적어도 금번 외상 방한 시에는 제기하지 않는 것으로 한다.

(2) 한편, 김·오히라 합의 가운데 2억 불 차관의 상환 기한(20년 아니면 27년으로 하는 문제)과 일본에 대한 채무(OA)의 상환 방법에 관해서는 일한 쌍방의 속마음도 접근하였고, 우리 측 관계 기관의 의도도 대략 정해졌으므로 외상 방한 시에는 최종적으로 타결하는 것으로 한다.

3. 어업 관계

남아있는 중요 항목은 (1) 제주도 주변의 기선, (2) 공동규제수역의 일본 측 출어 척수 (3) 어업협력의 3가지이며, (1), (2)는 현재 상호 연관시켜 바겐하는 식의 교섭을 진행 중이다. 이 문제들은 위원회만으로는 최종 타결에 도달하기 어려운 중요한 문제이나 외상회담이나 총리회담에 올리기에는 기술적 측면이 지나치게 많고, 우리(외무성) 측과 농림성 측의 희망이나 아카기·원 회담 이래의 경위도 있으므로, 뒤에 기술하는 농상회담에서 본 건의 최종적 타결에 도달하는 것으로 하는 것이 적당해 보인다.

(3) 어업협력에 관해서는 차관 방식을 종래의 우리 측 방침대로 순수한 민간차관 하나만으로 압축하는 것은 곤란한 것으로 예견되며, 그렇게 할 경우는 대장성 당국의 반대는 물론, 종래의 국회 답변의 경위로도 미루어 정치적 결단을 요하게 된다. 따라서 총리 회담 레벨의 협의가 적당하며, 적어도 이번 외상회담에서는 아직 실무 레벨의 이야기도 마무리되지 않았으므로 제기할 수 없다.

4. 법적지위 관계

"재일조선인을 북한계도 포함하여 모든 대한민국 국민으로 인정해야 한다"라는 한국 측 주장은 이번 회담에 대한 우리 측의 기본 방침과 정면충돌하는 관계상 어쩔 수가 없으며, 한편으로는 한국 측의 기본입장도 있어, 위원회 베이스로는 타결하기 어렵다. 그렇지만 현재 실무 베이스의 이야기도 막히지는 않았으므로 금번 외상 방한 시 타결을 서두를 필요는 없다.

'영주권 부여 범위'도 장래 어쩌면 위 문제와 같은 카테고리에 속하는 중요안건이 될 가능성은 있으나, 현재 실무적 절충에서 어느 정도 타개의 서광이 보이므로 잠시 동안 실무적 절충의 추이를 보는 것으로 한다.

5. 독도 문제

틀림없이 총리회담 안건이다. 그러나 한국 측의 국제사법재판소 부탁에 대한 강경한 반대를 감안, 다른 방법, 즉 최종적, 결정적 해결 방법이라고 부를 수 있는 방식을 연구해 놓을 필요가 있다.

을. 일한회담 의제 외의 것

1. 농상회담

위 갑 4. 어업 부분에서 기술한 바와 같이 결국 어업에 관해서는 현재 한번은 농상회담이 필요한 바, 금번 외상 방한 시 농상회담 개최에 관해 정식으로 정하고 공동성명에 포함시키는 것을 고려한다.

2. 재서울 재외 사무소 개설

한국 측의 재경대표부에 대응하여 우리 측의 재서울 재외 사무소를 여는 것은 평화조약 발효 당시 교환공문으로 한국 측이 약속한 것인바, 그 어느 현안도 해결되기 전에 사무소를 여는 것은, 청구권의 '먹튀' 등의 문제를 야기하는 것이 아니므로, 따라서 일괄 해결해야 하고, 국교 정상화의 원칙에도 포함시킬 수 있는 사안이 아니므로, 외상 방한 시 위 갑 1. 기본조약 관계에 관한 사실상의 합의가 이루어질 때 (한국 측이) 본 건을 동의하도록 해야 한다.

3. 무역 회의 개최

한국 측은 일한 무역 불균형의 개선에 매우 열심일 뿐만 아니라, 일본 측의 어선, 어구 대한수출 금지에 대해서도 지극히 신경질적이다. 지난번 정 총리도 사토 총리에게 직접 부탁한 바 있다.

또한, 한국의 야당도 무역 불균형 개선을 일한회담의 전제로 삼고 있으며, 이 문제에 대한 한국 측의 관심은 초당파적이다.

따라서, 대신 방한 시, 각 품목에 대한 상세한 이야기가 어려운 것은 당연하지만, 한국 측이 희망하는 고위급(한국 측은 각료 베이스라고 이야기하나 반드시 그에 응할 필요는 없다)의 무역회담 개최에 동의하는 것은 외상의 '선물'이 될 것이다.

当面の日韓諸懸案の取扱振り
に関する件

アジア局
40.2.9

椎名外相の訪韓との関連において今後の日韓会談の進め方に関し、現在交渉中の各議題中事務的には打開困難な若干の諸問題につき、いかなるレベルの話合で解決を期するかについて概ね見通をたて置く要あり又日韓交渉の正式の議題以外の若干の重要懸案についても、同様の取扱の腹案を定め置く要があるので、概ね次の構想によることとする。

記

甲　日韓会談の議題に関するもの

1.　基本条約関係

本件は事務レベルの接衝で概ね煮詰つているが、(1)「韓国政府を朝鮮における唯一の合法政権と認める旨明記してほしい」旨の韓国側の希望を、わが方の「日韓条約は南鮮のことに限る」とする基本的立場といかに調和して表現するかという問題と、場合によつては併合関係条約の効力に関する規定振りが、エモーショナルな要素も絡み、事務的には最後まで片づかない可能性が多い。

しかし右はいずれも実利が絡まない理念上の問題——従つて表現の問題故、少なくとも大臣訪韓の機会にこの2点につき最後の妥結に達し、基本条約全体の案文につきイニシアルを了し、もつて外相訪韓の手土産ないし収穫の役を果させることを目途とする。

2. 請求権関係

(1) 現在残つている最大の難問たる旧朝鮮置籍船等に対する先方の請求権を放棄させる問題は少なくともわが方において李ライン水域における拿捕漁船に関する返還ないし補償についての対韓請求権を放棄せざる限り、先方は同意せざるべく、後者の問題はわが方も国内的に在外財産一般の処理方針や補償問題等を誘発するので予め総理決裁の下にわが方の肚を決め置く要あり、従つて本件対韓交渉も日韓両総理会談等の議題たるべく、少なくとも今般の外相訪韓の際には取り上げないこととする。

(2) 他方、金・大平了解のうち2億ドルの借款の返済期限(20年か27年かの点)と焦付債権の償還方法については日韓双方の肚のうちも接近しており、わが方関係省の意図も略固つているので、外相訪韓の際、最終的に妥結することとする。

3. 漁業関係

残つている重要項目は(イ)済州島周辺の基線(ロ)共同規制水域における日本側出漁隻数(ハ)漁業協力の3点であるが、右(イ)(ロ)は目下相互関連してバーゲイン的に交渉されているが、委員会ベースでは最終的妥結に到達し得ない重要問題ながら、外相会談や総理会談に持ち上げるには技術的部面が多過ぎるので、わが方、農林側の希望や赤城・元会談以来の経緯もあるので、本件は後述の農相会談にて最終的妥結に達することを適当とする。

(ハ)の漁業協力については借款の方式を従来のわが方方針どおり純然たる民間借款1本に絞ることは困難の如く予見されるところ、そう踏み切る際は大蔵当局の反対は勿論、従来の国会答弁の経緯からも政府として政治的断を要すべく、したがつて総理会談レヴェルの話合が適当なるべく、少なくとも今次の外相会談の際はいまだ事務レヴェルの話も煮つまつていないのでとりあげられない。

4. 法的地位関係

「在日朝鮮人を北鮮系も含めすべて大韓民国国民と認めるべき」旨の韓国側の主張は今次会談に対するわが方の基本方針と正面衝突する関係上呑み得ず、一方韓国側の基本的立場もあり、委員会ベースでは妥結し得なかろう。尤もいまだ事務ベースの話もにつまつていないので、今般の外相訪韓の際妥結をいそぐ要はない。

「永住権付与の範囲」も将来あるいは右問題と同様のカテゴリーに属すべき重要案件となる可能性はあるが、目下事務的折衝においてやや打開の曙光が見えるのでしばらく事務的接衝の成行を見ることとする。

5. 竹島問題

問題なく総理会談マターである。ただ先方の国際司法裁判所付託に対する強硬な反対にかんがみ、右以外の方法でかつ、最終的、決定的解決の方法と称し得る方式をも研究し置く要があろう。

乙 日韓会談議題外のもの

1. 農相会談

右甲4.漁業の部にて述べた如く結局漁業については、今一度は農相会談の要あるべく、今般の外相訪韓の際、右開催につき正式にとりきめ共同声明に織込むことを考慮する。

2. 在ソウル在外事務所開設

先方の在京代表部に対応し、わが方の在ソウル在外事務所を開くことは平和条約発効当時交換公文で先方が約束済みのことであり、いずれの懸案も解決していない前にこれを開くことは、請求権の喰逃げ等の問題を生ずるものでなく、したがつて一括解決、国交正常化の原則にもとるものでなく、したがつて外相訪韓の際、右甲1.の基本条約関係についての事実上の合意が出来る際は、本件を同意せしむべきである。

3. 貿易会議開催

先方は日韓貿易インバランスの改善に極めて熱心なる外、わが方の漁船、漁具の対韓輸出禁止に対しても極めて神経質であり、先日、丁総理も佐藤総理に対し、直接訴えるところがあつた。

また、先方の野党も貿易インバランスの改善を日韓会談の前提としており、本問題に対する先方の関心は超党派的である。

よつて大臣訪韓の際、各品目についての細かい話合いの出来ぬのは当然であるが、先方の希望越しているハイ・レベル（先方は閣僚ベースというも必ずしもそれにこだわる要なかるべし）の貿易会談の開催を同意しやることは外相の「お土産」になり得るであろう。

13. 시나 외상 도착 성명, 1965. 2. 17

한국 외교문서 1500, 시나 에쓰사부로 일본 외상 방한, 1965. 2. 17-20

1965년 2월 17일부터 한국을 방문한 시나 에쓰사부로 일본 외상의 김포 도착 성명이다.

한국 측의 교섭 결과로 이루어진 것이긴 하지만, 시나 외상은 성명에서 "양국 간의 오랜 역사 중에 불행한 기간이 있었던 것은 참으로 유감스러운 일로서 깊이 반성하는 바이다"라고 함으로써 한국 국민의 감정을 어느 정도 완화시켜 한일회담의 최종 타결을 위한 '촉매제' 역할을 한 것으로 평가받았다.

시이나 외상 도착 성명

(1965. 2.17.)

이 장관 귀하, 한국 관민 여러분, 오늘은 정중한 마중을 받아 진심으로 감사드리는 바입니다.

이번 이 외무부 장관의 초대를 받아 귀국의 땅을 밟게 된 것을 본인은 충심으로 기쁘게 생각합니다.

본인은 오래전부터 귀국의 아름다운 풍토지를 접촉하여 귀국의 생생한 나라 만들기의 모습을 보고저 바랐던 것입니다.

이제 그 소원이 실현되어 본인은 마음 깊이 감동하고 있읍니다.

본인은 이 기회에 박대통령 각하 및 정 국무총리 각하께 인사 말씀을 드리는 동시에 이 외무부 장관 각하를 비롯하여 귀국의 지도자 여러분과 양국의 공통된 관심을 갖고 있는 문제에 대하여 흉금을 털어 놓고 간담할 것을 기대하고 있읍니다.

일한 양국은 옛부터 일위대수의 인국으로서 사람의 교류는 물론, 문화적이나 경제적으로도 깊은 관련이 있읍니다만 양국간의 오랜 역사중에는 불행한 기간이 있었던 것은 참으로 유감스러운 일로서 깊이 반성하는 바입니다. 그러나 금년이야 말로 수천년에 이르는 역사적 유대를 배경으로 하여 또한 전진적 자세로서 양국간에 항구적인 선린으로관계를 확립하여 이로 말미암아 서로 제휴하며 번영해 나가는 새로운 역사의 출발점으로 삼는 것은 우리들 상호간의 희망하는 바이라고 믿고 있읍니다.

본인의 이번의 귀국 방문이 양국 친선의 목적을 위하여 공헌하고 특히 우리들의 공통의 소원인 일한 국교정상화의 조속한 실현의 한 도움이 되기를 기원하면서 인사 말씀으로 하겠읍니다.

14. 시나 에쓰사부로 일본 외상 방한 보고

한국 외교문서 1500, 시나 에쓰사부로 일본 외상 방한,
1965. 2. 17-20, 시나 에쓰사부로 일본국 외무대신 방한에 관한 보고

시나 에쓰사부로 일본 외상의 방한 결과에 관한 종합 보고 가운데 '체한 중의 행동'과 관련한 평가 내용이 담긴 문서다.

시이나 에쓰사부로 일본국 외무대신 방한에 관한 보고

1965년 2월

외 무 부 아 주 국

67.12.31

5.12.18

내 용

1. 시이나 에쓰사부로 일본 외상 방한 보고
2. 시이나 에쓰사부로 일본 외상 방한 일행 명단
3. 시이나 에쓰사부로 일본 외상 방한 일정
4. 시이나 에쓰사부로 일본 외상 약력
5. 이동원 외무부 장관의 초청서한
6. 시이나 에쓰사부로 외상의 답한
7. 시이나 에쓰사부로 외상의 도착성명
8. 이동원 외무부 장관의 환영사
9. 시이나 외상의 이동원 외무부장관 예방시 면담 내용
10. 시이나 외상의 정일권 국무총리 예방시 면담 요록
11. 시이나 외상의 장기영 부총리 겸 경제기획원장관 예방시 면담 요록
12. 시이나 외상의 이효상 국회의장 예방시 면담 요록
13. 외상회담 제1차 회의 내용
14. 외상회담 제2차 회의 내용
15. 양국 외상의 공동 성명 (국문)
16. 양국 외상의 공동 성명 (영문)
17. 양국 외상 공동성명에 관한 양측 최초안 대조 및 최종 발표 내용
18. 정일권 국무총리의 사또 에이사꾸 일본 수상에 대한 친서

시이나 에쓰사부로 일본 외상 방한 보고

1. 방한 경위

이동원 외무부 장관이 64.11.23.에 송부한 초청에 따라 방한한 것임. (별 1. 장관 초청서한 및 2. 수락 서한 참조)

2. 체한중의 행동

별첨 3의 일정표에 따라 행동하였는 바, 특기 사항은 아래와 같음.

(1) 도착성명에서 과거관계에 대하여 "깊이 반성" 한다하여 아국 국민 감정을 어느 정도 완화시켰다.

(2) 외상 회담을 통하여 아세아 정세 및 한일간의 제현안을 토의하여 상호 이해를 깊이하였을 뿐만 아니라, 기본관계 조약의 가조인을 실현케 하였다.

(3) 판문점 및 일선 지대의 시찰, 아국 고위층과의 접촉을 통하여 반공 한국에 대한 인식을 깊이하였으며, 한국의 현실과 이에 관련하는 일본의 위치를 몸으로 느꼈을 것이다.

(4) 이한시의 고별 성명에서 다시 한일간의 과거관계에 언급하고 한일간의 장래에 관한 자신의 적극적인 신념을 피력함으로서 아국민의 국민 감정을 다시 한번 완화 시켰다.

3. 평 가

아국의 국민 감정을 완화시킨 사실(도착성명, 공동성명, 고별 기자회견), 아국 고위층과 진지한 토의를 행한 사실, 기본관계 조약을 아측 입장이 대폭 반영된 가운데에 가조인케 되었다는 사실로 말미암아, 한일회담의 원만한 타결을 위한 기초를 마련하였다고 판단한다.

15. 이동원 외무부 장관과 시나 외무대신 간의 공동성명, 1965. 2. 20

한국 외교문서 1500, 시나 에쓰사부로 일본외상 방한,
1965. 2. 17-20, 시나 에쓰사부로 일본국 외무대신 방한에 관한 보고

시나 에쓰사부로 일본 외상의 방한에 따른 한일 외무장관의 1965년 2월 20일 자 공동성명서다.

이동원 외무부장관과 시이나 외무대신간의 공동 성명

1965년 2월 20일, 서울,
14:20 이전 공포를 금함.

1. 대한민국 이동원 외무부 장관의 초청으로 일본국 시이나 에쓰사부로 외무대신은 1965년 2월 17일 부터 20일 까지 대한민국을 방문하였다. 양 외상은 동 기간중 우호적인 분위기에서 3차에 걸쳐 회담 하였다. 한편, 시이나 대신은 박정희 대통령, 이효상 국회의장, 정일권 국무총리 및 장기영 부총리를 예방 하였다.

2. 양 외상은 현하 국제정세와 현재 진행중인 한일회담을 포함하는 공동 관심사에 관하여 의견을 교환 하였다. 양 외상은, 한일 양국이 아세아 및 기타 각 지역에 있어서 정의, 자유, 번영에 입각한 영속적 평화를 유지하는 것이 공동목적이며 한일 회담의 원만한 타결은 한일 양국에 현저한 이익을 초래할 뿐만 아니라 전 자유진영의 이익에도 부합됨을 재확인 하였다.

3. 이 장관은 과거 어떤 기간에 걸쳐 양국간에 있었던 불행한 관계에서 연유하는 한국 국민의 대일 감정을 설명 하였다.
시이나 대신은 이 장관의 설명에 유념하고 그와 같은 과거 관계에 대하여 유감의 뜻을 표명 하였으며 깊이 반성하는 바이라고 말하였다.
시이나 대신은, 한일회담을 성실히 진행시킴으로서 양국간에 새로운 우호 관계를 수립하는 것이 정의와 평등과 상호 존중에 기초하는 양

자유국민의 공동 번영에 크게 공헌할 것이라는 굳은 신념을 피력하였다.

4. 양 외상은 한일회담의 최근의 교섭 결과를 검토하였다. 양 외상은 공정 타당한 기초에서 한일회담을 조속히 그리고 원만히 타결하기 위하여 결단성 있는 최선의 노력을 경주하겠다는 강한 결의를 표명하였다.

5. 양 외상은 대한민국과 일본국간의 기본관계에 관한 조약안이 금일 가조인 된데 대하여 만족의 뜻을 표시 하였다. 양 외상은, 이러한 가조인은 제현안의 전면 타결을 위하여 의의 깊은 일보 전진이라는 점에 의견을 같이 하였다.

6. 양 외상은, 재일 한인의 법적지위 및 처우문제에 관한 현재의 토의가 성공적인 결실을 맺고 이로서 재일 한인의 평화롭고 행복하고 안정된 생활을 영위할수 있게 되기를 희망 하였다. 양 외상은, 또한, 이문제의 원만한 타결은 한일 양 국민간의 우호 관계를 증진하는데 있어서 중요한 교량적 역할을 하게 될 것이라는 견해를 표명하였다.

7. 양 외상은 양국간의 어업문제가 합리적으로 해결됨이 요망된다는 의견을 표명하였으며 또한 그러한 해결은 양국 어민의 이익에 부합되어야 한다는 점을 확인 하였다. 양 외상은 어업문제의 적절한 해결책을 모색하기 위하여 가능한 한 조속히 농상회담이 개최 되기를 희망하였다.

8. 양 외상은 양국간의 건전하고 상호 이익이 되는 무역 관계를 유지하는 것이 극히 중요하다는 점을 재확인 하면서 양국 정부가 더욱 균형된 기초위에서 상호간의 무역을 확대하기 위하여 긴밀히 협력하여야 되겠다는 것에 합의 하였다.

이러한 사실을 염두에 두고 양 외상은 양국의 수출 능력의 증진에 대한 가능성 문제를 포함한 양국간의 무역 관계를 토의하기 위하여 조속한 시일내에 회담을 개최할 것에 합의 하였다.

9. 시이나 대신은 이장관이 일본을 방문하도록 정중히 초청 하였다. 이장관은 시이나 대신의 초청을 감사히 수락하고 가능한 한 조속히 방일할수 있게 되기를 바란다고 말하였다.

10. 양외상은 금반의 회담이 매우 유익 하였으며 양국간의 제 현안과 공동 관심사에 대한 상호 이해를 깊게 하였음을 인정하였다. 양 외상은 이장관의 방일시에 있을 차기 회담에서 토의를 계속할 것에 합의 하였다.

JOINT COMMUNIQUE

Seoul, February 20,1965

(not to be released until 14:00)

1. At the invitation of Dr. Tong Won Lee, Foreign Minister of the Republic of Korea, Mr. Etsusaburo Shiina, Foreign Minister of Japan visited the Republic of Korea from February 17 through 20, 1965. During the visit, the two Foreign Minis ers had three concesutive talks in an amicable atmosphere. Foreign Minister Shiina, in the meantime, paid courtesy calls on President Chung Hee Park, Speaker of the National Assembly Hyo Sang Lee, Prime Minister Il Kwon Chung and Deputy Prime Minister Key Young Chang.

2. The two Foreign Ministers exchanged their views on the current international situation and matters of mutual interests including the Korea-Japan Overall Talks now underway. They reaffirmed that the two countries shared the common objective of a lasting peace based on justice, freedom and prosperity for all peoples in Asia and other parts of the world, and that successful conclusion of the Korea-Japan Overall Talks would be of significant benefit to their two countries and would serve the interests of the whole free world as well.

3. Foreign Minister Lee explained the sentiments of Korean people toward Japan arising from the unfortunate relations between the two nations during a certain period in the past. Foreign Minister Shiina took note of the remarks made by Foreign Minister Lee and expressed his deep regret and reflection over such relations in the past. He emphasized his long cherished belief that the establishment of new amicable relations between the two countries by proceeding the Korean-Japan Overall Talks with utmost sincerety would conduce greatly to mutual presperity of the two free nations based on justice, equality and mutual respect.

4. The two Foreign Ministers reviewed the recent proceedings of the Korea-Kapan Overall Talks. They expressed firm determination to exert their utmost and resolute efforts to attain an early and successful conclusion of the Talks on a fair and equitable basis.

5. The two Foreign Ministers expressed their satisfaction over the initialling today of the text of the Treaty on Basic Relations between the Republic of Korea and Japan. They agreed that the initialling of the text was an important step toward the overall solution of other outstanding problems between the

two countries.

6. The two Foreign Ministers expressed their desire that the present discussions on the legal status and treatment of the Korean residents in Japan would bring about a fruitful result and that thereby they would lead a peaceful. happy and secure life. They further noted that the satisfactory solution of this problem would become an important bridge in promoting the friendly relationship between the peoples of the Republic of Korea and Japan.

7. The two Foreign Ministers expressed the desirability of achieving a reasonable settlement of the fishery problem between the two countries. They further stated that such agreement should prove to be consistent with the intersts of the fishermen of both countries. The two Foreign Ministers expressed their hope that a meeting between the Ministers of Agricultural Affairs of the two countries would be held at an earliest possible date for the purpose of exploring an appropriate solution of this problem.

8. The two Foreign Ministers, reaffirming the vital importance to both countries of maintaining a healthy and mutually beneficial trade relations between the two countries, agreed that the both governments should closely cooperate toward expanding mutual trade

on a more balanced basis.

With this in mind, they agreed to convene a conference at the earliest opportunity to discuss the trade relations between the two oountries including the possibilities to develop their export capacities.

9. Foreign Minister Shiina extended his cordial invitation to Foreign Minister Lee to visit Japan. Foreign Minister Lee accepted the invitation with gratitude and expressed his desire that he would make his trip as soon as possible.

10. The two Foreign Ministers agreed that their talks were very fruitful and deepened mutual understanding on various outstanding problems between the two countries and other matters of commoni interests. They further agreed to continue their discussions at the next meeting when Foreign Minister Lee visits Japan.

이동원 장관의 방일과 '청구권 문제에 관한 문제 해결 및 경제협력에 관한 합의사항' 가서명

시나 외상의 방한을 통해 기본관계조약 가서명에 성공한 한국 측은 이후 한일회담의 조기 타결을 염두에 두고 교섭의 속도를 올려 나가기로 했다. 김동조 대사는 1965년 2월 24일 개최된 제6차 수석대표 회의에서 다음과 같은 향후 교섭 일정을 일본 측에 제시하였다.

① 3월 초순 재일한국인 법적지위 협정안 가서명
② 3월 3일부터 농업장관 회의를 개최하여 1주일 이내로 어업 문제 처리
③ 3월 말 4월 초 어업 문제 가서명
④ 3월 말 기본관계조약과 법적지위협정 조인
⑤ 4월 중 여타 협정 조인, 비준
⑥ 5월 1일 대사 교환[1]

쉬운 것부터 먼저 조인하고 어려운 것은 나중에 하자는 제의였다. 김 대사는 이날 회의에서 이동원 외무부 장관이 3월 20일경 일본을 방문할 예정임도 통보하였다.[2] 2월 25일 사토 총리를 예방한 김 대사는 정일권 국무총리의 친서(기본관계조약 안의 가서명을 기쁘게 생각하며 하루빨리 국교 정상화를 하고 싶다는 내용)를 전달했다.[3] 3월 3일의 제7차 수석대표 회의에서는 김 대사는 "이 외무부 장관 방일시 기본관계조약의 조인과 법적지위 등의 이니셜을 하고, 그것에 맞추어 서울에 일본대표부를 개설할 용의가 있다"고 하였다. 이에 대해 일본 측은 "일괄 조인한다는 방침이며, 기본조약을 떼어낼 수는 없다"고 응대하였다.[4]

---

1 日本外交文書 1429, 여섯 번째 문서, 高杉·金日韓會談首席代表第6回會合, 1965. 2. 24.

2 日本外交文書 1429, 위와 같은 문서.

3 日本外交文書 1128, 日韓國交正常化交涉の記錄總說, XII. 請求權·法的地位·漁業問題合意事項イニシアル, 1. 韓國側調印スケジュル.

4 한국 측 문서(1459)에는 3월 3일 개최된 제7차 회의 기록이 없다. 대신 3월 10일 개최된 회의를 제7차

미국에 가는 길에 1965년 3월 10~11일간 일본에 들른 이동원 장관은 3월 11일 사토 총리를 예방하여, "3월 23일로 예정된 이동원 장관의 일본 공식방문 기간 중 청구권, 재일한인 법적지위 및 어업 문제가 해결되기를 희망"하는 박정희 대통령의 친서를 전달하였다.[5] 시나 외상과의 회담에서도 3월 23일부터 예정된 자신의 일본 공식방문 기간 중 어업협정 문안에 가서명이 가능하다면 기본관계조약의 조인을 했으면 좋겠다는 의사를 표명하였다.[6] 앞서 김동조 대사가 제의한 내용을 다시 한번 일본 측에 제의한 것이다. 한국 측으로서는 한일회담을 조속히 마무리 짓기 위해 합의가 이루어진 것은 하나라도 먼저 조인하는 것이 다른 협정 들의 교섭 속도를 높이는 데 도움이 될 것이라는 생각을 가지고 있었던 것으로 보인다. 이에 대해, 일본 측은 일괄 조인 방침상 기본관계조약의 정식 조인은 어렵다고 했다. 일본 측의 생각은 한국 측과 달랐는데, 기본관계조약 조인으로 국교 정상화가 이루어질 경우 한국 측이 어업 문제의 타결을 미룰지도 모른다는 우려가 있었기 때문에 한국 측 제의를 거절한 것으로 추측된다.[7]

이처럼 일본 측의 머릿속은 어업 문제로 꽉 차 있었고, 결국 한국 측도 어업 문제의 해결 없이는 청구권 문제를 포함한 다른 현안들의 최종 타결이 어렵다는 점을 인정, 어업협상에 적극적으로 임할 수밖에 없었다. 3월 2일부터 24일까지 차균희 농림부 장관이 일본을 방문, 아카기 무네노리(赤城宗德) 농림대신과 제2차 어업 각료회담(총 10차례 회의)을 개최하여 미결 부분에 대한 양국 간 견해 차를 좁혀나갔다. 이후 개최된 어업위원회 회의에서 양측의 협정 문안 제시가 이루어졌으며, 이동원 외무장관의 방일 기간 중 협정 문안에 가서명한다는 목표하에 마무리 작업이 진행되었다.[8]

회의로 적고 있다(일본 측은 제8차). 이로 인해 이후의 기록은 한일 양국 기록에 회의 차수가 달리 기록되어 있다. 日本外交文書 1429, 일곱 번째 문서, 高杉・金日韓會談首席代表第7回會合, 1965. 3. 3.

5 日本外交文書 735 첫 번째 문서, 佐藤總理・李東元長官會談錄, 1965. 3. 11. 한국 외교문서에는 이동원 장관의 3월 10~11일 방일시 일본 측 인사를 만난 기록이 남아있지 않다.

6 日本外交文書 728 첫 번째 문서, 椎名大臣・李長官會談錄, 1965. 3. 11.

7 유의상, 『대일외교의 명분과 실리』, 역사공간, 2016, 417, 418쪽.

8 유의상, 위의 책, 419쪽.

한국 측이 중시했던 청구권 문제는 제7차 한일회담이 개최된 이후 이동원 장관의 일본 방문 전까지 위원회는 물론 어떠한 형태의 회의도 개최되지 않았다. 일본의 대장성은 3월 5일 자로 외무성에 공한을 보내 김·오히라 합의에 따라 한일 양국 간 청구권 문제는 모두 소멸된 것이 되어야 하나 한국 측은 선박 및 문화재 청구권을 별도로 주장하고 있다면서 이 문제에 대한 한국의 입장이 확인되지 않는 한 청구권위원회는 개최되어서는 안 된다고 주장했다.[9] 양국은 3월 17일 제8차 수석대표 간 회담(일본 측 기록은 제9차)에서 청구권 문제와 관련한 실무자 회의를 개최하여 우선 양측의 입장차가 무엇인지를 확인하기로 합의하였다.[10] 이 합의에 따라 3월 20일[11] 및 3월 22일 실무자 회의[12]가 두 차례 개최되어 양측의 입장에 대한 대사 작업이 이루어졌다. 3월 23일에는 청구권 관계 4자회담[한국 측 김 대사, 이규성 공사, 김영준 경제기획원 차관보, 일본 측 후지타 히사지로 외무성 배상담당 심의관, 사타케 히로시(佐竹浩) 대장성 이재국장]이 열렸다. 이 회담에서 일본 측은 선박 및 문화재 문제가 '김·오히라 합의'에 의해 해결되었는지 여부에 관한 한일 양측의 견해 차이가 외상회담에서 먼저 정치적으로 절충이 이루어져야 할 것이라고 주장, 결국 위원회를 포함하여 청구권 문제에 관한 추가적인 회합은 외상회담 후로 미루기로 하였다.[13]

이동원 장관은 미국 방문을 마치고 귀로에 시나 외상의 초청에 따라 일본을 공식방문하였다. 공식방문 기간은 3월 23일부터 27일로 예정되어 있었으나,[14] 한일회담 마무리를 위한 현안 협의가 이 기간 내에 마무리되지 못하면서 이 장관은 결국 4월 3일까지 일본에 체류하게 되었다. 공식방문 기간을 넘겨 더 체류하는 것은 외교 관례상 흔치 않은 일이다. 하지만 이 장관은 숙소를 영빈관에서 일반 호텔로 옮기고 한일회담

9 日本外交文書 1377, 第7次日韓全面會談における請求權委員會について, 1965. 3. 5.

10 한국 외교문서 1459, 제7차 한일회담 본회의 및 수석대표 회담, 1964-65, JAW-03360, 제8차 수석대표 간 회담(65. 3. 17 14:00-15:20) 결과 보고, 706쪽.

11 한국 외교문서 1467, 제7차 회담 청구권 관계 회의 보고 및 훈령, 1965. 전 2권(V.1 1965. 3. 18-4. 3까지의 교섭), JAW-03445, 청구권 관계 실무자 회의 결과 보고, 1965. 3. 21.

12 한국 외교문서 1467, JAW-03470, 청구권 관계 실무자 회의 보고, 1965. 3. 22.

13 한국 외교문서 1467, JAW-03486, 청구권 관계 4자 회담 개최 결과 보고, 1965. 3. 23.

14 한국 외교문서 1486, 이동원 외무부 장관 일본 방문, 1965, WJA-03131, 장관 공식 방일 일정, 1965. 3. 10.

의 마무리를 위한 교섭에 몰두하였다. 이 장관은 시나 외상과 24일부터 수차례의 공식, 비공식 회담을 통하여 청구권 문제를 최우선적으로 하면서, 그간 양국 간에 미결 상태로 남아있던 사안들을 집중적으로 협의하였다.

결국 한일 양측은 외무장관 회담[15]과 회담 중간중간에 이어진 실무자들 간의 철야 협상을 거쳐, 청구권 문제의 기본 사항에 대해 합의하였으며, 4월 3일 이 장관과 시나 외상의 임석 하에 연하구 한국 외무부 아주국장과 우시로쿠 도라오(後宮虎郎) 일본 외무성 아시아국장이 합의 내용이 담긴 '청구권에 관한 문제 해결 및 경제협력에 관한 합의사항'에 가서명하였다. 이 '합의사항'은 1962년 11월의 '김-오히라 합의'를 공식화한 한일 간의 청구권 문제에 관한 합의 문서로, 추후 청구권협정의 요체가 되었다.[16] 이 장관은 청구권뿐만 아니라 재일한인 법적지위 문제에 관한 주요 사항도 합의를 도출하여 이경호 법무부 법무국장과 야기 마사오(八木正男) 법무성 출입국관리국장 간에 가서명이 이루어졌다. 양국 농림장관 간에는 '어업 문제에 관한 합의사항'이 작성되어 이명년 대표와 와다 대표가 이에 가서명하였다.

청구권에 관한 문제 해결 및 경제협력에 관한 합의사항(1965. 4. 3, 도쿄)

이동원 외무부 장관과 시나 에쓰사부로 외무대신 간에 다음의 사항이 합의되었다.

1. 무상제공(생산물 및 용역)
   총액 3억 불, 10년간 균등 제공, 단, 재정 사정에 따라서는 양국 정부 합의에 의하여 조상 실시할 수 있다.
2. 장기저리차관(경제협력기금에 의함)
   총액 2억 불, 10년간 균등 제공, 금리는 연 3.5%, 상환 기간은 7년의 거치기간을 포함하여 20년, 단, 재정 및 자금 사정에 따라서는 쌍방 합의에 의하여 상환 기간

15 한국 외교문서 1486, JAW-03429, 이동원 장관 방일 기간 중 외상회담 개최 계획, 1965. 3. 20.

16 유의상, 위의 책, 420, 421쪽.

을 연장할 수 있다.

3. 민간신용제공(상업베이스에 의거한 통상의 민간신용제공)

1) 민간신용제공 총액은 3억 불 이상에 달하는 것으로 기대된다.

2) 어업협력을 위한 민간신용제공 9,000만 불 및 선박 도입을 위한 민간신용제공 3,000만 불은 상기 1)에 포함되며, 또한 관계 법령의 범위 내에서 용이하게 하는 것으로 한다.

4. 한일 청산계정 잔고에 대하여 확인된 대일 채무(약 4,573만 불)

1) 10년간 균등분할 지불, 금리는 없음.

2) 매년도 한국의 요청에 의하여 일본의 새로운 동의를 요함이 없이 당해 연도에 있어서의 일본으로부터의 무상제공 중에서 감액함으로써 현금 지불하는 것으로 한다.

5. 청구권의 해결

관계 협정의 성립 시에 존재하는 한일 양국 및 양 국민의 재산과 양국 및 양 국민 간의 청구권에 관한 문제는 상항 평화조약 제4조에 규정된 것을 포함하여 완전히 그리고 최종적으로 해결된 것으로 한다. 단 한일 양국 및 양 국민의 재산권과 양국 및 양 국민 간의 채권 채무 관계로서, 종전 후 통상의 거래, 계약 등으로부터 생긴 관계에 의거한 것은 영향을 받지 아니한다.

6. 한일 간의 문화재 문제 해결 및 문화협력 증진에 관련하여 품목 기타에 관한 협의를 하고 일본국은 한국에 대하여 한국 문화재를 인도한다.[17]

위 '합의사항'의 주요 내용을 정리해보면, ① 유상 2억 불의 상환 기간을 7년 거치 후 13년으로 하되, 단 재정 사정에 따라 양측 합의에 의하여 그 기간을 연장할 수 있도록 하고(한국 측 양보), ② '김-오히라 합의'에서 '1억 불 이상'으로 되어 있던 상업차관을 '3억 불 이상'으로 표현하되(일본 측 양보), 한국이 요구하는 어업협력을 위한 차관 9,000만 불과 어선 도입을 위한 차관 3,000만 불을 여기에 포함하는 것으로 하

17 한국 외교문서 1486, 한일 간의 청구권 문제 해결 및 경제협력에 관한 합의사항(가서명본), 1965. 4. 3, 288-294쪽.

였다(한국 측 양보). 또한, ③ 청구권의 명목(청구권에 관한 부분과 경제협력에 관한 부분을 여하히 조정해야 할 것인가에 관한 문제)은, '청구권에 관한 문제 해결 및 경제협력에 관한 합의사항'으로 양 부분을 병기하는 방식으로 하고, 무상협력, 유상협력을 '무상제공', '장기저리차관'으로 하는 것으로(일본 측 양보) 합의하였다. 한편, ④ '청구권의 해결'과 관련해서는 "청구권에 관한 문제는 상항 평화조약 제4조에 규정된 것을 포함하여 완전히 그리고 최종적으로 해결된 것으로 한다"로 합의하였다(한국 측 양보).[18]

청구권 문제와 관련해서는 이 '합의사항' 이외에 두 개의 문서가 추가로 작성되었다. 하나는 위 '합의사항' 제5항의 '청구권의 해결'과 관련하여 해결되는 청구권의 내용을 보다 구체적으로 기록한 '합의의사록'[19]이며, 다른 하나는 "선박 수출을 위하여 기대되는 민간신용공여 3,000만 불에 대해서 금리 5.5퍼센트 정도로 목표로 한다"는 내용의 '우시로쿠 국장의 연하구 국장 앞 서한'[20]이다. 이중 합의의사록의 내용은 다음과 같다.

합의의사록 (1965년 4월 3일 도쿄)

금일 가서명된 '한일 간의 청구권 문제 해결 및 경제협력에 관한 합의사항'(이하 합의사항)의 교섭에 있어 다음의 양해가 확인되었다.

1. 합의사항 5에 있어서 완전히 그리고 최종적으로 해결된 것으로 하는 한일 양국 및 양 국민의 재산 및 양국 및 양 국민 간의 청구권에 관한 문제에는, 한일회담에서 한국 측으로부터 제출된 '한국의 대일청구요강'(소위 8항목)의 범주에 속하는 모든 청구권이 포함되어 있으며, 따라서 관계 협정의 발효에 의해 동 대일청구요강에 관해서는 어떠한 주장도 할 수 없는 것으로 함이 확인되었다.

---

18 유의상, 앞의 책, 420쪽.

19 한국 외교문서 1486, 合意議事錄[일어본], 1965. 4. 3, 295-296쪽; 日本外交文書 1381, 合意議事錄, 1965. 4. 3.

20 한국 외교문서 1486, 우시로쿠 국장의 연하구 국장 앞 서한[일본어본], 1965. 4. 3, 297쪽.

2. 합의사항 5에 있어서 완전히 그리고 최종적으로 해결된 것을 하는 전기(前記)의 재산 및 청구권에 관한 문제에는 현재까지 대한민국에 의한 일본어선의 나포로부터 발생한 모든 청구권이 포함되어 있으며, 관계 협정의 발효에 의해 그것의 모든 청구권은 이미 대한민국 정부에 대해 주장할 수 없는 것으로 함이 확인되었다.[21]

애초 일본은 양국 장관 간의 '합의사항' 5항 '청구권의 해결' 부문이 너무 추상적이므로 이를 보다 구체적으로 할 필요가 있다고 주장하였다(대장성이 특히 이 부분에 관해 문제 제기). 그러나 한국은 추후 협정 문안 작성 과정에서 이 부분을 협의하면 된다는 입장에 따라 일본 측의 이 주장을 수용하지 않았다. 그러다가 한국 측이 나포 어선에 대한 일본의 청구권 소멸을 확인하기 위하여 일본 측에 별도의 문서작성을 요청하자 일본은, 한국 측이 요청한 상기 문서에 한국의 대일청구요강의 범주에 속하는 모든 청구권이 해결되었다는 내용도 추가하는 '합의의사록' 작성을 제안하였다. 한국은 계속해서 일본의 제안에 응하지 않다가, 일본이 본(本) 문서인 합의사항의 가서명을 늦추면서까지 이 '합의의사록'의 작성을 요구하는 바람에 어쩔 수 없이 마지막 순간에 합의하였다. 문서의 타자가 늦어져 결국 '합의의사록'의 가서명은 한국대표단의 귀국 직전 하네다공항에서 일본어본에만 이루어졌다. 이 '합의의사록'은 6월 22일 조인된 청구권협정의 부속 문서인 합의의사록(I)의 요체가 되었다.[22]

---

21 한국 외교문서 1486, 合意議事錄[일어본], 1965. 4. 3, 295-296쪽; 日本外交文書 1381, 合意議事錄, 1965. 4. 3.

22 유의상, 앞의 책, 422, 423쪽.

한국 외교문서	일본 외교문서
	1. 1429 여섯 번째 문서, 다카스기·김 수석 대표 제6회 회합(高杉·金日韓會談首席代表第6回會合), 1965. 2. 24
	2. 1128 일한국교정상화 교섭의 기록 총설 XII. 청구권·법적지위·어업 문제 합의사항 이니셜, 1. 한국 측 조인 스케줄(日韓國交正常化交渉の記録總說, XII. 請求權·法的地位·漁業問題合意事項イニシアル, 1. 韓國側調印スケジユル)
	3. 1429 일곱 번째 문서, 다카스기·김 일한 회담 수석대표 제7회 회합(高杉·金日韓會談首席代表第7回會合), 1965. 3. 3
4. 1486, 이동원 외무부 장관 일본 방문, 1965, WJA-03131, 장관 공식 방일 일정, 1965. 3. 10	5. 735 첫 번째 문서, 사토 총리·이동원 장관 회담록(佐藤總理·李東元長官會談錄), 1965. 3. 11
	6. 728 첫 번째 문서, 시나 대신·이 장관 회담록(椎名大臣·李長官會談錄), 1965. 3. 11
	7. 1377, 제7차 일한전면회담 청구권위원회에 관해(第7次日韓全面會談における請求權委員會について), 1965. 3. 5
8. 1459, 제7차 한일회담 본회의 및 수석대표 회담, 1964-65, 제8차 수석대표간 회담 결과 보고, 1965. 3. 17	
9. 1467, 제7차 회담 청구권 관계 회의 보고 및 훈령, 1965. 전 2권(V.1 1965. 3. 18-4. 3까지의 교섭), JAW-03445, 청구권 관계 실무자 회의 결과 보고, 1965. 3. 21	
10. 1467, 제7차 회담 청구권 관계 회의 보고 및 훈령, 1965. 전 2권(V.1 1965. 3. 18-4. 3까지의 교섭), JAW-03470, 청구권 관계 실무자 회의 결과 보고, 1965. 3. 22	
11. 1467, 제7차 회담 청구권 관계 회의 보고 및 훈령, 1965. 전 2권(V.1 1965. 3. 18-4. 3까지의 교섭), 청구권 관계 대사 자료 송부, 1965. 3. 22	

한국 외교문서	일본 외교문서
12. 1467, 제7차 회담 청구권 관계 회의 보고 및 훈령, 1965. 전 2권(V.1 1965. 3. 18-4. 3까지의 교섭), JAW-03486, 청구권 관계 4자 회담 개최 결과 보고, 1965. 3. 23	
13. 1486, 이동원 외무부 장관 일본 방문, 1965, JAW-03429, 이동원 장관 방일 기간 중 외상회담 개최 계획, 1965. 3. 20	
14. 1486, 이동원 외무부 장관 일본 방문, 1965, JAW-03454, 이동원 장관 일본 공식 방문 일정 보고, 1965. 3. 22	
15. 1486, 이동원 외무부 장관 일본 방문, 1965, JAW-03523, 제1차 외상회담 개최 결과 보고, 1965. 3. 24	
16. 1486, 이동원 외무부 장관 일본 방문, 1965, JAW-03560, 이동원 장관의 사토 일본 총리 예방 결과 보고, 1965. 3. 24	
17. 1486, 이동원 외무부 장관 일본 방문, 1965, JAW-03535, 제2차 외상회담 결과 보고, 1965. 3. 25	
18. 1486, 이동원 외무부 장관 일본 방문, 1965, JAW-03574, 제3차 외상회담 결과 보고, 1965. 3. 26	
19. 1486, 이동원 외무부 장관 일본 방문, 1965, JAW-03614, 한일 비공식 외상회담 결과 보고, 1965. 3. 27	
20. 1486, 이동원 외무부 장관 일본 방문, 1965, JAW-03620, 비공식 외상회담 개최 계획 보고, 1965. 3. 27	
21. 1486, 이동원 외무부 장관 일본 방문, 1965, JAW-03623, 비공식 외상회담 종료 보고, 1965. 3. 27	
22. 1486, 이동원 외무부 장관 일본 방문, 1965, JAW-03626, 비공식 외상회담 및 후속 문안 작성 교섭 결과 보고, 1965. 3. 27	

한국 외교문서	일본 외교문서
23. 1467, 제7차 회담 청구권 관계 회의 보고 및 훈령, 1965. 전 2권(V.1 1965. 3. 18-4. 3까지의 교섭), JAW-03636, 청구권 관계 문안 작업 회의 진전 상황 보고, 1965. 3. 28	
24. 1467, 제7차 회담 청구권 관계 회의 보고 및 훈령, 1965. 전 2권(V.1 1965. 3. 18-4. 3까지의 교섭), JAW-03640, 문안 작업 회의 종료 보고, 1965. 3. 29	
25. 1486, 이동원 외무부 장관 일본 방문, 1965, JAW-03649, 제4차 외상회담 결과 보고, 1965. 3. 29	
26. 1486, 이동원 외무부 장관 일본 방문, 1965, WJA-03518, 청구권, 법적지위 및 어업 문제 합의사항 가조인을 위한 국무회의 의결에 필요한 사항 요청, 1965. 3. 31	
27. 1467, 제7차 회담 청구권 관계 회의 보고 및 훈령, 1965. 전 2권(V.1 1965. 3. 18-4. 3까지의 교섭), JAW-03711, 김 대사-우시바 심의관 간 문안 교섭 결과 보고, 1965. 3. 31	
28. 1486, 이동원 외무부 장관 일본 방문, 1965, WJA-03536, 청구권 관계 문안 합의 보고에 대한 본부 입장 통보, 1965. 3. 31	
29. 1467, 제7차 회담 청구권 관계 회의 보고 및 훈령, 1965. 전 2권(V.1 1965. 3. 18-4. 3까지의 교섭), JWA-03716, 청구권에 관한 '합의사항' 문안에 대한 유념사항 보고, 1965. 3. 31	
30. 1486, 이동원 외무부 장관 일본 방문, 1965, JAW-03718, 합의사항에 대한 각의 심의 요청, 1965. 3. 31	
31. 1467, 제7차 회담 청구권 관계 회의 보고 및 훈령, 1965. 전 2권(V.1 1965. 3. 18-4. 3까지의 교섭), JAW-04035, 청구권 관계 '합의사항' 문안 일부 수정 보고, 1965. 4. 2	

한국 외교문서	일본 외교문서
32. 1467, 제7차 회담 청구권 관계 회의 보고 및 훈령, 1965. 전 2권(V.1 1965. 3. 18-4. 3까지의 교섭), 청구권 문제, 법적지위 문제에 대한 가조인 국무회의 의결 요청 문건, 1965. 4	
33. 1467, 제7차 회담 청구권 관계 회의 보고 및 훈령, 1965. 전 2권(V.1 1965. 3. 18-4. 3까지의 교섭), JAW-04056, 청구권 합의사항 문안 최종 확정을 위한 회합 결과 보고, 1965. 4. 3	
34. 1467, 제7차 회담 청구권 관계 회의 보고 및 훈령, 1965. 전 2권(V.1 1965. 3. 18-4. 3까지의 교섭), JAW-04058, 최종 합의된 청구권 관련 합의사항 문안 보고, 1965. 4. 3	
35. 1467, 제7차 회담 청구권 관계 회의 보고 및 훈령, 1965. 전 2권(V.1 1965. 3. 18-4. 3까지의 교섭), JAW-04079, 하네다 공항에서 이니시알된 합의의사록 전문 보고, 1965. 4. 6	
36. 1467, 제7차 회담 청구권 관계 회의 보고 및 훈령, 1965. 전 2권(V.1 1965. 3. 18-4. 3까지의 교섭), 이니셜된 청구권 관계 문서 송부 공문, 1965. 4. 6	

1. 高杉·金日韓會談首席代表第6回會合, 1965. 2. 24
日本外交文書 1429, 여섯 번째 문서

시나 외상의 방한 이후 1965년 2월 24일 개최된 김·다카스기 수석대표 간 제6차 회의 기록이다.

이 회의에서 김동조 수석대표는 한국 측이 구상 중인 3월 이후의 한일회담 일정을 일본 측에 제시하였다.

번역

다카스기·김 일한회담 수석대표 제6회 회합

1965. 2. 24, 북동아시아과

1. 일시 1965년 2월 24일 오후 3시부터 4시 25분까지
2. 장소 외무성 420호실
3. 참석자

   일본 측 다카스기 대표, 우시바 심의관, 우시로쿠 국장(쓰루타)

   한국 측 김동조 대표, 권오병 법무차관, 방희, 이규성 양 공사(최광수 서기관)
4. 의사 요지

   (1) 우선 김 대표는 금후의 교섭 진행방식에 관해 다음과 같이 말했다.

   (가) 기본조약안이 이니셜되었으므로, 다음은 어업과 법적지위의 토의를 점차 진행하는 것으로 하고 싶다. 우선 곧 마무리할 수 있는 것은 법적지위라고 생각하므로, 특히 이 문제를 신속히 마무리하여 3월 상순에는 이니셜하고 싶다.

   (나) 농상회담은, 아카기 대신과 이야기한 결과 3월 3일부터 개최하는 것으로 이해하고 있다(이에 대해 일본 측은 3일은 무리이며, 빨라야 5일로 생각한다고 말했다). 농상회담의 기간은 길어야 1주일, 가능하면 2-3일 내에 정리하고 싶다. 따라서 그 기초를 단단히 하기 위해 척수, 기선에 관해 그때까지 실무적으로 충분히 이견을 좁혀 놓기를 원한다. 회담을 개최하여 만일 결론이 나오지 않으면 오히려 비관적이 된다. 어업협력에 관해서는 정치적으로 해결하고 싶으며, 농상회담에서 결론을 내고 싶다. 농상회담의 결과에 관해서는, 중요한 항목에 대해 문서를 교환하고 합의사항을 확인함과 동시에 발표하며, 동시에 어선 수출, 농수산물의 수입에 대해 한국 어민에게 설명할 수 있도록 발표하고 싶다. 그리고 어업 문제에 관해서는 3월 말-4월 초에 이니셜 하고 싶다.

   (다) 청구권에 관해서는 농상회담 후 토의를 진행해 3월 말까지 대강을 마무리하고 싶다.

   (라) 기본관계, 법적지위에 관해서는 3월 말까지 정식 조인으로 이끌고 싶다(이에

대해 일본 측은, 이 문제들만 조인하면 국회에서 큰 문제가 되므로, 다른 제 현안과 동시에 조인하는 것으로 하고 싶다고 말했다.). 그리고 4월 중에는 다른 제 현안의 조인도 마치고 비준 절차를 완료하여, 5월 1일에는 대사를 교환하고 싶다.

(마) 무역회담은 농상회담 후 1주일 지나 개최하고 싶다. (일본 측 양해)

(바) 이동원 외무부 장관은 국무성 초대로 미국에 가게 되었다. 이 장관은, 농상회담이 끝나면 바로 출발하여 미국에서 귀도에 3월 20일경 일본을 공식방문하게 될 것으로 생각한다.

(사) 기본관계 가운데 통상관계 사항의 토의를 규정하는 프로토콜에, 구로다 북동아시아과장과 최광수 서기관이 조속히 이니셜하는 것으로 하고 싶다. 또한, 기본조약 안의 한국어 정본을 빨리 작성하여 일본 측에 전달할 것이니 언제라도 정식 조인이 가능하도록 준비해 놓기 바란다.

(2) 우시바 심의관이 어업협력에 관해 형식을 상업차관으로 해도 좋은지 묻자, 김 대표는 형식은 그것으로 좋으나, 이율은 4%대로 했으면 좋겠다고 말했다.

(3) 김 대표는 청구권의 해결에 관해서는 오히라·김 합의를 기초로 하는 것은 좋으나, 오히라·김 합의는 한국 국내에서 어두운 인상을 주고 있으므로, 이것을 없애기 위해 정치적인 고려가 있지 않으면 안 된다고 생각한다.

즉, 시나 대신 방한 시 정 총리가 언급한 대로, 민간차관 1억 불에 대해 이것을 상당폭 올리는 특정액으로 하고 싶다(주 정 총리는 이것을 2.5억 불로 하고 싶다고 말했다).

또한 문화재, 선박은 마음의 문제라고 생각한다. 일본 측이 속히 문화재의 목록을 제출하기를 바란다고 말했다.

(4) 김 대표는 법적지위 문제에 관해 다음과 같이 신 제안을 했다.

(가) 전전부터 계속해서 재류한 한국인 및 그 직계 비속에 대해 영주권을 부여하는 것으로 한다.

(나) 협정 발효 5년 후까지 출생한 자의 퇴거 강제 사유와 처우에 관한 규정을 만든다.

(다) 그 후에 태어난 자의 퇴거 강제와 처우에 관해서는 성년에 될 때까지는 부와 동일하게 취급하는 것으로 한다.

(라) 성년이 된 후의 퇴거 강제와 처우에 관해서는 25년 이상 후의 문제이므로 뒤

로 미룬 후, 계속 토의하는 것으로 한다. 단, 일반 외국인보다는 좋은 대우가 부여된다는 원칙이 명기되지 않으면 안 된다.

이에 대해, 우시바 심의관은 자자손손까지 무기한 영주권을 부여하는 것은 곤란하다고 생각하며, 일단 검토해 보겠다고 답했다.

(5) 다음, 한국 측은 법적지위의 퇴거 강제 사유 가운데 아직 합의하지 못한 '외교상의 이익을 해하는 자'에 관해서 일본 안에는 단순 절도, 과실 상해 등 외교상의 이익과는 전혀 관계없는 것까지 퇴거당하게 되어있어 곤란하다고 말했다.

이에 대해 우시로쿠 국장은 (가) 한국 안과 같이 인정의 요소가 들어가는 것은 바람직하지 않으며, (나) 일본 안은 외국의 원수, 외교사절 등에 대한 범죄를 포함한 일반적인 의미의 국교에 관한 죄로 하고 있으므로, 따라서 표현의 문제로 해결할 수 있는 것 아닌가 하고 말했다.

이에 대해 한국 측이 일본 안은 우시로쿠 국장이 말한 대로 꼭 읽히지는 않는다고 말하자, 우시바 심의관은 인정의 요소를 남기지 않는 편이 좋다고 생각하며, 더 검토해 보겠다고 말했다.

(6) 이 공사는 어업 문제에 관해 최근의 4자 회담, 전문가 회합의 토의 진척상황을 설명했다.

5. 신문 발표

"외무대신 방한의 성과를 review하고, 회담의 촉진에 관해 협의하였으며, 특히 법적지위의 토의를 촉진하기로 합의했다."

高杉・金日韓会談首席代表
第6回会合

40.2.24
北東アジア課

1. 日　時　昭和40年2月24日午後3時から4時25分まで

2. 場　所　外務省420号室

3. 出席者

日本側　高杉代表、牛場審議官、後宮局長(鶴田)

韓国側　金東祚代表、権五柄法務次官、方熙、李圭星両公使、(崔倖洙書記官)

4. 議事要旨

(1) 金代表より、今後の交渉の進め方について次のとおり述べた。

(イ) 基本条約案がイニシアルされたので、次は漁業と法的地位の討議をどんどん進めることにしたい。さしあたりすぐまとめうるのは法的地位だと思うので、特にこの問題を早くまとめ、3月上旬にはイニシアルしたい。

(ロ) 農相会談は、赤城大臣とお話しした結果、3月3日から開くことになつたと了解している（これに対して日本側より、3日は無理であり、早くても5日だと思うと述べた。）。農相会談の期間はせいぜい1週間、できれば2～3日で片をつけたい。したがつて、その基礎固めのため、隻数、基線についてそれまでに事務的に十分つめておきたい。会談を開いてもし結論が出なければかえつてペシミスティックになる。漁業協力については政治的に解決したく、農相会談で結論を出したい。農相会談の結果については、重要な項目につき文書を交換して合意事項を確認するとともにこれを発表し、同時に漁船輸出、農水産物の輸入につき韓国漁民に説明しうるような発表を行ないたい。そして漁業問題については、3月末～

4月初めにイニシアルすることにしたい。

(イ) 請求権については、農相会談後討議を進め、3月末までに大綱をまとめたい。

(ニ) 基本関係、法的地位については3月末までに正式調印に持ちこみたい(これに対して日本側より、これらの問題だけ調印すると国会で大きな問題となるので、他の諸懸案と同時に調印することにしたいと述べた。)。そして4月中には他の諸懸案の調印もすませて批准手続を完了し、5月1日には大使を交換したい。

(ホ) 貿易会談は農相会談後1週間位してから開きたい。(日本側了承。)

(ヘ) 李東元外務部長官は、国務省から招待されて米国に行くことになつた。李長官は、農相会談が終つたらすぐ出発し、米国からの帰途、3月20日頃日本を公式訪問することになると思う。

(ト) 基本関係のうち、通商関係事項の討議

4

を規定するプロトコールに、黒田北東アジア課長と崔光洙書記官との間で早急にイニシアルすることとしたい。また、基本条約案の韓国語正文を早急に作つてお渡しするから、いつでも正式調印ができるように準備しておいてほしい。

(2) 牛場審議官より、漁業協力について形式は商業借款でよいかと尋ねたところ、金代表は、形式はそれでよいが、利率は4%台にしてほしいと述べた。

(3) 金代表より、請求権の解決については大平・金了解を基礎にするのはよいが、大平・金了解は韓国内で暗い印象を与えているので、これをなくすため政治的な考慮がなされなければならないと思う。

すなわち、椎名大臣訪韓の際丁総理が申し上げたように、民間借款の1億ドルについてこれを相当上廻る特定の額にしてほしい、（注　丁総理はこれを2.5億ドルにしてほしいと述べた。）

また、文化財、船舶は此の問題だと思う、日本側から早く文化財の目録を出してほしいと述べた。

(4) 金代表より、法的地位問題について、次のような新提案を行なつた。

(イ) 戦前から引き続き在留する韓国人およ

びその直系卑族に対し永住権を付与することとする。

(ロ) 協定発効5年後までに生まれた者の退去強制事内と処遇に関する規定を設ける。

(ハ) その後に生まれた者の退去強制と処遇については成年に達するまでは親と同様に扱うこととする。

(ニ) 成年に達した後の退去強制と処遇については、25年以上先の問題であるので棚上げし、継続討議することとする。ただし、一般外国人よりはよい待遇が与えられるとの原則が謳われなければならない。

これに対して、牛場審議官より子々孫々まで無期限に永住権を付与することは困難であると思うが、一応検討してみると答えた。

(5) 次いで、韓国側より、法的地位の退去強制事由のうちいまだ合意をみていない「外交上の利益を害した者」については、日本案では単純窃盗、過失傷害等外交上の利益とは全く関係のないものまで退去させられるので困ると述べた。

これに対し、後宮局長より、(イ)韓国案のように認定の要素が入ることは好ましくない。(ロ)日本案は外国の元首、外交使節等に対する犯罪を含む一般的な意味での国交に関する罪としているのであり、したがつて表現の問題として解決できるのではないかと述べた。

これに対して、韓国側は、日本案は必ずしも後宮局長のいわれたようには読めないと述べたので、牛場審議官より、認定の要素を残さない方がよいと思うが、さらに検討してみると述べた。

(6) 李公使より、漁業問題について、最近の四者会談、専門家会合の討議の進捗状況を説明した。

5. 新聞発表

「外務大臣訪韓の成果をreview し、会談の促進について話し合い、特に法的地位の討議を促進することに合意した。」

2. 1. 韓國側調印スケジユル

日本外交文書 1128, 日韓國交正常化交渉の記錄總說, XII. 請求權·法的地位·漁業問題合意事項イニシアル)

시나 외상 방한 이후 한국 측이 제시한 한일회담 스케줄 및 이에 대한 일본 측 입장이 적혀 있다.

번역

1. 한국 측의 조인 계획

1965년 2월 24일의 수석대표 회담(제6차)에서 김동조(金東祚) 대사는 "3월 초에 재일한국인의 법적지위협정 안에 가조인을 한다. 한일 어업 각료회담은 3월 3일부터 열고 2-3일 내지 일주일 안에 어업 문제를 처리하고, 3월 말에서 4월 초에 어업 문제를 가조인한다. 3월 말에 기본관계조약과 법적지위 협정에 조인, 4월 중에 다른 안건도 체결, 비준하고 5월 1일에 대사를 교환하고 싶다"는 일정계획 안을 제시했다. 그날 이동원 외무부 장관이 미국 방문 후 3월 20일경 일본을 방문한다는 사실도 알려졌다.

2월 25일 김동조 대사는 사토 총리를 만나 정일권(丁一權) 총리의 친서(기본관계조약 안의 가조인을 기뻐하며 하루빨리 국교를 정상화하고 싶다는 내용)를 전달했다. 3월 7일의 수석대표 회담(제7차)에서 김 대사는 "이 외무부 장관 방일 시에 기본관계조약의 체결과 법적지위 등을 가조인하고 그 대가로 서울에 일본대표부를 개설해 줄 용의가 있다"고 말했다. 이에 대해 일본 측은 "일괄 체결이라는 방침이기 때문에 기본조약을 분리할 수 없다"고 응수했다.

3월 11일 방미하는 길에 일본을 들른 이동원 외무부 장관은 사토 총리를 예방하고 박정희 대통령의 친서(청구권, 법적지위, 어업 3개 문제가 이동원 장관의 공식 방일 기간 중에 해결되기를 희망한다는 취지)를 전달했다. 이 장관은 또 이날 시나 외상과의 회담에서 "어업협정의 대강에 대해 가조인을 할 수 있으면 기본관계조약의 조인을 공식방문 중에 실시하고 싶다"고 말했다. 그러나 일본 측은 일괄 서명이라는 방침상 정식 서명은 어렵다고 응수했다.

XII 請求権・法的地位・漁業問題合意事項イニシアル 12-1

1. 韓国側の調印スケジュール

2月24日の首席代表会談(第6回)で金東祚大使は「3月上旬に在日韓国人の法的地位協定案にイニシアルをする。日韓農相会談は3月3日から開き、2,3日ないし1週間で漁業問題を処理して3月末～4月初めに漁業問題のイニシアルをする。3月末に基本関係条約と法的地位協定に調印。4月中に他の案件も調印・批准し、5月1日に大使を交換したい」との案を示した。その日、「李東元外務部長官が訪米の帰途、3月20日ごろ

GA-6 外務省

12-2

日本を訪問する」ことも伝えられた。「2月

25日、金東祚大使は佐藤総理をたずねて

丁一権総理の親書(基本関係条約案のイニシ

アルを喜び、一日も早く国交を正常化したい

意を述べたもの)を渡した。3月7日の首

席代表会談(第7回)で金大使は「李外務部

長官訪日の際に基本関係条約の調印と法的

地位等のイニシアルをし、それとひきかえにソウ

ルに駐日代表部を開設する用意がある」と

日本?

述べたのに対し、日本側は「一括調印の建前

なので基本条約の切り離しはできない」と

GA-6

外務省

12-3

応酬した。「3月11日、訪米の途日本に立寄った李東元外務部長官は佐藤総理を礼訪し、朴大統領からの親書（請求権、法的地位、漁業の三問題が李長官の公式訪日期間中に解決することを希望するとの趣旨）を伝達した。また同日、椎名外務大臣と会談した際に「漁業協定の大綱につきイニシアルできれば基本関係条約の調印を公式訪問中に行ないたい」と述べたが、日本側は一括調印の方針上、正式な署名は難しいと応酬した。

GA-6 外務省

3. 高杉·金日韓會談首席代表第7回會合, 1965. 3. 3
日本外交文書 1429, 일곱 번째 문서

1965년 3월 3일 개최된 김·다카스기 수석대표 간 제7차 회의 기록이다. 한국 외교문서에는 3월 3일 개최된 회의 기록이 없으며, 3월 10일 개최된 회의를 제7차 회의로 적고 있다.

이 회의에서 일본 측은 한국 측이 제안한 한일회담의 향후 스케줄, 특히 기본관계조약의 우선 조인에 관하여 "일괄 조인한다는 방침이며, 기본조약을 떼어낼 수는 없다"고 응대하였다.

번역

다카스기·김 일한회담 수석대표 제7회 회합

1965. 3. 3

북동아시아과

1. 일시 1965년 3월 3일 오후 2시 30분부터 3시 30분까지
2. 장소 외무성 제420호실
3. 참석자

   일본 측 다카스기 대표, 우시바 심의관, 우시로쿠 국장 (구로가와우치)

   한국 측 김동조 대표, 방희, 이규성 양 공사 (최광수 서기관)
4. 의사 요지

   (1) 먼저 김 대표는 오늘 개시되는 농상회담은 2차, 3차까지 연장되지 않도록 하고 싶다고 했으며, 기본조약 안에 관해서 일본 측이 양보해 마무리된 것은 어업 문제로, 이에는 한국 측의 양보를 구하고자 하는 저의가 있다고 신문에 보도되었는데, 비슷한 내용을 오늘 사토 총리가 차 농림부 장관에게 이야기함에 따라 이것에 관해 (한국 측이) 우려하고 있다고 말했다. 다음 김 대사는 금후의 교섭 절차와 관련하여, 이 장관의 방일 선물로 한다는 의미도 있다면서 기본조약 안의 본 조인과 법적지위 등 다른 현안에 관한 대강에 이니셜을 하고 싶으며, 이것과 교환하여 재서울 대표부의 개설을 허가할 용의가 있다고 한 뒤, 이 방식에 대한 검토를 부탁한다고 말했다. 이에 대해 우시바 심의관과 우시로쿠 국장은 상사에게 자문을 구해야 하며, 다른 현안에 관해 큰 틀의 전망이 서지 않으면 본 조인은 우선 문제가 되지도 않음은 말할 필요도 없으며, 동시에 이니셜에 관한 국회의 공기로 볼 때 대신이 본 조인은 전 현안에 관해 일괄해서 한다는 뜻으로 답변하였기에, 일본 정부로서 재한사무소 개설과 교환한다 해도 기본조약만 분리한 본 조인은 하기가 어렵다는 견해를 말했다.

   (2) 김 대사는 청구권에 관해서도 조속히 세목의 협의에 들어가고 싶다는 제안이 있다면서, 3월 15일에 청구권위원회를 개최하는 방향을 시사하자, 일본 측은 대

장성과 협의 후 통보하겠다고 답했다. (한국 측은 본국에서 수석위원을 파견할 예정) 김 대사는 청구권위원회가 열리면 기본관계위원회를 해체하자고 제안했으며, 우시바 심의관은 기본관계위원회는 임무를 마쳤으나 새삼스럽게 해체할 필요는 없다면서, 단지 해체의 세레모니라면 농상회담의 성과를 보고하는 것으로 하고 싶다고 답했다.

(3) 무역회담의 타이밍을 언급하면서 김 대사는 10일 내일하는 이 장관은 11일 총리, 외무대신을 예방하고 그 후 무역회담의 개회식에 참석하며, 이어 외상회담으로 옮겨 현안의 전반적인 협의를 하고 싶다고 말했다. 이에 대해 우시로쿠 국장은 참의원의 심의상황은 대신이 장시간 회담에 들어가 있는 것을 어렵게 할 것으로 생각된다고 지적했다. 무역회담은 11일 개회 후, 17일경부터 실무자인 국장 레벨 회의에 들어가는 것으로 양해가 이루어졌다. 이것과 관련하여, 무역에 관한 잠정협정의 협의는 무역회담의 틀에 넣지 않고, 4월에 협의하는 것으로 한국 측 제안이 있었으나, 일본 측이 가급적 조속히 하자고 제의하여 의견일치를 이루었다.

(4) 한국 측은 법적지위 문제에 관해 대표부와 민단이 지금 완전히 의견이 일치되는 것은 아니나, 대표부가 생각한 formula(방식)에 기초하여 지급 검토해 주기를 원한다고 말했으며, 일본 측은 한국 측 제안은 법무대신 차원에서 결정할 필요가 있는 것으로, 어쨌든 검토 촉진을 의뢰하겠다고 대답했다.

한편, 김 대사는 자자손손의 재류자에게 옵션을 규정하는 것은 국민을 버리는 아이디어를 인정하는 형태가 된다면서 반대의 뜻을 표했다.

(5) 농상회담의 전망에 관해 한국 측이 일본 측의 감촉을 타진해 왔으며, 일본 측은 5분 5분으로 보나, 아카기 대신이 바쁜 중에도 불구하고 회담에 참석하는 의욕을 보이고 있는 것은 좋은 재료로 생각한다는 뜻을 밝히자, 한국 측은 회담은 농림성 간의 협의지만, 이야기가 막히면 외무 당국이 뒤에서 밀면서 추진할 용의가 있어야만 할 것이라고 말했다.

5. 신문 발표

"금후의 회담의 진행 방식을 토의했다."

高杉・金日韓会談首席代表
第７回会合

４０.３.　３.
北東アジア課

/. 日　時　昭和４０年３月３日午後２時３０分から３時３０分まで

2. 場　所　外務省第４２０号室

3. 出席者

日本側　高杉代表、牛場審議官、後宮局長（黒河内）

韓国側　金東祚代表、方熙、李圭星両公使（崔𠈓洙書記官）

4. 議事要旨

(/) まづ金代表から、本日開始される農相会談は、二次、三次にまでのびることのないようにしたいと述べ、基本条約案について日本側が譲歩してまとまつたのは漁業問題で韓国側の譲歩を求める底意であると新聞に伝えられ、似たことを佐藤総理が車農相に本日語られたが、これにつき懸念を抱い

2

ている旨述べた。次いで金大使は今後の交渉の段取りに関連し、李長官の訪日の手土産とする含みもあつて、基本条約案の本調印と法的地位等他の懸案についてのせめて大綱のイニシアルを行ないたく、これと引換えに在ソウル代表部の開設を認める用意があるので、この方式の検討を願いたいと述べた。これに対し、牛場審議官と後宮局長から、上司に諮るべきも他の懸案について大筋の見透しすらつかねば本調印はまづ問題にならぬことは云うまでもないが、同時にイニシアルについての国会の空気から見て大臣が本調印は全懸案につき一括してこれを行なう旨答弁しておられるので、日本政府として在外事務所設置と交換でも基本条約のみ切り離しての本調印には踏み切れまいとの見解を述べておいた。

(2) 金大使から、請求権についても早速細目の協議に入りたいとの提案があり、3月15日に請求権委員会を開催するよう示唆したので、日本側から大蔵省と協議のうえ後刻通報すべき旨答えた。(韓国側は本国より主査を派遣せしめる予定。)金大使は、請求権委員会が開かれたら、基本関係委員会を解消するよう提案したので、牛場審議官から、基本関係委員会は任務を了したが、改めて解消する必要はなく、単なる解消のセレモニーなら農相会談の成果をみて行なうこととしたいと答えた。

(3) 貿易会談のタイミングに言及して、金大使は、10日来日する李長官は11日総理、外務大臣に表敬訪問し、そのあと貿易会談の開会式に出席し、次いで外相会談に移り、懸案の全般的打合せを行ないたいと述べたのに対し、後宮局長から、参議院の審議状況は大臣が長時間会談に

4

入ることをむづかしくすると思われる旨指摘した。貿易会談は、11日開会後、17日頃から実務者の局長レベル会議に入ることが了解された。これと関連して、貿易に関する暫定取極の協議は貿易会談の枠に入れず、4月にもちこすことが韓国側から提案されたが、日本側から出来るだけ早くすることを提議し意見一致した。

(4) 韓国側から、法的地位問題につき代表部と民団とはいま完全に意見一致はしていないが、代表部の考えたフォーミュラにもとづき至急検討して欲しいと述べるところがあつたので、日本側から韓国側提案は法務大臣のレベルで決定する要があるものであるが、とにかく検討促進方依頼する旨答えておいた。

なお、金大使は子々孫々の在留者にoptionを規定することは棄民のアイディア

5

を認める形になるので反対なる旨述べた。

(5) 農相会談の見透しにつき、韓国側から、日本側の感触を打診して来たので、日本側から、5分5分と見るが、赤城大臣が多忙中にも拘わらず会談に出る意欲を示しておられることは善い材料と思う旨述べたところ、韓国側は、会談は農林省間の協議だがゆき詰つたら外務当局として後押しして推進する用意をしておきたいと述べていた。

5. 新聞発表

「今後の会談の進め方を討議した。」

4. WJA-03131, 장관 공식 방일 일정, 1965. 3. 10

한국 외교문서 1486, 이동원 외무부 장관 일본 방문, 1965

이동원 외무부 장관의 일본 공식방문 일정을 주일 대표부에 통보하는 문서(전문)다.

대한민국 외무부

번호: WJA-03131
일시: 101445

수신: 주일 대사

외 신 과	
접 수	암 호

대: JAW-03142

1. 장관의 공식 방일 일정은 3.23. - 27.까지로 함. 장관 일행은 하와이로부터 3.23. (화) 17:40 하네다 착 일본항공편으로 착일할 예정임. (일본항공 본사에 장관 일행의 하와이 동경간 예약을 하시기 바람. 본 예약은 당지에서도 행할 것인 바, 확실을 기하기 위하여 귀지에서도 조치할 것을 지시함.)
2. 장관 방일시의 공식 수행원 명단에 관하여는 결정되는 대로 추보 하겠음.
3. 장관의 일본 체재중의 일정에 관하여는 장관이 금 10일 일본에 도착한 후 귀지에서 상의 결정토록 하시압. (외아북)

장 관

5. 佐藤總理·李東元長官會談錄, 1965. 3. 11
日本外交文書 735 첫 번째 문서

미국 방문길에 1965년 3월 10-11일간 일본에 들른 이동원 외무부 장관이 사토 일본 총리와 회담한 기록이다. 한국 외교문서에는 이 기록이 남아있지 않다.

이 회담에서 이 장관은 사토 총리에게 "3월 23일로 예정된 이동원 장관의 일본 공식 방문 기간 중 청구권, 재일한인 법적지위 및 어업 문제가 해결되기를 희망"한다는 내용이 담긴 박정희 대통령의 친서를 전달하였다.

번역

사토 총리·이동원 장관 회담록

1965. 3. 11

북동아시아과

3월 11일 오전 9시 50분부터 원내에서 이 장관은 사토 총리를 예방하고 다음과 같은 요지의 회담을 하였다. (김동조 대사, 하시모토 관방장관, 우시로쿠 아시아국장 동석)

1. 모두에 이 장관은 박정희 대통령의 친서(청구권, 법적지위, 어업의 3문제가 이 장관의 공식 방일 기간 중에 해결되는 것을 희망한다는 취지)를 전달하였으며, 이에 대해 사토 총리는 박 대통령이 방미 귀도(歸途)에 방일할 것을 희망한다고 말했다. 이 장관은, 시나 대신 방한이 시의적절하였으며, 방한 중에 기본조약안의 이니셜이 이루어졌다고 하고, 그 결단에는 깊이 감사드림과 아울러 금후에도 사토 총리의 대국적인 리더쉽에 의해 다른 현안의 해결을 보고 싶다고 말했다.
2. 다음으로, 이 장관은 청구권, 법적지위, 어업의 3문제에 관한 토의를 마무리해서 미국으로부터 돌아오는 귀도(歸途)의 공식방문 기회에 그들 협정에 이니셜 또는 본 조인을 하고 싶으며, 특히 어업협정의 이니셜이 이루어지면 기본조약의 본 조인을 하자는 것이 박 대통령의 희망이라고 말하면서, 농담조로, 그렇지 않으면 자신은 망명할 필요가 있을 것이라고 부언했다. 이에 대해 사토 총리는 일본 측으로서는 현안 일괄 해결의 방침을 취하고 있으므로 기본조약만 떼어내어 본 조인하는 것은 불가능하다는 뜻을 분명히 했다.

   (한편, 우시로쿠 국장은 11일 이 장관 주최 오찬회 석상에서 연 아주국장에게 교섭의 진척 상황과 관련하여, 다 된 것부터 순차적으로 이니셜하면 만족스러울 것이라고 은밀히 말했으며, 이에 대해 연 국장은 입으로는 박 대통령을 위시하여 한국 정부 상층부는 일괄 타결은 비준 절차하고만 관련된 것으로 생각하고 있다고 했으나, 본 조인을 하여 조문이 움직이기 어려운 것이 되면 이것으로 야당의 소란을 봉쇄하는 국내 대책상의 고려도 있는 것과 같은 인상을 받았다.)
3. 어업 교섭에 관해 언급하면서, 이 장관은 교섭의 진전 현황에 대해 곤혹스럽다는

뜻을 내비쳤으며, 이른바 고노 라인의 이야기가 있기 때문에 혼란이 생기고 있다고 발설하자 사토 총리는 고노 대신은 자신의 양해하에 측면에서 원조하고 있는 것이라고 응수했다.

이 장관에 따르면, 한국은 고노 라인은 이미 임무 종료라고 보고 있으며, 고노 라인과 같은 측면의 이야기에 의해 정규 교섭 루트의 이야기가 영향을 받는다고는 생각하지 않는다고 말했다(여기서 동석한 김 대사는 어제 제안한 자신의 타협안을 하나하나 언급했으며, 총리는 전혀 코멘트를 하지 않았다). 이 장관은 척수, 톤수는 어찌 되든 큰 문제가 되지는 않을 것으로 생각하나, 기선에 관해서는 국민에 대한 설명 시 제주도를 팔아넘겼다는 비난을 받지 않은 형태로 해결하고 싶다고 말했다. 이에 대해 사토 총리는 기선에 관해서는 제3국에 파급되는 영향도 크므로 가볍게 양보할 수 없으나, 한국 국내의 설명도 가능하도록 어떻게든 조정해 가도록 하고 싶다고 말했다.

(총리의 발언은 이 장관을 기쁘게 만든 것처럼 보였으며, 동 장관 주최 오찬회에서도 이 점을 피로(披露), 차 농림부 장관은 총리에게 감사의 뜻을 표했다. 또한 연 아주국장에 따르면, 한국으로서는 결국 어떠한 해결이 되든, '아카기 시안'이라고 하는 이름으로는 곤란하며, 실질적으로는 그것으로 하더라도 '차 시안'과 같은 것으로 PR하고 싶다는 취지다. 한편, 고노 라인에 대해서 외무부는 충분한 통보를 받지 못한 것 같으며, 김 대사는 고노 대신이 일한 교섭 반대로 돌아서는 것을 예방하기 위해 이른바 인의(仁義)를 끊은 것으로, 지금은 고노 라인의 사명은 끝났다고 생각하고 있는 듯한 감촉이다. 또한 김 대사의 '타협안'에 관해 연 국장은 사태를 혼란스럽게 하는 것이라면서 불만스럽게 이야기하였다. 한편, 우시로쿠 국장은 김 대사 제안이 다카스기·김 수석 회합의 석상에서 이루어졌을 때 히로세 참사관이 특히 강하게 반대하지는 않았으나, 일본 측이 이 제안에 관심을 가졌다고는 할 수 없다고 연 국장에게 몇 번이고 확인했다.)

佐藤総理・李東元長官会談録

40.3.11
北東アジア課

3月11日午前9時50分より院内にて李長官は佐藤総理に対し儀礼訪問し、次のごとき要旨の会談を行なつた。（金東祚大使、橋本官房長官、後宮アジア局長同席。）

1. 冒頭李長官から朴正熙大統領からの親書(請求権、法的地位、漁業の三問題が李長官の公式訪日期間中に解決することを希望するとの趣旨）を伝達したのに対して、佐藤総理から朴大統領が訪米の帰途訪日することを希望する旨述べられた。李長官は、椎名大臣訪韓がタイムリーであり、訪韓中に基本条約案のイニシァルがなされたが、その決断には深謝するとともに、今後も佐藤総理の大局的なリーダーシップにより他の懸案の解決を見たいと述べた。

2. 次いで、李長官は、請求権、法的地位、漁業の3問題についての討議をつめ、米国からの帰途公式訪問の際、それら協定のイニシアルないし本調印をすることとしたく、特に漁業協定のイニシアルがなれば基本条約の本調印をしたいのが朴大統領の希望であると述べ冗談めかして、さもなければ自分は亡命の必要があろうと付言した。これに対して、佐藤総理から、日本側としては懸案一括解決の方針をとるので、基本条約のみ切離して本調印することはできない旨明らかにした。

（なお、後宮局長から11日李長官主催午餐会の席上、延亜州局長に対し、交渉の進捗状況に関し、できたものから逐次イニシアルすれば足ると内話しおいたが、これに対する延局長の口吻からは朴大統領はじめ韓国政府上層部としては一括妥結は批准手続にのみ関連するものと考え、また、本調印して案文が動かし難いものとして野党のさわぐのを封ずる国内対策上の考慮もあるもののごとき印象をえた。）

3. 漁業交渉につき言及して、李長官は交渉の進展現況につき困惑している旨述べ、いわゆる河野ラインの話があるため混乱も生じていると洩らしたので、佐藤総理は河野大臣は自分の了解をえて側面から援助していると応酬された。

李長官によれば、韓国としては、河野ラインは既に役目終了と見ており、河野ラインのごとき側面の話によつて正規の交渉ルートの話が影響を受けると考えていない旨述べた。（ここで同席した金大使は昨日提案された自分の妥協案を縷々述べたが、総理は何等コメントはさしはさまれなかつた。）李長官から、隻数、トン数はどうなつてもたいしたことにはならぬと思うが、基線については国民への説明のうえから済州島を売渡したという批難を免れられるような形で解決したいと述べたのに対し、佐藤総理は基線については第三国に波及する影響も大きいので軽々に譲れない

4

が、韓国国内の説明も可能となるように、なんとか調整してゆくようにしたいと述べられた。

（総理の発言は李長官をよろこばせたごとくであり、同長官主催の午餐会でもこの点披露され、車農相は総理に感謝の意を表した由。また、延亜州局長によれば、韓国としては結局どんな解決となるにせよ、「赤城試案」というような名目は困るので、実質はそのようであつても、「車試案」のごとくＰＲしたい由。

なお、河野ラインについては、外務部は十分な通報をえていないもののごとく、金大使は河野大臣が日韓交渉反対にまわるのを予防するため、謂わば、仁義を切つたもので、いまとなつては河野ラインの使命は終つたとの感触である。

また、金大使の〃妥協案〃について延局長としては事態を混乱させるものとして不満のごとき口振りであつた。なお、後宮局長から金大使提案が高杉・金首席会合の席上なされた際広瀬参事官から特に強く反対しなかつたが、これは日本側が関心をもつたというわけではない旨延局長に念を押した。)

4. 大平・金了解の民間信用供与については是非1億以上の数字を明らかにして欲しいと李長官が述べ、これは大平・金了解の実質的変更を意図するものではないが、同了解の外見を新たにする必要があることを力説した。これに対し、佐藤総理から、韓国には肥料工場その他必ずしも緊要でない建設計画があるようだが、むしろ発電所道路、石油化学など基礎的な需要ある産業施設を作ることが必要なるべく、その種の良いプロジェクトがあればケイス・バイ・ケイスに承認することにより、総額はいくらでも増えると応酬した。李長官は、しかし、青天井というのはむしろ困るので、何か枠が欲しいとくりかえしたが総理は日本側としても新しく枠とれるものを示すわけに[illegible]ないから、むしろ事実のうえで大きな額となることを示すこととしたいと応酬された。

6. 椎名大臣·李長官會談錄, 1965. 3. 11
日本外交文書 728, 첫 번째 문서

미국 방문길에 1965년 3월 10-11일간 일본에 들른 이동원 외무부 장관이 시나 일본 외상과 회담한 기록이다. 한국 외교문서에는 이 기록이 남아있지 않다.

이 장관은 이 회담에서 3월 23일부터 예정된 자신의 일본 공식방문 기간 중 어업협정 문안에 가서명이 가능하다면 기본관계조약의 조인을 했으면 좋겠다는 의사를 표명하였다. 이에 대해 시나 대신은 일괄 조인 방침상 기본관계조약의 정식 조인은 어렵다고 했다. 그밖에도 이 장관은 김종락·고노 라인에 의한 비공식 교섭의 문제점 등에 관해 언급하였다.

번역

시나 대신·이 장관 회담록

북동아시아과 1965. 3. 11

(※ 이 장관의 공식방문은 3월 23-4월 3일이며, 본 회담은 그 전에 이 장관의 방미 도중 방일한 때의 회담이다.)

시나 대신은 3월 11일 오전 11시부터 약 1시간 반 이 한국 외무부 장관과 회담했다. 요지는 다음과 같다.(김동조 대사, 우시바 심의관 동석)

1. 이 장관은 시나 방한의 성과를 말한 후, 어업협정의 대강에 관해 합의가 성립되면 기본조약의 정식 조인을 자신의 공식 방일시 하고 싶다고 강하게 요망하였다. (이것이 불가능하면 피스톨로 자신을 쏘라고 농담했다.) 그 후 곧바로 일본 측의 대표부를 한국에 두겠다고 했다. 이에 대해 시나 대신은 일괄 해결의 방침상 정식 서명은 곤란하다고 응수했다.
2. 어업 교섭에 관해서는 이 장관은 몇 명이 얼마나 물고기를 잡았는지, 얼마나 돈을 벌었는지 하는 것은 어떻게 되든 좋으나, 다만 한국 내에서 협의의 결과가 설명 가능하도록 하지 않으면 곤란하다면서 대국 일본의 고려를 부탁한다고 말했으며, 김 대사는 아카기·원 합의가 한국 내에서 공격의 표적이 되고 있으므로 이 합의 직선을 조금이라도 좋으니 비스듬히 기울어진 선으로 해 주길 바란다는 3월 10일의 수석대표 회담에서 설명한 안의 주장을 반복했다.
3. 청구권 문제에 관해, 이 장관은 오히라·김 합의가 야당의 공격의 표적이 되고 있으므로, 3억, 2억의 선은 움직일 수 없겠지만, 1억 불 이상 부분의 형태를 바꾸어 총액으로 예를 들어 3억 불로 해주길 원한다, 이것에 어업협력의 1억 불이라도 더 한다면 점점 더 좋을 것이라고 말했다. 이에 대해 시나 대신은 한국 측이 많은 좋은 프로젝트 안을 제출하면 이것이 통상의 민간 연불로서 민간에서 합의하는 것이 되며, 경제협력의 전액이 증가하게 되므로 구체적으로 좋은 프로젝트 안을 제안해 달라고 응수했다.

   (우시바는 협정상 금액은 건드릴 수 없으나, 가급적 문서로 몇 년간 어느 정도 금액의 경제협력이 실현되는 것이 기대된다는 정도의 것을 적어, 상업 베이스로 계약이 만들어지면

정부가 그 허가에 관해 호의적으로 고려한다는 정도의 것을 이야기하는 것이 가능할 것이므로, 그러한 취지의 안을 제안하면 검토할 용의가 있다고 말했다.)

이 장관은 또한, 김·오히라 합의는 한국 내에서 평판이 좋지 못하므로 자신의 정식 방문 시, 이것을 대체할 문서를 만들고 싶다고 하였으며, 그것은 결국 협정의 문안을 만드는 것이 될 것이라고 우시바가 말했다.

4. 법적지위 문제에 관해서는 김 대사는 교섭의 현 단계에서 영주권을 부여하는 것은 합의되었으므로 재일한인의 처우를 지금 마무리 지어 이야기를 끝내고 싶으며, 그것 이외에 소위 자자손손의 처우에 관해서는 서둘러 일본 측의 태도를 결정해 주기를 바란다고 말했다.

5. 여기서 김 대사는 사실은 김종락·고노 라인의 연락에 관해서는 최근 처음으로 들었다, 그 문서 같은 것을 이 공사가 어제 보고 왔는데, 정 총리 등의 이름도 나오지만 서명은 하지 않았다, 나는 이 건에 관해 문의 전보를 이 장관에 보낸 결과, 김종락이 가져온 것은 모두 거짓말이 많았다고 했다. 이 장관은 자신도 전혀 몰랐으며 김 대사로부터의 전보를 읽고 크게 놀라 급히 정 총리에게 물으니 외무 농림 양 장관과 상담하지 않고 자신이 그러한 비선 연락을 하는 것은 절대로 없다고 확언했다. 대통령을 만나니 대통령은 자신의 나라에 대통령이 대체 몇 명 있느냐, 은행의 평이사로 이사장도 될 수 없는 놈이 그러한 이야기가 가능할 리가 없다고 말하면서 크게 분개했다. 일단 이것이 어찌 된 일인지 갈피를 못 잡고 있는 상황에서, ■■■■가 자신이 고노 씨를 만나겠다고 이야기해 오므로, 어느 정도나마 □□□한 기분이 들었다. 따라서 본인은 ■■■에 대해 만약 그와 같은 비밀 연락이 행해졌다면 본인이 고노 씨를 만날 일이 없다. 물론 고노 씨는 유력자이므로 협력을 얻기 위해 만나는 것은 문제없다. 그러나 김·고노 합의와 같은 것은 일본 측이 신뢰하면 곤란하다. 그것이 있으므로 일본 측은 포기할 수 없다고 하면 한국 측의 진의를 오해하고 있는 것이라고 말했다. 한편 김 대사는 김종필의 형이 이 이야기에 관계하고 있다던가, 이 건에 관한 데모 등을 이야기했다.

6. 김 대사는 회담 종료 후 우시바가 독도 문제를 거론한 데 대해 거중 조정 밖에 없다고 생각한다고 말하면서 곧 이야기를 시작하자고 말했다.

大臣秘書官

アジア局長

外務審議官

広瀬参事官

柳谷書記官

北東アジア課長

椎名大臣・李長官会談録

（北東アジア課）

40. 3. 11

〔李長官の公式訪問は三月二十三日～四月三日であるが、本会談はその前に李長官の訪米の途中で訪日した際の会談である。〕

椎名大臣は3月11日午前11時より約1時間半李韓国外務部長官と会談した。要旨次のとおり。

（金東祚大使、牛場審議官同席）

1. 李長官より、（椎名訪韓の成果をたたえた後）漁業協定の大綱につき合意が成立すれば、~~これと法的地位の大綱~~ ~~がイニシアルされれば~~、基本条約の正式調印を自分の公式訪日のときに行ないたいとの強い要望があった。（これが

GA-5

外務省

できなければ、ピストルで自分を打ってもらいたいと冗談をいった。）なお、その後直ちに日本側の

総理大臣より、一括解決の建前上、正式署名は至難の旨応酬した。

代表部を韓国におくことにすると述べた。これに対し

何人が幾何魚を

2. 漁業交渉については李公官は~~漁獲トン~~

獲り、幾何儲けるかと言うようなこと

~~数、隻数等の実質~~はどうでもよい、但し韓国内で話し合いの結果が説明できるようにしてもら

大国日本の考慮を願いたいとくり返し述べた。金大使は

はないと困る、~~即ち~~赤城・元了解が韓国内で攻撃の的となっているから、この了解[適]線を少しでもよいから斜めに倒す線にしてもらいたいとて

と~~述べた。次いで、金大使は~~3月10日の首席代表会談で説明した案の主張をくり返した。

GA-6 外務省

3. 請求権問題について、李長官は大平・金了解が野党の攻撃の的になっているので、3億・2億の線は動かさないが、1億ドル以上の部分の形を変えて、総額例えば3億ドルとして欲しい、これに漁業協力の1億ドルでも加わればますます結構であると述べた。これに対し、椎名大臣は、韓国側が多くのよいプロジェクト案を出されればこれが通常の民間延払いとして民間で合意されることになり、政府協力の全額が増えるわけであるから、具体的によいプロジェクトの案を提案されたいと応酬した。

GA-6 外務省

4

（立場より協定上には金額は触れられない、但し、然るべき文書で、何年間ぐらいでどれほどの金額の経済協力が実現されることが期待されるといった程度のことを書き、コマーシャル・ベースで契約が作られれば政府がその許可をいつも好意的に考慮~~出来るだけ早く~~するという程度のことを述べることができるだろう、そういう趣旨の案を提案されれば検討する用意ある旨述べた。）

李長官はさらに、金・大平了解は韓国内で不評判であるから、自分の正式訪問の際これをリプレースする文書を作りたいと述べたので、それは結局協定の案文を作ること

GA-6　外務省

5

になるだろうと立場より述べておいた。

4. 法的地位問題については、金大使は、交渉の現段階で永住権を与えることに合意されている在日韓人の処遇を急いでつめて話しをつけるようにしたい。それ以外の所謂子孫の処遇については、早く日本側の態度を決めてもらいたいと述べた。

5. ここで、金大使は、実は金鍾洛・河野ラインの連絡については近頃はじめて聞いた。その文書なるものを李公使が昨日見てきたが、署名も名前もない。前行は丁総理などの名前も出ているようだ。この件につき問合せの電報を打った結果、金鍾洛および李公使に話したところ、ビック

GA-6　外務省

の要持って来たものは全くウソなことが判ったと述べた。李長官は、自分も全く知らなかったので、金大使からこの電報に接して大いに驚き、早速

外務省協力6

りしておられた。丁総理に聞いたら同じく驚いて

官に相談せずに自分がそんな秘密連絡をすることは絶

全然、そんなことは嘘だと云った。大統領

対にないと確言した。大統領に会ったら

という話では、自分の国に大統領は一体何

人いるか。銀行の平理事で理事長にも会えない

と云って大いに

奴がそんな話ができる筈がない。若しもそん

憤慨していた。一体それはどうしたことかと思い惑

な交渉をしているとしたら弟は請求権で国がを

っていたとして、■■■■

売り兄は漁業で国を売ったといわれることにな

るといわれたと述べた。李長官は、■■■■が

て来たって

自分に河野さんに逢ってもらいたいと云ったが

幾分違かていたような気がした。よって自分は■■■に対し

若し、そのような交渉が行なわれているとしたら、

秘密連絡

自分は河野さんに逢うつもりはない。勿論、河野

GA-6

外務省

7

さんは有力者だから協力してもらうためにお逢

いするのは結構だ。しかし金・河野了解なる

ものを日本側が信用されては困る。それがあ

るから日本側は降りられないというのでは韓国側

金鍾泌の兄がこの様に関係していることが知れ出したら、恩をすてたなどと言われる。

の真意を誤解している、と述べた。なお金大使は、

金大使は、会談終了後、牛場

6. ~~李局長~~より竹島問題を~~解決するには~~

メンションしたのに対し

居中調停しかないと思うと述べ、近く話

をはじめようと云った。　(了)

GA-6　　外務省

7. 第7次日韓全面會談における請求權委員會について, 1965. 3. 5
日本外交文書 1377

1965년 3월 5일 자로 일본 대장성이 외무성에 보낸 공문이다. 한국과 청구권위원회를 개최해서는 안 된다는 내용이 담겨있다.

대장성은 김·오히라 합의를 통해 일본은 청구권 문제가 모두 해결되었다는 입장이나 한국 측은 여전히 선박 및 문화재 청구권을 주장하고 있다면서, 이러한 한국 측 입장이 바뀌지 않는 한 청구권위원회를 개최해서는 안 된다고 주장했다. 외무성은 3월 23일 개최된 청구권 관계 4자회담에서 외상회담을 통해 선박 및 문화재에 대한 청구권 문제가 정치적으로 절충된 연후에 청구권위원회를 개최할 수 있다는 입장을 한국 측에 전달했다.

번역

대장성 공문

이비제1095호

1965년 3월 5일

외무성 아시아국장 귀하

대장성 이재국장 사다케 히로시 직인

제7차 일한전면회담 청구권위원회에 관해

청구권위원회에 관한 당 성의 태도는 아래와 같으며, 현 단계에서 청구권위원회의 개최에 응하는 것은 적당하지 않은 것으로 생각한다.

기

1. 일본 정부는 이른바 오히라·김 합의에 의한 경제협력 공여에 수반되는 결과로서, 한국 측의 청구권 문제는 일절 소멸되는 것으로 하고 있다. 그런데 한국 측은, 그 후 소위 선박 청구권 및 문화재 청구권은, 별도 이것을 청구한다는 뜻의 주장을 하고 있다. 또한 오히라·김 합의의 경제협력의 내용 등에 관해서도 중대한 의견의 상이가 보인다. 이처럼 오히라·김 합의의 기본선 및 그 내용에 관해 중대한 견해차를 남긴 채로 청구권위원회를 개최하는 것은 적당하지 않다. 우선 보다 고위급 회합, 예를 들어 수석대표 회합에서, 우리 측의 입장을 한국 측에 확인시킬 필요가 있다.
2. 청구권위원회의 개최 시기 등에 관해서는 상기 수석대표 회합 등에서 기본적인 문제의 조정이 이루어진 후, 농상회담 등에서 어업 문제, 특히 나포 어선에 관한 우리 측의 청구권 문제 토의 상황 등을 감안해 검토하는 것으로 하고 싶다.

理秘第１０９５号

昭和４０年３月５日

外務省アジア局長　　殿

大蔵省理財局長　佐竹　　浩

第７次日韓全面会談における請求権委員会について

請求権委員会に関する当省の態度は下記のとおりであり、現段階において請求権委員会の開催に応じることは適当でないと考える。

記

1　日本政府はいわゆる大平・金了解による経済協力供与の随伴的な結果として、韓国側の請求権問題は一切消滅すべきものであるとしている。しかるに韓国側は、その後においてもいわゆる船舶請求権及び文化財請求権は、別途これを請求する旨の主張を行つている。また、大平・金了解の経済協力の内容等についても重大な意見の相異がみられる。

回覧番号

亜北

このように、大平・金了解の基本線及びその内容について重大な見解の相異を残したまゝ請求権委員会を開催することは適当でない。まず、より高次の会合例えば首席代表会合において、わが方の立場を韓国側に確認させる必要がある。

2 請求権委員会の開催の時期等については、上記首席代表会合等における基本的な問題の調整が行われた後、農相会談等における漁業問題特に拿捕漁船に関するわが方の請求権問題の討議状況等を勘案して検討することとしたい。

8. 제8차 수석대표 간 회담 결과 보고, 1965. 3. 17

한국 외교문서 1459, 제7차 한일회담 본회의 및 수석대표 회담, 1964-65

1965년 3월 17일 개최된 제8차 수석대표(일본 측 기록에는 제9차) 간 회담 결과 보고 문서(전문)다.

이 회담에서 양측은 청구권 문제와 관련하여 양측의 견해차를 확인할 수 있도록 대사 작업을 위한 실무자 회의 개최에 합의하였다.

대한민국 외무부

번 호: JAW-03360

일 시: 171956

관리번호 65-280

수 신 인: 외무부장관 귀하

발 신 인: 주 일 대사

제 8 차 수석대표간 회담 (65. 3. 17. 14:00 - 15:20) 결과보고.

1. 참석자: 한국측: 김대사, 이공사.

일본측: 다까스기수석, 우시바대표, 우시로꾸국장, 와다 수산청차장.

2. 어업문제:

가. 아측은 차농림부장관 출발에앞서 금주중으로 어업협정에 가조인할수 있기를 강력히 희망하고 적어도 협정요강이라도 그때까지는 가조인되어야 한다고 말함. 일측은 그때까지 협정문 작성은 사실상 불가능하다고 보지만 요강은 가조인할수 있을것으로 본다고 말함. 양측은 본건 요강 작성을 촉진 시키기로 합의함.

나. 어업협력에 관하여 아측은 적어도 농상간의 공동 선언에는 그 대강이 포함되어야 한다고 말하고 일측으로부터 대장성 관계자를 포함시킨 확대회의를 제안하여 왔으므로 양측은 어업협력문제를 대장성 관계자들과함께 2, 3 일내로 토의하는데 합의하였음.

3. 평화선내 일어선 나포문제 (일측의 청구)

일측은 평화선내에서 나포된 일본어선 및 선원에 관련된 인적 및 물적손해 배상청구 문제가 금번의 농상회담에서 처리되어야 한다고 강력히 주장하였음. 아측은 독도문제의 경우처럼 여사한 문제는 한일회담의 의제가 아니라는 입장에서 농상회담뿐만 아니라

-2-

한일회담 자체의 토의대상이 되지 않는다고 주장함. 이에대하여 일측은 본건문제는 어업문제 전반에걸쳐 영향을 주는 주요문제로서 첫째 본건문제의 원인이 한일어업문제의 근원이되는 평화선에있고 둘째 직접 소관인 아까기 농림대신의 입장으로 보아서도 이문제를 어업문제와 함께 해결하여야만 된다는 두가지점으로보아 어업교섭이 최종단계에 들어간 이마당에서 이문제를 처리하지않고 넘어갈수는 없는것이 일본측의 입장이라고 강력히 주장하면서 이문제가 어업협정의 일부는 확실히 아니고 또한 쌍방이 처리에 합의하는데도 시간이 걸릴것이므로 우선 이문제를 어디서 어떻게 취급하느냐를 우선 결정하여야 할것이며 적어도 어업협정의 정식 조인될때까지는 이문제에 대해서 쌍방이 합의에 도달하여야 할것이라고 말하였음.

아측은 결국 어업문제와는 관련시키지 않지만 현안일괄 타결과 연관시켜서 이문제를 해결하고자 함이 일본측 입장이라고 보고 이를 TAKE NOTE 한다고 말함.

4. 청구권 위원회:

일측은 청구권위원회를 열기에앞서 이미 합의된 점과 합의되지 않은점을 명백히 하기위해서 수석대표의 위임을 받은 실무자급에서 사무적인 정리를 먼저한다음 이를 수석대표회의에 보고하게하고 그후에 이에따라 청구권위원회를 개최하자고 주장하면서 이점에 대해서는 특히 대장성이 강하게 요망하고있다고 말함. 아측은 먼저 청구권위원회부터 개최한다음 그기초 작업을 하자고 제의하였으나 결국 양측은 청구권위원회 개최에 앞서 실무자급에 의한 기초작업을 최단시일내에 완료하기로 합의함.

5. 법적지위 위원회:

아측은 금일 일측의 협정초안이 제시되므로 이문제를 촉진시키자는데에 의견을 같이함.

6. 본회담 개최문제:

본회담은 당분간 개최하지 않기로 양해됨.

7. 신문발표:

가. 회담진행 방법을 토의함.

나. 청구권문제에 관련하여 실무자급의 기초작업을 실시하기로함.

다. 평화선 내에서의 나포 일어선의 배상에 관하여 일본측으로부터 그입장이 표명되었음. (주일정 - 외아북) (수 석 대 표)

예고: 일반문서로 재분류: 67. 12. 31.

의신으로 재분류 ([illegible])
과장 최 광 수

9. JAW-03445, 청구권 관계 실무자 회의 결과 보고, 1965. 3. 21

한국 외교문서 1467, 제7차 회담 청구권 관계 회의 보고 및 훈령, 1965. 전 2권(V.1 1965. 3. 18-4. 3까지의 교섭)

제8차 수석대표 회담에서의 합의에 따라 1965년 3월 20일 개최된 청구권 관계 실무자 회의 결과 보고 문서(전문)다.

대한민국 외무부

번 호: JAW-03444
일 시: 211725

수 신 인: 외무부장관

발 신 인: 주일대사

1. 일측은 선박 및 문화재문제를 일반청구권문제의 해결과 관련시켜 포괄 해결하려는 의도를 가지고 있으며 (3. 20. 의 청구권관계 실무자 회의에서 일측이 제시한 훈해 대사 자료에 의하면 선박 및 문화재에 관한 항목을 포함시켜 특히 선박문제에 관하여는 김, 오히라 양해에 나포어선에 관한 권리를 가지고 있다는 아측의 입장을 기술하고 있으며) 앞으로 일반청구권문제 해결원칙중 미해결점에 관한 교섭을 할때 일측은 이문제들도 같이 해결을 짓자는 태도를 취할것으로 판단되는바, 아측이 선박 및 문화재문제에 관하여 취할 입장을 조속히 지시하여 주시기 바람.

2. 일반청구권문제 해결원칙중 미해결점에 관하여는 3. 22. (월) 오후의 수석대표간 회의에서 토의될것이므로 시급히 훈령하여 주시기 바람.

예고: 65. 12. 31. 재분류

10. JAW-03470, 청구권 관계 실무자 회의 결과 보고, 1965. 3. 22

한국 외교문서 1467, 제7차 회담 청구권 관계 회의 보고 및 훈령, 1965. 전 2권(V.1 1965. 3. 18-4. 3까지의 교섭)

1965년 3월 22일 개최된 두 번째 청구권 관계 실무자 회의 결과 보고 문서(전문)다.

이 회의에서 양측은 각각 청구권 문제에 관한 자국의 입장이 담긴 대사 관계 자료를 제시하였으며, 자료의 처리와 검토는 수석대표 간 회의에 맡기기로 하였다.

대한민국 외무부

번 호: JAW-03470
일 시: 221558

종 별

수 신 인: 외무부장관 귀하

발 신 인: 주일대사

청구권관계 실무자 회의보고

3월 20일 에이어 금22일 오전 11시부터 약1시간에걸쳐 청구권관계 실무자회의가 개최되었음.

(참석자는 아측으로서 최광수과장대신 김정태과장외 전일과같으며 일측 명단은 전일과같음)

아측은 아측의 입장을 표시하는 대사관계자료를 제시하였으며, 양측은 양측이 각기 제시한 자료가 문제점의 명칭및 입장설명등에있어서 상위가 현저하여 단일안 작성이 곤란함에 비추어 단일안을 작성치않고 각자의 입장설명자료를 각기 상부에 보고하므로서 그처리와 검토에관하여는 수석대표간 회의에 맡기도록 합의하였음.

√ 아측의 제시자료는 별도 송부하겠음.

(주일정-외아북)

11. 청구권 관계 대사 자료 송부, 1965. 3. 22

한국 외교문서 1467, 제7차 회담 청구권 관계 회의 보고 및 훈령, 1965. 전 2권(V.1 1965. 3. 18-4. 3까지의 교섭)

청구권 문제에 관한 한일 양측의 대사 자료를 송부하는 문서다.

주 일 대 표 부

주일정 722 —101　　　　　　　　　　　1965.3.22.

수신: 외무부 장관

제목: 청구권관계 대사자료 송부

03445 및 03470에서 언급된 양측의 청구권관계 대사자료를 별첨과 같이 송부합니다.

유첨: 양측의 제시 자료 각 2부 끝

주 일 대 사　　김　　동

청구권문제에 관한 한국측 입장

1965 . 3 . 22 .

1 . 김 . 오히라 합의의 성격	소위, 김 . 오히라 양해라함은 한국이 일본에 대하여 가지는 일반청구권을 해결하기 위한 대강을 말하는 것임. 이에 수반하는 효과로서 평화조약 제4조 (a) 및 (b) 에 규정된 청구권 문제가 완전히 그리고 최종적으로 해결된것임. (일반청구권에 관련되는 부분에 한함) .
2 . 대일일반청구권의 해결방법의 대강	
(1) 무상제공	
가 . 금액	총액 3억불
나 . 제공기간	10년, 단, 6년까지 단축 가능
(2) 장기저리정부 차관	
가 . 금액	총액 2억불
나 . 제공기간	10년, 단, 6년까지 단축 가능
다 . 조건	ㄱ . 금리 : 3.5퍼센트 ㄴ . 상환기간 : 7년거치후 20년

(3) 상업차관	
가. 금액	1억불 이상으로 협정에 명시
나. 조건	ㄱ. 정부 관여 ㄴ. 수출입은행에 의한 가장 유리한 조건
3. 청산계정상의 미청산금 해결	
가. 해결원칙	무상제공에 포함하여 당감해결
나. 해결방법	무상 3억불의 제공기간에 걸쳐 균등당감. 단, 일측입장대로 3년간에 균등당감할 경우에는 무상 제공의 한국측의 실질적 수치액이 매년 최저 2,550만불이 되어야함.
4. 청구권해결의 효과	가. 평화조약 제4조(a)및(b)에 규정된 청구권문제가 완전히 그리고 최종적으로 해결된것임. (일반청구권에 관련되는 부분에 한함). 나. 선박문제(한일 양국이 주장하는 선박청구권을 말함)는 일반청구권과 관련없음. 다. 문화문제는 일반청구권과 관련없음.

5. 명칭문제	가. "청구권문제를 해결하고 경제협력을 증진하기 위한다"는 것으로함. 나. 청구권해결문제는 제공과 동일조에 규정.

→ ПАW-03445, 03420 의 수정본.

(가역)

청구권 문제에 관한 일본측의 입장

65. 3. 22.

I. 소위 오오히라·김 양해의 성격	소위 오오히라·김 양해라함은 일본이 한국에 대하여 한국 경제의 개발, 발전에 기여할것을 희망하고 무상. 유상의 경제 협력을 ~~공여~~ 제공 하기로 하고, 그 수반적 효과로서 싼·프란시스코 평화조약 제4조 (a)에 규정된 한국측의 대일청구권은 완전 또한 최종적으로 소멸하기로 되어 있다.
II. 경제협력의 제공	
(1) 무상협력	
가(i) 금액	총액 3억불
나(ii) 제공기간	10년간 (매년 3,000 만불씩)
다(iii) 조상실시	① 재정사정에 의하여 또한 양국합의에 의한 ~~조상~~ 조상실시 ② 조상분을 포함하는 매년의 제공액의 최고한은 2,550 만불
(2) 유상협력	
가) 금액	총액 2억불
나) 제공기간	10년간
다) 조건	① 금리 3.5% ② 상환기간 7년정도의 거치를 포함한 20년
라) 조상실시	연체 채권 상환조치의 결과, 당해년도에 있어서의 한국대외지대 자금에 부족이 생겨 5개년 계획 수행에 지장이 생길때에는 고려. 단, 무상을 조상한 경우는

공통서식 1-2(을) 고려할수 없다。 (18절지)

(3) 통상차관	
가 금액	통상차관의 성질상, 총액은 명시하지 않음. 단, 한국측이 국내에 향하여 "1억불 이상" 으로 설명함은 무방함.
나 조건	① 정부 불관여
(라)	② 융자 조건은 민간 상담에 의하여 결정
다 실시시기	국교정상화전이라도 가능한 조치
(주)	상기 이외의 특별한 경제협력을 제공할 수 없다.
(B) 일본측 재산 및 청구권	1. 평화조약 4조(b)의 범위내에서 해결 2. 국유 대여선박에 관하여는 일본측에 반환 청구권 있음. 3. 나포어선에 관하여는 일본측에 청구권 있음.
V 名目問題	① 무상, 유상공여는, "경제협력으로서" 행한것을 명기 ② 청구권 해결은 별조에 규정

공통서식 1-2 (을) (18절지)

請求権問題に関する日本側の立場

40.3.22

I　いわゆる大平・金了解の性格	いわゆる大平・金了解とは日本が韓国に対し韓国の経済の開発、発展に寄与することを希望して無償、有償の経済協力を供与することとし、その随伴的効果としてサン・フランシスコ平和条約第4条(a)に規定された韓国側の対日請求権は完全かつ最終的に消滅することとなるというものである。
II　経済協力の供与	
(1)　無償協力	
(i)　金　額	総額　3億ドル
(ii)　供与期間	10年間（毎年3,000万ドルずつ）
(iii)　繰上実施	①　財政事情により、かつ、両国合意の上、繰上実施 ②　繰上分を含む毎年の供与額の最高限は2,550万ドル

(2) 有償協力	
(i) 金額	総額 2億ドル
(ii) 供与期間	10年間
(iii) 条件	① 金利 3.5% ② 償還期間 7年程度の据置を含め20年
(iv) 繰上実施	焦付債権償還措置の結果、当該年度における韓国対外期待資金不足となり5カ年計画遂行に支障が生ずる時は考慮。但し、無償を繰上げた場合は考慮出来ない。
(3) 通常借款	
(i) 金額	通常借款の性質上、総額は明示せず。但し、韓国側が国内に向つて「1億ドル以上」と説明することは妨げない。
(ii) 条件	① 政府不関与 ② 融資条件は民間商談により決定
(iii) 実施時期	国交正常化前でも可能なような措置
注	上記以外の特別の経済協力は供与し得ない。

III 焦付債権	
(1) 償還期間	3年間均分
(2) 支払方法	① 現金決済 ② 韓国外貨事情、内資事情により、かつ、韓国側要請により、当該年度無償供与額からの減額により支払いと見做し得る
IV 請求権解決の内容	
(A) 韓国側財産及び請求権	1. 平和条約第4条(a)の範囲内で解決 2. 船舶に関しては韓国側に請求権なし いずれにしても大平・金了解により解決 3. 文化財に関しては韓国側に請求権なし 但し、権利義務の問題を離れ、文化協力の一還として若干の国有文化財の贈与を考慮

4

(B) 日本側財産及び請求権	1. 平和条約4条(b)の範囲内で解決 2. 国有貸与船舶に関しては日本側に返還請求権あり 3. 拿捕漁船に関しては日本側に請求権あり
V 名目問題	① 無償、有償供与は、「経済協力として」行なうことを明記 ② 請求権解決は別条に規定

12. JAW-03486, 청구권 관계 4자 회담 개최 결과 보고, 1965. 3. 23

한국 외교문서 1467, 제7차 회담 청구권 관계 회의 보고 및 훈령, 1965. 전 2권(V.1 1965. 3. 18-4. 3까지의 교섭)

1965년 3월 23일 개최된 청구권 관계 4자 회담 결과 보고 문서(전문)다.

이 회담에는 한국 측에서 김동조 대사, 이규성 공사, 김영준 경제기획원 차관보가, 일본 측에서 후지타 히사지로(藤田久治郎) 외무성 배상담당 심의관, 사다케 히로시(佐竹浩) 대장성 이재국장이 참석하였다.

일본 측은 선박 및 문화재 문제가 '김·오히라 합의'에 의해 해결되었는지 여부에 관한 한일 양측의 견해 차이가 외상회담에서 먼저 절충이 이루어져야 할 것이라고 주장, 결국 위원회를 포함하여 청구권 문제에 관한 추가적인 회합은 외상회담 후로 미루기로 하였다.

대한민국 외무부

번 호: JAW-03486
일 시: 231443

수 신 인: 외무부장관
발 신 인: 수석대표 (주일대사)

1. 금 23 일 오전 10 시 부터 11 시까지 청구권관계 4 자 회담이 개최되었음.
(참석자: 한국측: 김 대사, 이공사, 김차관보, 일본측: 후지다 히사지로 외무성 배상담당 심의관, 사다께 대장성 이재국장)

1. 아측은 먼저 청구권협정의 구체적 교섭에 앞서 해결이 필요한 원칙적인 미해결 문제점의 조속한 해결이 필요하므로 이문제점들을 4 자회담에서 토의해결하는동시에 청구권위원회도 병행하여 조속히 열어서 구체적인 교섭을 개시하자고 제의한데 대하여 일측은 그보다 앞선 전제 즉, 선박 및 문화재문제가 김.오히라 합의에 의하여 해결되었는가 아닌가에 관한 양측의 견해차이가 먼저 해결되어야하며 이전제가 해결되지않고서는 구체적인 다른 문제의 토의에 들어갈수없으므로 이문제에관한 외상회담에서의 정치적인 절충이 있은후 다시 회합을 가지자고하였음. 따라서 앞으로 일단 청구권문제에 관한 회합은 외상회담후 까지 미루기로하였음.
(주일정-외아북)

예고: 재분류 66.12.31.

13. JAW-03429, 이동원 장관 방일 기간 중 외상회담 개최 계획, 1965. 3. 20

한국 외교문서 1486, 이동원 외무부 장관 일본 방문, 1965

이동원 외무부 장관의 3월 23-27일 일본 공식방문 기간 중 일본 측의 외상회담 개최 계획을 보고하는 문서(전문)다.

일본 측은 총 4차례의 외상회담 개최를 제의하였다.

대 한 민 국 외 무 부

번 호: JAW-03429

지급 일 시: 201211

수 신 인: 외무부장관

발 신 인: 주일대사

대: WJA-03260 , 연: JAW-03382.

1. 일측은 이외무부장관의 방일기간중에 4 차에 걸치는 외상회담을 개최할것을 제의하여왔는바 당부는 동 외상회담이 금번의 이장관 방일기간중 한일간의 제현안에 관한토의를 추진함에있어서 가지게되는 중요성을 고려하여 대호지시에 따라 일측에대하여 동외상회담의 의제 및 운영방식에 관한 일측의 견해표명을 요망한바 있음.

2. 당부로서는 동외상회담의 의제 및 운영방식을 아래와같이 하는것이 이장관의 방일기간을 최대한 활용할수있는것으로 사료함.

제 1 차 회담 (3. 24.) - 이장관의 방미결과등 일반국제정세, 법적지위문제 특히 영주권의 부여범위 (자자손손에게 영주권을 부여하자는것) 및 대일청구권문제를 토의함.

제 2 차 회담 (3. 25.) - 무역관계를 중심으로 회담을 진행시키고 가능한한 무역에 관한 조인트 코뮤니케 에 합의하도록함.

제 3 차 회담 (3. 26.) - 제 1 차 외상회담에 이어 영주권의 부여범위 및 대일청구권 문제를 재차토의함.

- 2 -

제 4 차 회담 (3. 27.) - 금후에 있어서의 한일회담 전반의 운영방식에 관한 토의와 이외무장관의 방일에 관한 "조인트 코뮤니케" 에 합의하도록함.

3. 당부는 상기 2 항과같은 의제 및 운영방식에 관하여 일측과 미리 협의 결정하여두기위하여 3. 22. 에 한일수석대표회담을 개최할것을 고려하고있음.

4. 이상과같은 당부의 복안을 금 20 일 일측에게 비공식으로 통보하고 이에 대한 일측의 의견을 알려줄것을 요망하였음.

5. 본건에 대한 본부의 견해와 기타 참고사항에관하여 지급회시바람.

(주일정-외아북)

예고 : 일반문서로 재분류 (67.12.31)

① 도착후 성명과 일정 회시 접수 대표부 지시

② 방일중 외상과의 절충방법 의제에 대하여 대표부 suggestion [illegible]

③ 이에 관하여 [illegible] 로 보고하는 바 [illegible] 가능한 한도 상관 방일 중 적어도 [illegible] 법적지위 및 청구권 문제 [illegible] 정부는 기대하고 있으므로 그 [illegible] 이 [illegible] 확인하는 [illegible] 하는것이나 이는 현재로서는 확정하기 어려워 언급되지 않은 것으로 사료함

일반문서로 재분류 (19 .12.31)
과장 최 광 수

14. JAW-03454, 이동원 장관 일본 공식방문 일정 보고, 1965. 3. 22

한국 외교문서 1486, 이동원 외무부 장관 일본 방문, 1965

이동원 외무부 장관의 일본 공식방문 일정을 보고하는 문서(전문)다.

외상회담을 4차례 개최하기로 하였다.

대한민국 외무부

번 호: JAW-03454
일 시: 221149

수신인: 장관

발신인: 주일대사

이 외무부장관 일행의 일본 공식방문 일정은 아래와같음. (그 상세한 내용은 다음 파우치편으로 발송할것임) 본 일정은 확정된것이 아니며 이에관한 신문발표는 한일 양측이 동시에 행할 예정임.

23일--1740: 하네다 도착, 의장대 사열후 영빈관 향발.

24일--1030: 중의원 예방.

1100: 참의원 예방.

1130: 일본 사또 총리 대신 예방.

1200: 동 총리 주최 오찬회 (총리 관저) (동석자: 일본측: 장관 7명, 자민당 간부, 외무성 간부 및 한일회담 관계 간부. 한국측: 차농림부장관, 대표부 공사 및 연 아주국장)

1500: 제 1 회 외상회담 (외무성 접견실)

1800: 시이나 대신 주최 만찬회 (부처) 리셉숀 (힐튼 호텔)

2000: 시이나 대신 주최 만찬회

25일: 0900: 제 2 회 외상회담 (외무성 접견실)

1145: 주식 및 관극 (가부기자)

1500: 소니 코오포레이숀" 공장 시찰

1800: 동지 국회의원 주최 환영 리셉숀 (호텔 오오쿠라)

담당	과장	국장	차관	장관

-2-

26 일: 1030: 제 3 회 외상 회담 (외무성 접견실)

1200: 경제 단체 연합회 상공회의소 및 일한경제 협회공동 주최 환영 오찬회 (도오꾜오 프린스 호텔)

1600: 일본 천황 알현

1800: 김동조 대사부처 주최 리셉숀 (도오꾜 프린스 호텔)

2000: 이장관 주최 만찬회

27 일: 0900: 제 4 회 외상회담 (외상관저)

1100: 이장관 일행 하네다 출발 (주일정--외아북--외외건)

15. JAW-03523, 제1차 외상회담 개최 결과 보고, 1965. 3. 24
한국 외교문서 1486, 이동원 외무부 장관 일본 방문, 1965

1965년 3월 24일 개최된 이동원 외무부 장관과 시나 외상 간 제1차 외상회담 결과를 보고하는 문서(전문)다.

대한민국 외무부

번 호: JAW-03523

"TOP URGENT"

일 시: 242109

수 신 인: 국무총리 (참조: 대통령 비서실장, 외무부차관)

발 신 인: 외 무 부 장 관

본직은 금 24일 15:00에 예정대로 "시이나" 외상과 제1차 한일 외상회담을 개최하였는바, 동 결과를 아래와같이 보고 드립니다.

1. 먼저 공식회의를 열고 약 15분간 양 외상은 간단히 한일회담의 조기타결과 조속한 국교정상화를 강조하는 인사를 교환하였음.

2. 이어 양측은 참석인원을 축소하고 실질적인 토의에 들어가서 약 1시간 20분간 제문제에 관하여 의견을 교환하였는바 동 요지는 아래와같음.

(참석자: 아측: 이장관, 김대사, 이규성공사, 연하구 아주국장, 최광수정무과장.

일측: 시이나외상, 다가스기수석대표, 우시바 외무심의관, 우시로구 아세아국장, 야나기야 1등서기관)

(1) 본직은 먼저 금반 미국을 방문하여 "죤슨" 대통령, 함프리 부통령, 러스크 국무장관, 번디 차관보등 미국정부 수뇌부와 회담한 내용을 중심으로 아래와같이 일반 국제정세에 관하여 발언하였음.

(A) 죤슨 대통령, 러스크 국무장관등은 한일회담의 진행에 비상한 관심을 표명하고 이의 조속한 타결을 강력히 희망하고 있는듯 하였으며, 특히 거반 시이나외상 방한시에 기본관계 조약이 가조인된것은 한일 양국간에 새로운 역사를 창조하는 출발점이라하여 매우

경축한다는 뜻을 표명하였다.

(B) 인도지나 사태에관하여 의견을 교환하였는바, 동 문제는 미국에서 매우 물의의 대상이되고있으며, 미국정부로서는 월남 사태를 대규모의 전쟁으로 확대되는것을 피하면서 평화적, 인도적으로 해결하려하는듯하였으며, 정책수립에 매우 고민하는듯이 보였다. 존슨대통령은 본직에게 월남사태에관하여 충고를 구함으로 본인은 한국 전쟁 발발직전의 미국의 대한정책의 경우들을 설명하고 미국이 힘과 행동으로서 자유월남을 수호한다는 강력한 데몬스트레이숀을 할필요가있으며, 만일 미국이 월남에서 철퇴한다면 자유아세아에 심리적, 정치적으로 큰 재해를 가져오게할것이며, 한국이나 일본의 안전보장에 좋지않은 영향을 줄것이라하였다.

(C) 러스크장관이나 번디 차관은 동남아 외상회담에 깊은 관심을표명하고 이의 성공을 바라고이었으며, 이의 성공을 위하여서는 일본의 참가가 필요하다는것을 본인이 말하였다. 일본의 국내적 난관이 있는것은 이해하나 일본정부의 참가를 재삼 촉구하는 바이다.

(D) 특히 험프리 부통령은 대 아프리카 외교에 깊은 관심을 가지고있었는데, 현재 동 지역에서 백인에 대한 감정이 좋지않는 만큼 아세아의 자유국가들이 적극적인 대 아프리카 외교를 전개하야야하며, 미국이 이를 뒷바침하여야한다는 적극적인 의견교환이 있었다.

(E) 본인은 이번에 재한 미군의지위에 관한 행정협정에관하여 미국정부와 의견을 교환할 기회를 가졌는바, 미측은 한국측 입장을 전면적으로 존중하여 조속히 동 협정이 체결

-3-

되도록, 가능하면 5월에 박대통령께서 방미하시기전에 해결을 보도록 하자는데 거의 의견을 같이하였다.

2. 다음은 한일회담에관한 토의에 들어갔는바, 동 요지는 아래와같음.

(A) 일측은 금반 어업문제의 대강이 타결됨으로서 회담 타결의 전망이 밝아졌다하고 가능한한 이장관 체일중에 법적지위 및 청구권등에 관하여도 대강의 타결을 이루기를 희망한다고하였음. 이에 대하여 아측은 금반 이장관의 공식방일을 계기로 법적지위 청구권등의 완전한 타결을 보기를 희망하며, 적어도 정치적으로 해결을 요하는 문제점은 차제에 전면적으로 해결하도록 하자고한바, 일측도 이에 동감을 표명하였음. 단 시기적으로보아 협정전문에 관한 합의는 어려울것이며 대강 타결이 될것이라는 의견이 있었음. 이와관련하여 일측은 아측으로부터 시사가 있었던 기본조약의 본조인은 종래 일본정부의 현안 일괄 타결이란 일관된 방침에 비추어 어렵겠다는 의견 표명이 있었음.

(B)아측은 금번 이장관 방일을 계기로 각 현안의 대강 타결을 보게되면 4월 말경까지 늦어도 대통령께서 방미하시는 5월 중순까지는 조인을 완료토록 하자고 한바 일측도 동감을 표명하였음. 일측은 이와같이 현안문제가 해결되어가는 과정에 독도 문제에 관하여서도 해결의 방안을 강구하여 두어야할것이라는 의견을 표명하였으나 아측은 우선 현재 회의 토의 대상이 되고있는 각 현안을 해결함이 선결문제이라는 입장을 표명하였음.

(C) 법적지위문제에관하여 일측은 장래 일본 국내에 영구히 소수민족 문제를 남겨두는

해결방식은 일측으로서는 수락하기 어렵다는 입장을 표명하면서 다만 일측으로서는 재일 한인의 자자손손이 일본국에서 사실상 안주하도록 하는데는 이의가없으니 외상회담후에 즉시 양측대표에 연, 우시토구 양 아주국장을 포함하여 해결방안을 검토시켜 외상회의를 올리도록 하자고하여 이에 응하였음. 아측은 재일 한인의 자자손손에 영주권이 부여되어야할것이라는 입장을 강조하여 설명하였음.

(D) 일측은청구권문제에 관하여 김 오히라 회담에서 유상, 무상의 경제협력에 합의함으로서 부수적으로 청구권 문제가 소멸되었으며, 따라서 한국의 선박, 문화재에 관한 청구권도 소멸한것이라는 입장을 표명하였음. 이에대하여 아측은 김 오히라 양해에 의하여 일반 청구권 문제만이 3 억, 2 억, 1 억 이상의 무상, 유상공유의 형식으로 해제되었고 문화재, 선박의 청구권은 아직 남어있는것이라는 입장을 분명히 하였음. 아측은 특히 그렇지 않어도 국내에서 백지 운운으로 물의가 많은김. 오히라 양해사항을 이와같이 해석함은 한국국민의 감정을 자극하는 크다만 정치적 문제라하고 또한 일측이 한일 회담의 타결이 성숙한 시기에 이와같은 주장을 할뿐만아니라 평화선 내에서 나포된 일 어선 및 어부의 손해보상 (합 약 4000 만불) 을 청구함은 회담전반에 암영을 던지는것이라하였음. 또한 아측은 어부의 피해보상 운운은 완전히 문제 밖이며 어선에 대한 피해보상문제는 일측이 종래와같이 권리를 유보한다는 주장을 한다면 그것은 그대로 일측 주장이고 우리는 계속하여 선박문제에서 청구를 주장하지않을수없으며 이에대하여는 일측의 정치적 제스추어를 바라는바라하였음. 또한 아측은 1 억 이상의 상업차관의 상한을 고정시키므로서 실질적으로 김 오히라 양해내용을

변경하여 금반 양회상간에서 청구권 대강에 합의함으로서 길 오히라 양해사항의 백지화 운운 등의 문제를 해결할수있을것아타한바 일축도 동조를 표명하고 아측에게 구체안의 제시를 요망하여 완음으로 아측은 차기 외상회담에서 이의 구체잔을 제시하기로 하였음.

3. 선문발표에 관하여서는 양외상이 국제 정세에 관한의견을 교환하고 한일 회담의 각
각 문제점을 REVIEW 하는 동시에 금후 진행방안을 검토하였다는것으로 할기로 하였음.

(주일정--와아복)

예고 : 재분류 67. 12. 31.

16. JAW-03560, 이동원 장관의 사토 일본 총리 예방 결과 보고, 1965. 3. 24

한국 외교문서 1486, 이동원 외무부 장관 일본 방문, 1965

일본을 공식방문 중인 이동원 외무부 장관의 1965년 3월 24일 사토 일본 총리 예방 결과 보고 문서(전문)다.

대한민국 외무부

번 호: JAW-03560
일 시: 261404

수 신 인: 국무총리(참조: 대통령비서실장, 중앙정보부장, 외무부차관)

발 신 인: 외 무 부 장 관

1. 이외무부장관은 김대사, 방공사, 이공사, 및 연아주국장을 대동하여 3. 24. 11:40 사또 일수상을 예방하였음. (일측 하시모도 관방장관, 우시바 외무성 심의관등 배석) 이장관은 우선 금반의 일본도착시 일본정부가 새로운 의전절차를 마련하여서 7가지 의장대 사열, 양국 국가 취주, 한국기 게양등 극별한 접대를 하여준데 대한 사의를 표한바, 사또수상은 시이나외상이 서울에서 받은 환영에대한 답례라고 하면서 환영의 뜻을 표하였음.

2. 이장관은 죤슨 미대통령과 러스크 국무장관으로부터의 사또수상에대한 안부를전하고 미국정부측이 기본조약의 가조인을 기뻐하고있으며 한일문제의 장래에 대하여 희망적인 견해를 가지고있다는 것을 사또 수상에게 알리고 죤슨대통령이 금번의 이장관 일본방문시 제현안이 타결되기 바란다고 하면서 사또수상편의 이에대한 애용이 오히려 강할지 모른다고 말한바 있다고 하였음.

이장관은 또한 자유세계 여론이 한일회담 타결을 희망하고, 국내적으로는 일본국민이 계몽되어 한일 양국간의 제현안의 타결을 역사적 사명이라고 생각하고 있어 지금이 좋은 현안 타결의 기회가 될것이라고 말하였음. 사또수상은 이에동감을 표하고, 제현안을 뒤에 문제가 남지않는 방향으로 훌륭히 타개하도록 하려한다고 말하였음/ 오며 박대통령각하와 정총리께서도 한일간의 현안타결에 적극적인것으로 안다고 부언하였음.

3. 이장관은 양국간에 아직도 조그만한 문제가 좀 남아있는데 이번 일본을 방문한기회에 특히 이문제들에 관해 타결을 보고싶다고 전제하고, 첫재는 재일 한인의 법적지위문제 특히 영주권의 부여범위에 관한 문제라고 말하였음. 이장관과 김대사는 현재의 일측안에 따른다면(1) 조총련으로 하여금, 국적없이 사상 운동을 할수있게하고, 한일간의 법적지위협정의 적용을 받게되면 강제퇴거사유에 의하여 한국에 가야하게 된다는등 공산권의 선전에 빠지게되며, (2) 한일양국이 합작하여 영주권을 주지않으므로서 20 세에달한 재일교포에 대하여 일들을 한국으로 징집하여가며 한다는 비난을 면하기 어렵다는 점을 지적하고, 영주권부여 여부에 대하여 일측이 자유재량을 갖게되는것은 곤란하니, 재일교포 자자손손에게 영주권 또는 거주권을 보장하여 주도록 하자는것이 아측의 주장이라고 말하였음. 그 한예로서 요사이 교포 가정에 배포되고있는 위조 징집명장을 들어 구체적으로 설명하였음.

이에대하여 사또수상은 공산주의자의 활동이 허용되고있는것이 한국과 다른 일본의 특수성이라고 말하고 재일교포는 한국계와 북한계가 잡거하고있어 북한계 교포를 어떻게 처리하는가 하는문제가 일본으로서 곤란하다고 말하였음. (사또수상의 문의에 답하여 우시바 외무심의관은 동영주권 부여범위 문제는 검토하고 있다고 말함)

4. 이어 이장관은 두번재 문제로서 청구권에관한 김.오히라 메모가 한국의 중요한 정치문제가 되고 있으며 동메모의 배후에 비밀이 있지않는가 하는 의혹을 추궁하는것이 야당측의 스로간이 되어있는데, 일측은 동 김.오히라 메모로서 문화재와 선박 반환문제

가 소멸되는것으로 양해 되었다고 하나 김종필씨 자신이 이를 부인하고있고 가령 일측의 주장과같이 소멸하는것을 양해되었다고 하게되면 국내적으로 큰문제가 되어, 동경에서 서명된다고 하드라도 서울에서 비준되지 못하게 됨으로서 현안의 역효과를 가져올 우려가 있다고 하면서 문화재 문제와 선박 반환문제를 별도로 취급할것을 주장하였음.

사또수상은 문화재에 관하여서는 민가에서 반환운동을 일으키고 있으므로 (예, 호시지마 시또의원) 사유문화재에 대하여서도 전망이 서게 될거이다고 말하였음.

5. 이장관은 문화재와 선박 반환문제는 국민 감정상 고려하지 않을수 없다고 하면서 청구권문제와 법적지위 문제는 이번에 타결하는것이 좋겠다고 강조하였는바 사또수상은 이에대하여 자기도 어떤 결심을 할때가 온것으로 안다고 하면서 나포선박에대한 일측의 배상청구, 독도등의 문제와함께 이장관의 체재중 처리하는 방향으로 고려하겠다고 말하였음. (주일정 - 외아북)

예고 : 일반문서로 재분류 : 67. 12. 31.

17. JAW-03535, 제2차 외상회담 결과 보고, 1965. 3. 25
한국 외교문서 1486, 이동원 외무부 장관 일본 방문, 1965

1965년 3월 25일 오전에 개최된 제2차 외상회담 결과 보고 문서(전문)다.

이 회의에서는 주로 청구권 문제가 다루어졌다.

대한민국 외무부

번 호: JAW-03535

일 시: 251346

수 신 인: 국무총리

발 신 인: 외무부장관

참조: 경제기획원장관, 대통령 비서실장, 외무부차관

1. 금 25일 10:00 - 11:00에 걸쳐 양국 외상간에 청구권 문제에 관한 회담이 있었음.

(참석자 : 한국측 - 이장관, 김대사, 이공사, 김차관보.

일본측 - 시이나 외무대신, 우시바 심의관, 우시로구 국장)

2. 아측은 상금도 미해결점이 많은 청구권 대강의 내용을 차제에 명확히하여 양외상간에서 공식으로 합의에 도달할것을 목적으로하는 "청구권문제 해결에 관한 합의사항" (하기 참조) 안을 일측에 제시한바 이에 대하여 일측이 표시한 견해중 중요한 점을 아래와 같음.

1) 어업협력 차관을 상업차관과 구별하여 또하나의 다른 범주의 것으로 할수는 없고 원칙적으로 상업차관의 범주에 속하는것으로하여 상업차관속의 어업협력차관이라는 SUB-CATEGORY 를 두어 차관의 조건등에 있어서는 특별히 따로 구별하여 다루는것을 고려할수 있을것이라고 시사함.

2) 정부차관의 상환기간 문제에 있어서 7년 거치후 20년 상환은 수락하기 곤란하다함.

3) 선박문제에 있어서 일본측의 나포어선등 청구권도 포함이 되어야 할것이며 설사 이에 관한 한국에 대한 호종의 제공이 있다하더라도 의무로서 제공될수는 없다고함.

3. 이문제에 관하여는 명일의 외상회談에서도 계속하여 논의될것임.

4. "청구권문제 해결에 관한 합의사항" (안)

1) 대한민국의 대일청구권문제를 해결하고 양국간의 경제협력을 증진하기 위하여, 일본국은,

가. 무상 3억불.

나. 정부차관 2억불.

다. 상업차관 ( ) 억불.

라. 어업협력차관 9천만불을 대한민국에 제공한다.

2) ~~제공~~ 제공 내용.

가. 무상

ㄱ. 제공기간은 10년간으로 하되, 양국간의 합의에 의하여 6년간까지 단축할수있다.

ㄴ. 양국간 청산계정상의 미청산금은 무상 3억불에서 상감, 해결하는것으로하되, 한국의 실질적 수취액이 매년 2,550만불 이상이 되어야한다.

나. 정부차관.

ㄱ. 제공기간은 10년간으로하되 양국간의 합의에 의하여 6년간까지 단축할수있다.

ㄴ. 차관의 이자는 년 3.5 퍼센트, 상환은 7년 거치후 20년간 균등상환하는것으로 한다.

다. 상업차관

일본정부관여하에 수출입은행에 의한 가장 유리한 조건으로 제공되는것으로한다.

라. 어업협력차관.

(양국 농상회담에서 합의된바에 의함.)

3) 한일양국간의 문화재 문제를 해결하고 문화협력을 증진하기 위하여 일본국은 양국이 합의하는 품목의 한국문화재를 대한민국에 인도하는것으로한다.

4) 한일양국간의 선박문제를 해결하기 위하여 일본국은 양국이 합의하는 척수와 톤수의 신조선을 대한민국에 무상 제공하기로 한다.

5. 이상으로서 대한민국과 일본국간의 청구권은 완전히 그리고 최종적으로 해결된것으로 한다. ~~(주일정 - 외아북)~~

~~예고 : 재분류 66. 12. 31.~~

18. JAW-03574, 제3차 외상회담 결과 보고, 1965. 3. 26
한국 외교문서 1486, 이동원 외무부 장관 일본 방문, 1965

1965년 3월 26일 오전에 개최된 제3차 외상회담 결과 보고 문서(전문)다.

재일한국인 법적지위 문제와 청구권 문제에 관한 토의가 집중적으로 이루어졌다.

대 한 민 국 외 무 부

번 호: JAW-03574
일 시: 261516

수 신 인: 국무총리(참조: 대통령비서실장, 중앙정보부장, 외무부차관)

발 신 인: 외 무 부 장 관

제 3 차 외상회담보고:

본직은 금 26 일 오전 10:30 - 12:00 에 제 3 차 외상회담을 개최한바 동결과를 아래와 같이 보고합니다.

참석자: 한국측 -- 이장관, 김대사, 이공사, 김차관보, 연국장, 최정무과장.

일본측 -- 시이나외상, 다가스기수석대표, 우시바 심의관, 우시로구국장, 야나기야 서기관.

1. 금일 회담에서는 한일회담의 각문제점에 관하여 광범한 의견을 교환하였는바 특히 법적지위 문제와 청구권문제에 관하여 아래와같은 토의가 있었음.

(1) 법적지위문제: 시이나외상은 제 1 차외상회담에이어 아측에서 제시한 안을 신중히 검토하였으나 일측의 국내적입장으로 보아 협정상의 영주권이 부여된자의 자손에대한 영주권 및 처우문제에 있어서는 일본정부가 협정의 정신 및 목적을 충분히 존중하여 그들이 부모와 다름없게 일본국에서 안주할수 있도록 호의적인 배려를 한다는 취지를 공표하고 동 내용을 각서로 한국측에 수교하는 방식으로 해결할수 밖에 없다고 하고 자자손손에게 영주권을 부여한다는 LEGAL COMITMENT 는 곤란하다고 하였음.

본직은 현재 한일회담이 최종단계에와 있으며 재일한인의 감정이 매우 격과되어있는 사정등을 참작하여 일측이 대국적인 견지에서 정치적으로 이를 해결하여야 할것이라고 하고, 이들에대한 외거강제사유나 처우문제는 틀마도 영주권 부여판은 법적인 구속력을 가지는 규정이 되어야하며 MORAL OBLIGATION 만 지는것으로 되어서는 안된다는 입장을 강조하였음. 이와같이 양측의 입장이 심각히 대립을 보였으므로 이에 관하여는 다시 오후 실무자회의를 열어 여러가지 ALTERNATIVE 를 검토하여 이를 외상회담에 올려 해결키로 하였음.

(2) 청구권문제:

본직은 먼저 작일 아측이 제시한 안 " JAW -03535 참조" 에대한 일측의 견해를 타진하였던바, 시이나 외상은 흥정하는것이 아니라 최종적인 입장을 표시하는것이라고 전제하고,

가. 선박 청구권문제에 있어서는 서로의 선박 청구권이 남을여지가 없게 완전히 상쇄하는 방식으로 해결하자고하고 (이러한 해결방식에는 대장대신의 반대가 있으나 한국측이 동 방식에 동의한다면 힘써서 그렇게 하도록 하겠다고 함).

나. 1 억이상의 상업차관에 관하여는 무작정 총액을 정할수는 없으니 77가 상업차관이라는 원칙하에 그속에 드러갈 어업협력차관의 금액, 또 여러 PROJECT 별로 금액을 기입하는 방식으로 하면 금액이 많아질수 있으며, 또 상기 PROJECT 내용은 추후에도 변경이 가능하다는 단서를 붙이는동시 그이상의 상업차관도 가능하다고 하는방식으로 해결함이 어떻겠는냐고 제의하였음.

다. 이에대하여 본직은 선박 문제에 있어서 원칙적으로 대일선박 청구권과 나포어선을 상쇄할수는 없는것이라는 입장을 명시하고, 다만 실질적으로 어떻게 이것을 처리할것이냐

- 3 -

하는 면에서 일본측안을 검토하여 보겠으며, 특히 일본측에서 종래 선박 청구권을 강력히 주장하여온 아측의 입장을 세워주는 뜻에서 정치적인 GESTURE 가 있어야 할것이라고 하였음.

또한 상업차관에 있어서는 현단계에서 구체적인 PROJECT 별로 나누는것은 곤란하다하고, 다만 부문별로 대분한것, 예컨데, 중공업부문, 경공업부문, ... 하는식으로 액수를 표시함은 여하할것인가고 한바, 일측은 좋다고 하였음.

3. 이상과같은 금반 회담의 토의결과를 토대로 양측 대립점을 정치적 절충으로 해결하기 위하여 본직은 오늘 기회있는대로 시이나 외상의견을 교환하고 또한 본직 주최 만찬회가 끝난후 오늘 저녁 22:00 시부터 다시 비공식으로 회담을 개최키로 하였음. (주일정 — 외아북)

예고: 일반문서로 재분류: 67. 12. 31.

19. JAW-03614, 한일 비공식 외상회담 결과 보고, 1965. 3. 27
한국 외교문서 1486, 이동원 외무부 장관 일본 방문, 1965

1965년 3월 26일 밤 10시부터 익일 새벽 05시 30분까지 계속된 한일 외상 간 비공식 회담 결과 보고 문서(전문)다.

이 비공식 회담에서는 밤 10시부터 익일 오전 3시까지 재일한국인 법적지위 문제, 오전 3시부터 5시 반까지 청구권 문제가 토의되었다.

대 한 민 국 외 무 부

TOP URGENT　　(부외비)　　번 호: JAW-03614

종 별　　일 시: 271303

수 신 인: 국무총리 (참조: 경제기획원장관, 대통령비서실장). 중앙정보부장.

발 신 인: 외무부 장관

작 26 일 하오 10 시 부터 익 27 일 0530 분 까지 계속된 한일외상간 비공식 회담에서 일본측 에서 제시한 "한일간에 청구권문제해결에 관한 이. 시이나 장관간 에 의견의 합치를 본내용 (안)" 을 다음과 같이 보고 함.

1. 무상경제협력

   1) 금액 총액 3 억불

   2) 기간 10 년 균등, 단 재정사정에 따라서는 쌍방의 합의에 따라 단축 실시할수 있음.

2. 유상 경제 협력

   1) 금액 총액 2 억불

   2) 기간 10 년

   3) 조건

      가. 금리 3.5 퍼센트

      나. 상환기간 7 년거치기간을 포함한 20 년

3. 통상의 민간 차관

   1) 성격 민간계약에 기초하여 일본국의 관계법령에 따라 공여됨.

동차관은 국교정상화의 전후를 불문하고 공여되는것으로함.

2) 금액: 통상의 민간차관의 성격상 차관 총액의 최하한 및 최상한을 규정하지 않는것이 원칙이지만 일본국으로서는 결과적으로 3 억불이상에 달 하는 것에 이의가 없음. 동차관은 어업협력을 위한 민간차관의 합의액 9 천만불을 포함하고 또한 한국의 경제개발 5 개년 계획에 따라서 한국측이 제시하는 프로젝트를 고려에 넣는것임.

4. 무역상의 대한 채권 (4,573 만불)

1) 상환기간: 10 년간 균등분할, 금리 없음.

2) 상환방법: 현금결제를 원칙으로 하나 한국측이 외환사정 또는 내자사정으로 희망하는 경우에는 매년도 한국의 요청에 의하여 당해년도에 있어서의 일본으로부터의 무상공여약의 감액에 의하여 지불된것으로 간주한다.

5. 청구권의 해결

본 양해 성립시에 있어서 한일양국 및 양국민 간의 재산 및 청구권문제는 상항평화조약 제 4 조에 규정된것을 포함하여 완전 또한 최종적으로 해결된것으로 한다. 단, 한일양국 및 양국민의 재산권과 양국 및 양국민간에 존재하는 채권, 채무관계로서 종전후 통상의 거래, 계약등으로부터 발생한관계에 기한것은 영향을 받지않는다.

6. 한일문화협력의 일환으로서 국유문화재 약간을 인도하기로 한다.

~~(조일청구의아복)~~

20. JAW-03620, 비공식 외상회담 개최 계획 보고, 1965. 3. 27

한국 외교문서 1486, 이동원 외무부 장관 일본 방문, 1965

1965년 3월 27일 밤 9시 30분부터 시나 외상과 비공식 외상회담을 개최할 예정임을 보고하는 문서(전문)다.

대한민국 외무부

긴 급

종 별

번 호: JAW-03620

일 시: 272037

수 신 인: 국무 총리

발 신 인: 외무부 장관

참조 : 대통령 비서실장, 중앙정보부장, 외무부 차관

본직은 금 27 일 21:30 시부터 시이나 외상과 비공식 외상회담을 개최할 예정입니다.

(주 일정-외아북)

21. JAW-03623, 비공식 외상회담 종료 보고, 1965. 3. 27
한국 외교문서 1486, 이동원 외무부 장관 일본 방문, 1965

1965년 3월 27일 밤 9시 반에 시작된 비공식 외상회담이 익일 00:30분에 종료되었음을 보고하는 문서다.

이 회담에서 청구권 문제에 관하여 대강 합의가 이루어졌으며, 합의 내용을 토대로 실무자간 문안 작성 작업에 돌입하였다.

대한민국 외무부

착신암호전보 "긴급"

번 호: JAW-03623
일 시: 280201

수 신 인: 국무총리

발 신 인: 수석대표

사본: 대통령 비서실장, 외무부차관.

1. 금일 외상 회담은 00:30에 끝나 "시이나" 외상은 돌아갔음.

2. 금일 회담에서 청구권문제에 관하여 대강 합의하였음.

3. 합의한 내용에 따라 01:50부터 양측 실무자는 문안작성 작업에 들어갔음.

(주일정) (외아북)

예고: 재분류 67. 12. 31.

22. JAW-03626, 비공식 외상회담 및 후속 문안 작성 교섭 결과 보고, 1965. 3. 27

한국 외교문서 1486, 이동원 외무부 장관 일본 방문, 1965

1965년 3월 27일 밤 9시 반~익일 00:30까지 진행된 비공식 외상회담과 후속 문안 작업 회의 결과(아침 06:00까지 진행), 이동원 장관의 귀국 예상 일정 등을 보고하는 문서(전문)다.

문안 작업을 위한 회의는 3월 28일 16:00에 재개하기로 하였다.

대한민국 외무부

긴급 (부외비)

종별

번호: JAW-03626

일시: 280650

수신인: 국무총리

발신인: 주일대사

참조: (대통령 비서실장, 중앙정보부장, 외무부차관)

1. 27일 21:30에서 28일 00시 30까지에 개최된 비공식 한일외상회담에서 청구권 문제에 관하여 양외상은 (1) 유상 2억의 공여기간에 관하여 7년 거치후 13년 상환으로 하되 단, 재정사정에 따라 양측 합의에 의하여 상환기간을 연장할수 있다는 규정과 (2) 상업차관을 "3억불" 이상으로 표현한다는 양개 원칙에 합의하였음.

2. 상기 합의에 따라 양측은 곧 이어 한일 외상간의 합의사항의 초안 작업에 들어갔는바, 일측은 (1) 금번 양외상간의 청구권 문제에 관한 합의사항 내용이 현재 한일 농상간에서 행하여지고 있는 어업교섭이 조속히 대강에 관한 합의에 달하고 계속하여 행하여지는 교섭의 결과 어업에 관한 협정이 성립되는것을 조건으로하여 한일 양국 간에서 우호한 합의가 될 성격의 것이라는 조석과, (2) "나포어선에 관한 합의 (불공표)" 라는 제목으로 장차 양국합의에 의하여 설정될 전관수역 외의 공해에서 일방국이 타방국의 어선 및 국민에 대하여 권리를 행사하는것은 여하한 명목에 의하여도 허용되지 않음이 명확히 되는것을 조건으로 나포어선에 관한 청구를 주장하지 않는다는 안을 제시함으로서 청구권 문제에

관한 양외상간 합의사항의 초안 작업이 난항에 들어갔음.

3. 양측은 양측 수석 대표를 포함하는 회의 (아측: 김대사, 이공사, 김차관보, 연아주국 장, 이 한춘이사, 최경무과장, 오 조약과장,
일측: 우시바 심의관, 우시로구 아세아국 장, 구로다 북동아 과장, 야나기야 서기관, 아쓰기 대장성 외채과장 등)를 개최하고 토의한 결과 일측은 금조 04:00 경에 전기 2 의 양개안을 철회하였음. 이어 곧 "한일간 청구권 문제의 해결과 경제협력에 관한 합의사항" 의 초안에 들어갔는바, 새벽 0600 시까지 약 반정도의 작업을 완료하였음. 그러나 일측은 동 합의사항이 국의의 양승을 얻어야 함으로 시간적으로 이장관의 금조 귀국시간에 마추어 INITIAL 함이 불가능 하다는 입장을 보여 전기 초안 작업은 일단 06:00 지나 중단하였음.

4. 따라서 이장관은 귀국일정을 다시 1 일간 연장하여 명 29 일 아침에 전기 청구권 합의사항에 INITIAL 할 예정이며, 작일 INITIAL 하기로 일단 합의되었던 법적지위 대강 은 당지 실정에 감하여 이를 금번에는 행하지 않기로 하였음.

5. 이장관은 일단 공식 방일 일정을 끝마친 형식을 취하기 위하여 금일 영빈관에서 나와 동경 근고에서 일박한후 명조 0900 에 일 외무성에서 공식 외상회담을 열고 전기 청구권 합의사항에 INITIAL 하기로 하였음.

6. 초안 작업을 위한 회의는 금일 16:00 에 재개키로 하였음. (주일정-외이북)

23. JAW-03636, 청구권 관계 문안 작업 회의 진전 상황 보고, 1965. 3. 28

한국 외교문서 1467, 제7차 회담 청구권 관계 회의 보고 및 훈령, 1965. 전 2권(V.1 1965. 3. 18-4. 3까지의 교섭)

1965년 3월 28일 오후 4시부터 개최된 문안 작업 회의의 진행 상황을 보고하는 문서(전문)다.

대한민국 외무부

URGENT
종 별

번 호: JAW-03636
일 시: 282126

수 신 인: 장 관

발 신 인: 주 일 대 사

연: JAW-03627

청구권 관계회의가 16시 부터 개최되어 진행되고 있으나, 21 시 30 분 현재 미해결문제에 관하여 양측은 합의가 이루어지지 않고 있음을 보고함.

(주일정-외아북)

24. JAW-03640, 문안 작업 회의 종료 보고, 1965. 3. 29

한국 외교문서 1467, 제7차 회담 청구권 관계 회의 보고 및 훈령, 1965. 전 2권(V.1 1965. 3. 18-4. 3까지의 교섭)

문안 작업 회의가 양측 의견이 합치되지 않은 채 종료되었음을 보고하는 문서(전문)다.

대한민국 외무부

번 호: JAW-03640
일 시: 290029

수 신 인: 장 관

발 신 인: 주일 대사

연: JAW-03636

1. 청구권 관계회의는 2315 시 까지 계속되었으나 미해결 문제에 관한 양측의 의견이 합치되지 않은채 끝났음.

2. 일본측은 동 회의에서 O A 의 이자 지불문제에 관하여 이자에 대한 청구권이 있다고 주장하여 합의된것으로 양해되었던 부분에 관한 번복을 행하였음.

(주일정-외아북)

직권으로 재분류 1972.8.

과장 최 광 수

예고 : 재분류 67.12.31.

25. JAW-03649, 제4차 외상회담 결과 보고, 1965. 3. 29

한국 외교문서 1486, 이동원 외무부 장관 일본 방문, 1965

1965년 3월 29일 오전에 개최된 제4차 외상회담 결과를 보고하는 문서(전문)다.

일본 측은 어업 문제의 가조인과 관련하여, 청구권 문제의 가조인보다 우선하거나 동시에 이루어져야 하며, 청구권보다 늦어질 경우에는 청구권 가조인 후 늦어도 2, 3일 내에 어업의 가조인이 된다는 명확한 전망이 있어야 한다고 주장하였다.

대한민국 외무부

번 호: JAW-03649
일 시: 291330

수 신 인: 국무총리
발 신 인: 외무부장관
참조: 대통령 비서실장, 중앙정보부장, 외무부차관

1. 금 29일 10:30 부터 11:15 까지에 걸쳐 외무성에서 외상회담이 개최되었음.
(참석자: 한국측: 이장관, 김대사, 이공사, 김차관보, 연국장, 최과장, 오과장.
일본측: 시이나, 우시바, 우시로구, 야나기야)

2. 본직은 우선 본직의 방일중에 청구권과 법적지위문제에 관한 가조인을 조속히 끝마치고 귀국할 예정이었는데, 어제까지 마치려면 청구권문제에 관한 합의사항 문안 작성작업에 있어서 외상간의 양해를 표현함에 견해가 상치되고 일측에서 이미 양해된 사항을 재문제화 시키는등 실무적 정리작업이 난항하고 있음은 유감스러우며 법적지위문제에 있어서도 예컨대 재협의 조항에 있어서 일측이 "계속 협의를 행한다" 고 양해되었던 원칙을 "협의를 행할 용의가 있다" 는 표현으로 후퇴한것은 유감스럽다고 하고 법적 지위문제에 있어서 영주권, 처우, 퇴거강제 사유는 가장 중요한 3개 원칙인데 영주권과 퇴거강제 사유만을 이번 가조인에서 취급하고 처우 문제를 누락시킴은 금후 여러가지 문제를 야기시킬 가능성이 있음에 비추어 처우문제도 포함시킴이 좋으며 한국측이 처우에 관한 제안을 언제라도 제시할 용의가 있으므로 상호 검토한후 처우문제도 포함하여 가조인하자고 하였음.

- 2 -

3. 이에 대하여 시이나 외상은 청구권문제에 관하여는 대장성에서 좀 딱딱한 태도를 취하고 있는것 같은데 자기로서는 외상간에서 양해된 내용을 다시 문제화 시키는 일이 없도록 노력하겠으므로 계속 문안작성 작업을 진행시킴이 좋겠다고하고 법적지위문제에 관하여서는 이미 각의의 동의를 얻은 문안임으로 다시 처우문제를 추가시킴은 국내적으로 어려우나 원칙만이라면 추가를 고려할수 있을것이라고 하였음.

이와 관련하여 시이나 외상은 현재 어업문제 대강을 단시일내에 가조인하기 어렵지 않을가 일측은 불안감을 가지고있다고하고 일측의 입장은 어업문제의 가조인을 우선하거나 적어도 청구권문제 가조인과 동시에 하여야하며 청구권 문제에 대한 가조인이 어업문제 가조인보다 선행되는 경우에는 청구권 가조인후 늦어도 2,3일내에 어업의 가조인이 된다는 명확한 전망이 있어야한다고 하였음.

4. 아측은 어업협력 주관에 관하여 아까기 대신이 이미 9,000만불중 4,000만불의 대영세어민차관은 이자 5 퍼센트, 그외 5,000만불은 통상어업차관의 조건 (이자 5.75 퍼센트) 으로 한다는 언질을 주었음에도 불구하고 일측이 문안정리 작업시에 있어서 9,000만불 전체를 통상의 상업차관으로 취급하고 특별한 고려를 하지않겠다는것은 유감스럽다고 한데 대하여 일측은 재판관할건 및 단속에 있어서 기국주의를 명백히하여 주면 어업협력에 관하여는 한국측이 요망하는 표현으로 할수있을것 (단 금리를 수자로 명확히 5 퍼센트로 표시하는것은 곤란함) 이라고 하였음.

5. 양측은 본직이 31일 NWA 편으로 귀국한다는 전제로 이를 목표로 청구권, 법적지위 어업의 3개 문제에 관한 가조인을 할수있도록 문안 작성 작업을 계속 촉진시키기로 하였음.

(주: 외상회담이 끝난후 즉시 아측으로부터 김대사 방공사 연국장 이법무국장 일측으로부터 우시바, 우시로구, 야기등이 모여 처우문제에 관한 토의에 들어갔음)

예고: 재분류 67. 12. 31

26. WJA-03518, 청구권, 법적지위 및 어업 문제 합의 사항 가조인을 위한 국무회의 의결에 필요한 사항 요청, 1965. 3. 31

한국 외교문서 1486, 이동원 외무부 장관 일본 방문, 1965

청구권, 법적지위 및 어업 문제에 관한 합의사항 가조인을 위한 국무회의 의결을 위해 각 현안 문제에 관한 최신 합의사항 또는 대립점을 보고하도록 지시하는 문서(전문)다.

대한민국 외무부

WJA-03578
311145

접수암호

수신인: 주일 대사

대: JAW-03668

대호 전문의 장관 지시에 따라 청구권, 법적지위 및 어업문제에 관한 합의 사항을 가조인 함에 앞서 국무회의의 의견을 얻고저 하는 바, 이에 필요하오니 전기 각 현안문제에 관한 최신의 합의 사항 또는 대립점을 시급히 알려주시기 바랍니다.

외무부 차관

64. 12. 31

27. JAW-03711, 김 대사-우시바 심의관 간 문안 교섭 결과 보고, 1965. 3. 31

한국 외교문서 1467, 제7차 회담 청구권 관계 회의 보고 및 훈령, 1965. 전 2권(V.1 1965. 3. 18-4. 3까지의 교섭

1965년 3월 31일 김동조 대사와 우시바 일본 외무성 심의관 간에 가조인을 위한 합의사항 문안에 최종 협의를 마쳤음을 보고하는 문서(전문)다.

대한민국 외무부

번 호: JAW-03711

일 시: 311719

긴급

종별

부 외 비

수신인: 국무총리

발신인: 장관

참 조 대통령비서실장, 중앙정보부장, 외무부 차관

1. 금 31일 11.30-13.30에 걸쳐 외무성에서 김 대사와 우시바 심의관간의 회담에서 청구권 문제에 관한 토의가 행하여 졌음.

(참석자: 한국측- 김대사, 연국장, 오과장

일본측-우시바, 야나기야)

2. 동 회담에서 그간 수일간에 걸쳐 교섭되어온 양외상간의 '합의사항' 문안 (가조인을 위한것)에 대하여 아래와 같이 최종적 합의를 보았음.

'한일간의 청구권 문제 해결및 경제협력에 관한 합의사항

(1965. 3.   . 동경에서)

이 외무부장관과 시이나 외무대신간에 다음의 사항이 합의 되었다.

1. 무상공여(생산물및 역무)

총액 3 억불, 10 년간 균등공여, 단, 재정사정에 따라서는 양국정부합의에 의하여 당기(구리아게) 실시할수있다.

2. 장기 저리 차관 (경제협력 기금에 의함)

총액, 2 억불, 10 년간 균등공여, 금리는 년 3.5 %, 상환기간은 7 년의

거치기간을 포함하여 20 년 . 단: 재정및 자금사정에 따라서는

쌍방합의에 의하여 상환기간을 연장시킬수 있다.

3. 민간 신용 공여 (상업 베이스에 의한 통상의 민간 신용 공여)

(1). 민간 신용공여 총액은 3 억불 이상에 달할것으로 기대된다.

(2). 어업협력을 위한 민간 신용 공여 9,000 만불 및 선박협력을 위한 민간 신용공여 3,000 만불은 상기 (1) 에 포함되며, 또한 , 관계 법령의 범위내에서 용이하게한다.

4. 한일 청산계정상환의 확인된 대일 채무 (약 4,573 만불)

(1). 10 년간 균분불, 금리없음.

(2). 매년도 한국의 요청에 의하여 일본측의 새로운 동의 없이 당해 년도에 있어서의 일본으로부터의 무상공여중에서 감액함으로서 현금 지불로 간주하는 것으로 한다.

5. 청구권의 해결

관계협정의 성립시에 존재하는 한일양국및 양국민의 재산과 양국및 양국민의 청구권에 관한 문제는 상항 평화조약 제 4 조에 규정된것을 포함하여 완전 또한 최종적으로 해결된것으로한다.

단, 한일양국및 양국민의 재산권과 양국 및 양국민의 채권 채무관계로서, 종전의 통상의 거래, 계약등으로부터 생긴 관계에의거한 것은 영향을 받지않는다.

6. 한일간의 문화재문제 해결및 문화협력증진에 관련하여 양국은 품목 거래에 관한 협의를 하고 일본국은 한국 문화재를 대한민국에 인도한다."

3. 전기 "합의사항" 은 가능하면 영문으로 작성하여 가조인하고, 여의치 못하면 한, 일 양국어로 할것임.

4. 본 "합의사항" 은 다른 현안에 관한 "합의사항" 과 함께 가조인될것인바, 현재의 관측으로 보아 명 1 일 아침 일찍이 가조인 될것으로 예상됨.

따라서 본건에 관한 국무회의 절차를 앙망하며, 그 결과를 금 20 시까지 시급 지시바람. (주일정-외아북)

（別添）

日韓間の請求権問題解決及び
経済協力に関する合意事項

（１９６５．３．東京で）

椎名外務大臣と李外務部長官との間で次の事項が合意された。

１．無償供与（生産物及び役務）

総額３億ドル、１０年間均等供与。但し財政事情によっては両国政府合意の上くり上げ実施し得る。

２．長期低利借款（経済協力基金による）

総額２億ドル、１０年間均等供与、金利は年３．５％、償還期間は７年の据置期間を含み２０年。

ただし、財政及び資金事情によっては双方合意の上償還期間を延長しうる。

2 民間信用供与（[illegible]

民間信用供与）

(1) 民間信用供与総額は3億ドル以上[illegible]することが期待される。[illegible]

(2) 漁業協力のための民間信用供与9000

万ドルおよび　　　のための民間信用

与3000万ドルは上記に含まれ、かつ

関係法令の範囲内において容易化されるも

のとする。

4 日　オープン　定　について確認された

対韓債権（約4573万ドル）

(1) 10年間均分払い。金利なし。

(2) 毎年度韓國の要請により、日本側があらた

な　　を要せずに、当該年度における日本

よりの無償供与よりの　額により現金支払

とみなすこととする。

5 請求権の解決

関係協定の成立時に存在する日韓両国及び両国民の財産ならびに両国および両国民の間の請求権に関する問題は、桑港平和条約第4条に規定するものを含めて完全かつ最終的に解決されたことになる。

但し、日韓両国および両国民の財産権ならびに両国および両国民の間の債権債務関係であって、戦後通常の取引、契約等から生じた関係に基づくものは影響を受けない。

6 日韓間の文化財問題の解決を考慮し、日韓文化協力を増進する措置をも含めて、品目その他につき協議の上日本国より韓国に対し韓国文化財を引渡す。

韓日間의 文化財 解決및 文化協力 増進에 関聯하여 両国은 品目其他에 関하여 協議를 하고 日本国은 韓国[illegible] [illegible] 引渡한다

28. WJA-03536, 청구권 관계 문안 합의 보고에 대한 본부 입장 통보, 1965. 3. 31

한국 외교문서 1486, 이동원 외무부 장관 일본 방문, 1965

청구권 관련 합의사항 문안에 대한 최종 협의가 끝났다는 대표단 보고에 대한 본부의 치하가 담긴 문서(전문)다.

대 한 민 국 외 무 부

번 : WJA-03536

일 시: 312010

외신과	
접수	암호

부 외 비 (종 별)

수 신 인: 외무부장관 (주일대표부)

대: JAW 03711 → [현안: 청구권위원회]

1. 대로 보고 접수하였으며, 즉시 상부에 대한 보고를 위하여 조치하였음. 귀하, 김대사 및 대표부 관계관의 노고를 치하함.

2. 명 1일 09:30 시에 임시 국무회의를 개최하고 필요한 국내절차를 취할 (준비가 되어 있음을 통지함. 따라서) 전기 국내 절차가 명조에 취해진다는 전제하에 가조인 조치를 추진하시기 바람.

3. 합의된 문안 중의 "공여" 라는 어구는 아국의 통용어가 아니므로 "제공" 으로 수정하여 국무회의에 상정할 위계임. 따라서 문안을 한일 양국어로 작성할 시에는 아측은 "제공" 이라는 어구를 사용하고 일측은 "공여" 를 사용하는 방편을 취하시기 바라며, 이점에 관하여 일측의 양해를 얻으시기 바람.

4. 대로에 의하면 어업 및 법적지위 문제에 관하여도 명일 가조인 될 것으로 예상되는 바, 이에 관하여도 명조에 국내 절차를 취할 위계임으로 문안이 확정되는 대로 금야 중에 보고바람. 외무부 관계 직원은 금야 철야 대기함. (외아북)

국무총리

29. JWA-03716, 청구권에 관한 합의사항 문안에 대한 유념 사항 보고, 1965. 3. 31

한국 외교문서 1467, 제7차 회담 청구권 관계 회의 보고 및 훈령, 1965. 전 2권(V.1 1965. 3. 18-4. 3까지의 교섭)

합의사항 문안과 관련하여 더 이상 표현의 변경이 어렵다는 점 등을 포함하여 본부에서 국무회의 통과 등 국내 절차를 진행하면서 유념해야 할 사항을 보고한 문서(전문)다.

대한민국외무부

번 호 : JAW-03716

일 시 : 311809

수 신 인: 국무총리(참조: 대통령비서실장, 중앙정보부장, 외무부차관)

발 신 인: 외 무 부 장 관

연:JAW -03711.　　대: JA[illegible] -03518.

연호로 보고한 청구권에 관한 "합의사항" 문안에 관하여 특히 다음의 제점에 유념하여 주시기바람.

1. 동합의사항은 쌍방간의 입장을 타협적으로 표현한것이므로 표현의 변경은 매우 어려울 것으로 보임. 따라서 기본적인 원칙에 이의가 없는한 표현은 조정된것임.

2. 본 "합의사항" 에 의하여 [illegible] 김.오히라. 양해에 관하여 이미 선박과 문화재 청구권이 소멸되었다는 일본측 입장과 거따 해석상의 차이가 해소되는것이므로 (제 5 항에따라 아측의 선박청구권은 소멸되고 그 대신 제 3 항에 규정된 선박협력을위한 민간 신용공여 3 천만 불이 이에 대치되는것임. 또한 동선박 신용공여는 년리 5. 5 %의 조건으로 제공되는것 인바 전기 이자율에 관하여는 가조인하는 관계자 명의의 별도 서한에 의하여 약속받도록 되었음.

3. 평화선내의 일본어선 나포에 관련된 일본의 대한청구권 일체가 역시 동 제 5항에따라 소멸되는것이라고 쌍방간에 합의되었으나 아측의 요구에따라 일측은 동 청구권에 관한 주장을 철회한다는 뜻의 별도 외교문서를 아측에 주기로 하였음.

4. 동 제 3 항에 규정된 어업협력을위한 민간신용공여 9 천만불의 이자율 (4 천만불은 [illegible] 5 %

5 천만불은 5. 75 %) 의 문서상의 표시는 동상간의 합의에 의하여 별도 처리하기로 합의되었음.

5. 문화재 문제에 관하여는 일본측 주장은 김.오히라 메모에 의하여 이미 소멸되었다는 주장인바 아측은 5 항과는 관계없다는 의미에서 6 항이 신설된것임. 아측은 어디까지나 "문화재 문제해결" 이라는 입장에서 일본국으로부터 한국문화재를 인도받아온다는 입장을 견지한다는 취지이오나 상반된 양국정부의 견해차이는 상금 완전 조정을 보지못하고 있으며 이문제는 결국 인도를위한 협의에 있어서 쌍방의 기본적 자세에 차이를 가져올수도 있을것으로 최악의경우 인도받을 종류와 양에 관하여 권리주장을 강하게 내세울수 없을런지도 모르겠다는것을 양해하시기바람.

~~예고 : 일반문서로 재분류 : 67. 12. 31.~~

30. JAW-03718, 합의사항에 대한 각의 심의 요청, 1965. 3. 31

한국 외교문서 1486, 이동원 외무부 장관 일본 방문, 1965

합의사항 문안에 대한 국무회의 개최, 심의를 요청하는 문서(전문)다.

대 한 민 국 외 무 부

번 호: JAW-03718

"긴급"

일 시: 312122

수 신 인: 국무총리(참조: 대통령비서실장, 외무차관, 중앙정보부장)

발 신 인: 외 무 부 장 관

대: WJA -03536.

1. 이미 보고한바와같이 청구권 문제에 관하여는 합의 사항문안 작성을 완료하였고 법적 지위문제도 어느정도 합의에 달할수있는 소지가 마련되었으며, 어업문제에 있어서도 합의사항문안 작성에 있어 어느정도 진척을 본바있으므로 오는 4. 2(금요일)에 3 개 현안에대한 합의문서의 이니샬을 동시에 행할예정으로 있읍니다.

2. 합의문서에 관하여는 명일 귀국하는 이규성 공사가 가능한한의 합의문안을 전부 휴대할 예정이며 명일 13 시경에 서울도착할것이므로, 도착후 제반준비를 필하여 17 시경 정부에 이를 보고할수 있을것이니 각의를 개최하여 심의토록하여 주시기 바랍니다. (주일정 --외아북).

예고: 일반문서로 재분류: 67. 12. 31.

31. JAW-04035, 청구권 관계 합의사항 문안 일부 수정 보고, 1965. 4. 2

한국 외교문서 1467, 제7차 회담 청구권 관계 회의 보고 및 훈령, 1965. 전 2권(V.1 1965. 3. 18-4. 3까지의 교섭)

청구권 관계 합의사항 문안 중 일부가 수정되었음을 보고하는 문서(전문)다.

대한민국 외무부

TOP URGENT
종 별

번 호: JAW-04035
일 시: 021055

수 신 인: 장 관
발 신 인: 주일대사

연: JAW-03711

청구권 관계 합의 문안중 아래와 같은 점이 수정되었음.

가. "무상공여"는 일측은 "무상공여", 아측 은 "무상제공" 으로,

"신용공여" 는 일측은 "신용공여" 아 측은 "신용제공" 으로 표현함.

나. "선박협력" 을 위한 ... " 는, 아측은 "선박도입을 위한 ... " 으로하고

● 일측은 "선박 수출을 위한 ... " 으로 표현함.

(주일정-외아북)

담 당	과 장	국 장	차 관	장 관	
					공람

APR 2 PM 3 51

32. 청구권 문제, 법적지위 문제에 대한 가조인 국무회의 의결 요청 문건, 1965. 4

한국 외교문서 1467, 제7차 회담 청구권 관계 회의 보고 및 훈령, 1965. 전 2권(V.1 1965. 3. 18-4. 3까지의 교섭)

청구권 및 법적지위 문제에 대한 합의사항 가조인을 위한 국무회의 의결 요청 공문이다.

45

議案番號	第　　號
議決年月日	1965. 4. . (第　　回)

議決事項

韓日會談 請求權問題 法的地位問題 에對한假調印

提出者	國務委員 李東元 (外務部長官)
提出年月日	1965. 4. .

1. 議決主文

韓日會談 請求權問題의 解決原則에 關한 別紙1의 合意事項 및 法的地位問題에 關한 別紙2의 合意事項에 假調印 할것을 議決 한다

2. 提案理由

韓日會談 請求權問題의 解決原則에 關한 合意事項과 法的地位問題에 關한 合意事項을 確定하고 同 合意事項에 따라 關係協定文을 作成하고저 함.

3. 主要骨子

省 略

4. 參考事項

別紙 1

韓日間의 請求權問題解決 및 經濟協力에 關한 合意事項

(1965年 月 日 東京에서)

李外務部長官과 椎名外務大臣間에 다음의 事項이 合意되었다.

1. 無償提供(生産物 및 役務)

總額 3億弗, 10年間 均等提供

但, 財政事情에 따라서는 両國政府合意에 依하여 短縮實施할 수 있다.

2. 長期低利借款(經濟協力基金에 依함)

總額 2億弗 10年間均等提供, 金利는 年 3.5%, 償還期間은 7年의 据置期間을 包含하여 20年

但, 財政 및 資金事情에 따라서는 双方合意에 依하여 償還期間을 延長시킬 수 있다.

3. 民間信用提供(商業베이스에 依한 通常民間信用提供)

(1) 民間信用提供 總額은 3億弗以上에 達할 것으로 期待된다.

(2) 漁業協力을 爲한 民間信用提供 9000萬弗 및 船舶協力을 爲한 民間信用提供 3000萬弗은 上記 (1)에 包含되며, 또한 關係法令의 範圍內에서 容易하게 한다

4, 韓日淸算計定上의 確認된 對日債務(約4573萬弗)

(1) 10年間 均等拂, 金利없음

(2) 每年度 韓國의 要請에 依하여 日本側의 새로운 同意없이 當該年度에 있어서의 日本으로부터의 無償提供中에서 減額함으로써 現金支拂로 看做하는 것으로 한다.

5, 請求權의 解決

關係協定의 成立時 存在하는 韓日兩國 및 兩國民의 財産과 兩國 및 兩國民의 請求权에 關한 問題는 桑港平和條約 第4條에 規定된 것을 包含하여 完全 또한 最終的으로 解決된 것으로 한다.

但, 韓日両國 및 両國民의 財産权과 両國 및 両國民의 債权債務関係로서, ~~終前의~~ 終戰后 通常의 去來, 契約等으로부터 生긴 関係에 依據한것은 影響을 받지 않는다.

6, 韓日间의 文化財問題解決 및 文化協力增進에 関联하여 両國은 品目其他에 関한 協議를 하고 日本國은 韓國文化財를 大韓民國에 引渡한다.

別紙 2

法的地位問題에 関한合意事項

1965. 4.

李外務部長官과 椎名大臣은 다음事項에 合意하였다.

1. 다음에 記載된 大韓民國 國民의 永住申請을 許可하도록 한다

A. 終戰以前부터 継續하여 日本에 居住하는 者

B. A.의 直系卑屬으로서 終戰以後 両國間의 協定発効 5年以内에 日本國에서 出生하여 継續 居住하는 者

C. A. 및 B.의 子로서 両國間의 協定発効日로 부터 5年이 経過하는 날 以後에 日本國에서 出生한 者

2. 日本國政府는 1.에 依하여 永住가 許可된者의 直系卑屬으로서 日本에서 出生한 者의 居住에 對하여 大韓民國政府의 要請이 있으면 両國間의 協定発効後 25年을 経過할때까지에 協議할 用意가 있다.

이 協議에 있어서는 同協定의 基礎로 되고 있는 精神과 目的을 尊重한다.

3. 1.에 依하여 永住가 許可된者의 退去强制事由 (兩國間의 協定発効以後의 行為에 依한다).

A. 日本國에 있어서 內乱에 関한罪 또는 外患에 関한 罪를 犯한것으로 因하여 禁錮以上의 刑에 處해진者 (執行猶豫의 言渡를 받은 者 및 內乱에 附和隨行한것으로 因하여 刑에 處해진 者를 除外한다)

B. 日本國에 있어서 國交에 関한 罪를 犯한것으로 因하여 禁錮以上의 刑에 處해진者 및 外國의元首, 外交使節 또는 그 公館에 對한 犯罪行為에 依하여 禁錮以上의 刑에 處해지고 日本國의 外交上의 重大한 利益을 害한者.

C. 営利의 目的을 가지고 麻薬類의 取締에 関한 日本國의 法令에 違反하여 無期 또는 3年以上의 懲役 또는 禁錮에 處해진者(執行猶豫의 言渡를 받은者를 除外한다) 및 麻薬類의 取締에 関한 日本國의 法令에 違反하여 両國間의 協定의 効力発生日以后 3回(但, 同協定의 効力発生의 날 以前에 3回以上 刑에 處해진者에 對하여는 2回) 以上 刑에 處해진者

D 日本國의 法令에 違反하여 無期 또는 7年을 超過하는 懲役 또는 禁錮에 處해진者

4. 退去命令의 措置를 받은者의 引渡에 関하여 大韓民國政府는 日本國政府의 要請에 依하여 協力한다.

5. 両國間의 協定에 包含될 其他의 待遇에 関한 事項은 継続하여 論議한다.

諒解要綱

1965年 4月 3日에 이니샬된 合意된 5에 依한 李外務部長官과 椎名外務大臣間의 討議의 過程에 있어서 다음 事項이 合意되였다.

1. 協定에 依하여 永住가 許可된 者의 日本國에서의 敎育 및 生活保護等에 關한 事項 또한 協定에 依하여 永住가 許可된者(永住申請을 行할 有資格者 包含)가 日本國에서 永住할 意思를 抛棄하고 大韓民國에 歸國時에 携帶하는 財産 및 日本國에 있어서 所有한 資金의 大韓民國에의 送金에 關한 事項에 対하여는 妥當한 考慮가 이루어 질것으로 한다. ~~또 가에 關하여 継續하여 討議할것에도 合意하였다.~~

2. 또한 위에 關하여 可能한한 早速히 文書로 協定이 成立될때 까지에 合意에 到達하기 爲하여 継續 討議한다.

33. JAW-04056, 청구권 합의사항 문안 최종 확정을 위한 회합 결과 보고, 1965. 4. 3

한국 외교문서 1467, 제7차 회담 청구권 관계 회의 보고 및 훈령, 1965. 전 2권(V.1 1965. 3. 18-4. 3까지의 교섭)

1965년 4월 2일 오후 4시부터 개최된 청구권 문제 합의사항 문안 최종 확정을 위한 연하구 국장과 우시로쿠 국장 간 회합 결과 보고 문서(전문)다.

(전문에는 4월 3일 오후 4시로 기재되어 있으나 오기로 보임)

이 회합에서 일본 측이 청구권의 해결 내용을 상당히 변화시키는 문안을 제출하여 수정을 제안하였으나 한국 측이 강력히 반대하여 원안대로 확정했다.

대한민국 외무부

번 호: JAW-04056

일 시: 030107

"긴급"

수 신 인: 국무총리(참조: 대통령비서실장, 중앙정보부장, 외무부차관)

발 신 인: 외 무 부 장 관

연: JAW -03711.

대: WJA --04044.

1. 금 3 일 16:00 부터 약 1 시간 30 분에걸쳐 청구권 문제문안을 최후로 확정짓기위하여 연국장과 우시로구 국장간에 회합이 개최되었음.

2. 동회합에서 일측은 합의사항 제 5 항 (청구권의해결)의 내용을 상당히 변화시키는 문안 시키는 문안을 제출하여 동항의 수정을 제안하였는바 이에대하여 아측은 표현문제7까지 포함하여 이미 양측간에 합의된 내용을 변화시키는것은 있을수없으며 더구나 아측으로서는 국무회의7까지 통과한 내용을 이제와서 고칠수는 없는입장이라고 강력히 주장함으로서 결국 원래 합의된 내용대로 확정시켰음.

3. 대호지시는 회의직후 접하였는바 (1) 교섭지시된 자구수정내용이 표현상의 문제일뿐 실질적인 부득이한 변경을 필요로하는것은 아니라는 판단, (2) 아측이 이미 합의된 내용을 변화시킬수 없다는 굳은 입장을 일측에 대하여 취하고있으며 새로히 합의된 내용 및 자구를 변경시키려고 할시에는 일측은 기히 합의된 내용에대한 계속적인 변경을 되풀이하고있는 형편이고, (3) 현단계에 있어서는 무엇보다도 조속히 양측의 합의내용을 확정시켜 예정대로 명조7까지 합의사항 확인을 완료시킴이 필요하다는것을 종합고려하여

- 2 -

자구수정 제의는 하지않고 몇개자구를 한일문 상호 번역의 기회를 포착, 아측에 유리하게 한국어 본문을 REFINE 한것 외 거번 합의된 내용대로 사용키로 되었음.

4. 이상의 사정에 감하여 이제 합의사항 내용을 변경시키는것은 불가능한 상태에 있는바 대호지시 자구수정문제에 관하여 어떻게 할것인지 조속히 회시하여 주시기 바람.

5. 합의사항은 한국어 및 일본어의 2 개어로 작성키로 하였으며, 나포어선에대한 일측의 청구 철회와 어업협력 및 선박도입을 위한 신용 제공에관한 별도 문서의 문안은 상금 미조정으로 확정되지 않았는바, 확정되는대로 보고위계임. (주일정 - 외아북)

예고 : 일반문서로 재분류 : 67. 12. 31.

34. JAW-04058, 최종 합의된 청구권 관련 합의사항 문안 보고, 1965. 4. 3

한국 외교문서 1467, 제7차 회담 청구권 관계 회의 보고 및 훈령, 1965. 전 2권(V.1 1965. 3. 18-4. 3까지의 교섭)

한일 간에 최종 합의된 청구권 문제 관련 합의사항 내용을 보고하는 문서(전문)다.

대한민국 외무부

부외비
종 별

번 호: JAW-04058
일 시: 030217

수 신 인: 국무 총리

발 신 인: 외무부 장관

참조: 대통령 비서실장, 중앙정보부장, 외무부 차관

연: JAW-04056

일측과 최종적으로 합의된 금조 "이나시알" 할 청구권 관계 합의 사항의 내용은 아래와 같음.

한일간의 청구권 문제 해결 및 경제 협력에 관한 합의 사항

1965.4.3. 동경에서

이동원 외무부 장관과 시이나 에쓰사부로 외무대신간에 다음의 사항이 합의되었음

1. 무상 제공(생산물 및 용역)

총액 3 억불. 10 년간 균등 제공. 단, 재정사정에따라서는 양국정부의 합의에 의하여 ~~조정~~ 단축 실시할수 있다.

2. 장기 저리 차관 (경제 협력 기금에 의함)

총액 2 억 불, 10 년간 균동제공, 금리는 년 3.5 퍼센트, 상환 기간은 7 년의 거치기간을 포함하여 20 년. 단, 재정 및 자금 사정에 따라서는 쌍방 합의에 의하여 상환 기간을 연장할수 있다.

3. 민간 신용 제공 (상업 베이스에 의거한 통상의 민간 신용 제공)

(1) 민간 신용 제공 총액은 3 억불 이상에 달하는 것으로 기대된다.

(2) 어업협력을 위한 민간 신용 제공, 9,000 만불 및 선박 도입을 위한 민간 신용 제공 3,000 만불은 상기 (1) 에 포함되며, 또한 관계 법령의 범위 내에서 용이하게 하는 것으로한다.

4. 한일 청산계정 잔고에 대하여 확인된 대일 채무 (약 4,573 만불)

(1) 10 년간 균등분할 지불, 금리는 없음.

(2) 매년도 한국의 요청에 의하여 일본측의 새로운 동의를 요함이 없이 당해 년도에 있어서의 일본으로부터의 무상 제공중에서 감액함으로서 현금 지불로 간주하는것으로한다.

5. 청구권의 해결

관계 협정의 성립시에 존재하는 한일 양국 및 양국 민의 재산과 양국및 양국민간의 청구권에 관한 문제는 상항 평화조약 제 4조에 규정된것을 포함하여 완전히 그리고 최종적으로 해결된것으로한다.

단, 한일 양국 및 양국민의 재산권과 양국및 양국민간의 채권 채무관계로서, 종전후 통상의 거래, 계약등으로부터 [illegible] 관계에 의거한것은 영향을 받지 아니한다.

6. 한일간의 문화재 문제 해결 및 문화 협력 증진에 관련하여 품목 기타에 관한 협의를 하고 일본국은 한국에 대하여 한국 문화재를 인도한다. (외아북 주일정)

35. JAW-04079, 하네다 공항에서 이니셜된 합의의사록 전문 보고, 1965. 4. 6

한국 외교문서 1467, 제7차 회담 청구권 관계 회의 보고 및 훈령, 1965. 전 2권(V.1 1965. 3. 18-4. 3까지의 교섭)

1965년 4월 3일 하네다 공항에서 한국 대표단이 귀국 직전 이니셜한 청구권 관련 합의의사록 내용을 보고하는 문서(전문)다.

대한민국 외무부

번 호: JAW-04079
일 시: 061042

수 신 인: 외무부 장관
발 신 인: 주일대사

4.3. 하네다 공항에서 일본정부측의 요청으로 연 아주국장과 우시로꾸 일외무성 아세아국장간에 이니시알 (이니시알 된바있는 합의의사록) 전문은 아래와같음.

아 래

(불공표)

합의의사록

1965.4.3.에 동경에서

금일 이니시알된 한일간의 청구권 문제해결 및 경제협력에관한 합의사항(이하 "합의사항" 이라고함) 의 교섭에있어서 다음의 양해가 확인되었다.

1. 합의사항 5. 에있어서 완전히 그리고 최종적으로 해결된것으로된 한일양국 및 양국민의 재산과 양국 및 양국민간의 청구권에관한 문제에는, 한일회담에있어서 한국측으로부터 제출된 "한국의 대일청구요강"(소위 8 항목)의 범위에 속하는 모든 청구권이 포함되어있으며, 따라서 관계협정의 발표에의하여 대일청구요강에관하여서는 어떠한 주장도 할수없게된다는것이 확인된다.

2. 합의사항 5 에있어서 완전히 그리고 최종적으로 해결되게된 전기의 재산 및 청구권에관한 문제에는, 현재까지 대한민국에의한 일본어선의 나포로부터 생긴

- 2 -

모든 청구권이 포함되어있으며, 관계협정의 발효에의하여 이들 모든 청구권은 이미 대한민국정부에대하여 주장할수없는것으로 한다는것이 확인된다. (주일정-외아북)

추기 : 상기 합의의사록 원본은 파우치편에 송부할예정임.

주일대사

예고 : 일반문서로 재분류 (67.12.31)

36. 이니셜된 청구권 관계 문서 송부 공문, 1965. 4. 6

한국 외교문서 1467, 제7차 회담 청구권 관계 회의 보고 및 훈령, 1965. 전 2권(V.1 1965. 3. 18-4. 3까지의 교섭)

1965년 4월 3일 이니셜(가조인)된 청구권 관계 문서를 송부하는 문서다.

주 일 대 표 부

주일정 722 - 111　　　　　　　　　　　　1965. 4. 6.

수 신: 외무부 장관

제 목: 1965. 4. 3. 이니시알된 청구권 관계문서 송부

1965. 4. 3. 이동원 외무부 장관과 시이나 일 외상의 입회하에 이니시알 된바 있는 한일간의 청구권 관계 문서 원본 및 사본을 송부하오니 사수 하시기 바랍니다.

유첨: 1. 한일간의 청구권 문제 해결 및 경제 협력에 관한 합의사항 (국문, 일문) 원본 각 1부 및 사본 각 2부

2. 상기 합의 사항에 관한 합의 의사록 (일문) 원본 1부 및 사본 2부

3. 상기 합의 사항 제 3항 (2)에 관한 외무성 아세아 국장의 연하구 외무부 아세아 국장 앞 서한 (일문)원본 1부 및 사본 2부 끝

196[illegible]에 [illegible] 의거 일반문서로 재분류됨

예고: 보통 문서로 재분류 (1967. 12. 31.)

주 일 대사　　　김　　　동　　　조

한일간의 청구권 문제 해결 및 경제협력에 관한
합 의 사 항

1965. 4. 3., 동경에서

이동원 외무부 장관과 시이나 에쓰사부로 외무 대신 간에 다음의 사항이 합의되었다.

1. 무상 제공(생산물 및 용역)

총액 3억불, 10년간 균등 제공, 단, 재정 사정에 따라서는 양국 정부 합의에 의하여 조상 실시할수 있다.

2. 장기 저리 차관 (경제 협력 기금에 의함)

총액 2억불, 10년간 균등 제공, 금리는 년 3.5%, 상환 기간은 7년의 거치 기간을 포함하여 20년. 단, 재정 및 자금 사정에 따라서는 쌍방 합의에 의하여 상환 기간을 연장할 수 있다.

3. 민간 신용 제공 (상업 베이스에 의거한 통상의 민간 신용 제공)

(1) 민간 신용 제공 총액은 3억불 이상에 달하는 것으로 기대된다.

(2) 어업 협력을 위한 민간 신용 제공 9000만불 및 선박 도입을 위한 민간 신용 제공 3000만불은 상기 (1)에 포함되며, 또한 관계 법령의 범위 내에서 용이하게 하는 것으로 한다.

4. 한일 청산 계정 잔고에 대하여 확인된 대일 채무 (약 4573만불)

(1) 10년간 균등 분할 지불, 금리는 없음.

(2) 매년도 한국의 요청에 의하여 일본측의 새로운 동의를 요함이 없이 당해년도에 있어서의 일본으로 부터의 무상 제공중에서 감액함으로써 현금 지불로 간주하는 것으로 한다.

5. 청구권의 해결

관계 협정의 성립시에 존재하는 한일 양국 및 양국민의 재산과 양국 및 양국민간의 청구권에 관한 문제는 상항 평화 조약 제4조에 규정된 것을 포함하여 완전히 그리고 최종적으로 해결된 것으로 한다.

단, 한일 양국 및 양국민의 재산권과 양국 및 양국민간의 채권 채무 관계로서, 종전후 통상의 거래, 계약등으로부터 생긴 관계에 의거한 것은 영향을 받지 아니한다.

6. 한일 간의 문화재 문제 해결 및 문화 협력 증진에 관련하여 품목 기타에 관한 협의를 하고 일본국은 한국에 대하여 한국 문화재를 인도한다.

번역

(불공표)

합의의사록

1965년 4월 3일에 도쿄에서

금일 가조인된 일한 간의 청구권 문제 해결 및 경제협력에 관한 합의사항(이하 '합의사항'이라고 한다) 교섭에서 다음의 양해가 확인되었다.

1. 합의사항 5.에서 완전하고 최종적으로 해결된 것이 되는 일한 양국 및 양 국민의 재산권 및 양국 및 양 국민 간의 청구권에 관한 문제는, 일한회담에서 한국 측이 제출한 '한국의 대일청구요강'(이른바 8항목)의 범위에 속하는 모든 청구권이 포함되어 있으며, 따라서 관계 협정의 발효에 의해, 동 대일청구요강에 관해서는 어떠한 주장도 할 수 없게 됨이 확인된다.
2. 합의사항 5.에서 완전하고 최종적으로 해결된 것이 되는 전기의 재산 및 청구권에 관한 문제에는 현재까지 대한민국에 의한 일본어선의 나포로부터 발생한 모든 청구권이 포함되며, 관계 협정의 발효에 의해, 그러한 모든 청구권은 이제 대한민국 정부에 대해 주장할 수 없는 것이 됨을 확인한다.

(불공표)

배계

금일 가조인을 완료한 일한 간의 청구권 문제 해결 및 경제협력에 관한 시나 외무대신과 이 외무부 장관과의 합의사항 제3항 (2)에 관해 다음과 같이 언급합니다.

금번 시나 외무대신과 이 외무부 장관과의 사이에서 양해된 바와 같이, 선박 수출을 위해 기대되는 민간 신용공여 3,000만 불에 관해서는 금리 5.5% 정도를 목표로 한다.

1965년 4월 3일

외무성 아시아국장 우시로쿠 도라오

외무부 아주국장 연하구 귀하

(不公表)

日韓間の請求権問題解決及び経済協力に関する合意事項

一九六五年四月三日に東京で

椎名悦三郎外務大臣と李東元外務部長官との間で次の事項が合意された。

1. 無償供与(生産物及び役務)

総額三億ドル、十年間均等供与、但し財政事情によつては両国政府合意の上くり上げ実施し得る。

2. 長期低利借款(経済協力基金による)

総額二億ドル、十年間均等供与、金利は年三。五%、償還期間は七年の据置期間を含み二十年。

ただし、財政及び資金事情によつては双方合意の上償還期間を延長しうる。

3. 民間信用供与（商業ベースに基づく通常の民間信用供与）

(1) 民間信用供与総額は三億ドル以上に達することが期待される。

(2) 漁業協力のための民間信用供与九〇〇〇万ドルおよび船舶輸出のための民間信用供与三〇〇〇万ドルは前記(1)に含まれ、かつ、関係法令の範囲内において容易化されるものとする。

4. 日韓オープン勘定残高について確認された対韓債権（約四五七三万ドル）

(1) 十年間均分払い、金利なし。

(2) 毎年度韓国の要請により、日本側の新たな同意を要せずに、当該年度における日本よりの無償供与よりの減額により現金支払とみなすこととする。

5. 請求権の解決

関係協定の成立時に存在する日韓両国および両国民の財産ならびに両国および両国民の間の請求権に関する問題は、桑港平和条約第四条に規定するものを含めて完全かつ最終的に解決されたことになる。

但し、日韓両国および両国民の財産権ならびに両国および両国民の間の債権債務関係であつて、終戦後通常の取引、契約等から生じた関係に基づくものは影響を受けない。

6. 日韓間の文化財問題の解決および文化協力の増進に関連し、品目その他につき協議の上日本国より韓国に対し韓国文化財を引渡す。

（不公表）

合意議事録

一九六五年四月三日に東京で

本日イニシアルされた日韓間の請求権問題解決及び経済協力に関する合意事項（以下「合意事項」という。）の交渉において次の了解が確認された。

1　合意事項5.において完全かつ最終的に解決されたことになる日韓両国及び両国民の財産並びに両国及び両国民の間の請求権に関する問題には、日韓会談において韓国側から提出された「韓国の対日請求要綱」（いわゆる八項目）の範囲に属するすべての請求権が含まれており、したがつて、関係協定の発効により、同対日請求要綱に関しては、いかなる主張もなしえないこととなることが確認される。

2 合意事項5.において完全かつ最終的に解決されたこととになる前記の財産及び請求権に関する問題には、現在までに大韓民国による日本漁船の拿捕から生じたすべての請求権が含まれており、関係協定の発効により、それらのすべての請求権は、もはや大韓民国政府に対して主張しえないこととすることが確認される。

(不公表)

拝啓

本日イニシアルを了した日韓間の請求権問題解決および経済協力に関する椎名外務大臣と李外務部長官との合意事項第三項(2)に関し、次のとおり申し上げます。

今般椎名外務大臣と李外務部長官との間で了解されたとおり、船舶輸出のために期待される民間信用供与三、〇〇〇万ドルについては金利五・五パーセント程度を目途とします。

敬具

昭和四十年四月三日

外務省アジア局長 後宮虎郎

外務部亜州局長 延河亀 貴下

청구권협정의 조문화 교섭

한일 양국의 청구권협정 문안 제시

1. 일본 측의 협정 문안 제시

일본이 중시하던 '어업 문제에 관한 합의사항'이 청구권 및 재일한인 법적지위 문제의 '합의사항'과 함께 1965년 4월 3일 가조인됨에 따라, 이후 교섭의 최종 타결까지 남은 작업은 합의사항을 토대로 협정 문안을 작성하는 것이었다. 그러나 일본 측이 청구권의 해결(소멸)과 관련한 조문에 집착하는 바람에 협정 문안의 완성까지는 두 달 반 이상의 시간이 소요되었다.

1965년 4월 7일 양측은 향후 교섭 일정 조율을 위해 수석대표 회의(제10차, 일본 측 기록 11차)를 재개하여 현안별 소위원회를 통해 협정 문안 작성 작업을 진행해 나가기로 합의하였다. 여기서 일본 측은, 청구권 및 경제협력과 관련해서는 문제의 성격상 청구권의 법적 문제와 경제협력을 분리하여 별도의 소위원회에서 협의해 나가는 것이 좋겠다고 했다. 경제협력(한국 측은 이를 '실시 세목'으로 부름)은 별다른 준비 없이 곧 위원회 개최가 가능하나, 청구권은 법적으로 어려운 문제인 만큼 준비도 더 필요하며 인적 대상뿐 아니라 북한 문제, 관할권 문제 등에 관해서도 토의해야 한다고 주장한 것이다. 한국 측은 일본이 또다시 법적 논쟁으로 교섭을 어렵게 할 가능성을 우려하면서도, 일단은 특별한 명칭 없이 2개의 소위원회를 두고 원칙적인 문제와 실시 세목을 각각 담당토록 하는 대안을 제시하였으며 일본도 이에 동의하였다.[1]

4월 13일 제11차(일본 측 기록 12차) 수석대표 회의에서 한국 측은 청구권에 관한 법적 문제의 분리 토의에 이의는 없으나 '합의사항'의 테두리 안에서 이루어져야 하며, 일본 측이 새로운 문제를 제기해서는 곤란하다는 입장을 강조하였다. 또한, 실시 세목(일본 측의 경제협력) 관련 토의를 먼저 진행하더라도 이는 어디까지나 청구권 및 경제협력

1 한국 외교문서 1459, JAW-04130, 제10차 수석대표 회담, 1965. 4. 7, 715-718쪽.

위원회 자체가 토의하는 것으로 하여, 청구권 청산과 직접 관련되는 명분을 유지하도록 해야 할 것임을 주장하였다. 일본 측은 법적 문제의 협의는 협정 체결 후 청구권 관련 법적 문제가 다시 제기되거나 재판 문제 같은 것이 발생하지 않도록 문제점을 사전에 명백히 하려는 것일 뿐, 새로운 문제를 제기할 의도는 없다고 설명하였다.[2]

제7차 회담 시작이래 한 차례도 열리지 않았던 청구권소위원회가 4월 20일부터 '청구권 및 경제협력 소위원회'라는 이름으로 개최되었다. 한국에서는 이규성 주일 대표부 공사, 김영준 경제기획원 차관보, 전상진 외무부 통상국장, 이상덕 한국은행 이사 등이 참석하였으며, 일본에서는 외무성 니시야마 아키라(西山昭) 경제협력국장, 대장성 사다케 히로시(佐竹浩) 이재국장, 와타나베 마코토(渡辺誠) 국제금융국장 등이 참석하였다. 4월 20일의 제1차 회의에서 일본 측의 주된 관심사는 청구권의 해결에 관한 문제임이 드러났다. 한국 측은 제11차 및 12차 수석대표 회담에서 거론된 사안들을 상기시키면서, "① 청구권 문제는 '이 · 시나 합의사항'으로 완전하게 해결된 것으로 해석하고 있기 때문에 각각 국내 문제로 해서 해결하면 될 것이며, ② 북한 문제는 기본조약의 정신을 따르면 큰 문제가 될 것이 없고, ③ 실시 세목에 관해서는 일본이 제3국에 대해 행한 선례나 경험을 한일 간의 특수 고려를 가미하여 협의해 나간다면 간단히 완성될 수 있을 것"이라고 주장하였다. 이에 대해 일본 측은 청구권의 '소멸'에 관해 집중적으로 언급하였다. "청구권 소멸의 문제는 양국이 국내에서 어떻게 처치할 것인가가 분명치 않다면 이것을 조약에 어떻게 표현할 것인가를 정해야 한다", "청구권 소멸과 경제협력은 일체 불가분의 관계로서 청구권 소멸 문제를 확실히 하지 않으며 경제협력을 움직일 수 없다" 등의 발언이 이어졌다. 또한, 북한 관련 청구권 문제, 개인 청구권(간이보험, 우편저금, 주식 등)과 관련한 한국 정부의 조선총독부 계승 문제, 재일한인의 청구권 문제 등에 대해서도 거론하였다.[3] 일본 측은 청구권 소멸 문제와 경제협력 문제는 내용 면에 있어서는 관련이 있으나 실무적으로는 따로 취급할 수 있기 때문에 인원을

2 한국 외교문서 1459, JAW-04244, 제11차 수석대표 회담, 1965. 4. 13, 733-734쪽.

3 한국 외교문서 1468, 제7차 한일회담 청구권 및 경제협력위원회 제1차 회의 회의록, 1965. 4. 20, 1713-1718쪽.

따로따로 나누어 토의를 진행시키기를 희망하였다. 이에 대해 한국 측은 토의의 편의상 인원을 나누는 것은 생각할 수 있을 것이라는 정도로 응대하였다.[4]

4월 21일의 제2차 회의는 한국이, 체결해야 할 협정 및 실시 세목 등에 관한 입장을 설명하고 이에 대해 일본이 질문하는 형태로 진행되었다. 한국 측은 청구권 및 경제협력에 관한 합의 문서로, '대한민국과 일본국 간의 청구권 해결 및 경제협력에 관한 협정'을 기본협정으로 맺고, 별도 문서로 이 '협정 실시 세목에 관한 교환공문', '민간신용 제공실시 절차(소위 3억 불 이상에 관한 부분)에 관한 교환공문', '협정에 관한 합의의사록', '한일 청산 계정상 확인된 대일 채무(대한 채권)에 관한 교환공문' 등을 작성할 것을 제안하였다.[5] 이후 5월 14일 제6차까지의 회의는 한국 측 제안을 중심으로 협의가 이어졌으나, 일본 측이 세부 사항에 대한 토의를 회피하는 바람에 일반적인 의견 교환에 그치고 말았다. 일본 측은 자신들이 협정 문안을 작성한 후 그 문안을 토대로 본격적인 토의를 시작하겠다는 생각을 가지고 있었던 것이다.[6] 5월 31일 제7차 회의에서 일본은 '재산권 및 청구권에 관한 문제의 해결 및 경제협력에 관한 일본국과 대한민국 간의 협정'과 그 부속 협정 및 6개의 부속 문서의 안을 다음 목록과 같이 제시하였다.

일본 측 작성 청구권 관련 협정 및 부속 문서 목록(안)

① 재산 및 청구권에 관한 문제의 해결 및 경제협력에 관한 일본국과 대한민국 간의 협정 [청구권 관련 기본협정]
② 일본국과 대한민국 간의 무상경제협력 실시에 관한 협정
③ 일본국과 대한민국 간의 무상경제협력 실시에 관한 협정의 실시 세목에 관한 교환공문
④ 재산 및 청구권에 관한 문제의 해결 및 경제협력에 관한 일본국과 대한민국 간의

4 유의상, 『대일외교의 명분과 실리』, 430, 431쪽.
5 한국 외교문서 1468, JAW-04396, 청구권 및 경제협력위원회 제2차 회의 보고, 1965. 4. 21, 1727쪽.
6 유의상, 『대일외교의 명분과 실리』, 431쪽.

협정 제1조 1(a) 및 2의 규정의 실시에 관한 교환공문 [무상자금제공 및 청산 감정(勘定) 변제에 관한 사항]

⑤ 재산 및 청구권에 관한 문제의 해결 및 경제협력에 관한 일본국과 대한민국 간의 협정 제1조 1 (b)의 규정 실시에 관한 교환공문 [유상차관에 관한 사항]

⑥ 한일 경제협력 합동위원회에 관한 교환공문

⑦ 재산 및 청구권에 관한 문제의 해결 및 경제협력에 관한 일본국과 대한민국 간의 협정 제2조에 관한 교환공문[7] [청구권의 소멸에 관한 사항]

2. 한국 측의 협정 문안 대안 제시

일본 측이 협정 문안을 제시함에 따라 6월부터 청구권의 법적 문제와 경제협력(실시 세목) 문제에 대한 본격적인 토의가 각각 시작되었다. 먼저, '청구권 및 도입 절차에 관한 과장급 전문가 회의'(일본 측은 '경제협력에 관한 분과위원회'로 부름) 한국 측 정순근 외무부 경제협력과장, 일본 측 오카다 아키라(岡田晃) 외무성 경제협력과장 등이 참석한 가운데 6월 1일부터 시작되어 6월 7일까지 총 다섯 차례 열렸다. 이 회의에서는 상기 일본 측의 협정 및 부속 문서 목록 ①의 1조, ②, ③, ④, ⑤를 대상으로 한 토의가 이루어졌다.[8] '청구권 및 경제협력 법적 문제 소위원회'(일본 측은 '청구권에 관한 분과위원회'로 부름) 회의는 한국 측 전상진 외무부 통상국장, 일본 측 사토 세지(佐藤正二) 외무성 관방 심의관을 수석대표로 하여, 6월 2-3일간 두 차례 개최되었다. 이 회의에서는, ①의 전문(前文) 중 청구권 해결을 언급한 부분과 제2조, 그리고 ⑦ 등 청구권의 해결에 관한 사항이 중점적으로 다루어졌다.[9]

---

7 한국 외교문서 1468, JAW-05563, 일본 측의 청구권 및 경제협력 관련 7개 협정 문안 제시, 1965. 5. 31, 1873-1921쪽.

8 한국 외교문서 1468, 청구권 및 경제협력 도입 절차에 과한 과장급 회의 제1-제5차 회의 회의록, 1923-1985.

9 한국 외교문서 1565, 한일 간의 기본관계에 관한 조약(등) 1964-65, 전 5권 V.1, 교섭 및 서명, JAW-06052, 청구권 및 경제협력위원회 법적 문제 소위원회 회의 보고(제1차), 1965. 6. 2, 292쪽; 日本外交文書 81, 第7次日韓全面會談請求權および經濟協力委員會請求權分科會1回會合, 1965. 6. 2, 2回會合,

양 회의에서의 토의를 바탕으로 한국 측은 6월 10일 자로 아래 목록의 협정과 부속 문서의 한국 측 초안 작성 작업을 완료하고, 김영준 차관보가 니시야마 일본 경제협력국장에게 이를 제시하였다.

한국 측 작성 청구권 관련 협정 및 부속 문서 목록(안)

① 재산 및 청구권에 관한 문제의 해결 및 경제협력에 관한 대한민국과 일본국 간의 협정 [기본협정]
② 대한민국과 일본국 간의 청구권 문제 해결 및 경제협력에 관한 협정 제1조 (a)의 실시에 관한 의정서 [무상제공에 관한 사항]
③ 대한민국과 일본국 간의 청구권 문제 해결 및 경제협력에 관한 협정 제1조 (a)의 실시에 관한 의정서의 실시 세목에 관한 교환공문
④ 대한민국과 일본국 간의 청구권 문제 해결 및 경제협력에 관한 협정 제1조 (a)의 실시에 관한 의정서 제3조의 생산물에 관한 교환공문
⑤ 대한민국과 일본국 간의 청구권 문제 해결 및 경제협력에 관한 협정 제1조 (b)의 실시에 관한 교환공문 [유상차관에 관한 사항]
⑥ 대한민국과 일본국 간의 청구권 문제 해결 및 경제협력에 관한 협정 제1조 (c)의 실시에 관한 교환공문 [민간차관에 관한 사항]
⑦ 대한민국과 일본국 간의 청구권 문제 해결 및 경제협력에 관한 협정 제3조 규정의 실시에 관한 교환공문 [합동위원회에 관한 사항]
⑧ 대한민국과 일본국 간의 청산 감정 잔고의 처리에 관한 의정서[10]

교섭 과정에서 한일 양국이 각각 제시한 청구권 관련 협정 및 부속 문서(안)의 명칭과 주요 내용을 1965년 6월 22일 최종 합의된 내용과 비교해 보면 다음 표와 같다.

1965. 6. 3.

10 한국 외교문서, 1468, 大韓民國と日本國との間の請求權問題解決及び經濟協力に関する協定, 1965. 6. 10, 1129-2029쪽; 日本外交文書 1316, 日韓國交正常化交渉の記錄總說, XIII. 條文作成交渉と日韓條約諸協定の調印, 3. 請求權及び經濟協力問題, (A) 經濟協力問題, (3) 韓國案の提示.

한일 양국의 협정 및 부속 문서(안) 및 최종 합의 내용

<table>
<tr><th colspan="2">협정 또는 문서</th><th>일본 측 안[11]
(65.5.31)</th><th>한국 측 안[12]
(65.6.10)</th><th>최종 합의 내용[13]
(65.6.22)</th></tr>
<tr><td rowspan="3">①
청구권 문제 기본 협정</td><td>명칭</td><td>재산 및 청구권에 관한 문제의 해결 및 경제협력에 관한 일본국과 대한민국 간의 협정</td><td>대한민국과 일본국 간의 청구권 문제 해결 및 경제협력에 관한 협정</td><td>대한민국과 일본국 간의 재산 및 청구권에 관한 문제의 해결과 경제협력에 관한 협정</td></tr>
<tr><td>전문</td><td>일본국 및 대한민국은 양국 간의 제 현안이 해결되어 외교관계가 설정되어야 함을 고려하고, 일본국이 대한민국에 있어서 경제 및 사회 발전에 기여하기 위하여 협력하는 것에 관해 협정을 체결하기를 희망하며, 양국 및 양국 국민의 재산 및 양국 및 양국 국민 간의 청구권에 관한 모든 문제를 완전히 그리고 최종적으로 해결하는 것을 희망하면서 다음과 같이 협정을 체결하였다.</td><td>대한민국 및 일본국은 양 체약국 및 양 체약국 국민의 재산 및 양 체약국 및 체약국민 간의 청구권에 관한 문제를 해결하는 것을 희망하고, 양 체약국민 간의 경제협력을 증진시키는 것을 희망하며, 다음과 같이 협정을 체결하였다.</td><td>대한민국과 일본국은, 양국 및 양국 국민의 재산과 양국 및 양국 국민 간의 청구권에 관한 문제를 해결할 것을 희망하고, 양국 간의 경제협력을 증진할 것을 희망하여, 다음과 같이 합의하였다.</td></tr>
<tr><td>조문</td><td>제1조 1
(a): 무상경제협력
(b): 유상경제협력
제1조 2: 청산 감정
제1조 3 및 4: 한일경제협력합동위원회 설치
제2조: 청구권의 해결
제3조: 협정 해석상의 분쟁 해결
재4조: 협정의 비준</td><td>제1조
(a): 무상공여
(b): 장기저리차관
(c): 민간차관
제2조: 재산 및 청구권의 해결
제3조: 합동위원회 설치
제4조: 협정 해석상의 분쟁 해결
제5조: 협정의 비준</td><td>제1조 1
(a): 무상제공
(b): 장기저리차관
제1조 2: 합동위원회
제2조: 재산 및 청구권의 해결
제3조: 협정 해석상의 분쟁 해결
제4조: 협정의 비준</td></tr>
</table>

11 한국 외교문서 1468, JAW-05563, 일본 측의 7개 협정 문안 제시, 1965. 5. 31, 1873-1921쪽.

12 한국 외교문서 1468, 1129-1167쪽.

13 한국 외교문서 1568, 한일 간의 기본관계에 관한 조약(등), 1964-65, 전 5권, V. 4, 국내 조치.

협정 또는 문서	일본 측 안 (65.5.31)	한국 측 안 (65.6.10)	최종 합의 내용 (65.6.22)
② 무상제공 (경제협력) 관련 구체사항	별도의 협정	의정서	제1 의정서
③ 무상제공 (경제협력) 실시 세목 관련	교환공문	교환공문	교환공문
④ 무상제공 지불 관련 사항과 청산 감정 관련 구체 사항	교환공문	• 무상제공 지불에 관한 사항은 별도 문서를 작성 하지 않음 • 청산 감정은 의정서로 작성	• 무상제공 지불 관련은 제1 의정서에 포함 • 청산 감정은 제2의정서로 작성
⑤ 장기저리차관 (유상 경협) 관련 구체 사항	교환공문	교환공문	교환공문 *별도의 차관계약 체결
⑥ 경제협력합동 위원회 설치 관련 구체 사항	교환공문	교환공문	교환공문
⑦ 민간차관 구체 사항	없음	교환공문	교환공문
⑧ 청구권 해결 관련 구체 사항	교환공문	없음	합의의사록(I)

출처: 유의상, 『대일외교의 명분과 실리』, 435, 436쪽

한국 측이 작성한 협정과 부속 문서 안은 형식과 내용 양면에서 일본 측 안과 상당히 달랐다. 형식 면에 있어서 가장 큰 차이는 무상공여(일본 측은 무상경제협력으로 표현)에 관한 내용을 별도의 정식 협정으로 체결할지 여부였다. 한국은 청구권 문제 해결의 의미가 담겨 있는 본 협정의 부속 문서 형식인 의정서로 하기를 희망하였으나, 일본은 이를 별도의 협정으로 함으로써 경제협력의 측면이 부각될 수 있기를 원하였다. 또한, 청산 감정(또는 청산 계정) 문제를 본 협정에 포함시킬지 여부, 그리고 민간차관에 관한 구체 사항과 '청구권 해결'에 관련된 구체 사항을 별도의 부속 문서로 작성할 것인지 여부 등에 대해서도 서로 입장이 상이하였다. 내용 면에서는 하나의 협정에 두 개의 취지, 즉 청구권과 경제협력을 넣어야 했기 때문에 협정의 전문(前文)과

제1조의 내용에 상당한 입장 차가 있었다. 한국은 "청구권을 해결하기 때문에 그 대가로 경제협력이 주어진다"는 생각을 표현하기를 원했으며, 일본은 "한편으로는 청구권을 해결하고, 다른 한편으로는 한국의 장래의 경제발전을 위해 일본이 경제협력을 하는 것으로 두 사안은 완전 별개이며, 배상이라는 생각은 없다"라는 뜻을 표현하기를 원했다.[14] 사실, 이 문제는 1962년 11월 김종필 당시 중앙정보부장과 오히라 외상이 청구권 금액의 큰 틀에 합의를 이룰 때 명목 또는 명분에 관한 합의는 뒤로 미룸에 따라 이후 양국 간 이견으로 계속 남아 왔던 경위가 있으며, 협정의 조문화 작업이 이루어지는 마무리 단계에서도 합의에 어려움을 겪었던 것이다.[15]

3. 조인 일자의 확정과 호텔에서의 합숙 회의

한국 측의 협정 초안이 완성됨에 따라 6월 11일부터 뉴오타니호텔에서 '청구권 및 경제협력소위원회' 회의가 재개되었다. 한국 대표단은 일본 측과 각기 작성한 협정과 그 부속 문서 안을 대비하면서 이견 조정 및 본격적인 조문화 작업을 시작하였다.[16] 호텔에서의 합숙 회의가 시작된 것이다. 소위원회 회의가 진행되는 동안 '청구권 법적 문제에 관한 국장급회의'도 6월 12일 및 6월 14일 별도로 개최되어, 청구권협정 제2조 청구권의 해결 관련 사항에 관한 협의를 이어 나갔다.[17]

해결해야 할 문제가 여전히 많이 남아있는 상황에서 한일조약 및 제 협정의 조인 일자가 6월 22일 오전으로 정해졌다. 김동조 대사가 6월 15일 시나 외상을 만나 "각 문제점 해결에 관한 일본의 협력을 촉구"한 뒤, 시나 외상이 '아시아 아프리카 정상회담'(알제리 개최) 참석을 위해 6월 22일 저녁 출국하기 전에 조인하기로 합의한 것

---

14 日本外交文書 1316, 日韓國交正常化交渉の記録總說, XIII. 條文作成交渉と日韓條約諸協定の調印, 3. 請求權及び經濟協力問題, (A) 經濟協力問題, (6) 大きな問題點.

15 유의상, 『대일외교의 명분과 실리』, 434-436쪽.

16 한국 외교문서 1468, JAW-06237, 청구권 회담 보고, 1965. 6. 11, 2031쪽.

17 한국 외교문서 1468, JAW-06272, 청구권 법적 문제 회의 보고, 1965. 6. 13, 2042, 2043쪽.

이다.[18]

조인 일자가 정해진 후 한국 대표단은 일본 대표단과 함께 6월 15일부터 장소를 힐튼호텔로 옮겨 막바지 교섭에 돌입하였다.[19] 고위급, 실무자급 회의와 함께 조문작업반 등으로 나누어 철야 작업을 통해 이견을 좁혀나갔다. 그 결과 6월 19일에 이르러 청구권협정 제2조 '청구권의 해결'에 관한 사항과 어업협정의 일부 조항을 제외한 모든 협정에 대한 문안 작업이 완료되었다.[20] 김동조 대사와 우시바 외무심의관이 정해진 날짜에 반드시 협정의 조인이 이루어져야 한다는 공통의 목표를 갖고 각기 대표단원들에게 강력한 지도력을 발휘한 것이 짧은 기간 내에 문안 작업을 마칠 수 있었던 큰 동인(動因)이 되었다. '합숙 교섭'을 통해 합의되지 못한 부분은 협정 비준을 위하여 방일하는 이동원 장관과 시나 에쓰사부로 외상 간의 회담에서 최종 타결하기로 하였다.[21]

---

18 한국 외교문서 1486, 이동원 외무부 장관 일본 방문, 1965, JAW-06310, 1965. 6. 15, 398쪽.

19 한국 외교문서 1468, JAW-06324, 힐튼호텔 교섭 시작 보고, 1965. 6. 15, 2040쪽.

20 한국 외교문서 1468, JAW-06450, 교섭 현황 보고, 1965. 6. 19, 2097쪽.

21 유의상, 『대일외교의 명분과 실리』, 437, 438쪽.

한국 외교문서	일본 외교문서
1. 1459, 제7차 한일회담 본회의 및 수석대표 회담, 1964-65, JAW-04130, 제10차 수석 대표 회담 결과 보고, 1965. 4. 7	
2. 1459, 제7차 한일회담 본회의 및 수석대표 회담, 1964-65, JAW-04244, 제11차 수석 대표 회담 결과 보고, 1965. 4. 13	
3. 1459, 제7차 한일회담 본회의 및 수석대표 회담, 1964-65, WJA-04211, 한일회담 향후 진행 방침에 관한 본부 훈령, 1965. 4. 16	
4. 1468, 제7차 한일회담 청구권 관계 회의 보고 및 훈령, 1965, 전2권, V.2 1965. 4. 3 가서명 이후의 청구권 및 경제협력위원회, 1965. 4-6, JAW-04382, 청구권 및 경제협력위원회 제1차 회의 결과 보고, 1965. 4. 20	
4-1. 1468, 제7차 한일회담 청구권 관계 회의 보고 및 훈령, 1965, 전2권, V.2 1965. 4. 3 가서명 이후의 청구권 및 경제협력위원회, 1965. 4-6, 청구권 및 경제협력위원회 제1차 회의 회의록, 1965. 4. 20	
5. 1468, 제7차 한일회담 청구권 관계 회의 보고 및 훈령, 1965, 전2권, V.2 1965. 4. 3 가서명 이후의 청구권 및 경제협력위원회, 1965. 4-6, JAW-04396, 청구권 및 경제협력위원회 제2차 회의 결과 보고, 1965. 4. 21	
5-1. 1468, 제7차 한일회담 청구권 관계 회의 보고 및 훈령, 1965, 전2권, V.2 1965. 4. 3 가서명 이후의 청구권 및 경제협력위원회, 1965. 4-6, 청구권 및 경제협력위원회 제2차 회의 회의록, 1965. 4. 21	
6. 1468, 제7차 한일회담 청구권 관계 회의 보고 및 훈령, 1965, 전2권, V.2 1965. 4. 3 가서명 이후의 청구권 및 경제협력위원회, 1965. 4-6, 대일청구권 교섭지침, 1965. 4. 24	
7. 1468, 제7차 한일회담 청구권 관계 회의 보고 및 훈령, 1965, 전2권, V.2 1965. 4. 3 가서명 이후의 청구권 및 경제협력위원회, 1965. 4-6, JAW-04514, 본부 훈령에 대한 대표단의 재 청훈, 1965. 4. 27	

한국 외교문서	일본 외교문서
8. 1468, 제7차 한일회담 청구권 관계 회의 보고 및 훈령, 1965, 전2권, V.2 1965. 4. 3 가서명 이후의 청구권 및 경제협력위원회, 1965. 4-6, WJA-04385, 대표단의 재 청훈에 대한 본부의 답신, 1965. 4. 29	
9. 1468, 제7차 한일회담 청구권 관계 회의 보고 및 훈령, 1965, 전2권, V.2 1965. 4. 3 가서명 이후의 청구권 및 경제협력위원회, 1965. 4-6, 청구권 및 경제협력위원회 제3차 회의 결과 보고, 1965. 4. 30	
9-1. 1468, 제7차 한일회담 청구권 관계 회의 보고 및 훈령, 1965, 전2권, V.2 1965. 4. 3 가서명 이후의 청구권 및 경제협력위원회, 1965. 4-6, 청구권 및 경제협력위원회 제3차 회의 회의록, 1965. 4. 30	
10. 1468, 제7차 한일회담 청구권 관계 회의 보고 및 훈령, 1965, 전2권, V.2 1965. 4. 3 가서명 이후의 청구권 및 경제협력위원회, 1965. 4-6, JAW-05100, 청구권 및 경제협력위원회 제4차 회의 결과 보고, 1965. 5. 7	
10-1. 1468, 제7차 한일회담 청구권 관계 회의 보고 및 훈령, 1965, 전2권, V.2 1965. 4. 3 가서명 이후의 청구권 및 경제협력위원회, 1965. 4-6, 청구권 및 경제협력위원회 제4차 회의 회의록, 1965. 5. 7	
11. 1468, 제7차 한일회담 청구권 관계 회의 보고 및 훈령, 1965, 전2권, V.2 1965. 4. 3 가서명 이후의 청구권 및 경제협력위원회, 1965. 4-6, JAW-05158, 청구권 및 경제협력위원회 제5차 회의 결과 보고, 1965. 5. 11	
11-1. 1468, 제7차 한일회담 청구권 관계 회의 보고 및 훈령, 1965, 전2권, V.2 1965. 4. 3 가서명 이후의 청구권 및 경제협력위원회, 1965. 4-6, JAW-05100, 청구권 및 경제협력위원회 제5차 회의 회의록, 1965. 5. 11	
12. 1468, 제7차 한일회담 청구권 관계 회의 보고 및 훈령, 1965, 전2권, V.2 1965. 4. 3 가서명 이후의 청구권 및 경제협력위원회, 1965. 4-6, JAW-05158, 청구권 및 경제협력위원회 제6차 회의 결과 보고, 1965. 5. 14	

한국 외교문서	일본 외교문서
12-1. 1468, 제7차 한일회담 청구권 관계 회의 보고 및 훈령, 1965, 전2권, V.2 1965. 4. 3 가서명 이후의 청구권 및 경제협력위원회, 1965. 4-6, JAW-05100, 청구권 및 경제협력위원회 제6차 회의 회의록, 1965. 5. 14	
13. 1468, 제7차 한일회담 청구권 관계 회의 보고 및 훈령, 1965, 전2권, V.2 1965. 4. 3 가서명 이후의 청구권 및 경제협력위원회, 1965. 4-6, JAW-05563, 청구권 및 경제협력위원회 제7차 회의 결과 보고, 1965. 5. 31	
14. 1468, 제7차 한일회담 청구권 관계 회의 보고 및 훈령, 1965, 전2권, V.2 1965. 4. 3 가서명 이후의 청구권 및 경제협력위원회, 1965. 4-6, 청구권 및 경제협력위원회 도입 절차에 관한 과장급 전문가 회의 제1차 회의 회의록, 1965. 6. 1	
15. 1468, 제7차 한일회담 청구권 관계 회의 보고 및 훈령, 1965, 전2권, V.2 1965. 4. 3 가서명 이후의 청구권 및 경제협력위원회, 1965. 4-6, 청구권 및 경제협력위원회 도입 절차에 관한 과장급 전문가 회의 제2차 회의 회의록, 1965. 6. 2	
16. 1468, 제7차 한일회담 청구권 관계 회의 보고 및 훈령, 1965, 전2권, V.2 1965. 4. 3 가서명 이후의 청구권 및 경제협력위원회, 1965. 4-6, 청구권 및 경제협력위원회 도입 절차에 관한 과장급 전문가 회의 제3차 회의 회의록, 1965. 6. 2	
17. 1468, 제7차 한일회담 청구권 관계 회의 보고 및 훈령, 1965, 전2권, V.2 1965. 4. 3 가서명 이후의 청구권 및 경제협력위원회, 1965. 4-6, 청구권 및 경제협력위원회 도입 절차에 관한 과장급 전문가 회의 제4차 회의 회의록, 1965. 6. 3	
18. 1468, 제7차 한일회담 청구권 관계 회의 보고 및 훈령, 1965, 전2권, V.2 1965. 4. 3 가서명 이후의 청구권 및 경제협력위원회, 1965. 4-6, JAW-06103, 청구권 및 경제협력위원회 도입 절차에 관한 제1차 DRAFTING COMMITTEE 회의 보고, 1965. 6. 4	

한국 외교문서	일본 외교문서
19. 1468, 제7차 한일회담 청구권 관계 회의 보고 및 훈령, 1965, 전2권, V.2 1965. 4. 3 가서명 이후의 청구권 및 경제협력위원회, 1965. 4-6, JAW-06138, 청구권 및 경제협력위원회 제5차 과장급 전문가 회의 결과 보고, 1965. 6. 7	
20. 1565, 한일 간의 기본관계에 관한 조약 (등) 1964-65, 전5권, V.1 교섭 및 서명, JAW-06052, 청구권 및 경제협력위원회 법적 문제 소위원회 보고(제1차), 1965. 6. 2	21. 81 첫 번째 문서, 제7차 일한전면회담 청구권 및 경제협력위원회 청구권분과회 1회 회합(第7次日韓全面會談請求權および經濟協力委員會請求權分科會1回會合), 1965. 6. 2
22. 1565, 한일 간의 기본관계에 관한 조약 (등) 1964-65, 전5권, V.1 교섭 및 서명, JAW-06052, 청구권 및 경제협력위원회 법적 문제 소위원회 보고(제2차), 1965. 6. 3	
	23. 81 두 번째 문서, 제7차 일한전면회담 청구권분과회 2회 회합(第7次日韓全面會談請求權および經濟協力委員會請求權分科會2回會合), 1965. 6. 3
24. 1468, 제7차 한일회담 청구권 관계 회의 보고 및 훈령, 1965, 전2권, V.2 1965. 4. 3 가서명 이후의 청구권 및 경제협력위원회, 1965. 4-6, 대한민국과 일본국 간의 청구권 문제 해결 및 경제협력에 관한 협정 및 그 관련 문서, 1965. 6. 10	
	25. 1316, 일한국교정상화 교섭의 기록 총설 XIII. 조문작성과 일한조약 제 협정의 조인, 3. 청구권 및 경제협력 문제, (A) 경제협력 문제, (3) 한국 안의 제시, 대한민국과 일본국 간의 청구권 문제 해결 및 경제협력에 관한 협정 및 그 관련 문서(日韓國交正常化交渉の記錄總說, XIII. 條文作成交渉と日韓條約諸協定の調印, 3. 請求權及び經濟協力問題, (A) 經濟協力問題, (3) 韓國案の提示, 大韓民國と日本國との間の請求權問題解決及び經濟協力に関する協定及びその關聯文書), 1965. 6. 10
	26. 1316, 일한국교 정상화 교섭의 기록 총설 XIII. 조문작성과 일한조약 제 협정의 조인, 3. 청구권 및 경제협력 문제, (A) 경제협력 문제, (6) 큰 문제점(日韓國交正常化交渉の記錄總說, XIII. 條文作成交渉と日韓條約諸協定の調印, 3. 請求權及び經濟協力問題, (A) 經濟協力問題, (6) 大きな問題點)

한국 외교문서	일본 외교문서
27. 1468, 제7차 한일회담 청구권 관계 회의 보고 및 훈령, 1965, 전2권, V.2 1965. 4. 3 가서명 이후의 청구권 및 경제협력위원회, 1965. 4-6, JAW-06237, 청구권 회담 보고, 1965. 6. 11	
28. 1468, 제7차 한일회담 청구권 관계 회의 보고 및 훈령, 1965, 전2권, V.2 1965. 4. 3 가서명 이후의 청구권 및 경제협력위원회, JAW-06269, 청구권 및 경제협력에 관한 뉴오타니호텔 회담 보고, 1965. 6. 12	
29. 1468, 제7차 한일회담 청구권 관계 회의 보고 및 훈령, 1965, 전2권, V.2 1965. 4. 3 가서명 이후의 청구권 및 경제협력위원회, JAW-06298, 청구권 및 경제협력 관련 뉴오타니호텔 회담 속개 보고, 1965. 6. 12	
30. 1468, 제7차 한일회담 청구권 관계 회의 보고 및 훈령, 1965, 전2권, V.2 1965. 4. 3 가서명 이후의 청구권 및 경제협력위원회, JAW-06324, 힐튼호텔 교섭 개시 보고, 1965. 6. 15	
31. 1486, 이동원 외무부 장관 일본 방문, 1965, JAW-06310, 한일 각 조약 및 협정 조인 일자 보고, 1965. 6. 15	
32. 1468, 제7차 한일회담 청구권 관계 회의 보고 및 훈령, 1965, 전2권, V.2 1965. 4. 3 가서명 이후의 청구권 및 경제협력위원회, JAW-06341, 힐튼호텔 교섭 경과 보고, 1965. 6. 16	
33. 1468, 제7차 한일회담 청구권 관계 회의 보고 및 훈령, 1965, 전2권, V.2 1965. 4. 3 가서명 이후의 청구권 및 경제협력위원회, JAW-06375, 청구권 및 경제협력에 관한 경과 보고, 1965. 6. 17	
34. 1468, 제7차 한일회담 청구권 관계 회의 보고 및 훈령, 1965, 전2권, V.2 1965. 4. 3 가서명 이후의 청구권 및 경제협력위원회, JAW-06450, 청구권 및 경제협력 관련 협정 조문화 작업 경과 보고, 1965. 6. 17	

1. JAW- 04130, 제10차 수석대표 회담 결과 보고, 1965. 4. 7
한국 외교문서 1459, 제7차 한일회담 본회의 및 수석대표 회담, 1964-65

1965년 4월 3일 청구권 문제 등에 관한 '합의사항' 가조인 후 재개된 수석대표 회담 결과를 보고하는 문서(전문)다.

한국 측은 제10차, 일본 측은 제11차로 기록하였다. 이 회담에서 양측은 청구권 및 경제협력과 관련하여 소위원회를 개최, 협정 문안 작성 작업을 진행해 나가기로 합의하였다.

대 한 민 국 외 무 부

번 호: JAW-04130

일 시: Ø72041

수 신 인: 외무부장관

발 신 인: 주일 대사

제 10 차 수석대표 회담 (65. 4. 7. 1500 - 1630)

1. 참석자: 한국측 - 김대사, 방공사, 최정무과장, 오조약과장.

   " 일본측 - 다까스기 수석, 우시바 대표, 우시로구 국장, 히로세참사관.

2. 금후 진행에 관하여:

가. 아측은 청구권, 법적지위, 어업, 문화재등 4 개 위원회를 최단시일내에 소집하여 협정안 작성 작업에 착수할것을 촉구하였음, 일본측은 자기들 내부 사정 및 준비관계상 내주중으로 본격적인 토의에 들어가기는 어렵다는 입장을 표명하였음. 각 문제별 토의내용은 다음과 같음.

1). 어업문제:

일본측은, 어업문제를 가장 간단한 것으로 보며 내주말 7가지 자기측안을 일본에서 작성하여 내내주부터 위원회에서 협정문 교섭에 들어 갈수 있다고함.

2). 법적지위:

일본측은 자기측 협정안을 내주중으로 완성할것 이라고하며, [illegible] 처우에 관해서는 특별히 교섭 할만한것이 없으므로 이문제를 협정안에 포함시켜 토의하자고 함.

2

단, 일측은, 처우에 있어서 민단측이 희망하는것 대로는 되지않을것이므로 이에 관한 토의시기 (타이밍) 에관해서는 약간 고려할 문제라고 설명함. 아측은 일본국 자신을 위해서도 교포의 처우에 대하여 각별한 고려가 있어야 함을 강조하였음.

3). 문화재:

일측은 관계부처와 협의할필요가 있으므로 한국측의 희망을 듣고 금후 진행과정을 고려할것이나 내주말경이라야 토의에 응할수 있을것 이라고함. 이에대해서 아측은 늦어도 내주 중간에는 토의가 되도록 요청함.

4). 청구권 및 경제협력:

일본측은 본건문제가 가장 시일을 요할것이라고 말하면서, 문제의 성격상 두개의 소위원회를 구성하여 청구권과 경제 협력을 분리하여 각각 담당시키기를 제안하였음.

또한 일측은 경제협력에관하여는 실시 방법에 관하여 협정안 작성전에 약간의 토의가를 필요로 할것이며 청구권에 관하여는 법적으로 매우 어려운문제인 만큼 궁극적으로 협정상의 표현이 문제겠지만 초안작성 이전에 상당한 토의를 하여야 할것이며 이문제에 관해서는 일본측의 내부 사정상 그 준비에 있어서 상당한 시간이 소요될것이라고 말함. 또한 일측은 청구권에 관한 토의에 있어서는 모든 자료 (메어마) 를 내놓고 문제를 일응 제시하여야겠으며 이에는 인적 대상뿐만아니라 북한문제, 관할권 문제등이 토의되지않을수 없다는 입장을 명백히 하였음.

청구권 및 경제협력을분리 하개하자는 일본측 제안에 대하여 아측은, 특별한 명칭을 부여함이 없이 소위원회를 두되 원칙적인 문제와 실시 세목을 각각 담당시키도록 대안을 제시하였든바 일측은 이에 대하여 이의없다고 말함.

나. 위에서 표명된 일본측 입장으로서 보아 일본측은 현안에 관한 본격적 토의는 내주 중으로는 어렵다는것인바 아측은 토의준비가 되는것부터 될수있는대로 조속히 위원회 토의를 진행시키자고 촉구하였으며, 앞으로도 계속 이를 촉구할 예정임.

3. 협정을 위한 용어에 관하여:

일본측은 시일 관계상 우선 일본어와 한국어 텍스트로 합의하고 그후 영문으로 번역할것으로 생각하고 있으며, 경우에 따라서는 협정 용어를 한일양국어로 한정할것까지도 고려하고 있다고 말함. 아측은 협정 용어는 한, 일, 영, 3개 용어로하고 처음부터 영문 텍스트를 가지고 토의하자고함. 이문제에 관해서 양측은 결론에 도달하지 못하였으나 대표단 관측으로서는 일측이 한일 양국어만을 협정용어로 채택할 의사가 매우 강한것으로 보이며 또한 처음부터 영문 텍스트를 가지고 토의하지 아니하는한 영문이 협정용어로 사용될 가능성은 매우 희박하다고봄. 용어 문제는 금후의 토의와 직접 관련된 문제임으로 본건에 관한 정부의 방침을 지급 회시 바람.

4. 평화선 침범 어선의 나포에 관한 잠정적 합의 (MODUS VIVENDI) 에 관한 일측의 제안.

일본측은 금후의 한일 어업협정을 고려하여 지금부터라도 12마일의 한국 전관수역 내에서 일본 어선이 어로작업을 하지않도록 강력한 행정 지도를 할 의도이지만 한국정부로서도 12마일 밖의 수역에서 작업하는 일본어선을 나포하지않겠다는 "코미트멘트"를

- 3 -

주기바라며 이를 MODUS VIVENDI 협식으로 처리하기를 제안함.

이에 대하여 아측은 일측 제안을 받아드릴수없다고 잘라 말한다음, 현재에 있어서 특히 제 7차 회담 개최 이래 별다른 문제가 없었고 또한 금후 1, 2개월 내에는 어업 협정이 체결될것이라는 점에 비추어 현상 태도로 지내는것이 좋을것이라고 말하였음.

5. 각위원회 개최에 앞선 본회담 개최는 하지않기로 쌍방간에 합의함.

6. 이상의 일측 태도로 보아 각현안에 관한 본격적 토의를 내주중으로 개시하기가 어려울것으로 보이니 당대표단으로서는 문제의 토의를 늦어도 내주에는 착수하도록 일측에 계속 촉구할 예정임.

7. 다음 수석대표회담은 내주 화요일 오전으로 결정함.

8. 그후 회담에 필요한 인원 배채에 관해서는 명일 별도로 건의하겠음. (주일정 외아북)

예고: 재분류 67. 12. 31.

2. JAW-04244, 제11차 수석대표 회담 결과 보고, 1965. 4. 13

한국 외교문서 1459, 제7차 한일회담 본회의 및 수석대표 회담, 1964-65

1965년 4월 13일 개최된 제11차(일본 측 기록 제12차) 수석대표 회담 결과 보고 문서(전문)다.

이 회담에서 한국 측은 청구권에 관한 법적 문제의 분리 토의와 관련한 한국 측의 입장을 일본 측에 전달하였다.

대한민국 외무부

번 호: JAW-04244

일 시: 131709

"지급"

수 신 인: 외무부 장관

발 신 인: 수석 대표

과 장 국 장 차 관 장 관

4월 14일 공람 동북아주과

제11차 수석대표회담(65.4.13. 1000 - 1145) 결과보고

1. 참석자: 한국측: 김 대사, 방 공사, 이 공사

일본측: 다까스기 수석, 우시바 대표, 우시로꾸국장

2. 금후 회담 진행에관하여:

가. 아측은 금후 각위원회 작업촉진을 다시 강조하면서 일본측의 작업 태세를 촉구하였음. 일본측은 자기측 준비 진행상황을 다음과같이 설명하였음.

1) 어업협정문안을 금주말까지 완료하도록 하겠음. 위원회 대표는 종전과같음.

2) 법적지위 협정문 역시 금주말까지는 완료하도록 하겠음. 위원회 대표는 외무성 조약국 참사관 1명을 추가할 예정임.

3) 청구권 및 경제협력에 관하여는, 청구권(법적문제)에있어서는 현재관계 각성실무자들이 금주내로 문제점을 정리할 예정이므로 이에대한 토의는 약간 지연될것으로 예상되며, 경제협력 문제에있어서는 별로 시간이 걸리지 않을것임. 청구권 문제를 위하여 외무성 조약국 참사관 "사도 쇼오지"(좌등, 정이:바를정, 두이)를 대표로 추가 임명예정이고 경제협력문제는 "니시야마" 경제협력 국장이 담당하도록 하겠음.

4) 문화재에관하여는 문부성 대표 1명을 추가하겠음.

나. 각 위원회의 개최일자는 양측의 위원회대표간에서 결정하도록하되, 금주내로는 모두 회의를 가지는데 양측이 합의함.

다. 아측은, 지난번의 일괄가조인으로서 실질문제가 모두 해결된것으로 국민들은 알고있으므로 금후 위원회에서의 토의는 협정초안 작성 작업의 성격을 띄도록하고 아직 해결을 못본 실질문제는 초안 작성과정에서 해결해나가도록 하자고 제안하였으며 이에대하여 일본측도 이의 없다고 말함. 양측은, 지난번의 가조인에 따르는 일괄타결 분위기가 깨지지않도록 대외발표에 있어서 신중을 기하자는데 의견의 일치를 보았음.

라. 청구권 및 경제협력 위원회의 운용에관하여, 아측은 청구권에관련된 법적 문제를 별도록 분리 토의하는데 대해서 이의가 없으나 이는 어디까지나 지난번 가조인된 이.시이나 합의사항의 테두리 내에서 토의되어야 할것이며 한국정부로서는 지금까지의 토의결과로서 문제가 해결된것으로 보는만큼 일본측으로서도 금후 새로운 문제를 제기하여서는 안될것이라고 강조하였음. 이에대하여 일본측은 이에 동감을 표명하면서, 일본정부로서는 협정 체결이후에 청구권에 관련된 법적문제가 다시 제기되고 또한 재판문제 같은것이 발생하지 않도록 하기위하여 문제점을 사전에 명백히하고 넘어가려는것뿐이며 새로운 문제를 제기할 의도는 없다고말함. 또한 아측은, 금후 실시세목(소위 경제협력문제)에관한 토의를 우선적으로 진행시키드라도 이는 어디까지나

청구권 및 경제협력 위원회 자체가 이를 토의하는것으로하여, 이문제역시 청구권청산과 직접 관련되는 명분을 유지하도록하여야 할것이라고 말하였음. 일본측도 이에대하여 이의없다고 말하였음.

3. 협정문의 용어에관하여:

아측은 WJA-04127 제2항 훈령대로 일측에 제안하였으며, 일측은 약간 난색을 표명하면서도 이에 동의하였음.

4. 김.오히라 메모와관련된 김준연 의원 사건에관하여:

아측은, 1억3천만불의 소위 부정자금 수수설로인한 김준연 의원 사건이 아직 재판에 계속중이지만 이에대한 한국국민들의 의혹을 일소함에있어서 일본정부가 협력을 해주기바란다고 말하였음. 일본측은, 이에대하여 이해를 표시하면서, 동 사건에관한 재판 판결이 있을때 그 기회에 동 문제에관하여 해명하도록 해보겠다고 말하였음.

5. 독도 문제에관하여:

아측은 독도는 공동규제 수역밖에 위치하게되어 평화선과 관련없게되어있으니 일본으로서도 실질적인 이해가 없게되었음을 시사하면서, 영토권에관한 문제인만큼 한국의 국민감정이 매우 심각하고 따라서 평화선 문제에 결부해서 독도문제가 논의된다면 한일간의 문제를 더욱 복잡하게하고 어렵게 만들것이라고 강조한후, 한때 시사되었다고하는 거중조정도 한국여론은 받아들이지 않을것으로 생각됨에 비추어 일본정부로서도 이점을 신중히 고려하고 한국내의 여론도 직접 파악해보면서 적절한 해결책을 연구해주기 바란다고 말하였음.

일본측은, 일본정부로서는 거중조정에대하여 관심을 가진적은 없는바,

이는 첫째, 그 결과에대한 준수가능성이 매우 희박하고, 둘째, 제3국으로서

미국을 예상하는데 그렇게되면 한일간의 문제가 미국의 영향하에서 해결되는

인상을 주게되어, 일본야당의 반대가 강할것으로 생각되므로, 일본정부로서는

GOOD OFFICE, MEDIATION CONCILIATION 만가지고서는 안되겠다는 입장인바,

즉, 문제를 확실히 해결하는 방법을 희망하고있는바, 이에대해서 계속 연구를

해보겠다고말함. 또한 일측은 독도 문제는, 피알 문제도 있고해서 외상 회담과같은

고위층간의 해결방식이 좋겠다는 입장을 표명하였음. 본건에관하여 정부로서도

확고한 입장을 세워서 일본측의 움직임에대응하여야할것으로 사료됨.

6. 기타사항:

가. 교포처우에관한 논의과정에서 있었던 전후 입국자에대한 대우문제와 관련하여

일본측은, 한국정부로서도 일본내에 있는 밀항자 문제를 처리해주기바란다고

말하였음.

나. 아측은, 거류민단에 대한 기부금이 세금으로부터 공제되도록 해주기바란다고

강조하였던바, 일측은 행정상의 문제이므로 연구해보겠다고 말하였음.

7. 신문발표:

금후 회담진행 방안에관하여 토의함. (주일정-외아북)

예고 : 보통문서로재분류 (67.12.31)

직권으로 재분류 (1965.12.31) 과장 최 광 수

1965 APR 13 PM 7 49

3. WJA-04211, 한일회담 향후 진행 방침에 관한 본부 훈령, 1965. 4. 16

한국 외교문서 1459, 제7차 한일회담 본회의 및 수석대표 회담, 1964-65

향후 한일회담 진행과 관련한 우리 측 방침을 전달하는 본부의 훈령 문서(전문)다.

1965년 5월 초를 각 협정의 공동 초안 작성 완료 목표 시기로 제시하고 있다.

대 한 민 국 외 무 부

번 호: WJA-04211
일 시: 161305

수 신 인: 한일회담 수석대표

대: JAW-04280

한일회담의 앞으로의 진행방침을 아래와 같이 훈령합니다. 후열

아 래

1. 앞으로의 교섭에 있어서는 지난 4. 3.에 이니시알된 청구권, 법적지위 및 어업의 각 현안에 관한 합의사항을 대강으로 하여, 가능한 한 조속히, 각 협정의 공동초안을 작성하도록 한다. (각 현안에 관한 교섭지침은 곧 훈령할것임)

2. 전항의 목적을 위하여 (1) 청구권 및 경제협력, (2) 문화재, (3) 법적 지위 및 (4) 어업의 4개 위원회를 병행시키되, 각 위원회는 가능한 한 빈번히 회합하여 민속한 토의를 기하도록 한다. 또한 각 위원회 밑에 필요에 따라 소위원회를 구성하거나, Drafting Committee 와 같은 Ad hoc Committee 를 설치할 필요가 있을때는 수석대표의 재량으로 결정하여도 가하다.

3. 수석대표 회의는 종래와 같이 적어도 매주 1회 정기적으로 개최하도록 하되, 각 위원회에서 어느 문제점에 관한 토의가 난항하여 위원회 레벨에서 해결이 어렵다고 인정될 경우에는 곧 비정기 수석대표 회의를 소집하여 해결을 기하도록 한다.

[illegible]

[illegible]

4. 각 협정의 공동초안 작성 완료시기는 원칙적으로 5월초를 목표로 한다. 단, 이와같은 목표시기는 표면화되지 않도록 한다. 현안에 따라 협정의 공동초안 작성이 먼저 완료되는 것은 타현안의 진도와 관계없이 완료하여도 가하다. 단, 어업문제만이 먼저 완료될 가능성이 있을 경우에는 실질적 완료시기를 청구권과 동일하게 한다.

5. 협정문의 용어는 한,일,영 3개 국어로 하되, 양측의 해석에 상위가 있을 경우에는 영문에 의거하는 것으로 한다. 각 협정의 조문초안 작업에 있어서는 영문을 Working language 로 함이 원칙이나, 일측에 어려운 사정이 있다하므로 한일 양국어를 사용하여도 가하다. 단, 이와같은 경우, 매조의 초안이 끝날때 마다 영문번역은 확정해 나가도록 한다.

6. 각 위원회별 대표단 명단은 별첨과 같은 바, 대표단원의 도일시기 또는 본국 소환등에 관하여는 현재 실정을 감안한 수석대표의 건의를 고려하여 외무부장관이 적의 조절하는 것으로 한다. 또한 본부와 현재 대표단 간의 교섭상황에 관한 정확한 이해를 돕기 위하여 본부 주무국장과 주무 과장을 수시 도일케 한다.

이하 결문

각 위원회별 아측대표단 명단

1. 청구권 및 경제협력위원회

수석대표	이 규성	주일대표부 공사
"	김 영준	경제기획원 차관보
"	전 상진	외무부 통상국장
대 표	이 상덕	한국은행 이사
"	김 봉은	한국은행 동경주재 이사
전문위원	김 정태	외무부 아주국 부이사관
"	정 순근	외무부 통상국 경제협력과장
"	정 재덕	경제기획원 경제기획국 물동계획과장
"	김 형근	외무부 통상국 경제협력과 외무서기관
보 좌	김 태지	외무부 아주국 동북아과 사무관
"	강 신조	경제기획원 경제협력국 외자총괄과 사무관
"	주 병국	재무부 외환국 외환과 사무관

2. 어업위원회

수석대표	이 규성	주일대표부 공사
대 표	김 명년	국립 수산진흥원 원장
전문위원	최 광수	외무부 아주국 동북아과장
"	오 재희	주일대표부 정무과장
"	배 동환	농림부 수산국 원양어업과장

전문위원 신 광윤 국립수산진흥원 자원조사과장

보 좌 공 로명 외무부 아주국 동북아과 사무관

〃 김 윤택 외무부 방교국 조약과 사무관

상기외에 농림부 장관이 추천하는 농림부 사무관 (또는 주사)급 실무직원 2명

3. 법적지위 위원회

수석대표 방 희 주일대표부 공사

대 표 이 경호 법무부 법무국장

전문위원 김 태웅 외무부 아주국 동북아과 서기관

〃 윤 승영 법무부 서울지방 검찰청 검사

4. 문화재 위원회

수석대표 방 희 주일대표부 공사

대 표 김 재원 국립박물관 관장

〃 이 홍직 고려대학교 교수 (문화재 보호 위원)

〃 황 수영 동국대학교 교수 (문화재 보호 위원)

〃 하 갑청 문교부 문화재 관리국장

전문위원 김 정태 외무부 아주국 부이사관

5. 기 타

대표 (법률자문) 유 민상 법제처 차장

자문위원 (영문) 김 진 서울대학교 법과대학 교수

주의: 상기 대표단은 추가 또는 교체될수 있으며, 주일대표부의 관계직원은 수석대표 재량으로 적의 배치하는 것으로 함. (외아북)

장 관

4. JAW-04382, 청구권 및 경제협력위원회 제1차 회의 결과 보고, 1965. 4. 20

한국 외교문서 1468, 제7차 한일회담 청구권 관계 회의 보고 및 훈령, 1965, 전2권, V.2, 1965. 4. 3 가서명 이후의 청구권 및 경제협력위원회, 1965. 4-6

1965년 4월 20일 개최된 제7차 한일회담 청구권 및 경제협력위원회 제1차 회의 결과를 보고하는 문서(전문)다. 제7차 회담에서는 이 위원회를 청구권위원회가 아닌 청구권 및 경제협력위원회로 부르기로 하였다.

이 회의에서 일본 측은 청구권 소멸 문제와 경제협력 문제는 내용 면에 있어서는 관련이 있으나 실무적으로는 따로 취급할 수 있기 때문에 인원을 따로따로 나누어 토의를 진행시키기를 희망하였으며, 한국 측은 토의의 편의상 인원을 나누는 것은 생각할 수 있을 것이라는 정도로 응대하였다.

대한민국 외무부

번 호: JAW-04381

일 시: 201847

수 신 인: 외무부장관 참조 : 경제기획원장관

발 신 인: 수석 대표

청구권 및 경제협력위원회 제1 차 회의보고

1. 개최일시 및 장소 :

65. 4. 20. 1500-1550 . 외무성 회의실

2. 참석자 :

한국측 : 이공사, 김차관보, 전 통상국장, 이한춘 이사 외 6 명

일본측 : 니시야마 경협국장, 사또 관방심의관, 와다나베 국제 금융국장,

와다나베 무역 진흥국장, 사다께 이재국장외 관계 보좌관들.

3. 토의내용 :

가(1) 양측 대표의소개후 앞으로의 위원회 토의 진행방안 및 기타에 관하여 아측은 요지 아래와 같은 설명을 하였음.

(1)가. 아측으로서는 각 현안의 정식조인시에 청구권 및 경제 협력 문제에 있어서도 실시절차를 포함하여 완전한 합의가 이루어 질 것을 희망한다.

(2)나. 소위 원칙 문제에 관하여 아측으로서는 이. 시이나 합의 사항에 의하여 해결되었다는 생각이나 일본측이 문제가 있다고 함으로

일본측의 구체적인 의견 제시가있으면 듣고 토의에 협력할 용의가있다.

(3) 다. 특히 지금 까지 일본측은 북한 청구권문제에 관한 명확한 결정이있어야겠다는 생각을 말하여왔으나 아측으로서는 기본조약에서 그문제에 관한 지침적인것은 결정되었음으로 별문제가 없다고 생각한다.

(4) 라. 실시 절차의 합의문서화에 있어서는 일본과 각국과의 배상협정을 고려하고 이. 시이나 합의사항을 바탕으로하여 아국의 특수한 사정이 고려되어야 할것이다.

(2) 이에 대하여 일측은 요지 다음과 같이 말하였음.

(1) 가. 소위 경제 협력문제에 관하여는 실시세목 까지 다하자고 하나 시간적으로 곤란한 감이있다고 생각한다. 따라서 일측으로서는 조인시까지 필요한것을 본협정에 포함시키도록 하되, 구체적으로 본협정에 어떤것을 어떤 정도로 포함시킬것인가 등에 관하여는 앞으로 토의하여 결정하고자 한다.

(2) 나. 소위 청구권의 소멸에 관하여 한국측이 별문제가 없을것이라는 생각같으나 여러가지 문제가 있다. 즉, 북한에 관한 청구권문제, 개인청구권과 관련한 조선총독부와 한국정부와의 관련문제, 재일 한국인의 청구권문제, 종전 (2 차 대전) 의 시점해석문제등 각종의 문제가 있고 이러한것들은 개인의 재산권에 관련되는 것임으로 후일 분규를 없애기 위하여 더구나 한국측도 같은 문제가 있음에 비추어 서로 협력

하여 연구하였으면 한다.

(3) 다. 일측으로서는 소위 청구권 소멸문제와 경제 협력 문제가 서로 밀접한 관련이 있음으로 토의를 분리하드라도 평행하여 진행하도록 하였으면 하고생각한다. 담당인원도 나누어 두가지 회합을 가지되 토의의 진행은 바란스 를 취하도록 한다는것이다.

(3) 아측은 이에 대하여 소위 원칙문제에 관하여는 일측이 희망하면 그문제를 취급할 아측 인원을 따로 나눌수도 있으나 위원회 전체는 하나가 되어야한다고 하고 조속히 내일이라도 다음 회합을 열어 토의를 개시함이 어떠면가라고 하였던바, 일측은 소위 원칙문제에 관한 토의는 내주초 라야할수있으며 경제 협력 문제도 그에 따를수 밖에 없다고하고 다음 회합에 관하여는 내부의견 조정후 추후 알려주겠다고 하였음.

추기 : 동회의후 일측은 명 21 일 오전 10 시 30 분 제 2 차 회합을 갖되 한국측의 실시절차에 관한 의견을 듣기로하자고 제의하였으며 아측은 이에 동의하였음. (주일정-외아북)

예 고 : 재분류 67.12. 31.

일반문서로 재분류 (1966. .) 과장 최 광 수

4-1. 청구권 및 경제협력위원회 제1차 회의 회의록, 1965. 4. 20

한국 외교문서 1468, 제7차 한일회담 청구권 관계 회의 보고 및 훈령, 1965, 전2권, V.2, 1965. 4. 3 가서명 이후의 청구권 및 경제협력위원회, 1965. 4-6

1965년 4월 20일 개최된 제7차 한일회담 청구권 및 경제협력위원회 제1차 회의 회의록이다.

※ 문서 상태가 불량하여 새로 타이핑한 내용을 다음 수록함.

제7차 한일회담 청구권 및 경제협력위원회 제1차 회의 회의록

1. 개최일시 : 1965. 4. 20, 15:00 -15:50

2. 개최장소 : 외무성 회의실

3. 참석자 : 한국 측 - 수석대표 이규성[주일 대표부 공사][22]

교체 수석대표 김영준[경제기획원 기획차관보]

〃 전상진[외무부 통상국장]

대표 이상덕[한은 이사]

전문위원 정순근[외무부 통상국 경제협력과장]

〃 정재덕[경제기획원 경제기획국 물동계획 과장]

〃 오재희[주일 대표부 정무과장]

〃 이화균

〃 김형근[외무부 통상국 경제협력과 서기관]

보좌 김태지[외무부 아주국 동북아과 사무관]

일본 측 - 대표 니시야마 아키라(西山昭)[23][외무성 경제협력국장]

〃 사토 쇼지(佐藤正二)[외무성 대신 관방심의관]

〃 사다케 히로시(佐竹 浩)[대장성 이재국장]

〃 와타나베 마코토(渡辺誠)[대장성 국제금융국장]

〃 와타나베 야에이지(渡辺弥栄司)[통산성 무역진흥국장]

보좌 무라이 시치로(村井七郎)[대장성 관방재무조사관]

〃 아쓰미 겐지(渥美謙二)[대장성 이재국 외채과장]

〃 다루미즈 기미마사(垂水公正)

[이재국 국제금융국 투자1과 과장보좌]

---

22 한국 측 대표단의 직책은 사료 다른 부분에 나와 있는 것을 참조로 하여 추가하였음.

23 일본 측 대표단의 이름에 대한 일본어 표기는 한국 외교문서 1486 1719-1721쪽에 수록된 '제7차 일한 전면회담 청구권 및 경제협력위원회 일본 측 명부'를 참조하여 이곳에 추가하였으며, 2차 회의 이후 동일한 인물이 참석하는 경우에는 생략하였음.

〃　　야나기야 겐스케(柳谷謙介)[외무성 북동아과 서기관]

〃　　구로코지 야스시(黑河內 康)

[외무성 아시아국 북동아시아과 사무관]

〃　　니시야마 다케히코(西山健彦)

[외무성 경제협력국 경제협력과 사무관]

〃　　가토 준페이(加藤 淳平)

[외무성 경제협력국 배상조정과 사무관]

〃　　마쓰나가 노부오(松永信雄)[외무성 조약과장]

〃　　구마가이 센지(熊谷善二)

[통산성 무역진흥국 자본협력과장]

〃　　니와야마 게이이치로(庭山慶一郎)

[경제기획청 조정국 참사관]

보좌　　사사부치 이사무(笹淵 勇)

[경제기획청 조정국 경제협력과장]

4. 토의내용

니시야마 : 오늘은 청구권 및 경제협력위원회의 첫 모임이고 첫 대면을 하게 되었으니 일본 측 대표를 소개하겠다. (일본 측 대표 인사)

이 수석 : 한국 측 대표를 소개하겠다. (한국 측 대표 인사) 우리 측 대표단 멤버 중 아직 도착하지 않은 사람(외무부 김정태 부이사관, 재무부 및 경제기획원 사무관급 실무자)이 있으며 이들은 모레쯤 도착할 것이다.

니시야마 : 첫 회합인데 무슨 얘기할 것이 있는가?

이 수석 : 오늘은 첫 대면의 회합이므로 특별히 말할 것은 없지만, 청구권 및 경제협력위원회의 앞으로의 진행 방안들에 관한 우리 측의 생각을 몇 가지 말할까 한다. 토의 진행 방안 등에 관하여서는 이미 니시야마 국장과 사토 참사관을 따로 만났을 때 얘기한 바도 있고 그 기회에 우리 측의 생각도 얘기했다고 생각하지만 다시 이 자리에서 되풀이하여 본다면 결국 이 위원회의 임무는 금월 초 양국 간에 합의를 본 이·시나 외상 간 합의사항을 구체화시키는 일을 하는 것으로 생각한다. 한

국 측으로서는 각 현안 문제에 관한 협정의 정식 조인 시까지 청구권 및 경제협력 문제에 있어서는 그 실시 절차까지 포함하여 완전히 양국 간에 합의가 이루어질 것을 희망하고 있다. 그런데 시간적으로 과연 그러한 희망을 달성할 수 있을 것인가가 문제가 되는데 일본 측에서는 그때까지 모든 것을 다 마치기가 어려울 것이라는 생각을 가지고 있는 것으로 알고 있다. 그간의 여러 가지 회합에서 받은 인상으로는 일본 측이 특히 청구권 소멸에 관한 소위 원칙 문제에 있어서는 여러 가지 골치 아픈 점이 많다는 생각인 것으로 알고 있는데 우리 측으로서는 이·시나 합의사항 제5항에 규정되어 있는 대로 완전, 그리고 최종적으로 모든 청구권이 해결되었다고 해석할 수 있으므로 이 문제에 관하여는 앞으로 양국이 각각 국내적으로 여하히 소화하며 처리할 것인가 하는 문제만이 남아있는 것이며 따라서 별반 문제가 없지 않은가 생각하고 있다. 다만 이 문제에 관하여는 일본 측에서 여러 가지 문제가 있다고 하므로 일본 측의 생각을 알려주면 그것을 듣고 토의에 협조할 생각을 가지고 있다. 이와 관련하여 한 가지 말하고자 하는 것은 일본 측에서 북한에 관한 문제에 무슨 처리가 있어야 하겠다고 생각하고 있는 것 같으나 우리 측으로서는 지난번 가조인을 본 양국 간 기본관계조약에서 이에 관한 지침이 될 만한 규정이 두어졌으므로 그것은 그것으로써 처리하면 별반 문제가 없다고 생각한다.

우리 측으로서는 실시 절차에 관한 합의 문서를 조속히 만들어야겠다고 생각하는데 일본과 각국과의 배상협정을 고려하고 이·시나 합의사항을 바탕으로 하여 아국의 특수한 사정을 또한 고려하여 만들어야 할 것으로 생각한다. 지금까지 일본 측과의 비공식 접촉에 의하여 느끼는 바로는 일본 측에서는 5월 중순의 조인 시까지 청구권 및 경제협력 문제에 관하여 실시 절차까지 모든 것을 합의함은 시간적으로 어려울 것이므로 우선 이·시나 합의사항에 약간을 보완하는 것을 만들어 조인하고 그것의 국회 비준 전까지 상세한 절차에 관한 것을 만든다는 입장으로 알고 있는데 이와 관련하여 우리 측의 느낌을 잠깐 말할까 한다. 솔직히 말하여 평화선 문제와 청구권 문제는 서로 관련이 있고 평화선 문제에 있어서는 우리 측이 양보를 많이 했다는 사정이 있다. 이러한 사정도 있으므로 평화선 문제에 관한 협정만 먼저 하는 것은 생각할 수 없다. 이러한 우리 측의 생각도 머리에 두고 솔직한 말로 이·시나 합의사항에 어느 만큼의 것을 보완하는 것인지 일본 측의 생각을 말하여 주었으면 한다. 여하간 우리 측에서 앞으로 일본 측의 생각도 듣는다는 것을 전제로 우리 측 안을 제시할 것인바 우리 측 안에 대하여 코멘트함으로써 토의를 촉진시켜 빨리 결론을 내도록 하였으면 한다.

본 위원회는 이·시나 합의사항을 구체화시키는 문제에 관한 토의를 하게 되어 있으므로 아까도 말한 바 있는 소위 원칙 문제에 관하여 일본 측에서 법적인 해석 문제가 많다고 하니 일본 측의 생각을 알려 주면 우리 측에서 적당한 사람을 내서 듣고 토의하도록 하게 할 생각이다.

니시야마 : 지금 이 대표가 말씀한 데 조금 내용에 문제가 있다고 생각한다. 우선 소위 청구권 해결에 관한 문제는 본인으로서는 잘 모르고 사토 대표가 알고 있으므로 그가 나중에 설명하는 것으로 하고 소위 경제협력 문제에 관하여 말한다면 한국 측에서는 모든 세목까지 다 조인 전까지 결정되어야 한다는 생각인 것 같으나 그것이 실제로 가능할 것인지 걱정이 있다. 결국 실제적으로는 본 협정에 집어넣어야 할 사항들을 뽑아서 집어넣어 우선 본 협정을 조인하도록 하는 것이 순조롭지 않을까 생각한다. 그런데 구체적으로 어떤 것을 어느 정도 본 협정에 집어넣을 것인가는 앞으로 양측 간의 토의에 의하여 결정하도록 하였으면 한다.

사토 : 한국 측은 소위 청구권 소멸에 관한 문제가 이·시나 합의사항에 의하여 해결되어 버렸다고 하나 구체적으로 어떤 것이 소멸되었는가 하는 것을 확실히 하여 두어야겠다는 것이 일본 측의 생각이다. 이것은 국내적으로 여러 가지 조치가 필요하므로 본 협정에 집어넣어야 할 것으로 생각한다. 여하간 토의 진행에 있어서는 소위 원칙 문제와 경제협력 문제와는 밀접한 관련이 있으므로 평행적으로 해나가는 것이 좋다고 생각한다.

사다케 : 우선 청구권 소멸에 관한 문제와 경제협력 문제는 일심동체라고도 할 수 있으므로 어느 한쪽을 선행시킴은 곤란하다고 생각한다. 청구권 소멸의 문제에 관하여 이 대표께서는 쉬운 것 같이 말씀하셨지만 사실 이 문제는 파고들면 들수록 점점 더 어렵게 느껴진다. 특히 여러 가지 개인의 청구권이 없어진다는 것이므로 중대한 것이다.

우선 소위 북한 문제에 관하여는 청구권 문제의 경우 그 법률 관계를 확실히 해둘 필요가 있기 때문에 그 효력이 미치는 지역과 대상이 어떤 것인가 밝혀둘 필요가 있다고 생각한다.

또한 종전 전에 있던 조선총독부의 법적지위랄까, 즉 조선총독부와 한국 정부와의 관련(청구권과 관련하여 계승되었느냐의 여부)을 명확히 하여 둘 필요가 있다고 생각하는데 그것은 예컨대 총독부에서 취급한 간이생명보험(이에는 한국인, 일본이, 제3국인이 모두 가입되어 있음) 또는 우편저금 등의 처리에 있어서 문제가 된다고 보며 이러한 것은 일본 정부의 처리나 한국 정부의 처리가 표리가 맞아야 되는 성질의 것이라고 생각한다. 그 밖에 재일한국인의 청구권의 처리 문제, 즉 소멸의 대상과 범위, 2차 대전 종결의 시점 등이 이에 있어서 문제가 된다고 생각하며, 또한 이·시나 합의사항에 의하면 2차 대전 후의 통상적인 채권 채무 관계는 소멸되지 않는다고 되어 있는데 소멸되지 않는 청구권의 범위(2차 대전 종결의 시점 등이 문제가 됨)를 명확히 하여 둘 필요가 있을 것이다. 이와 같이 그 밖에도 청구권의 내용이 각양각색이므로 여러 가지 복잡한 문제가 있어서 문제가 많은데 후일 여러 가지 분쟁이 생기는 것을 막아야 할 것이며 따라서 이에 관한 서로의 연구가 필요하다고 생각한다.

사토 : 여하간 이 문제는 쌍방이 다 똑같은 문제가 있을 것이라고 생각되며 그러한 점에서 양측의 협력이 절대로 필요할 것이라고 생각한다.

이 수석 : 지금까지 청구권 문제 해결의 경위로 보면 각종의 청구권이 덩어리로 해결된 것으로 되었는데 그다음 그것을 어떻게 처리할 것인가는 결국 각각 국내의 문제로 취급되어야 할 것으로 생각하나 일본 측이 이 문제에 관한 양측의 협력이 필요하다고 하므로 아 측으로서는 상호 토의에 협조한다는 데 이의가 없으며 토의의 편의상 두 가지 문제를 병행해서 토의하여도 무방하다고 생각하나 위원회 전체는 하나가 되어야 할 것이다. 우리 측으로서는 청구권 및 경제협력 문제를 조속히 토의하여 나갔으면 하는 생각이므로 일본 측이 좋다면 내일이라도 회의를 열었으면 한다.

니시야마 : 소위 청구권 소멸 문제와 경제협력 문제는 내용 면에 있어서는 관련이 있으나 실무적으로는 따로 취급할 수 있기 때문에 인원을 따로따로 나누어서 토의를 진행시킴이 좋지 않을까 생각한다.

이 수석 : 토의의 편의상 인원을 나누는 것은 생각할 수 있을 것이다.

사토 : 청구권 소멸 관계는 금주는 무리하고 내주 초에나 토의를 할 수 있을 것이다.

니시야마 : 일본 측이 회의를 고의로 연장시킬 생각은 없으며 전력을 다하여 토의를 빨리 끝내도록 노력하겠지만 지금까지 이에 관한 회합이 없었으므로 그 전에 충분한 의견의 교환이 있어야 할 것이다.

이 수석 : 14년간의 긴 교섭에 종지부를 찍는 것이므로 빨리 하도록 하자. 실시 절차에 관하여는 우리 측에서 기본적인 생각을 언제라도 말할 수 있다. 아까도 말하였지만 위원회 전체는 하나로 되어야 할 것이다.

니시야마, 사토 : 다음 회합에 관하여서는 여기서 정할 수 없고 내부 조정 후 알려주겠다.

이 수석 : 알겠다. 오늘은 이만 하도록 하자.

제 7차 한일 회담 청구권 및
경제 협력 위원회 제 1차 회의
회 의 록

1. 개최일시: 1965. 4. 20. 15:00 - 15:50

2. 개최장소: 외무성 회의실

3. 참석자:

한국측 -	수석대표	이규성
	교체수석대표	김영준
	"	전상진
	대표	이상덕
	전문위원	정순근
	"	정재덕
	"	오재희
	"	이화균
	"	김형근
	보좌	김태지
일본측 -	대표	니시야마 아끼라
	"	사도 쇼-지
	"	사다께 히로시
	"	와다나베 마꼬도
	"	와다나베 야에이지
	보좌	무라이 시찌로
	보좌	아쓰미 겐지
	"	다께미조 기미마사

일본측 - 보좌 야나기야 겐스께
" 구로고찌 야스시
" 니시야마 다께히꼬
" 가또 즈니찌이
" 마스나가 노부오
" 구마가이 센지
" 니와야마 게이이찌로
" 사사부찌 이사무

4. 토의 내용:

니시야마: 오늘은 청구권 및 경제 협력 위원회의 첫모임이고 첫 대면을 하게 되었으니 일본측 대표를 소개하겠다. (일본측 대표 인사)

이수석: 한국측 대표를 소개하겠다. (한국측 대표 인사)
우리측 대표단 멤버중 아직 도착되지 않은 사람 (외무부 김정태 부이사관, 재무부 및 경제기획원 사무관 급 실무자)이 있으며 이들은 모레쯤 도착할것이다.

니시야마: 첫 회합인데 무슨 얘기할것이 있는가?

이수석: 오늘은 첫대면의 회합이므로 특별히 말할것은 없지만, 청구권 및 경제 협력 위원회의 앞으로의 진행 방안등에 관한 우리측의 생각을 몇가지 말할까 한다. 토의 진행 방안 등에 관하여서는 이미 니시야마 국장과 사또 참사관을 따로 만났을때 얘기한바도 있고 그 기회에 우리측의 생각도 얘기했다고 생각하지만 다시 이자리에서 되풀이 하여

본다면 결국 이 위원회의 임무는 금월로 양국간에 합의를 본 이.시이나 외상간 합의 사항을 구체화 시키는 일을 하는건으로 생각한다. 한국측으로서는 각 현안 문제에 관한 협정의 정식 조인시까지 청구권 및 경제 협력 문제에 있어서는 그 실시절차까지 포함하여 완전히 양국간에 합의가 이루어질건을 희망하고 있다. 그런데 시간적으로 과연 그러한 희망을 달성할수 있을건인가가 문제가 되는데 일본측에서는 그때까지 모든건을 다 마치기가 어려울건이라는 생각을 가지고 있는 것으로 알고 있다. 그간의 여러가지 회합에서 받은 인상으로는 일본측이 특히 청구권 소멸에 관한 소위 원칙문제에 있어서는 여러가지 골치 아픈 점이 많다는 생각인 건으로 알고 있는데 우리측으로서는 이.시이나 합의사항 제 5항에 규정되어 있는 대로 완전히 그리고 최종적으로 모든 청구권이 해결되었다고 해석할수 있으므로 이 문제에 관하여는 앞으로 양국이 각각 국내적으로 여하히 소화하며 처리할 건인가 하는 문제만이 남아 있는 건이며 따라서 별반 문제가 없지 않은가 생각하고 있다. 다만 이 문제에 관하여는 일본측에서 여러가지 문제가 있다고 하므로 일본측의 생각을 알려주면 그것을 듣고 토의에 협조할 생각은 가지고 있다. 이와 관련하여 한가지 말하고저 하는 건은 일본측에서 북한에 관한 문제에 무슨 처리가 있어야 하겠다고 생각하고 있는건 같으나 우리측으로서는 지난번 가조인을 본 양국간 기본 관계 조약에서 이에 관한 지침이 될만한 규정이 두어 졌으므로 그건은 그건으로서 처리하면 별반 문제가 없다고 생각한다.

우리측으로서는 실시 절차에 관한 합의 문서를 조속히 만들어야 겠다고 생각하는데 일본과 각국과의 배상 협정을 고려한고 이.시이나 합의사항을 바탕으로 하여 아국의 특수한 사정을 또한 고려하여 만들어야 할건으로 생각한다. 지금까지 일본측과의 비공식 접촉에 의하여 느끼는 바로는 일본측에서는 7월 중순의 조인시까지 청구권 및 경제 협력 문제에 관하여 실시 절차까지 모든건을 합의함은 시간적으로 어려울것이므로 우선 이.시이나 합의 사항에 약간을 보완한건을 만들어 조인하고 그건의 국회 비준 전까지 상세한 절차에 관한건을 만든다는 입장으로 알고 있는데 이와 관련하여 우리측의 느낌을 잠간 말할까 한다. 솔직히 말하여 평화선 문제와 청구권 문제는 서로 관련이 있고 평화선 문제에 있어서는 우리측이 양보를 많이 했다는 사정이 있다. 이러한 사정도 있으므로 평화선 문제에 관한 협정만 먼저 [illegible] 하는 것은 생각할수 없다.
이러한 우리측의 생각도 머리에 두고 솔직한 말로 이.시이나 합의 사항에 어느 만큼의 것을 보완하는 것인지 일본측의 생각을 말하여 주었으면 한다.
여하간 우리측에서 앞으로 일본측의 생각도 듣는다는 것을 전제로 우리측 안을 제시할건인바 우리측 안에 대[하여] 코멘트함으로서 토의를 촉진시켜 빨리 결론을 내도록 하였으면 한다.
본 위원회는 이.시이나 합의 사항을 구체화 시키는 문제에 관한 토의를 하게 되어 있으므로 아까도 말한[illegible] 바 있는 소위 원칙 문제에 관하여 일본측에서 법적인 해석 문제가 많[다고 하니] 일본측의 생각을 알려 주[illegible]면 우리측에서 적당한 사람을 내서 듣고 토의하도록 [illegible] 하게 할 생각이다.

니시야마: 지금 이대표가 말씀한데 조금 내용에 문제가 있다고 생각한다.

우선 소위 청구권 해결에 관한 문제는 본인으로서는 잘 모르고 사또 대표가 알고 있으므로 그가 나중에 설명하는 것으로 하고 소위 경제 협력 문제에 관하여 말한다면 한국측에서는 모든 세목 까지 다 조인전 까지 결정되어야 한다는 생각인것 같으나 그것이 실제로 가능할것인지 걱정이 있다.

결국 실제적으로는 본 협정에 집어 넣어야 할 사항들을 뽑아서 집어 넣어 우선 본 협정을 조인하도록 하는것이 순조롭지 않을까 생각한다. 그런데 구체적으로 어떤것을 어느 정도 본협정에 집어 넣을것인가는 앞으로 양측간의 토의에 의하여결정 하도록 하였으면 한다.

사또: 한국측은 소위 청구권 소멸에 관한 문제가 이.시이나 합의 사항에 의하여 해결되어 버렸다고 하나 구체적으로 어떤것이 소멸되었는가 하는 것을 확실히 하여 두어야 겠다는 것이 일본측의 생각이다.

이것은 국내적으로 여러가지 조치가 필요함으로 본 협정에 집어 넣어야 할것으로 생각한다. 여하간 토의 진행에 있어서는 소위 원칙 문제와 경제 협력 문제와는 밀접한 관련이 있으므로 평행 적으로 해나가는 것이 좋다고 생각한다.

사다께: 우선 청구권 소멸에 관한 문제와 경제 협력 문제는 일심 동체라고도 할수 있으므로 어느 한쪽을 선행시킴은 곤란하다고 생각한다.

청구권 소멸 문제에 관하여 이대표 께서는 쉬운것 같이 말씀 하셨지만 사실 이문제는 파고들면 들수록 점점 더 어렵게 느껴진다. 특히 여러가지 개인의 청구권이 없어진다는 것이므로 중대한 것이다.

우선 소위 특한 문제에 관하여는 청구권 문제의 경우 그 법률 관계를 확실히 해둘 필요가 있기 때문에 그 효력이 미치는 지역과 대상이 어떤 것인가 밝혀둘 필요가 있다고 생각한다.

또한 종전전에 있던 조선 총독부의 법적 지위(다7가 즉 조선 총독부와 한국 정부와의 관련 (계승 되었는냐의 여부)을 명확히 하여둘 필요가 있다고 생각하는데 그것은 예컨대 총독부에서 취급한 간이 생명 보험 (이에는 한국인, 일본인, 제 3국인이 모두 가입되어 있음) 또는 우편 저금등의 처리에 문제가 된다고 보며 이러한 것은 일본 정부의 처리나 한국 정부의 처리가 되어야 한다고 생각한다. 그밖에 재일 한국인의 청구권의 처리 문제 즉 소멸의 대상과 범위, 2차 대전 종결의 시점 등이 이에 있어서 문제가 된다고 생각하며, 또한 이.시이나 합의 사항에 의하면 2차 대전후의 통상적인 채권 채무 관계는 소멸되지 않는다고 되어 있는데 소멸되지 않는 청구권의 범위 (2차 대전 종결의 시점 등이 문제가 됨)를 명확히 하여둘 필요가 있을것이다. 이와 같이 그밖에도 청구권의 내용이 각양 각색이므로 여러가지 복잡한 문제가 있어서 문제가 많은데 후일 여러가지 분쟁이 생기는 것을 막어야 할것이며 따라서 이에 관한 서로의 연구가 필요.하다고 생각한다.

사또: 여하간 이문제는 쌍방이 다 똑같은 문제가 있을것이라고 생각되며 그러한 점에서 양측의 협력이 절대로 필요한것이라고 생각한다.

이수석: 지금 7가지의 청구권 문제 해결의 경위로 보면 각종의 청구권이 명어리로 해결된것으로 되었는데 그 다음 그것을 어떻게 처리할 것인가는 결국 각각 국내의 문제로 취급되어야 할것으로 생각하나 일본측이 이문제에

관한 양측의 협력이 필요하다고 함으로 아측으로서는 상호 토의에 협조

한다는데 이의가 없으며 토의의 편의상 두가지 문제를 병행해서 토의

하여도 무방하다고 생각하나 위원회 전체는 하나가 되어야 할것이다.

우리측으로서는 청구권 및 경제 협력 문제를 조속히 토의하여 나갔으면

하는 생각이므로 일본측이 좋다면 내일이라도 회의를 열었으면 한다.

니시야마: 소위 청구권 소멸 문제와 경제 협력 문제는 내용면에 있어서는 관련이

있으나 실무적으로는 따로 취급할수 있기 때문에 인원을 따로 따로

나누어서 토의를 진행시킴이 좋지 않을가 생각한다.

이수석: 토의의 편의상 인원을 나누는것은 생각할수 있을것이다.

사또: 청구권 소멸 관계는 금주는 무리 하고 내주 초이나 토의를 할수 있을것이다.

니시야마: 일본측이 회의를 고의로 연장 시킬 생각은 없으며 전력을 다하여 토의를 지금 까지 의의 관한 회합이 없었으므로 빨리 끝내도록 노력하겠지만 그간의 충분한 의견의 교환이 있어야 할 것이다.

이수석: 14년간의 긴 교섭에 종지부를 찍는 것이므로 빨리 하도록 하자.

실시 절차에 관하여는 우리측에서 기본적인 생각을 언제라도 말할수 있다.

아까도 말하였지만 위원회 전체는 하나로 되어야 할것이다.

니시야마; 사또: 다음 회합에 관하여서는 여기서 정할수 없고 내부 조정후

알려 주겠다.

이수석: 알겠다. 오늘은 이만 하도록 하자.

5. JAW-04396, 청구권 및 경제협력위원회 제2차 회의 결과 보고, 1965. 4. 21

한국 외교문서 1468, 제7차 한일회담 청구권 관계 회의 보고 및 훈령, 1965, 전2권, V.2, 1965. 4. 3 가서명 이후의 청구권 및 경제협력위원회, 1965. 4-6

1965년 4월 21일 개최된 제7차 한일회담 청구권 및 경제협력위원회 제2차 보고 결과 보고 문서(전문)다.

이 회의에서 한국 측은 청구권 및 경제협력에 관한 합의 문서로 '대한민국과 일본국 간의 청구권 해결 및 경제협력에 관한 협정'을 기본협정으로 맺고, 별도 문서로 이 '협정 실시 세목에 관한 교환공문', '민간신용제공 실시 절차(소위 3억 불 이상에 관한 부분)에 관한 교환공문', '협정에 관한 합의의사록', '한일 청산 계정상 확인된 대일 채무(대한 채권)에 관한 교환공문' 등을 작성할 것을 제안하였다.

대 한 민 국 외 무 부

번 호: JAW-04396

일 시: 211502

수 신 인: 장 관

발 신 인: 주 일 대 사

담 당	과 장	국 장	차 관	장 관

참조 : 경제기획원장관

청구권 및 경제협력위원회 제 2 차 회의보고

1. 개최일시 및 장소 : 1965. 4. 21. 10:45-11:50 외무성 회의실

2. 참석자 : 한국측 : 이공사 김차관보 전통상국장 이한춘이사 외 6 명.

일본측 : 니시야마 경협국장 와다나베 국제금융국장, 와다나베 무역진흥국장, 다가시마 조정국장, 아가자와 경제협력부장, 후라이 대장성 관방 조사관 외 보좌.

3. 토의내용 :

(1) 아측에서 별첨과같은 내용의 입장을 구두로 설명하였음. (단 설명내용은 일측의 요청에따라 문서로 곧 제시하기로 하였음)

(2) 동설명후 아래와같이 일측의 몇가지 질문에 대한 아측의 답변이 있었음.

가. 협정부속서의 규정내용, 소요 예상금액 표시여부 등의 질문에대하여 부속서에는 사업부문만 기재하고 금액명시를 하지않으며, 무상제공과 장기저리 차관을 구별하지않고 일괄하여 기재하고 연차실시계획작성시 구체화 시킨다는 취지라고 설명함.

나. 장기 저리차관과 민간신용제공에 관한 상환문제에 관하여 현물과 통상의

방법으로 상환한다는 한국측 입장의 이유를 질문한데 대하여 한일 양국 당사자가 현물로 함이 서로 이익이 될수도 있다고 판단하는 경우도 있을것이며 장차 한일간의 경제적 협력과 교제분업의 양상도 고려해서라고 설명함.

다. 무상제공과 장기저리차관의 PROJECT 를 지금까지의 경우 (PVC, CEMENT 등) 와같이 하나하나 국회의 동의를 요하게되는것인가라고 질문한데 대하여 [illegible] 사전견해라는 전제하에 특별법에 의하여 하나하나 동의를 요할필요없게 할수도 있지않겠느냐라고 답변함.

라. 무상제공과 장기저리차관에 의한것은 주로 국가사업에 관한 것인가라고 질문한데 대하여 공공사업만이 중점이 될것이나 다른것도 생각하고있다고함.

마. 용역은 PROJECT 와 관련없는것도 고려하고있는가라고 질문한데 대하여 특허권의 구입이 고려되고있다고 답변했음.

바. 원자재는 일본이 수입하는것도 (예: 원면같은것) 포함되느냐라고 질문한데 대하여 그런것까지는 고려하고있지 않다고 답변함.

사. 상사중재에 관하여 아측입장의 구체적인 설명을 요구한데 대하여 한국에는 아직 상사중재위원회가 없지만 장차 이에관한 양국간의 별도 ARRANGEMENT 를 고려하고있다고 답변함.

아. 무상제공, 장기저리차관을 모두 조달청 구매로한다면 민수용의것까지 그렇게 하는것인가라고 질문한데 대하여 그렇다고 답변함.

자. 사절단의 대우문제에 관하여 타국의 배상사절단은 구매계약체결 당사자가 되므로 대우에 대한 의의가 있는데 한국의 경우 조달청에서 전부 구매하면 의의가 적어지지 않겠느냐고 한데 대하여 구매계약의 당사자가안되는것뿐 그외의 임무는 같은것이 되지않느냐고 답변함.

(3) 일측은 상기 아측의 설명내용을 문서로 받아 검토한후 그입장을 표시할것이라고함.

(4) 다음회의는 추후 결정하기로함.

(5) 신문발표에 관하여는 한국측에서 일반적인 입장에 관한 설명이 있었다고만하고 구체적인 내용에는 TOUCH 하지않기로함.

별첨 : (주일정-외아북)

예고 : 일반문서로 재분류 (67. 12. 31.)

별첨:

4월 21일 청구권 및 경제협력위원회 제2차 회의에서의 한국측 대표의 발언요지:

1965년 4월 21일

청구권 및 경제 협력 문제에 관한 합의문서로서는 기본적인 협정으로 "대한민국과 일본국간의 청구권 해결 및 경제 협력에 관한 협정"을 맺고 별도 문서로 동 협정 실시 세목에관한 교환공문, 민간 신용 제공실절차 (소위 3억불 이상에관한 부분) 에 관한 교환공문, 협정에관한 합의의사록을 작성하는것으로한다. 그밖에 한일 청산계정상 확인된 대일 채무 (대한 채권) 에 관한 교환 공문을 만드는것으로 한다.

기본적인 협정을 비롯한 각종합의문서에 포함될 사항에관한 한국측의 입장을 아래와 같다.

1. 기본협정 전문에는 양국간의 청구권문제를 해결하고 경제협력의 증진을 희망한다는 내용을 기술하도록한다.

2. 기본 협정에 소위 여, 시이나 합의 사항중 제1항 제2항, 제3항 및 제5항을 규정하도록한다.

3. 무상 제공 3억불의 제공 및 실시 방식

가. 일본이 제공하는 생산물 및 용역중 생산물은 자본재 및 원자재로한다.

나. 한국 정부는 각년도 초마다 부속서에 열거한 사업의 부분 가운데서 선택되는 생산물 및 용역을 조달하기위한 실시 계획을 작성하여 일본 정부에 제시하고 일본정부가 이견을 제기할때에는 합동위원회의 협의에 의하여 결정하도록한다.

다. 한국정부 (조달청) 가 당사자가되어 일본국 국민 또는 법인과 직접 구매계약을

- 2 -

체결한다.

라. 구매계약 (변경포함) 은 기본협정과 동 부속문서의 규정에합치되어야하며, 당해 년도의 실시 계획의 시행을 위한것이어야한다.

마. 한국정부는 구매계약서 사본을 일본 정부에 송부하고 일본정부가 계약에 이견이 있을 때에는 계약서 사본 접수일로부터 14 일 이내에 그 이견을 한국정부에 통고하여야 한다. 한국정부는 일본정부의 이견이 타당하다고 인정할 경우에는 계약을 수정할것이며 일본 정부와 조정이 안될 경우에는 합동 위원회의 권고에 따라 처리한다.

바. 사실상 구매계약을 체결할수 없는 상황에 대하여는 양국 정부간 합의에 의하여 구매 계약없이 제공할수 있도록한다.

사. 일본정부는 한국정부가 구매계약에 의하여 지불하여야 할 대금 (구매계약없이 제공되는 경우 그 비용에 충당하기위한것을 포함) 을 지불함으로서 그 지불에 관련된 생산물 및 용역을 한국에 제공한것으로 간주한다.

4. 장기저리차관의 제공 및 실시방식

가. 무상제공의 제공 및 실시방식중 가, 나, 다, 라, 마, 사. 에 기술한것은 장기저리차관의 경우에 있어서도 같다.

나. 한국정부는 실시계획에따라 생산물 및 용역을 조달하기위한 차관계약을 일본 정부 (경제협력기금) 와 체결한다.

5. 부속서에는 무상 제공과 장기저리차관에의하여 실시할 부분을 일괄하여 표시한다.

- 3 -

6. 청구권 및 경제협력관계 협정의 시행을 위하여 한국정부의 사절단을 일본국에 설치하도록하며, 동 사절단에대한 대우에 있어서는 일본국이 타국과 체결한 배상협정에 따라 설치된 배상사절단에대한 경우와 같도록한다.

7. 협정실시상 양국정부의 이견을 조정하기위한 협의기관으로 합동위원회를 설치한다.

8. 구매계약에관한 분쟁 또는 이와관련하여 발생하는 분쟁은 앞으로 양국정부의 합의에 의하여 이루어지는 상사중재위원회에 해결을 부탁하며 구매계약에는 그러한 취지의 규정이 포함되어야한다.

9. 장기저리 차관의 상환

가. 년 1 회 일괄상환하며 상환은 현물 및 통상의 방법으로 하도록한다.

나. 원리금 지불의 기산일은 최종선적일자로 한다.

10. 민간신용제공

가. 일본정부는 민간 신용제공을 용이하게하고 촉진시키는것으로 한다.

나. 민간신용제공의 진행상황을 양국정부가 수시 검토하도록한다.

다. 상환은 현물 및 통상의 방법으로한다.

11. 은행의 지정 및 지불문제

가. 거래은행은 한국은행 재일지점을 포함하여 복수은행으로한다.

나. 지불의무의 이행시기는 일본정부가 수권은행에 불입한 날자로한다.

다. [illegible] 지불이행한도액 산정의 환률은 일본국이 거래은행에 지불하는일자의 IMF 평가에의한다.

12. 일본국 법인의 해석

일본국의 법인은 종전후 계속 일본에 거주하는 대한 민국국민이 지배하는 법인을 포함하는것으로한다.

13. 협정해석에 관한 분쟁해결

[illegible] 일차적으로 외교경로를 통하여 해결하고 해결되지않었을 때에는 중재에 부탁하는것으로 한다.

5-1. 청구권 및 경제협력위원회 제2차 회의 회의록, 1965. 4. 21

한국 외교문서 1468, 제7차 한일회담 청구권 관계 회의 보고 및 훈령, 1965, 전2권, V.2, 1965. 4. 3 가서명 이후의 청구권 및 경제협력위원회, 1965. 4-6

1965년 4월 21일 개최된 제7차 한일회담 청구권 및 경제협력위원회 제2차 회의 회의록이다.

※ 문서 상태가 불량하여 새로 타이핑한 내용을 다음 수록함.

제7차 한일회담 청구권 및 경제협력위원회 제2차 회의 회의록

1. 개최일시 : 1965. 4. 21, 10:45 -11:50
2. 개최장소 : 외무성 회의실
3. 참석자 : 한국 측 - 수석대표 이규성

교체 수석대표 김영준

〃 전상진

대표 이상덕

전문위원 정순근

〃 정재덕

〃 오재희

〃 이화균

〃 김형근

보좌 김태지

일본 측 - 대표 니시야마 아키라

〃 와다나베 마코토

〃 와다나베 야에이지

〃 다카시마 세쓰오(高島節男)[경제기획청 조정국장]

보좌 아카자와 쇼이치(赤澤璋一)

[통산성 무역진흥국 경제협력과장]

〃 무라이 시치로

〃 아쓰미 겐지

〃 오쿠라 기미오(大藏公雄)

[대장성 국제금융국 투자1과장]

〃 구마가이 센지

〃 사사부치 이사무

〃 야나기야 겐스케

〃 구로코지 야스시 외 수명

4. 토의내용

니시야마 : 오늘은 한국 측에서 준비한 안이나 생각을 말하게 되어 있는 것으로 알고 있는데, 준비한 것이 있으면 말하여 주면 좋겠다. 한국 측 입장을 들은 다음 질문할 것이 있으면 질문하도록 하겠다.

이 수석 : 그러면 우리 측의 개략적인 생각을 김 대표가 설명할 것이다.

김 대표 : (별첨과 같은 내용을 구두로 설명함.)

야나기야 : 지금 구두로 설명한 것을 문서로 받을 수 있겠는가?

이 수석 : 추후 정리가 되는 대로 주겠다.

니시야마 : 지금 한국 측이 설명한 데 대하여 의문이 나는 점 등에 관하여 질문을 하고자 한다. 합의의사록에는 무엇을 포함시킬 것을 예상하고 있는가?

김 대표 : 협정문에 관한 해석 등을 포함시키는 것을 생각하고 있다.

니시야마 : 부속서는 어디에 붙는 것인가?

김 대표 : 본 협정에 붙는 것이다.

니시야마 : 부속서에 기재될 사업 부문 열거 시 개략적이나마 액수는 표시하는 것이 아닌가?

김 대표 : 액수 표시는 생각하지 않고 있다.

니시야마 : 부속서의 사업 부문을 무상제공이나, 장기저리차관을 통 털어 하나로 만드는 것 인가?

김 대표 : 그렇다. 무상제공이나 장기저리차관이나 통 털어 하나로 만드는 것은 정부 또는 공공 부문에 중점을 두고 또한 10년에 걸친 장기적인 것이므로 미리부터 구체적으로 정하여 두는 것은 불편한 점도 있기 때문이다. 구체적인 것은 연차 실시계획으로서 결정하여 나갈 것을 생각하고 있다.

니시야마 : 그렇다면 연차 실시계획에서 세부적인 사업이 결정될 텐데 일본으로부터 도입되는 자금이 한국의 어떠한 경제개발계획에 근거를 소화될 것인지 계획에 관한 설명을 하여줄 수 있겠는가?

김 대표 : 현재 제1차 5개년 계획이 진행 중에 있고 이어서 제2차 5개년 계획이 실시될 텐데 제2차 5개년 계획에는 한일회담 타결의 전망도 확실치 않은 점도 있고 해서 일본으로부터 들어올 자금은 반영되어 있지 않고 있다. 따라서 일본으로부터 들

어올 자금에 관하여는 이제부터 계획을 하여야 하므로 장래 계획을 지금 말 할 단계에는 있지 않다.

구마가이 : 아까 한국 측에서는 부속서를 작성함에 있어서 무상제공과 장기저리차관의 사업 부문을 통 털어 하나에 기재한다고 말하였는데 그래도 사업의 성질상 조금 차이가 있어야 할 것으로 생각하는데 어떤가?

김 대표 : 우리 측으로서는 무상제공으로 도입하는 것이나 장기저리차관으로 도입하는 것을, 이것은 무상제공으로, 저것은 장기저리차관으로 하는 식으로 나눌 수 없고 같은 부문에서 무상제공으로 들여올 수도 있고 장기저리차관으로도 들여올 수 있도록 개략적인 부문 기술을 하자는 것이며 이것은 우리 측 국내 계획이나 기타 사정상 그렇게 할 수밖에 없다.

와타나베 : 한국 측에서는 장기저리차관의 상환이나 민간신용제공에 있어서의 상환이나 상환에 있어서 현물로 하겠다는 생각이 있는데 무슨 이유에서 그러한가?

김 대표 : 그것은 한일 양 당사자가 서로 이익이 될 수도 있다고 판단하는 경우도 있을 것이며 장차 한일 간의 경제 분야에 있어서의 협력이나 국제분업의 양상도 고려해서 그러한 것이다.

와다나베 : 이를테면 일본이 인도네시아에 대하여 한 Production Sharing System 방식의 예와 비슷하게 생각하는가?

김 대표 : 그렇다.

구마가이 : 장기저리차관에 있어서도 구매 계약을 조달청에서 체결한다고 하는데 실제로 도입하는 민간업자와 조달청 간에 관계되는 것은 국내적으로 별도로 조치를 생각하고 있는가?

김 대표 : 그렇다.

아카자와 : 무상제공과 장기저리차관의 프로젝트를 지금까지의 경우(PVC, 시멘트 등)와 같이 하나하나 국회의 동의를 요하게 되는 것인가?

이 수석 : 사적인 견해이나 특별법에 의하여 하나하나 동의를 요할 필요는 없게 할 수도 있지 않을까 생각한다.

구마가이 : 그것은 무상제공이나 장기저리차관에 있어서 모두 그러한가?

김 대표 : 그렇다.

니시야마 : 질문하는 데 외람된 느낌이 있으나 3억 불을 국가사업에 전부 소화시킬 수 있는 계획이 서 있는가?

김 대표 : 공공사업을 중시한다는 것뿐이지 전부 공공사업에 관한 것만 하겠다는 것이 아니다.

니시야마 : 그렇다면 민간이 하는 사업도 포함될 수 있다는 것인가?

김 대표 : 물론 그렇다.

아카자와 : 원자재의 범위 이야기인데 일본이 수입하는 것, 예를 들면, 원면 같은 것도 포함될 것인가?

김 대표 : 일본이 수입하는 그러한 것까지는 고려하고 있지 않다.

니시야마 : 서비스는 프로젝트와 관련 없는 것도 고려하고 있는가?

김 대표 : 특허권 등의 구입 같은 것이 고려될 수 있다고 생각한다.

일 측 : 사절단의 대우 문제에 관하여 타국의 배상 사절단은 구매 계약 체결 당사자가 되므로 대우에 대한 의의가 있는데 한국의 경우 조달청에서 전부 구매한다면 어떨까 생각하는데.

김 대표 : 사절단은 결국 구매 계약의 당사자가 안 되는 것뿐 그 외의 임무는 같은 것이 되지 않겠는가.

구마가이 : 상사중재에 관하여 조금 더 구체적으로 설명하여 줄 수 있겠는가.

정순근 의원 : 한국에는 아직 상사중재위원회가 없지만 다른 예도 있으므로 장차 이에 관한 양국 간의 별도 arrangement를 고려하고 있다.

이 수석 : 이상 우리 측의 입장을 일본 측에서 조속히 검토하는 동시에 일본 측의 안을 제시하여 주었으면 한다.

니시야마 : 글쎄, 일본 측으로 보아서 전례가 있는 것도 있고 없는 것도 상당히 있는 것 같은데 … 여하간 지금 말씀한 한국 측의 입장에 관한 요지를 문서화한 것을 주면 빨리 검토하도록 하겠다.

이 수석 : 다음 회의는 어떻게 할 것인가. 금요일 오후쯤 하는 것이 어떤가?

니시야마 : 다음 회의를 이 자리에서 정하기는 어렵고 별도로 연락하겠으나 금주는 어렵지 않을까 생각한다.

야나기야 : 신문 발표에 관하여, 한국 측에서 일반적인 입장에 관한 설명이 있었다고

함이 어떤가?

이 수석 : 좋은데 구체적인 내용은 건드리지 않기로 하자.

야나기야 : 알겠다.

니시야마 : 그러면 오늘은 이만하자.

제 7차 한일 회담 청구권 및
경제 협력 위원회 제 2차 회의

회 의 록

1. 개최일자: 1965. 4. 21. 10:45 - 11:30

2. 개최장소: 외무성 회의실

3. 참석자: 한국측 - 수석대표 이규성

교체수석대표 김영준

〃 전상진

대표 이상덕

전문위원 정순근

〃 공제덕

〃 오재희

〃 문희철

〃 김명근

보좌 김태지

일본측 - 대표 니시야마 아끼라

〃 와다나베 마꼬도

〃 와다나베 야에이지

대표 다까시마 세쯔오

보좌 다까사와 요이찌

〃 부따이 시게로

〃 아소미 겐지

보좌 오구라 기미오
〃 구마가이 신지
〃 사사부찌 이사무
〃 야나기야 겐스게
〃 고도고지 야스시 외 수명

4. 토의 내용:

니시야마: 오늘은 한국측에서 준비한 양여각 심구을 말하게 되어 있는것으로 알고 있는데, 준비한것이 있으면 말하여 주면 좋겠다.

한국측 입장을 들은 다음 질문할 것이 있으면 질문하도록 하겠다.

이수석: 그러면 우리측의 기본적인 생각을 김대표가 설명할 것이다.

김대표: (별첨과 같은 내용을 구두로 설명함.)

야나기야: 지금 구두로 설명한 것을 문서로 받을수 있겠는가?

이수석: 추후 정리가 되는대로 주겠다.

니시야마: 지금 한국측이 설명한데 대하여 의문이 나는 점등에 관하여 질문을 하고자 한다.

합의 의사록에는 무엇을 포함시킬 것을 예상하고 있는가:

김대표: 협정문에 관한 해석등을 포함시키는 것을 생각하고 있다.

니시야마: 부속서는 어디에 붙는 것인가?

김대표: 본 협정에 붙는 것이다.

니시야마: 부속서에 게재될 사업부문 앞에서 기본적이나마 위스는 표시하는 것이 아닌가?

김대표: 위수 표시는 생각하지 않고 있다.

니시야마: 부속서의 사업 부문은 두상 제공이나, 장기 저리 차관을 통털어 하나로 만드는 건 인가?

김대표: 그렇다. 두상 제공이나 장기 저리 차관이나 통털어 하나로 만드는 것은 정부 또는 공공 부문에 중점을 두고 또한 10년에 걸친 장기적인 것이므로 미리 부터 구체적으로 정하여 두는 것은 불편한 점도 있기 때문이다. 구체적인 것은 년차 실시 계획으로서 결정하여 나갈것을 생각하고 있다.

니시야마: 그렇다면 년차 실시 계획에서 세부적인 사업이 결정될텐데 일본으로 부터 도입되는 자금이 한국의 어떠한 경제개발 계획에 근거를 소화될건인지 계획에 관한 설명을 하여 줄수 있겠는가?

김대표: 현재 제 1차 5개년 계획이 진행중에 있고 이어서 제 2차 5개년 계획이 실시 될텐데 제 2차 5개년 계획에는 한일 회담 타결의 전망도 확실치 않은점도 있고 해서 일본으로 부터 들어올 자금은 반영되어 있지 않고 있다.

따라서 일본으로 부터 들어올 자금에 관하여는 이제 부터 계획을 하여야 하므로 장래 계획을 지금 말한 단계에는 있지 않다.

구마가이: 아까 한국측에서는 부속서를 작성함에 있어서 무상 자금과 장기 저리 차관의 사업 부문을 통털어 하나로 기재한다고 말하였는데 그래도 사업의 성질상 조금 차이가 있어야 할것으로 생각하는데 어떠한가.

김 대표: 우리측으로서는 무상 자금으로 도입하는것이나 장기 저리 차관으로 도입하는 것을, 이것은 무상자금으로, 저것은 장기 저리 차관으로 하는 식으로 나눌수 없고 같은 부문에서 무상 자금으로 들어 올수도 있고 장기 저리 차관으로도 들어 올수 있도록 개략적인 부문 기술을 하자는 것이며 이것은 우리측 국내 계획이나 기타 사정상 그렇게 할수 밖에 없다.

와다나베: 한국 측에서는 장기 저리 차관의 상환이나 민간 신용 자금에 있어서의 상환이나 상환에 있어서 현물로 하겠다는 생각이 있는데 무슨 이유에서 그러한가?

김 대표: 그것은 한일 양 당사자가 서로 이익이 될수도 있다고 판단 하는 경우도 있을것이며 장차 한일간의 경제 분야에 있어서의 협력이나 국제 분업의 양상도 그러해서 그러한 것이다.

와다나베: 이를테면 일본이 인도네시아에 대하여 한 production sharing system 방식의 예와 비슷하게 생각하는가.

김 대표: 그렇다.

구마가이: 장기 저리 차관에 있어서도 구체 계약을 조달청에서 체결한다고 하는데 실제로 도입하는 민간 업자와 조달청간에 관계되는 것은 국내적으로 별도로 조치를 생각하고 있는가?

김 대표: 그렇다.

아까사와: 무상 제공과 장기 저리 차관의 프로젝트를 지금까지의 경우 (PVC, 시멘트 등)와 같이 하나 하나 국회의 동의를 요하게 되는건인가

이수석: 사적인 견해이나 특별법에 의하여 하나 하나 동의를 요할 필요 없게 할수도 있지 않을까 생각한다.

구마가이: 그것은 무상 제공이나 장기 저리 차관에 있어서 모두 고려한가.

김대표: 그렇다.

니시야마: 질문하는데 외무부 노견이 있으나 그액수를 국가 사업에 전부 소화 시킬수 있는 계획이 서 있는가?

김대표: 공공 사업을 중시한다는 것뿐이지 전부 공공 사업에 관한것만 하겠다는 것이 아니다.

니시야마: 그렇다면 민간이 하는 사업도 포함될수 있다는 것인가?

김대표: 물론 그렇다.

아까사와: 원자재의 범위 이야기인데 일본이 수입하는 것, 예를 들면, 원면 같은것도 포함될것인가

김대표: 일본이 수입 하는 그러한 것까지는 고려하고 있지 않다.

니시야마: 서비스는 프로젝트와 관련 있는 것도 고려하고 있는가.

김대표: 특허권 등의 구입 같은 것이 고려될수 있다고 생각한다.

일측: 사절단의 파견 등에 관하여 외국의 배상 사절단은 구매 계약 체결 당사자가 되므로 파견에 관한 의의가 있는데 한국의 경우 조달청에서 전부 구매 한다면 어떨까 생각하는데.

김대표: 사절단은 결국 구매 계약의 당사자가 안되는 건 별론 그외의 임무는 같은것이 되지 않겠는가.

구다가이: 상사 중재에 관하여 조금 더 구체적으로 설명하여 줄수 있겠는가

정위원: 한국에는 아직 상사 중재 위원회가 없지만 장차 이에 관한 양국간의 별도 arrangement 를 고려하고 있다.

이수석: 이상 우리측의 입장을 일본측에서 조속히 검토하는 동시에 일본측의 안을 제시하여 주었으면 한다.

니시야마: 글쎄, 일본측으로 보아서 전례가 없는것도 있는데. 여하간 한국측의 입장에 관한 문서화 한것을 주면 빨리 검토하도록 하겠다.

이수석: 다음 회의는 어떻게 할것인가. 금요일 오후쯤 하는것이 어떤가.

니시야마: 다음 회의를 이자리에서 정하기는 어렵고 별도로 연락하겠으나 금주는 어렵지 않을까 생각한다.

야나기야: 신문 발표에 관하여, 한국측에서 일반적인 입장에 관한 설명이 있었다고 함이 어떤가.

이수석: 좋은데 구체적인 내용은 건드리지 않기로 하자.

야나기야: 알겠다.

니시야마: 그러면 오늘은 이만 하자.

6. 대일청구권 교섭지침, 1965. 4. 24

한국 외교문서 1468, 제7차 한일회담 청구권 관계 회의 보고 및 훈령, 1965, 전2권, V.2, 1965. 4. 3 가서명 이후의 청구권 및 경제협력위원회, 1965. 4-6

제7차 회담 청구권 및 경제협력위원회 회의에서의 교섭지침에 대한 내부재가 문서(정서본) 및 대표단 앞 공문이다.

협정 전문에 담겨야 할 내용, 청구권의 해결에 관한 우리 측 입장 등이 담겨 있으며, 협정 문안 초안도 첨부되어 있다.

기 안 지

기 안 자	동북아과	전화번호		공 보	필 요	불필요

과 장	국 장	차 관	장 관	부총리	국무총리
(EP)	(EP)	(EP)	후결	후결	후결

협 조 자 성 명		보 존 년 한	
기 안 년 월 일	65. 4. 24.	시 행 년월일	
분류기호 문서번호	외아북 722 - 858	통 제 관	
경 유 수 신 참 조	한일회담 수석대표	발 신	장 관
제 목	대일청구권 교섭지침		

정 서	기 장

958

4. 24

1. Jaw-04412 에 대한 지시임.

2. 청구권 위원회에서의 대일 교섭에 대하여 아측이 취할 입장을 65. 4.20. 부터 65. 4.23. 까지 부총리 주재하에 재검토 하고 별첨과 같이 시달하오니 이에 따라 교섭하시기 바람.

3. 별첨 지시에 의한 교섭상 문제되는 점은 수시 본부에 청훈하시기 바람.

유첨: 교섭 지침. 끝

예고문 재분류 (1965.12.18)
과장 최 광 수

67. 12. 31.

공통서식 1—2 (갑) (16절지)

외 무 부

외아북 722 1965. 4. 24.

수신: 한일회담 수석대표

제목: 대일청구권 교섭 지침

1. JAW -04412 에 대한 지시임.

2. 청구권위원회에서의 대일 교섭에 대하여 아측이 취할 입장을 65. 4.20.부터 65. 4.23.까지 부총리 주재하에 재검토하고 별첨과 같이 시달하오니 이에 따라 교섭하시기 바람.

3. 별첨 지시에 의한 교섭상 문제되는 점은 수시 본부에 청훈하시기 바람.

유첨: 교섭 지침. 끝

직권으로 재분류 (1965.12.18)
과장 최 광 수

67.12.31

외 무 부 장 관 이 동 원

<u>대일 청구권 교섭 지침</u>

1. 명목과 정신 (전문)

   가. 청구권은 한국의 일본에 대한 청구권이며, 우리 입장으로서는 이 청구권의 존재를 우선 확인 하는것이 절대 필요하다. 청구권의 존재의 시기는 제2차 세계대전 전후로 한다.

   나. 이미 한일 양국간에 가조인된 기본관계에 관한 조약의 정신을 원용하므로서, 청구권 해결이 양국간의 역사적 배경, 주권의 상호 존중, 공동복리 및 국제평화와 안전에 일조가 된다는 것을 연결시킬수 있다.

   다. 일본의 대한 청구권은 처음부터 언급하지 않는것이 우리에게 희망되는 바이나, 일본측이 강경한 태도로 나오는 경우, 여사한 일본측의 대한 청구권의 말소를 확인 시킨다는 것도 오히려 우리측이 요청할 바이므로 상항조약(일본과의 평화 조약) 제4조에 의하여 그 포기가 확인된 것임. 또한 일본의 대한 청구권 운운은 그로 부터 야기될 국내적 문제를 감안하여 우리측으로서는 이를 명기치 않음이 좋을것임.

   그러나 이 문제로 인하여 교섭이 곤란한 경우에는 전술한바와 같이 우리측이 오히려 유리한 점이 있으므로 "상항조약을 원용함"에 의하여 이를 수락함도 가함.

   라. 일본이 한국에 대하여 청구권을 해결함에 있어서 충분한 채무이행을 하지 아니 하였다는 여운을 남기게 위하여 이 청구권의 해결을 일본의 경제적 역량의 범위내에서라고 할것이 필요하나, 이는 국내적인 의수불만에 의한 비난의 문제도 있으므로 굳이

고수하지 아니하여도 무방함. (이상 협정초안의 명칭 및 전문)

마. 금차의 청구권의 해결이 양국간의 청구권 문제가 최종적으로 해결된것이라는 취지로 교섭할것.(초안 제1안)

바. 무상, 유상이라는 용어가 주는 좋지 않은 어감을 피하기 위하여 상기 용어를 사용하지 말고, 청구권의 해결, 경제협력이라는 말로서 3억, 2억, 1억 를 포괄하도록 할것. (초안 제1안)

대한민국과 일본국간의 청구권 해결 및 경제협력에 관한

협정 (안)

(제1안)

전문:

대한민국과 일본국은 제2차 세계대전의 종결의 전후에 대한민국의 일본국에 대한 청구권의 존재를 확인하고,

omit (~~1951년 9월 8일 샌프란시스코시에서 서명된 일본국과의 평화조약 제4조(a), (b)의 규정 및~~) 196 _년 _월 _일 __ 에서 서명된 대한민국과 일본국간의 기본관계에 관한 조약의 정신을 상기하고,

일본국의 경제적 역량의 범위내에서 이러한 청구권 문제의 해결과 양국간의 경제협력의 증진을 희망하여,

다음과 같이 합의하였다.

(제2안)

전문:

(대한민국과 일본국은 제2차 세계대전의 종결의 전후에 양국간에 청구권이 존재하였음을 확인하고,)

1951년 9월 8일 샌프란시스코시에서 서명된 일본국과의 평화조약 제4조(a)항(b)의 규정 및 1965_년 _월 _일 _ 에서 서명된 기본관계에 관한 대한민국과 일본국간의 조약의 정신을 상기하고,

일본국의 경제적 역량의 범위내에서 이러한 청구권 문제의 해결과 양국간의 경제협력의 증진을 희망하여,

다음과 같이 합의하였다.

대한민국과 일본국간의 경제협력에 관한

협정의 실시 세목에 관한 교환 공문

(제1안)

본인은 금일 서명된 대한민국과 일본국간의 청구권 해결 및 경제협력에 관한 협정에 언급하는 것을 영광으로 생각 합니다. 대한민국 정부는 양국 정부가 동 협정 제9조의 규정에 따라 다음과 같이 합의할것을 제안 합니다.

(제2안)

..............동 협정 제10조 ....

1. 계약

1. (제1안)

대한민국과 일본국간의 청구권 해결 및 경제협력에 관한 협정(이하 "협정"이라 칭함) 제4조 제2항에서 말한 구매계약은 일본원으로 통상의 무역상의 절차에 따라 체결한다.

1. (제2안)

.... 제4조 제2항 및 제4조에 말한 구매 및 차관계약은 일본원으로 통상의 상업상의 절차에 따라 체결한다.

2. (제1안) 없음.

(계약의 책임문제는 제1안에서는 설치하지 아니하나 일측의 태도 여하에 따라서는 수락 가능)

2. (제2안)

구매 및 차관계약의 실시에 관한 책임은 계약 당사자만이 진다.

3. (제1안) 없음.

(사절단 추천 문제는 제1안에서 설치하지 아니함.)

3. (제2안)

일본국 정부는 사절단에 대하여 구매(및 차관) 계약을 체결할 자격을 가진 일본국의 국민 및 법인을 추천할수 있다. 그러나 대한민국 정부 또는 그가 위임하는자(또는 사절단)는 이와 같이 추천 된자와만 구매(및 차관) 계약을 체결하도록 구속 받지 아니한다.

4. (제1안) 없음.

(교섭 제1안으로서 설치하지 아니함.)

4. (제2안)

수송, 보험 또는 검사 와 같이 부수적 인 용역의 제공을 필요로 하고 또한 이를 위한 지불이 협정 제1조 제1항에 의거하여 행하여 지도록 되어 있는 모든 구매 계약은 이와 같은 용역이 일본국민 또는 일본국의 법인에 의하여 행하여 진다는 취지 의 규정을 포함하여야 한다.

2. 지불

2. (제1안)

대한민국 정부는 자기의 선택에 의하여 일본국내의 ~~1~~ 이상의 공인 외환은행과 약정을 체결하고 자기명의의 필요한 계정을 개설하고 그 은행에 일본국 정부로 부터의 지불의 수령 또는 지불의 실시를 수권하고 그 약정의 내용을 일본국 정부에 통고한다. 단, 전기 외환은행에는 한국은행 동경지점을 포함하는 것으로 한다. 특별계정은 무이자로 할것을 양해한다.

5. (제2안)

협정 제7조에 규정한 사절단은 자기의 선택에 의하여 일본국내의 2이상의 공인 외환은행과 약정을 체결하고 자기명의의 구매 및 차관 계정을 개설하고 그 은행에 일본국정부로 부터의 지불의 수령 또는 지불의 실시를 수권하고 또한 그 약정의 내용을 일본국 정부에 통고한다. 구매 및 차관계정은 무이자로 할것을 양해한다.

3. (제1안)

대한민국 정부 또는 그가 위임한 자는 구매 계약의 규정에 의거하여 지불의 의무가 발생하기전의 ~~상당~~ 적당한 기간내에 지불 금액 및 대한민국 정부 또는 그가 위임하는 자가 동 계약자에게 지불하여야 할 일자를 기재한 지불 청구서를 일본국 정부에 송부하여야 한다.

6. (제2안)

("대한민국 정부 또는 그가 위임하는자"를 "사절단"으로 대치)

4. (제1안)

일본국 정부는 지불 청구서에 표시된 금액을 전항의 대한민국 정부 또는 위임하는 자에 의한 지불 일자의 전일까지 상기 제1항에 정하는 은행에 지불하여야 한다.

7. (제2안)

(" 대한민국 정부 또는 그가 위임하는 자"를 "사절단"으로 대치)

5. (제1안)

일본국정부는 협정 제4조 제3항의 규정에 의한 생산물 및 용역의 제공에 필요한 비용에 충당하기 위한 지불도 전항에서 규정한바와 같 은 방법으로 행한다.

8. (제2안)

6. (제1안)

전기 제4 및 전항의 규정에 의거하여 지불되는 금액은 필요한 구매 계정에 대기하며 다른 여하한 자금도 동 계정에 대기하지 아니한다. 동 계정은 전기 제3항 및 전항의 목적을 위하여서만 사기를 한다.

9. (제2안)

.... 제7항 및 .... 구매 및 차관 계정.........

.... 제6항 및 ....

7. (제1안)

대한민국 정부 또는 그가 위임한 자가 구정에 불입된 자금의 전부 또는 일부를 계약의 해제 또는 기타의 사유로 인출하지 않았을 경우에는 미불 금액은 일본국 정부와 적당한 약정을 한 후에 전기 제3항 및 제5항의 목적을 위한 지출에 충당한다.

10. (제2안)

사절단이 .... 구매 및 차관계정........

..... 제6항......... 제8항......

8. (제1안)

계정에서 지불된 금액의 전부 또는 일부가 대한민국 정부 또는 그가 위임하는 자에게 반환되었을 경우에는 그 반환된 금액은 전기 제6항의 규정에 불구하고 계정에 대기한다. 전항의 규정은 이들 금액에 대하여 준용한다.

11. (제2안)

.... 사절단..................... 제9항........... 구매 및 차관계정.....

9. (제1안)

협정 제6조 제2항의 규정의 적용에 있어서 "지불을 행한때" 라 함은 지불이 일본국 정부에 의하여 전기 제2항에서 정한 은행에 대하여 행하여 진때를 말한다.

12. (제2안)

협정 제6조 제2항의 ....

제5항...............

10. (제1안)

협정 제6조 제2항의 규정에 따라 일본국 정부가 협정 제1조(가) 및 (나)에 의거한 의무를 이행하는 것으로 되는 한도액의 산정은, 일본국 정부가 결정하고, 또한 국제 통화 기금이 동의하는, 일본국의 아메리카 합중국 불에 대한 평가로서, 다음에 게재되는 일자에 적용되는 것에 의하여 지불금액에 동등한 아메리카 합중국불의 액수를 결정하므로서 행한다.

13. (제2안)

동

가. (제1안-)

구매계약에 관한 지불의 경우에는 일본국 정부가 당해 계약에 의한 금액을 제2항에서 정한 은행에 지불하는 일자.

가. (제2안-

구매 및 사관계약에 관한 지불의 경우에는 일본국정부가 당해 계약을 확인한 일자.

나. (제1안)

기타의 경우에는 각 경우에 있어 양국정부가 합의하는 일자 단, 합의하는 일자가 없을때에는 일본정부가 제2항에서 정한 은행에 지불을 하는 일자

나. (제2안)

동

3. 차관의 상환

14. (제2안)

협정 제1조 (나)에서 말한 생산물 및 용역의 조달은 국제교역에 있어서 행하여 지는 통상의 무역상(또는 상업상) 방식에 의하여 양국의 관계 법령에 따라 행한다.

11. (제1안)

대한민국 정부는 매년 반제액을 일괄 하여 상환한다.

15. (제2안)

동

12. (제1안)

이 차관은 원본의 상환 및 이식 의 지불을 현물 또는 통상의 방법으로하고 양국정부 합의로서 수시 결정한다.

16. (제2안)

동

6. 사절단

1. 전적으로 사절단에 근무할것을 목적으로 일본국에 입국하여 거주하는 대한민국 국민에 한하여 협정 제7조 제6항의 규정의 적용을 받는 것으로 하고 일본국에 있어서의 과세를 면제한다.
2. 대한민국 정부는 구매계약의 체결 및 실시에 관하여 사절단을 대표하여 행동하는 권한이 부여된 사절단의 장 및 기타 직원의 성명을 일본국 정부에 수시 통고하고 일본국 정부는 그 성명을 일본국의 관보에 고시한다. 이 사절단의 장 및 기타 직원의 권한은 일본국의 관보에 별제 고시가 있을때까지는 계속되고 있는 것으로 간주한다.

본인은 또한 본 공한 및 전기의 제안의 귀국정부에 의한 수락을 확인시키는 각하의 회한을 동협정 제9조(제8조 1항)의 규정에 의거한 동협정의 실시에 관한 세목에 대한 양정부간의 합의를 구성하는 것으로 간주할것을 제안함을 영광으로 생각 합니다.

이기회에 각하에 대하여 거듭 본인의 지대한 경의를 표합니다.

년 월 일 에서

대한민국 전권 위원

일본국 전권위원 ______________ 각하

대한민국과 일본국간의 청구권 해결 및 경제협력에 관한 협정
제1조 (다)에 관한 교환 공문

(제1안)

본인은 오늘 서명된 대한민국과 일본국간의 청구권 해결 및 경제협력에 관한 협정에 언급하는 것을 영광으로 생각 합니다.

대한민국 정부는 양정부가 동 협정 제1조 (다)에 규정된 상업차관에 관하여 다음과 같이 합의할 것을 제안 합니다.

1. (제1안)

일본국은 년간 1천만 아메리카 합중국불 ($10,000,000) 이상의 일본원의 상업차관(이하 "차관"이라 칭함) 을 일본정부의 관여와 수출입 은행에 의한 가장 유리한 조건하에 일본국의 민간 상사 또는 국민에 의하여 체결되는 정당한 계약에 의하여 10년간에 걸쳐 대한민국 정부, 민간상사 또는 국민에 제공한다.

1. (제2안)

("일본정부의 관여............. 조건하에" 를 삭제) facilitate

2. (제1안)

전항의 차관은 양국정부가 매년 합의하는 계획의 실시에 필요한 일본국의 생산물 및 일본인의 용역의 대한민국에 의한 조달에 충당한다. 대한민국 정부는 차관을 희망하는 대한민국의 민간 상사 또는 국민의 자격의 기준을 결정한다.

2. (제2안)

차관은 상업상의 기초에 의하여 또한 양국간의 관계 법령에 따라서 실시한다. 대한민국 정부는 매년 차관의 계약의 대상이 될수 있는 투자부문의 및 사업의 계획을 결정하고 또 그와 같은 차관을 희망하는 대한민국의 민간 상사 또는 국민의 자격의 기준을 결정한다.

3. (제1안)

일본국 정부는 일본 수출입 은행이 전 제1항의 규정에 따라 체결되는 계약에 의거하여 차관을 실시하는데 필요한 자금을 확보할수 있도록 모든 조치를 취한다.

(제2안)

일본국 정부는 관계 법령의 범위내에서 일본 수출입 은행이 전 제1항의 규정에 따라 체결되는 계약에 의거하여 차관을 실시하는데 필요한 자금을 확보할수 있도록 모든 조치를 취한다.

(제3안)

양 정부는 관계 법령의 범위내에서 차관의 제공을 용이하게 하고 또한 촉진한다. 차관에 관하여 일본정부가 취할것을 필요로 하는 용이화 및 촉진화의 조치는 일본국의 민간상사 또는 국민과 대한민국 정부, 민간 상사 또는 국민간의 계약으로서 일본 수출입 은행으로 부터 통상의 상업상의 기초에 따라 당해시에 있어서 일본 수출입 은행이 가용한 자금의 범위내에서 융자를 받고 있는것에 관하여 현재 취해지고 있는 조치와 같은 것으로 한다.

4. (제1안)

양국정부는 이 약정의 원활한 운용을 위하여 차관을 위한 계약의 체결 및 이행의 상황을 수시 공동으로 검토한다.

(제2안)

동

5. (제1안)

대한민국 정부는 전기 제1항의 규정에 따라 체결되는 계약에 의거하여 실시될 원금의 상환 및 이자의 지불이 현물 또는 용상의 방법으로 실시되도록 필요한 조치를 취한다.

(제2안)

차관의 조건은 당해 계약 당사자간에 아래와 같은 원칙에 입각하여 합의 한다.

가. 차관은 현물 또는 용상의 방법에 의하여 분활하여 반제 한다.

나. 차관은 관계법령의 범위내에서 최장기, 최저리로 한다.

6. (제1안)

없음.

(제2안)

대한민국 정부는(한국은행은) 차관의 원금의 상환 및 이자의 지불을 보증한다.

7. (제1안)

양국정부는 대한민국정부, 민간상사 또는 국민이 전기 제2항에 따라 결정되는 계획을 실시하기 위하여 조달되는 생산물 및 용역의 각 년도 조달 계획을 매년 협의에 의하여 작성한다.

(제2안)

동

8. (제1안)

차관을 위한 계약으로 부터 또는 이와 관련하여 발생하는 분쟁은 당해 계약의 당사자간의 합의에 의한/ 의거한 중재에 따라 또는 그 분쟁에 대하여 관할권을 가진 나라의 통상의 소송 절차에 따라 해결한다.

(제2안)

동

9. (제1안)

이 약정은 10년간 효력을 가진다. 단, 본협정의 효력 발생일로 부터 9년이 경과한후 그 10년의 기간의 말일까지에 동 협정 제1조 제1항에서 정한 금액에 달하지 않는다고 인정될때에는 양 정부는 어느 일방의 정부의 요청에 의하여 이 약정의 유효 기간을 연장하기 위하여 협의 하기로 한다.

(제2안)

동

본인은 또한 본 공한 및 전기의 제안이 귀국 정부에 의한 수락을 확인하는 각하의 회한을 동 협정 제1조 제3항의 규정에 의한 상업차관 실시에 관한 양 정부간의 합의를 구성하는 것으로 간주할것을 제안함을 영광으로 생각 합니다.

이기회에 각하에 대하여 거듭 본인의 지대한 경의를 표합니다.

년 월 일 에서

대한민국 전권 위원

일본국 전권 위원 ______________ 각하

7. JAW-04514, 본부 훈령에 대한 대표단의 재 청훈, 1965. 4. 27

한국 외교문서 1468, 제7차 한일회담 청구권 관계 회의 보고 및 훈령, 1965, 전2권, V.2, 1965. 4. 3 가서명 이후의 청구권 및 경제협력위원회, 1965. 4-6

본부의 1965년 4월 24일 자 훈령(교섭지침)에 대한 대표단의 재 청훈 문서(전문)다.

대한민국외무부

긴급

번 호 : JAW-04514

일 시 : 271428

수신인: 장 관

발신인: 수석대표

(참조 : 경제기획원장관)

1. 외아북 722-956 (65. 4. 24)을 접수하였음.

2. 상기 훈령에 대하여 아래사항을 청훈하오니 조속히 재지시바람.

가. 2억불의 장기저리차관의 제공을 "협정발효일로부터 10년의 기한내에" 한다는 부분은 "삭제 별도 합의" 라고 되어있는바, 동기간문제는 이. 시이나 합의사항의 일부로서 본협정의 근본이 되는 사항인 만큼 이것만을 분리하여 다른문서에 포함시킴은 교섭상 어려울것으로 예상되며 다른문서에 분리한다하더라도 명문화되어 있는이상 실질적 의의가 없을뿐만아니라 (동 기간 문제는 이미 이. 시이나 합의로서 공개되어있음) 차관 조항 전체를 본 협정에서 분리하자는 일측의 제안을 유발할 가능성이 있음으로 추후 교섭에 지장이 있을것으로 사료됨.

나. 구매계약의 분쟁해결의 가장 편리한 방도가 상사 중재이나, 아국은 아직 상사중재가 국내법상 제도화되어있지않고 있음으로 이를 규정하는 경우 일본의 상사중재에 부탁하는것으로될 우려가있음. 그러나 앞으로 아국이 이를 국내법상 제도화할수있으며 이러한 경우 다른나라의 경우와같이 양국간의 협정을 체결하여 대등한 입장에서 상사중재를 할수있는것임.

- 2 -

(이러한협정에서는 어떠한 성질의 분쟁이 어느나라의 상사중재에 회부되는가하는 기준 즉 "피고지주의" 또는 "양륙지 주의" 등을 규정함)

21일의 아측발언 요지 제8항의 상사중재위원회는 상술한 방법을 말한것인바, 다만 이경우 이러한 상사중재를 제도화할때까지의 잠정적 조치를 어떻게 할것인가 하는것이 문제가되는것임. 이에있어서는 아측 제1안에의한 일반중재를 고려할수있는데 대호훈령에의하면 "동 기간내에 제 3의 중재위원의 선정에관하여 합의하지못하였을 때에는 일반 대상자는 제3의 중재인을 임명할것을 국제사법 재판소장에게 요청할수 있다." 는 부분을 삭제하게되어있는바 그러한 경우 제3의 중재위원의 선정에 합의하지 못하였을때 어떻게 할것인지 무슨방도가있어야할것임.

다. 대호 훈령별첨물의 대조표 제(10)항중 최종선인 "3억의경우(무상의 경우임) 같다"는것을 "불가" 라고한이유가 불분명하므로 설명하여주시기 바람.

3. 상기점외 대표단의 재청훈요망사항은 앞으로 일측의 태도를 보아가면서 수시로 앙청할예정이며, 특히 상기점은 일측과의 교섭에서 필요에따라서는 우리측의 입장을 곧 알려야할경우도 예상됨에 비추어 조속히 지시하여주시기 바람. (주일정-외아북, 외통협)

예고 : 일반문서로 재분류 (67.12.31)

8. WJA-04385, 대표단의 재 청훈에 대한 본부의 답신, 1965. 4. 29

한국 외교문서 1468, 제7차 한일회담 청구권 관계 회의 보고 및 훈령, 1965, 전2권, V.2, 1965. 4. 3 가서명 이후의 청구권 및 경제협력위원회, 1965. 4-6

대표단의 재 청훈 요청에 대한 본부의 답신 문서(전문)다.

대 한 민 국 외 무 부

번 호: WJA-06385
일 시: 271605

수 신 인: 한일회담 수석대표

대: JAW-04514

1. 청훈 2항 "가" 에 대하여.

장기 저리차관의 제공기간을 가급적 단축되도록 교섭하되, 일본측이 이를 강경히 거부하든가 장기 저리차관에 관한 조항을 본협정에서 분리할것을 주장할 가능성이 있는 경우에는 "협정발효일로 부터 10년의 기간내에" 를 본협정에 명시할수 있음.

2. 청훈 2항 "나" 에 대하여:

"소정의 기간내에 제3의 중재위원의 선정에 관하여 합의하지 못하였을때에는 양국 정부간의 협의기관으로 설치될 합동회의 (협정초안 제8조 참조) 에 회부하여 그 권고에 따라 처리" 하도록 할것.

3. 청훈 2항 "다" 에 대하여:

장기 저리차관의 제공, 실시방식은 "개별적인 사업계획 합의서" (또는 "차관계약") 을 체결하는 경우를 제외하고는 "3억" (무상제공) 의 경우와 동일하게 할수있음. (외아북)

장 관

9. 청구권 및 경제협력위원회 제3차 회의 결과 보고, 1965. 4. 30

한국 외교문서 1468, 제7차 한일회담 청구권 관계 회의 보고 및 훈령, 1965, 전2권, V.2, 1965. 4. 3 가서명 이후의 청구권 및 경제협력위원회, 1965. 4-6

1965년 4월 30일 개최된 제7차 한일회담 청구권 및 경제협력위원회 제3차 회의 결과 보고 문서다. 이 문서는 5월 1일 귀국하는 김영준 경제기획원 차관보가 휴대하였다.

KOREAN MISSION IN JAPAN

TOKYO

OUTGOING TELEGRAM

CLASSIFICATION

NO. : JAW-

DATE :

To : 외무부 장관 (참조: 경제기획원 장관)

청구권 및 경제 협력 위원회 제 3차 회의 보고

1. 회의 일시: 1965. 4. 30. 10:30 - 12:20

2. 참석자 : 한국측 - 이공사, 김차관보, 전 통상국장, 이 한은 이사 외 7명
   일본측 - 니시야마, 아가사와, 미가나기, 오구라, 구마가이 외 8명

3. 토의 내용:

(1) 아측이 제시한 "발언 요지"에 대하여 전번 회의에 이어 아래와 같은 질의 응답이 있었음.

가. 무상 제공과 장기 저리 차관에 관한 구체적인 사용 계획을 알고 싶다고 한데 대하여 아측은 구체적인 사용 계획을 현재로서는 제시할수 없으며 부속서에 열거할것으로 아측이 생각하고 있는 정도의 내용을 다음 회의에서 설명 할수 있을것이라고 함.

나. 무상 제공과 장기 저리 차관에 관한 실시 방식을 한데 묶어서 같이 하려는 이유를 물은데 대하여 상기 가.와도 관련이 있음으로 다음 기회에 답변하겠다고 함.

OUTGOING
TELEGRAM

KOREAN MISSION IN JAPAN

TOKYO

CLASSIFICATION

NO. : JAW-

DATE :

To :

다. 원자재가 차지하는 비중, 품목 및 내용을 질문한데 대하여 아측은 무상 제공과 장기 저리 차관으로 받아 도리는 것은 공공 부문이 주가되나 원자재도 상당히 고려하고 있다고 하고 이것은 자본재로 들어오는 공장의 건설 및 운영에 필요한 내자조달과 또한 개인 청구권에 대한 보상 문제도 있고 해서 원자재 도입이 필요하다고 설명함. 일측은 지금 7가지의 예로 보아 유상으로는 원자재 공급은 생각할수 없고 생각한다면 무상 제공으로 생각할수도 있으나, 상당히 어려울것이라고 함. (회의 도중 아측이 사용하는 "원자재"라는 용어와 이에 대한 일측의 원재료라는 용어에는 개념에 상위가 있음이 밝혀 졌는바 일측의 "원재료" 가운데에는 예컨대 세멘트나 Steel bar 같은 것은 들어가지 않는다고 함) 또한 아측이 원자재의 기타 상품 (완제품)의 도입도 고려하고 있다고 한데 대하여 일측은 통상 무역을 저해 함으로 완제품의 공급은 할수 없다고 함. 일측은 또한 장기 저리 차관으로서는 원자재 제공이 불가함으로 결국 부속서에서 무상 제공과 장기 저리 차관을 나누어서 취급해야 할것이라고 함.

KOREAN MISSION IN JAPAN

OUTGOING TELEGRAM

TOKYO

CLASSIFICATION

NO. : JAW-

DATE :

To :

라. 프로젝트의 시행에 필요한 현지 공사비를 마련하는 문제에 관한 아측의 생각을 질문한데 대하여 아측은 이건은 아국의 국내 문제로 있고 해서 회의 진행에 따라서 적당한때에 답변하겠다고 함.

마. 한국의 자금 수입 태세와 관련하여 사절단과 계약 당사자인 조달청과의 관계를 질문한데 대하여 아측은 조달청을 계약 당사자로 한 이유는 양국이 지리적으로 가깝고 배상 사절단에 대한 국내의 일반적인 인상이 좋지 않으며 경비 절약도 할수 있고 동시에 조달청의 진용이 정비되어 있는 점 등 때문이며 사절단은 구매 계약의 당사자가 되지 않는 것 외 다른 배상사절단의 임무와 같은것이 되는 것이라고 설명함. 그후 일측은 조달청이 계약 당사자가 되는 경우 계약지가 서울로 되는 바. (ㄱ) 다른 나라와의 배상 협정의 예가 그렇고, (ㄴ) 계약지가 서울인 경우 계약에 관련된 모든 문제에 일일히 일본 업자가 서울로 가서 일해야 함으로 일의 진행이 잘 안된다는 염려도 있고 (ㄷ) 특히 2억의 경우는 일본 정부가 아니라 해외 경제 협력 기금이 일의 주체가 되며 (ㄹ) 계약은 일본 법에 준거하여야 한다는 점등으로 계약지는

KOREAN MISSION IN JAPAN

OUTGOING TELEGRAM

TOKYO

CLASSIFICATION

NO. : JAW-

DATE :

To :

반드시 동경에 되어야 한다고 함.

바. 구매 문제와 관련하여 공공 부문 및 민간 부문에 있어서 조달청을 통하여 실제로 도입하는 절차에 관하여 질문한데 대하여 아측은 (ㄱ) 자본재에 있어서 정부 또는 공기업체가 구매의 실수요자가 되는 경우 및 민간 기업체가 실수요자가 되는 경우 (2억에 있어서 민간 업자가 실수요자가 되는 경우가 있다면)와 (ㄴ) 원자재를 구매 하는 경우 (AID/SA 방식을 준용하여 설명함.)를 각각 나누어 아측이 생각하고 있는 도입 절차를 설명하였음. 이에 관하여는 일측의 요청에 의하여 추후 도입 절차를 도표로 제시하여 설명키로 하였음.

사. 장기 저리 차관의 경우 차주가 누가 되며 상환의 보증관계가 어떻게 되는가를 질문한데 대하여 아측은 차주는 정부가 되며 사업 주체와의 관계에 있어서는 전대 계약이 맺어짐으로 보증은 결국 정부 보증이 된다는 취지로 답변함.

(2) 일측은 이미 아측이 제시한 입장에 대하여 우선 일측의 입장을 표명할수 있는 것이라고 하여

KOREAN MISSION IN JAPAN

OUTGOING TELEGRAM

TOKYO

CLASSIFICATION

NO. : JAW-

DATE :

To :

가. 현물 상환은 반대하며,

나. 3억불 이상 (민간 신용 제공)에 관한 것은 본 협정에는 삽입할수 없다고 하였음. (아측이 이.시이나 합의 사항에 있는 정도도 본 협정에 넣지 않겠다는 것인가라고 질문한데 대하여 일측은 그것도 할수 없다고 함.)

(3) 앞으로의 회의 진행 방법에 관하여 아측이 조속히 질문 단계를 마치고 실질적인 의견 교환을 함으로서 협정문 작성 작업에 착수할수 있도록 하여야 하지 않겠느냐고 요구한데 대하여 일측은 상기 외 아직도 불명한 점이 많아 얼마동안은 좀더 질의 응답을 계속하여야 된다고 하나 일측으로서도 의견 교환 단계로 조속히 들어가는데는 이의 없다고 함.

(4) 다음 회의를 조속히 개최하자고 아측이 주장한데 대하여 일측은 내부 의견 조정도 필요하고 연휴 관계도 있어서 5월 6일 정도나 가능할것 같다고 함.

외통협

(외아북.- 주일정)

과장 최 광 수

수석대표

예고: 일반문서로 재분류 (67. 12. 31.)

대한민국 외무부

번 호: JAW-05114
일 시: 081111

수 신 인: 외무부 장관

발 신 인: 수석대표

참 조: 경제기획원장관

연: WAW -05001

연호로 보고한 청구권 및 경제협력위원회 제3차 회의보고중 3.(1) 사. 가운데 "... 전대 계약이 맺어짐으로 보증은 결국정부 보증이 된다는 취지로 ..." 라는 부분은 "... 전대 계약이 맺어진다는 취지로..."로 정정바람.(주일정-외아북, 외통협)

예고: 일반문서로 재분류(67.12.31)

9-1. 청구권 및 경제협력위원회 제3차 회의 회의록, 1965. 4. 30

한국 외교문서 1468, 제7차 한일회담 청구권 관계 회의 보고 및 훈령, 1965, 전2권, V.2, 1965. 4. 3 가서명 이후의 청구권 및 경제협력위원회, 1965. 4-6

1965년 4월 30일 개최된 제7차 한일회담 청구권 및 경제협력위원회 제3차 회의 회의록이다.

청구권 및 경제 협력 위원회 제 3차 회의 회의록

1. 개최일시: 1965년 4월 30일 10:30 - 12:20

2. 개최 장소: 외무성 회의실

3. 참석자: 한국측 - 수석위원 이 규 성

교체수석 김 영 준

" 전 상 진

대표 이 상 덕

전문위원 정 순 근

" 김 정 태

" 정 재 덕

" 김 형 근

보좌 김 태 지

" 강 신 조

" 주 병 국

일본측 - 수석 니시야마

보좌 아가사와

보좌 미가나기

" 오오구라

" 구마가이

" 다루미즈

" 아다

보좌	오오꺄
"	가야바
"	야나기야
"	구로고찌
"	가따
"	니시야마

4. 토의 내용:

니시야마: 거번 한국측으로 부터 기본 입장의 골자를 들어 참고가 되었다. 그 동안 일본측으로서도 그것을 검토하여 보았으며 검토하여 본 결과 문제점이 많고 불명한 점도 적지 않으므로 오늘도 질문을 계속 하였으면 한다. 그리고 시간이 있으면 왜 이러한 것이 문제가 되는지 그 이유도 밝혀 가면서 질문 하겠다.

이수석: 귀측에서 질문이 있다면 우선 질문점을 전부 먼저 듣고 답변하도록 하겠다.

니시야마: 그러면 우리측의 질문 사항을 제시 하겠다.

1. 자금의 사용 계획에 관하여:
   가. 무상 제공과 장기 저리 차관에 관한 구체적인 사업 계획 (사용 대상 등)
   나. 무상 제공과 장기 저리 차관에 관한 실시 방식을 한데 묶어서 같이 하려는 이유
   다. 원자재가 차지하는 비중, 원자재의 품목 및 내용
   라. 프로젝트의 시행에 필요한 현지 공사비의 조달 (예를 들어 원자재를 판매하여 내자를 적립할 계획인가)

2. 한국의 자금 수입 태세에 관하여:

가. 사절단과 조달청과의 관계

나. 공공 부문 및 민간 부문에 있어서의 조달과 조달청과의 관계

다. 조달을 조달청이 전담하여야 하는 이유

라. 유상에 있어서 계약 당사자가 실수요자가 아닌데 상환 관계 지불 보증을 누가 할것인지

우선 이상의 질문 사항에 대한 답변을 들었으면 좋겠다.

김대표: 1. 가.에 대하여 자금의 구체적인 사용 계획에 관하여는 지난번에도 말한바 있지만 현재로서는 제시할수 없는 형편이나 회의가 진행됨에 따라서 이에 관한 이야기는 자연히 나오겠고 대강에 관하여서는 다음 회의에서 이야기 할수 있겠다.

우리측으로서는 무상 제공과 장기 저리 차관은 원칙적으로 공공 부문에 사용하는 것으로 하지만 일부 민간 사업이 포함되는 경우도 있을 것이다.

또한 그중 상당한 부문을 원자재 도입에 사용할 생각을 가지고 있다.

니시야마: 그러면 다음 회의에서는 설명이 가능한가.

김대표: 그때까지는 준비가 어려울 것이다.

니시야마: 한국의 입장의 기초는 말해 줄수 있겠느냐?

김대표: 아측이 부속서에 열거할것으로 생각하고 있는 정도의 내용은 다음 회의에서 설명할수 있을 것이다.

오구라: 그런데 특히 장기 저리 차관에 관하여서는 한국측의 사용 계획이 일본의 경제 협력 기금법에 위배되지 않도록 하여야 할 문제가 있다.

김대표: 그것은 알고 있다. 다만 우리의 국내 사정 때문에 지금 말할수 없다는 것 뿐이며 가급적 다음 기회에 많이 설명하도록 하겠다.

니시야마: 1. 나.에 대하여 한국측은 생산물 가운데 원재료를 포함시키고 있는데 일본측으로서는 2억불은 원재료를 전혀 생각할수 없고 3억불도 자본재를 원칙으로 하고 있다.

김대표: 우리측으로서는 본 협정에 자본재 및 원자재라고 규정하여 놓고 구체적인 도입 계획은 년차 실시 계획을 만들때 정하였으면 하고 생각하고 있다.

니시야마: 일본으로서는 원재료는 없는 외화를 소비하여 도입하여야 함으로 자본재를 원칙으로 하고 있으며 배상도 그렇게 하였다.

김대표: 일본측에 있어서 원재료 구입에 외화 의존도가 많다는 사정은 어느 정도 이해할수 있지만 우리측의 형편을 말한다면 자본재로 공장을 들여오는 경우에 그 충분한 가동을 위하여 원자재가 절대로 필요한 것이다. 지금까지 다른 나라에서 들여오는 차관의 경우에 있어서도 그러한 점이 있었고 따라서 이번 일본으로 부터 도입되는 자금을 충분히 활용하기 위하여서는 이점에 관하여 일본측에서 특별한 고려가 있기를 강력하게 희망한다. 그외 우리측으로서는 기타 상품의 도입도 고려하고 있다.

니시야마: 다만 원칙을 말하였을 뿐이다.

앞으로 통상의 무역도 점차 확대될 것이니 원재료 같은 것은 통상 무역에 의하여 거래 되는 것이 일본 국민에 대한 설명을 위해서도 필요한 일이다.

오구라: 원재료가 안된다는 말은 아니며 원재료가 차지하는 비중이 문제가 된다. 구체적인 표현은 나중에 절충하도록 하겠지만 예컨데 자본재가 90%이고 원재료가 10%가 된다든가 하여야 할것이다.

김대표: 이것은 우리에게 매우 중요한 문제이다. 우리의 희망은 적어도 무상에 있어서는 원자재를 위주로 하고 자본재를 부수적으로 하는 것으로 하였으면 좋겠다.

왜냐하면 자본재가 들어 오더라도 내자 조달이 안되면 공장의 원만한 운영이 불가능하다.

AID사업이 잘 안되는 것도 이런데 원인이 있었다. 즉 내자 및 공장 가동을 위한 소요 원료등이 큰 문제이다.

니시야마: 지금 내자 문제가 나왔는데 현실의 구체적인 예 같은 것을 설명하여 주었으면 좋겠다. 모처럼 설치된 공장이 내자나 원재료의 결핍으로 돌지 못한다면 큰 문제임으로 일본측은 깊은 관심을 가지고 있는데 자세히 설명 바란다.

김대표: 설명을 하자면는 시간이 많이 걸릴터인데 이 문제는 따로 자리를 마련하여 설명함이 어떨까 한다. 여하튼 국내 자금 사정은 여의치 않으며 그래서 아까도 원자재 이야기가 나왔다. 또 청구권이 해결되면 개인 청구권에 대한 보상도 하여야 하는데 그 재원이 또 문제가 되는바 그 조달도 역시 원자재에 의존하여야 할 것이다. 한국 정부의 방침이 공공부문에 중점을 두고 있으므로 그 내자 조달을 위하여 원자재의 도입이 필요하다.

오꾸라: 지금 원재료로서 내자 조달을 한다 하는데 예를 들어서 시멘트라면 어떠한 공장 건설에 필요한 량 이상의 것을 도입하여 그 잉여분을 처분하여 현금을 마련한다는 뜻인가.

김대표: 좀 말의 뉴앙스가 다른데 [illegible]면 특정 프로젝트에 링크시키는 것이 아니고 그 물품 자체를 처분하여 조달하는 것을 뜻하고 있다.

아까사와: 결국 지금까지의 말을 들어보면 원재료의 사용 방도는 크게 나누어 3가지가 있는데 첫째는 일한 협력 프로젝트에 링크된 공사용 원자재인데 이것은 현지 공사비 조달용과 건설된 공장의 가동을 위한것으로 구분된다. 둘째는 외화를 절약하기 위한것, 즉 국제 수지 개선 방도로서 통상의 무역을 대체하기 위한것이고 세째는 국내 통화의 조달만을 목적으로 하는 즉 예산 지원용 원재료로 구분이 되는것 같은데 그렇게 생각하는가.

김대표: 대개 그렇다. 우리는 지금 이 세가지 카테고리를 전부 고려하고 있다. 다음 기회에 좀 더 설명하겠다.

니시야마: 한국으로서는 유무상 도입에 따른 자금 계획이 있어야 할것으로 보는데 그것이 어떻게 되어 있는지 알았으면 한다.

아까사와: 상품, 예를 들어 트란지스타 래디오나 자전거, 테레비등도 원재료에 포함이 되는가 그렇지 않으면 순수한 원료 예를 들어 생사 같은것 만을 고려하고 있는가?

김 대표: 원자재에는 그러한 것이 포함되는 것이 아니지만 우리측의 희망으로서는 기타 상품 (완제품)등이 도입되도록 희망한다.

이수섭: 3억 2억을 통합하여 이를 합리적으로 사용하는 것이 우리의 입장이다. 국내 사정도 있고 해서 지금 구체적으로 사업 계획을 밝히지 못하지만 부속서 작성을 위한 부문별 제시는 할수 있을 것이며 구체적인것은 연차 계획 작성시에 논의할 예정이다. 국내 자금 조달의 목적도 있으므로 원자재가 차지하는 비중은 우리의 생각이 일측의 예상보다 클것으로 본다.

오가라: 경제 협력 기금법도 있고 하므로 우리측으로서는 3억과 2억을 구분 하지 않을수 없을 것으로 본다. 즉, 2억에서는 원재료는 도대체 문제도 되지 않는다. 그리고 3억에서도 원재료는 가급적 적게 하기를 희망하고 있다.

니시야마: 2억에 직접 원재료를 포함하는 것은 불가하다.

이수석: 배상에서 원재료를 제공한 실례가 있지 않은가?

미가나기: 배상에는 없고 엔 차관에 좀 있었다. (전체의 1/60 정도) 인도의 경우를 보면 그것 도 인도 정부의 정상적인 외화 할당을 감축 시키지는 않았고 통상의 무역에 추가되는 정도였다.

정위원: 인도외 다른 나라도 있지 않았는가?

아가사와: 그것은 딴 나라의 경우 논 프로젝트 (non-project)로서 배상 협정속에 있었다.

정위원: 논 프로젝트란 무엇인가?

가도: 그것은 기계류 같은것을 의미하는데 원재료와는 뉴앙스가 다르다.

이수석: 한국측이 말하는 원자재와 일본측이 말하는 원재료의 개념이 다른것 같은데 무엇이 원재료인가?

가도: 씨멘트, 스틸 바, 등은 원재료가 아니다.

니시야마: 3억과 2억은 경제 협력으로서 사용해 주기 바란다. 이것은 우리 국내 대책상 필요하다.

김대표: 질문 2.가.에 대하여 공공 부문을 조달청이 일괄하여 구입하는 이유로서는 양국이 지리적으로 근접해 있기 때문에 불편이 없고 또 다른 나라 배상 사절단들의 실적은 우리의 인상에 좋지 않았기 때문에 조달청이 일괄 구매하기로 한것이다.

니시야마: 사절단의 인상이 좋지 않았다는 것은 무엇을 의미하는 것인가? 기탄 없이 설명하여 주기 바란다.

이 수석: 우리 국내에서 일반적으로 인상이 좋지 않은데 그것은 경비만 많이 쓰고 별다른 실적이 없었기 때문이다. 조달청에는 유능한 진영이 정비되어 있기 때문에 조달청에게 구매 업무를 전담시키려는 것이다.

사절단은 구매 계약의 당사자가 되지 않는것 외에는 배상 사절단의 임무와 같은 임무를 띠며 일본측과의 연락, 시장 조사, 합동 회의 및 기타 교섭 등에 임하게 된다.

니시야마: 그 정도의 일이라면 한국 대표부에서도 할수 있지 않은가?

김대표: 취급 액수도 많고 조사 업무도 많기 때문에 좀 곤란할 것이다.

니시야마: 대표부의 기능을 확장시키면 되지 않는가?

김대표: 안될것은 없을 것이다.

아까사와: 사절단과 조달청이 양립하게 되며는 일본 업자들은 두군데를 다 상대하여야 함으로 매우 불편할 것으로 예측된다. 물론 이것은 한국의 국내적인 문제이기는 하지만 염려가 된다. 그리고 구매 계약지는 동경이 되지 않으면 곤란하지 않겠느냐?

김대표: 계약지가 동경이 되어야 한다는 이유는 무엇인가?

오구다: 물건이 일본의 물건이고 배상의 경우에도 그렇게 하였지만 우선 번잡을 피할수 있다는 것이다. 계약을 체결할때 또는 수정 할때 매번 업자들이 한국에 가야되지 않겠는가? 또 차관의 공여 여부는 경제 협력 기금의 자주적 판단에 달려 있고 또 계약에 관한 적용 법률도 일본법이 아니면 여러가지 복잡한 문제가 야기 될것이다.

니시야마: 장기 저리 차관의 조달과 조달청의 관계는 어떻게 되는가?

김대표: 장기 저리 차관은 한국 정부와 협력 기금간의 차관 계약이 체결된후 한국 정부는 실수요자와 전대 계약을 체결하게 되는데 이것은 AID 방법에 따른 것이다. 장기 저리 차관의 차주는 어데까지나 정부이며 따라서 상환에 대한 책임도 정부가 지게 된다.

오끼다: 연간 2,000만불을 기금이 한국 정부와 loan contract 를 체결할때 어떠한 부문별로 하는 것인가 혹은 사업별로 하는 것인가?

김대표: 사업별로 하는 것이다.

오끼다: 전대 조건은 일정할 것인가?

김대표: 일정하지 않을 것이다.

니시야마: 그렇다면 일본과 한국의 민간 상사간의 관계는 전혀 없게 되는 것인가.

김대표: 이 문제는 설명을 필요로 하는데, 3억과 2억은 정부 및 공공 부문에 치중하지만 그렇다고 해서 민간 사업을 전적으로 배제하고 있는 것은 아니다. 이러한 순수한 민간 사업에 대하여는 정부가 전대는 하지만 구매는 조달청과 관계가 없다. 조달청은 정부 및 국영 기업체의 사업에 따른 구매를 하고 순수한 민간 사업의 구매는 민간 사업체 자체가 한다.

그러나 민간 사업 자금의 상환에 대한 책임은 역시 정부가 진다.

니시야마: 그러니까 예를 들어 전력공사등 공기업체에 관한 조달은 조달청이 한다는 것인가?

김 대표: 그렇다.

니시야마: 그러나 nego 에는 전력 공사가 관여 하여야 하지 않는가.

김대표: 그렇다.

니시야마: 이때 조달청은 어느 정도 nego 에 개입할수 있는가. 만일 양자가 다 관여한다면 일본 업자로서는 양자에게 다 이야기 하여야 된다는 불편이 있지 않겠는가?

김 대표: 물품의 선택은 supplier와 buyer 가 하지만 그 물건을 어디서 얼마에 사는가는 조달청이 결정한다.

정(재)위원: 원가 계산은 실수요자가 하여 조달청에 제출하면 조달청이 이를 체크한다. 그리고 검사는 조달청이 하지만 그것이 불가할 때에는 국제 검사 기관에 의뢰한다.

오구라: 공고 입찰 및 낙찰은 모두 조달청이 하는가.

정(재)위원: 그렇다.

이 수석: 우리나라에서는 국내 조달과 국외 조달을 막론하고 미국의 CPA 방법에 따라 중앙 조달을 하고 있다.

구마가이: 3억에서 실수요자가 민간인이 될수 있는가.

김대표: 원자재에 한하여서는 될 수 있다.

오오기: 그 때의 조달은 어떻게 하는가?

김 대표: AID 방식인데 한국 은행에서 공매한다.

정(재)위원: 추가 설명을 하면 조달은 3가지 방법으로 구분된다. 장기 저리 차관의 경우 차관 계약은 정부 대 정부 베이스로 한국 정부와 일본 정부 또는 경제 협력 기금과 차관 계약(loan contract)을 체결한다. 다음 구매 단계에 들어가서 둘로 나누어 지는데 정부 및 정부 기업체가 사업 주가 되는 경우는 정부 구매 기관인 조달청이 일괄해서 일본의 공급자(법인 또는 국민)와 구매 계약을 체결하고 직접 구매를 하며 사업주가 민간이 되는 경우가 있다고 가정하면 그 구매 계약은 민간과 민간 사이에 구매 계약이 성립될수 있는 것이다. 그밖에 원자재 구매는 한국 은행을 통한 AID/SA 방식에 의거하여 민간 대 민간 사이에 구매 계약을 체결하고 조달하게 되는 것이다.

오오가: 그러면 원자재의 구매에는 조달청이 전혀 개입하지 않는가.

정(재) 위원: 그렇다.

김 대표: 다시 한번 구매 과정을 설명하면, 먼저 L/C 를 개설하고 구매 계약을 체결하면 사절단을 경유하여 일본 정부의 확인을 얻어 계약이 성립된다. 그 다음 물품이 조달되면 물품 공급자로부터 대금의 청구가 있을 것이고 이에 대하여 지불하면 종결되는 것이다.

니시야마: 세부 조달 방법같은 것은 앞으로 실시 세목을 토의할 때 충분히 이야기가 될 것이니 오늘은 이 정도로 하자. 그리고 지금 말한 조달 과정을 알아보기 쉽게 도표로 만들어 주지 않겠는가.

김대표: 좋다.

이 수석: 오늘 질문한 사항을 서면으로 받을수 있는가.

니시야마: 좋다.

니시야마: 아직 문제가 많이 남아 있으나 오늘은 이만하고 앞으로 기회있는 대로 질문을 하겠다. 그런데 우선 지금까지 확정된 일본측의 생각을 밝혀 두고 싶다.

첫째로 현물에 의한 상환은 반대하며 둘째로 3억 푸라스 알파(민간 신용 제공)에 관한 것을 본 협정에 넣는데는 반대한다.

이 수석: 오늘 일본측이 주로 질문만 하였는데 일전 우리측에서 제시한 입장에 대한 일본측 반응의 전부인가.

오꾸라: 아니다. 아직도 문제가 많이 남아 있다.

이 수석: 이런 식으로 가면 시간이 너무 걸릴것 같고 서로 질의 응답만 교환할 것이 아니라 일본측에서도 안을 내놓고 토의 단계에 들어가야 하지 않을까 생각한다.

오꾸라: 일본측도 빨리 일본측의 생각을 정리하려고 매일같이 회의를 하고 노력중이나 워낙 문제가 많기 때문에 아직은 그럴 단계에 있지 않으나 여하간 빨리 하는 방향으로 하여 보자.

정(순)위원: 아까 3억 푸라스 알파에 관한 것을 본 협정에 집어 넣을수 없다고 하였는데, 이.서이나 합의 사항에 있는것 정도도 집어 넣을수 없다는 것인가.

니시야마: 어디에 넣을지 구체적인 방안을 결정한 것은 없지만 여하간 본 협정에 넣는데는 반대한다.

이 수석: 다음 회의는 어떻게 할것인가? 5월 4일에 하는 것이 어떠면가?

니시야마: 일본측으로서는 4일에 각성간 회의를 개최할 예정이므로 4일에 개최 하는 것은 어렵고 따라서 6일경이 되지 않겠는가 생각한다.

이 수석: 우리의 희망으로서는 빨리 하여야겠다는 것인데, 질의 응답만 하고 있으면 진척이 안되므로 조속히 구체적인 토의에 들어가도록 노력하자.

니시야마: 알겠다. 오늘은 이만 하자.

예고: 일반문서 (1967.12.31.)

10. JAW-05100, 청구권 및 경제협력위원회 제4차 회의 결과 보고, 1965. 5. 11

한국 외교문서 1468, 제7차 한일회담 청구권 관계 회의 보고 및 훈령, 1965, 전2권, V.2, 1965. 4. 3 가서명 이후의 청구권 및 경제협력위원회, 1965. 4-6

1965년 5월 11일 개최된 제7차 한일회담 청구권 및 경제협력위원회 제4차 회의 결과 보고 문서(전문)다.

대한민국 외무부

번호: JAW-05100
일시: 071751

수신인: 외무장관 (참조 김동조 대사)(경제기획원장관)
발신인: 수석대표

7 일 1030 부터 약 1 시간반 에걸처 청구권 및 경제 협력위원회 제 4차 회의가 개최되었는바 내용을 보고함.

1. 3차회의에서 약속한바와 같이 아측은 도입절차를 도표로 표시한것을 일측에 수교함 (일측에 수교한 도표는 금일 파우치편으로 송부함).

2. 아측은 3 차 회의에서 구체적으로 설명치않은 부분에 관하여 아래와같이 설명함.

가. 장기 계획과 일본으로부터 도입되는 자금과의 관련 : 현재로서는 제 1 차 , 2 차 5 개년 계획에 반영되어있지 않으나회담 타결에 의하여 자금이 들어오게되면 1966 년의 년차 실시계획과 제 2 차 5 개년 계획에 반영될것 이라는 취지를 설명함.

나. 3 억 및 2 억의 구체적인 사용 계획 : 아측이 부속서에 개재할 것으로 고려하고있는 부문을 17 개 열거설명함.

3. 그 밖에 주로 3 억 및 2 억도입에 따른 내자 조달문제와도 관련하여 원자재도입의 비중문제를 주로 논의하였음., 아측은 원자재 비율이 3 억, 및 2 억에 의한 사업을 위한 내자 충당을 위하여서만도 그액수가 1 억 5 천

~~만불은~~

만불은 상회하게된다고 하였는바, 일측은 이에 대하여

1) 원자재를 그와같이 다액 도입하면 일본으로부터 도입되는 자금에의하여 무엇을 만들었는지 형태가남지 않게될 우려가있음으로 일본국회 및 국내에 대하여 설명하기 어려우며,

2) 일본으로부터 도입되는 자금은 한국자신의 내자와 합하여 사업을 하는것이 더욱 효과가 클것이고

3) 원자재를 다량한국에 공급하게되면 제 3 국과의 관계에있어서 일본이 곤란한 입장에서게된다는 이유등을 들어 원자재의 다량 공급은 어렵다는 태도를 표시함. 이에 대하여 아측은

1) 청구권관계 자금으로 하려는 사업의 성공적인 수행에는 상당한 액수의 내자가 필요하고 (예를들어 농업개발에 있어서는 종기계를 제외하고 대부분 노임이 차지함을 설명)

2) 따라서 일본으로서도 자금 제공의 의의를 갖게될것이며,

3) 국내여론이 청구권관계 자금에 관하여는 비상한관심을 가지고있음으로 정부로서는 국민의 의혹배제를 위하여서도 국민에게 전반적으로 이익이 균점되는 방향으로 동자금을 독립하여 사용하려는 입장임으로 (동자금으로는 사절단경비도 사용치않을것임을 설명) 원자재의 도입이 절대적으로 필요함을 강조하였음. 아측이 설명한 취지에 일측은 다소수긍의 태도를 보였으나 다액의 원자재 공급은 아무래도 어렵다는 태도로 관측되었음.

4. 구매절차에 관하여는 아측이 제시한 도표를 일측이 검토한후 다음회의에서 의견교환을 하기로 하였으며, 다음회의는 5. 11. (화) 1400 에 개최키로 하였음. (주일정- 아북,통협)

예 고 : 재분류 (6712.31)

10-1. 청구권 및 경제협력위원회 제4차 회의 회의록, 1965. 5. 7

한국 외교문서 1468, 제7차 한일회담 청구권 관계 회의 보고 및 훈령, 1965, 전2권, V.2, 1965. 4. 3 가서명 이후의 청구권 및 경제협력위원회, 1965. 4-6

1965년 5월 7일 개최된 제7차 한일회담 청구권 및 경제협력위원회 제4차 회의 회의록이다.

청구권 및 경제 협력 위원회

제 4차 회의 회의록

1. 개최일시: 1965년 5월 7일 10:30 - 12:00

2. 회의 장소: 외무성 회의실

3. 참석자:

한국측 -	수석 대표	이 규 성
	교체수석	김 영 준
	" "	전 상 진
	대표	이 상 덕
	"	김 봉 은
	전문위원	김 정 태
	"	정 순 근
	"	최 광 수
	"	정 재 덕
	"	김 형 근
	보좌	김 태 지
	"	강 선 조
	"	주 병 국
일본측 -	대표	니시야마
	보좌	아까자와
	"	미까나기
	"	오구라

보좌 구마가이

" 야나기야

" 가야바

" 구로고지

" 니시야마

4. 토의 내용:

이 수석: 오늘 새로 추가된 대표단원을 소개하겠다. (김봉은, 한국은행 이사와 최광수 동북아과장을 소개함.)

니시야마: 지난번 회의에서 3억불 2억불 및 기타에 관하여 참고 자료를 요청하였었는데 준비가 되었는가?

이 수석: 되었다. (도입 절차에 관한 도표를 제시함.)

니시야마: 그러면 무상 3억불 유상 2억불의 사용 계획에 관하여 설명하여 주기 바란다.

김 대표: 사용 계획의 대강을 설명하겠다.

누가 말한바와 같이 우리는 유상 무상의 구별없이 일괄하여 계획하고 있으므로 설명도 양자의 구분없이 포괄적으로 하겠다.

장기 개발 계획과의 관련성에서 보면 현재 제 4차년을 마지하고 있는 제 1차 5개년 계획과 67년부터 71년까지의 제 2차 5개년 계획에는 청구권에 의한 재원은 전혀 반영되어 있지 않다. 앞으로 청구권이 해결되면 그때에 가서 이 재원을 추가하여 경제 계획에 반영시킬 예정이다.

우선 청구권 사용상의 기본 방침을 말하자면 3억불은 수익성이 적은 사업과 자본의 회임 기간이 긴 부문, 예를 들어 농업분야, 그리고 사회 간접 자본 및 고용 효과가 큰 사업등에 중점적으로 사용할것이며 또한 내자 조달을 위하여 상당한 량의 원자재를 희망하고 있다. 유상 2억불로서는 기간 공장의 설립, 전원 개발, 철도, 해운등에 집중적으로 사용할 계획이다.

이상의 기본 방침에 입각한 구체적인 부문은:

1. 원자재 및 기타 상품의 도입 (주로 무상으로)
2. 농업 증산 및 수산 개발
3. 수력 발전소 건설
4. 송변, 배전 시설
5. 선박 도입 (3천만불에 의하여 도입되는 선박과는 별도)
6. 선박 건조 자재
7. 철도 사업
8. 철도 공작창 시설 개량
9. 항만 시설
10. 제철, 제강 공장
11. 기계 제작 공장
12. 질소 비료 공장 (상업 차관으로 가능하면 불필요, 이자금 사용시는 복합 비료)
13. 산업 기계 기기 및 부분품의 도입
14. 농업용 중기계 및 토목, 건설용 중기계
15. 공업 소유권 및 기술 진흥을 위한 설비 도입

16. 석유 화학 공장

17. 기타 양국간에 합의된 생산물 및 용역

들이다.

니시야마: 앞으로 청구권을 받게 되며는 현재 진행중인 5개년 계획을 변경할 것인가?

김대표: 우리의 경제 개발 계획은 매년 년차 실시 계획을 수립하고 있으므로 일본의 자금이 들어오면 1차 계획의 제 5차년인 내년도 계획에 추가 자원으로서 반영될 것이다.

니시야마: 제 2차 5개년 계획은 언제까지 수립될것인가.

김 대표: 금년말까지며는 대략 성안이 될것이다.

니시야마: 무상 3억과 유상 2억이 일체라는 의미는 무엇인가? 그리고 이것의 혼용을 생각하고 있는가? 예를 들어 비료 공장을 짓는데 소요 자금의 일부분은 무상으로 충당하고 남어지는 유상 분으로 충당한다든가 하는 일은 없겠는가?

김 대표: 비료 공장을 예를 들어서는 좀 이상하지만 가령 철도 부문을 예로 들면 그 부문내에서 어떤 사업은 무상분으로 하고 다른 사업은 유상분으로 충당하는 것이 있을것이다. 그리고 유상으로 하는 사업도 그 내자는 무상으로 들여온 원자재를 판매하여 충당할수 있을것이다.

니시야마: 이 자금과 정부 예산의 관계는 어떻게 되는가?

김 대표: 일본에서 도입되는 자금은 모두 앞으로 설치될 특별 회계로서 분리하여 취급 될것이다.

니시야마: 청구권에 의거한 프로젝트의 현지 공사비에 대하여 한국 정부의 일반 예산에서는 전혀 출자하지 않는가?

김 대표: 무상 유상을 합한 5억불의 사업에 대하여 일반 회계에서는 일체 출자 하지 않는다. 청구권 사용에 관한 국민들의 관심이 매우 깊기 때문에 오해를 사지 않기 위하여 이들 프로젝트는 내외자를 막론하고 모두 일본돈으로 되어야 한다는 것이 매우 중요하다. 그래서 국내화를 발생하는 "논 프로젝트"의 도입이 요망된다.

아까사와: 철도의 경우 임금의 상당 부분도 원자재를 도입하여 매각하고 그 판매 대전을 특별 회계에 적립하여 그것으로 지불한다는 말인가?

김 대표: 바로 그말이다. 5억불에 의한 프로젝트는 소요 경비 전체를 자체 재원에서 염출하여야 한다. 그리고 이것을 분명하 하기 위하여 사절단의 경비같은 것은 이 특별회계와는 관계없이 일반 회계에서 지불하여야만 국민의 오해를 방지할수 있을 것이다.

니시야마: 그러면 필요한 내자를 어느 정도로 보고 있는가?

김 대표: 선박등과 같이 내자가 전혀 필요없는것도 있지만 공업 부문은 내자와 외자의 비율이 대략 50:50이 될것이고 내자 비율이 제일 큰것은 70:30 까지도 있겠지만 전반적으로 보아 내자 재원을 위한것만도 최소한 1억 5천만불을 상회할 것이다.

구마가이: 그러면 무상 3억불의 반 이상이 되지 않는가?

김 대표: 그렇다. 만일 내자를 발생하는 재원이 없다면 모처럼 받은 경제 협력이 아무런 성과도 거두지 못하게 될것이다. 그렇게 되면 우리가 곤난한것은

말할것도 없지만 일본으로서도 좋지 않을 것이다. 정치적인 이야기지만 우리 나라에서는 일본이라면 매우 신경이 날카롭다. 국민에게 일본이 달라졌다는 것, 그리고 진심으로 우리를 도와 주려고 하고 있다는 것을 입증하기 위해서도 이것을 분리하여 독립된 사업이 이루어져야 된다.

오가와: 우리도 그런 사정을 잘 알지만 3억불의 반 이상을 내자로 써버린다면 결국 그만큼은 아무런 형태도 남지 않게 될것이다. 그러나 기계같은 것이라면은 형태가 남아 있기 때문에 일본측으로서는 그것을 중요시 한다. 그러니까 무엇이든 그 전체가 일본것으로 되었다고 하기보다는 한일간에 힘을 합하여 만든것이라는데 의미가 있다. 내자 조달용이 전연 안된다는 말은 아니지만 반 이상이라면 일본측도 딱하기 때문에 조정이 필요하다고 생각한다.

김 대표: 일본측으로서는 그렇게 생각할수 있을 것이다. 그러나 농업 증산을 예를 들면 일본의 자금으로 일본에서 사들여온 생산물을 생각할때 불도-자, 농기구등 극히 제한된것으로 실제 얼마 안되며 오히려 개간, 관개 또는 경지 정리등에 소요되는 노임등 내자 소요 부분이 더 크지 않는가? 아까 내자로 사용하면 형태가 없어진다는 말을 하였는데 그것은 그렇지 않다. 우리나라 국민의 교육 수준이 높기 때문에 기계가 어디서 왔느냐는 별로 문제가 되지 않으며 오히려 완성된 사업이 무엇이냐가 더 중요시 된다. 미국의 원조도 근래에 와서 방향이 달라졌는데 당초에는 지금의 일본과 같은 생각을 가지고 있었으나 내자의 조달난으로 유휴 공장들이 속출하여 원조의 보람이 없어졌으므로 PL 480 또는 AID/SA 등으로 대충 자금 적립에 치중하게 된것이다. 자금을 이런 방식으로 사용하는 것이 일본의

입장을 살리는 것이 될수 있는것이 아니겠는가?

이 수석: 여기에는 두가지의 사고 방식이 있는데 하나는 내자를 포함한 전체 자금을 청구권으로 충당한다는 것과 또하나는 시설재만을 이것으로 충당하고 내자는 고려하지 않는다는 것인데 현재 한국의 실정으로 보아서는 후자를 채택하기가 어렵다.

오끼라: 잘 알고 있다. 그러나 우리는 한국이 필요 없다는 기계를 가져가라는 이야기는 아니다. 우리가 납득할수 있는 프로젝트에 부수되는 내자 부분은 무방하지만 그것이 3억불의 6, 7할이 된다면 상당한 량의 소비재가 들어가게 될것인데 그렇게 되면 통상의 무역도 저해될것으로 염려된다.

내자 조달용 원재료는 잘 팔리는 것이라야 할것이며 잘 팔린다는 것은 한국에서 그만큼 수요가 많다는 것을 의미하는데 그런것이 비중이 너무 커지면 우리 국민에게 할말이 없어진다. 경제 협력의 개념이 아직은 국제적으로도 분명치는 않지만 대내적으로 설명이 되지 않기 때문에 여하튼 반 이상은 곤란하다.

김 대표: 이에 관하여 좀더 자세히 설명하겠다. 우리나라에서 청구권 자금이 어떻게 사용되는가 하는 문제는 식자간에서만 문제가 되는 것이 아니라 전국적으로 농촌에서도 많은 관심을 가지고 있다. 물론 산업계에서는 이 자금으로 공장을 질것을 주장하고 있지만 그렇게 되면 이것을 아는 사람은 전 국민의 극소 부분에 불과하며 남어지 사람들은 거의 해택을 입지 못하게 된다. 이러한 제점을 고려할때 이 돈은 주로 농, 수산 및 제 3차 산업 부문에 할당하여야 할것이다. 지난번 외상 회담시 민간 신용

1억불 이상을 5억불 이상으로 요구한것도 이와 관련이 된다. 즉 민간 신용으로서는 주로 공장을 건설하고 유, 무상의 자금으로는 제 1차 및 제 3차 산업에 투자하여 원료의 생산과 외부경제의 조성에 충당하려는 생각인 것이다.

니시야마: 미국은 남아 도는 잉여 농산물 같은 것을 주어서 그렇게 되었겠지만 일본은 그렇지 않다.

아카사와: 경제 협력으로 일본에서 들어 오는 것은 모두 딸라라고 볼수 있는데 그 귀중한 딸라를 원으로 바꾸어 써버린다는 것은 매우 아까운 일이다. 정치를 떠나 순수한 경제적 입장에서 보았을때 그렇다. 토목 공사는 과연 내자가 많이 든다는 것을 알수 있지만 이런 종류의 사업은 공장과는 성격이 다르다. 프란트에 부수되는 내자는 이해 할수 있지만 기타 전부의 내자~~는~~ ~~이해 할수 있지만~~ 라려는 좀 생각할 문제이다.

김 대표: ~~사어~~ 도입 자금의 효율성으로 보아 내자 조달을 위한 원자재의 도입은 절대적이며 순수한 민간 사업이 포함될련지 그 여부는 아직 확언할수 없지만 혹시 순민간 사업이 포함된다면 그 현지 공사비는 실수요자 자체의 부담이 될것이다.

니시야마: 농업이 한국의 경제 계획상 중요한 정책이라는 것을 잘 이해가 간다. 그러나 과거 배상에서 소비재를 극히 제한하였었는데 한국에 대하여서만 예외적인 혜택을 준다면 딴 나라에 대한 수습이 어려우며 한국의 식량 증산 7개년 계획을 전부 일본 자금에 의존한다는 것은 무리가 아닌가? 물론 그때에도 내자 조달용으로 공여한 예가 있기는 하지만 그것은 예외

었으며 만일 이것이 원칙이 된다면 우리 국민이 납득하지 않는다.
한국에 대하여는 배상보다도 경제 협력적인 성격이 많다고 생각한다.
그러므로 일본으로 부터의 자금은 한국 경제 개발 계획의 전체적 자금 계획중 일부로 사용하는 것이 가할것이며 이것을 전혀 분리 사용하는데에는 의문이 있다.

김 대표: 일본으로 부터 오는 자금은 식량 증산 7개년 계획같은 것의 수행에 소용되는 자금의 극히 일부분 밖에 되지 않을것이다. 다만 사업 수행에 있어서 청구권 관계 자금은 다른 자금과 혼동 시키지 않고 독립된것으로 투자가 되어야 함이 좋다는 것이다. 즉, 어떠한 지역의 개간이 일본 자금으로 되었다는 것이 들어 나는 것이 좋으며 가능한 한 전국적으로 그 사용 효과가 미쳐야 좋다는 것이다. 또한 귀하의 말대로 과연 경제 협력의 성격이 더 많다면 더욱 우리가 원하는 물자를 그대로 우리가 받아야 할것이 아닌가?

니시야마: 이것은 매우 큰 문제이니 만큼 이에 관한 일본측의 생각을 유보하여 두며 다음 이야기로 넘어가자.

이 수석: 일본측도 내자의 필요성을 인식하였을 것으로 믿으나 다만 그 비율이 문제인데 앞으로 한국의 경제 사정이 호전된 후라면는 모르지만 현재의 재정 사정으로서는 어려운 점이 있어서 내자 발생용 원자재의 비중을 크게 하지 않을수 없다. 통상의 무역을 저해한다는 문제는 현재 양국의 무역 균형에 차이가 많고 또 대일 수입은 증가 일로에 있지만 수출은 지난번 무역 회담에서도 느낀바 있지만 별로 늘것 같지 않다. 또 연간 1500만불의

원자재라는 것은 전체 수입액의 10분의 1밖에 안되니까 통상의 무역에 이렇다 할 영향을 미치지 않을 것이다. 사실상 일본이 생각하는 것처럼 어려운 문제가 아니라고 본다. 이러한 한국의 사정을 이해하고 원자재 문제는 우리측에서 가장 중요하게 생각하고 있는 문제의 하나인만큼 일본측에서 적극적인 태도로 고려가 있기를 희망한다.

아가사와: 국민에 대한 설명이나 정치적 사정과의 관련성등을 떠나서 원자재를 포함시키는 것은 무역 불균형을 시정 하겠다는 생각도 가지고 있는가?

김 대표: 그렇지는 않다. 통상의 무역에 별로 영향이 없다는 말이다. 내 개인의 생각이지만 국교 정상화 후에는 수입이 늘것이 분명하다. 3억 이상이 들어오면 after service만 하더라도 대단한 것이고 또 공장 운영을 위한 원료도 계속 다량이 필요하다. 일제 공장의 after service는 일본에서 밖에 할수 없지 않은가?

이 수석: 국제 수지 개선면에서는 큰 도움이 안된다. 양국의 무역 균형은 6배의 격차가 있는데 이것이 수년내에 메워 지지는 않을 것이다.

아가사와: ~~maintenance~~ after service 와 원료 이야기를 했는데 그러면 내자 조달용 원재료에는 공장 운전용의 원료가 포함되어 있지 않다고 해석해도 좋은가?

김 대표: 공장을 건설하면 maintenance도 있고 하니 들어가는 경우도 있을 것이다. 한도가 책정되면 들고 안들고가 문제가 되지 않는다.

니시야마: 특별 회계의 수입액은 일본 물건을 처분한 후에야 결정되게 되는가?

김 대표: 그전에 결정된다. 환율에 따라 결정되는 것이다.

아까사와: 조달청에서 원재료를 구입하여 팔게 되어 있지 않은가? 그러니 물건을 팔아야 얼마가 되는지 알지 않겠는가?

김 대표: 그렇지 않다. 원재재는 조달청과 관계 없으며 한은을 통하여 구매권을 판다는 것 뿐이지 판매 대전을 특별 회계에 적립하는 것이 아니다. 그래서 특별 회계에 들어가는 것은 그 당시의 환율에 의거 환산된 액수만이 들어 간다.

니시야마: 그렇게 되면 실수요자는 돈을 벌게 되지 않는가?

김 대표: 벌수도 있고 손해 볼수도 있을것이다.

니시야마: 상당히 벌것 같다. 그렇게 되면 또 일본이 특정인에게 폭리를 보게 하였다는 비난도 있을수 있지 않은가? 이것은 비율빈 인도네시아등에 심각한 영향을 미칠것 같다.

김 대표: 특별 회계는 장사 하는것이 아니다.

오꾸라: 3억과 2억은 성격이 다른데 같은 것으로 보면 문제가 커지며 무리가 가기 때문에 아무래도 나누어 생각하여 주었으면 한다.

이 수석: 이 문제는 재원의 각도에서 보는 관점과 한도액의 각도에서 보는 관점의 차이인데 결국 큰 문제점이 없지 않은가?

오꾸라: 재원이 전혀 다르니까 그렇지 않다.

김 대표: 앞으로 프로젝트나 연차 계획등을 토의하게 되면 무상과 유상의 구분이 자연히 확실해 질것이다.

오꾸라: 협정의 해석 여하에 따라서는 2억으로서도 원재료를 사서 팔수있게 된다면 야단이다.

구마가이: 아까가 사업 계획에서 말한 농업 부분 또는 수산 부분등은 여기에 부수되는 농기구나 어망, 가공 공장등도 포함되는 것인가?

김 대표: 그렇다.

구마가이: 어항의 개선도 포함되어 있는가?

김 대표: 있을테지만 잘 모르겠다. 좀 더 조사해서 알려 주겠다.

구마가이: 선박을 도입한다고 했는데 여기에는 어선도 포함되어 있는가?

김 대표: 아니다. 여기에는 화물선과 외항선만이 포함되어 있다.

니시야마: 언제쯤 사업 계획에 관하여 좀 더 구체적으로 알려 줄수 있겠는가?

김 대표: 지금 계획이 진행중에 있는데 끝나는대로 알려 주겠다.

구마가이: 철도 공작창은 차량 제작을 위한 시설인가?

김 대표: 이것은 이미 있는 공작창 시설을 보수하는 것이다.

이 수석: 공작 창은 차량의 제작도 하기 위한 시설을 의미한다.

구마가이: 기계 제작 공장은 민간 사업인가?

김 대표: 아니다. 정부 관리 공장에 대한 것을 생각하고 있다.

니시야마: 무슨 기계를 제작하는 곳인가?

김 대표: 주로 공작 기계등이다.

니시야마: 비료공장은 민간 차관이 안되는 경우에 한다는데 그것은 무슨뜻인가?

이 수석: 지금 일본 측과 교섭이 진행중에 있는 그 비료 공장이 안되면 하겠다는 말이다.

니시야마: 그러면 본 사업 부문속에 포함된 비료 공장은 민간 사업인가?

김 대표: 아니다. 여기것은 정부 투자다.

구마가이: 아까 설명한 사업 부문 중에서 내자의 비중이 비교적 큰것은 항목 2, 3, 4, 7, 9등인데 지금 나의 개략적인 계산에 의하면 1억 5천만불이 안될것 같다.

김 대표: 앞으로 구체적으로 참고 될만한 사항을 더 설명하겠다.

니시야마: 장기 저리 차관 2억불은 연간 2천만불 밖에 안되며 귀국에서는 2억불은 프로젝트 베이스로 한다는데 이것은 매년 어떻게 짜는 것인가?

김 대표: 매년 지불 베이스로 2천만불이 되며 실제로는 연차 계획에 따라 집행 되는 것이다.

니시야마: 그러면 입찰등은 어떻게 하는가?

김 대표: 정부 및 정부 기업체의 경우는 조달청이 공고 입찰을 통하여 일본에 공급자와 구매 계약을 체결한다.

구마가이: 그러면 최초의 입찰액은 매우 커질수 있지 않겠는가?

김 대표: 그렇다.

니시야마: 차관 형태는 어떻게 되는가?

김 대표: 협정 자체를 차관 협정으로 볼수도 있다. 그러나 귀국의 법률관계로 일본 해외 경제 협력 기금과의 차관 협정이 체결되어야 한다면 한국 정부가 일본 경제 협력 기금과의 agreement 를 체결할수 있다. 이 경우에 이미 차관액, 상환 기간, 기타 상환 조건이 결정되어 있으므로 개별적인 차관 협정을 체결할 필요는 없다고 생각한다. 사업별로는 사업 계획 합의서 (프로젝트 아그리먼트)를 체결할수 있다.

니시야마: 그것은 기금과 관계당국으로 좀더 연구해 보아야 겠다. 조달청 관계를 설명할수 있겠는가?

김 대표: 아측이 제시한 도표에 상세히 설명되어 있다.

니시야마: 그럼 오늘 회의는 이만하고 다음 회의는 될수 있는대로 빨리 하도록 하자.

이 수석: 다른 위원회에서도 다 그렇게 하고 있지만 우선 날자를 정하는 것이 좋겠다. 다음 월요일은 어떤가?

니시야마: 월요일은 좀 어렵고 화요일 오후 2시 30분으로 하였으면 좋겠다.

이 수석: 동의한다.

예고: 일반문서로 재분류 (1967.12.31.)

11. JAW-05158, 청구권 및 경제협력위원회 제5차 회의 결과 보고, 1965. 5. 11

한국 외교문서 1468, 제7차 한일회담 청구권 관계 회의 보고 및 훈령, 1965, 전2권, V.2, 1965. 4. 3 가서명 이후의 청구권 및 경제협력위원회, 1965. 4-6

1965년 5월 11일 개최된 제7차 한일회담 청구권 및 경제협력위원회 제5차 회의 결과 보고 문서(전문)다.

대 한 민 국 외 무 부

번 호: JAW-05158

종 별

일 시: 111640

수 신 인: 외무부장관 (참조: 경제기획원장관)

발 신 인: 주일대사 (수석대표)

금 11 일 1430 시부터 약 1 시간에 걸쳐 청구권 및 경제협력 위원회 제 5 차 회의가 개최되었는바, 결과를 아래와같이 보고함.

1. 일측은 아측이 제 2 차 회의시 제시한 아측의 입장에 대한 회답문서 (JAW-05159 로 별도 송부)를 제시하고 설명함.

2. 일측의 회답중 가. 장기저리 차관의 원리금 상환기산일자, 나. 일본의 국제상사 중재 협회에 관한 내용, 다. 지정은행에서 한은 재일지점을 제외시키려는 이유, 라. 계약지를 동경으로 하는 이유, 마. 부속서를 교환공문으로 규정하는 방법, 바. 민간신용제공을 합의문서화 시키는 문제 등에 관하여 아측이 질문한데 대한 일측의 답변이 있었으며 그후 일측으로 부터 협정등 합의문서에 관한 한국측의 대국회처리문제에 관한 질문이 있은데 대하여 아측이 답변함.

3. 다음 회의는 5.14 (금) 14:30 에 개최키로 함 (주일정-외아북, 외통협)

11-1. 청구권 및 경제협력위원회 제5차 회의 회의록, 1965. 5. 11

한국 외교문서 1468, 제7차 한일회담 청구권 관계 회의 보고 및 훈령, 1965, 전2권, V.2, 1965. 4. 3 가서명 이후의 청구권 및 경제협력위원회, 1965. 4-6

1965년 5월 11일 개최된 제7차 한일회담 청구권 및 경제협력위원회 제5차 회의 회의록이다.

청구권 및 경제 협력 위원회 제 5차 회의
회의록

1. 개최일시: 1965년 5월 11일 14:30 - 15:30

2. 개최 장소: 외무성 회의실

3. 참석자:

한국측	수석 대표	이규성
	교체수석	김영준
	"	전상진
	대표	김봉은
	전문위원	정순근
	"	정재덕
	"	김형근
	보좌	김태지
	"	강신조
	"	주병국
일본측	대표	니시야마
	보좌	오가다
	"	아가사와
	"	구마가이
	"	미가나기
	"	야나기야
	"	가야바

보좌 니시야마
" 가도
" 다루미즈
" 구루고찌

4. 토의 내용:

니시야마: 지난번 한국측이 제시한 입장에 대하여 오늘은 일본측의 회답을 준비하였으므로 이에 제시할까 한다.

여기에 포함된 사항 이외의 협정문에 들어가야할 사항도 있으므로 이것만이 전부는 아니다. 따라서 이 이외에도 문제점이 있다는 것을 전제로 한국측 입장에 대한 답변이라는 형식을 취하여 만들었다. (니시야마는 별첨 회답문서를 대부분 그대로 읽어내려 갔으나 아래 몇가지에 관하여는 보충적인 설명이 있었음.

(1) 3. 라.에 관하여:

한국측 안에 의하면 실시 계획의 시행을 위한것이라고 되어 있는데 일본측은 시행을 위한 것이아니라 계획 자체에 합치되어야 하는것으로 생각한다고 함.

(2) 3. 바.에 관하여:

사실상 구매 계약을 체결할수 없는 사항은 사절단의 경비같은 것을 예상할수 있으나 한국측이 사절단의 경비는 별도로 한국 정부에서 공급한다고 하므로 이에 해당하는것이 구체적으로 어떤것인지 알고 싶다고 함.

(3) 13.에 관하여:

다른 현안 문제의 경우와도 관련이 됨으로 같은 방식으로 되어야 한다고 생각하는데 최종적으로는 국제 사법 재판소에 해결을 부탁하도록 하여야 된다고 함.)

이 수석: 일본측의 회답 문서에 대하여 우선 의문나는 점을 아측이 질문하도록 하겠다.

김 대표: 9.의 나에 대해서 좀더 구체적으로 설명을 하여 주기 바란다.

다루미즈: 인도, 파키스탄 차관의 경우는 양국에 대한 채권국 회의에서 일본이 약속한 차관액에 관련하여 일본과 인도 및 파키스탄 정부 대표간에 교섭 체결된 차관 계약에서 제 1회 분할 사환으로 부터 최종회의 분할 사환까지의 상환 계획표를 결정하고 있다. 이 상환 계획에는 미리 지불 기일과 지불 액을 확정지어 있다.

김 대표: 알겠다. 1개의 프로젝트의 경우는 그럴수가 있으나 청구권의 케이스와 같은 많은 프로젝트 일때는 차관금을 사용하지 않고서도 이자가 발생케 될 결과가 되지 않겠는가.

오꾸라: 그렇지는 않다. 돈을 사용하지 않고 이자가 발생하는 일은 없다.

김(봉) 대표: impact loan 이라면 몰라도 이러한 경우에는 대부 계약과 프로젝트를 일치시킬때에는 실제 돈을 사용하지 않고도 이자를 지불하게 되는 경우가 생기는가!

다루미즈: 선적 완료된 후에 선적 완료에 따라 확정일자에 확정금액을 지불하는 것이니까 그런 염려는 없다.

김 대표: 이자 기산일은 언제인가?

다루미즈: 이자 발생은 실제 돈을 지불한 날자로 부터 기산한다.

이 수석: 일본의 국제 상사 중재 협회의 내용에 관하여 설명하여 줄수 있겠는가?

구마가이: 국제 상사 중재 협회는 1953년에 사단 법인으로 설립되었는데 여기에는 현재 217명의 중재인이 있다. 중재인은 상사 거래에 관한 실무 또는 법률에 밝은 사람들이고 그 내역을 국적별로 보면 일본인이 97명, 미국인이 91명, 영국인이 18명, 불란서인이 7명, 인도인이 3명, 파키스탄인이 1명으로 되어 있다. 상사 분쟁이 생겼을때 양당사자는 1명 이상의 중재인을 합의에 의하여 선정하여 중재를 부탁하게 되는데 보통은 3명의 중재인이 중재하는 것으로 되어 있으며, 중재에 있어서 어느 일방 당사자가 어느 중재인은 공평을 해할 염려가 있다고 생각할때에는 배제할수 있도록 함으로서 중재의 공평이 보장되도록 되어 있다. 지난번 제시된 한국측 안의 구체적인 의도가 무엇인지 잘 알수 없는데 즉, 한국의 상공회의소에 강제력을 가진 중재의 권한이 국내법상 규정되도록 법적 조치가 예정되어 있기 때문에 이에 부탁하려는 것인지 또는 제 3국의 중재 기관에 부탁하려는 것인지 분명치 않으나 여하간 이에 관하여 한국측의 참고를 위하여 말한다면 지금까지 일본이 35개국과 상사 중재에 관한 협정을 맺고 있는데 제 3국의 상사 중재 기관을 사용하는 것으로 규정된것은 하나도 없다는 것이다. 또한 한국측 입장대로 한다면 장래 언제 중재 기관이 생길지 모르므로 과도적인 처리가 문제가 되며 일본이 체결한 배상협정을 보면 전부 일본의 국제 상사 중재 협회를 사용한다는 것으로 되어 있는 것이다. 그러고 배상협정에는 그렇게 되어 있지만 실제로 상사 분쟁이 중재협회에 부탁된 예는 없다.

이 수석: 일본국제 상사 중재 협회에 관한 자료를 얻을수 있겠는가?

구마가이: 여기 정관이 있으므로 1부 드리겠다.

김 대표: 귀측의 회답 문서 11. 가.에 한국 은행 일본 지점을 포함하는 것이 전례도 없고 인정될수 없다고 하였는데 전례라 함은 배상 협정의 경우를 말하는 것인가?

니시야마: 배상 협정에도 그렇고 차관 협정에도 그렇다.

김 대표: 그 외 특별한 이유라도 있는가? 가령 법제 면에서라든지...

오구라: 법제면에서는 실시 불가능한 것은 아니다.

오가다: 인도의 경우에도 재일 지점은 있으나 인정되어 있지 않고 타국 은행의 재일 지점을 지정 은행으로 하지 않는다는 것은 일본의 정책적인 고려에서 인것이다.

오구라: 일본의 지정 은행의 service도 생산물 및 용역 중의 용역의 하나가 된다.

정(순)위원: 회답 문서 3. 가.에 "가능한 한 탄력적으로 실시할 용의가 있다"라고 되어 있는데 구체적으로 어떻게 하겠다는 것인지.

니시야마: 구체적으로는 매년 작성되는 연차 실시 계획을 만들때 조정을 한다는 것을 생각하고 있다.

오구라: 보충적으로 설명한다면 본 협정에는 원자재를 제공한다느니 하여 못박아 규정하지 않고 대신 연차 계획을 만들때 탄력적인 태도를 취하겠다는 것으로 여기서는 일본측의 기본적인 사고 방식을 말한 것이다.

정(순)위원: 회답 문서 5.에 보면 부속서를 기본 협정에 부치는 것에 반대하고 한국측이 희망하는 경우에는 교환 공한에 기재할것을 생각한다고 하고 있는데, 교환 공문이라 한다면 어떠한 것을 생각하고 있는가?

니시야마: 글쎄. 거기까지는 아직 구체적으로 생각하고 있지 않다.

정(순) 위원: 민간 신용 제공 관계인데 본 협정에 집어 넣지 않는다고 하고 있는데, 별도의 합의 문서에 아측이 지난번 아측의 문서 가운데 제시한 점등을 규정할것을 고려하고 있지 않은가?

니시야마: 일본측으로서는 우선 본 협정에서 부터 집어 넣지 않으려고 해보고 있는 것이다.

오구라: 본 협정에서는 우선 규정하지 않고 교환 공문 같은 것을 논의할때 그때 가서 검토하고저 한다.

이 수석: 계약지를 동경으로 해야겠다는 이유를 설명하여 줄수 있겠는가?

니시야마: 이것은 여러면에서 검토하고 있는 중이다. 다른 나라와의 배상 협정의 경우도 그렇고 실무자로 하여금 설명케 하겠다.

가도: 배상 협정의 경우 모두 동경이 계약지로 되어 있으며 라오스, 캄보디아, 에 대한 경제 및 기술 협력 제공의 경우에 있어서는 계약지가 각각 라오스, 캄보디아로 되어 있으나 실제로 계약을 체결하고 실시에 옮기는 과정에 있어서 여러가지 절충하여야 할 사항이 많은데 일일히 비행기를 타고 가서 절충하여야 하기 때문에 시간적으로도 그렇고 기타 노력의 낭비도 많은 불편이 있었던 것이다. 이러한 이유에서 불편을 제거한다는 점에서 계약지는 동경으로 하였으면 하고 희망하고 있는 것이다.

니시야마: 우리측에서 질문할 것이 있는데 한국측 생각은 조달청이 전적으로 구매를 행하고 민간 업자는 구매를 하지 않는 것으로 되어 있는것 같은데..

김 대표: 그점은 지난번에도 말하였지만 아국의 조달청은 정부 및 정부 관리 기업체를 위한 구매를 전적으로 맡고 있고 3억 및 2억에 관한 구매는 대부분 정부 또는 정부 관리 기업체를 위한 것으로 생각하고 있기때문에 원칙적으로 조달청이 구매 계약의 당사자가 되어 구매를 하는 것으로 되어 있으나 end user 가 민간 업자가 될 경우에는 업자의 희망에 따라 조달청이 대신 구매하여 주는 경우도 있고 업자가 자기 자신이 구매를 하고저 할때에는 자신이 할수 있도록 되어 있다. 그런데 지금까지의 경향으로 보아서는 조달청에 구매를 부탁하는 경우가 많다.

니시야마: 가령 제철소의 경우에 있어서는 민간 사업이 될텐데 업자가 자기 자신이 구매하려는 때에는 자신이 당사자가 될수 있다는 것인가?

김 대표: 그렇다. 즉, 관계 법령에 의하면 원칙적으로 민간 업자가 구매할수 있도록 되어 있다. 경제 기획원령 제 25호가 그런것이다.

니시야마: 그 법령을 줄수 있겠는가?

김 대표: 추후 주겠다.

니시야마: 또 한가지 질문할것이 있는데 청구권 및 경제 협력 관계 협정이 체결될 경우 한국측으로서도 국회에 갈 필요가 있을 것인데 2억의 경우 프로젝트 아그리먼트도 국회에 갈 필요가 있겠는가?

김 대표: 장기 저리 차관의 경우 2억 전체에 관한 loan agreement 를 일단 국회에서 동의를 받게 되면 그후 개별적으로 맺어지는 프로젝트 아그리먼트는 국회에 갈 필요가 없을 것이다.

오가다: 연차 실시 계획은 어떻게 될것인가?

김 대표: 우리 행정부로서는 국회에 가지 않도록 할 생각을 가지고 있다.

오가다: loan agreement 의 경우, 국회에 보고하는 것에 그치는 것인가 또는 동의를 얻어야 되는가?

김 대표: 국회의 동의를 얻어야 된다.

오가다: 2천만불의 경우는 국회에 보고한 것으로 알고 있는데...

전 대표: 그것은 법적으로 보고의 의무는 없으나 정치적인 뜻에서 보고한 것이다.

이 수석: 그러면 오늘 회의는 이만 하고 다음회의는 내일 오후쯤 여는 것이 어떤가.

니시야마: 다른 스케쥴도 있으므로 오는 14일(금) 오후 2시 30에 열기로 한다.

이 수석: 좋다.

직권으로 재분류 (1968.12.18)
과장 최 광

예고: 일반문서로 재분류 (67.12.31.)

번역

일한 경제협력의 합의 방식 및 실시 방법에 관한 한국 안에 대한 회답

1. 취지는 좋으나 구체적 표현은 후일 검토하고자 함.
2. 시나·이 메모의 제3항 (3억 불 이상의 민간신용공여)를 기본협정에 포함시키는 것은 여사한 민간신용공여의 성격상 전연 문제가 되지 않음.

   (이 건은 오히려. 김 회담 이래 일본 측이 계속 분명히 하였던 점임) 동 메모의 기타의 항목에 내용을 포함한 데 대하여는 이의 없으나 구체적인 표현 방법은 합의사항 그대로가 아니라 마땅히 더 부연하여야 할 것임.
3. 가. 일본 측으로서는 원칙적으로 자본재를 공여할 것을 생각하고 있으나 한국 측의 사정을 잘 참작하여 가급적 탄력있게 실시할 용의가 있음.

   나. 한국 안은 불가, '양 정부의 협의에 의하여' 실시계획을 결정하는 것으로 함.

   다. 계약체결권은 갖는 사절단을 도쿄에 설치하고 도쿄에서 계약을 체결토록 하는 것이 편리하다고 생각함. 계약을 일단 체결한 후에도 일본 정부가 여러 가지 수정을 요청하는 경우가 많을 것으로 생각되며 그러한 경우 일일이 도쿄와 서울 간을 왕복한다는 것은 절차상으로 보아 매우 번잡하다고 사료됨.

   라. 계약은 협정 및 부속 문서의 규정 그리고 당해 연도의 실시계획에 합치하지 않으면 안 되는 것으로 하고자 함.

   마. 한국 안은 전혀 불가, 계약 정본을 일본 정부가 승인하여 비로소 계약이 발효하는 것으로 한다.

   바. 한국 측은 어떠한 대상에 대하여 이 방식을 채택할 것을 고려하고 있는가.

   사. 이의 없음.
4. 가. 유상경제협력은 프로젝트에 대하여만 행하고자 함. 3.나. 다. 라. 마. 사에 관하여도 유상경제협력은 해외경제기금과의 대부계약에 의거하여 행하는 것임으로 무상경제협력의 경우와는 다른 점이 많기 때문에 더욱 검토한 후 의견을 제시하였음.

   나. 대부계약은 한국 정부와 해외경제협력기금 간에 체결되지만, 구체적으로 어떠

한 형식으로 할지는 아직 검토 중임.

5. 금후 10년 동안에는 경제협력의 대상이 여러 가지로 변동될 가능성이 있으므로 기본협정에 부속시켰을 경우에는 장차 변경의 필요가 있을 때 융통성을 잃어버릴 우려가 있으므로 부속서를 기본협정에 첨부하는 것을 반대함.

   한국 측이 강하게 희망하는 경우에는 대상 부문 정도를 교환공문에 기재하는 것을 생각할 수 있지만 이러한 경우에도 무상과 유상의 대상 부문은 구분할 필요가 있음.

6. 전기 3의 다.와 같음.

7. 구체적인 구성, 기능 등은 금후의 토의에 맡기되 설치의 원칙에는 이의 없음.

8. 일본의 국제상사중재협회를 이용하기를 희망함.

9. 가. 연 2회의 상환으로 하여야 함. 현물 상환은 인정할 수 없음.

   나. 한국 안은 불가. 인도, 파키스탄 차관과 같이 대부계약일을 기산일로 하는 확정기일의 확정액 지불로 함.

10. 민간신용공여는 전기 2와 같이 협정에는 규정하지 아니함.

11. 가. 한국은행 일본지점을 포함하는 것은 전례에도 없으며 인정할 수 없음.

    나. 무상에만 관계되는 규정이라고 이해하는 바 이의 없음.

    다. 이것도 무상에만 관계되는 규정이라고 이해하는 바 산정을 위한 환율은 지불일이 아니라 계약을 승인한 날이며 계약이 없는 경우에는 양 정부가 합의한 일자의 IMF 평가로 함.

12. 딴 나라와의 관계도 있으므로 인정할 수 없음. 일본인이 실질적으로 지배하는 일본 법인으로 함.

13. 협정 문안 검토 시 검토하고자 함.

日韓経済協力の合意方式及び実施方法についての韓国案に対する回答

昭40.5.10
経済協力局

1. 趣旨は結構であるが、具体的表現は後日検討したい。

2. 椎名・李メモの第3項（3億ドル以上の民間信用供与）を基本協定に含めることはこの種民間信用供与の性格上全く問題にならない。（このことは大平・金会談以来日本側が終始明確にしてきたところである。）同メモのその他の項目の内容を含めることには異議ないが、具体的な表現方法は、合意事項のままではなく、当然、更に elabrate するものとする。

3. イ、日本側としては原則として資本財を供与することを考えているが、韓国側の事情をよく考えて、できるだけ弾力的に実施する用意はある。

ロ、韓国案は不可。「両政府の協議により」実施計画を決定することとする。

ハ　契約締結権を持つた使節団を東京に設置し、東京で契約を結ぶことにするのが便利だと考える。契約を一度結んだ後でも、日本政府からいろいろと修正をお願いすることが多いと考えられ、そのような場合一々東京とソウルとの間を往復するのは手続的にみてきわめて煩鎖であると考えられる。

ニ　契約は、協定及び付属文書の規定ならびに当該年度の実施計画に合致しなければならないこととしたい。

ホ　韓国案は全く不可。契約本書を日本政府が承認してはじめて契約が発効することとする。

ヘ　韓国側はどのような対象についてこの方式によることを考えているか。

ト　異議なし。

2

4. イ　有償経済協力はプロジェクトに対してのみ行なうこととしたい。3.ロ、ハ、ニ、ホ、トについても、有償経済協力は海外経済協力基金との間の貸付契約に基づいて行なうものであるから、無償経済協力の場合とは異なる点が多いので、さらに検討の後申し上げる。

ロ　貸付契約は韓国政府と海外経済協力基金との間で締結されるが具体的にどのような態様とするかは目下検討中である。

5. 今後10年の間には経済協力の対象が種々変動する可能性があり、従つて、基本協定の付属とした場合には、将来変更の要ある際に柔軟性を失なうおそれがあるので、付属書を基本協定につけることとは反対である。韓国側が強く希望する場合には対象部門くらいを交換公文に載せることは考えられるが、この場合でも、無償と有償の対象部門は分ける必要がある。

6. 前記3.の~~ホ~~ハのとおりである。

3

7. 具体的な構成、機能等は今後の討議にまつとして、設置の原則には異議なし。

8. 日本の国際商事仲裁協会を利用することにしてほしい。

9. イ、年2回の償還とすべきである。現物償還は認められない。

ロ、韓国案は不可。印パ借款と同様、貸付契約の日を起算日とする確定期日の確定額支払とする。

10. 民間信用供与は前記2のとおり協定に規定しない。

11. イ、韓国銀行日本支店を含めることは前例もなく認められない。

ロ、無償のみについての規定であると了解するが異議なし。

ハ、これも無償のみの規定と了解するが、算定のための為替レートは、支払の日ではなく契約承認の日及び契約によらない場合はその旨の両政府間合意の日のIMF平価と

4

する。

12. ほかの国とのふり合いもあるので認められない。日本人が実質的に支配する日本法人だけとする。

13. 協定案文検討の時に検討したい。

12. JAW-05263, 청구권 및 경제협력위원회 제6차 회의 결과 보고, 1965. 5. 14

한국 외교문서 1468, 제7차 한일회담 청구권 관계 회의 보고 및 훈령, 1965, 전2권, V.2, 1965. 4. 3 가서명 이후의 청구권 및 경제협력위원회, 1965. 4-6

1965년 5월 14일 개최된 제7차 한일회담 청구권 및 경제협력위원회 제6차 회의 결과 보고 문서(전문)다.

대한민국 외무부

번 호: JAW-05263
일 시: 141907

수 신 인: 장 관
발 신 인: 수석대표

(참조: 경제기획원장관)

1. 5월 14일 1430 - 1700 까지 일외무성 회의실에서 청구권 및 경제협력위원회 제 6 차 회의를 개최하였음.

2. 우선 제 5 차 회의에서 일측이 제시한 아측요강에 대한 회답에대하여 다시 아측의 회답 및 질문을 형식으로 별첨 코멘트를 일측에 수교한후 김대표가 이를 설명하였음.

3. 가. 본 코멘트에 대하여 일측은 질문을 개시하였으나 니시야마 대표로부터 한일 경제 협력은 타국에 대한 배상과 달라 외부의 이행을 위한것이 아니라 순수한 경제 협력이고 본 위원회도 청구권과는 관계없이 오직 경제협력만을 전제로하여 그 절차를 정하기 위한것이며 청구권에 관한 문제는 별개의 소위원회에서 논의하여야 할것이라는 발언이 있었음.

나. 이에대하여 아측은 지금까지의 교섭 경위와 그간의 합의 사항으로보아 청구권과 경제협력을 별도 고려한다는 것은 있을수 없으며 오히려 청구권을 해결하기 위하여 교섭을 시작하였고 경제협력이라는 개념은 후에 첨가되었다는것을 상기 시키는 동시에 수석 회담에서의 양해 사항과 거리가 있음을 지적하고 이를 반박하였음.

다. 5분간의 휴회를 포함하여 약 한시간 논쟁을 계속한후 일측은 양측입장에 실질적인 차이가 없는것이라고 하고 본문제는 협정문을 기초할때에 구체적으로 논의 될것이니 이에 대한 논의는 중단하고 회의를 촉진시키기 위하여 한국측 코멘트에 대한 질의를 계속하겠다고 제의하였음.

따. 아측은 본 위원회와 청구권의 해결 및 경제협력을 위한 것이라는 양해하에 토의를 진행한다는것을 전제하고 질의 응답을 계속하였음.

4. 질의 응답 내용은 차후 회의록으로 보고위계임.

유첨물: 청구권 및 경제 협력에 관한 합의 방식 및 실시 방법에 대한 일측 회답에 관련된 한국측의 코멘트. (주일정-외아북)

예고: 일반문서로 재분류. 67. 12. 31.

(별 첨)

청구권 및 경제협력에관한 합의방식과 실시방법에 대한 일본측 회답에 관한한

한국측의 코멘트

1965. 5. 14.

제목: "일본측으로부터 제출된 문서의 제목에있어서 청구권 이라고말하는 용어가 누락되어있는바 이것은 청구권 및 경제협력으로 표현되어야한다.

협정의 구성: 한국측이 전에 제출한 문서에 협정의 구성에대하여 기술하고있는바 이것은 한국측의 안과 같이 수락한것으로 양해한다.

1 항 한국안을 원칙적으로 받은것으로 양해한다.

2 항

가. 3 억불 이상의 민간 신용제공은 이.시이나 합의사항에 규정된바를 기본 협정에 반드시 포함시켜야할것이다.

그이유는 이.시이나 합의사항은 이미 양국 국민에 공포되어 주지의 사실로 되어있음으로 기본협정에 포함되는것은 당연한 것이기 때문이다.

나. 이.시이나 합의사항을 ELABORATE 하는 문제에 대하여 한국측으로서는 이.시이나 합의사항을 그대로 기술하는것을 원칙으로 생각하고있으나 일본측이이것을 어떻게 ELABORATE 할것을 바라고있는지 먼저 설명하여줄것을 희망한다.

3 항

가. 원자재 도입에관하여 일본측이 한국측의 사정을 이해하고 있는것으로 생각하며,

본협정에있어서는 "자본재, 원자재 및 기타 상품" 으로 표현하는것으로 양해한다.

나. 무상 3 억불에의하여 도입되는 대상의 선정은 상환과는 관계없는것으로 도입되는 생산물과 용역이 본협정 또는 년차 실시계획에 저촉되는지 여부를 검토 함으로서 족한것이며 성질상 협의의 대상으로 될수없는것이다.

다. (1) 계약체결권을 가진 사절단이 설치되어야한다는 이유가 일본측의 설명에 의하면 편의상의 이유때문이라고 말하고있는바. 계약의 확정, 변경, 수정등은 실질적으로 본국정부의 훈령없이 행할수 없는것이므로 시간적인 절차의 번잡성은 사절단 구매 또는 조달청 구매 어떠한 경우에 있어서던지 별반 차이가 없는것이며,

(2) 또한 한국정부의 조달청은 내외자 조달에 숙달된 기관이며 양국간의 거리가 가까운 점등을 생각한다고 하더라도 시간을 낭비할 염려는 전혀 없을것이다.

라. 한국안과같은 의미로 해석한다.

마. 계약통고의 문제에관하여 구매계약은 양국간에 일단 합의된것의 구체적 실시를 위하여 행하여지는 것으로 일본측이 계약이 협정 또는 년차 실시계획에 저촉되는지 여부를 CHECK 하는것외 따로 계약을 승인하는 문제는 성질상 생길수 없을뿐더러 필요없는것이다.

바. 더욱 검토하고저한다.

사. 합의된것으로 양해한다.

4 항

가. 일본측이 검토중에있다고 말하고 있으므로 일본측의 안을 기다리고 있다. 또한 "무상경제협력", "유상경제협력" 라고말하는 표현은 과거 교섭상 확정된 "무상제공" "장기저리차관" 라는 표현을 사용하는것이 적당다하고 생각한다.

나. 검토중에있다고 말하고있으므로 일본측의 안을 기다리고있다.

5 항 검토하여보고싶다.

6 항 사절단의 대우문제에 관하여는 한국측의 안과같이 받아드린것으로 해석한다.

7 항 합의된것으로 양해한다.

8 항 일본의 국제상사중재협회만의 이용을 받아드릴수 없다.

9 항

가. 한국측의 안을 받아드릴것을 희망한다.

나. 대부계약일은 기산일로하는것은 자금사용건에 기산하는결과로 되므로 불가하다.

10 항 본항은 교환공문에 집어넣는것으로 이해한다.

11 항

가. 다음이유에 의하여 한국은행 재일지점은 포함되어야한다.

(1) 한국은행 재일지점을 일본에 있어서 갑종 외환은행으로 인가되어있다.

(2) 수권자의 사절단과의 실제 거래상의 편의라는 면에있어서도 포함되어야한다.

(3) 은행수수료는 원칙적으로 수익자 부담이나 그 지불은 국제통례에따라 전혀 상업상의 개초위에 행하여지는 것이며 본협정에있어서 규정될 일본인의 용역과는

관계없다.

나. 합의된것으로 양해한다.

다. 환율의 적용은 결재일 즉 지불일의 율에 따르는것이 당연하다.

12 항 일본에 거주하는 대한민국 국민이 지배하는 법인도 포함되어야한다. 그이유는

(1) 일본법인이다.

(2) 일본의 상업발전에 기여하고있다.

(3) 재일한국인의 특수한 처우문제와 관련하여 특별한 배려가 있어야한다.

13 항 더욱 검토하고저한다.

12-1. 청구권 및 경제협력위원회 제6차 회의 회의록, 1965. 5. 14

한국 외교문서 1468, 제7차 한일회담 청구권 관계 회의 보고 및 훈령, 1965, 전2권, V.2, 1965. 4. 3 가서명 이후의 청구권 및 경제협력위원회, 1965. 4-6

1965년 5월 14일 개최된 제7차 한일회담 청구권 및 경제협력위원회 제6차 회의 회의록이다.

청구권 및 경제 협력 위원회 제 6차 회의 회의록

1. 개회 일시: 1965. 5. 14. 14:30 - 17:00

2. 개최 장소: 외무성 회의실

3. 참석자:

한국측	수석 대표	이규성
	교체수석	김영준
		전상진
	대표	김봉은
	전문위원	김정태
	"	정순근
	"	정재덕
	"	오재희
	"	박정서
	"	김형근
	보좌	김태지
	"	강신조
	"	주병국
일본측	대표	니시야마
	보좌	아까사와
	"	오까다
	"	구마가이
		오오꾸라

- 1 -

보좌	미기가와기
"	야나기야
"	다루미즈
"	가도
"	니시야마
"	구로고찌

4. 토의내용:

이 수석: 이번에 새로 우리측 대표단에 포함되게 된 한국은행 박정서 외국부 차장을 소개하겠다.

(아측에서는 별첨과 같은 "코멘트"를 회의 벽두 일측에 제시하였음.)

니시야마: 지금 한국측으로부터 문서를 받았는바 이에 관하여 설명하여 줄수 있겠는가?

이 수석: 우리측의 설명에 들어가기 전에 지난번 일본측에서 제시한 문서 가운데 3개의 점에 관하여 검토중이라고 하고 있는데 그 동안 이에 관하여 일본측에서 안이 준비되어 있다면 먼저 들려주면 좋겠다.

니시야마: 그 3개의 점이라는 것은 어떤 어떤 것인가?

이 수석: 4. 가., 4. 나. , 그리고 13. 등이다.

니시야마: 이러한 문제들은 앞으로 더욱 한국측의 이야기도 듣고 우리측의 안을 만들려고 생각하고 있다.

김 대표: 그러면 지금 제시한 우리측 "코멘트"에 관하여 설명하겠다.

우리측의 입장을 좀 더 구체적으로 설명하고저 하는 뜻이다.

(아측 "코멘트"를 설명하였음.)

니시야마: 이제 전반적으로 한국측 "코멘트"를 들었는바 우리측이 우선 듣고서 느낀바를 몇가지 말할까 한다.

우선 지난번 일본측 입장을 문서로 제출하였을 때에도 말하였지만 우리측 문서 가운데 포함되어 있는 사항만 협정에 규정되는 것이 아니고 거기에서 언급되지 않은 다른 사항도 협정에 포함될수 있는 것이며 또한 우리측이 제시한 문서는 그것 그 자체가 협정 문안으로 되는 것이 아니고 협정문에 포함될 사항을 내용적으로 실체만을 검토하는 것을 목적으로 하고 있는것이다.

둘재로 전반적으로 보아 어떤 점에 관하여는 서로 오해가 있는것 같은 점도 느껴지지만 전반에 걸친 양측의 기본적인 사고 방식은 평행선을 긋고 있는것 같아서 이것은 상당히 걱정되는 문제라고 생각한다.

청구권 및 경제 협력 문제에 있어서 청구권에 관한 소위 원칙적인 부분과 경제 협력에 관한 부분을 어떻게 안문에 조합을 시킬 것인가 생각할때 우리측으로서는 결국 청구권 및 경제 협력에 관한 협정이라는 형식으로 될것으로 생각은 하지만 한국에 대한 우리측의 제공은 어디까지나 배상과 같이 의무적으로 주는것이 아니라 그것보다는 경제 협력이라는 기본적인 사고를 가지고 있다. 한국측은 위와 같은 우리측 생각과 다른 생각을 가지고 있는것 같은데 그렇다면 사상에 근본적인 차이가 큰데 그러한 차이를 어떻게 좁힘으로서 협정으로 이끌것인가 이를 위하여는 양측의 지대한 노력이 필요할것으로 생각한다.

그러면 구체적으로 한국측의 "코멘트"에 관하여 질문을 할 예정인데,

첫째로 제목에 관하여 한국측이 청구권 및 경제 협력이라고 하고 있으나 우리측의 생각은 약간 다르며 이것은 앞으로 더욱 설명할 것이다.

둘째로 협정의 구성에 관하여 3의 프라스 알파는 협 정문에 포함될 실질적인 필요가 없다고 생각한다.

오오다라: 이에 관련하여 한가지 말하고 싶은것은 일본측 문서에 한국측 안에 대응하는 안을 기재하지 않았다고 해서 그것이 반드시 한국측의 안을 그대로 받았다는 것을 의미하는 것은 아니라는 것이다.

그러한 것들은 앞으로 더욱 한국측과 이야기를 해 보아서 결정할 것들이기 때문에 우선은 언급하지 않고 있는 것이다. 그리고 전문에 관하여 한국측은 일본이 한국안을 원칙적으로 받아 드린것으로 양해한다라고 하고 있는데 한국측의 의미하는 원칙적으로 라는 것이 무엇인지 잘 모르겠으나 여하간 일본측으로서는 청구권과 경제 협력이라는 두개의 기둥 (니혼다데)을 세운다는 생각밑에 한국측 안에 찬성하는 것이다.

야나기야: 청구권 및 경제 협력이라는 것에 관하여는 종래부터 양측의 입장이 대립되어 온 것으로 생각한다. 일본측은 종래부터 "한국의 경제 개발을 위하여" 제공한다는 입장을 취하여 왔다.

김 대표: 이 문제는 오래동안 논의되어 온 것인데 결국 지난번 이.시이나 합의 사항이라는 결과로 나타났다. 이.시이나 합의 사항을 보면 청구권 및 경제 협력이라고 되어 있어서 경제 협력이라는 것도 있으나 청구권적인 성격이 엄연히 표현

~~것이다.~~ 되어있었다 결국 처음 한국 청구권의 해결이라는 것으로 이야기가 시작되다가 일본측의 경제 협력이라는 생각이 나와서 두가지 다 집어 넣게 된것이다.

니시야마: 이.시이나 합의 사항은 여러가지로 해석될수 있다. 그런데 여하간 현실적으로 현재 우리가 하고 있는 회의는 경제 협력 관계를 다루고 있는 것이 아닌가?

김 대표: 청구권과 경제 협력 쌍방을 모두 다루고 있다.

오꾸라: 청구권 및 경제 협력 문제는 청구권의 소위 원칙적인 부분을 다루는 회합과 경제 협력을 다루는 회합으로 나누어저 있으며 여기서는 경제 협력을 다루고 있다.

니시야마: 우리는 한국에 대한 것이 배상과는 다르고 경제 협력이라는 면이 강하다는 생각이다.

이 수석: 지금까지의 수석 대표단 회의 또는 기타 회합을 통하여 본인이 이해하고 있는바 우리측의 기본적인 생각을 말한다면 이 위원회에서는 청구권과 경제 협력 문제를 모두 다루게 되어 있는것이며 현재 우리가 토의의 대상으로 삼고 있는것은 절차 문제인 것이다. 이러한 우리측의 생각을 일본이 받지 않는다면 결국 평행선으로 나가게 될것이다. 우리도 일본의 한국에 대한 제공이 배상이 아니라 특수한 것이라는 생각이나 그 표현은 청구권 및 경제 협력이라는 표현으로 되어야 할것이다.

니시야마: 이 수석도 말하다싶이 배상이 아니기 때문에 경제 협력이라는 것이다. 이.시이나 합의 사항중 어떤것은 국회에 가야하는 국회 사항이 되고 어떤 것은 교환 공문같은 국회에 갈 필요가 없는 사항이 되는 것인지는 앞으로

결정할 문제고 이.시이나 합의 사항에 있는 그대로가 모두 본 협정에 포함되어야 한다는 것은 이.시이나 합의 사항이나 기타 어느 것에서도 합의된 것이 없다.

이 수석: 이.시이나 합의 사항 자체가 협정안문이 되는 것은 아니나 합의 사항의 원칙을 협정 문안에 집어 넣자는 것이고 구체적으로 어떻게 할것인가는 토의하여 나가면 된다고 생각한다.

니시야마: 여하간 이에 관하여는 서로의 오해가 없어야 할것으로 생각한다.

이 수석: 결국 우리가 현재 다루고 있는 것중에 실질적인 문제라는 것은 원자재의 제공에 관한 문제, 구매 방식에 관한 문제, 계약자에 관한 문제, 상사 중재에 관한 문제, 3억 프라스 알파에 관한 문제등이 될것이며 이러한 실질적인 문제들을 하나씩 하나씩 처리해 나가면 지금 우리가 논의하고 있는 것은 문제가 안되리라고 본다.

오가라: 현재 여기서 우리가 다루고 있는 문제는 경제 협력에 관한 문제이고 청구권의 소위 원칙적인 문제는 다른 회합에서 취급하게 된다.

김 대표: 청구권 및 경제 협력 위원회가 마치 두개 있는것 같이 말하지만 우리가 알고 있는바로는 위원회는 어디까지나 하나이고 다만 일본측에서 청구권의 원칙적인 문제를 좀 더 구체적으로 논의할 필요가 있다고 주장하므로 이것을 받아 드려 따로 ad hoc committee를 구성해서 이문제를 다루어 보기로 한것이 아닌가. 따라서 본위원회에서는 청구권과 경제 협력의 두가지 문제를 모두 다루는것이다.

니시야마: 결국 협정 안문을 작성할때에는 두가지 다 포함되게 되겠지만 여기서 지금하고 있는 것은 경제 협력에 관한 것이다.

김 대표: 경제 협력만을 한다는 것은 이상하다. 청구권 및 경제 협력에 관한 도입 절차를 토의하고 있는 것이다.

니시야마: 청구권의 의미가 포함은 되어 있으나 한국측에서는 청구권의 대가라는 생각이 있는것 같은데 우리측에서는 그렇게 생각하고 있지 않고 따라서 기본적인 사고의 차이가 있는데 이것은 시정 조정되어야 한다고 생각한다.

김 대표: 이것은 상당히 중요한 문제인데 청구권과 경제 협력이 양립되어 있어서 이것을 같이 청구권 및 경제 협력 위원회에서 다루는 것으로 되어야 한다.

이 수석: 문제는 청구권과 경제 협력을 같이 협정문에 집어 넣는 것인데 단순히 경제 협력만을 한다는 것은 안된다.

니시야마: 우리측으로서는 한국에 대한것이 배상과 같지 않지만 일종의 정치적인 협력이라는 의미에서 제공하는 것으로 생각하고 있으며 일본의 일방적인 의무에 입각해서 제공하는 것으로 되면 곤란하다. 여하간 본의 아니게 형식적인 문제에 관하여 토의가 길어졌는데 서로 상식을 가지고 상대방에 입장도 감안하면서 합리적으로 하나식 하나식 토의하여 나가면 되지 않을까 생각한다. 다시 한번 말하는 것이지만 한국측에서 이돈은 우리가 받아야 하는 것이니 마음대로 하여야겠다고 하면 곤란하다.

김 대표: 전혀 의무가 없다고 하는 것은 말이 되지 않는다. 물론 청구권 일방적인 주장도 과거의 상호간의 의견 대립의 입장에서 볼때 문제가 되지마는 최소한도 청구권 해결에다가 경제 협력이라는 생각이 가미 되어서 결국 청구권 및 경제 협력이라는 것으로 되는 것 이 아닌가? 우리 국내의 일반 국민의 감정이 청구권을 받아 드리는 생각으로 일관되어 있으므로 만일 청구권이라는 표현이 달라진다면 이것은 중대한 문제가 야기될것이다.

니시야마: 그것은 결국 문안 작성시의 문제가 되는것이라고 보며 여하간 일본측의 생각이 어떠한 것인지 알아 주기 바란다

김 대표: 다시 한번 되풀이 하지만 청구권 및 경제 협력 위원회는 어디까지나 한개의 위원회라는 것을 말하여 둔다.

니시야마: 그렇다면 전체적인 위원회는 하나고 그밑에 성격상 두개의 소위원회가 있는것이라고 할것인가?

정(순)위원: 지금 논의되고 있는 두개 소위원회 문제는, 본 위원회의 과거의 토의 경위를 보면 자명한 것이다. 원래부터 두 소위원회가 있었던것이 아니며 아측은 이.시이나 합의로서 청구권 문제는 완전 해결되고 절차만이 남은 것으로 이해 했던 것인데 일본측이 소위 법적 문제가 있다고 말하여 오므로 그러면 그것을 ad hoc face group 의 그룹에서 들어 보자는 것이었다. 따라서 3억, 2억, 3억 α 를 토의하는 것은 경제 협력위원회이고 청구권 위원회는 법적 문제만 토의한다는 식의 idea는 아측으로서는 전혀 돌연한 것이다.

니시야마: 이것은 결국 형식론이 되는것이 아닌가? 그러면 한국에 대한 제공은 정치적인 관계가 깊은 일한 양국간의 우호적인 관계를 위한 경제 협력이라고 할것인가?

이 수석: 청구권이라는 것이 들어가야 한다.

김 대표: 일본측의 생각을 이해하기 곤란한데 배상은 아니나 그러나 청구권에 연유하는 것이라는 것은 인정하여야 할것이 아닌가?

니시야마: 한국측은 청구권에 대가라는 생각인데 경위에 관하여 야나기야 서기관으로 하여금 설명케 하겠다.

야나기야: 1962년 말의 김.오히라 합의에 이르게 된 경위를 보면 한국측에서는 청구권과 경제 협력을 위한 것이라는 것이었으나 일본측의 생각은 어디까지나 경제 협력이 주라는 생각이였다.

정(순)위원: 동 문제의 시초가 청구권에서 시작된 것이지 한국의 사정이 어려워도와 달라는데서 시작한것이 아니지 않느냐?

야나기야: 그것은 알고 있다.

니시야마: 여하간 문안 작성시 구체적인 표현을 할때 얘기하기로 하고 토의를 빨리 진행시키자.

이 수석: 일본측의 생각은 알겠으나 한국측의 입장은 어디까지나 경제 협력만이라고 하여 진행 시키기는 곤란하다는 입장을 알아 주기 바란다.

니시야마: 우리측은 경제 협력이 주라는 생각이다.

이 수석: 상당한 논쟁이 벌어졌는데 여기서 약 5분간 일단 휴회하고 다시 이야기를 계속하자.

(약 5분간 휴회)

니시야마: 그러면 다시 이야기를 계속하자.

이 수석: 결국 일본측의 입장은 순수한 경제 협력이라는 것인가?

니시야마: 그렇다.

오가다: 순수한 상업 베이스에 의한 것은 물론 아니나 정치적인 성격을 가진 경제 협력이라고 할 것이다.

오위원: 순수한 경제 협력이라고는 볼수 없고 청구권 및 경제 협력을 위한 것이라고 하여야 된다.

야나기야: 일본측의 생각은 어디까지나 경제 협력이라는 입장에서 제공하려는 것이다.

오 위원: 일본측이 그렇게 이야기 하지만 원래 경위를 보면 한국의 청구권 문제를 해결하기 위하여 교섭이 시작되었고 청구권을 해결함에 있어서 뒤에 경제 협력

이라는 말이 나오게 되었다. 따라서 정치적인 경제 협력으로 제공한다는 것은 있을수 없다.

니시야마: 이 문제는 너무 건드리지 않고 넘어가기로 하고 여하간 우리로서는 빨리 협정문을 만들어 내는 것이 중요하지 않겠는가?

이 수석: 그러면 오늘 우리가 제출한 문서에 대하여 귀측이 질문하여 주기 바란다.

니시야마: 그러면 우리측에서 구체적인 질문을 하도록 하겠다.

오가다: 10항에 관하여 교환 공문에 집어 넣겠다는 것은 어떤 의미인가?

김 대표: 본 협정에 이.서이나 합의 사항에 있는 것을 규정하고 구체적인 것은 교환 공문에 따로 규정하자는 뜻이다.

구마가이: 3항 가.에 관하여 전전번 회의에서 1억 5천만불 이상이나 현지 통화가 필요할 것이며 그와같은 액수가 책산된다는데 대한 관계 자료를 제시하겠다고 하였는데 받을수 있겠는가?

김 대표: 본국 정부에서 아직 오지 않았으므로 오는대로 설명하도록 하겠다.

구마가이: 그러한 자료는 앞으로 협정이 체결된후 실지 실시 단계에 있어서 매년의 년차 실시 계획 작성시 원자재가 차지하는 비율이 어떻게 될 것인지 모르므로 실시 계획 작성시의 관계 자료로서 필요한 것이다.

김 대표: 원자재의 비율 문제에 관하여는 양국 정부에서 어떤 ceiling 을 정하는 방법도 생각할수 있다고 본다.

미가나기: 한국측이 최초에 제시한 문서에는 "기타 상품"이라는 것이 없고 이번 문서에는 기타 상품이 들어가 있는데. . .

김 대표: 생산물의 내용을 좀 더 구체적으로 표시하기 위한것이며 기타 상품을 포함 시키고 있는 것은 원자재의 개념을 분명히 표시한것이다.

미까나기: 요전번 상품말이 나왔을때 우리측에서 상품은 곤란하다는 이야기를 하였는데. . .

김 대표: 우리측이 말하는 원자재와 귀측에서 말하는 원재료의 개념도 다른바도 있고 과거 누차에 걸쳐서 설명한바와 같이 내자 조달이 가능한 물자를 일정한 비율로 꼭 받아 드려야 할 형편이 있기 때문이다.

오까다: 전번 문서에서 장기 저리 차관은 무상 제공과 실시 방식이 같다고 하고 이번에는 검토중이라고 하여 조금 다른 느낌이 있는데. . .

김 대표: 귀측의 5월 10일자 회답중에 이문제에 대하여 "아직 검토중"이라고 되어 있으므로 그것을 기다리는 까닭이다.

미까나기: 3항의 나. 가운데의 "년차 실시 계획"에 저촉되는가 아닌가는 조금 이상하지 않은가?

김 대표: 그것은 우리측 문서의 착오인데 년차 실시 계획이 아니라 "부속 문서"로 대치하여 주었으면 한다.

니시야마: 조달청 구매에 대한 법 규정을 줄수 있는가?

김 대표: 경제 기획원령 25호의 text 를 주겠다.

(니시야마 대표에게 전달함.)

니시야마: 그 내용을 간단히 설명하여 줄수 있겠는가?

김 대표: 차관의 구매는 원칙적으로 조달청이 하게 되어 있으며 다만 순민간 업자가 end user 일때의 구매는 업자가 선택권을 가지게 되어 있으며 직접 구매할 때는 상공부 장관의 수입 허가를 얻어야 한다.

니시야마: 그것 때문에 계약지가 반드시 서울로 되어야 한다는 이유는 되지 않는 것이 아닌가?

김 대표: 우리 국내적인 관계 규정의 내용만을 말한 것이다. 구매 문제에 관하여 한마디 더 할것은 사절단에 현지 구매원이 있다 하더라도 결국 본부의 훈령 하에 움직이게 되는 것이므로 조달청구매와 다를 것이 없게 된다는 것이다. 조달업무에 숙달된 인원은 제한되어 있으므로 일본에 상당한 인원이 파견 된다면 미국 지역 구매, 구라파 지역 구매 및 기타 지역 구매에 있어서 상당한 지장이 있을것이다. 이러한 사정으로 우리는 조달청 구매를 하는것이 실질적으로 시간의 천연을 초래한다든지 또 절차의 복잡성을 가져 온다는 등의 문제는 염려될것이 없을것이다.

아가사와: 한국측의 말대로 한다면 사절단은 연락관과 같은 것이 되는데, 우리가 기대하는 사절단도 큰 문제에 있어서 까지 모든것에 관한 전권을 가진것을 기대하고 있는것은 아니다. 다만 계약에 서명할수 있고 적은 문제에 관하여 수정권을 가지고 있는 정도면 족한 것이다. 그런데 한가지 질문할 것이 있는데 조달청 구매를 하여야 하겠다는데 정치적인 고려도 있는가?

김 대표: 그런점도 있다.

아가자와: 그러면 정치적 인 고려가 중요한 요소가 되는가?

김 대표: 중요하다.

니시야마: 한국에 일본이 제공하는 물건은 일본에 있으므로 여기서 하는 것이 간단하기 때문에 좋으며, 서울에서 계약을 체결하게 되면 전부 서울로 가야하기 때문에 복잡하게 된다.

김 대표: 이렇게 생각하여 주기 바란다. 원래 물건을 사고 팔때에는 서로의 사정을 잘 알고 교섭하게 되는 것인데 동경에서 하게된다면 공급자가 현지의 사정이 어떤지도 알아야 되지 않겠는가? 결국은 일본 상사가 서울에 가서 하는것이 현실적이라고 본다.

- 12 -

니시야마: 2억의 경우면 몰라도 3억의 경우는 그렇지 않지 않은가?

김 대표: 그것은 그렇지 않다. 3억의 경우도 2억의 경우나 마찬가지다. 예를 들자면 발전소 건설에 있어서 구매 계약을 하려면 현지 답사, 설계상의 상호간의 절충 등 구매 계약이 이루어 질때까지 사업기관과 공급자 사이에 빈번하고 긴밀한 현지 (한국내)의 왕래가 있어야 하지 않겠는가? 그럼으로 형식상 동경에서 계약한다는 것은 실질적으로는 무의미한것이 되지 않겠는가?

한국은 거리도 가깝고 하므로 오고 가는것은 별반 문제가 안될 것이다.

이 수석: 과거의 경험으로 이야기 한다면 조달청 사람이 여기에 2, 30인 와 보았자 문제가 안되며, 실지에 있어서 서울에 가서 이야기 하여야 되도록 되어있다. 국교 정상화가 되면 왕래가 빈번하게 될 것이고 그렇게 되면 여러가지 편의의 제공도 있게 될것이다. 계약서에 서명하는 것이야 간단하겠지만 그 동안 까지의 과정이 문제이다.

니시야마: 이 문제는 상당히 중요하므로 우리도 잘 검토하여 보아야겠다.

구마가이: 3항 마.에 관하여 일본 정부가 계약을 check 하는것은 인정한다는 것인가? 일본 정부의 확인이 있어야 계약이 성립되어 지불하게 되는데 계약이 먼저 성립되어 발효하게 되면 곤란하지 않은가?

김 대표: 우리 정부에서 계약을 승인할때에는 협정문 부속문서 및 년차 계획에 저촉되는가의 여부를 충분히 검토한후에 결정하는것이므로 일본 정부가 check 한다 하더라도 결국은 협정이나 연차 실시 계획에 맞는가 안맞는가를 check 하는것이 되지 않겠는가? 서로의 해석상의 차이가 있을 때에는 일방적으로 결정할수 없고 그 차이점을 합동 위원회에 부의해서 처리하여야 할 문제가 아니겠는가?

구마가이: 배상 협정의 경우에 있어서는 합치 여부를 일본 정부가 인증하게 되어 있는데, 인증없이 계약이 성[illegible]면 곤란하게 된다고 생각한다.

그리고 하나 하나 다 합동위원회에 간다면 시간이 오래 걸리지 않겠느냐?

김 대표: 이 문제는 더 검토하여 보자. 오는 어떻게 하는것이 빨리 될것인가 라는 관점에서 연구하면 되지 않겠는가?

아가사와: 참고로 배상 협정에 있어서 계약의 내용을 검토하는 경우를 말한다면 형식적인 것만이 아니라 내용적인 검토도 하고 있다. 즉 통상 무역 관계도 있으므로 가격이라던지 국내 생산 가능성 같은것을 검토하고 있다.

정(순)위원: 일본측은 년차 실시 계획등에 있어 한국에 제공할 물건에 대하여 이미 check가 되어 있는데, 그것을 implement 하는 구매에 있어 다시 승인할 필요가 없다고 본다. 더욱이 price check 를 하겠다고 하는데, 그러면 일본 정부는 일반 민간 상업에 까지 간여하겠다는 말인가?

아가자와: 다른 나라와의 배상에서도 가격을 check 하고 있다.

구마가이: 상사 중재 문제에 관하여 일본의 국제 상사 중재 협회 "만의" 이용은 받아 드릴수 없다고 하는데 구체적으로 어떤것을 생각하고 있는가?

정(순)위원: 전에 설명한것 같이 양국이 평등한 입장에선 중재를 말한다. 즉, 한국의 국내법이 조정되어 상사 중재가 가능하게 된후의 상사 중재 협정에 의한것을 생각하며, 그과도 조치는 더 양측이 협의하면 좋겠다.

아가사와: "만의" 뜻은 무엇이냐?

정(순)위원: 일본의 상사 중재 협회만으로는 안되겠다는 말이다.

아가사와: 일본의 국제 상사 중재 협회를 이용하는 경우 상사 분쟁이 생겼을때 중재인은 일본인만 하게 되는것이 아니므로 반드시 일본만 유리하게 되는것은 아니다.

정(순)위원: 이에는 우리 국내적인 문제도 있다.

김 대표: 여하간 이 문제도 더 서로 연구하여 보자.

오가다: 6항에 관하여 대우 문제에 관한 한국측의 입장은 전에 제시한 문서에 있는 그대로 인가?

김 대표: 그렇다.

아끼가자와: 사절단 경비는 어떻게 되는가?

김 대표: 사절단 경비는 3억이나 2억에서 지출되는 것이 아니다.

니시야마: 다시 밝혀 두지만 한국측이 제시한 문서는 양해한다느니 해석한다느니 하고 있는데 일본측에서 의견 표시가 없다고 하여서 그대로 한국측 안을 받아 드렸다고는 할수 없다.

미끼나기: 11항 가. (3)에 관하여 배상 협정의 경우를 말한다면 은행 수수료는 실제로 배상 자금에서 지출되고 있다.

김(봉) 대표: 은행 수수료는 통례적으로 수입자와 수출자 즉 accounty와 beneficiary 간의 계약에 의해서 accounty 부담으로 하느냐 beneficiary 부담으로 하느냐가 결정되는 것인데 통상적으로는 수출자 즉 수익자 측에서 일어나는 은행 수수료는 수익자 부담으로 되는것이 원칙이다 따라서 은행 수수료는 어디까지나 수익자인 상사의 부담으로 지불될 것이지 은행 수수료가 협력 기금이나 청구권 기금에서 지출될 성질의 것이 아니라고 생각한다.

미끼나기: 그러면 은행 수수료는 일본으로 부터 제공되는 자금에서 내는것인가 아닌가?

김(봉) 대표: 반드시 청구권 자금에서 은행 수수료까지 지불할 필요는 없지 않은가?

김 대표: 우리측으로서는 청구권 자금에서는 지불하지 않는다는 것이 전제가 된다.

구마가이: 요전번 일본이 현물로 상환한 예가 있다고 하였는데 그 예를 들어 주었으면 한다.

김 대표: 버-마 같은데는 그렇게 하지 않았는가?

- 15 -

구마가이: 그것은 commercial loan이며 일본은 차관이 아니다.

김 대표: 그러면 새로운 예를 만들면 되지 않겠는가? (웃음) 여하간 더 연구하여 보자.

니시야마: 장기 저리 차관의 원리금 상환에 관하여 한국측이 오해하고 있는것 같은데 관계자로 하여금 설명케 하겠다.

오구라: 원본은 확정된 지불이므로 대상물의 조속한 제공이 없어서 거치 기간을 먹어 들어가는 경우가 있을수도 있지만 이자의 경우는 돈의 지불없이 이자가 발생하는 일은 없다.

김 대표: 일본측의 그와 같은 관례는 우리로서는 특수한 예가 되므로 더 검토해야 겠다. AID 차관이나 독일로 부터의 차관의 경우와는 현격한 차가있다.

니시야마: 오늘 질문은 이만 끝이도록 하고 여하간 조속히 문안을 작성하도록 진행시킴이 타당하다고 생각되는데 다음 회의를 어떠한 식으로 진행할 것인지는 연구하여 볼 필요가 있기 때문에 연구한후 다음 회의 개최에 관하여 추후 연락 하겠다.

이 수석: 알겠다.

13. JAW-05563, 청구권 및 경제협력위원회 제7차 회의 결과 보고, 1965. 5. 31

한국 외교문서 1468, 제7차 한일회담 청구권 관계 회의 보고 및 훈령, 1965, 전2권, V.2, 1965. 4. 3 가서명 이후의 청구권 및 경제협력위원회, 1965. 4-6

1965년 5월 31일 개최된 제7차 한일회담 청구권 및 경제협력위원회 제7차 회의 결과 보고 문서(전문)다.

일본 측은 이 회의에서 청구권 및 경제협력과 관련하여 7개 협정 문안을 제시하였다.

대한민국 외무부

"부외비"

번 호: JAW-05563
일 시: 311644

수신인: 외무부장관

발신인: 수석대표

(참 조: 경제기획원장관)

1. 금 5.31. 11:30 - 12:30 까지 일외무성 회의실에서 개최된 청구권 및 경제협력위원회 제 7차 회의에서 일측은 다음과같은 7개의 협정문안을 제시하였음.

1) 재산 및 청구권에관한 문제의 해결 및 경제협력에관한 대한민국과 일본국간의 협정

2) 대한민국과 일본국간의 무상경제협력의 실시에관한 협정

3) 대한민국과 일본국간의 무상경제협력의 실시에관한 협정의 실시세목에관한 교환공문

4) 재산 및 청구권에관한 문제의 해결 및 경제협력에관한 대한민국과 일본국간의 협정 제1조 1항 (A) 및 2항의 규정의 실시에관한 교환공문

5) 재산 및 청구권에관한 문제의 해결 및 경제협력에관한 대한 민국과 일본국간의 협정 제1조1항 (B)의 규정의 실시에관한 교환공문

6) 한일경제협력합동위원회에관한 교환공문

7) 재산 및 청구권에관한 문제의 해결 및 경제협력에관한 대한민국과 일본국간의 협정 제2조에관한 교환공문

2. 상기 7 개의 협정문안에 대하여 일본측에서 한단한 제안설명이있었음.

이협정문안은 명 6.1. 귀국하는 문희철 서기관편에 송부위계임.

3. 6.1 . 오전 1030 에는 ●도입절차에 관하여 회의를 오후 230 에

법적문제에관한 회의를 개최할예정임.

(이하 암호)

4. 청구권 협정의 기본협정에 해당되는 1) 합의의 협정문안은 별첨과같으며 이중 제 2 조 법적문제에 관하여 정부의 POSITION 을 지시하여 주기바람.

5. 금일 회의의 내용은 회의록으로 보고위계임 .

예고 : 재분류 (67.12.31)

직권으로 재분류 (1967.12.31) 과장 신광수

JAW-05563 의 별첨)

재산 및 청구권에관한 문제의 해결 및 경제협력에관한 대한민국과 일본국간의 협정전문

양국간의 제 현안이 해결되고 외교관계가 설정되는것을 고려, 일본이 한국의 경제 및 사회의 발전에 기여하기위하여 협력하는것을 희망, 양국 및 양국국민간의 재산 및청구권에관한 문제를 완전히 그리고 최종적으로 해결하는것을 희망하여, 다음과같이 협정함.

1. 한국의 경제 및 사회의 발전에 기여하기위한 경제협력으로서

(A) 3억불과 동등한 가치를 갖는 일본국의 생산물 및 일본국의 용역을 협정 발효일부터 10년간에 걸쳐 무상제공함.

각년도 제공액수는 3천억불을 한도로하며 이 제공액수는 차년의 공여액에 가산하는것으로함. 일본국의 재정상정이 허락하는경우 양정부합의에의하여 증액할수있음.

(B) 2억불의 장기저리의 대불를 협정발효일로부터 10년의 기간에걸처행함.

일본국은 해외경제협력기금이 대부를 하기위하여 필요한 로하는 자금을 확보할수 있도록 조치를취함.

2. (A) 청산계정잔고 45,729,398.08 불을 10년간 균등반제(무이자)

(B) 한국정부의 요청이있을때에는 무상 3억에서 감액함.

3. 양정부간의 협의기관으로서 한일경제협력합동위원회를 설치함.

4. 본조의 실시를위하여 필요한 약정을 체결함.

- 2 -

제 2조

1. 어느 일방의 체약국도 자국 및 그 국민(법인 포함)의 재산, 권리 및 ~~이~~ 이익으로서 이 협정의 서명일에 타방 체약국의 관할하에있는것에관하여 타방 체약국이 이미 취하였거나 또는 금후 하게될 조치의 효력을 승인하고 또한 동일이전에 발생한 사유에 기하여 타방체약국 및 그 국민에대한 자국 및 그 국민의 일체의 청구권을 포기한다.

2. 1.의 규정은 다음 사항에관하여는 적용되지아니한다. 단, 이 협정의 서명일까지 각 체약국이 취한 특별한 조치의 대상으로 된것에관해서는 차한에 부재한다.

(A) 일방 체약국의 국민으로서 1945년 9월 2일이전부터 이 협정서명일까지 계속하여 타방 체약국에 거주하는자의 재산권리 및 이익

(B) 양국 및 양국 국민간의 무역재개후에 있어서의 통상의 접촉의 결과로서 1의 재산권리 및 이익에해당하는것으로된것.

제 3조

이 협정 및 이 협정에기하여 체결될 약정의 해석 미 적용에관하여 발생하게될 일체의 분쟁에관하여는 우선 교섭에의하여 해결하는것으로하며 일방 체약국에 의한 교섭의 요청을 받은날로부터 6개월이내에 해결에 이르지못하였을 경우에는 어느 일방의 체약국의 요청에의하여 국제사법 재판소에 결정을위하여 부탁되는것으로한다.

제 4조

비준조항 . 끝

번역

재산 및 청구권에 관한 문제의 해결 및 경제협력에 관한 대한민국과 일본국 간의 협정 및 관련 문서

(1965. 5. 31)

1. 재산 및 청구권에 관한 문제의 해결 및 경제협력에 관한 일본국과 대한민국 간의 협정
2. 일본국과 대한민국 간의 무상 경제협력의 실시에 관한 협정
3. 일본국과 대한민국 간의 무상 경제협력의 실시에 관한 협정의 실시 세목에 관한 교환공문
4. 재산 및 청구권에 관한 문제의 해결 및 경제협력에 관한 일본국과 대한민국 간의 협정 제1조 1(a) 및 2의 규정의 실시에 관한 교환공문
5. 재산 및 청구권에 관한 문제의 해결 및 경제협력에 관한 협정 제1조 1(b)의 규정의 실시에 관한 교환공문
6. 한일경제협력공동위원회에 관한 교환공문
7. 재산 및 청구권에 관한 문제의 해결 및 경제협력에 관한 일본국과 대한민국 간의 협정 제2조에 관한 교환공문

財産及び請求権に関する問題の解決並びに経済協力に関する日本国と大韓民国との間の協定及び関連文書

（四〇・五・三一）

1 財産及び請求権に関する問題の解決並びに経済協力に関する日本国と大韓民国との間の協定

2 日本国と大韓民国との間の無償の経済協力の実施に関する協定

3 日本国と大韓民国との間の無償の経済協力の実施に関する協定の実施細目に関する交換公文

4 財産及び請求権に関する問題の解決並びに経済協力に関する日本国と大韓民国との間の協定第一条1(a)及び2の規定の実施に関する交換公文

5 財産及び請求権に関する問題の解決並びに経済協力に関する日本国と大韓民国との間の協定第一条1(b)の規定の実施に関する交換公文

6 日韓経済協力合同委員会に関する交換公文

7 財産及び請求権に関する問題の解決並びに経済協力に関する日本国と大韓民国との間の協定第二条に関する交換公文

(1965. 5. 31)

1. 재산 및 청구권에 관한 문제의 해결 및 경제협력에 관한 대한민국과 일본국 간의 협정 (안)

일본국 및 대한민국은

양국 간의 제반 현안이 해결되고 외교 관계가 설정되어야 한다는 점을 고려하고,

일본국이 대한민국의 경제 및 사회발전에 기여하기 위하여 협력하는 것에 대하여 협정하기를 희망하며,

양국 및 양국 국민의 재산과 양국 및 양국 국민 간의 청구권에 관한 모든 문제를 완전하고 최종적으로 해결하기를 희망하면서,

다음과 같이 협정하였다.

제1조

1. 일본국은 대한민국의 경제 및 사회발전에 공헌하기 위한 경제협력으로서 대한민국에 대하여

(a) 현재로서 천팔십억 엔(108,000,000,000엔)으로 환산되는 3억 미국 달러(300,000,000달러)에 해당하는 엔의 가치를 가지는 일본국의 생산물 및 일본인의 용역을 이 협정의 효력발생일로부터 10년간에 걸쳐 무상으로 공여한다. 각 연도의 생산물 및 용역의 공여는 현재로서는 백팔억 엔(10,800,000,000엔)으로 환산되는 삼천만 미국 달러(30,000,000달러)에 해당하는 엔의 금액을 한도로 하고, 각 연도의 공여가 이 금액에 미치지 못했을 때 그 잔액은 다음 연도 이후의 공여액에 가산되는 것으로 한다. 단, 각 연도의 공여 한도액은 일본국의 재정 사정이 허락하는 경우 양 체약국 정부의 합의에 의해 증액할 수 있다.

(b) 현재로서 칠백이십억 엔(72,000,000,000엔)으로 환산되는 2억 미국 달러(200,000,000달러)에 상당하는 금액까지 장기저리의 차관으로 양 체약국 정부가 합의하는 사업의 실시에 필요한 일본국 생산물 및 일본인의 용역의 대한민국에 의한 조달에 충당할 수 있는 것을 이 협정의 효력발생일로부터 10년의 기간에 걸쳐 실시하기로 한다. 이 차관은 일본국의 해외경제협력기금에 의하

여 대한민국 정부에 행하며, 일본국 정부는 동 기금이 이 차관을 각 연도에 균등하게 행하기 위하여 필요한 자금을 확보할 수 있도록 필요한 조치를 취하여야 한다.

2. (a) 대한민국은 양 체약국 간의 청산계정 잔액으로서 1961년 4월 22일의 교환공문에 의하여 양 체약국 정부 간에 확인된 일본국의 채권인 미화 사천오백칠십이만구천삼백구십팔 달러 팔 센트(미화 45,729,398. 08달러)를 이 협정의 효력발생일로부터 10년의 기간 내에 다음과 같이 무이자로 상환한다.

제1회부터 제9회까지의 연부금의 금액 매년 사백오십칠만삼천 달러(4,573,000달러). 제10회 연부금의 금액 사백오십칠만이천삼백구십팔 달러 팔 센트(4,572,398. 08달러)

(b) (a)의 각 연도의 분납금에 대하여 대한민국의 요청이 있는 경우에는 그 요청이 있는 금액에 해당하는 1(a)의 규정에 의한 생산물 및 용역의 제공과 (a)의 규정에 의한 분납금의 지급이 이루어진 것으로 보며, 이에 따라 1(a)의 규정에 의한 생산물 및 용역의 제공액 및 그 해의 1(a)의 규정에도 불구하고 그 금액만큼 감액되는 것으로 한다.

3. 양 체약국 정부는 이 조의 규정의 이행에 관한 양 정부 간의 협의기구로서 양 정부 대표로 구성된 한일경제협력공동위원회를 설치한다.

4. 양 체약국 정부는 이 조의 규정의 이행을 위하여 필요한 협정을 체결한다.

제2조

1. 어느 일방의 체약국은 자국 및 그 국민(법인을 포함한다)의 재산, 권리 및 이익으로서 이 협정의 서명일에 타방 체약국의 관할하에 있는 것에 대하여 타방 체약국이 이미 취하였거나 앞으로 취할 모든 조치의 효력을 승인하고, 또한 같은 날 이전에 발생한 사유에 근거하여 타방 체약국 및 그 국민에 대한 자국 및 그 국민들의 모든 청구권을 포기한다.

2. 1의 규정은 다음의 것에는 적용하지 아니한다. 다만, 이 협정의 서명일 이전에 각 체약국이 취한 특별한 조치의 대상이 된 것에 대해서는 그러하지 아니하다.

(a) 일방 체약국의 국민으로서 1965년 9월 2일 이전부터 이 협정 서명일까지 계속

하여 다른 쪽 체약국에 거주하고 있는 자의 재산, 권리 및 이익

(b) 양국 및 양국 국민 간의 무역 재개 후의 통상적인 접촉의 결과로 1의 재산, 권리 및 이익에 해당하게 된 것.

제3조

이 협정 및 이에 근거하여 체결되는 협정의 해석 및 적용에 관하여 발생할 수 있는 모든 분쟁에 대하여는 우선 협상에 의한 해결을 도모하고, 일방 체약국의 협상 신청일로부터 6개월 이내에 해결에 이르지 못한 경우에는 어느 일방 체약국의 요청에 따라 국제사법재판소에 결정을 위해 회부된다.

제4조

1 이 협정은 비준되어야 한다. 비준서는 가능한 한 신속하게 　　에서 교환되어야 한다.

2 이 협정은 비준서 교환일에 효력을 발생한다.

이상의 증거로 아래인은 이 협정에 서명했다.

1965년 　월 　일에 도쿄에서 일본어, 한국어 및 영어로 본서를 2통 작성했다. 해석에 차이가 있을 때는 영어로 된 본서에 따른다.

일본국을 위하여

대한민국을 위하여

（四〇・五・三一）

財産及び請求権に関する問題の解決並びに経済協力に関する
日本国と大韓民国との間の協定（案）

日本国及び大韓民国は、

両国間の諸懸案が解決され、外交関係が設定されるべきことを考慮し、

日本国が大韓民国における経済及び社会の発展に寄与するため協力することについて協定することを希望し、

両国及び両国国民の財産並びに両国及び両国国民の間の請求権に関するすべての問題を完全かつ最終的に解決することを希望して、

次のとおり協定した。

第一条

1 日本国は、大韓民国における経済及び社会の発展に寄与するための経済協力として、同国に対し、

(a) 現在において千八十億円（一〇八、〇〇〇、〇〇〇、〇〇〇円）に換算される三億合衆国ドル（三〇〇、〇〇〇、〇〇〇ドル）に等しい円の価値を有する日本国の生産物及び日本人の役務を、この協定の効力発生の日から十年の期間にわたつて無償で供与するものとする。各年における生産物及び役務の供与は、現在において百八億円（一〇、八〇〇、〇〇〇、〇〇〇円）に換算される三千万合衆国ドル（三〇、〇〇〇、〇〇〇ドル）に等しい円の額を限度とし、各年における供与がこの額に達しなか

なわれるものとし、日本国政府は、同基金がこの貸付けを各年において均等に行ないうるために必要とする資金を確保することができるように、必要な措置を執るものとする。

2

(a) 大韓民国は、両締約国間の清算勘定の残高として千九百六十一年四月二十二日の交換公文により両締約国政府間で確認されている日本国の債権である四千五百七十二万九千三百九十八合衆国ドル八セント（四五、七二九、三九八・〇八ドル）をこの協定の効力発生の日から十年の期間内に、次のとおり無利子で返済するものとする。

第一回から第九回までの年賦払の額　各年四百五十七万三千合衆国ドル（四、五七三、〇〇〇ドル）

第十回の年賦払の額　四百五十七万二千三百九十八合衆国ドル八セント（四、五七二、三九八・〇八ドル）

(b) (a)の各年の賦払金について大韓民国の要請があつたときは、その要請のあつた金額に相当する1(a)の規定による生産物及び役務の供与並びに(a)の規定による賦払金の支払が行なわれたものとみなし、これにより、1(a)による生産物及び役務の供与の額並びにその年の供与の限度額は、1(a)の規定にかかわらずその金額だけ減額されるものとする。

3 両締約国政府は、この条の規定の実施に関する両政府間の協議機関として、両政府の代表者で構成される日韓経済協力合同委員会を設置する。

4　両締約国政府は、この条の規定の実施のため、必要な取極を締結するものとする。

第三条

この協定及びそれに基づいて締結される取極の解釈及び適用に関して生ずることのあるすべての紛争については、まず交渉により解決を図るものとし、一方の締約国による交渉の申入れの日から六箇月以内に解決に至らなかつたときは、いずれか一方の締約国の要請により、国際司法裁判所に決定のため付託されるものとする。

第四条

1　この協定は、批准されなければならない。批准書は、できる限りすみやかに　　で交換されるものとする。

2　この協定は、批准書の交換の日に効力を生ずる。

以上の証拠として、下名は、この協定に署名した。

千九百六十五年　月　日に東京で、日本語、韓国語及び英語により本書二通を作成した。解釈に相違があるときは、英語の本書による。

日本国のために

大韓民国のために

(1965. 5. 31)

2. 일본국과 대한민국 간의 무상경제협력의 실시에 관한 협정(안)

일본국 및 대한민국은

1965년 월 일에 도쿄에서 서명된 재산 및 청구권에 관한 문제의 해결 및 경제협력에 관한 일본국과 대한민국 간의 협정(이하 '기본협정'이라 한다.) 제1조 제1항 (a)의 규정의 실시에 관한 협정을 체결하기를 희망하면서

다음과 같이 합의하였다.

제1조

일본국이 기본협정 제1조 1(a)의 규정에 따라 경제협력으로서 대한민국에 무상으로 제공하는 일본국의 생산물 및 일본인의 용역은 대한민국의 경제 및 사회발전에 기여하는 것이어야 한다.

제2조

양국 정부는 일본국이 공여하는 생산물 및 용역을 정하는 연도별 실시계획(이하 '실시계획'이라 한다.)을 협의하여 결정한다.

제3조

1. 일본국이 공여하는 생산물은 자본재로 한다. 다만, 대한민국 정부의 요청이 있을 때에는 양국 정부 간의 합의에 의하여 자본재 이외의 생산물을 공여할 수 있다.
2. 일본국의 생산물 및 일본인의 용역의 공여는 일본국과 대한민국 간의 정상적인 교역이 저해되지 않도록, 그리고 일본국에 외환 상의 추가적 부담이 부과되지 않도록 실시되어야 한다.
3. 일본국이 공여하는 생산물 및 용역은 일본국 내에서 영리 목적으로 사용되어서는 안 된다.

   생산물 및 용역의 제공은 기본협정 및 이 협정에서 정하는 경우를 제외하고는 통상적인 상업, 무역 및 용역의 거래에 적용되는 일본국의 관계 법령에 규정된 것

이외의 제한 또는 규제를 받지 아니한다.

제4조

1. 제6조 1항의 사절단은 생산물 및 용역의 제공을 위하여 대한민국 정부를 대신하여 일본 국민 또는 그 지배하는 일본국 법인과 직접 계약을 체결한다.
2. 1의 계약(그 변경을 포함한다)은 (i) 기본협정 제1조 1(a) 및 이 협정의 규정, (ii) 양국이 기본협정 제1조 1(a) 및 이 협정의 이행을 위하여 실시하는 협정의 규정 및 (iii) 적용 가능한 실시계획에 부합하고, 일본국 정부의 승인을 얻어야 한다. 이 항에 규정된 바에 따라 승인을 얻은 계약을 이하 '승인계약'이라 한다.
3. 모든 승인계약은 그 계약으로부터 또는 이와 관련하여 발생하는 분쟁이 한쪽 계약 당사자의 요청에 따라 양 정부 간에 행해지는 협정에 따라 상사중재위원회에 해결을 위해 회부된다는 조항을 포함하여야 한다. 양국은 정당하게 이루어진 모든 중재판정을 최종적인 것으로 하고, 집행할 수 있도록 필요한 조치를 취한다.
4. 1의 규정에도 불구하고, 생산물 및 용역의 제공은 계약에 의한 것이 적절하지 않다고 인정되는 경우에는 계약 없이 양 정부 간의 합의에 의하여 행할 수 있다.

제5조

1. 일본국 정부는 제6조의 사절단이 승인계약에 의하여 부담하는 채무 및 전조 4의 규정에 의한 생산물 및 용역의 제공의 비용에 충당하기 위한 지불을 제8조의 규정에 따라 정하는 절차에 따라 지불을 행한다. 이 지불은 일본 엔화로 행하는 것으로 한다.
2. 일본국은 제1항의 규정에 의한 엔화에 의한 지급을 행함으로써, 그리고 그 지급을 행한 때에 그 지급에 관한 생산물 및 용역을 기본협정 제1조 1(a)의 규정에 따라 대한민국에 공여한 것으로 본다.

제6조

1. 대한민국 정부는 기본협정 제1조 1(a) 및 이 협정의 이행(승인계약의 체결 및 이행을 포함한다.)을 임무로 하는 동 정부의 유일하고 전속적인 기관으로서 대한민국

정부사절단(이 협정에서 '사절단'이라 한다)을 도쿄에 설치한다.

2. 사절단 사무실의 구내 및 기록은 불가침으로 한다. 사절단은 암호를 사용할 수 있다. 사절단에 속하고 직접 그 임무 수행에 사용되는 부동산은 부동산 취득세 및 고정자산세를 면제한다. 사절단의 임무 수행에서 발생할 수 있는 사절단의 소득은 일본국에서의 과세를 면제받는다. 사절단이 공용을 위하여 수입하는 재산은 관세 기타 수입에 관하여 또는 수입과 관련하여 부과되는 과징금을 면제한다.
3. 대한민국 국민인 사절단장 및 사절단의 고위직원 2명은 국제법 및 국제관습에 따라 일반적으로 인정되는 외교상의 특권 및 면책이 주어진다.
4. 대한민국 국민으로서 통상 일본국 내에 거주하지 않는 사절단의 다른 직원은 자기 직무수행에 관하여 받는 보수에 대한 일본국에서의 과세를 면제받고, 일본국 법령이 정하는 바에 따라 자가용 재산에 대한 관세 기타 수입에 관하여 또는 수입과 관련하여 부과되는 과징금을 면제받는다. 부과되는 과징금을 면제받는다.
5. 승인계약으로부터 또는 이와 관련하여 발생한 분쟁이 중재에 의해 해결되지 않거나 해당 중재 판정이 이행되지 않은 경우, 그 문제는 최후의 해결 수단으로 일본국의 관할 법원에 제기할 수 있다. 이 경우 필요한 소송 절차상의 목적을 위해서만 사절단 법무부장의 직위에 있는 자는 소송을 제기하거나 소송을 당할 수 있으며, 이를 위해 사절단 내 자신의 사무실에서 소장 기타 소송서류의 송달을 받을 수 있다. 다만, 소송비용의 담보제공 의무를 면제받는다. 사절단은 2 및 3에 규정된 바에 따라 불가침 및 면책이 주어지기는 하나, 전 항의 경우 관할 법원이 행한 최종 재판을 사절단을 구속하는 것으로 받아들여야 한다.
6. 최종 재판의 집행에 있어서 사절단에 속하고 그 임무 수행을 위하여 사용되는 토지 및 건물과 그 안에 있는 동산은 어떠한 경우에도 강제집행을 받지 아니한다.

제7조

1. 양국은 생산물 및 용역의 제공이 원활하고 효과적으로 이루어질 수 있도록 필요한 조치를 취한다.
2. 대한민국은 일본국이 생산물 및 용역을 공여할 수 있도록 하기 위하여 이용할 수 있는 현지의 노동력, 자재 및 설비를 제공한다.

3. 대한민국은 생산물 또는 용역의 공여와 관련하여 대한민국 내에서 필요한 일본국민이 그 작업의 수행을 위하여 대한민국에 입국, 출국 및 체류에 필요한 편의를 제공하여야 한다.
4. 일본국 국민 및 법인은 생산물 또는 용역의 제공과 관련하여 발생하는 소득에 대하여 대한민국에서의 과세를 면제받는다.
5. 일본국에 의하여 공여된 생산물은 대한민국 영역으로부터 재수출되어서는 아니된다.
6. 어느 일방의 정부도 일본국이 공여하는 생산물의 운송 및 보험에 관하여 공정하고 자유로운 경쟁을 저해할 수 있는 다른 일방의 국민 및 법인에 대하여 직접 또는 간접적으로 차별적인 조치를 취하지 아니한다.
7. 이 조의 규정은 기본협정 제1조 1(b)에 규정된 대여에 의한 생산물 및 용역의 조달에 대해서도 적용한다.

제8조

이 협정의 이행에 관한 절차 및 기타 세부사항은 양 정부 간에 협의하여 합의한다.

제9조

1 이 협정은 비준되어야 한다. 비준서는 가능한 한 신속히 교환되어야 한다.

2 이 협정은 비준서 교환일에 효력을 발생한다.

이상의 증거로 아래 서명인은 이 협정에 서명하였다.

1965년 월 일에 도쿄에서, 일본어, 한국어 및 영어로 본서 2통을 작성하였다. 해석에 차이가 있을 때는 영어로 된 본서에 따른다.

일본국을 위하여

대한민국을 위하여

（四〇・五・三一）

日本国と大韓民国との間の無償の経済協力の実施に関する協定（案）

日本国及び大韓民国は、

千九百六十五年　月　日に東京で署名された財産及び請求権に関する問題の解決並びに経済協力に関する日本国と大韓民国との間の協定（以下「基本協定」という。）第一条1(a)の実施に関する協定を締結することを希望し、

次のとおり協定した。

第一条

日本国が、基本協定第一条1(a)の規定に基づき、経済協力として大韓民国に無償で供与する日本国の生産物及び日本人の役務は、六韓民国の経済及び社会の発展に寄与するものでなければならない。

第二条

両国政府は、日本国が供与する生産物及び役務を定める年度実施計画（以下「実施計画」という。）を協議により決定するものとする。

第三条

1　日本国が供与する生産物は、資本財とする。ただし、大韓民国政府の要請があつたときは、両政府間の合意により、資本財以外の生産物を供与することができる。

2　日本国の生産物及び日本人の役務の供与は、日本国と大韓民国との間の通常の貿易が阻害されないように、かつ、外国為替上の追加の負担が日本国に課されないように、実施されなければならない。

3　日本国が供与する生産物及び役務は、日本国内において営利目的のために使用されてはならない。

4　生産物及び役務の供与は、基本協定及びこの協定に定める場合を除いては、通常の商業、貿易及び役務の取引に適用される日本国の関係法令に定めるもの以外の制限又は規制を受けないものとする。

第四条

1 第六条1の使節団は、生産物及び役務の供与が行なわれるため、大韓民国政府に代わつて、日本国民又はその支配する日本国の法人と直接に契約を締結するものとする。

2 1の契約（その変更を含む。）は、(i)基本協定第一条1(a)及びこの協定の規定、(ii)両政府が基本協定第一条1(a)及びこの協定の実施のため行なう取極の規定及び(iii)適用される実施計画に合致し、かつ、日本国政府の承認を得なければならない。この項に定めるところに従つて承認を得た契約は、以下「承認契約」という。

3 すべての承認契約は、その契約から又はこれに関連して生ずる紛争が一方の契約当事者の要請により、両政府間で行なわれることがある取極に従つて商事仲裁委員会に解決のため付託される旨の規定を含まなければならない。両政府は、正当になされたすべての仲裁判断を最終的なものとし、かつ、執行することができるようにするため必要な措置を執るものとする。

4　1の規定にかかわらず、生産物及び役務の供与は、契約によることが適当でないと認められる場合は、契約なしで、両政府間の合意により行なうことができる。

第五条

1　日本国政府は、第六条の使節団が承認契約により負う債務並びに前条4の規定による生産物及び役務の供与の費用に充てるための支払を、第八条の規定に基づいて定める手続によつて、行なうものとする。この支払は、日本円で行なうものとする。

2　日本国は、1の規定に基づく円による支払を行なうことにより、及びその支払を行なつた時に、その支払に係る生産物及び役務を、基本協定第一条1(a)の規定に従い、大韓民国に供与したものとみ

5

なされる。

第六条

1 大韓民国政府は、基本協定第一条1(a)及びこの協定の実施（承認契約の締結及び実施を含む。）を任務とする同政府の唯一かつ専管の機関として、大韓民国政府の使節団（この協定において「使節団」という。）を東京に設置する。

2 使節団の事務所の構内及び記録は、不可侵とする。使節団は、暗号を使用することができる。使節団に属し、かつ、直接その任務の遂行のため使用される不動産は、不動産取得税及び固定資産税を免除される。使節団の任務の遂行から生ずることがある使節団の所得は、日本国における課税を免除される。使節団が公用のため輸入する財産は、関税その他輸入について又は輸入に関連して課される課徴金を免除される。

3 大韓民国の国民である使節団の長及び使節団の上級職員二人は、国際法及び国際慣習に基づいて一般的に認められる外交上の特権及び免除を与えられる。

4 大韓民国の国民であり、かつ、通常日本国内に居住していない使節団のその他の職員は、自己の職務の遂行について受ける報酬に対する日本国における課税を免除され、かつ、日本国の法令の定めるところにより、自用の財産に対する関税その他輸入について又は輸入に関連して課される課徴金を免除される。

5 承認契約から若しくはこれに関連して生ずる紛争が仲裁により解決されなかつたとき、又は当該仲裁判断が履行されなかつたときは、その問題は、最後の解決手段として、日本国の管轄裁判所に提起することができる。この場合において、必要とされる訴訟手続上の目的のためにのみ、使節団の法務部長の職にある者は、訴え、又は訴えられることができるものとし、そのために使節団における自己の事務所において訴状その他の訴訟書類の送達を受けることができるものとする。ただし、訴訟費用の担保を供する

6

義務を免除される。使節団は、2及び3に定めるところにより不可侵及び免除を与えられてはいるが、前記の場合において管轄裁判所が行なつた最終の裁判を、使節団を拘束するものとして受諾するものとする。

6 最終の裁判の執行に当たり、使節団に属し、かつ、その任務の遂行のため使用される土地及び建物並びにその中にある動産は、いかなる場合にも強制執行を受けることはない。

第七条

1 両政府は、生産物及び役務の供与が円滑かつ効果的に行なわれるため必要な措置を執るものとする。

2 大韓民国は、日本国が生産物及び役務を供与することができるようにするため、利用することができる現地の労務、資材及び設備を提供するものとする。

3 生産物又は役務の供与に関連して大韓民国内において必要とさ

れる日本国民は、その作業の遂行のための大韓民国への入国、同国からの出国及び同国における滞在に必要な便宜を与えられるものとする。

4 日本国の国民及び法人は、生産物又は役務の供与に関連して生ずる所得に関し、大韓民国における課税を免除される。

5 日本国により供与される生産物は、大韓民国の領域から再輸出されてはならない。

6 いずれの一方の国の政府も、日本国により供与される生産物の運送及び保険に関し、公正かつ自由な競争を妨げることがある他方の国の国民及び法人に対する差別的措置を、直接又は間接に執らないものとする。

7 この条の規定は、基本協定第一条1(b)に定める貸付けによる生産物及び役務の調達についても適用されるものとする。

第八条

この協定の実施に関する手続その他の細目は、両政府間で協議により合意するものとする。

第九条

1 この協定は、批准されなければならない。批准書は、できる限りすみやかに　　で交換されるものとする。

2 この協定は、批准書の交換の日に効力を生ずる。

以上の証拠として、下名は、この協定に署名した。

千九百六十五年　月　日に東京で、日本語、韓国語及び英語により本書二通を作成した。解釈に相違があるときは、英語の本書による。

日本国のために

大韓民国のために

(1965. 5. 31)

3. 일본국과 대한민국 간의 무상경제협력의 실시에 관한 협정의 실시 세목에 관한 교환공문(안)

(일본 측 서한)

서한을 통해 알려드립니다. 본　은 오늘 서명된 일본국과 대한민국 간의 무상경제협력의 실시에 관한 협정(이하 '협정')을 언급하는 영광을 가집니다. 일본국 정부는 양국 정부가 협정 제8조의 규정에 따라 다음과 같이 합의할 것을 제안합니다.

I. 실시계획

1. 협정 제2조의 연도별 실시계획(이하 '실시계획'이라 한다)은 양국이 그 개시 및 종료 시기를 합의하는 연도에 대하여 결정한다.
2. 실시계획안은 양국이 실시계획을 그 적용되는 각 연도의 시작에 앞서 합의할 수 있도록 적절한 시간적 여유를 가지고 대한민국 정부가 제출한다. 다만, 1차년도 실시계획에 대해서는 그러하지 아니하다.
3. 실시계획은 해당 연도 중에 대한민국이 조달할 예정인 일본국 생산품 및 일본인의 용역을 열거하여야 한다.
4. 실시계획에 기재된 생산물 및 용역에 관한 계약의 추정 금액의 총합은 해당 연도의 지급 가능 금액을 합리적인 범위 이상으로 초과하여서는 아니된다.
   실제 지급이 해당 연도의 지급한도액에 도달하도록 고려하여 정한다.
5. 실시계획은 어느 일방 정부의 요청에 따라, 그리고 타방 정부가 부득이하다고 인정하는 경우에 한하여 양 정부 간의 합의에 따라 수정할 수 있다.

II. 계약 및 승인계약

1. 협정 제4조 1항의 계약(이하 '계약'이라 한다)은 일본 엔화로 상업적 조건에 따라 체결한다.

2. 협정 제4조 1항에서 말하는 일본 국민이 지배하는 일본국 법인(이하 '일본국 법인'이라 한다.) 은 (a) 일본국 법률에 따라 설립되고, (b) 그 주식 또는 지분의 과반수를 일본 국민이 소유 또는 지배하고 있으며, (c) 업무 집행에 관한 법인의 의사를 결정하는 기관의 구성원 및 법인을 대표하는 임원의 각각 과반수가 일본 국민이어야 한다.
3. 협정 제4조 2의 승인계약(이하 '승인계약'이라 한다.)의 실시에 관한 책임은 협정 제6조 제1항의 사절단(이하 '사절단'이라 한다.) 및 협정 제4조 1의 일본 국민 또는 일본국 법인으로서 승인계약의 당사자인 자만이 책임을 진다.
4. 승인계약 중 운송, 보험 또는 검사와 같은 부수적 용역의 제공을 필요로 하고 그 대가가 협정에 따라 지급되는 모든 승인계약은 이러한 용역이 일본 국민 또는 일본국 법인에 의해 수행되어야 한다는 규정을 포함하여야 한다.
5. 협정 제4조 3의 상업중재위원회라 함은 일본의 국제상업중재협회를 말한다.

III. 지불

1. 일본국 정부는 일본국 법률에 따라 외국환 공인은행으로 인가되고 일본 국민이 지배하는 일본국 은행 중에서 협정의 이행에 관한 업무를 수행할 은행을 지정한다.
2. 사절단은 제1항의 일본국 정부가 지정한 은행과 협의를 하고 자기 명의로 특별계좌를 개설하여 그 은행에 일본국 정부로부터의 지불금 수령 등을 수권하고, 일본국 정부에 그 협의를 통지한다. 특별계정은 이자를 붙이지 않는 것으로 한다.
3. 사절단은 승인계약의 규정에 따라 지급 의무가 발생하는 기일 전에 충분한 여유를 가지고 지급금액, 2의 은행 중 지급이 이루어져야 할 은행(이하 '은행'이라 한다)의 이름 및 사절단이 관련 계약자에게 지급해야 할 기일을 기재한 지급청구서를 일본국 정부에 송부한다.
4. 일본국 정부는 지급청구서를 수령한 경우, 사절단이 관련 계약자에게 지급해야 할 기일 전에 청구 금액을 은행에 지급하여야 한다.
5. 일본국 정부는 또한 협정 제4조 4항의 규정에 따라 양국이 합의한 공여에 관한 지급을 4에 규정된 것과 동일한 방법으로 실시한다.
6. 일본국 정부가 제4조 및 제5조의 규정에 따라 지급하는 금액은 특별계정에 대 지급

하며, 다른 어떠한 자금도 특별계정에 대 지급할 수 없다. 특별계정은 3 및 5의 목적을 위해서만 차입을 행한다.

7. 사절단이 특별계정에 대여한 자금의 전부 또는 일부를 승인계약의 해지 등으로 인출하지 아니한 경우, 미지급금은 양국 정부 간 합의에 따라 3 및 5의 목적을 위한 지급에 충당한다.

8. 특별회계에서 지급된 금액의 전부 또는 일부가 사절단에 반환된 경우, 그 반환된 금액은 6의 규정에도 불구하고 특별회계에 대 지급한다. 그 반환된 금액은 양국 정부 간의 합의에 따라 3 및 5의 목적을 위한 지불에 충당한다.

9. 협정 제5조 2의 규정을 적용함에 있어서 '지급을 행한 때'라 함은 지급이 일본국 정부에 의하여 은행에 대하여 행하여진 때를 말한다.

10. 일본국이 협정 제5조 2의 규정에 따라 대한민국에 공여한 것으로 간주되는 생산물 및 용역의 금액의 결정에 있어서는 일본 엔으로 지급된 금액에서 환산된 미국 달러의 등가액을 계산의 기초로 한다. 상기 환산에 사용되는 환율은 일본 정부가 공식적으로 결정하고 국제통화기금(IMF)이 동의한 일본 엔화의 미국 달러에 대한 등가 물가로서 다음 각호의 날짜에 적용되는 환율로 한다.

    (a) 승인된 계약에 관한 지불의 경우, 일본국 정부가 해당 계약을 승인한 날

    (b) 그 외의 경우에는 양 정부 간에 합의한 날. 다만, 합의된 날짜가 없는 경우에는 일본국 정부가 지급청구서를 수령한 날로 한다.

IV. 사절단

대한민국 정부는 계약의 체결 및 승인계약의 이행에 관하여 사절단을 위하여 그리고 이를 대신하여 행동할 권한이 부여된 사절단장, 법무부장 기타 직원의 성명을 수시로 일본국 정부에 통보하고, 일본국 정부는 그 성명을 일본국 관보에 공고한다. 상기 사절단장 및 법무부장 기타 직원의 권한은 일본국 관보에 별도의 공지가 있을 때까지 계속 유지되는 것으로 간주한다.

본　　는 또한 이 서한 및 상기 제안에 대한 귀국 정부의 승낙을 확인하는 각하의 회신을 일본국과 대한민국 간의 무상경제협력의 실시에 관한 협정 제8조의 규정에 의한 동 협정의 실시관련 세목에 관한 양국 정부 간의 합의를 구성하는 것으로 간주하는 것

을, 동 협정의 기타 절차 세부 사항은 양국 정부 당국 간에 합의한다는 양해하에 제안하는 영광을 얻게 되었습니다.

본　　은 이상과 같이 말씀드림에 있어 각하께 경의를 표합니다.

（四〇・五・三一）

日本国と大韓民国との間の無償の経済協力の実施に関する協定の実施細目に関する交換公文（案）

（日本側書簡）

書簡をもつて啓上いたします。本　　は、本日署名された日本国と大韓民国との間の無償の経済協力の実施に関する協定（以下「協定」という。）に言及する光栄を有します。日本国政府は、両国政府が協定第八条の規定に基づいて次のとおり合意することを提案いたします。

I　実施計画

1　協定第二条の年度実施計画（以下「実施計画」という。）は、両政府がその始期及び終期を合意する年度について決定されるものとする。

2 実施計画の案は、両政府が実施計画をその適用される各年度の開始に先だつて合意しうるように適当な時間的余裕をもつて、大韓民国政府により提出されるものとする。ただし、第一年度実施計画については、この限りでない。

3 実施計画は、当該年度中に大韓民国による調達が予定されている日本国の生産物及び日本人の役務を掲げるものとする。

4 実施計画に掲げる生産物及び役務に係る契約の見積額の総計は、当該年度における支払可能額を妥当な範囲以上にこえてはならない。

実際の支払が当該年度の支払限度額に達する様に考慮して定める。

5　実施計画は、いずれか一方の政府の要請に基づき、かつ、他方の政府がやむをえないものと認めた場合に限り、両政府間の合意により修正することができる。

II　契約及び承認契約

1　協定第四条1の契約（以下「契約」という。）は、日本円で商業的条件により締結されるものとする。

2　協定第四条1にいう日本国民の支配する日本国の法人（以下「日本国の法人」という。）は、(a)日本国の法律に基づいて設立され、(b)その株式又は持分の過半を日本国民が所有し又は支配しており、かつ、(c)業務執行に関する法人の意思を決定する機関の構成員及び法人を代表する役員のそれぞれ過半数が日本国民であるものでなければならない。

3 協定第四条2の承認契約（以下「承認契約」という。）の実施に関する責任は、協定第六条1の使節団（以下「使節団」という。）及び協定第四条1の日本国民又は日本国の法人で承認契約の当事者であるもののみが負うものとする。

4 承認契約であつて、輸送、保険又は検査のような附随的役務の供与を必要とし、かつ、そのための支払が協定に従つて行なわれることとなつているものは、すべて、これらの役務が日本国民又は日本国の法人によつて行なわれるべき旨の規定を含まなければならない。

5 協定第四条3の商事仲裁委員会とは、日本国の国際商事仲裁協会をいう。

Ⅲ　支払

1　日本国政府は、日本国の法律に基づき外国為替公認銀行として認可され、かつ、日本国民によつて支配されている日本国の銀行のうちから、協定の実施に関する業務を行なう銀行を指定する。

2　使節団は、1の日本国政府が指定した銀行と取極を行ない、自己の名義で特別勘定を開設してそれらの銀行に日本国政府からの支払の受領等を授権し、かつ、日本国政府に対しその取極の内容を通告するものとする。特別勘定は、利子を附さないものとする。

3　使節団は、承認契約の規定に基づいて、支払の義務が生ずる期日前に十分な余裕をもつて、支払金額、2の銀行のうち支払が行なわれるべき銀行（以下「銀行」という。）の名及び使節団が関係契約者に支払を行なうべき期日を記載した支払請求書を日本国政府に送付するものとする。

4　日本国政府は、支払請求書を受領したときは、使節団が関係契約者に支払を行なうべき期日前に、銀行に請求金額を支払うものとする。

5　日本国政府は、また、協定第四条4の規定に従つて両政府が合意する供与に係る支払を、4に定めると同一の方法で、行なうものとする。

6　4及び5の規定に基づいて日本国政府が支払う金額は、特別勘定に貸記するものとし、他のいかなる資金も、特別勘定に貸記されないものとする。特別勘定は、3及び5の目的のためにのみ借記を行なうものとする。

7　使節団が特別勘定に貸記された資金の全部又は一部を承認契約の解除その他によつて引き出さなかつた場合には、未払金額は、両政府間の合意により3及び5の目的のための支払に充てられるものとする。

8　特別勘定から支払われた金額の全部又は一部が使節団に返還された場合には、その返還された金額は、6の規定にかかわらず、特別勘定に貸記するものとする。その返還された金額は、両政府間の合意により、3及び5の目的のための支払に充てられるものとする。

9 協定第五条2の規定の適用上、「支払を行なつた時」とは、支払が日本国政府により銀行に対して行なわれた時をいう。

10 日本国が協定第五条2の規定に従い大韓民国に供与したものとみなされる生産物及び役務の額の決定に当たつては、日本円で支払われた金額から換算される合衆国ドルの等価額が計算の基礎となるものとする。前記の換算に用いられる為替相場は、日本国政府が正式に決定しかつ国際通貨基金が同意した日本円の合衆国ドルに対する平価で次に掲げる日に適用されているものとする。

(a) 承認契約に関する支払の場合には、日本国政府が当該契約を承認した日

(b) その他の場合には、各場合につき両政府間で合意する日。た

だし、合意した日がないときは、日本国政府が支払請求書を受領した日とする。

IV 使節団

大韓民国政府は、契約の締結及び承認契約の実施に関して使節団のためにこれに代わつて行動する権限を与えられる使節団の長、法務部長その他の職員の氏名を日本国政府に随時通報するものとし、日本国政府は、その氏名を日本国の官報で公示するものとする。前記の使節団の長及び法務部長その他の職員の権限は、日本国の官報で別段の公示が行なわれるまでの間は、継続しているものとみなされる。

本　は、さらに、この書簡及び前記の提案の貴国政府による受諾を確認される閣下の返簡を、日本国と大韓民国との間の無償の経済協力の実施に関する協定第八条の規定に基づく同協定の実施に関する細目についての両政府間の合意を構成するものとみなすことを、同協定のその他の手続細目は両政府の当局の間で合意するとの了解の下に、提案する光栄を有します。

本　　は、以上を申し進めるに際し、ここに閣下に向かつて敬意を表します。

(1965. 5. 31)

4. 재산 및 청구권에 관한 문제의 해결 및 경제협력에 관한 협정 제1조 1(a) 및 2의 규정의 실시에 관한 대한민국과 일본국 간의 교환공문(안)

(일본 측 서한)

서한을 통해 알려드립니다. 본 　　은 오늘 서명된 재산 및 청구권에 관한 문제의 해결 및 경제협력에 관한 대한민국과 일본국 간의 협정(이하 '협정'이라 한다.) 제1조 1(a) 및 2의 규정의 이행에 관하여 양국 정부가 다음과 같이 합의할 것을 제안하는 영광을 갖습니다.

1. (a) 협정 제1조 1(a)항에서 말하는 무상경제협력의 각 연도별 공여가 전년도 공여 한도액에 도달하지 못한 경우, 양국은 공여 잔액을 확인하고 그 잔액 추가에 대하여 협의한다.
   (b) (a)의 각 연도의 공여가 그 연도의 공여 한도액과 그 전년도까지의 공여 잔액 중 (a)의 규정에 따라 그 연도의 공여액에 가산된 금액의 합계액에 도달하지 못한 경우에도 (a)의 규정을 적용한다.
2. 협정 제1조 2(a)에서 말하는 일본국의 채권인 금액의 상환에 관하여 대한민국은 제1차 연부금을 다음 해 이후의 제1차 지급기일과 동일한 날까지 지급한다.
3. 협정서 제1조 2(b)에 따른 대한민국 정부의 요청은 일본국의 재정 상의 관행을 고려하여 2의 지급기일이 속하는 일본국의 회계 연도(매년 4월 1일부터 다음 해 3월 31일까지)가 시작되는 연도의 전년도 10월 1일까지 해당 지급기일에 지급하여야 할 지급금에 관하여 행해지는 것으로 한다. 다만, 제1차(및 제2차) 지급에 대한 요청은 협정 발효일에 이루어져야 한다.
4. 대한민국의 요청은 협정 제1조 2(a)에서 말하는 각 연도별 분납금의 금액 또는 일부에 대하여 할 수 있다.
5. 대한민국의 요청이 3에 따른 기일까지 이루어지지 아니하고, 부납금의 전액 또는

일부가 2에 따른 지급기일까지 지급되지 아니한 때에는 3의 규정에도 불구하고 그 부납금의 전액 또는 일부에 대하여 협정 제1조 2(b)에 따른 대한민국의 요청이 있는 것으로 본다.

본　　은 또한 이 서한 및 상기 제안에 대한 귀국 정부의 수락을 확인하는 각하의 회신을 협정 제1조 1(a) 및 2의 규정의 실시에 관한 일본국 정부와 대한민국 정부 간의 합의를 구성하는 것으로 간주할 것을 제안하는 영광을 갖습니다.

본인은 이상과 같이 말씀드림에 있어 각하께 경의를 표하는 바입니다.

（四〇。五。三一）

財産及び請求権に関する問題の解決並びに経済協力に関する日本国と大韓民国との間の協定第一条1(a)及び2の規定の実施に関する交換公文（案）

（日本側書簡）

書簡をもつて啓上いたします。本は、本日署名された財産及び請求権に関する問題の解決並びに経済協力に関する日本国と大韓民国との間の協定（以下「協定」という。）第一条1(a)及び2の規定の実施に関し、両国政府が次のとおり合意することを提案する光栄を有します。

1 (a) 協定第一条1(a)にいう無償の経済協力の各年における供与が、

前年の供与の限度額に達しなかつたときは、両政府は、供与残額を確認し、その残額の加算につき協議するものとする。

(b) (a)の各年における供与がその年の供与の限度額と、その前年までの供与残額のうち(a)の規定によりその年の供与額に加算された額との合計額に達しなかつた場合にも、(a)の規定を適用するものとする。

2 協定第一条2(a)にいう日本国の債権である額の返済に関し、大韓民国は、第一回の年賦払を協定の効力発生の日に行なうものとし、第二回以降の年賦払を翌年以降の第一回の支払期日と同一の日までに行なうものとする。

3 協定第一条2(b)に基づく大韓民国政府の要請は、日本国の財政上の慣行を考慮して、2にいう支払期日が属する日本国の会計年度（各年四月一日から翌年の三月三十一日まで）が始まる暦年の前年の十月一日までに、当該支払期日に支払われるべき支払金について行なわれるものとする。ただし、第一回（及び第二回）の支払についての要請は、協定の効力発生の日に行なわれるものとする。

4 大韓民国の要請は、協定第一条2(a)にいう各年の賦払金の全額又は一部について行なうことができる。

5 大韓民国の要請が3にいう期日までに行なわれず、かつ、賦払金の全額又は一部の支払が2にいう支払期日までに行なわれなかつたときは、3の規定にかかわらず、その賦払金の全額又は一部について協定第一条2(b)に基づく大韓民国の要請があつたものとみなすることとする。

本　　は、さらに、この書簡及び前記の提案の貴国政府による受諾を確認される閣下の返簡を、協定第一条1(a)及び2の規定の実施に関する日本国政府と大韓民国政府との間の合意を構成するものとみなすことを提案する光栄を有します。

本　　は、以上を申し進めるに際し、ここに閣下に向かつて敬意を表します。

(1965. 5. 31)

5. 재산 및 청구권에 관한 문제의 해결 및 경제협력에 관한 일본국과 대한민국 간의 협정 제1조 1(b)항의 규정의 실시에 관한 교환공문(안)

(일본 측 서한)

서한을 통해 알려드립니다. 본 서한은 오늘 서명된 재산 및 청구권에 관한 문제의 해결 및 경제협력에 관한 일본국과 대한민국 간의 협정(이하 '협정'이라 한다.) 제1조 1(b)항의 규정의 이행에 관하여 양국 정부가 다음과 같이 합의할 것을 제안하는 영광을 갖습니다.

1. 협정 제1조 1(b)항에 규정된 차관은 대한민국 정부와 해외경제협력기금 간에 체결될 기본차관계약 및 사업별 차관계약에 따라 이루어진다.
2. 양 정부는 제1항의 기본차관계약 및 사업별 차관계약이 다음 각 항을 기초로 하는 제반 조건을 포함하도록 배려한다.
   (a) 대출의 실행은 합리적인 범위 내에서 매년 균등하게 배분하여 실시한다.
   (b) 원금의 상환기간은 각 사업별 차관계약의 효력발생일로부터 7년의 거치기간을 포함하여 20년으로 하고, 이자율은 연 3.5%로 한다.
   (c) 원금의 상환은 27회 연속된 균등 반기별 분할 상환으로 이루어지며, 이자의 지급은 원금의 미상환 잔액에 대해 반기별로 이루어진다.
   (d) 원금의 상환 및 이자의 지급은 일본국에 있는 외국환 공인 은행에 미국 달러를 매각하여 취득한 일본 엔화로 이루어진다.
   (e) 대출의 실행, 원금의 상환 및 이자의 지급과 관련하여 징수될 수 있는 은행의 수수료 및 경비는 대한민국 정부 또는 대한민국 수입자가 부담한다.
3. 해외경제협력기금은 대출 및 그로부터 발생하는 이자에 대하여 또는 이와 관련하여 부과되는 대한민국의 조세 기타 과징금을 면제한다.
4. 양 정부는 양국의 재정 사정 및 해외경제협력기금의 자금 사정이 허락하는 경우에

는 합의에 따라 2(b)의 상환기간이 연장될 수 있도록 배려한다.

5. 양 정부는 해외경제협력기금에 의해 대출 대상으로 선정되는 사업에 대한 합의를 위해 매년 협의를 진행한다.

본 은 또한 이 서한 및 상기 제안에 대한 귀국 정부의 수락이 확인되는 각하의 회신을 협정 제1조 1(b)항의 규정의 실시에 관한 일본국 정부와 대한민국 정부간의 합의를 구성하는 것으로 간주할 것을 제안하는 영광을 갖습니다.

본 은 이상과 같이 말씀드림에 있어 각하께 경의를 표하는 바입니다.

（四〇・五・三一）

財産及び請求権に関する問題の解決並びに経済協力に関する日本国と大韓民国との間の協定第一条1(b)の規定の実施に関する交換公文（案）

（日本側書簡）

書簡をもつて啓上いたします。本　　は、本日署名された財産及び請求権に関する問題の解決並びに経済協力に関する日本国と大韓民国との間の協定（以下「協定」という。）第一条1(b)の規定の実施に関し、両国政府が次のとおり合意することを提案する光栄を有します。

1　協定第一条1(b)に定める貸付けは、大韓民国政府と海外経済協力基金との間で締結されることとなる基本借款契約及び事業別借款契約に基づき行なわれる。

2　両政府は、1にいう基本借款契約及び事業別借款契約が次の各
項を基礎とする諸条件を含むよう、配慮するものとする。

(a)　貸付けの実行は、合理的な程度に各年均等に配分して行なわ
れる。

(b)　元金の償還期間は、それぞれの事業別借款契約の効力発生の日から起算
して七年の据置期間を含む二十年とし、金利は、年三・五パー
セントとする。

(c)　元金の償還は、二十七回の継続した均等半年賦により行なわ
れ、利子の支払は、元金の随時の未償還残高について半年ごと
に行なわれる。

(d) 元金の償還及び利子の支払は、日本国にある外国為替公認銀行に対するアメリカ合衆国ドルの売却によつて取得される日本円で行なわれる。

(e) 貸付けの実行、元金の償還及び利子の支払に関して徴収されることがある銀行の手数料及び経費は、大韓民国政府又は大韓民国の輸入者により負担される。

3 海外経済協力基金は、貸付け及びそれから生ずる利子につき又はそれらに関連して課される大韓民国の租税その他の課徴金を免除される。

4 両政府は、日本国の財政事情及び海外経済協力基金の資金事情が許す場合には、合意により、2(b)にいう償還期間が延長されるように配慮するものとする。

5　両政府は、貸付けの対象として海外経済協力基金により選定される事業について合意するため毎年協議を行なう。

本　　は、さらに、この書簡及び前記の提案の貴国政府による受諾を確認される閣下の返簡を、協定第一条1(b)の規定の実施に関する日本国政府と大韓民国政府との間の合意を構成するものとみなすことを提案する光栄を有します。

本　　は、以上を申し進めるに際し、ここに閣下に向かつて敬意を表します。

(1965. 5. 31)

6. 한일 경제협력공동위원회 관련 교환공문(안)

(일본 측 서한)

서한을 통해 알려드립니다. 본 은 오늘 서명된 재산 및 청구권에 관한 문제의 해결 및 경제협력에 관한 일본국과 대한민국 간의 협정(이하 '협정'이라 한다.) 제1조 3항에 규정된 한일경제협력공동위원회에 관하여 양국 정부가 다음과 같이 합의할 것을 제안합니다.

1. 일한경제협력공동위원회는 도쿄에 설치한다.
2. 일한경제협력공동위원회는 양국이 각각 임명하는 대표 1인 및 대표 대리인 몇 명으로 구성한다.
3. 일한경제협력공동위원회는 어느 일방 정부 대표의 요청에 따라 회의를 개최한다.
4. 일한경제협력공동위원회는 다음 사항에 관하여 협의하는 것을 임무로 한다.
   (a) 일본국과 대한민국 간의 무상경제협력의 실시에 관한 협정에 따른 실시계획의 결정 및 수정, 계약의 승인 및 지불에 관한 절차
   (b) (a)의 실시계획의 결정 및 수정
   (c) 협정 제1조 1(b)에서 말하는 사업의 결정
   (d) (a)에 따른 계약의 승인
   (e) 협정 제1조 제1항의 규정에 따른 실시 상황 검토(수시 제공 및 대여의 실시 총액 산정 포함)
   (f) 협정 제1조 2항에 따른 대한민국에 의한 부납금의 상환
   (g) 협정 제1조 1항에 따른 경제협력이 양국 간 경제 관계 증진에 기여하기 위한 조치
   (h) 협정 및 그 이행을 위한 협정 이행에 관한 기타사항으로서 양국이 합의하여 일한경제협력공동위원회에 회부하는 사항

본   은 또한 이 서한 및 상기 제안에 대한 귀국 정부의 수락이 확인되는 각하의 회신을 협정 제1조 3항에 규정된 일한경제협력공동위원회에 관한 일본국 정부와 대한

민국 정부 간의 합의를 구성하는 것으로 간주할 것을 제안하는 영광을 갖습니다.

본 　　은 이상과 같이 말씀드림에 있어 각하께 경의를 표하는 바입니다.

（四〇・五・三一）

日韓経済協力合同委員会に関する交換公文（案）

（日本側書簡）

書簡をもつて啓上いたします。本　　は、本日署名された財産及び請求権に関する問題の解決並びに経済協力に関する日本国と大韓民国との間の協定（以下「協定」という。）第一条３に定める日韓経済協力合同委員会に関し、両国政府が次のとおり合意することを提案いたします。

１　日韓経済協力合同委員会は、東京に設置する。

２　日韓経済協力合同委員会は、両政府がそれぞれ任命する代表一人及び代表代理数人により構成される。

3 日韓経済協力合同委員会は、一方の政府の代表の要請によつて会合するものとする。

4 日韓経済協力合同委員会は、次の事項に関し協議を行なうことを任務とする。

(a) 日本国と大韓民国との間の無償の経済協力の実施に関する協定に基づく実施計画の決定及び修正、契約の承認並びに支払に関する手続

(b) (a)にいう実施計画の決定及び修正

(c) 協定第一条1(b)にいう事業の決定

(d) (a)にいう契約の承認

(e) 協定第一条1の規定の実施状況の検討(随時の供与及び貸付

けの実施総額の算定を含む。）

(f) 協定第一条2の規定に基づく大韓民国による賦払金の返済

(g) 協定第一条1の規定に基づく経済協力が両国間の経済関係の増進に寄与するための措置

(h) 協定及びその実施のための取極の実施に関するその他の事項で、両政府が合意により日韓経済協力合同委員会に付託するもの

本　は、さらに、この書簡及び前記の提案の貴国政府による受諾を確認される閣下の返簡を、協定第一条3に定める日韓経済協力合同委員会に関する日本国政府と大韓民国政府との間の合意を構成するものとみなすことを提案する光栄を有します。

本　　は、以上を申し進めるに際し、ここに閣下に向かつて敬意を表します。

(1965. 5. 31)

7. 재산 및 청구권에 관한 문제의 해결 및 경제협력에 관한 대한민국과 일본국 간의 협정 제2조에 관한 교환공문(안)

(일본 측 서한)

서한을 통해 알려드립니다. 오늘 서명된 재산 및 청구권에 관한 문제의 해결 및 경제협력에 관한 대한민국과 일본국 간의 협정 제2조에 관하여 양국 정부 간 다음과 같은 합의를 확인하게 되어 영광으로 생각합니다.

1. 전기 협정 제2조의 규정에 따라 한일회담에서 한국 측이 1952년 2월 20일에 제출한 '한국의 대일청구권요강'(그 후의 수정 및 보완을 포함한다.)의 범위에 속하는 모든 재산, 권리 및 이익 및 청구권에 관해서는 어떠한 주장도 할 수 없게 된다.

2. 동 협정 제2조의 규정에 의하여 동 협정 서명일 이전까지 대한민국에 의한 일본어선의 나포로부터 발생한 일본국의 대한민국에 대한 모든 청구권에 관하여는 어떠한 주장도 할 수 없게 된다.

본인은 이상과 같이 말씀드림에 있어 각하께 경의를 표하는 바입니다.

1965년 월 일

(한국 측 서한)

서한을 통해 알려드립니다. 본인은 오늘 자 각하의 다음 서한을 수령하였음을 확인하는 영광을 가집니다.

(일본 측 서한)

본인은 또한, 대한민국 정부를 대신하여 상기 양해 사항을 확인하는 영광을 가집니다.

본인은 이상과 같이 말씀드림에 있어 각하께 경의를 표하는 바입니다.

1965년 월 일

（四〇・五・三一）

財産及び請求権に関する問題の解決並びに経済協力に関する
日本国と大韓民国との間の協定第二条に関する交換公文（案）

（日本側書簡）

書簡をもつて啓上いたします。本　　は、本日署名された財産及び請求権に関する問題の解決並びに経済協力に関する日本国と大韓民国との間の協定第二条に関し、両国政府間の次の了解を確認する光栄を有します。

1　前記の協定第二条の規定により、日韓会談において韓国側から千九百五十二年二月二十日に提出された「韓国の対日請求要綱」（その後の修正及び補足を含む。）の範囲に属するすべての財産、権利及び利益並びに請求権に関しては、いかなる主張もなされえないこととなる。

2　同協定第二条の規定により、同協定の署名の日までに大韓民国による日本漁船のだ捕から生じた日本国の大韓民国に対するすべての請求権に関しては、いかなる主張もなされえないこととなる。

本　　は、以上を申し進めるに際し、ここに重ねて閣下に向かって敬意を表します。

千九百六十五年　月　日

（韓国側書簡）

書簡をもつて啓上いたします。本　　は、本日付けの閣下の次の書簡を受領したことを確認する光栄を有します。

（日本側書簡）

本　　は、さらに、前記の了解を大韓民国政府に代わつて確認する光栄を有します。

本　　は、以上を申し進めるに際し、ここに重ねて閣下に向かつて敬意を表します。

千九百六十五年　　月　　日

14. 청구권 및 경제협력위원회 도입 절차에 관한 과장급 전문가 회의 제1차 회의 회의록, 1965. 6. 2

한국 외교문서 1468, 제7차 한일회담 청구권 관계 회의 보고 및 훈령, 1965, 전2권, V.2, 1965. 4. 3 가서명 이후의 청구권 및 경제협력위원회, 1965. 4-6

1965년 6월 1일 개최된 제7차 한일회담 청구권 및 경제협력위원회 도입 절차에 관한 전문가 회의 제1차 회의 회의록이다.

청구권 및 경제협력 위원회 제 1 차 전문가 회의 회의록

1. 개회일시 : 1965. 6. 1. 10:30 - 12:00

2. 개회장소 : 외무성 420 호실

3. 참 석 자 : 한국측 - 정순근 전문위원

정재덕 "

박정서 "

강신조 보좌

이 승 "

주병국 "

일본측 미까나기

오까다

구마가이

구마따

야마구찌

유표

니시야마 외 3인

4. 토의내용 :

정순근 : 요전번 회의에서 대체적인 설명이 있었으나 어려운 표현들이 있으므로 좀 더 자세한 내용을 질문하고저 한다.

미까나기: 토의의 진행 방법으로서 어제 회의에서 결정된바에 따라 이 회의에서는 청구권 법적문제를 제외한것을 다루되 사무 레벨에서 합의되는것은

합의되는 대로 처리하고 합의에 맡하지 못하는 것은 상위급 회에서 다루도록 하는것이 좋겠다.

정순근: 우리도 같은 생각이다.

미까나기: 토의의 편의상 기본협정과 부상협정으로 부르는것이 어떻겠는가?

정순근: 부상협정이라는 표현은 우리측에서 인정한바 없으므로 협정 1, 협정 2라고 부르는것이 좋겠다. 그리고 협정의 구성 문제에 있어서 일본측 제안에는 7가지가 있으나 어느쪽이 국회에 제출되는 것인지 한번 다시 설명하여 달라.

미까나기: 이것은 일본 국내 수속상의 문제로서 소위 협정이라 하는것 즉 1과 2가 국회에 제출되고 이의 비준을 얻어야되는 것이다.

정순근: 협정 제의 내용에 있어서 어느 부분이 국회의 승인을요하는 성질의것인지 지적하여 주기 바란다. 이것을 알고저하는 이유는 협정 제2조에서 국회의 승인을 요하는 부분만을 발췌하여 협정 1과 합치고 국회에 회부되지 않을 부분을 교환공문 3과함께 구별함이 어떻겠는가 하는 생각이기때문이다.

미까나기: 이것은 일본국내의 제도상의 문제인바 불필요한것이 기재되어 있는것은 사실이다. 그러나 종래의 선례도 있으므로 협정 전체에 대한 구성상 국회의 승인을 얻는것이며 필요한 부분만을 추려서 얻는것은 체재상 곤란한점이 있다.

정순근: 사절단의 특권같은 문제는 협정 1에 포함시켜서 국회의 승인을 얻어야될 것으로 생각되나 제공되는 생산물의 내용구제등의 3조나 계약 및 지불절차 등과 같은 구절은 국회에 승인을 얻지 않아도 되는것이 아닌가?

미까나기: 번잡하니 하나에 합치는것이 좋다는 이야기인가?

- 2 -

정순근: 그렇다.

미가나기: 1965년 4월 3일자 이.시이나 합의사항에 충실하기 위하여 협정1의 특별한 기본협정과 협정2의 무상의 실시에 관한 협정으로 나눈것이다.

정순근: 전번 회의에서는 3억 US$를 교환 공문으로 규정한다는 이야기를 들은바 있지만 이번에 이것을 제외한 특별한 이유가 있는지? 만약있으면 이에 대해서 설명하여 주기 바란다.

미가나기: 이것은 니시야마 국장이 말한데로이다. 즉 이 회의에서는 무상 3억 유상 2억을 다룰뿐이며 따라서 우리의 토의 범위도 여기에 들어는 것이다.

정순근: 3억 US$에 대한 교환 문서를 이단계에서 작성할 단계가 아닌가?

미가나가: 이에 대하여 답변할 권한은 나에게 부여되어 있지 않다.

정재덕: 3억US$는 이.시이나 합의 사항에도 포함되어 있는것이므로 당신이 말한대로 이에 충실하여야한다는점에서도 이것을 기본협정에 포함시켜야 함이 당연한것이 아닌가?

정순근: 협정 구조상에는 일본안에 아넥스(부속서)가 전혀 포함되어 있지 않은데 어떠한 형식으로든지 표시하여야 되지 않겠는가?

미가나기: 과거 다른 나라와의 배상협정에도 부속서가 있었던것이나 별로 실효가 없었으며 앞으로 10년간 한국의 경제사정도 상당한 변화가 있을것으로 예상됨으로 부표를 붙여 보았대야 별 의의가 없을것으로 생각된다. 이에대한 한국측 희망이 있으면 제시하여 주기 바란다.

- 3 -

정순근: 아넥스는 Annual Schedule 을 작성하는 기준이 되는 것이므로 그후에 실사 변화한다 하더라도 Guide Line 이나 principle 로서 필요한 것으로 생각한다.

미가나기: 이것은 형식과 사실중 어느쪽이 중요하냐 하는 문제이다. 지금부터의 경제 변동을 고려하여 좀더 확실하게 하자는 것이다.

정재범: 우리가 구체적인 프로젝트를 표시하여 붙이겠다는 것이 아니고 매상 프로젝트의 포괄적인 부분만을 명시하여 둠이 좋겠다는 것이고 10년동안에 한국의 경제사정이 상당히 변할것이라는 이야기지만 일본이 배상을 한 제3국의 예 즉 비율빈의 예만들더라도 20년이라는 장기의 공여기간의 것이라도 부속서를 붙였던 실례가 있지 않은가?

미가나기: 나의 경험으로 보아 실제 운용상 부속서는 아무 의미가 없다는것뿐이며 한국의 경제변동이 10년동안에 많을것이라는 것은 아니다.

정순근: 아넥스는 어떤 때 어떻게 시행하게 된다는 것이 아니나 일본이 막연히 협력하는것이 아니라 어떠한 사업을 위하여 사용한다고 국민에 대하여 명백히 알려 주는것은 양국이 모두 필요한것이 아닌가?

미가나기: 구체적안이 있으면 제출하여 주었으면 고맙겠다.

정순근: 협정의 제목에 관한 이야기인데 이것도 이회의에서 다루는 것인가?

미가나기: 이회의에서 다룰수 있다.

정순근: 그렇다면 일본측의 협정 명칭은 수락할수 없음을 명백히 말하여 둔다.

미가나기: 한국측이 내세우고 있는 전제를 잊고 있는것은 아니다.

정순근: 무상의 경제협력의 실시에 관한 협정이라 하지않고 다른 표현방법을 쓸수 없겠는가?

- 4 -

오가마: 그러면 어떻게 제목을 붙였으면 좋겠는가?

정순근: 이.시이나 합의사항에 있는대로 청구권 해결 및 경제협력이라는 표현을 하여야 되지 않겠는가?

미까나기: 이.시이나 합의사항의 전체를 기본협정으로서 그렇게 표현하였고 협정 2는 그중에 일부분을 취급한것이기 때문에 "무상의 경제협력의 실시에 관한 협정"이라고 표현한것이다.

정순근: 부분적이긴 하나 무상 경제협력이라고 표현하는 것은 너무 일방적인 해석이며 우리는 어디까지나 청구권 해결 및 경제협력이라 표현함이 마땅하다고 생각한다.

구마가이: 유상의 경우도 그러한 표현을 하겠다고 하는 것인가?

정순근: 그렇다.

미까나기: 이것은 근본문제인데 국회에 제출할때 편의를 위하여 그렇게한것이다.

정재덕: 재산 및 청구권에 관한 문제의 해결이라하여 제목에다 재산이라는 말을 머물인데는 무슨 이유가 있는가?

미까나기: 이것은 전번 회의에서 마쓰나가 과장이 설명한바 있으며 이것은 법적 문제를 다루는데서 결말 지을것으로 안다.

정순근: 기본협정의 제1조에 일본이 대한민국에 있어서의 경제 및 사회발전에 기여하기 위하여 협력한다는 구절은 삭제되든가 완전히 달리 표현되어야 하며 우리입장으로서는 결코 받을수 없는 구절이다.

미까나기: 이것은 전문을 받아서 이를 표현한것 뿐이며 그외의 의미는 없다.

정순근: 그렇다면 전문이 수정되면 이것도 따라서 수정될것으로 안다. 그리고 제1조 1(a)에 있어서 1080억 "엔"으로 환산되는 3억 합중국 불에 동등한 엔의 가치를 가지는 일본국의 생산물 및 일본인의 역무라는

표현을 썼는바 Key Currency 는 어디까지나 딸라임에도 불구하고 "엔"에서처럼 이중 삼중의 표현을 쓴것은 무슨 이유인가?

미까나기: 1080 억이라함것은 현재의 환율이 360대 1임으로 3억불에 해당한 "엔"화 금액을 계산의 편의상 적은 것이다. Key Currency 는 딸라라하드라도 실제 지불면에 있어서는 "엔"으로 행하여 지는 것이므로 장래의 rate 변동도 고려함것이다.

정순근: 이것은 무의미한 규정임으로 1080억엔이라는 것은 빼버면 어떻겠는가?

미까나기: 자꾸 다른나라의 배상의 예만 들어서 미안하지만 다른 나라의 경우에 있어서 이렇게 규정하여 불편이 일어난 예가 없다. 또한 한국의 경우에 있어서 선례와 달라야 하는 아무런 이유도 존재하지 않는다고 생각한다.

정순근: 현재 Dallar 로 환산하여 얼마가 되는가 표시할 필요가 있다면 다른 방법으로도 표현할수 있겠는가?

구마다: 우리 일본인으로 이 표현을 보면 딸라가 Key Currency 라고 하는것은 명백하며 영문으로 번역할때에도 이것은 그렇다.

정순근: "공여하는 것으로 한다" 라는 이중적 표현의 의미는 무엇인가?

미까나기: 영어로 shall 이라는 의미이다.

따라서 의무를 확실히하기 위한것이며 타국과의 조약에도 이런것이 많이 나온다.

정순근: 제1조 1 (a)에 있어서 공여 한도액을 "일본국의 재정 사정이 허용하는 경우" 라고 표현하였는데 이것은 일본의 재정 사정에만 한하는 일방적인 표현이다.

미가나기: 돈을 내는것이일본측이므로 일본의 재정 사정이라고 한것이다.

정순근: 이것은 어디까지나 빌리는 측의 사정에 따라야 하는것이며 빌려주는 측이 주머니가 비어있으면 빌려준다는 문제 자체가 제기되지 않지않겠는가?

구마다: 한국측에서 증액 요청이 있을때라도 일본측의 재정 형편에 따라서는 이에 응할수 없는 경우도 있다는 것이다.

정재덕: 양 체약국 정부의 합의에 의하여 증액할수 있다고 되어 있으므로 특히 일본국의 재정 사정이 나쁠때에는 일본 정부가 합의하지 않으면 될수도 있는것이므로 그문제는 없지 않겠는가?

미가나기: 사실은 그렇지만 이것을 명확히 하기 위하여서 한것이다.

정순근: 일본국의 재정사정이 허용하는 경우라 하지않고 한국의 재정사정이라고 수정하고 싶지만 "재정사정..." 운운은 이것을 빼여도 되지 않겠는가? 표현의 방법에 있어서 일본국의 재정사정이라고 하는것은 너무나 일방적이 아닌가?

정재덕: 요.시이나 합의사항에 의하면 무상제공 3억은 재정사정에 따라서는 양국 정부 합의에 의하여 조상 실시할수 있다고 되어있다. 이는 금액 증액과 공여 기간의 단축의 두가지를 의미하는 것으로 알고 있으며 일본측도 그러한 발언이 있었는데 이조문에는 기간 단축이 빠져있는것은 어떻게 된것인가?

미가나기: 기간을 단축할수 있는 조항이 빠져있는 것은 사실이지만 이것은 한국측에 유리한 것이다.

정순근: 한국측에 유리하냐 불리하냐 하는것은 우리가 결정할 것이라고 보는데....

- 7 -

미까나기: 금액과 연한을 전부 조상하면 최종년도의 여유가 없어진다. 금액은 조상한다 하더라도 기한은 조상하지않고 여유를 남겨두는것이 좋을것이다.

정순근: 양국 정부의 웃사람들이 이규정을 둔것은 근본적으로 공여기간 10년 동안 한국의 사정여하에 따라서는 7년으로 라도 단축할수도 있게하기 위한 것이므로 본래 뜻대로 표현하여야되지 않겠는가

미까나기: 과거의 경험으로 보면 연한의 조상으로 인하여 잔액을 어떻게 처리하여야 할지 곤란한 경우가 있었다.

정순근: 1조 1(b)에 있어서 차관이라고 하지않고 대부라고 하였는데 차관과 대부는 차이가 있는 것인가?

미까나기: 전혀없다. 이것은 협정 제1조 일부의 규정의 실시에 관한 교환공문에도 차관계약이라고 하는말이 들어있다.

정순근: 그렇다면 차관으로 용어를 통일하는것이 좋겠다.

미까나기: 베트남의 경우에 있어서도 대부라고 한 전례가 있으며 대부라고 함은 일본의 법율용어임으로 우리는 이용어로 사용되어야 한다.

정순근: 제1조 1(b)에서 일본국의 해외경제 협력 기금으로부터 대한민국 정부에 대하여 행하는 것으로 표현되어 있으나 이것을 일본정부가 기금을 통하여 한국 정부에 행하는것으로 구절을 수정하여야 된다고 본다.

미까나기: 이것은 이.시이나 합의사항의 표현을 그대로 옮긴것이다.

정순근: 제1조 1 (a)의 말미에 잔액을 차년 이후의 공여액에 가산한다는 규정이 있는데 이후라는 말은 필요없지 않은가?

미까나기: 차년이후라고 하면 여유가 있으므로 편의상 한것이다.

정순근: 제1조 1 (b) 말미에 "일본국 정부는 기금이 이 대부를 각년에 있어서 균등으로 행하기 위하여 필요한 자금을 확보할수 있도록 필요한 조치를 취한다"고 되어 마치 일본정부가 취하는 조치는 균등을 위한것같이 표현되어 있는데 여기에는 필요한 자금의 확보라고 규정하고 균등문제를 별도 문장으로 하여야 한다.

미까나기: 각년 균등 용어는 이.시이나 메모에도 표시되어 있는것으로서 균등이라는 용어를 빼는것은 우리로서는 곤란하다.

정순근: 차관조건 (금리 상환 기간, 조상) 문제는 기본협정에 포함시켜야 하지 않겠는가?

미까나기: 기본협정에 포함시킬 필요는 없다고 본다.

정재덕: 기본협정은 이.시이나 합의사항에 충실하기 위하여 한것이라니 이차관 조건도 그안에 당연히 포함되어야 되지 않겠는가?

미까나기: 대부 조건을 일일히 국회에 내놓는다는 것은 우리로서는 곤란하다. 이것은 양국 정부간에서 별도로 잘 정하면 되는것으로 안다. 대부조건이라는 것은 참고로 될뿐이지 국회의 심의사항은 되지 않는다.

정순근: 과거 양국간에 체결된 2000 만불은 현재 한푼도 소화되지 않고있다. 이는 실제로선 5.75% 라는 이자를 정해놓고도 한국의 수입업자로 보면 7 - 8% 라는 고율의 이자 부담이 되기때문에 소화가 잘 안되는 실정인것이다. 이번장기 저리차관의 이자 3.5%라 하는것도 일본 국내 업자와의 관계상 이런 문제가 생긴다면 곤란하며 이는 어떻게되는지 설명하여달라

오가따: 이 3.5 라 하는것은 한국 정부가 기금에 대하여 상환할때 적용되는 금리이므로 그러한 염려는 없다.

니시야마: 2000만불은 Supplier Credit 이고 장기 저리차관은 직접차관이므로 근본적으로 다른것이다.

정순근: 제1조 2의 오픈 아카운트는 청구권과 성질상 전혀 관계없고 양국간의 무역에 의하여 생긴 빚을 청산하는 것이므로 본 협정에 규정하는것은 체제상 받아드릴수 없으며 별도의 교환공문으로 하여야된다고 본다.

미끼나기: 2항의 전단보다 후단이 중요한것으로 안다. (b)는 이.시이나 메모에도 있는바와같이 3억불중에서 차감한다는 것을 표시하기 위한것이며 (b)가 있기때문에 (e)가 들어 간것이다.

정순근: 별개의 교환공문으로 하여야 할것이다.

미끼나기: 국회에 제출하는 기본협정에는 년간 3천만불로 되어있으나 실제로는 이청산 계정때문에 4백 50만불이 적은 금액을 제공하게 되는것이므로 이사실을 국회에 대하여 확실히 하여야하지 않겠는가?

정순근: 이.시이나 메모에 들어 있었다 하더라도 협정의 형식여하를 불문하고 양국간에 약속만하면 되는것이므로 교환공문으로 하여도 무방하지 않겠는가? 국회 관계가 있다면 본협정에 이에관한 교환 공문을 refer 하는 한 구절만 집어넣고 역시 별도 공문으로 해면 해결된다고 본다.

미끼나기: 국회와의 관계가 달라진다. 3억불이라 하는것은 표면상에 내세운 금액이므로 이 청산 계정으로 인하여 실제의 생산물 및 역무의 공여없이 금액이 줄어들기 때문이다.

구마다: 이청산 계정은 무이자로 10년간에 상환하게 되는것이므로 국회의 동의를 필요로 하는 것이다.

정순근: 기본협정 1조 2(b)에 있어서 과년의 부불금에 대하여는 대한민국의 요청이 있을경우라고 되어있는데 요청이 없을경우에 지불하지 않아도 된다고 해석되지 않는가?

미까나기: 요청이 없을 경우다 함은 cash 로 지불한 경우임것으로
3천만불을 그대로 제공하면 되는것이다. 따라서 따로히 살필요가 없다.

정순근: 기본협정 제1조 3일한 경제협력 합동위원회라는 표현을 사용하였는데 이것도 청구권 및 경제협력을 위한 위원회라는 식으로 고쳐야되지 않겠는가?

미까나기: 오늘은 이만하고 내일 오전에 회의를 다시 개최하는것이 어떤가?

정순근: 좋다. 오전 10:30에 재차 회의 하기로 하자.

15. 청구권 및 경제협력위원회 도입 절차에 관한 과장급 전문가 회의 제2차 회의 회의록, 1965. 6. 2

한국 외교문서 1468, 제7차 한일회담 청구권 관계 회의 보고 및 훈령, 1965, 전2권, V.2, 1965. 4. 3 가서명 이후의 청구권 및 경제협력위원회, 1965. 4-6

1965년 6월 2일 10:30-12:30 간 개최된 제7차 한일회담 청구권 및 경제협력 도입 절차에 관한 과장급 전문가 회의 제2차 회의 회의록이다.

청구권 및 경제 협력 위원회 제 2차 과장급 전문가 회의 회의록

1. 개최 일시: 1965년 6월 2일 10:30 - 12:30

2. 개최 장소: 외무성 235호실

3. 참석자: 한국측 정순근 전문 위원

정재덕 "

곽정서 "

강신조 보좌

이 송 "

주병국 "

일본측 미가나기

구파따

니시야마

가또 외 6명

4. 토의 내용:

정순근: 어제 이어 오늘도 질문을 계속하였으면 한다.

먼저 어제 질문에 대하여 일본인의 역무라고 하는 정의를 설명하여 주기 바란다.

미가나기: 이 역무라 함은 선박, 수송이나 파견자의 교육 훈련등을 말하는 것이다.

정순근: 그렇다면 Patent 는 어떻게 되는가?

미가나기: 특허료가 역무에 포함된다는 것을 말하는 것인가?

- 1 -

일측(홍상성): 일본의 측이 사용료는 의무속에 포함되는 것이지만 일본이 외화로 지불하는 (외화 부담) 외국의 측이로는 제외된다.

정순근: 무상 협정에 대한 질문을 하겠는데 먼저 제 1조에 "대한민국의 경제 및 사회의 발전에 기여하는 것이 아니면 안된다는 표현은 기본 협정의 전문과 관련됨으로 별도 위원회에서 다루겠지만 이것을 실시 협정에도 표시하는 것은 불필요하지 않는가? 따라서 제 1조에는 실시에 관한 문제만을 넣어야 하지 않겠는가? 따라서 "경제 협력으로서 대한민국에 무상으로 공여하는 일본국의 생산물 및 일본인의 역무"라 하지 않고 단순히 대한민국이 요청하는 생산물 또는 역무라 하면 어떻겠는가?

미가나기: 이것은 기본 협정 제 1조 1에 쓰는 것을 그대로 옮긴 것이다. 또한 조약적 견지에서도 목적을 써야 하는 것이므로 일단 이를 확실히 한 것 ~~////~~ 이다. 따라서 기본 협정의 전문이 수정되면 이것도 수정될지도 모른다.

정순근: 목적을 명확히 한다는 것은 좋으나 기본 협정에 규제되어 있는 이상 이를 따서 실시 협정에도 넣어 되풀이할 필요는 없다고 본다.

정 재덕: 제 2조의 연도 실시 계획에 대한 문제인데 우리 입장으로는 한국측이 실시 계획을 만들어서 일본측에 통고한다는 것인데 만일 일본측이 의의가 있을 때 제 3국의 예에 있어서는 어떠한 절을 취하는지 알고 싶다.

미가나기: 이것은 종래의 배상의 경우와 조금 다르다고 생각하며 금후의 일한 경제 협력이라 하는 방법을 통하여 3억불을 제공하는 것이므로 일본측으로서는 실시 계획에 개입하여야 하리라고 생각한다.

정순근: 우리 입장은 어디까지나 통고한다는 입장인데 일본측이 의의가 있을 때에 한하여 협의한다는 표현만으로 족하지 않겠는가?

- 2 -

구보다: 배상의 경우도 이와같이 협의에 의하여 결정한다고 되어 있다.

정순근: 제 3조의 1에 일본국이 공여하는 생산물은 자본재라고 되어 있으나 전번 회의에서는 일본측이 이를 탄력적으로 고려한다는 표현을 쓰겠다는 의향을 표시한것 같은데. . .

미가나가: 내 독단적인 이야기인지 모르지만 나로서는 이를 반대한다는 입장은 아니다. 단지 그 이유는 일본이 여러나라와 유상 무상의 경제 협력을 하고 있으며 종래의 선례를 따른것 뿐이다. Local cost 의 부족으로 곤란을 겪고 있는나라가 많은 것으로 알고 있는데 한국에 대하여 어떠한 지원을 위한 원자재를 공급하면 딴 나라가 이러한 요청을 하여올때 일본은 매우 곤란한 입장에 서게 된다. 근본적 생각은 이에 반대하지 않는다는 것을 확실히 말하여 둔다.

정순근: 근본적으로 반대하지 않는다는 그것은 조문상 어디에 표시되어 있는가?

미가나가: 필요하다면 구체적인 표현 방법을 제시하여 달라. 다만 공표를 하지 않는 교환 공문 같은것으로도 할수 있을것으로 본다.

정재덕: 이 문제는 우리측으로서는 매우 중대한 것이다. 적어도 무상의 부분에 있어서 만은 원자재가 자본재 보다 비중이 커야 한다는 것을 다시 한번 확인하여 둔다.

미가나가: 비율의 문제는 후에 검토하기로 하자.

정순근: 제 3조 2에 "통상의 무역이 저해되지 않도록"라고 되어 있는데 사실을 이야기 하면 실제적으로 상당한 영향을 미칠것으로 생각한다. 여기서 통상의 무역이 저해된다고 하는 것은 어느 정도의 것을 이야기 하고 있는지 알고 싶다.

미가나가: 이것은 통상 무역과 경합이 되지 않도록 하고저 하는 것이며 한국측의 어떠한 의견이 있었다는것을 말하여 두겠다.

정순근: 제 3조 2에 "외화의 추가 부담"이라고 되어 있는데 구체적으로 어느 정도를 말하는 것인가?

가또: 예를 들면 특수 자동차에 있어서 엔진이 특일제야 하는 경우 이를 수입하기 위하여 외화 부담이 된다는 것이다. 따라서 수입율이 50 - 60%를 초과하는 것은 곤란하고 대략 20% 미만이면 상관없다.

정재덕: 원자재의 경우와 반제 원료의 경우는 어떻게 되는가?

미야나가: 적건 조건금에 추가의 외화 부담이 되는 것은 전부 배제하고저 하는것이다.

정순근: 우리측이 일본에서 생산되지 않는 것을 요구할때가 있을 것이므로 이것을 빼주기 바란다.

미야나가: 극단의 예를 하나 들겠는데 전자 계산기를 미국에서 구입하여 일본에서 조립한것을 달라면 곤란하지 않겠는가?

정순근: 우리측이 요구할 경우에 일본 정부는 이를 검토할것이므로 문제가 없다고 보는데...

미야나가: 검토를 한다 하더라도 여하한 물건을 제공하기 곤란하다는 문서상의 근거가 필요하기 때문이다.

정순근: "통상 무역 저해"라든가 "외화의 추가 부담"이라는 것은 여기서 일단 빼기를 바란다.

구마다: 다른 나라와의 배상 협정에도 이와같은 규정이 들어 있다.

정순근: 제 3조 3에 "일본 국내에 있어서 영리 목적을 위하여 사용하여서는 안된다." 어떠한 경우를 생각한것인가?

미야나가: 일본에서 무상으로 가지고 간것을 다시 일본에 파는 경우이다. 또한 한국과 일본은 인접국이니까 때로는 매우 곤란한 문제가 있다. 이러한 것을 사전에 방지하고저 하는 것이다.

정순근: 상호 협의하에 가지고간 물건을 그대로 다시 판매되는 것은 생각할수 없는 이야기니 이 조건은 삭제하는 것이 좋겠다. 제 3조 4에 통상의 상업 무역 및 의무의 거래에 적용되는 일본국의 관계 법령에 정하여 주는 이외의 제한 또는 규제를 받지 않는다고 한것은 무슨 뜻인가?

미가나가: 이것은 일본이 자기손을 내들어 낸것이다. 보통의 배상의 협정의 경우에는 이러한것이 들어 있지 않으나 귀국 정부의 희망에 따라서 넣은것을 옮긴 것이다.

정순근: 이러한 규정이 없다 하더라도 다른 나라의 경우에도 별 문제가 없던 것으로 삭제해 주기 바란다.

미가나가: 일단 의견으로 받아 두겠다.

정순근: 계약 당사자의 문제에는 어제까지 이야기 하였지만 사절단을 두되 조달청 계약으로 한다는 종래의 입장에 변함이 없다.

미가나가: 사절단이라고 하는 명칭은 바꾸어도 좋다. 예를 들면 조달청 동경 지부라고 한다던가. . . 단지 계약 체결권을 가지고 있는 것으로 족하다.

정순근: 솔직히 이야기 하면 사절단을 동경에 두고저 하는 일본측의 주장은 재판 관할같은 문제를 생각하고 있는것이 아닌가?

미가나가: 재판이라는 문제는 생각도 하지않고 있다.

정순근: 무슨 이유로 반듯이 사절단이 계약에 사인하지 않으면 안되는지 의심스럽다.

미가나가: 이것은 보통의 무역과 다소 다르다고 생각한다. 실질적으로 물건 사가는 것은 한국측이지만 이의 대금은 일본 정부의 국고 수표로서 지불됨으로 실제 문제로서 계약의 수정이 필요할 경우에 시간적으로 늦어지는 경우가 많기 때문이다.

정재덕: 계약 자체는 조달청이 하고 지불같은 것은 사절단이 할수도 있지 않겠는가?

정순근: 제 4조 2에 "승인 계약"이라 하고 후속 절차는 전혀 언급되지 않았는데 승인 확인 인증의 용어에 있어 무슨 효력의 차이가 있는가?

미가나기: 여기서는 양 당사자가 서명하는것 만으로는 발효하지 않고 일본 정부가 승인함으로서 비로서 효력을 발생한다는 뜻이다.

정재덕: 계약 당사자 즉 일본국민 또는 법인과 조달청 간에 체결될 계약 자체에 대하여 기본 협정 및 부속문서와 실시 계획에 저촉 여부만을 체크하면 되는 것인지 기타 무엇을 체크할 필요가 있는가?

미가나기: 일일이 체크하지 않아도 될 경우가 있겠지만 국고 수표를 끊는 일본 정부로서는 계약 내용을 충분히 심사하여야 하지 않겠는가?

박정서: 승인과 인증과는 실제로 차이가 없는가? 우리가 알기에는 승인이라 함은 Approval 인증이라 함은 Verification 이라고 생각하는데 그런가?

미가나기: 그렇다. 승인이라 하는것은 인증보다 강한 표현인것으로 안다.

정순근: 실시 계획의 협의부터 시작하여 계약의 승인에 이르기까지 일일이 감독한다는 것은 재고의 여지가 있지 않은가? 그리고 중재 판단은 최종적인 것인가?

미가나기: 중재로서 해결이 안되었을 경우에는 재판에 가는것으로 안다.

정순근: 그렇다면 최종적이라고 할수 없지 않은가?

미가나기: 중재 판단 자체는 최종적인것으로서 판단의 결과가 집행이 되지 않았을 경우에 재판 문제가 생기는 것이다.

정순근: 분쟁 해결을 상사 중재 위원회에 거는 문제에 대하여는 우리 로지논은 종전과 다름이 없다. 계약에 의하지 않고 생산물 및 역무를 제공하는 문제에 대해서는 지금 현재로서는 유보하여 두고 후에 다시 말하겠다.

미가나기: 전번 회의에서 사절단 경비라든가 은행 수수료는 여기서 쓰지 않는다고 하였으므로 유학생을 일본에 파견할 경우같은 것을 생각할수 있다. 견습생에도 프로젝트에 수반하는 경우와 프로 와 관련하지 않는 경우로 나눌수 있다.

정재덕: 지금 현재로는 프로젝트는 프로젝트와 관련없는 견습생의 파견은 고려하지 않음을 말하여 둔다.

정순근: 사절단의 대우 문제에 있어서 우리가 넣고 싶은것은 조달청이 구매 계약을 하지만 그밖의 업무를 하는 사절단을 설치하는 경우의 특권을 말하는 것이다.

미가나기: 여기에서 규정된것은 계약 당사자인 사절단으로서의 특권이므로 조달청 구매를 할 경우에는 어떠한 특권 면제는 부여될수 없음을 확실히 하여 둔다.

정순근: 대한민국이 현지의 노무, 자재 및 설비를 제공하도록 되어 있는데 다른 나라도 어떻게 되어 있는가?

미가나기: 그렇다.

정순근: 제7조 3의 일본 국민에 대한 한국의 입국, 출국 및 체재에 필요한 편의와 같은 당연한것으로서 불필요한 조항이 아닌가? 성질상 우리가 요청한 사람이 들어오고 입국하게 될것이므로 따로 규정할 필요가 없지 않겠는가?

미가나기: 극단의 경우 예를 들면 전반적인 일본인 입국 금지 같은 경우에 특수 취급하여 두도록 한 규정이다. 비록 무용의 규정이라고 하기는 하지만 현재 무용이라는 것이 10년후에 어떻게 달라질려는지 알수 없지 않은가?

정순근: 우리측은 어떠한 규정의 유무에 관련없이 편의를 보아 줄것이니 넣어둘 필요가 없지 않은가? 그리고 일본국의 국민 및 법인에 대한 과세 면세 문제는 검토후 다시 이야기 하겠다. 일본에 의하여 공여된 생산물의 재수출 금지 조항은 가공 수출까지 포함하는 건인가?

미가나기: 가공 무역은 포함하지 않는것으로 알며 이를 명확히 하기 위하여서는 합의 의사록에 써도 좋다고 생각한다.

정순근: 운송 및 보험에 관한 차별적 조치를 취하지 않는다는 조항 두지 않고 상호 편리한대로 하면 되는것이 아닌가?

- 7 -

미가나가: 일반의 자유 경쟁에 맡기고 정부로서는 차별적조치를 하지 않도록 한다는 것이다.

정순근: 우리의 포지숀은 Buyer 에 맡기자는 것으로 이 조항은 삭제하여 주기 바란다.

오후 3시에 다시 속개키로 합의 하였음.

16. 청구권 및 경제협력위원회 도입 절차에 관한 과장급 전문가 회의 제3차 회의 회의록, 1965. 6. 2

한국 외교문서 1468, 제7차 한일회담 청구권 관계 회의 보고 및 훈령, 1965, 전2권, V.2, 1965. 4. 3 가서명 이후의 청구권 및 경제협력위원회, 1965. 4-6

1965년 6월 2일 15:00-17:00 간 개최된 제7차 한일회담 청구권 및 경제협력 도입 절차에 관한 과장급 전문가 회의 제3차 회의 회의록이다.

청구권 및 경제 협력 위원회 제 3 차 과장급 전문가 회의 회의록

1. 개회일시 : 65. 6. 2. 15:00 - 17:00

2. 개회장소 : 가유회관

3. 참석자 : 한국측 정순근 전문위원

정재덕 "

박정서 "

강신조 보좌

허 승 "

주병국 "

일본측 미가나가

구마다

니시야마

가토 외 8인

4. 토의내용

정순근: 오전에 이어 질문을 계속하기로 한다. 먼저 실시계획의 시기 및 종기에대하여 설명하여 달라.

가토: 협정상으로는 연도가 정하여지지 않으나 실시 계획에서 년도가 결정된다.

정순근: 처음부터 년도를 정하는것이 좋지 않겠는가? 예를들어 10월 1일에 시작하였을경우 종기는 후년의 9월 30일이 되는지 또는 3월 31일이되는지 명확하지 않지 않는가?

미가나가: 이것은 협정이 언제 발효하느냐 하는 문제와 관련이 있는것이다.

정재덕: 초년도의 문제는 그렇겠지만 2차년도 이후에는 한국과 일본과 회계년도가 다르므로 여러가지 문제가 있다고 보는데

정순근: 실시 계획 2에 "적당한 시간적 여유"라고 하였는데 회계연도 개시 1개월 또는 2개월전에 제출하여야 된다는 것을 말하는가?

미까나기: 회계연도 개시전에는 실시 계획이 이루어지면 된다는 것이다.

정순근: 3항에 일본의 생산물 및 용역을 열거한다고 하였는데 이것은 스템 디스크와 같은 구체적인것을 말하는가?

미까나기: 그렇다. 원재재. 자본재등 품목별 금액을 말하는것이다. 요청하면 실시 계획의 견본을 보여줄수 있다.

가또: 실시 계획의 내용은 공표하지 않는것이 원칙이지만 비율빈 정부는 이를 공고한바 있으므로 이것을 참고하는것이 좋을것이다.

정순근: 생산물 및 용역에 관련된 지불의 연간액이라 하는것은 Commitment 베이스와 disbursenent 중의 어느쪽을 이야기 하는것인가?

미까나기: 이것은 실제 지불액을 베이스 기준으로 이야기 하는것이다.

정순근: 그렇다면 연간 지불액에 평탄할 경우라고 하면되지 않겠는가?

미까나기: 타당한 범위 이상을 넘을수 없다는 것인가?

정순근: 실시 계획은 일방 정부의 요청에 의하여 타방 정부가 불가피하다고 인정한 경우에만 양 정부의 합의에 의하여 수정할수 있다고 되어 있으나 정부간의 합의라는 조항이 들어있는 이상 부득이 하다고 인정하는 경우라는 것은 빼어도 좋지않은가? 우리로서는 대한민국 정부가 요청하는 경우에 한하여 수정가능하다는 표현으로 하는것이 좋다고 생각한다.

가또: 실시 계획의 수정은 부득이한 경우에만 하는것이다. 이것은 일본 업자가 이실시 계획을 기초로하여 상담을 진행할 경우도 있을수있는것이므로

- 2 -

자주 수정하는 것은 일본측으로서는 곤란한 것이다.

정순근: 기왁을 상업 조건에 따라 제공한다고 되어 있는데 우의적 조건으로 표현을 고치면 어떤가?

박정서: 상업적 조건과 우의적 조건에 차이가 있는가? 우의적 조건은 상업적 조건에 비하여 과세 및 가격에서 좀 특혜가 있는것이 아닌가?

가또 : 이것은 물론 차이가 있다. 그것은 외화를 송금하여 와 가지고 지불하는 것이 아닌 일본 엔으로 지불하기 때문이다.

구마다: Commercial base 라고 한 의미이다.

박정서: Commercial base 라는 일반적인 의미뿐이라면 상업적조건이라는 말이 나쁜의미로 해석될 우려가있으니 다른 표현방법으로 하는것이 어떻겠는가?

미까나기: 다른 표현방법이 있으면 검토하여 보겠다.

정순근: 기왁 및 승인 계약의 2에 일본국 법인의 규정이 있는데 재일 한국인 법인은 배제된다는 말인가?

미까나기: 이것은 일본의 생산물 및 역무를 제공하는것이니까 한국인의 역무는 관련이 없다.

정순근: 다른 나라와의 협정에도 이러한 표현이 있는가?

미까나기: 이것은 특수한 경우로서 다른나라의 경우는 이러한것이 없다.

정순근: 승인 계약의 실시에 관한 책임은 일본 국민 또는 일본법인인 계약 당사자가 지도록 되어있는데 어떠한 규정을두면 일본정부가 개입하여 해결하지않으면 안될문제가 생길경우에는 곤란하지 않겠는가?

미까나기: 이것은 공동위원회에 걸면 해결될줄 안다.

정순근: 수송, 보험 또는 검사와같은 부수적 역무의 공여를 필요로 하는것은 일본국민 또는 일본국의 법인에 의하여 행하여져야 한다는것을 일일이 계약마다 쓰는것인가?

- 3 -

미끼가나기: 그렇지는 않다. C.I.F 인 경우에는 I (보험료) F (선임)가 가격에 포함되어있으므로 I 와 F 는 일본인의 업무여야 한다는 것이다.

정재덕: 이것은 협정 2 제7조와 모순되는 조항이 아닌가?

미끼가나기: 그렇지는 않다. FOB 인 경우에는 전혀 적용되지 않는다.

정순근: 상사 중재위원회는 일본국의 국제 사상 중재협회라고 말하여야되는가?

미끼가나기: 국제 상사 중재협회는 현재 설치되어있고 국제적인 성격을 띠고 있기때문이다. 한편 한국에는 아직도 이러한것이 없지 않은가?

정순근: 우리도 곧 만들 계획이다.

미끼가나기: 이미 설치되어있는 이러한 국제기관을 사용하는것에 대한 의견은 어떤가?

정순근: 중재라하고 하는것은 상사 중재만이 중재가아니니까 우리나라에서 이러한기구를 설치하기 까지의 기간에 잠정적 조치로서 제3자에대한 의뢰도 고려하고 있으며 이문제에 대한 우리의 Position 을 후에 얘기하겠다.

박정서: 은행의 지정은 일본의 종래의 방법에의하면 사절단이 지정하는것으로알고있는데 일본측안에 의하면 일본이 지정하는것으로 되어있으니 어떻게된것인가?
또 한국은행 재일지점은 대장성 공인 외환은행이며 이협정에 의한 구매에 있어서 당사국인 한국측 편의를 위하여서도 당연히 지정은행의 하나로 지정되어야 할것으로 생각되는데 어떠한가?

미끼가나기: 이것은 종래의 예에 따른것이다. 한국은행 재일지점을 지정은행으로 하는 문제에 대하여서는 생각해본바 없다.

구마따: 이것은 종래의 배상의 회의와 다른 경제협력이라 하는것이므로 일본측의 편의에 따라야 하지 않겠는가?

정순근: 그렇지않다. 우리는 배상보다 더 강한 청구권으로 보고있다.

정재덕: 미국 AID 자금의 경우에 있어서도 L/com 은행은 우리가 지정하여 왔다.
정순근: 은행이 취급하는 업무량의 비율(Proportion) 문제라면 다를 해결방법이 있지 않은가 생각된다.

미끼가나기: 일단 의견으로서 받아놓겠다.

정순근: 일본국 정부는 지불 청구서를 수령하였을때에 사절단이 관계 계약자에 지불을 행하기 기일전에 은행에 지불 청구금액을 지불하도록 되어있으나 이것은 즉시 지불되도록 되어야하지 않겠느냐?

미가나기: 이것은 단지 사무적 절차상의 시간의 여유를 가지자는 것뿐이며 지불을 연기하고저 하는 저의가 있어서 한것이 아니니 이점을 양해하여주기 바란다.

가도 : 일본정부가 지불하지 않으면 지불 의무의 면책이 되지 않는것이니 별로 문제가되지 않는다고 본다.

정순근: 일본국 정부의 지불금액을 특별 계정에 대기 또는 차기한다고 표시되어 있는데 이와같은 표현을 택할 필요가 있는가?

미가나기: 이것은 자금의 경리를 구분해서 불필요한 자금의 유입을 방지하고 목적외에 유용되는 것을 막기위한 조항이다.

정순근: 계약의 해제로 인하여 인출되지 않은 미불금액을 사용하는것을 몇가지로 제한하였는데 이것은 다른 프로젝트에는 쓸수없다는 말인가?

니시야마: 다른 프로젝트라 하더라도 새로운 계약이 체결되고 있것이 승인만 되면 쓸수 있는것이다.

정순근: 합중국 불화에 환산일은 실제 지불일을 기준으로하여야 하지 않겠는가?

니시야마: 실제 지불일을 기준으로할때에는 사무적으로 여러가지 불편할 경우가 일어날수가 있다. 또한 평가의 재변동에 문제가 생길경우에는 매우 곤란한 문제가 생긴다.

정순근: 사절단의 장 또는 기타 직원의 권한은 일본국의 관보에 별단의 고시가 행하여지기 까지는 계속하는것으로 간주한다고 되어있는데 이는 특권과 관련이 있는것인가?

미가나기: 관보에 게재하는 것은 계약 담당관이 누구라는 것을 공고하기 위함이다.

정순근: 현재 제출된 일본안대로 한다면 본국 정부의 법령이 없다 하더라도 일본국의 관보에 게재되기 까지는 그대로 있게 되는 결과가 되는 것이니 불합리하다.

미가나기: 타국과의 예에도 똑같은 규정이 있는 것으로서 한국측을 불필요하게 구제하기 위한것이 아님을 양해하여 주기 바란다.

정순근: 교환 공문 4의 청산 계정 처리 문제에 대해서는 원칙적으로 이의는 없지만 구체적 표현 방법은 draft 단계에서 조정토록 하였으면 한다. 그리고 협정의 효력 발생일에 제 1회 년부불을 하도록 되어 있는데 이것은 년도내에만 하면 되는것으로 본다.

미가나기: 일본측으로서는 대한민국의 요청이 있을 경우와 없을 경우를 구분하여 생각하고 요청이 없을 경우라는 것은 현금으로 지불할 경우를 생각한 것이다. 그리고 대한민국의 요청은 일본국의 회계년도가 개시되기 전년의 10월 1일 까지로 규정한것은 현금의 지불 여부를 확인하고 정부 예산의 편성에 참고 하기 위한것이다.

정순근: 오전 회의에서도 말한바와 같이 현금으로는 지불되지 않는것이니 불필요한 조항이라고 생각한다.

미가나기: 우리는 이.시이나 합의 사항을 하나의 원칙으로 생각하고 여기에 기재된 사항을 충실하게 이를 그대로 옮기기 위하여 상당한 연구 끝에 이 교환 공문을 작성한 것이다.

정순근: 단순히 그것 때문에 이 교환 공문을 만들었다는 말인가?

미가나기: 그렇다.

정순근: 우리측으로는 불필요한 것이라 생각됨으로 이 교환 공문은 뺄수 있다고 본다.

미가나기: 이.시이나 합의 사항에 오점이 있을 경우라고 명백히 규정되어 있으므로 일본측으로서는 필요하다고 생각한다.

정순근: 합동 위원회의 구성 자체에는 별로 의의가 없으나 합동 위원회가 실질적으로 무엇을 결하는나 하는 것은 draft 단계에서 조정하여야 할것으로 본다. 그리고 합동 위원회의 관장 사항중 (6)에 있는 경제 협력의 양국간의 경제 관계 증진에 기여하기 위한 조치라고 하는 표현은 이를 삭제하고 여기에 3억α의 시행관계를 추가하였으면 좋겠다.

미가나기: 3억 α 문제는 일단 여기에서는 빼고 이에 대한 결정이 이루어지면 추가로 넣을수도 있지 않겠는가 생각된다.

정순근: 위원회의 명칭 문제인데 이를 연락관 회의 정도로 생각하고 있다.

미가나기: 일단 의견으로 받아 두겠다.

정순근: 유상 경제 협력 협정에 있어서 한국 정부와 해외 경제 협력 기금과의 체결되는것은 기본 자금 계약과 사업별 자금 계약의 두가지가 되는 것인가?

미가나기: Master Contract라는 것이 있고 여기에 의거한 사업별 자금 계약이 있게 되는 것이다.

정순근: 자금 계약은 하나로 하면 좋겠다.

미가나기: 한국측의 사정은 잘 알겠지만 제도상 불가능한 것으로 본다.

정재덕: 제도상 불가능하다는 것은 무엇을 말하는 것인가?

기금: 지금 제도상 불가능하다고 말하였는데 그런것이 아니고 Master Contract 가 체결된후에 프로젝트별로 이에 의거하여 확정하여야 된다는 것이다.

정순근: 여기서는 일본 정부가 기금과의 관계에 있어서는 아무런 관여도 하지 않는 입장으로 되어 있는데 중국의 경우를 보면 프로젝트를 열거하는 것으로 하는데 이를 전반적으로 수정하여야 된다고 본다.

구마따: 일본의 현행 법률상 융자 조건은 기금이 정하도록 되어 있다.

정순근: 아까 이.시에나 앞의 사항은 현법과 마찬가지로 하나 년 3.5% 거치 기간 7년을 포함하는 상환 기간 20년 그리고 상환 기간을 연장할수 있다는 단서 규정을 기본 협정에 규정하여야 하지 않겠는가?

구마따: 융자 조건은 기금법에 의하여 기금이 정하도록 되어 있으므로 일본 정부로서도 이 기금법을 존중하여야 되지 않겠는가?

정순근: 양국 정부가 기본 차관 계약 및 사업별 차관 계약이 여기서 열거한 조건을 포함하도록 배려한다고 하였는데 이 배려한다는 표현의 표현을 필요없다고 본다.

박정서: 차관에 대한 원금의 상환 기산점은 돈을 빌린 날이라던가 물자를 실제 인수한 날로 부터 기산 하는것이 합리적인 원칙이 아닌가? 서독 차관 및 AID 차관의 경우에도 모두 실제 지불일을 기준으로 하고 있다.

정순근: 원금의 상환을 27회로 한것은 무엇인가?

구마따: 이것은 거치 기간이 지나면 즉시 지불하고 마지막에도 지불하므로 27회가 된다는 것이다.

니시야마: 원금의 수시 미상환 잔고에 대한 이자 지불은 실제 지불일을 기준으로 한것이다.

정순근: 반년 불이라는 표현 대신에 이를 년 1회로 하는 것이 우리측의 입장이다.

박정서: 원금의 상환 및 이자의 지불은 일본국에 있는 외환 은행에 미불을 팔아서 얻은 일본돈으로 행하기로 되어 있으므로 실제 1불 당 360원에 외환 은행 창구에서 팔린 돈을 Buying rate 356원 에 의하여 80전에 구득한 일본돈으로 상환하는 결과가 되므로 우리측의 막대한 손해가 되는바 미화를 기준으로 IMF평가의 일본원 360원 해당액을 빌려간것이니 상환도 동일한 원칙에 따라 미화 1불 당 360원 해당 일본원으로 이루워지도록 조치함이

공평 타당하지 않은가? 적용 환률에 관한 결정 권한은 대장 대신에 있으므로 대장 대신 재량하에 이 원칙에 따라 대부 및 상환시의 환률 적용을 동일률로 할수 있을것으로 생각하는데 여하?

구마따: 종전의 예를 따른것 뿐이다.

정순근: 현물 상환도 아울러 고려하여 주기 바란다.

미가나기: 현물 상환이라는 것은 구체적으로 어떠한 경우를 예상하는 것인가?

정순근: 차관은 형식상으로 기금을 통하여 하는것 이지만 일본의 업자를 통하여 한국측이 수입하는 것이므로 일본 업자와 한국의 업자가 원한다면 현물을 상환하는 경우도 생각할수 있지 않겠는가?

구마따: 직접 차관의 경우 현물 상환이라 하는 것은 인정할수 없다.

미가나기: 딸라로서의 지불은 실제로는 원으로 지불된것이므로 일본 엔으로 상환 하여야 되며 기본 화폐는 딸라라 하더라도 이것은 단순히 계산 근거에 지나지 않는 것이다.

정순근: 은행 수수료 및 경비는 한국 정부 또는 한국의 수입자가 부담토록 되어 있는데 이는 일반적인 무역 관례에 따라서 수출자 부담으로 하여야 된다고 본다.

박정서: 한국에서 일어나는 경비는 수입자가 부담하고 일본에서 생기는 것은 일본의 수출업자가 부담하는 것이 공평하고 통상 무역 관례에 따르는 것으로 생각한다.

미가나기: 대외 경제 협력 기금의 대부 및 이로부터 생기는 이자에 대하여는 한국의 조세 기타의 과징금을 면제토록 하는데 대해서는 이의가 없는가?

정순근: 이는 더 검토토록 유보하여 주기 바란다.

- 9 -

미가사키: 그렇다면 앞으로 이의가 생길지도 모른다는 의미인가?

정순근: 그렇다. 한 정부는 일본국에 재정 사정 및 기타 경제 협력 기금의 자금
  사정에 의하는 경우에는 합의에 의하여 상환기간이 연장된다고 하였는데 이.
  서이나 합의 사항은 어디까지 일본국의 일방적인 것이 아니다.

박영서: 이 차관에 대한 한국측의 상환 보장은 어떠한 형태로 되어야 하는가?

니시야마: 한국의 법률 의견서 (legal opinion)에 명시하면 된다.

내일 오후 3시에 다시 모이기로 하고 산회 하였음.

17. 청구권 및 경제협력위원회 도입 절차에 관한 과장급 전문가 회의 제4차 회의 회의록, 1965. 6. 3

한국 외교문서 1468, 제7차 한일회담 청구권 관계 회의 보고 및 훈령, 1965, 전2권, V.2, 1965. 4. 3 가서명 이후의 청구권 및 경제협력위원회, 1965. 4-6

1965년 6월 3일 개최된 제7차 한일회담 청구권 및 경제협력위원회 도입 절차에 관한 과장급 전문가 회의 제4차 회의 회의록이다.

제 4 차 청구권 및 경제 협력위원회

과장급 전문가 회의 회의록

1. 개최일시 : 1965. 6. 3. 15:00 - 17:00

2. 개최장소 : 외무성 234 호실

3. 참석자 : 한국측 정순근 전문위원

정재덕 "

박정서 "

강신조 보좌

허 승 "

주병국 "

일본측 미야나기

구마따

니시야마

가또

야마구찌 외 6 인

4. 토의내용:

미야나기: 어제 일본측 제안에 대한 한국측의 질문에서는 (1) 의미를 확실히 하기 위한것과 (2) 원칙적인 의견 대립이 생긴것 그리고 (3) 이견은 없었으나 표현 방법이 다른것의 세가지로 구분할수 있을것 같다.

- 1 -

따라서 의견이 일치하지 않는것은 일치하지 않는것대로 추려고 표현방법의 문제가 되는것은 기초위원회 (drafting Committee)에서 다루고 이외의 것은 금후 심의 대상에서 일단 빼고저 하는데 어떤가?

정순근: 좋다고 생각한다.

미가나기: 어제 회의에서 문제가 되었던 점을 정리하고저 하는데 여기에서 빠진것이 있으면 지적하여 주기 바란다.

1. 국회에 제출하는 문서의 양식에 있어서 협정 2중 국회에 제출되지 않아도 되는 부분은 추려내고 국회에 제출하여야 하는 부분만을 협정 1에 합치고저 하는 한국측 요청이 있은데 대하여는 일본측으로는 그대로 두고싶다.

2. 3억+α 를 기본 협정에 포함시키는 문제에 대해서는 현단계로서는 기본 협정에 포함할수 없다는 것이 일본측의 입장이나 양해하여 주기바란다.

3. 부표의 형식으로 Project 의 포괄적인 사업부문을 명시하고저 하는 한국측 제안에 대하여는 구체적인 안이 있으면 제출하여 주기 바란다.

4. 협정 2의 제목이 문제 되었는데 표현방법은 재검토할 용의가 있다. 그리고 기본협정 전문과 관련된 부분은 이 구룹의 검토외로 하고저한다. 따라서 기본 문제와 관련된것은 일단 토의하지 않기로 한다.

5. 기본협정 1조1(a) 에 있어서 3억불을 일본 엔 으로 환산하여 1080억으로 표현한데 대해서는 이것이 IMF 평가에 의한 환산이며 산출기초는 미불이지만 실지는 엔으로 지불한다는 점이 다른가 일본 정부가 국회에 제출하는 정부의 태도로서 다른 표현보다는 이것이 합리적이라고 생각됨으로 그대로 두고싶다.

6. 기본협정 제1조 1(a)에 있어서 사년 이후란 말을 삭제할것을 요청하였는데 이것은 예산상 사정을 여유있게 하기위하여 역시 그대로 두고싶다.

7. 일본국의 재정사정이 허가하는 경우라 한것은 한국의 재정사정을 고려하지않은 일방적인 표현이라함으로 이표현 방법을 ______ 에 돌리도록 한다.

정순근 : 기초위원회에 돌린다면 문구의 표현은 조정되겠지만 정책상 이견이 있는것은 의논의 여지가 생기는 것이므로 조정될수 없지 않겠는가?

미가나기 : 양측의 요구 조건을 만족시킬수 있는 표현방법을 모색하기 위하여 기초위원회에 돌리겠다는 것이다.

8. 기본협정 제1조 1(a)의 각년도 공여 한도액의 증액문제는 공여 연한을 단축할수 있는 규정도 포함시켜야 한다는 주장에 대하여는 청산계정을 10년간의 분할 상환하는 문제와도 관련하여 기간단축 문제는 고려할수 없는 입장이다.

정순근 : 공여기간 단축 문제에서 예를들면 10년을 7년으로도 줄일수있다는 것인데 청산계정 청산과 관련된다는 이유만으로 본질적으로 중요한것을 배제한다는 것은 납득이 가지 않는다.

미가나기 : 9. 기본협정 제1조1(b)의 대부라는 말은 차관과 전혀 똑같은 의미이다. 그리고 일본의 법률 용어로는 차관이라는 말이 없으며, 해외경제협력기금법에도 대부라는 말로 표현되어 있다.

10. 기본협정 제1조 1(b)가 "대부는 일본국의 해외경제협력기금으로부터 대한민국정부에 대하여 행한다"로 되어있는바 이것은 기금법에 의하여

- 3 -

기금이 실제 대부하는 것이므로 일본국 정부가 해외경제 협력 기금을 대한민국 정부에 대하여 행한다는 표현은 할수 없다.

일본 법률상 기금에 의하여 행한다는 것이 적절한 표현이며 이것은 이.시이나 합의 사항에도 그대로 나타나고 있다.

11. 유상 2억의 실시에 따른 차관조건을 기본협정에 넣는다는 것은 일본 정부의 국회 문제와 대부의 방법 두가지 이유때문에 고려할수 없다.

12. 유상 2억의 금리 년 3.5% 라는것은 직접 차관이므로 추가되지 않을것이다.

미가나가: 본질적으로 이의가 없다는것이 아니다 10년은 움직이지 안겠다는것이 일본측 입장이다.

정순근: 양국정부가 합의하도록 되어 있으므로 일본 재정상 곤란한 경우에는 응하지 않으면 될수도 있는것이 아닌가?

정순근: 차관이 협력기금에 의하여 대한민국 정부에 공여된다고 하는것은 바꾸어 말하면 일본정부로서는 아무런 조치를 취하지 않아도 좋다는 이야기가 되지 안겠는가?

미가나가: 그런 얘기는 하지 않아도 좋을 것이다.

구마다: 기본차관계약은 본 협정의 서명일에 동시에 체결하게 될것이므로 일본 정부가 필요한 조치를 취하겠다는 사실이 명백하여진다.

정순근: 정부대 정부 베이스 차관이므로 차관 계약도 정부대 정부로 하여야되지 안겠는가?

구마다: 일본의 특별법에 의하여 설립된 특설기관인 기금이 빌려주는것이므로 이것은 어디까지나 당사자는 기금이 되어야한다. 인도,파키스탄의 경우에도 역시 같은 표현을 썼다.

- 4 -

미기가나기: 13. 협정 2의 제1조 2(b) "대한민국의 요청이 있은 경우에는" 라는 용어가 불필요하다는 한국의 요청에 대하여는 일본측으로는 그대로 남겨두고 싶다.

14. 공동위원회의 명칭문제는 기본협정의 전문등 기타 문제와 관련이 있으므로 우선은 우리의 논의 대상에서는 빼개로 한다. 무상 협정의 전문 및 제 1 조는 별도로 논의된바에 따르기로 하고 우선은 그대로 두는것으로한다.

15. 제2조의 "년도 실시계획은 협의에 의하여 결정하는 것으로 한다"는 표현은 일본측으로는 경제협력이라는 대전제를 앞세우므로 그대로 두고저 한다.

16. 1) 제3조의 "일본국이 공여하는 생산물은 자본재로 한다. 단, 대한민국의 정부의 요청이 있을 경우에는 양정부간의 합의에 따라 자본재 이외의 생산물을 공여할수 있다"에 있어서 자본재로 한다는 것은 종래의 선례를 따른것이지만 한국측의 입장을 고려하여 표현을 좀 달리하고저 하는데에는 기초위원회에 가하는것으로 한다.

2) 통상의 무역 거래와 외환의 추가 부담의 조항은 그대로 남겨둔다.

3) 역미특권 사용 금지조항은 앞으로의 불미사태를 미연에 방지하기 위한 것이나 이를 별도로 나타낸다면 불필요하다고 생각한다.

4) "일본의 관계법령에 정한 이외의 제한 또는 규제를 받지 않는다"는 표현을 수정하고 싶으면 기초위원회에 돌리는것으로 한다.

- 5 -

17. 4조 1 계약 당사자는 사업단으로 한다는 문제에 대하여서는 사업단이라는 명칭을 변경하는 것은 무방하여도 계약 당사자로서의 권한을 가져야 한다는 것은 반드시 필요하다 4조의 2 "승인 계약은 중요한 문제로서 승인 수속을 확실히 해달라는 것이라면 이는 별도로 협의할 문제이다.

정순근: 이때까지의 일본의 배상의 경우에 있어서는 계약을 먼저하고 나중에 인증을 받도록 한것이 아닌가?

미까나기: 그렇지 않다. 모두 일본 정부의 승인을 받은후에 발효하였다.

거또: 비율빈은 인증이 발효 요건이 아니었지만 (비율빈의 국내사정에 의함) 다른 나라의 경우에 있어서는 인증이 모두 발효 요건이었다.

정순근: 이것은 기본적인 의견 차이지만 일일히 승인 받는다는 것은 매우 곤란하다고 생각한다.

미까나기: 일본으로서는 납세자의 세금을 자원으로 국고에서 대금을 지불하는 것이므로 최종적으로는 확인하여야 한다는 것이다.

정순근: 그와같은 절차가 필요하다면 그수속 세목에 대하여는 언제 정하는가?

미까나기: 18. 제4조 3의 "중재판단을 최종적인것으로 한다" 는 제6조 5와 모순된다는 것에 대하여는 좀더 검토하고 싶다.

정순근: 6조 계약자와 계약당사자의 규정내용에는 한국측으로는 의견이 있으나 이것은 근본적인 문제이므로 여기에서는 더이상 이야기하지 않겠다는 것을 양해하여 주기 바란다.

따가나기: 19. 7조 2의 "대한민국은 일본국이 생산물 및 역무를 공여할수 있도록 하기위하여 이용할수 있는 현지의 노무 자재 및 설비를 제공하는 것으로 한다" 는것은 필요할 경우 제공을 받는다는 것이므로 그대로 두고자한다.

20. 7조 9의 일본국민의 한국에대한 출입국 편의를 제공하는 문제는 현재로는 당연하겠지만 장래에 약속을위하여 그대로 두고자 한다.

21. 4의 일본국민 및 법인은 생산물 또는 역무의 공여에 관련하여 발생한 소득에 관하여 대한민국에 있어서의 과세를 면제한다는 것은 현재 한국측에서 본국정부에 청훈중이라 하므로 그결과를 기다리겠다.

22. 5의 일본으로부터 공여된 생산물의 대한민국 영역으로부터의 재수출 금지조항은 좀더 연구할필요가 있으므로 일본측의 입장을 유보코자 한다. 6의 차별적 조치 금지조항은 일본정부로서는 필요하다고 보므로 그대로 두는것이 좋겠다.

23. 무상의 실시 세목에 관한 교환공문에 있어서 무상에 관한한 기준은 지불베이스나 만일 이를 한국측이 확실히 할 필요가 있다면 기초위원회에 검토록 한다.

24. 5의 "실시계획은 일방정부의 요청에 의하여 또한 타방정부가 부득이 하다고 인정한 경우에 한하여 양정부간의 합의에 따라 수정할수있다" 는 표현을 수정하기위하여 기초위원회에 검토록 한다.

25. 무상의 실시세목에 관한 교환공문 2 의 "상업적조건" 이라는 표현은 종전의 예에 따른것이나 이를 따로이 표현하기 원한다면 기초위원회에 검토록 한다.

- 7 -

26. 2의 일본국 법인의 정의에 있어서 기준에 규정방법을 별도로서도 하는 것은 괜찮으며 재일한국인을 포함시키는 것은 무상 3억과는 아무런 관련이 없는 것이므로 이는 반대한다.

27. 3의 계약 당사자의 문제는 기본문제와 관련되므로 우선 그대로 두고 4의 수송 보험 또는 검사와 같은 부수적 역무의 공여를 일본국민 또는 법인으로 제한하는 규정은 필요하다고 인정되므로 그대로 둔다.

28. 5의 중재기관 문제는 역시 그대로 둔다.

29. 3 지불에 있어서의 지정 은행문제는 지정외자와 지정매상 은행의 2가지를 포함하고 있는데 현안대로 두고 싶다.

30. 10의 환산율의 문제는 확립된 선례이므로 역시 그대로 둔다.

31. 4의 "사절단의 직원내 권한은 일본국의 관보에 별단에 공시가 행하여지기 까지는 계속 하는것으로 간주한다".

32. 정산계정 포함 등은 2의 있어서/회조의 지불은 협정의 효력발생일에 한다는 것은 한국측이 현금지불을 고려하지 않고 있다 하므로 서한으로 그의사를 표시하면 될것이며

33. 3의 "대한민국 정부의 요청은 일본국에 재정상의 관행을 고려하여...." 라는 문구를 삭제하고저 하는 한국측의 요청은 이.시이나 합의사항에도 기록되어 있는것이므로 우리편에서 제기할수 없다.

정순근: 한국정부가 요청품안을 제출하는 안제출하는 같은 문제이므로 결론으로는 이모임등은이 전혀 필요없는 것으로 생각한다.

- 8 -

유상의 실시에 관한 교환공문 2에 있어서 "양정부는 1에 말하는 기본차관 계약 및 사업별 차관계약이 다음의 규정을 기초로 하는 제조건을 포함하도록 배려하는 것으로 한다."에 있어서 기초로 한다는 말과 배려한다고 하는 말은 좀 이상하다.

구보다: 차관조건은 기본차관 계약에 반드시 들어가는 것이므로 일본정부로서는 배려한다는 말밖에는 법률적으로 말할수 없는 것이다.

미가나기: 배려한다는 말은 차관계약이 본협정과 동시에 체결될 것이므로 그다지 염려할 필요가 없을것이다.

정재덕: 기본차관 계약과 사업별 차관계약으로 차관계약을 이중으로 맺지않으면 안되는 이유가 이해할수 없다.

니시야마: 기본차관 계약에는 원칙적인 것만 규정하고 사업별 차관계약을 구체적인 사업별로 체결하는 것이다.

정재덕: 2의 전문에 "기초로 한다"고 되어 있으므로 협력기금이 이외에 따로이 까다로운 조건을 부칠우려가 있다고 생각한다.

미가나기: 3,4. 원금의 상환 기산일은 사업별 차관계약의 효력발생일로 하도록 한다.

박정서: 차관계약 효력발생일로 하는것은 사무적으로 번잡하다는 점 때문인가?

구보다: 사무적으로 번잡하다는 것도 하나의 이유가 될수 있지만 종래의 선례도 이렇게 되어있다. 차관계약이 발효하면 기금으로서는 여기에따른 제조치를 하여야 하는 것이므로 부득이 하다고 본다.

- 9 -

미끼나가: 35. 원금의 상환은 한국측은 년부로 주장하고 있는데 반하여

이 일본측은 종래의 선례에 따라 반년부로 하고저 한다.

36. 원금의 상환 및 이자의 지불방법은 일본측의 편의대로 하고 싶다.

이자지불의 가산일을 확실히 하기 위하여 이를 기초위원회에 검토록 하며

37. ////운영의 수수료 및 경비는 경제협력 기금과 상의할 때에 설명

들어주기 바란다.

38. 4의 재정사정 및 경제협력 기금에 자금사정이라는 표현은 기초위원회에서

적절한 표현방법을 모색토록 하겠다.

39. 합동위원회에 부탁사항도 기초위원회에서 아울러 검토토록 한다.

오늘회의에서 기초위원회로 넘기기로 한 것은 내일아침 10시에 정순근,

경제과 "한국측과 미끼나가 야마구찌 일본측" 사이에 구체적인 작업을

하기로 하고 또한 내일 3시에 경제협력 기금과 의견교환을 하기로 하였음.

18. JAW-06103, 청구권 및 경제협력위원회 도입 절차에 관한 제1차 DRAFTING COMMITTEE 회의 보고, 1965. 6. 4

한국 외교문서 1468, 제7차 한일회담 청구권 관계 회의 보고 및 훈령, 1965, 전2권, V.2, 1965. 4. 3 가서명 이후의 청구권 및 경제협력위원회, 1965. 4-6

1965년 6월 4일 청구권 및 경제협력위원회 도입 절차에 관한 조문작성위원회(DRAFTING COMMITTEE) 제1차 회의 결과 보고 문서(전문)다.

대한민국 외무부

번 호: JAW-06103
일 시: 041525

수신인: 외무부장관
발신인: 수석대표
참 조: 경제기획원장관

과장	국장	차관	장관	6월 4일	공람	동북아주과

청구권 및 경제협력위원회 도입절차에관한 제1차 DRAFTING COMMITTEE 회의보고

1. 일시 및 장소: 6.4. 10:00 - 13:00 외무성

2. 참석자: 한국측 - 정순근 경제협력과장, 김동휘 조약과장, 정재덕 물동계획과장, 허승 사무관.

일본측 - 미가나게 외무성국제경제과장, 야마구찌 사무관, 가도사무관, 니시야마 사무관.

3. 토의내용:

가) 생산물등제공에대한 관계 법령에의한 제한문제를 에관한 문서 2의 제3조 4항을 완전히 삭제하기로함.

나) 실시 계획에 기재할 계약의 견적 액수 문제에대하여는 "실시 계획에 기재할 생산물 및 용역에관한 계약의 견적액의 총계는 당해년도에있어서의 실제의 지불이 당해년도의 지불한도액에달하도록 고려하여 정한다." 라고 일측안을 수정하기로함.

다) 장기저리 차관의 이자 지불의 기산일을 문서상에 규정하기로함.

라) 장기저리 차관의 상환기간 연장 문제에대하여 "양국의 재정사정 및 해외경제 협력기금의 자금사정에따라서는" 으로 일단 결정하고 각각 보고하기로함.

마) 합동위원회의 명칭은 별도로하고, 기능중 "협정 1조1의 규정에기한 경제협력이 양국간의 경제관계의 증진에 기여하도록 하기위한 조치" 라는 항목을 삭제하자는 우리측 제안에대하여, 일측은 그러한 제안이 있었다는 보고를 하겠다고함.

(일본의 의견은 유보하겠다고함.)

바) 문서 3.1.의 5중 "어느 일방정부의 요청에기하여, 또한 타방정부가 불가피하다고 인정한경우에 한하여" 라는 부분을 삭제한다고 말한바, 일측은 보고하겠다고함.

(주일정-외아북)

예고: 일반문서로 재분류(67.12.31)

19. JAW-06138, 청구권 및 경제협력위원회 제5차 과장급 전문가 회의 결과 보고, 1965. 6. 7

한국 외교문서 1468, 제7차 한일회담 청구권 관계 회의 보고 및 훈령, 1965, 전2권, V.2, 1965. 4. 3 가서명 이후의 청구권 및 경제협력위원회, 1965. 4-6

1965년 6월 7일 개최된 제7차 한일회담 청구권 및 경제협력위원회 도입 절차에 관한 과장급 전문가 회의 제5차 회의 결과 보고 문서(전문)다.

제5차 회의는 회의록이 사료에 수록되어 있지 않다.

대한민국 외무부

부외비

통 별

번 호: JAW-06138

일 시: 071448

수 신 인: 외무부장관

발 신 인: 주일 대사

참조: 경제기획원 장관

청구권 및 경제 협력 위원회 제 5 차 과장급 전문가 회의 보고.

1. 일시 및 장소: 65.6.7.1030-1130, 외무성.

2. 참석자:

한국측 - 정순근 경제협력과장, 정제덕 물동 계획과장, 박정서 한은 외국부 차장 외 3 명.

일본측 - 미 까나기 외무성 국제 협력 과장, 구마다 대장성 투자 제 2 과장, 야나가야 서기관 외 10 명.

3. 토의 내용:

가) 금일 회의에서는 지금 까지 제 4 차에 걸친 과장급 전문가 회의, 3 회의 정순근 - 미 까나기 회합 및 DRAFTING COMMITTEE 에서 양측간 의견이 미 합의된 49 개의 내용을 각각 수석 대표에게 보고하기로 하였으며, 그내용중 중요 한것은 다음과 같음.

1) 민간 신용에 관한 규정은 기본 협정에 포함하는것.

2) 협정에 부속서를 부[illegible] 사업 부문을 열거하는것.

3) 무상 3 억 제공중 년간 제공액의 증액만이 아니고 기간 단축문제도 규정되어야 한다는 문제.

4) OA를 협정에서 분리하여 별도 문서로 규정할것 (OA는 영문임)

5) 장기 저리 차관의 조건을 본협정에 규정하는것.

6) 실시 계획의 작성을 한국 정부가 하고 일본정부에 통고하는 문제

7) 원자재 제공 문제

8) 통상무역 저해, 외환의 추가부담 일본국에서의 영리 목적을 위한 사용등의 규정을 삭제하는것.

9) 계약당사자가 조달청이 되는것

10) 계약은 발효후 일본 정부에 송부하고 계약의 명칭을 구매계약으로하는 문제

11) 계약에관한 분쟁은 양국의 약정에따라 설치될상사중 재기관에의하며 잠정적으로 일반 중재절차에 따라서 해결하는것.

12) 생산물 및 영역의 제공에 재일 한국인의 법인을 포함한다는것.

13) 거래 은행은 한국이 지정하고 한국은행 재일지점을 포함한다는것.

14) 환률의 결정일은 지불일로 한다는것.

15) 장기 저리 차관의 원금의 상환 및 이자의 지불은 년 1 회로하며 기산일은 최종 선적일로 현물상환도 가능 하도록한다.

16) 차관의 실시에 관한 수수료 과징금등도 수익자 부담으로한다.

17) 기금 에의한 차관대상의 선정은 불가하며 한국정부가 선정하도록한다.

18) 장기 저리차관에있어 사업별 차관계약이 불필요하다는점.

나) 오는 회의중 일측이 새로운 주장을한것은 장기 저리 차관의 상환문제와 관련하여 동 차관의 성격이 "엔차관" 임으로 차관을 줄때에는 미불을 기준으로하여 2 억불에 해당한 엔의 액을 제공하나 상환에있어서는 미불과는 관계없이 실제 대부한 "엔의 액수" 만큼을 상환하여야한다고 주장함. 이에 대하여 우리측은 이것은 지금까지 토의와는 전혀 다른것이며 동 차관이 2 억불을 기준으로하여 이루어지니까 상환도 2 억불을 기준으로하여야할것이라고 반박하였음. 일측은 엔차관이므로 상환에서는 엔을 기준으로하여야한다고 고집하였음.

다) 이상 정리된 상환외에도 본국정부의 훈령에 따라서는 아측에서 제기할 의견이 많이 있을것으로 생각하며 협정의 전문과 기타 전문과 관계된 조항의 표현은 청구권의 해결이라는 어구가 포함되어야하며 이것은 청구권 법적 문제에관한 토의의 결과에 따라 수정될것이라고 명백히 하였음.

라) 아측에서는 이상의 제 문제점을 제외하고 협정의 해결이 없이는 조문화가 무의미하다고 말하고 수석대표 (김영준)니사야마) 간의 회의의 결과 조문화가 가능하게 되면 언제라도 조문화에 착수하겠다고 말함 (주일정--외아북)

20. JAW-06052, 청구권 및 경제협력위원회 법적 문제 소위원회 보고(제1차), 1965. 6. 2

한국 외교문서 1565, 한일 간의 기본관계에 관한 조약(등) 1964-65, 전5권 V.1 교섭 및 서명

1965년 6월 2일 개최된 제7차 한일회담 청구권 및 경제협력위원회 법적 문제 소위원회 제1차 회의 결과를 보고하는 문서(전문)다.

이 국장급 회의에서는 협정 표제, 전문(前文), 제2조(청구권 문제의 해결) 등에 관한 협의가 이루어졌다.

대한민국 외무부

번 호: JAW-06052
일 시: 021927

수 신 인: 장 관
발 신 인: 수석대표

청구권 및 경제협력위원회 법적문제 소위원회 회의보고 (제 1 차)

금일 (수) 14:30-17:30 까지 외무성에서 개최된 법적문제 소위원회 회의를 다음과같이 보고함.

1. 참석자: 한국측: 전상진 국장, 김정태 1 등서기관, 최광수 동북아과장, 오재희 정무과장.

일본측: 사도 심의관, 마쯔나가 조약과장, 대장성 외채과장 외 4 명

2. 회의내용:

일본측 마쯔나가 조약과장으로부터 일본측의 "협정안 표제", "재산 및 청구권에 관한 문제의 해결 및 경제 협력에관한 일본국과 대한민국과의 협정 "안의 ●● 전문, 동안 제 2 조, 및 "재산 및 청구권에 관한 문제의 해결 및 경제 협력에 관한 일본국과 대한민국과의 협정 제 2 조 에 관한 교환공문"●안에 관한 설명이 있었 음.

그후 아측은 동협정안 전문 및 제 2 조에대하여 질문을 하였음.

질문요지:

가. 제 2 조 1 항의 "타방의 체약국이 이미 취한 또는 취할수있는 모든조치" 의 구체적인 대상과 내용이 무엇인지.

나. 제 2 조 2 항의 "체약국이 취한 특별한 조치의 대상" 의 구체적인 대상과 내용이 무었인가.

다. 기타 어구에관하여 일본측의 설명을 요구하였음.

4. 명 6. 3. (목) 도 계속 회의를 가지고 일본안에대한 질문을 계속할 예정임.

(주일정-외아북)

예고 : 일반문서로 재분류. 67. 12. 31.

21. 第7次日韓全面會談請求權および經濟協力委員會請求權分科會1回會合, 1965. 6. 2
日本外交文書 81, 첫 번째 문서

1965년 6월 2일 개최된 제7차 한일회담 청구권 및 경제협력위원회 청구권분과위원회(한국 측은 법적 문제 소위원회로 칭함) 제1차 회의 회의록이다.

번역

第7차 일한전면회담 청구권 및 경제협력위원회 청구권분과회 제1회 회합

1965. 6. 2, 북동아시아과

1. 일시 6월 2일 오후 2시 30분-5시 30분
2. 장소 외무성 420호실
3. 참석자

(일본 측) 사토 심의관, 마쓰나가 조약과장, 아쓰미 외채과장, 다시로 검사, 오와다(법규과), 스기타(외채과), 후쿠다(조약과), 구로가와우치 각 사무관

(한국 측) 전상진 국장, 김정태 부이사관, 최광수 동북아주과장, 오재희 서기관(도중에 참가), 김 서기관

4. 의사 요지

(1) 한국 측은 일본 측 안의 제시가 있었던 5월 31일의 회의에는 전 국장만 참석하였으므로 다른 보좌진을 위해 재차 제안 이유의 설명을 요망하였으며, 이에 응해 일본 측(마쓰나가 보좌)이 대략 다음과 같이 설명했다.

(가) 4월 3일의 합의사항에 따라 기안한 것이며, 표제는 합의사항 제5항이 단순히 청구권의 해결로만 되어 있는 것을 보다 실체를 명확화하기 위해 내용에 맞게 제안의 형태로 했다.

(나) 전문은 본 협정이 일한 간의 권리 의무를 구체적으로 정하는 것으므로, 통상 있는 정신적 규정을 없애고, 간결하게, 그러나 일한 간에 14년이나 처리하지 못한 제 현안이 해결되고, 외교관계가 설정되는 것을 염두에 넣어 청구권 문제의 해결과 경제협력의 공여가 이루어진다고 하는 협정 체결의 주 취지를 분명히 하고 있다.

(다) 제2조는 4월 3일의 합의사항 제5항이 근거를 두는 기초로서, 제5항은 청구권 문제 처리가 갖는 복잡한 권리 의무의 변동이라고 하는 실질적인 것을 감안, 그대로 협정문으로 하였으나, 정밀하고 정확한 표현으로 고칠 필요가 있다. 안문

은 평화조약 등의 선례를 충분히 참조하였으며, 쓸데없는 표현이 없이 간결하게 한 것으로 최소한도로 필요한 규정이다.

(라) 제2조 제1항은 전단에 상호 협정 서명 시 존재하는 상대국 또는 국민의 실체권에 관해 어떠한 조치를 취하는 것도 인정하며, 후단에는 상호 협정 서명 시까지 생겨난 청구권을 포기하는 것으로 했다. 여기서 '관할 하에 있다'고 하는 것은, 조치를 취하는 것은 관할하에 있는 것에 한한다는 당연한 사리를 표시하는 것이며, 제3국에 있는 것에는 적용하지 않음을 의미한다. 이것은 샌프란시스코 평화조약 제14조 2(I)의 규정 방식을 본떠 만든 것이다. 각종 권리 의무의 변동을 취급하는 이상, 정확한 규정이 필요하며, 한반도의 북쪽에는 미치지 않음을 명기하는 것은 한국 입장을 생각해서 채용하지 않았다. '모든 조치'라고 하는 것은, 위법, 비합법적인 조치는 포함되지 않음은 말할 필요도 없으나, 모든 조치에는 재산권, 채권 등을 소멸시키는 조치뿐만 아니라, 상대국 국민이 청구하더라도 이것을 각하하는 조치 등도 포함한다고 해석하는 것으로 한다.

(마) 제2조 제2항은 제1항의 제외 예를 규정하는 것이다. 본래 청구권의 소멸이라고 하는 조치는 전후 처리적인 것으로, 전후 곧바로 적용하는 것이 일반적이지만, 일한 간에는 이것이 가능하지 않은 채 오늘에 이른 만큼, 그간 일한 양 국민간에 이루어진 상당한 왕래에도 적용되게 한다면 그 영향이 너무 크다. 합의사항에서는 거래, 계약 등에 의한 것을 제외하고 있으나 이것을 (b)에 열거하고, (a)에는 합의사항에 없는 것이지만, 재일한국인에게는 특별한 대우를 부여함을 고려, 쌍무적 규정의 형태로 재일한국인을 제외한 것이다. 합의사항은 '종전 후'라고 하고 있으나, 이는 통상 평화조약 발효 후의 의미가 되어 제1항이 미치는 범위가 넓어지므로, 소멸로부터 가급적 구제하기 위해 제안과 같이 '무역 재개시'로 했다. 이것이 구체적으로 어느 시점이 되는가 조사 중이다. '통상의 접촉'이란 표현의 근거는 합의사항의 거래, 계약 등이며, 법률적 용어는 아니지만 거래, 계약 등보다도 폭넓은 것으로 하여 이 표현을 썼다.

(바) 교환공문은 합의사항 부속의 합의의사록과 실질적으로 다를 바 없다. 표현을 법률적 용어로 했는데, 8항목을 언급할 때 1952년 운운으로 관을 씌운 것이 적당한지 어떤지 현재 연구 중이며, 최종적 표현은 보류하고 싶다. 또한 제2항에

서는 협정서명시라고 하고 있는데, 오늘부터 서명일까지 새로운 나포가 행해지지 않을 것이라는 한국 측의 선의를 믿는 것이다.

(2) 한국 측은 제안의 좋고 나쁨은 건드리지 않고, 내용의 이해에 기여하기 위해 명료화(clarification)를 요구하고자 한다고 전제한 뒤, 우선, 전문의 첫 번째 문단에서 제 현안의 해결 운운이라고 하는 어업협정이나 기본관계조약에는 없는 표현을 삽입한 이유가 무엇인지 물었다. 일본 측은, 기본관계조약 작성 과정에서 일본 측이 제안했으나, 개별 현안 처리를 위한 협정이 있다면 그것으로 충분하다며 한국 측이 반대하여 일본 측이 양보한 경위가 있음을 지적한 후, 3억, 2억의 경제협력을 행하는 전제로서 일한 양국이 청구권 문제를 깨끗이 정리하고 국교 정상화한다는 목적을 말하는 것으로 한다면, 어업협정과 같은 개별 협정과는 다른 성격의 것이라고 했다. 이에 대해 한국 측이 문장의 배열상 청구권 해결보다 앞쪽에 제 현안의 해결이 나오는 것은 이해하기 어렵다고 하자, 일본 측은 현안 일괄 해결의 견지에서 협정 성립 시에는 모두 처리되므로 실제 상 문제가 되지 않을 뿐 아니라, 청구권 문제 해결의 오히라·김 방식 이래의 사상적 베이스를 명시한 위에 불가결한 규정이라고 말했다. (이에 대해 한국 측은, 오히라·김 합의에 관해 일한 간에 이해가 다른 것처럼 보인다면서, 한국 측의 이해로는 일한 양국이 제5차, 제6차 회담에서 청구권의 산정을 시도했을 때, 금액적으로 커다란 차이가 있었으며, 이 차이를 줄이는 교섭이 진행된 결과 명목의 문제는 상호 국내 설명이 가능하도록 청구권을 해결하고 경제협력을 추진하는 형태로 합의한 것이며, 따라서 청구권 문제의 명목을 깨끗이 정리했다(물에 씻어 흘려 보냈다)는 것은 맞지 않는 것으로 생각한다고 말했다.)

(3) 전문 두 번째 문단은 경제협력을 일본이 일방적으로 주는('기여한다'가 있기 때문에) 것이 된다며, 한국 측은 일본이 제3국과의 사이에 체결한 경제협력협정의 예를 요구하였다. 일본 측은 전문 모두에 협정하는 주어가 양국으로 되어 있으며, 일방적이라고 하는 것이 실질적 문제로는 보이지 않는다고 한 뒤, 라오스와의 경제기술협력협정은 같은 규정 방식이라고(그 외 다른 선례는 금후 통지함) 말했다.

(4) 한국 측은 협정 제1조의 주서(柱書)에 관해 문제를 제기하지 말자고 하였으며,

일본 측은 이 분과위원회에서는 제기하지 않고, 위원회 전체 회의에서 제기해야 할 것이라고 주장했다. 한국 측은 전문 제2단락과 제1조의 주서(柱書)와의 관련을 질문하고 싶었다고 하면서 이 점에 관한 질의를 중지했다.

(5) 한국 측은 다음으로, '금후 취하게 될 모든 조치'를 거론하였고, 일본 측의 설명에 의하면 법정에서 각하하는 것 등이 고려되고 있는 것 같은데, 본래 이러한 종류의 것은 협정에서 다룰 필요는 없으며, 권리, 이익에 관해 금후 어떠한 조치도 취하지 않는 한 무한정으로 pending의 상황이 된다면서, 이 불안정을 없애기 위해 당연히 기안 단계에서 고려할 만한 조치의 대상과 내용을 구체적으로 듣고 싶다고 말했다. 일본 측은, 한국 측의 이른 바 8항목의 요강에 있는 것과 같은 것, 예를 들어 은급의 미지급분이 있다면 국고에 귀속하는 조치(입법이 될지, 정령이 될지, 성령이 될지는 지금은 알 수 없음)를 취할 필요가 있으며, 그 국내법상의 수당의 법적 기초를 제2조 제1항에 있는 형태로 규정한 것이라면서, 광범위한 대상과 그것에 대한 조치를 장래 검토하는 상황이므로 구체적으로는 설명이 불가능하다고 답했다. 이에 대해 한국 측은, '금후 취하게 될 모든 조치'는 지나치게 포괄적으로 국회에 대한 설명을 위해서도 구체적 사례의 설명이 없다면, 예를 들어 협정서명시까지 8항목 이외에 어떠한 것이 조치의 대상이 될 것인가 미확정이므로, 국회를 극복하더라도 우려하지 않을 수 없다고 말했다. 일본 측은 대상을 구체화하는 한 가지 방법으로는 종전 시를 기점으로 재산, 권리 및 이익을 포기토록 하는 것인데, 과거 시점에 상대국 또는 그 국민의 것이었음을 확인하는 것은 실제 곤란하기 때문에 기술적으로는 협정서명시 포기토록 하는 것이 적당하다, 그러나 합의사항의 패턴에 따라 전반적인 해결을 도모하기 위해서는 평화조약의 선례를 취할 수밖에 없으며, 전후 상당 기간이 경과한 것을 고려하여 실제적 곤란함을 없애기 위해 제1항에서 큰 그물을 치더라도 제2항에서 대부분 빠져나가는 형태가 되므로 한국 측이 우려하는 금후 취할 조치의 대상은 관념적으로는 크더라도 실제 문제로서 8항목으로 커버되는 것 이외에는 있을 수 없다고 생각한다는 뜻을 설명했다. 그러나 한국 측은 실례는 생각이 떠오르지 않지만, 포괄적인 규정의 방식으로는 불쌍한 케이스도 있을 수 있고, 그것을 국회에서 문제 삼으면 곤란하므로 대상은 8항목 요강에 포함되어 있는 것으

로 한정지어 준다면 안심할 수 있다고 말했다. 일본 측은 8항목의 정확한 범위를 아는 것이 먼저라고 응수하고, 만약 한국 측이 구체적 사례를 들어 준다면 조치의 대상에 들어가는지 아닌지를 일본 측에서 알려주는 것이 가능할 것이라고 말했다.

(6) 한국 측은 '재산, 권리 및 이익'을 구체적으로 열거해 주기 바란다는 희망을 표하였으며, 일본 측은 평화조약에도 사용되고 있는 표현으로 실체적 권리를 모두 일컫는 것이며, 유체, 무체의 재산을 일괄한 개념이라고 전제한 뒤, 제2항에서 크게 제외하고 있는 것을 한국 측이 충분히 고려해 주기를 바란다고 했다. 한국 측은 '권리'가 되면 저작권과 같이 8항목에서 말하는 것도 들어가게 되므로 이러한 종류의 대상과 조치를 구체적으로 예시해 주기 바란다고 반복해서 말했다.

(7) 또한, 한국 측은 평화조약 제4조는 '재산과 청구권(채권을 포함)'이라고 하고 있는 것에 비해 일본 측 제안은 '재산, 권리 및 이익'이라고 하여 범위를 넓히고 있는 것처럼 생각된다고 말했다. 일본 측은, 이에 대해, 평화조약 제4조는 실체권을 지칭하는 것으로서, 단순히 '재산'이라고 해도 실체권 전부를 포함하는 것으로 이해하면 될 것이며, 평화조약 제14조의 표현방식이 오히려 적절하고 통상의 표현이라고 생각된다고 설명했다.

(8) 다음으로, 일본 안 제2조 제2항으로 옮겨, 한국 측은 '특별한 조치'의 내용을 질문했다. 일본 측은, 종전에 의해 한국이 일본으로부터 분리, 독립하였으며, 평화조약이 체결되었다고 하는 사태에 직면하여 일본이 취한 전후 처리적 조치를 가르킨다면서, 만약 단순히 조치라고만 하면 예를 들어 전후 수취한 우편저금의 예입도 포함되어 버리기 때문에 '특별한'으로 한정지은 것이라고 설명했다. 한국 측은, 이것은 제1항의 예외를 한정하는 작용을 하는 것이므로 당연히 열거해야 하는 것이라고 생각한다면서, 설명해 달라고 했다. 일본 측은 원래 '재산, 권리 및 이익'이 망라할 수 없는 내용이므로 그것에 관해 전후 처리적 조치를 취하더라도 구체적으로 특기할 수 없는 성질의 것임을 이해해 주기 바란다고 답한 뒤, 원래 기초는 1945년 9월 22일 자 대외 거래의 전면적 금지에 관한 총사령부 각서에 있는 것으로, 이것에 기초하여 일련의 정령, 통달이 시달되었다고(그렇지만 해외로부터의 일본인 귀국자에 관해서는 순차적으로 제한이 완화되었다) 말하였

으며, 한국 측은 다음 회합에서 설명이 있기를 요망했다.

5. 차기 회합

다음 회합은 6월 3일 오후 2시 30분, 외무성 235호실에서 개최하는 것으로 합의하였다.

第７次日韓全面会談請求権及び経済協力委員会請求権分科会第１回会合

４０．６．２
北東アジア課

１．　日　時　　６月２日　午後２時３０分－５時３０分

２．　場　所　　外務省第４２０号室

３．　出席者

（日本側）　佐藤審議官、松永条約課長、渥美外債課長、田代検事、小和田（法規課）、杉田（外債課）、福田（条約課）、黒河内各事務官。

（韓国側）　全祥振局長、金正泰副理事官、崔侊洙東北亜州課長、呉在熙書記官（途中より参加）、金書記官。

2

4. 議事要旨

(1) 韓国側から、日本側案の提示のあつた5月31日の会議には全局長のみ出席していたので、他の補佐のために改めて提案理由の説明を要望したのに応え、日本側(松永補佐)より大要次のとおり説明した。

(イ) 4月3日の合意事項に沿つて起案されたものであるが、表題は合意事項第5項が単に請求権の解決としているのを、一層実体を明確化するよう内容に即して提案の形とした。

(ロ) 前文は、本協定が日韓間の権利義務を具体的にとり決めるものであるので、通常あるような精神的規定を省き、簡潔に、しかし、日韓間に14年間も処理されなかつた諸懸案が解決され、外交関係が設定されることを念頭において請求権問題の解決と経済協力の供与がなされると言う協定締結の主旨を明らかにしている。

(イ) 第2条は4月3日の合意事項第5項のみが依拠すべき基礎であるが、第5項は請求権問題処理のもつ複雑な権利義務の変動と言つた実質に鑑み、そのまま協定文たりえず、精細正確な表現に直す必要がある。案文は平和条約等の先例を十分参照して、無駄なく簡潔にした、最少限必要な規定である。

(ニ) 第2条第1項は前段で相互に協定署名の時にある相手国または国民の実体権につき如何なる措置をとることも認め、後段では相互に協定署名時までに生じた請求権を放棄するとした。ここで「管轄の下にある」としているのは、措置をとるのは管轄の下にあるものに限られるという当然の事理を示すもので、第3国にあるものには適用がないことを意味し、これは桑港平和条約第14条2(I)の規定方式に範をとるものである。各種の権利義務の変動を取扱う以上、正確な規定が必要であるが、半島の北には及ばぬことを明記することは、韓国の立場も考えて、採用していない。「すべての措置」と言うのは、違法、非合法な措置は含まないことは言うまでもないが、すべての措置には、財産権、債権等を消滅させる措置のみならず、相手国国民が請求をもち出してもこれを却下する措置なども含むと解釈するものとする。

(ハ) 第2条第2項は第1項の除外例を定めるものだが、本来請求権の消滅といつた措置は戦後処理的なものであり、戦後間もなくとられるのが普通だが、日韓間にはこれが出来ず今日に至つたため、その間日韓両国民の間に行なわれた相当の往来にも及ばせることは影響するところが大きいので、合意事項では取引、契約等によるものを除外しているが、これを(b)でとりあえげ、(a)では合意事項にない点であるが、在日韓国人には特別の待遇を与えることにも鑑み、双務的規定の形で在日韓国人を除外したものである。合意事項は「終戦後」としたが、これでは通常平和条約発効後の意味となり、第1項の及ぶ範囲が広くなるので、消滅からできるだけ救うために提案のように「貿易再開時」としたが、これが具体的にどの時点となるか調査中である。「通常の接触」と言う表現のもとは合意事項の取引、契約等であるが、法律的用語ではないが取引、契約等よりも幅広いものとして提案の表現とした。

(ヘ) 交換公文は合意事項付属の合意議事録と実質的に変らず、表現を法律的用語にしたものであるが、8項目を言及するとき1952年云々と冠せているのが適当か否か現在研究中であるので、最終的表現は保留したい。また第2項では協定署名時としているが、今日より署名の日まで新しい拿捕が行なわれないものと韓国側の善意を信じてのことである。

(2) 韓国側は、提案の是非善悪にはふれずに、内容の理解に資するためクラリフィケーションを求めたいと前置きして、まず、前文の第一パラグラフで諸懸案の解決云々という漁業協定や基本関係条約にない表現を挿入した理由を質した。日本側から、基本関係条約作成の過程では日本側から提案したが、個別の懸案処理の協定があれば足りるとして韓国側が反対したので日本側が譲歩した経緯があることを指摘した後、3億、2億の経済協力を行なう前提として日韓両国が請求権問題を水に流して国交正常化するという目的を謳うところからいえば、漁業協定のような個別協定と異る性格のものであると述べた。これに対し、韓国側は文章の排列上は請求権解決よりまえに諸懸案の解決が出ているのは理解しえないと述べたので、日本側から、懸案一括解決の見地から、協定成立時にはすべて処理されているから実際上問題になりえないと同時に、請求権問題解決の大平・金方式以来の思想的ベースを明示するうえに不可欠の規定であると述べた。(これに対し、韓国側は、大平・金の了解について日韓間に理解が異つているようだが、韓国側の理解するところは、日韓両国が第5次、第6次会談で請求権の算定を試みたとき、金額的に大差があり、この差をせばめる交渉が続けられた結果、名目の問題は相互に国内説明できるように請求権を解決し経済協力を進める形で合意した筈であり、従つて請求権問題の名目を水に流したというのは正しくないと思う旨述べた。)

(3) 前文第2パラグラフは経済協力を日本が片務的に与える(「寄与する」とあるため)ことになるが、日本が第3国との間に結んだ経済協力協定の例を韓国側が求めたので、日本側から、前文冒頭で協定する主語は両国であり、別に片務的であることに実質的問題は見出しえぬと述べ、ラオスとの間の経済技術協力協定は同様の規定方式である（なお、その他の先例は今後通知する）と述べた。

(4) 韓国側は協定第1条の柱書について問題を提起せんとしたので、日本側から当分科会ではとりあげるものでなく、委員会の全体会議において取上げるべきものと主張し韓国側は前文第2パラグラフと第1条の柱書との関連を質したかつたと述べてこの点についての質疑を打切つた。

(5) 韓国側は、次いで、「今後とることのあるすべての措置」をとりあげ、日本側の説明によれば法廷で却下することなどが考慮されているようだが、本来この種のことは協定で触れる要はなく、権利、利益について今後何等の措置もとらぬかぎり無限にペンディングの状況になるわけで、この不安定をなくすために当然起案段階で考慮したであろう措置の対象と内容を具体的に伺いたいと述べた。日本側から、韓国側のいわゆる8項目の要綱にあるようなもの、例えば恩給の未支給分があれば国庫に帰属する措置（立法か政令か省令かは、いまは、わからない）をとる必要があり、その国内法上の手当の法的基礎を第2条第1項にある形で設けたものであるが、広汎にわたる対象とそれに対する措置を将来検討する状況にあるので具体的には説明できないと答えた。これに対し、韓国側は、「今後とることのあるすべての措置」は包括的にすぎるので対国会説明のためにも具体的事例の説明がないと、例えば協定署名の時までに8項目以外にどんなものが措置の対象となつてくるか不確定であり、国会乗切りのうえで憂慮せざるをえないと述べた。そこで、日本側は対象をせばめる一法としては終戦の時をもつて財産、権利および利益をとらえることだろうが、過去の時点に相手国ないしその国民のものであつたことをアイデンティファイすることは実際上困難であるし、技術的には協定署名時でとらえるのが最も適当である、しかし、韓国側の論法をとれば措置の対象を積みあげる方式以外にはないことになる筈である、しかし、合意事項のパターンに沿つて全般的な解決を図るには平和条約の先例をとらざるをえず、戦後相当の期間経過したことを考慮し実際的不都合をなくすため、第1項で大きく網をかけても第2項で殆んど抜けておる形としたから、韓国側が危惧するような今後とるべき措置の対象は観念的には大きくとも実際問題として8項目でカバーされているもの以外にはありえないと思う旨説明した。しかし、韓国側は、実例は思いつかないが、包括的な規定の仕方では可哀想なケースもありうるので、それを国会で突かれると困るので、対象は8項目要綱に含まれているものと限定してもらえば安心であると述べたので、日本側は8項目に限定するのであれば8項目の正確な範囲を承知することが先決となると応酬し、若し韓国側が具体的事例を挙げてくれれば、措置の対象に入るか否かを日本側で示すことができると述べた。

(6) 韓国側は「財産、権利及び利益」を具体的に列挙してもらいたいと希望したので。日本側は平和条約にも用いられている表現で実体的権利をすべて指し、有体、無体の財産をひつくるめた概念であると前置きし、しかし第2項で大きく除外してあることを韓国側として十分考慮してほしいと述べた。韓国側は「権利」となると著作権のように8項目にふれてないものも入つてくるので、この種の対象と措置を具体的に例示してほしいと繰返した。

(7) また、韓国側は平和条約第4条は「財産と請求権(債権を含む)」と云つているのに比し、日本側提案は「財産、権利及び利益」として範囲を拡げているように思うと述べた。日本側は、これに対し、平和条約第4条は実体権を指すものであつて、単に「財産」と云つても実体権全部を含むものと了解してあればよいが、平和条約第14

条の表現の方がむしろ適切、通常の表現であると思うと説明した。

(8) 次いで日本案第2条第2項にうつり、韓国側は「特別の措置」の内容を質したので、日本側は、終戦により韓国が日本から離れ独立し、平和条約が結ばれたと云う事態に直面して日本がとつた戦後処理的措置を指し、若し単に措置としたら例えば戦後受け入れた郵貯の預入も含んでしまうので「特別の」で限定したものであると説明した。韓国側は、これは第1項の例外を限定する作用をもつものだから、当然列挙しうべきものと思うので、説明を求めたいと述べたが、日本側は元々「財産、権利及び利益」が網羅しえない内容であるから、それについて戦後処理的措置をとつても、具体的に特記しきれない性質のものであることを了解してほしいと答え、そもそもの基礎は昭和20年9月22日付の対外取引の全面的禁示に関する総司令部覚書にあり、これに基づいて一連の政令、通達が出されている（尤も、海外からの日本人引揚者については順次制限が緩和された）と述べたところ、韓国側は次回会合において説明あるよう要望した。

5. 次回会合

次回会合は6月3日午後2時30分、外務省235号室において開催することに合意をみた。

22. JAW-06082, 청구권 및 경제협력위원회 법적 문제 소위원회 보고(제2차), 1965. 6. 3

한국 외교문서 1565, 한일 간의 기본관계에 관한 조약(등) 1964-65, 전5권 V.1 교섭 및 서명

1965년 6월 3일 개최된 제7차 한일회담 청구권 및 경제협력위원회 법적 문제 소위원회 제2차 회의 결과를 보고하는 문서(전문)다.

이 국장급 회의에서는 협정 표제, 전문(前文), 제2조(청구권 문제의 해결) 등에 관한 협의가 이루어졌다.

대한민국 외무부

번 호: JAW-6082

일 시: 031631

담 당	과 장	국 장	차 관	장 관

수 신 인: 외무장관

발 신 인: 수석대표

청구권 및 경제 협력위원회 법적문제 소위원회 회의보고(제2 차)

금 3 일 1430-1630 까지 외무성에서 개최된 법적문제 소위원회 회의를보고함.

1. 참석자 : 한국 -정상진국장, 김정태 , 최광수.

일본 - 사도 심의관, 마쯔나가 조약과장, 외채과장외 4 명

2. 회의내용 :

금일의 회의에서도 작일의 회의에이어 일본측 협정안 제 2 조에 대하여 계속 질문을행하였으며 이에 대한 일본측 답변이있었다. 일본측 답변을 통하여 일측 협정안의 의도가 명확하게 된점은 대략 다음과같다.

가)일측협정안 제 2 조 1 항에 표현되어있는것은 우리의 입장에서 볼때는 " 협정서명일 당시에 한국 또는 한국민의 모든 재산에 대하여 일본이 이미 취했거나 앞으로취할모든조치의 효력을 승인한다는것이다. 따라서 우리가 대일 청구권외에 실질적으로 재일한인의 재산을 포함해서 모든 한국 또는 한국민의 재산이 조치의 대상이 되어있다는것이다. 한편, 일본재산은 아측입장에서 보면 아국에 현존하는것이 없음으로 2 조 1 항의 규정은 일측입장만을 위한 규정이다.

나) 제 2 조 2 항에 (A) (B) 의 예 외규정을 두고있는데, 이것에 관해

서도 일측협정안에있는 "특별조치"라고 하는것이 전후처리로서 일본이 이미 취한 조치, 예컨데 재외상사령, 폐쇄기관령 등의 거래통제에관한 조치등이 이에 포함되고 또 예외가 되는것이므로 사실상제 2 항 (a)에서 규정하고있는 재일한인이라하더라도 실제적으로는 현재 현실적으로 소유하고있는 재산권리 이외에 일측 협정안 제 1 항에서 규정된조치에 대한 예외적인 혜택을 받을수 없다는점이 확실해졌다.

다) 기타 일본측 협정안중 ~~[illegible]~~ 어구로서 문제되고있는점도 일측이 의도한바가 명확해졌다.

3. 아측은 이와같은 일측 협정안과같은 취급방법은 청구권 문제 본래의 문제점에서 심히 이탈한다는점을 지적하고 명 4 일오후 회의에서 일측안에 대한 아측의 전반적인 입장을 설명하기로 하고 폐회하였음. (아북)

예고 : 폐분류 (67.12.31)

23. 第7次日韓全面會談請求權および經濟協力委員會請求權分科會2回會合, 1965. 6. 3
日本外交文書 81, 두 번째 문서

1965년 6월 2일 개최된 제7차 한일회담 청구권 및 경제협력위원회 청구권분과위원회(한국 측은 법적 문제 소위원회로 칭함) 제2차 회의 회의록이다.

번역

제7차 일한전면회담 청구권 및 경제협력위원회 청구권분과회 제2회 회합

북동아시아과, 1965. 6. 3

1. 일시 6월 3일 오후 2시 30분~4시 30분
2. 장소 외무성 235호실
3. 참석자
  (일본 측) 전 회와 동일
  (한국 측) 오재희 서기관을 제외하고 전 회와 동일
4. 의사요지
  (1) 전 회 회합에서 한국 측이 요망하였기에, 일본 측은 '특별한 조치'에 관해 개괄적인 설명을 다음과 같이 했다. 즉, 이른바 특별한 조치는 전후 일본으로부터 조선을 비롯하여 많은 지역이 분리되었으며, 조치의 대상이 되는 재산도 여러 가지로 다양하였기 때문에 소관 관청도 많고 각각의 조치를 열거하는 것은 번거롭기 짝이 없지만, 근본에는 1945년 9월 22일 자 금융 거래의 통제에 관한 각서가 있으며, 모든 대외 거래(거래의 개념은 상당히 넓지만)가 정지되었다. 이 각서에 기초하여, 폐쇄기관령, 재외회사령, 금융기관 재건정비령 등이 생겼으며, 외지의 채권 채무를 정지하고 청산하는 조치를 취했고, 또한 미수금에 간해서는 통상의 공탁과는 다른 특수한 22호 공탁이 만들어졌다. 한편으로는 외지특별회계가 폐지되고, 은급법에 기초하여 은급 수급권은 국적주의에 의해 처리되었으며, 다른 한편으로는 일은권은 신 엔교환 조치에 의해 구권 실효의 절차가 진행되었다. 또한, 평화조약에 의해, 특별협정이 체결되는 것을 예상하여 우편저금의 지불 정지라든가 은급 정지의 조치도 취했다. 이러한 특별한 조치는 이미 취해진 것을 지칭하는 것으로, 협정서명일까지 지금부터 취할 조치는 생각할 수 없다.
  (2) 이어서, 일본 측은 제1항에서 말하는 조치의 내용을 문안화한 경위에 비추어 말

한다면, 애초 샌프란시스코평화조약 제14조의 형태를 사용하여 "모든 재산, 권리 및 이익…을 압류, 유치(留置)하며, 청산하고 그 외 무언가의 방법으로 처분한다"라고 하는 생각을 했으나, 그 후 소멸의 방식으로 바꾸어 보았다. 그러나, 소멸 방식으로는 일이 삐꺽거리므로 이것을 피해 상호 상대국 정부의 재량에 처리를 맡기는 방식이 적당한 것으로 생각하여 제안의 형태가 된 것이다. 금후 취해야 할 조치라고 하는 표현에는, 조치를 취하지 않는 것도 있을 수 있음을 암시하고 있다고 설명했다.

(3) 이상 (1), (2)의 설명에 대해, 한국 측은 특별한 조치는 애초 국적의 다름과 관계없이 적용되었으나, 점차 일본인에 대해서는 제한이 완화되었다고 이해하고 있다면서, 한국인에 대해서는 완화되지 않은 채 있는지 질문했다. 이에 답하면서 일본 측은 외국인에 대해서도 상당히 완화 조치가 취해진 것은 사실이나, 대상이 되는 재산권에 따라 한마디로는 말할 수 없고, 평화조약 제4조를 전제로 특별협정을 예상해 pending된 것도 있다고 말했다. 한국 측은 그와 같이 동결된 상태로 계속되고 있는 때는, 장래 어떻게 취급될지 물었으며, 일본 측은 그것은 제1항의 대상이 되는 것이며, 이 단계에서 어떠한 조치가 취해질지는 알 수 없지만, 어느 것이든 소멸되는 것이 원칙이라고 말하더라도 경우에 따라서는 부활되는 것도 있을 것이라고 답했다. 한국 측은 제2항의 단서는, 사견으로는 좀 지나친 경향의 감촉이 온다고 말했다. 일본 측은, 한국 측은 제2항 (a)를 걱정하고 있는 듯하나, 실제상으로 재일한국인으로 대외 거래를 해낼 수 있는 사람은 없었기에 (a) 가운데 해당되는 것은 관념상으로는 있을 수 있어도 실제로는 없다고 보아도 좋다고 생각한다는 내용을 설명했다.

(4) 한국 측은 제2항 단서인 '특별한 조치'는 제1항에서 말하는 이미 취한 조치와 동일한 것으로 귀착하는 것은 아닌가 질문했다. 일본 측은 제1항이 협정 서명일에 일본의 관할하에 있는 재산을 언급하고 있는데 대해, 제2항 단서에는 특별한 조치 결과 없어진 것도 있으며, 제1항에는 서명부터 발효까지의 기간 내에 취해진 조치도 고려되고 있는 차이가 있음을 설명했다.

(5) 일본 측은 이른바 3각 지대의 일본재산에 관해 한국 정부가 어떠한 조치를 취했는지 질문하였다. 한국 측은 우선 실정을 조사한 뒤에 회답하겠다고 전제한 뒤,

회복된 영토에 관해 북한이 이미 취한 조치가 있고, 그곳에서의 재산은 결과적으로 한국인의 사유로 귀속되어 버렸으므로 어느 것이 일본재산인가 분명치 않으며, 그렇기 때문에 휴전 당시의 소유 형태를 그대로 승인하는 것으로 했다(단, 농지관계법령에 저촉되는 것은 시정했다), 따라서 특별하게 일본재산을 대상으로 하는 조치는 취하지 않았다고 답했다. 일본 측은 토지소유를 예로 들면, 일본인 소유의 토지가 무주(無主)가 되었을 때 또는 공산주의자가 북으로 도망간다든지 해서 무주가 된 것이 있을 경우, 일괄해서 역산관리령(적산관리령과 유사한 것으로 역은 반역에서 따옴)의 형태로 정부의 조치를 집행한 것으로 생각된다는 취지로 답했다.

(6) 계속해서, 미군령 제33호에 의해 몰수된 일본 및 일본인 소유 유가증권 등은 한미협정에 의해 당연히 미국으로부터 한국에 이양된 것으로 생각되는데, 이러한 유가증권의 현상이 어찌 되었는지에 관해 일본 측이 질문한 데 대해, 한국 측은 한미협정에 의해 토지, 건물 기타는 명료하게 이양되었으나(그 결과 일부는 계속해서 미군의 사용에 제공되는 경위는 있다), 주권 등의 유가증권 등은 아마도 인도받지 못함–확인해 보겠다–과 동시에, 종전 시에 귀국 항에서 일본인이 미군에 의해 일은권 등과 유가증권류를 몰수당하고, 미군은 이것을 소각한 것으로 기억한다고 답했다. 일본 측은 개인 소유의 물건은 그것으로 좋으나, 일본의 은행, 회사의 재한 지점 등이 보유했던 증권류가 어찌 되었는지를 물었다. 한국 측은 아마도 이러한 증권류를 모아서 소각한 것으로 생각한다고 말했으며, 일본 정부가 인도할 필요가 있는 이러한 유가증권류의 종류를 리스트 업해서 주면 조사할 용의가 있다고 부언했다.

(7) 한국 측은 제2조 제1항의 '관할하에 있는'으로 조치의 대상 범위를 한정하고, 또한 남북한을 구별하는 이중의 목적을 관철하고 있는 것으로 이해해도 괜찮겠느냐고 물었다. 일본 측은 범위의 한정이 주목적이며, 남북한의 구별은 법률적으로 샌프란시스코평화조약 제14조의 표현에 비추어 보아도 적용 범위를 나타내지 않는 '관할 하에 있는'의 표현으로는 적용하기 어려운 사정이 있으며, 일단 이 표현으로 적용 범위를 읽고 싶다고 설명했다.

(8) 이어서, 한국 측이 '통상의 접촉'에 관한 설명을 요구함에 따라, 일본 측은

normal contact를 일본어로 번역한 것으로 다른 적당한 표현이 있다면 일본 측 제안을 고집하지 않을 것이라면서, 합의사항과 같은 거래, 계약 등에서는 증여나 불법행위에 기초한 손해배상청구권을 포함시키기에는 너무 한정적이므로 이렇게 한 것이라고 말했다.

(9) 제2조에 관한 교환공문으로 옮겨, 일본 측은 합의사항에 부속하는 합의의사록을 기초로 하여 내용에 거의 차이가 없다고 하고, 나포 어선을 '협정서명일'로 하고, '8항목'에 관한 호칭은 반드시 일본 측 제안을 고집하는 것은 아니라는 보충 설명을 한 데 대해, 한국 측은 전기 합의의사록은 불공표인데 이 교환공문은 공표를 예정하고 있는 이유가 무엇인지 질문하였으며, 일본 측은 이 공문을 비준의 대상으로 할 것인지 아닌지는 별도로 하더라도 국회에 나포 어선의 보상과 관련하여 명확한 합의가 일한 간에 존재하는지 여부를 명확히 하기 위해, 가능한 한 공표하고 싶다는 의향을 전했다.

(10) 최후로, 한국 측은 청구권 문제 처리의 본질을 고려할 때, '무역 재개 시'는 관련이 없는 것으로 생각되며, 오히려 종전 시로 하는 것이 바람직하다고 주장했다. 일본 측은 종전 시로 하면 대상이 되는 재산의 범위가 확실해지지 않는 문제가 남을 뿐 아니라, 종전 시는 평화조약 발효 시가 되고, '정상적인 접촉'의 시기와 반드시 꼭 일치하지 않는다고 생각된다, 이와 관련하여 현재까지의 조사로는, 부분적 무역 재개 시기는 47년 8월 15일이 되는 것으로 판단되며, 이것을 채택하든 하지 않든 협정 면에 구체적 날짜를 적을지는 기술상의 문제로서 생각해 보고 싶다고 답했다.

5. 다음 회합

다음 회합은 6월 4일 오후 3시 420호실에서 하는 것으로 의견이 일치했다. (그 후 사정에 의해 다음 회합은 무기 연기되었다.)

第７次日韓全面会談請求権および経済協力委員会請求権分科会第２回会合

北東アジア課
４０．６．３

1. 日時　６月３日 午後２時３０分～４時３０分

2. 場所　外務省第２３５号室

3. 出席者

（日本側）　前回と同じ

（韓国側）　呉在熙書記官を除き、前回と同じ。

4. 議事要旨

(1) 前回会合で韓国側が要望していたので、日本側から「特別の措置」について概括的な説明を次のとおり行なつた。即ち、いわゆる「特別の措置」は戦後日本から朝鮮をはじめ多くの地域が分離し、措置の対象たる財産も多種多岐にわたるため、所轄官庁も多く、夫々の措置を列挙するの煩にたえないが、根本には昭和２０年９月２２日付の金融取引の統制に関する覚書があり、一切の対外取引（取引の概念はかなり広い）が停止された。この覚書にもとづき、閉鎖機関令、在外会社令、金融機関再建整備令等が出され、外地における債権債務をストップし、清算する措置をとつたし、また未収金については通常の供託とは異る特殊の22号供託が創められ、一方外地特別会計は廃止され、恩給法にもとづく恩給受給権は国籍主義により処理が行なわれたし、他方日銀券は新円切換措置により旧券失効の手続が進められた。また、平和条約によつて、特別取極が結ばれることを予想して、郵便貯金の支払停止とか恩給停止の措置もとられた。このように「特別の措置」は既にとられたものを指すものであつて、協定署名の日までにこれからとる措置は考えられてはいない。

(2) 続いて、日本側から第1項に云う措置の内容を案文化の経緯に照らして云えば、当初は桑港平和条約第14条の形を用いて「す

3

べての財産、権利および利益・・・を差し押え、留置し、清算し、その他何らかの方法で処分する」との考え方をとつたが、その後消滅の方式にかえて見た。しかし、消滅方式では事柄がギラつくのでこれを避け相互に相手国政府の裁量に処置をまかせる方式が適当であると考えて提案の形となつた次第であるが、今後とるべき措置と云う表現には、措置をとらぬこともありうることがインプライされていると説明した。

(3) 以上(1)(2)の説明に対し、韓国側は、特別の措置は当初国籍の別なく適用されたが、次第に日本人については制限が緩和されたと了解しているが、韓国人については緩和されてないままであるかを質した。これに答えて日本側から外国人についても相当の緩和措置がとられたことは事実であるが、対象となる財産権により一様には云いえないわけで、平和条約第4条を前提に、特別取極を予想してペンディングにしたものもあると述べた。韓国側は、そのように凍結されたものがそのままの状態で続いているときは、将来どのように扱われるかを質したので、日本側からそれは第1項の対象となるわけで、この段階でどのような措置がとられることになるかわからぬが、いずれも消すのが原則ではあると云つても、ものによつては復活されるものもあろうと答えたところ、韓国側は第2項の但書は、私見ではあるが、ゆきすぎのきらいがあるとの感触であると語つた。日本側は、韓国側は第2項(a)の点で危惧しているようだが、実際上在日韓国人で対外取引きをなしえたものはなかつたわけで、(a)のうち該当したものは観念上はありえても実際にはないとみてよいと思う旨説明した。

(4) 韓国側は第2項但書でいう「特別の措置」は第1項でいうすでにとつた措置と同一に帰着するのではないかと質したので、日本側は第1項が協定署名の日に日本の管轄の下にある財産を言及しているのに対し、第2項但書では特別の措置の結果なくなつてしまつたものもあるし、第1項では署名から発効までの期間内にとられた措置も考慮されているという差異があることを説明した。

(5) 日本側からいわゆる三角地帯の日本財産についてどのような措置を韓国政府がとつ

たかを質したところ、韓国側はまず実情を調査したうえで回答すべしと前置きして、recovered territory について北鮮がすでにとつた措置があり、そこでの財産は結果的に韓国人の私有に帰してしまつたわけで、どれが日本財産であるか否か不明であり、そのため休戦時の所有形態をそのまま承認することとした（但し、農地関係法令に牴触したものについては是正した）、従つて特に日本財産を対象とする措置はとつていない筈だと答えた。日本側から土地所有を例にとれば、日本人所有の土地は日本人退去後北鮮は国有としたものであろうし、このようなものを三角地帯について韓国政府は何らか特別の措置をとつたと思われるがと質したのに対し、韓国側は土地が無主となつたとき、または共産主義者がさらに北に逃げたりして無主となつたものがあるとき、一括して逆産管理令（敵産管理令に似たもの。逆は叛逆よりとつた。）の形で政府の措置を執つたものと思われる旨答弁した。

(6) 引続いて、米軍令33号により没収された日本及び日本人の所有していた有価証券等は米韓取極によつて当然米国から韓国に与えられたものと考えるが、これら有価証券の現状がどうなつているかにつき日本側から質したのに対し、韓国側は米韓協定によつて土地、建物その他については明瞭に転与された（その結果、一部は引続き米軍の使用に供した経緯はある）が、株券等の有価証券などは恐らく引渡しをうけていない——追つて確認する——と同時に、終戦時に引揚港で日本人が米軍によつて日銀券等と有価証券類を没収され、米軍はこれを焼却していたと記憶する旨答えた。日本側から、個人所有のものはそれでよいとして、日本の銀行、会社の在韓支店等が保有して

8

いた国債等の証券類がどうなつているかも質したが、韓国側はおそらくこれら証券類をまとめてから焼却したものと考える旨述べ、これら日本政府として引渡しを必要とする有価証券類の種類をリスト・アップしてくれれば査報する用意ある旨付言した。

(7) 韓国側は、第2条第1項で「管轄の下にある」として、措置の対象の範囲を限定し、かつ南北鮮の区別をつけるという二重の目的を貫いていると了解して差支えなきやを質したので、日本側としては範囲の限定が主目的であり、南北鮮の区別は法律的に、桑港平和条約第14条の表現に照らしても適用範囲を示さぬ「管轄の下にある」の表現ではつけにくい事情があるが、一応この表現で適用範囲を読むこととしたい旨説明した。

(8) 次いで、韓国側が「通常の接触」の説明を求めたのに応えて、日本側はnormal contactを和訳したもので他に適当な表現があれば提案に固執しないが、合意事項のような取引、契約等では贈与や不法行為に基づく損害賠償請求権を含ませるには限定的にすぎるので、このようにしたものであると述べた。

(9) 第2条に関する交換公文に移り、日本側は合意事項に付属する合意議事録をもとにしてほとんど表現内容に差はないが、拿捕漁船を「協定署名の日」でとらえ、「8項目」についての呼称は必ずしも提案に固執しないとの補足説明を行なつたのに対し、韓国側は前記合意議事録は不公表だが本交換公文は公表を予定しおる理由如何と質したので、日本側からこの公文を批准の対象とするか否かは別として国会に拿捕漁船の補償と関連して明確な合意が日韓間に存在するか否かを明瞭にするため、できれば公表したいとの意向を伝えておいた。

(10) 最後に韓国側は、請求権問題処理の本質にかんがみ「貿易再開時」は irrelevant と考えられ、むしろ終戦時とするのが望ましいと主張したので、日本側から、終戦時とすると対象となる財産の範囲がはつきりしないという問題が残るほか、終戦時では平和条約発効時となり、「normal contact 」

の時とは必ずしもしつくり合致しないと思われる。因みに、現在までの調査では、部分的貿易再開の時は47年8月15日となるように判断されているが、これをとるにせよ、とらぬにせよ協定面に具体的日付を記すかは技術上の問題として考えたい旨答えた。

5. 次回会合

次回は6月4日午後3時420号室において行なうことに意見一致した。（その後都合により、次回会合は無期延期となつた。）

24. 대한민국과 일본국 간의 청구권 문제 해결 및 경제협력에 관한 협정 및 그 관련 문서, 1965. 6. 10

한국 외교문서 1468, 제7차 한일회담 청구권 관계 회의 보고 및 훈령, 1965, 전2권, V.2, 1965. 4. 3 가서명 이후의 청구권 및 경제협력위원회, 1965. 4-6

日本外交文書 1316, 日韓國交正常化交渉の記錄總說, XIII. 條文作成交渉と日韓條約諸協定の調印, 3. 請求權及び經濟協力問題, (A) 經濟協力問題, (3) 韓國案の提示

한국 대표단이 청구권 및 경제협력 과장급 회의 및 법적 문제 소위원회(국장급) 회의를 거쳐 1965년 6월 10일 자로 작성하여 일본 측에 제시한 청구권 및 경제협력 관련 8개 협정 문안(일본어 가역본)이다.

한국 외교문서와 일본 외교문서에 모두 수록되어 있으나 한국 측 사료는 상태가 불량하여 일본 측 사료를 옮겨왔다.

번역

대한민국과 일본국 간의 청구권 문제 해결 및 경제협력에 관한 협정 및 그 부속 문서

1965. 6. 10

1. 대한민국과 일본국 간의 청구권 문제 해결 및 경제협력에 관한 협정
2. 대한민국과 일본국 간의 청구권 문제 해결 및 경제협력에 관한 협정 제1조 (a)의 실시에 관한 의정서
3. 대한민국과 일본국 간의 청구권 문제 해결 및 경제협력에 관한 협정 제1조 (a)의 실시에 관한 의정서의 실시 세목에 관한 교환공문

~~4. 대한민국과 일본국 간의 청구권 문제 해결 및 경제협력에 관한 협정 협정 제1조 (a)의 실시에 관한 의정서의 실시를 위한 사업 부문에 관한 교환공문~~

4. 대한민국과 일본국 간의 청구권 문제 해결 및 경제협력에 관한 협정 제1조 (a)의 실시에 관한 의정서 제3조의 생산물에 관한 교환공문
5. 대한민국과 일본국 간의 청구권 문제 해결 및 경제협력에 관한 협정 제1조 (b) 규정의 실시에 관한 교환공문
6. 대한민국과 일본국 간의 청구권 문제 해결 및 경제협력에 관한 협정 제1조 (c)의 실시에 관한 교환공문
7. 대한민국과 일본국 간의 청구권 문제 해결 및 경제협력에 관한 협정 제3조 규정의 실시에 관한 교환공문
8. 대한민국과 일본국 간의 청산 감정 잔고의 처리에 관한 의정서

大韓民國と日本國との間の請求權問題解決及び經濟協力に関する協定並びに その関聯文書 (65, 6, 10)

1. 大韓民國と日本國との間の請求權問題解決及び經濟協力に関する協定

2. 大韓民國と日本國との間の請求權問題の解決及び經濟協力に関する協定第一条(a)の實施に関する議定書

3. 大韓民國と日本國との間の請求權問題解決及び經濟協力に関する協定第一条(a)の實施に関する議定書の實施細目に関する交換公文

~~4. 大韓民國と日本國との間の請求權問題解決及び經濟協力に関する協定第一条(a)の実施に関する議定書の実施のための事業部門に関する交換公文~~

4. 大韓民國と日本國との間の請求權問題解決及び經濟協力に関する協定第一条(a)の実施に関する議定書第二条の生產物に関する交換公文

5. 大韓民國と日本國との間の請求權問題解決及び經濟協力に関する協定第一条(b)の規定の実施に関する交換公文

6. 大韓民國と日本國との間の請求權問題解決及び經濟協力に関する協定第一条(c)の実施に関する交換公文

7. 大韓民國と日本國との間の請求權問題解決及び經濟協力に関する協定第四条の規定の實施に関する交換公文

8. 大韓民國と日本國との間の清算勘定残高の處理に関する議定書

1. 대한민국과 일본국 간의 청구권 문제 해결 및 경제협력에 관한 협정(안)

(가역) (1965. 6. 10)

대한민국과 일본국은 양 체약국 및 양 체약국 국민의 재산과 양 체약국 및 양 체약국 국민 간의 청구권에 관한 문제를 해결하기를 희망하고, 양 체약국 간의 경제협력을 증진하기를 희망하며 다음과 같이 합의했다.

제1조 일본국은 대한민국에 대해

(a) 현재 1,080억 엔(108,000,000,000엔)으로 환산되는 3억 미국 달러(300,000,000달러)와 동일한 엔의 가치를 갖는 일본국의 생산물 및 일본인의 역무를 이 협정의 효력발생일로부터 10년의 기간에 걸쳐 무상으로 공여하기로 한다.

매년 생산물 및 역무의 공여는 현재 108억 엔(10,800,000,000엔)으로 환산되는 3,000만 미국 달러(30,000,000달러)와 동일한 엔의 액수를 한도로 하고, 한해의 공여가 이 액수에 미달할 때에는 그 잔액은 다음 연도의 공여액에 가산되는 것으로 한다. 다만, 각 연도의 공여 한도액은 양 체약국의 재정 사정에 따라서 양 체약국 정부의 합의에 의해 매년 공여 한도액을 증액하거나 전기 공여 기간을 단축할 수 있다.

(b) 현재 720억 엔(72,000,000,000엔)으로 환산되는 2억 미국 달러(200,000,000달러)와 동일한 엔의 액수의 장기저리차관으로 대한민국 정부가 요청하는 사업의 실시에 필요한 일본국의 생산물 및 일본인 역무를 대한민국에 의한 조달에 충당하는 것을 이 협정의 효력 발생일로부터 10년의 기간 동안 실시한다. 이 차관은 일본국의 해외경제협력기금을 통해 이뤄지는 것으로 하고, 금리는 연 3.5퍼센트, 상환기간은 거치기간 7년을 포함하여 20년으로 한다. 다만, 양 체약국의 재정 사정 및 자금 사정에 따라서는 양 체약국 정부의 합의에 의해 상환기간을 연장할 수 있다.

일본국 정부는 동 기금이 차관을 매년 균등하게 이행하기 위해 필요한 자금을 확보할 수 있도록 필요한 조치를 취한다.

(c) (1) 일본국은 총 3억 미국 달러 이상에 이를 것으로 기대되는 상업 베이스에 의

한 일반 민간 신용이 일본국 국민(법인을 포함)에 의해 대한민국 정부 또는 국민(법인을 포함)에 공여하는 것을 별도로 정하는 바에 따라 용이하도록 하고 촉진한다.

(2) 어업협력을 위한 신용 공여 9,000만 미국 달러(90,000,000달러)와 선박 도입을 위한 신용 공여 3,000만 미국 달러(30,000,000달러)는 전기한 (1)의 액수에 포함되며, 별도로 정히는 바에 따라 실시한다.

(d) 양 체약국 정부는 본 조 규정의 실시를 위해 필요한 약정 체결하기로 한다.

제2조

1. 이 협정을 체결함으로써 이 협정의 서명일에 존재하는 양 체약국 및 양 체약국 국민의 재산과 양 체약국 및 양 체약국 국민 간의 청구권에 관한 문제는 1951년 9월 8일 샌프란시스코에서 서명된 일본국과의 평화조약 제4조에 규정된 것을 포함하여 완전히 그리고 최종적으로 해결된 것이 된다.
2. 제 1항의 규정은 다음에 영향을 미치지 않는다.
   (a) 일방 체약국의 국민으로서 1945년 8월 15일 이전부터 이 협정의 서명일까지 계속해서 타방 체약국에 거주하는 자의 재산 및 청구권(단, 이 협정의 서명일까지 각각의 체약국이 취한 특별 조치의 대상이 된 것에 대해서는 적용되지 않는다).
   (b) 양 체약국 및 양 체약국 국민의 재산권과 양 체약국 및 양 체약국 국민 간의 채권 채무 관계로, 1945년 8월 15일 이후에 통상적인 접촉에 의해 발생한 관계에 기초한 것

제3조

양 체약국 정부는 이 협정의 실시에 관한 사항과 관련해 권고할 권한을 갖는 양 체약국 정부 간의 협의기관으로서 양 정부의 대표자로 구성되는 합동위원회를 설치한다.

제4조

이 협정과 이에 기초해 체결되는 약정의 해석 및 적용에 관해 발생할 수 있는 모든 분쟁은 외교교섭에 의해 해결하기로 한다.

제5조

(a) 이 협약은 비준되어야 한다. 비준서는 가능한 한 조속히 ___에서 교환되어야 한다.

(b) 본 협정은 비준서가 교환된 날부터 효력이 발생한다.

이상의 증거로서 아래 서명자는 이 협정에 서명했다.

1965년 ___월 ___일에 도쿄에서 한국어, 일본어 및 영어로 본서 2통을 작성했다. 한국어, 일본어 및 영어본은 동등한 효력을 가지며 해석에 차이가 있는 경우에는 영어본에 따른다.

대한민국을 위해

일본을 위해

1. 大韓民國と日本國との間の請求權問題解決及び經濟協力に關する協定(案)

(假譯)　(65.6.10)

大韓民國及び日本國は,

兩締約國及び兩締約國國民の財產並びに兩締約國及び兩締約國國民の間の請求權に關する問題を解決することを希望し,

兩締約國間の經濟協力を增進させることを希望して,

次のとおり協定した.

第一条　日本国は大韓民国に対し、

(a)　現在において千八十億円（108,000,000,000円）に換算される三億合衆国ドル（300,000,000ドル）に等しい円の価値を有する日本国の生産物及び日本人の役務を、この協定の効力発生の日から十年の期間にわたつて無償で供与するものとする。

各年度における生産物及び役務の供与は、現在において百八億円（10,800,000,000円）に換算される三千万合衆国ドル（30,000,000ドル）に等しい円の額を限度とし、各年における供与がこの額に達しなかつたときは、その残額は、次年度~~以降~~の供与額に加算されるものとする。ただし、各年度の供与の限度額は両締約国の財政事情に依つては両締約国政府の合意により各年度の供与の限度額を増額し又は前記供與期間を短縮し得る。

(b) 現在において七百二十億円(72,000,000,000円)に換算される二億合衆國ドル(200,000,000ドル)に等しい円の額の長期低利の貸付で、大韓民國政府が要請する事業の實施に必要な日本國の生產物及び日本人の役務の大韓民國による調達に充てられるものをこの協定の効力発生の日から十年の期間にわたって行うものとする。この貸付は日本國の海外経済協力基金を通じ行なわれるものとし、金利は年3.5%、償還期間は据置期間7年を含めて20年とする。但し締約両國の財政事情及び資金事情によっては両締約國政府の合意により償還期間を延長し得る。

日本國政府は、同基金がこの貸付けを各年において均等に行ないうるために必要とする資金を確保することができるように，必要な措置を執るものとする。

(c) (1) 日本国は総額3億合衆国ドル以上に達することが期待される商業ベイスに依る通常の民間信用が日本国の國民（法人を含む）に依り大韓民國政府又は國民（法人を含む）に対して供與することを別途に定めるところに依り容易にし，かつ促進する。

(2) 漁業協力の為めの信用供與七千万合衆國ドル（70,000,000ドル）及び船舶導入の為の信用供與三千万合衆國ドル（30,000,000ドル）は前記(1)の額に含まれ，別途に定めるところに依り實施する。

(d) 両締約國政府は，この条の規定の実施のため，必要な取極を締結するものとする。

第二条 1. この協定の締結によってこの協定の署名の日に存在する両締約國及び両締約國國民の財產並びに両締約國及び両締約國國民の間の請求權に関する問題は、千九百五十一年九月八日サン.フランシスコ市で署名された日本國との平和條約第四條に規定されたものを含めて、完全かつ最終的に解決されたことになる。

2. 1.の規定は次のものに影響をおよぼすものではない。

(a) 一方の締約國の國民で、千九百四十五年八月十五日以前からこの協定の署名の日まで引き續き他方の締約國に居住するものの財產並びに請求權(但し、この協定の署名の日までにそれぞれの締約國が執った特別の措置の対象となったものについては、この限りでない。)

(ホ)　両締約國及び両締約國國民の財產權並びに　両締約國及び両締約國國民の間の債權債務関係であって，千九百四十五年八月十五日以後においての通常の接觸から生じた関係に基づくもの

~~第三条~~ 両締約国政府は、この協定の実施に関する事項

第1条の末尾とする

について勧告を行う権限を有する両締約国政府間の

協議機関として、両政府の代表者で構成される合同

委員会を設置する。

第四条 この協定及びそれに基づいて締結される

取極の解釈及び適用に関して生ずることのある全て

の紛争については、外交交渉によって解決するものと

する。

第五条 (a) この協定は、批准されなければならない。

批准書はできる限りすみやかに　　　　で交換されるものとする。

(b) この協定は、批准書の交換の日に効力を生ずる。

以上の証拠として、下名は、この協定に署名した。

千九百六十五年　月　日に東京で、韓国語、日本語及び英語により本書二通を作成した。韓国語、日本語及び英語本書は同等なる効力を有し、解釈に相違があるときは英語の本書による。

大韓民国のために

日本国のために

2. 대한민국과 일본국 간의 청구권 문제 해결 및 경제협력에 관한 협정 제1조 제1항 (a)의 실시에 대한 의정서(안)

(가역) (1965. 6. 10)

대한민국과 일본국은 1965년 __월 __일 도쿄에서 서명된 대한민국과 일본국 간의 청구권 문제 해결 및 경제협력에 관한 협정(이하 '협정') 제2조 (a) 규정의 실시에 관한 의정서를 체결하기를 희망하고, 다음과 같이 합의했다.

제1조

일본국이 협정 제1조 (a)의 규정에 따라 대한민국에 무상으로 공여하는 일본국의 생산물 및 일본인의 역무는 대한민국 정부가 요청하는 것이 아니면 안 된다.

제2조

대한민국 정부는 매년 일본국이 공여하는 생산물 및 역무를 정하는 연도 실시 계획(이하 '실시 계획') 작성한다.

양 체약국 정부는 이를 협의에 의해 결정키로 한다.

제3조

1. 일본국이 공여하는 생산물은 자본재, 원자재 및 기타의 것으로 한다
2. 일본국의 생산물 및 일본인의 역무 공여는 특수한 외환 상의 추가 부담이 일본에 부과되지 않도록 실시되어야 한다.

제4조

1. 대한민국 정부 또는 그 위임을 받은 자는 생산물 및 역무의 구매를 위해 일본국 국민 또는그 법인과 직접 계약을 체결해야 한다.
2. 제1항의 계약(그 변경도 포함함)은 (i) 협정 제1조 (a) 및 이 의정서의 규정, (ii) 양국 정부가 협정 제1조 (a) 및 이 의정서의 이행을 위해 행하는 약정의 규정, 그리고 (iii) 당시 적용되는 실시계획에 부합하는 것이 아니면 안 된다. 이들 계약은 전기한

기준에 부합하는지 여부에 대한 인증을 얻기 위해 일본국 정부 또는 그 위임을 받은 기관에 송부되어야 한다. 이 인증은 원칙적으로 14일 이내에 이루어지는 것으로 한다. 정해진 기간 내에 인증을 얻지 못한 경우 그 계약은 협정 제3조의 합동위원회에 회부되어 합동위원회의 권고에 따라 처리되는 것으로 한다. 그 권고는 합동위원회가 그 계약을 수령한 후 30일 이내에 행해지는 것으로 한다. 이 항에서 정하는 바에 따라 인증을 얻은 계약은 구매 계약이라고 칭한다(이하 '계약').

3. 모든 계약은 이 계약으로부터 또는 이와 관련하여 발생하는 분쟁은 별도로 정하는 약정에 의해 해결되어야 한다.

제5조

1. 일본국 정부는 대한민국 정부 또는 그 위임을 받은 자가 계약에 의해 부담하는 채무에 충당하기 위한 지불을 제7조의 규정에 기초해 정하는 절차에 따라 실시한다. 이 지불은 일본 엔으로 실시하기로 한다.
2. 일본국은 제1항의 규정에 기초해 엔에 의한 지불을 행함으로써, 또 그 지불을 행한 때에 그 지불을 위해 소요된 생산물 및 역무를 협정 제1조 (a)의 규정에 따라 대한민국에 공여한 것으로 간주할 수 있다.

제6조

1. 양 체약국 정부는 생산물 및 역무의 공여가 원활하고 효과적으로 이뤄지도록 필요한 조치를 취하기로 한다.
2. 생산물 또는 역무의 공여와 관련하여 대한민국이 요청하는 일본 국민은 그 작업의 수행을 위해 대한민국에 입국, 동 국가로부터의 출국 및 동 국가의 체재에 필요한 편의를 부여받는 것으로 한다.
3. 일본국의 국민 및 법인은 생산물 또는 역무의 공여로부터 발생하는 소득과 관련해 대한민국의 과세로부터 면제된다.
4. 이 조의 규정은 협정 제1조 (b)에 규정된 차관에 의한 생산물 및 역무의 조달에 대해서도 적용되는 것으로 한다.

제7조

이 의정서의 이행에 관한 절차 및 기타 세목은 양 체약국 정부 간의 협의에 의해 합의하기로한다.

제8조

1. 이 의정서는 비준되어야 한다. 비준서는 가능한 한 조속히 __에서 교환되어야 한다.
2. 이 의정서는 비준서가 교환된 날부터 효력이 발생한다.

이상의 증거로서 아래 서명자는 이 의정서에 서명했다.

1965년 __월 __일 도쿄에서 동등한 효력을 갖는 한국어, 일본어 및 영어로 본서 2통을 작성했다. 해석에 차이가 있는 경우에는 영어본에 따른다.

대한민국을 위해

일본을 위해

2. 「大韓民國と日本國との間の請求權問題解決及び経済協力に関する協定第一条(a)の實施に関する議定書(案)」
(假譯) (65. 6. 10.)

大韓民國及び日本國は、千九百六十五年 月 日に東京で署名された大韓民國と日本國との間の請求權問題解決及び経済協力に関する協定(以下「協定」という)第一条(a)の規定の實施に関する議定書を締結することを希望し、次の通り合意した。

第一条 日本國が協定第一条(a)の規定に基づき大韓民國に無償で供與する日本國の生産物及び日本人の役務は大韓民國政府が要請するものでなければならない。

第四条　大韓民国政府は各年度に日本国が供与する生産物及び役務を定める年度実施計画（以下「実施計画」という）を作成する。

両締約国政府は、これを協議により決定するものとする。

第五条　1. 日本国が供与する生産物は資本財、原資材及び其の他のものとする。

2. 日本国の生産物及び日本人の役務の供与は、特殊な外国為替上の追加の負担が日本国に課されないように、実施されるものとする。

第四条 1. 大韓民国政府又はその委任を受けた者は
生産物及び役務の購買のため日本国民又は
その法人と直接に契約を締結するものとする。
2. 1.の契約（その変更を含む。）は、(i)協定第一条
(a)及びこの議定書の規定、(ii)両政府が協定
第一条(a)及びこの議定書の実施のため行う取極
の規定及び(iii)当時に適用される実施計画に
合致するものでなければならない。これらの契約は
前記の基準に合致するものであるかどうかについて
認証を得るため日本国政府又はその委任を受けた
機関に送付されるものとする。この認証は原則として
十四日以内に行われるものとする。定められた期間内に
認証が得られなかった時は、その契約は、協定第
三条の合同委員会に付託され、合同委員会の勧告に

従って處理されるものとする。その勧告は、合同委員會がその契約を受領した後三十日以内に行われるものとする。この項の定めるところに従って認証を得た契約は購買契約という。(以下契約という。)

3. すべての契約は、この契約から又はこれに関聯して生ずる紛争は別に定める取極によって解決されるものとする。

第五条. 1. 日本國政府は、大韓民國政府又はその委任を受けたる者が契約により負う債務に充てるための支拂を、第七条の規定に基づいて定める手續によって行うものとする。この支拂は日本円で行うものとする。

2. 日本國は1.の規定に基づく円による支拂を行なうことにより、及びその支拂を行なったときにその支拂にかかる生産物及び役務を協定第一条(a)の規定に従い大韓民國に供與したものとみなされる。

第六条 1. 両締約國政府は、生産物及び役務の供與が円滑かつ効果的に行なわれるため必要な措置を執るものとする。

2. 生産物又は役務の供與に關聯して大韓民國が要請する日本國民は、その作業の遂行のための大韓民國への入國、同國からの出國及び同國における滞在に必要な便宜を與えられるものとする。

3. 日本国の国民及び法人は、生産物又は役務の供与から生ずる所得に関し、大韓民国における課税を免除される。

4. この条の規定は、協定第一条(b)に定める貸付による生産物及び役務の調達についても適用されるものとする。

第七条 この議定書の実施に関する手續その他の細目は、両締約国政府間で協議により合意するものとする。

第八条 1. この議定書は、批准されなければならない。

批准書は、できる限りすみやかに　　　で交換されるものとする。

2. この議定書は、批准書の交換の日に効力を生ずる。

以上の証拠として、下名は、この議定書に署名した。

千九百六十五年　月　日に東京で、同等なる効力を有する韓国語、日本語及び英語により本書二通を作成した。解釈に相違があるときは、英語の本書による。

大韓民国のために

日本国のために

3. 대한민국과 일본국 간의 청구권 문제 해결 및 경제협력에 관한 협정 제1조 (a)의 실시에 대한 의정서의 실시 세목과 관련된 교환공문(안)

(가역) (1965. 6. 10)

(한국 측 서한)

서한으로써 말씀드립니다. 본 ___는 오늘 서명된 대한민국과 일본국 간의 청구권 문제 해결 및 경제협력에 관한 협정 제1조 (a)의 실시에 관한 의정서(이하 '의정서')에 대해 언급하는 영광을 가집니다.

대한민국 정부는 양국 정부가 의정서 제7조의 규정에 따라 다음과 같이 합의할 것을 제안합니다.

I. 실시 계획

1. 의정서 제2조의 연도 실시 계획(이하 '실시 계획')은 양국 정부가 그 시작 시기와 종료 시기를 합의하는 연도에 대해 결정하는 것으로 한다.
2. 대한민국 정부는 실시 계획이 적용되는 각 연도의 시작에 앞서 협의를 위해 일본국 정부에 실시 계획을 제시하기로 한다. 제1년도 실시 계획은 의정서의 효력발생일로부터 60일 이내에 확정하는 것으로 하고, 이후 각 연도의 실시 계획은 당해 연도가 시작되기 1개월 전에 확정하기로 한다.
3. 실시 계획은 당해 연도 중에 대한민국에 의한 조달이 예정되는 일본국의 생산물 및 일본인의 역무를 제시하기로 한다.
4. 실시 계획에 제시된 생산물 및 역무에 관한 계약의 견적 금액은 총계가 당해 연도의 실제 지불이 그 연도의 지불 한도액에 도달하도록 고려해서 결정하는 것으로 한다.
5. 실시 계획은 대한민국 정부의 요청에 따라 양국 정부 간의 합의에 따라 수정할 수 있다.

II. 구매 및 계약

1. 의정서 제4조 제1항 규정의 적용상 (a) 연도 실시 계획에 따라 행해지는 사업에 직접 사용되는 자본재 및 용역의 구매는 대한민국 정부의 기관(조달청)에 의해 대한민국 서울에서 계약되고, 인증을 얻기 위해 그 절차를 대한민국 정부가 취하는 것으로 한다. (b) 자본재 이외의 생산물은 대한민국 정부 또는 그 위임을 받은 대한민국 국민 및 법인과 일본국 국민 및 법인 간에 직접 계약이 체결되어 일본국 정부 또는 그 위임을 받은 기관의 인증을 받아야 한다. (c) 계약은 일본 엔으로 일반 무역의 절차에 따라 체결되어야 한다.
2. 의정서 제4조 제2항의 계약이행에 관한 책임은 그 계약의 당사자만이 지는 것으로 한다.

III. 지불

1. 대한민국 정부는 일본국의 법률에 따라 외국환 공인 은행으로서 인가받은 은행 가운데 협정의 실시에 관한 업무를 하는 은행을 지정한다.
2. 대한민국 정부 또는 그 위임을 받은 기관은 제1항에 규정된 지정 은행과 약정, 대한민국 정부의 명의로 특별계정을 개설하고, 그 은행에 일본국 정부로부터의 지불의 수령 등을 위임하고 또 일본국 정부에 대해 그 약정 내용을 통보하기로 한다. 특별계정은 이자를 부여하지 않기로 한다.
3. 대한민국 정부 또는 그 위임을 받은 기관은 계약에 따라 제1항의 지정 은행에 일본국 정부에 대한 지불 청구 등의 내용을 포함한 수권서(授權書)를 발급한다. 이 수권을 받은 지정 은행은 지불 의무가 발생하는 기일 전에 충분한 여유를 갖고 지불금액 및 지불을 행해야 하는 기일을 기재한 지불 청구서를 일본국 정부에 송부해야 한다.
4. 일본국 정부는 지불 청구권을 수령한 경우 대한민국 정부 또는 그 위임을 받은 기관이 관계 계약자에게 지불해야 하는 기일 전에 은행에 청구 금액을 지불한다.
5. 제4항의 규정에 따라 일본국 정부가 지불하는 금액은 특별계정에 대기(貸記)[24]하는

---

24 대변(貸邊)에 기록하는 것을 말한다. 통상 채무 금액, 즉 줄 돈을 이곳에 기입한다. 이에 반대되는 말은 '차기(借記)'로, 차변(借邊)에 기록하는 것을 의미한다.

것으로 하고, 다른 어떠한 자금도 특별계정에 대기(貸記)되지 말아야 한다. 특별계정은 제3항의 목적에만 차기(借記)를 행하는 것으로 한다.

6. 대한민국 정부 또는 그 위임을 받은 기관이 특별계정에 대기(貸記)된 자금의 전부 또는 일부를 계약 해지 및 기타 이유에 의해 인출하지 않은 경우에는 지불금액은 제3항의 목적을 위한 지불에 충당되는 것으로 한다.
7. 특별계정으로부터 지불된 금액의 전부 또는 일부가 대한민국 정부 또는 그 위임을 받은 기관에 반환된 경우, 그 반환된 금액은 제5항의 규정에도 불구하고 특별계정에 대기(貸記) 하기로 한다. 그 반환된 금액은 제3항의 목적을 위한 지불에 충당되는 것으로 한다.
8 의정서 제5조 제2항의 규정상 '지불을 행한 때'란 지불이 일본국 정부에 의해 은행에 대해 행해진 때를 말한다.
9. 일본국 정부가 의정서 제5조 제2항의 규정에 따라 대한민국에 공여한 것으로 간주되는 생산물 및 용역의 금액 결정에 있어서는 일본 엔으로 지불된 금액으로부터 환산되는 미국 달러의 등가 금액이 계산의 기초가 되는 것으로 한다. 전기의 환산에 사용되는 환율은 일본국 정부가 공식적으로 결정하고 국제통화기금이 동의한 미국 달러에 대한 일본 엔의 평가에 의해 일본국 정부가 당해 계약에 따라 지불금액을 은행에 지불을 행한 날에 적용되는 것으로 한다.

본 __는 또한, 이 서한 및 전기 제안에 대한 귀국 정부의 수락을 확인하는 각하의 답신을 의정서 제7조의 규정에 의거한 동 의정서의 실시에 관한 세목과 관련된 양 정부 간의 합의를 구성하는 것으로 간주한다는 것을, 동 의정서의 기타 절차 세목은 양 정부 당국 간에 합의한다는 양해하에 제안하는 영광을 가집니다.

본 __는 이상을 말씀드리며 각하께 경의를 표합니다.

3、大韓民國と日本國との間の請求權問題解決及び經濟協力に関する協定第一條●(a)の實施に関する議定書の實施細目に関する交換公文　（案）

（假譯）（1965.6.10）

（韓國側書簡）

書簡をもって啓上いたします。本　は、本日に署名された大韓民國と日本國との間の請求權問題解決及び經濟協力に関する協定第一條●(a)の實施に関する議定書（以下「議定書」という）に言及する光榮を有します。大韓民國政府は両國政府が議定書第七條の規定に基づいて次のとおり合意することを提案いたします。

13-363

I 實施計劃

1. 議定書第二條の年度實施計劃は（以下"實施計劃"という）両政府がその始期及び終期を合意する年度について決定されるものとする。

2. 大韓民國政府は實施計劃をその適用される各年度の開始に先だって協議のため日本國政府に提示するものとする。第一年度の實施計劃は議定書の効力発生の日から60日以内に確定するものとし、その後の各年度の實施計劃は當該年度が始まる1個月前に確定するものとする。

3. 實施計劃は、當該年度中に大韓民國による調達が予定されている日本國の生産物及び日本人の役務を掲げるものとする。

4. 實施計劃に掲げる生産物及び役務に係る契約の見積額の總計は當該年度における實際の支拂がその年度の支拂限度額に達するように

考慮して定められるものとする。 13-364

5、實施計劃は大韓民國政府の要請に基づき兩政府間の合意により修正することが出来る。

II 購買及び契約

1、議定書第四條1の規定の適用上 (a) 年度實施計劃に基づき行なわれる事業に直接使用される資本財及び役務の購買は大韓民國政府の機關(調達廳)により大韓民國ソウルで契約され、認証を得るため、その手續が大韓民國政府により執られるものとする。(b) 資本財以外の生産物は大韓民國政府又はその委任を受けたる大韓民國の國民及び法人と日本國の國民及び法人との間に直接契約が締結され日本國政府又はその委任を受けた機關の認証を受けるものとする。(c) 契約は日本国が通常の貿易上の手續により締結されるものとする。

2. 議定書第四條2の[illegible]契約の實施に關する責任はその契約の當事者であるもののみが負ふものとする。

III 支拂

1. 大韓民國政府は日本國の法律に基づき外國爲替公認銀行として認可された銀行の中から協定の實施に關する業務を行ふ銀行を指定する

2. 大韓民國政府又はその委任を受けたる機關は1に規定する指定銀行と取極を行ない、大韓民國政府の名儀で特別勘定を開設してこれらの銀行に日本國政府からの支拂の受領等を授權し、かつ、日本國政府に對しその取極の内容を通告するものとする。特別勘定は利子を附さないものとする

3. 大韓民國政府又はその委任を受けたる機關は、契約に基づいて1の指定銀行に日本政府に對する支拂請求等の内容を含む授權書

を發行する。この授權を受けた指定銀行は支拂の義務が生ずる期日前に十分な余裕をもつて、支拂金額及び支拂を行なふべき期日を記載した支拂請求書を日本國政府に送付するものとする

4. 日本國政府は支拂請求書を受領したときは大韓民國政府又はその委任を受けた機關が關係契約者に支拂を行ふべき期日前に、銀行に請求金額を支拂ふものとする。

5. 4の規定に基いて日本國政府が支拂ふ金額は特別勘定に貸記するものとし、他の如何なる資金も、特別勘定に貸記されないものとする。特別勘定は3の目的のためにのみ借記を行なふものとする。

6 大韓民國政府又はその委任を受けた機關が特別勘定に貸記された資金の全部又は一部を契約の解除その他によつて引き出さなかつた場合には、未拂金額は3の目的のための支拂に

13-367

充てられるものとする。

7. 特別勘定から支払われた金額の全部又は一部が大韓民国政府又はその委任を受けた機関に返還された場合は、その返還された金額は5の規定に拘わらず、特別勘定に貸記するものとする。その返還された金額は3の目的のための支払に充てられるものとする。

8. 議定書第5條2の規定上"支払を行った時"とは支払が日本国政府により銀行に対して行なわれた時をいふ。

9. 日本国政府が議定書第5條2の規定に従い大韓民国に供与したものとみなされる生産物及び役務の額の決定にあたっては日本円で支払われた金額から換算される合衆国ドルの等価額が計算の基礎となるものとする。前記の換算に用いられる為替相場は日本国政府が正式に決定し、かつ、国際通貨基金が同意した日本円の合衆国ドルに対する平価で日本国政府が当該契約に基づく支払金額を銀行に対し支払を行った日に適用されているものとする。

本　　は、さらに、この書簡及び前記の提案の貴国政府による受諾を確認される閣下の　簡を、議定書第七条の規定に基づく同議定書の実施に関する細目についての両政府間の合意を構成するものとみなすことを　同議定書のその他の手続細目は両政府の当局の間で合意するとの了解の下に提案する光栄を有します。

本　　は、以上を申し進めるに際し、に閣下に向かって敬意を表します。

4. 대한민국과 일본국 간의 청구권 문제 해결 및 경제협력에 관한 협정 제1조 (a)의 실시에 대한 의정서 제3조의 생산물과 관련된 교환공문(안)

(가역) (1965. 6. 10)

(대한민국 측 서한)

본 전권위원은 오늘 서명된 대한민국과 일본국 간의 청구권 문제 해결 및 경제협력에 관한협정 제1조 (a)의 실시에 관한 의정서 제3조 규정에 관해 양국 정부는 다음의 합의에 이른 것을 확인하는 영광을 가집니다.

의정서 제 3조 규정에 따라 일본국이 대한민국에 대해 공여하는 자본재 이외의 생산물의 공여에 배분되는 총액은 최소한 1억 5,000만 미국 달러(150,000,000달러) 이상에 달하는 것으로 한다.

본 ＿는 또한 이 서한 및 전기의 제안에 대한 귀국 정부의 수락을 확인하는 각하의 답신을, 동 의정서의 발효일에 효력을 발하는 양국 정부 간의 합의를 구성하는 것으로 간주함을 제안하는 영광을 가집니다.

4. 「大韓民國と日本國との間の請求権問題解決及びに經濟協力に関する協定第一條(a)の實施に関する議定書第三條の生産物に関する交換公文(案)」

(假譯) (1965. 6. 10.)

(大韓民國側書翰)

本全権委員は，本日署名された大韓民國と日本國との間の請求権問題解決及び經濟協力に関する協定第一條(a)の實施に関する議定書第三條の規定に関し両政府は次の合意に達したことを確認する光榮を有します。

議定書第三條の規定により日本國が大韓民國に對して供与する資本財以外の生産物の供与に配分される総額は少なく

とも1億5千万合衆国ドル(150,000,000ドル)以上に達するものとする。

本　は、さらにこの書簡及び前記の提案の貴國政府による受諾を確認する閣下の返簡を、同議定書の發効の日に効力を生ずる両國政府間の合意を構成するものとみなすことを提案する光榮を有します。

5. 대한민국과 일본국 간의 청구권 문제 해결 및 경제협력에 관한 협정 제1조 (b)의 실시에 대한 교환공문(안)

(가역) (1965. 6. 10)

서한으로써 말씀드립니다. 본 __는 오늘 서명된 대한민국과 일본국 간의 청구권 문제 해결 및 경제협력에 관한 협정(이하 '협정') 제1조 (b) 규정의 실시에 관해 양국 정부가 다음과 같이 합의할 것을 제안하는 영광을 가집니다.

1. 협정 제1조 (b)에서 정하는 차관은 대한민국 정부와 일본국 정부를 위한 해외경제협력기금 간에 체결되는 기본 차관 계약 및 사업별 사업계획 합의서에 기초해 행해진다.
2. 제1항에서 말하는 차관 계약 및 사업별 사업계획 합의서는 협정 제1조 (b)에 규정된 조건에 기초해 다음의 각 항을 포함하기로 한다.
   (a) 실제로 지불하는 금액은 합리적인 정도로 매년 균등하게 배분이 이루어지도록 한다. 이 를 위해 양국 정부는 차관의 대상으로 대한민국 정부가 제시하는 연도 실시 계획을 매년 협의하여 결정한다.
   (b) 원금의 상환기간은 사업별 사업계획 합의서에 따라 해외경제협력기금이 차관의 지불을 행한 날부터 기산한다.
   (c) 원금의 상환은 14회 계속된 균등분할 지불에 의해 행해지고, 이자 지불은 해외경제협력기금이 차관의 지불을 행한 날부터 기산하여 당시 원금의 상환 잔액에 대해 반년마다 행해진다.
   (d) 원금 상환 및 이자 지불은 미국 달러 또는 국제통화기금이 인정하는 미국 달러에 대한 일본 엔의 평가에 의한 등가액의 일본 엔으로 행한다.
3. 해외경제협력기금은 차관 및 그로부터 생기는 이자에 대해 부과되는 대한민국의 조세 및 기타 과징금으로부터 면제된다.

본 __는 또한, 이 서한 및 상기 제안에 대한 귀국 정부의 수락을 확인하는 각하의 답신을, 협정 제1조 (b)의 규정의 실시에 관한 대한민국 정부와 일본국 간의 합의를 구성하는 것으로 간주함을 제안하는 영광을 가집니다.

본 __는 이상을 말씀드리며 각하께 경의를 표합니다.

5. 大韓民國と日本國との間の請求権問題解決及び經濟協力に関する協定第一條(b)の規定の實施に関する交換公文（案）

（假譯）（1965.6.10）

書簡をもって啓上いたします。本　は、本日署名された大韓民国と日本国との間の請求権問題解決及び經濟協力に関する協定（以下"協定"という）第一條(b)の規定の實施に関し、両國政府が次のとおり合意することを提案する光栄を有します。

1. 協定第一條(b)に定める貸付けは大韓民國政府と日本国政府のための海外經済協力基金との間で締結されることとなる基本借款契約及び事業別事業計劃合意書に基づき行なわれる。

2、1にいう借款契約及び事業別事業計劃合意書は協定第一條(b)に規定された條件に基づき次の各項を含むものとする。

(a) 實際に支拂われる金額は合理的な程度に各年均等に配分して行なわれるようにする。このため兩國政府は貸付けの対象として大韓民國政府が提示する年度實施計劃を毎年協議の上決定する。

(b) 元金の償還期間は事業別事業計劃合意書に基づき海外經濟協力基金が貸付の支拂を行なった日から起算する。

(c) 元金の償還は14回の継續した均等年賦拂により行なわれ、利子の支拂は海外經濟協力基金が貸付けの支拂を行なった日から起算して、元金の隨時の未償還残高について半年毎に行なわれる。

(d) 元金の償還及び利子の支拂は合衆國ドル又は國際通貨基金が認めた日本円の合衆國ドルに対する平価による等価額の日本円で行なわれる。

3. 海外経済協力基金は貸付け及びそれから生ずる利子につき課される大韓民国の租税その他の課徴金を免除される。

本　は、さらに、この書簡及び前記の提案の貴国政府による受諾を確認される閣下の返簡を協定第一条(b)の規定の実施に関する大韓民国政府と日本国との間の合意を構成するものとみなすことを提案する光栄を有します。

本　は、以上を申し進めるに際し、ここに閣下に向かって敬意を表します。

6. 대한민국과 일본국 간의 청구권 문제 해결과 경제협력에 관한 협정 제1조 (c)의 실시에 대한 교환공문(안)

(가역) (1965. 6. 10)

각하

본인은 오늘 서명된 대한민국과 일본국 간의 청구권 문제의 해결과 경제협력에 관한 협정(이하 '협정')에 대해 언급하게 되어 영광으로 생각합니다.

대한민국 정부는 양국 정부가 동 협정 제1조 (c)에 규정된 민간신용 공여에 관해 다음과 같이 합의할 것을 제안합니다.

1. 양국 정부는 3억 미국 달러(300,000,000달러) 이상이 될 것으로 기대되는 민간신용 공여를 양국 관계 법령의 범위 내에서 용이하게 하고 촉진하기로 한다.
2. 대한민국 정부는 매년 계약의 대상이 될 수 있는 투자 부문과 사업계획을 결정하고, 또 그러한 민간신용을 희망하는 대한민국 국민(법인 포함)의 자격 기준을 결정하기로 한다.
3. 양국 정부는 이 협정의 원활한 운영을 위해 민간신용 공여를 위한 계약의 체결 및 이행 상황을 수시로 공동으로 검토하기로 한다.
4 협정 제1조 (c)의 규정을 위해 체결되는 계약에 의해 실시되는 원금 상환 및 이자 지불은 현물 및 일반적인 방법에 의한 것으로 하고, 일본국이 공여하는 민간신용 기운데 가장 유리한 조건으로 계약 당사자가 합의하는 바에 따라 실시하기로 한다.
5. 협정 제1조 (c)의 (2)에서 규정한 어업협력을 위한 9,000만 미국 달러(90,000,000달러)는 다음과 같은 조건으로 공여되는 것으로 한다.
   (a) 영세 어민을 위한 4,000만 미국 달러(40,000,000달러)는 금리 연 5퍼센트, 잔액 5,000만 미국 달러(50,000,000달러)는 금리 연 5.75퍼센트
   (b) 원금의 상환은 거치기간 3년 후 7년간에 걸쳐 균등 분할지불로 행해지고 착수금은 없는 것으로 한다.
   (c) 구매는 대한민국 정부가 지정하는 기관이 일괄 구매하기로 한다.
6. 협정 제1조 (c)의 (2)에 규정된 선박 도입을 위한 3,000만 미국 달러(30,000,000달

러)는 다음과 같은 조건으로 공여되는 것으로 한다.

(a) 금리는 연 5.5퍼센트 정도로 하기로 한다.

(b) 원금의 상환은 거치기간을 포함해 10년 이상으로 하기로 하고, 착수금은 없는 것으로 한다.

본인은 또 이 서한 및 상기 제안이 귀국 정부의 수락을 확인하는 답신을 협정 제1조 (c)의 민간신용 공여를 위한 실시에 관한 양국 정부 간 합의를 구성하는 것으로 간주함을 제안하게 되어 영광으로 생각하는 바입니다.

이 기회에 각하께 경의를 표합니다.

1965년 _ 월 _ 일

㊙ 13-374

6. 大韓民國と日本國との間の請求權問題解決と經濟協力に關する協定の第一条(C)の實施に關する交換公文(案)

(假訳) (65. 6. 10.)

閣下,

本人は,本日署名された大韓民國と日本國との間の請求權問題の解決と經濟協力に關する協定(以下「協定」という。)に言及することを光栄に思う次第であります.

大韓民國政府は,両政府が同協定第一条(C)に規定する民間信用供與に關し,次のとおり合意することを提案致します.

1. 両國政府は三億合衆國ドル(300,000,000ドル)以上に達することが期待される民間信用供與を

13-375

両國の関係法令の範囲内において容易にし、かつ促進することとする。

2. 大韓民國政府は毎年契約の対象となる投資部門及び事業計劃を決定し、かつ、そのような民間信用を希望する大韓民國の國民（法人を含む）の資格の基準を決定するものとする。

3. 両國政府は、この約定の円滑なる運用のために民間信用供與のための契約の締結及び履行の状況を随時共同にて検討するものとする。

4. 協定第一条（C）の規定のために締結される契約により実施される元金の償還及び利子の支払は、現物及び通常の方法によるものとし、日本國が供與する民間信用の最も有利な條件により契約当事者が合意するところに従って実施するものとする。

5. 協定第一条(C)(2)に規定する漁業協力のための九千万合衆国ドル(90,000,000ドル)は、次のような條件により供與されるものとする。

(a) 零細漁民のための四千万合衆国ドル(40,000,000ドル)は、金利年5%、残額五千万合衆国ドル(50,000,000ドル)は金利年5.75%。

(b) 元金の償還は据置期間三年后七年間にわたり均等賦払にて行なわれ着手金は無いものとする。

(c) 購買は大韓民國政府が指定する機関が一括購買するものとする。

6. 協定第一条(C)(2)に規定する船舶導入のための三千万合衆國ドル(30,000,000ドル)は、次のような條件により供與されるものとする。

13-377

(a) 金利は 年5.5%程度にするものとする。

(b) 元金の償還は据置期間を含めて十年以上にするものとし、着手金はないものとする。

本人は又、本書簡及び前記の提案が貴国政府により受諾を確認する返簡を協定第一条（c）の民間信用供与のための實施に関する両國政府間の合意を構成するものとみなすことを提案することを光栄に思うところであります。

この機会に閣下に対して敬意を表します

千九百六十五年 月 日

7. 대한민국과 일본국 간의 청구권 문제 해결 및 경제협력에 관한 협정 제3조 규정의 실시에 대한 교환공문(안)

(가역) (1965. 6. 10)

(한국 측 서한)

서한으로써 말씀드립니다. 본 ＿는 오늘 서명된 대한민국과 일본국 간의 청구권 문제 해결 및 경제협력에 관한 협정(이하 '협정') 제3조에 규정된 양국 정부 대표로 구성된 합동위원회(이하'위원회')에 관해 양국 정부가 다음과 같이 합의할 것을 제안합니다.

1. 위원회는 도쿄에 설치한다.
2. 위원회는 양국 정부가 각각 임명하는 대표 1명 및 대표대리 약간 명으로 구성된다.
3. 위원회는 일방의 정부 대표의 요청에 따라 회합한다.
4. 위원회는 다음의 사항에 관해 권고를 위해 협의하는 것을 임무로 한다.
   (a) 연도 실시 계획과 관련된 문제
   (b) 계약, 계약의 인증 및 지불 절차 문제
   (c) 협정 제1조의 규정의 실시 상황 검토(수시로 공여 및 차관의 실시 총액 산정을 포함)
   (d) 양국 정부의 합의에 따라 위원회에 회부되는 기타사항

본 ＿는 또한 이 서한 및 전기 제안에 대한 귀국 정부의 수락을 확인하는 각하의 답신을, 협정 제3조에서 정하는 양국 정부 대표로 구성되는 합동위원회에 일본국 정부와 대한민국 정부 간의 합의를 구성하는 것으로 간주함을 제안하는 영광을 가집니다.

본 ＿은 이상을 말씀드리면서 각하께 경의를 표합니다.

秘 13-378

7. 大韓民國と日本國との間の請求権問題解決及び経済協力に関する協定第三条の規定の實施に関する交換公文(案)

(假訳)　(65.6.10.)

(韓國側書簡)

書簡をもって啓上いたします。本　は本日署名された大韓民國と日本國との間の請求権問題解決及び経済協力に関する協定(以下「協定」という。)第三条に規定した両國政府の代表により構成される合同委員会(以下「委員会」という。)に関し両國政府が次のとおり合意することを提案致します。

1. 委員会は東京に設置する

2. 委員会は、両政府がそれぞれ任命する代表一人及び代表代理数人により構成される。

3. 委員会は、一方の政府の代表の要請によって会合するものとする。

4. 委員会は、次の事項に関し勧告のため協議を行なうことを任務とする。

(a) 年度實施計劃に関連した問題

(b) 契約、契約の認証及び支拂の手續に関する問題

(c) 協定第一条の規定の實施状況の検討（隨時の供與及び貸付けの實施總額の算定を含む）

(d) 両國政府の合意により委員会に付託されるその他の事項。

本　は、さらに、この書簡及び前　の提案の貴國政府による受諾を確認される閣下の返簡を

13-350

協定第三条に定める両國政府代表により構成される合同委員会に関する日本國政府と大韓民國政府との間の合意を構成するものとみなすことを提案する光栄を有します。

本　は、以上を申し進めるに際しここに閣下に向かって、敬意を表します。

8. 대한민국과 일본국 간의 청산계정 잔액의 처리에 관한 의정서(안)

(가역) (1965. 6. 10)

제1조 대한민국과 일본국 간의 청산계정의 잔액으로 1961년 4월 22일 교환공문에 의해 양국 정부 간에 확인된 일본국의 채권 4,572만 9,398 미국 달러 8센트(45,729,398. 08달러)를 의정서 효력발생일로부터 10년의 기간 내에 다음과 같이 무이자로 상환하기로 한다.

제1회부터 제9회까지 매년 분할 지불액, 매년 457만 3,000 미국 달러(4,573,000달러).

제10회의 분할 지불액 457만 2,398 미국 달러 8센트(4,572,398. 08달러)

제2조 전조에 규정된 매년 분할 지불금은 대한민국의 요청이 있는 경우, 매년 일본국이 대한민국과 일본국 간의 청구권 문제의 해결과 경제협력에 관한 협정(이하 '협정') 제1조의 (a)에 따라 공여되는 금액의 감액에 의한 변제로 간주하기로 한다.

제3조 대한민국 정부는 제1회 분할지불의 변제를 협정 제1조 (a)의 규정에 따라 제1년도의 무상공여가 실제로 시작되는 날 이후에 신속하게 이뤄지는 것으로 하고, 제2회 이후의 분할지불 변제는 그다음 해 이후의 제 회 지불기일과 같은 날까지 이뤄져야 하는 것으로 한다.

제4조 전기 제2조에 따른 대한민국 정부의 요청은 일본국의 재정상의 관행을 고려하여 제3조에서 말하는 지불기일이 속하는 일본국의 회계연도(매년 4월 1일부터 이듬해 3월 31일까지)가 시작되는 역년의 전년 10월 1일까지로, 해당 지불기일에 지불될 지불금에 대해 행해져야 한다. 다만, 제1회 지불에 대한 요청은 제1년도의 무상공여가 실행되는 날에 행해지는 것으로 한다.

제5조 대한민국의 요청은 매년 분할 지불금의 금액 또는 일부에 대해 행할 수 있다. 다만, 협정 제1조(a)의 규정에 따라 공여 기간이 단축된 경우에는 대한민국 정부는 이를 고려하여 분할 지불금에 대한 요청을 행하기로 한다.

제6조 대한민국 정부의 요청이 제4조에서 말하는 기일까지 이루어지지 않고, 또 분할 지불금의 전액 또는 일부의 지불이 제3조에서 말하는 지불기일까지 이뤄지지 않은 경우에는 전기 규정에도 불구하고 대한민국 정부의 요청이 있었던 것으로 간

주하기로 한다.

이 의정서는 비준되어야 한다. 비준서는 가능한 한 조속히 __에서 교환되어야 한다.

이 협정은 비준서가 교환된 날부터 효력이 발생한다.

이상의 증거로 아래 서명자는 이 의정서에 서명했다.

1965년 _월 _일에 도쿄에서 한국어, 일본어 및 영어로 본서 2통을 작성했다. 해석에 차이가 있는 경우에는 영어본에 따른다.

대한민국을 위해
일본을 위해

(第2次案)

8. 大韓民國と日本國との間の清算勘定残高の處理に関する議定書（案）

（假訳）　（.65. 6. 10.）

第一条　大韓民國と日本国との間の清算勘定の残高として千九百六十一年四月二十二日の交換公文により両國政府間で確認されている日本國の債権である四千五百七十二万九千三百九十八合衆國ドル八セント（45,729,398,08ドル）をこの議定書の効力発生の日から十年の期間内に次のとおり無利子で返済するものとする。

第一回から第九回までの年賦払の額 各年四百五十七万三千合衆國ドル（4,573,000ドル）。

第十回の年賦払の額 四百五十七万二千三百九十八合衆國ドル八セント（4,572,398,08ドル）。

13-382

（丁案第1 2(b)のとおり）

第二条　前条に規定した各年の賦払金は大韓民國の要請があったときは，各年において日本國が大韓民國と日本國との間の請求権問題の解決及び經濟協力に関する協定（以下「協定」という）第一條(a)の規定により供與される金額の減額により第一条の規定による返済とみなすこととする。

（丁案以文2のとおり）

第三条　大韓民國政府は，第一回の年賦拂の返済を協定第一条(a)の規定により第一年度の無償供與が實際に開始された日以后にすみやかに行なわれるものとし，第二回以降の年賦拂返済は翌年以降の第一回の支拂期日と同一の日までに行なわれるものとする。

13-383

（丁案第3のとおり）

第四条、前第二条に基づく大韓民國政府の要請は、日本國の財政上の慣行を考慮して、第三条にいう支払期日が属する日本國の会計年度（各年四月一日から翌年の三月三十一日まで）が始まる暦年の前年の十月一日までに、当該支払期日に支払われるべき支払金について行なわれるものとする。ただし、第一回の支払についての要請は、第一年度の無償供與が實行される日に行なわれるものとする。

（丁案第4）

第五条　大韓民國の要請は各年の賦払金の全額又は一部について行なうことができる。ただし、協定第一条(a)の規定により供與期間が短縮された場合には、大韓民國政府はこれを考慮して賦払金についての要請を行なうものとする。

13-13384

第六条　大韓民國政府の要請が第四条にいう期日までに行なわれず、かつ、賦払金の全額又は一部の支払が第三条にいう支払期日までに行なわれなかったときは、前記の規定にかかわらず、大韓民國政府の要請があったものとみなすこととする。

この議定書は、批准されなければならない。批准書は、できる限りすみやかに　　　で交換されるものとする。

この協定は、批准書の交換の日に効力を生ずる

以上の証拠として、下名はこの議定書に署名した。

千九百六十五年　月　日に東京で、韓國語、日本語、及び英語により本書二通を作成した。解釈に相違があるときは、英語の本書による。

大韓民國のために
日本國のために

25. 3. 請求權及び經濟協力問題 (A) 經濟協力問題 (6) 大きな問題點

日本外交文書 1316, 日韓國交正常化交渉の記錄總說, XIII. 條文作成交渉と日韓條約諸協定の調印

'일한국교정상화교섭의 기록 총설' 제13장 3. 청구권 및 경제협력 문제 (A) 경제협력 문제 (6) 큰 문제점 제하에 기재된 내용이다.

"한국은 '청구권을 해결하기 때문에 그 대가로 경제협력이 주어진다'는 생각을 표현하기를 원했으며, 일본은 '한편으로는 청구권을 해결하고, 다른 한편으로는 한국의 장래의 경제 발전을 위해 일본이 경제협력을 하는 것으로 두 사안은 완전 별개이며, 배상이라는 생각은 없다'라는 뜻을 표현하기를 원했다"는 내용이 담겨있다.

(6) 큰 문제점

조문화 과정에서의 문제점과 관련해 미카나기 과장은 앞서 인용한 '일한회담에서 청구권 및 경제협력 협정에 관한 교섭'에서 다음과 같이 네 가지 점을 들었다. (이하 기술의 요약)

(가) '청구권 해결'과 '경제협력'의 관계

하나의 조약에 두 가지 취지를 함께 써넣는다는 것에 대해선 일한 양측 모두 이의가 없었지만, 한국 측은 "청구권을 해결한다는 것이므로 그 대가로 경제협력이 주어진다"라는 생각을 드러내려 한 반면, 일본 측은 "한편으로는 청구권을 해결하고, 다른 한편으로는 한국의 향후 경제 발전을 위해 일본이 경제협력을 하는 것이지 배상이라는 생각은 없다"라는 취지를 표현하고자 했기 때문에 협정 제1조 및 전문(前文)의 표현이 어려운 문제가 되었다.

결국 최종적으로 협정 제1조 제1항에 (a), (b)를 만들고, (a)에서 무상공여, (b)에서 유상공여, 그 (a), (b)와 전혀 다른 단락에서 "전기한 공여 및 차관은 대한민국의 경제 발전에 도움이 되는 것이어야 한다"라고 말함으로써 일본 측 희망에 부응하고, 또 전문에 '청구권 문제를 해결하기를 희망하고', '양국 간 경제협력을 증진하기를 희망하고'라는 문장 두 가지를 나열, 이 순서로 기술함으로써 한국 측 요망에 부응하는 것으로 해결했는데, 이 문장이 만들어질 때까지는 상당히 곤란한 대화 과정이 있었다.

제1항의 마지막에 넣은 (a), (b)를 포함하는 '전기한 공여 및 차관은'이라는 두 줄 문장을 애초 일본 측은 제1항의 주서(柱書)로 넣고 싶어 했는데, 한국 측이 찬성하지 않았기 때문에 이것도 우시바 심의관과 김 대사의 회담으로 넘어가서 해결한 것이었다.

(나) 민간차관에 대한 표현

기존의 필리핀 배상, 인도네시아 배상에서는 민간차관과 관련해 "양국 정부가 그 차관을 용이하게 하고 촉진한다"라는 표현을 사용하고 있다. 한국의 민간차관은 그것들과 조금 달라 어디까지나 민간차관이라는 뉘앙스를 내기 위해 "용이하게 하고 촉진한다"라는 표현은 사용하고 싶지 않았지만, 결국은 한국의 희망에 따라 그 표현을 취했다. 교환공문에서 어업차관과 선박차관은 그 라인에 맞추면 '호의적 배려'라는 표현을 쓸 수밖에 없어 그것과 균형을 맞춘 후 상업상 민간신용 공여 3억 달러에 대해서도 "용이하게 되고 촉진된다"라고 쓰게 된 것이다.

(다) 경제협력기금과의 관계

일본 측은 "경제협력기금은 법률에 의해 설립된 독립기관이기 때문에 정부가 경제협력기금에 명령을 내릴 수는 없다. 그러나 실질적으로는 경제협력기금과 한국 정부 간의 차관 약속과 양 정부 간의 약속, 이둘을 동시에 체결함으로써 내용을 규정할 수는 있지만, 정부 간 약속에서는 이런 것이 될 거라는 정도의 표현밖에 쓸 수 없다"라고 말했는데, 한국 측은 "정부 기관이기 때문에 정부가 명령하는 것은 당연하다"라는 사고방식이었기 때문에 이 점에 대해서도 좀처럼 양해를 구하기 어려웠다.

또 한 가지 문제가 된 것은 한국인이 생산재의 공여에 관여할 수 있는지 여부를 둘러싼 문제였다. 일본 측은 '일본국의 생산물 및 일본인의 역무'라는 것이 명분이므로 한국인이 그 안에 들어올 수는 없다는 생각이었지만, 일본에 있는 한국인이 만든 회사에서 생산한 것이 그 안에 들어가는지 여부가 매우 미묘한 문제가 되었다.

경제협력기금 관계를 서명하기 전 단계에서 지금 말한 한 가지 점만 분명히 정해지지 않았다. 이것은 우시바 심의관과 김 대사의 회담 전달 방식이 쌍방에서 달랐기 때문이었다. 결국 우리 측은 우시바 심의관에게, 한국 측은 김 대사에게 각각 전화해 이 부분의 문장을 확인했는데, 한국 측이 말하는 대로 하게 되어버려 '일본 국민이 지배하는'이라는 문구가 빠지게 됐다. 결국 해석상으로는 한국인이 갖고 있는 회사도 경우에 따라 들어올 수 있게 되었다.

(라) 프로젝트의 현지 통화(通貨) 문제

무상 3억 달러 가운데 자본재 이외의 것, 즉 소비물자 같은 것을 1억 5,000만 달러

정도 넣어 프로젝트 원조라는 형태로 가는 데 있어 현지 통화분(分)을 보게 되었는데, 교섭 기부터 이때 필요한 현지 통화, 즉 무상공여에서 갖고 오는 자본재 이외의 것을 처분한 대응 자금으로 볼 수 있는 것이 어느 정도이고, 그 부족한 부분을 한국 측에서는 어떻게 생각하고 있는지가 문제가 됐다.

결국 한국 측은 여기에 상당히 협력해주었다. 대략 이 정도 현지 통화가 필요한데, 그 중 이 정도 부분은 1억 5,000만 달러로 커버할 수 있다, 남은 부분은 예를 들어 오픈 계정에 있는 일본 측 회수 불능 채권을 차감함으로써 가능해진다라는 것이다. 그때 처음 알게 됐지만, 한국은 오픈 계정의 지불 불능분과 관련해 일본에 지불하기 위한 현지 통화를 이미 준비해 놓고 있었다. 그러나 그것은 외화(外貨)가 되지 않았기 때문에 일본에 지불할 수 없었고, 은행에 현지 통화의 계좌에 모아두고 있던 상태였다. 따라서 오픈 계정의 부실 채권을 10년간에 걸쳐 공제해 가면 그렇게 공제된 만큼 현지 통화를 풀 수 있는 것이다. 그것을 또한 경제개발 계정으로 옮겨놓으면 그 부분이 프로젝트 원조의 현지 통화로 사용될 수 있었다. 한편, '청구권 해결과 경제협력 관계'에 대해 우시로쿠 아시아국장의 '일한 교섭에 관한 약간의 회고'는 다음과 같이 적고 있다.

일본 측이 청구권 문제와 경제협력을 분리하려 한 이유는 청구권 해결 없이 결제를 위해 경제협력을 제공했다는 식으로 직접 두 가지가 목적론으로 연결되는 경우에는 청구권의 누적 금액이 얼마였는지, 그에 비해 제공한 경제협력이 너무 많은지 너무 적은지 같은 논란을 유발하고, 국회 답변에서도 매우 어려운 입장에 처해질 것이기 때문이었다. 따라서 스기 대표와 배 대표의 회담 때 쌍방 간의 협의를 계속한 결과, 관련된 협정의 제목에 청구권 문제의 해결과 경제협력을 병기하고, 또 전문에서도 "청구권 '문제'를 해결하길 '희망'하고 경제협력을 하길 '희망'하고"라는 취지의 문장을 넣는다 하더라도, 우리 측은 조약 본문(operative part)에서는 3억 및 2억의 경제협력을 제공하는 것만을 명기하고 청구권은 언급하지 않는 방식을 주장했다. 한국 측은 제목 및 전문은 전기한 안으로 하는 데 대체로 이의가 없었지만, 오히려 관련 방식은 한국 측의 아이디어에 편승한 측면도 있다고 말할 수 있다. 즉, 과거 최규하 대사는 한국으로서는 충분히 일본 측의 입장을 고려해 청구권의 '변제'라는 제목을 포기하고 청구권에 관한 '문제의 해결'이라는 표현을 사용했고, 또 본문에서도 쌍방 모두 경제협력과 청구권을 언급하지 않음으로써 충분히 일본 측의 입장에 다가설 생각이라는 취지로 말한 경위가 있다〔약 2년 전에 이 안을 들었을 때 이로써 '명목론(名目論)'은 대략 해결됐다는 인상을 받았다. 그러나 일본 측 특히 조약국은 본문에서는 경제협력만이라도 언급하는 방식을 강하게 주장하고 있었다.
금번 교섭에서 상대방은 역시 협정 본문에 경제협력만 언급하는 것에는 강한 반대 입장을 유지했다. 반면, 우리 측은 우선 청구권 문제 해결을 위해 연결된 개별 사업 계약이 진정으로 한국의 경제 발전에 기여하는지 여부를 체크할 필요가 있기 때문에 일본이 제공하는 공여가 경제협력의 성격을 갖는다는 것을 어떤 형태로든 규정하고 싶다는 강한 희망이 있었다.

일본 측에서 국내 조정이 곤란한 상태에서 조문이 협상 과정에서 수정된 점이 있었는데, 이에 대해 야나기야 서기관은 아래의 사례를 지적하였다.

① 6월 22일 최종적으로 조인된 제1의정서 제1조는 "… 실시 계획은 한국 정부에 의해 작성되어 양국 정부 간의 협의에 의해 결정된다"라는 형태로 되었다 애초 5월 31일 일본 측 안은 "양국 정부는 실시 계획을 협의에 의해 결정한다'라고 되어 있었다. 하지만 한국 측이 과거의 보상으로서 당연히 받는다는 관점에서 보면 이것이 매우 불만족스러우리라는 점이 충분히 예견되었으므로 이후 교섭에서 한국 측이 1차적인 이니셔티브를 갖도록 수정했다.
② 제2의정서 제2조 제1항에서는 "일본국이 공여하는 생산물은 자본재 및 양국 정부가 합의하는 기타 생산물로 한다"라고 되었는데, 5월 31일의 일본 측 안은 "… 자본재로 한다. 다만, 한국 정부의 요청이 있는 경우 양 정부 간의 합의에 따라 자본재 이외의 생산물을 공여할 수 있다"라고 되어 있었다. 이것은 공여의 대부분을 자본재로 하고 싶다는 통산성의 요청으로 나온 것이지만, 그때까지의 한국 측의 주장을 고려하면 이것으로 만족하리라고는 예상할 수 없었으므로 교섭 과정에서 양보 방침을 정했다.
③ 제1의정서 제3조 제2항은 "(한국사절단 등이 일본 국민 또는 그 지배하는 일본국 법

인과 체결하는 계약은) … 인증을 받기 위해 일본국 정부에 송부된다"라고 되었다. 이것은 배상협정의 인증 조건에 해당하는 것이지만, 애초 5월 31일 일본 측 안은 "(계약은) 일본국 정부의 승인을 얻지 않으면 안 된다"라고 되어 있었다. 이 점과 관련해 대장성은 본 건은 배상이 아니므로 일본 정부가 전가의 보도로서의 승인권을 보유해야 한다고 특히 강하게 주장했다. 그러나 이것으로는 한국 측이 수용하지 않을 것이 거의 분명했기 때문에 최종적으로는 대장성으로부터 배상협정에 준해 인증방식까지 양보한다는 양해를 얻은 후 교섭 과정에서 타협해 타결시켰다.

한편, 경제협력기금과 한국 정부 간의 차관 계약에 대해서는 힐튼호텔에서 가키쓰보(柿坪) 경제협력기금 이사와 한국 측 대표 김영준 씨가 회담했는데 이 교섭은 정부 간에 이미 상당히 논의를 진척시킨 상태였기 때문에 부드럽게 진행됐다.

13-408

(6) 大きな問題点

条文化の過程に入っての問題点について

御巫課長は前記の記述で次の4点をあげ

ていた。（以下記述の要約）

(イ)「請求権の解決」と「経済協力」の関係

一つの条約の中に二つの趣旨をいつしよに書き込むことには、日韓双方とも異議がなかつたが、韓国側は「請求権を解決するのだからその代償として経済協力が与えられる」という考え方を出そうとするのに対し、日本側は、「片方で請求権を解決し、片方で韓国の将来の経済発展のために日本が経済協力をするのであつて、賠償という考え方はない」旨を表わそうとしたために、協定第1条及び前文の表現が難しい問題となつた。

GA 6 外務省

13-409

結局、最後にまとまつたのは、協定第1条の1項に(a)(b)を作り、(a)で無償供与、(b)で有償供与、その(a)(b)と全然段落を別にして「前記の供与及び貸付けは大韓民国の経済の発展に役立つものでなければならない」と入れることによつて、日本側の希望をかなえる。また、前文の中で「請求権に関する問題を解決することを希望し」、「両国間の経済協力を増進することを希望して」という二つを並べて、この順序で書くことによつて韓国の要望をかなえるということで解決したが、この文章が出来るまでには相当困難な話合いがあつた。

1項の最後に入れた(a)(b)をカバーする「前記の供与及び貸付けは、、、」の2行の文章は、はじめ日本側は1項の柱書に入れたかつたが、韓国側が賛成せず、これも牛場。金会談まで持ち上げて解決したことであつた。

GA 6　　外務省

13-210

(ロ) 民間借款についての表現

従来のフィリピン賠償、インドネシア賠償に伴う民間借款の中では「両国政府がその借款を容易にし促進する」という表現を使つている。韓国の民間借款はそれらと少し違うので、あくまで民間借款というニュアンスを出すために、「容易にし促進する」という表現を使いたくなかつたが、最終的には韓国の希望によりその表現をとつた。交換公文の中で漁業借款と船舶借款はそのラインに合わせると「好意的に配慮」の表現を使わなければならなくなり、それとのつり合い上、商業上の民間信用供与3億ドルについて「容易にされかつ促進される」と書かなくてはならなくなつたわけである。

GA 6 外務省

13-411

(ハ) 経済協力基金との関係

日

本側では、「経済協力基金は法律によつて設立された独立の機関なのだから、政府が経済協力基金に命令を出すわけにはいかない。しかし実質的には経済協力基金と韓国政府との間の借款の約束と両政府間の約束と、この二つのものを同時に締結することによつて内容をきめておくことはできるが、政府間の約束の中ではこういうことになるであろうという程度の表現しかできない」といい、韓国側は「政府機関なのだから政府が命令するのは当然だ」という考え方で、この点についてもなかなか了解がとりにくかつた。

一つだけ問題となつたのは、韓国人が生産財の提供に関与できるかどうかという問題であつた。日本側としては「日本国の生産物並びに日本人の役務」というのが建前だから韓国人がその中に入つてくることはできな

GA 6　外務省

13-412

いという考えであつたのだが、日本にいる韓国人が作つている会社で生産したものがその中に入るかどうかというのが非常に微妙な問題となつた。

経済協力基金関係のサインする前の段階で、いまいつた一つの点だけがはつきりきまらず、これは牛場・金会談の伝わり方が双方で違つており、結局こちらは牛場審議官に、韓国側は金大使にそれぞれ電話して確かめたが、どうなつているか分らず、そこのところの文章は韓国側のいいなりにさせられてしまい、「日本国民の支配する」という字がおちていて、結局、解釈上では、韓国人のもつている会社も場合によつては入つてくることになつている。

GA 6　　外務省

13-413

(二) プロジェクトの現地通貨の問題

無償3億ドルの中で資本財以外のもの、すなわち、消費物資のようなものを1億5,000万ドル位入れて、プロジェクト援助という形でいくものの現地通貨分をみることになつたが、交渉のはじめから、この必要な現地通貨すなわち無償の中からもつてくる資本財以外のものを処分したカウンターパートファンドでみられるものはどの位あつて、その足りない部分を韓国側ではどのように考えているかという点が問題になつた。

結局、これについて韓国側が相当に協力してくれて、大体これ位の現地通貨が必要で、そのうちこれ位の部分は1億5,000万ドルで手配ができる。残つた分は、例えばオープン・アカウントの日本側の焦付債権を差し引くことでできるという。これについては、その時はじめて~~わか~~つたのだが、オープン・アカウントの焦付について韓国が日本に支払うための現地通貨の

GA 外務省

13-414

手当を当時すでにしてあつたのであるが、それが外貨にならないから日本に支払えないだけで、銀行に現地通貨の口座としてためてあつた──従つて、オープン・アカウントの焦付債権を10年間にわたつて差し引いていくと、その差し引いた分だけの現地通貨がリリーズできるわけである。それをまた経済開発勘定に移しかえれば、その部分がプロジェクト援助の現地通貨として使えるということであつた。

なお「請求権解決と経済協力の関係」について後宮アジア局長「日韓交渉に関する若干の回想」には次のとおり記している。

「日本側が請求権問題と経済協力とを切り離そうとした理由は、請求権の解決ない──>

GA 6　　外務省

13-415

し決済のために経済協力を提供したというふうに直接両者が目的論的に結びつけられている場合には、請求権の積み上げ額がいくらであつたか、それに比較して提供した経済協力が多すぎるか少なすぎるか等の議論を誘発し、国会答弁上も極めて困難の立場に立つからであつた。よつて杉・ペイ会談の時代において双方協議を続けた結果、関係協定の表題には請求権問題の解決と経済協力とを併記し、また前文においても「請求権″問題″を解決することを″希望し″かつ経済協力をなすことを″希望し″」という趣旨のものにするけれども、条約本文（オペラチヴ・パート）においては、わが方としては3億および2億の経済協力を提供することのみを明記し、請求権にはふれない方式を主張した。韓国側は表題およぴ前文については右の案でおよそ異存なく、むしろかかる方式は韓国側のアイデアに便乗した面もあるといえるものであつた。すなわち、かつて厳圭夏大使は韓国としては十分日本側の立場も考え、請求権の弁済という表現をやめて、請求権に関する「問題の解決」「かつオーバーラップするパートでは経済協力も請求権も双方とも触れない」という表現を採用することによつて、十分日本側の立場に歩みよつた積りである旨述べていた経緯がある。（約2年前この案を聞いたとき、これで「名目論」は略々解決したとの印象を受けた）しかし日本側（特に条約局）としては、本文の面においては経済協力のみをメンションする方式を強く主張していた。

~~[illegible]1962年秋から開始したピー[illegible]~~

13-417

今般の交渉においては。先方はやはり協定本文中において経済協力のみをメンションすることには強い反対を維持し。他方わが方としては一つには請求権問題解決のために結ばれる個々の事業契約が真に韓国の経済発展に寄与するかどうかをチェックする必要もあるので。日本から提供すべき供与が経済協力の性質を有するものであることを何らかの形で規定したいという強い希望があつた。」

と記している。

日本側で国内調整の困難なままの条文が交渉の過程で修正された点があり、これについて柳谷書記官は下記の例を指摘している。

GA 6 外務省

13-418

「① 6月22日、最終的に調印された第1議定書第1条においては、『……実施計画は韓国政府により作成され、両国政府間の協議により決定される』、5月31日日本案では『両国政府は実施計画を協議により決定する』とあった。しかし、これでは韓国側が過去の償いとして当然もらうものという目でみればきわめて不満足なることは十分予見されたので、その後の交渉において、韓国側が第1次的なイニシアティヴをもつよう改めた。

GA 6 外務省

13-419

② 第2議定書第2条1項では『日本国が供与する生産物は資本財及び両政府が合意するその他の生産物とする』とあるが、5月31日の日本案では『……資本財とする。ただし韓国政府の要請があったときは両政府間の合意により資本財以外の生産物を供与できる』とある。これは供与の大部分を資本財としたいとの通産省の希望でこうなったものであるが、韓国側のそれまでの言い分からして、これで満足するとは予想されず、交渉の過程で譲る方針を

GA 6　外務省

13-420

決めていた。

③ 第1議定書第3条2項には『(韓国使節団等が日本国民またはその支配する日本国法人と締結する契約は)……認証を得るため日本国政府に送付される……』とあり、これは賠償協定の認証条項に相当するものであるが、5月31日の日本案では『(契約は)日本国政府の承認を得なければならない。……』とある。この点は大蔵省がとくに強硬に頑張った点で、本件は賠償ではないのだから日本

GA 6 外務省

13-421

政府が伝家の宝刀としての承認権を保持すべきだと主張した。しかし、これでは韓国側が呑まないことは、ほぼ明らかだったので、最終的には賠償協定に準じた認証方式まで譲ることにつき大蔵省側にしぶしぶ了承させておき、交渉の過程でこの線で妥結した。」

なお、経済協力基金と韓国政府間の借款契約については、ヒルトンホテルで柿坪経済協力基金理事と韓国側代表の金栄俊氏が会談したが、この話合いは政府

GA 6　　外務省

13-422

間で相当つめてあったからスムーズに運ばれた。

GA 6 外務省

26. JAW-06237, 청구권 회담 보고, 1965. 6. 11

한국 외교문서 1468, 제7차 한일회담 청구권 관계 회의 보고 및 훈령, 1965, 전2권, V.2, 1965. 4. 3 가서명 이후의 청구권 및 경제협력위원회, 1965. 4-6

1965년 6월 11일부터 뉴오타니호텔에서 협정 조문화 작업을 촉진하기 위한 회담이 개최되었음을 보고하는 문서(전문)다.

대한민국 외무부

긴급 종별

번호: JAW-06237

일시: 111423

수신인: 외무장관 (참조: 국무총리, 대통령비서실장)

발신인: 수석대표

청구권 회담보고

1. 청구권 및 경제협력에 관한 협정조문화작업을 촉진하기위한 회담은 금11일(금) 오전10시부터 당지 호텔 "뉴오따니"에서 시작되었음.

참석자는 아래와 같음.

한국측 : 김대사, 이공사, 김경제기획원차관보, 진통상국장, 김한은이사, 외 실무자 8명

일본측 : 우시바 심의관, 니시야마 경제협력국장, 아가자와통산성경제협력부장, 외8명

2. 오전 11시 45분까지 계속된 오전회의에서는 아측이 금일 제시한 협정안에 대한 설명을 완료하고, 무상, 유상 및 민간신용제공의 실시에 관한 관계 규정의 토의와 조문화작업에 들어갔음.

3. 오후 회의는 2시부터 개최되고 있음. (주일정-외아북)

27. JAW-06269, 청구권 및 경제협력에 관한 뉴오타니호텔 회담 보고, 1965. 6. 12

한국 외교문서 1468, 제7차 한일회담 청구권 관계 회의 보고 및 훈령, 1965, 전2권, V.2, 1965. 4. 3 가서명 이후의 청구권 및 경제협력위원회, 1965. 4-6

1965년 6월 11일부터 뉴오타니호텔에서 개최된 청구권 및 경제협력 조문 작성을 위한 회담 결과를 보고하는 문서(전보)다.

대한민국 외무부

긴급

종 별

번 호: JAW-06269

일 시: 121756

수 신 인: 외무부장관 귀하

발 신 인: 주 일 대 사

참조: 국무총리, 경제기획원장관, 청와대 비서실장, 중앙정보부장.

청구권및 경제협력에관한 "뉴오따니"회담보고

1. 청구권및 경제협력협정에관한 실질적 토론과 교섭이완료됨.

2. 협정문안 작성은 명 13일중으로 완료될예정임.

3. 회담을통하여 양측관에 합의된 다음의 사항을 일본측 관계각성에 협의조정과 소관대신의 결재를 얻은 연후에 내주월요일 오후에 확정될것이며 이에따라 조문작성이될것임.

가. 구매계약지:

구매기관은, 자본재에관하여는 조달청, 원자재에관하여는 실수요자로 한다

계약문제는,

제(1)안으로서, 협정문에서 전연 표현하지않는다 (실지로는, 자본재의 서울계약, 원자재의 동경 또는 서울계약을 서로양해한다. (단, 이러한 방안은 즉, 계약지를 명시하지않는것이 법이론상 가능한지를 법제국에 문의하여 결정하겠다고 일본측은 말하고있음.

제(2)안노로서는 계약지는 서울로하고 분쟁이 발생하였을경우 중재는 피고의 거주지의 상사중재에의하고 재판에있어서의 준거법도 피고의 거주지 법율을 적용하는것으로 한다.

이상 제2안중 제1안이 불가하면 제2안으로한다.

나. 미가 신용제공

교환공문에 규정하기로하고 다음의 요지를 포함하도록한다.

(1) 3억불이상을 용의하게 하고 촉진시킨다.

(2) 제3국에 제공한것중에서 가장 유리한 조건으로한다.

✓ (3)어업협력 자금과 선박 자금은 조건에 있어서 특별히 고려한다

다. 내자도달을 위하여 무상 3억불중에서 자본재이외의 생산물을 1억5천만불이상 제공한다는것을 비공개 교환공문으로한다.

타. 은행지점은 일본의 국고대리점중에서 한국정부가 지정한다.

(한국은행 재일지점은 일본의 국고대리점이않임)

마. 유사 2억불의 상환은 자유외으로한다. ?

바. 일본 법인에 재일 교포를 포함시키는것은 도저히 불가함.

단, 협정문상 표현하지않고 기록상 아측이 이를 양해한것으로함.

사. 유상 2억불은 아측안대로 기본 차관계약과 사업계획합의서로하되 사업계획합의서에 포함시킬 내용을 교환공문에서 구체적으로 열기 표시한다.

4. 유상 2억불의 제공조건을 본협정에 넣치않고 교환공문에 표시한다. No

5. 수송및 보험을 50대50의 비율로하자는 아측 제의에대하여 일본측은 실제로는 양해하나 문서상으로 규정하는것은 곤란하다고함. 그이유는 2천만불 차관의 경우 한국의 신문에 발표되었고 또한 공화당에서도 대일청구권 사용에서 50대 50비율을 발표하였으며 또한 최근 동아일보/사보에서 청구권 일본 협정안을 전부보도한 전례등으로보아 서로 비공개문서로서도 문서화할수 없다는것임. 그이유는 OECD 관계로인함.

6. 협정 명칭및 전문. 이.시이나합의사항에 제5항의 표현에관한 문제점에관하여는 내주월요일 이후의 정치적협상에 넘겨야할 형편임.

7. 이상 각항에관하여는 동경에서 발표될때까지 서울에서 발표하지않토록 해주시기 바람.

(주일정 — 외아북)

28. JAW-06298, 청구권 및 경제협력 관련 뉴오타니호텔 회담 속개 보고, 1965. 6. 14

한국 외교문서 1468, 제7차 한일회담 청구권 관계 회의 보고 및 훈령, 1965, 전2권, V.2, 1965. 4. 3 가서명 이후의 청구권 및 경제협력위원회, 1965. 4-6)

1965년 6월 14일 뉴오타니호텔에서 청구권 및 경제협력 관련 조문화 교섭이 재개되었음을 보고하는 문서(전문)다.

대한민국 외무부

긴 급 (부 외 비)
종 별

번 호: JAW-06298

일 시: 141719

담 당	과 장	국 장	차 관	장 관	공람	동북아주과

수 신 인: 외 무 부 장 관

발 신 인: 주 일 대 사

(참조: 국무총리, 경제기획원 장관, 청와대 비서실장, 중앙정보부장)

1. 금 6. 14.(월) 오후 3 시부터 청구권 및 경제협력에 관하여 호텔 "뉴 오따니"에서 회담을 속개하였음. 한국측은 이공사 이하 관계 실무자 전원, 일본측은 "니시야마" 경제 협력국장 이하 관계 실무자 전원이 참석하였음. 금후 회담에서는 지난 주말까지 양측간에서 합의되지 못한 각문제점에 관한 토의를 거처 협정전반에 걸친 조문화작업을 촉진시킬 예정임.

2. 금일 회담에서 한일양측은 3 억 부라스 알파의 민간신용에 관한 교환공문안을 교환하였음. 그내용은 아래와같음.

한국안: - 본인은 1965 년 4 월 3 일의 이동원 대한민국 외무부장관과 "시이나에스사부로"일본국 외무대신간의 양국간의 청구권문제 해결 및 경제협력에 관한 합의사항 3 의 민간 신용제공에 관하여 양국정부가 다음과같이 합의한것을 제안하는 영광을 가집니다.

1. 일본국정부는 3 억 합중국불 (300,000,000 불)이상에 달하는것이 기대되는 상업 베이스에 의거한 통상의 민간신용 (이하 "신용"이라함) 이 일본국민(법인을 포함함) 에 의하여 대한민국정부 또는 대한민국 국민(법인을 포함함)에 대하여 행하여지는것을 관계법령의 범위내에서 용이하게 하고 또한 촉진하는것으로 한다.

2. 1 항의 신용 제공은 일본국에 의하여 제 3 국에 부여 되었거나 또는 부여될 동종의 신용 제공의 조건 가운데에서 가장 유리한 조건에 따라 행하여지는것으로 한다.

3. 어업협력을 위한 9 천만 합중국불 (90,000,000 불) 와 신용제공 및 대한민국정부 또는 대한민국 국민 (법인을 포함함)에 의한 선박도입을 위한 3 천만 합중국불 (30,000,000 불) 은 전기 제 1 항의 금액에 포함되며 별도로 정하는 절차에따라 일본국정부에 의하여 특별한 배려가 행하여지는것으로 한다.

본인은 본 공한과 전기의 제안을 귀국정부가 수락함을 확인하는 각하의 회한을, 대한민국과 일본국간의 1965 년 4 월 3 일 청구권 문제 해결 및 경제협력에 관한 합의사항 3 의 신용 제공의 실시에 관한 양 정부간의 합의를 구성하는것으로 간주함을 제안하는 영광을 가집니다.

일본측 안(가역): - 본인은 일본국 국민이 대한민국 정부 또는 국민에 대하여 행할 상업상의 민간 신용 제공에 관하여 양국정부의 대표간에 도달된 다음의 양해를 확인하는 영광을 가집니다.

1. 3 억합중국불 (300,000,000 불)의 액을 넘는 상업상의 기초에 의한 통상의 민간 신용제공이, 일본국 국민에 의하여 체결될수 있는 적당한 계약에 의거하며, 대한민국 정부 또는 국민에 대하여 행하여지는것이 기대된다.

2. 1 항의 제공에는, 9 천만 합중국불 (90,000,000 불) 의 액에달하는것이 기대되는 어업협력을 위한 민간신용 제공 및 3 천만 합중국불 (30,000,000 불) 의 액에 달하는것이 기대되는 선박수출을 위한 민간신용 제공이 포함된다. 이들 어업협력을 위한 민간 신용 제공 및 선박 수출을위한 민간 신용제공은, 관계 법령의 범위내에서 용이화되는 것으로한다. (주일정 - 외아북)

29. JAW-06324, 힐튼호텔 교섭 개시 보고, 1965. 6. 15

한국 외교문서 1468, 제7차 한일회담 청구권 관계 회의 보고 및 훈령, 1965, 전2권, V.2, 1965. 4. 3 가서명 이후의 청구권 및 경제협력위원회, 1965. 4-6

1965년 6월 15일부터 힐튼호텔로 장소를 옮겨 청구권 및 경제협력 관련 회의가 재개되었음을 보고하는 문서(전문)다.

대한민국 외무부

JAW-06324

지급

종별

번호: JAW-06325(?)

일시: 151847

수신인: 외무부장관

발신인: 수석 대표

사본: 국무총리, 경제기획원장관, 청와대 비서실장, 중앙정보부장

금 15일 1800시부터 한일양측 대표는 힐톤 호텔에서 청구권 및 경제협력 문제의 미해결문제점의 토의 및 조문화작업을 시작하였는 바, 상세한것은 별도로 보고할것임. (외아북-주일정)(외통협)

30. JAW-06310, 한일 각 조약 및 협정 조인 일자, 1965. 6. 15
한국 외교문서 1486, 이동원 외무부 장관 일본 방문, 1965

1965년 6월 15일 김동조 대사가 시나 외상을 면담, 한일 조약 및 제 협정의 조인 일자를 6월 22일로 정했음을 보고하는 문서(전문)다.

대한민국 외무부

번 호: JAW-06310

일 시: 151259

수신인: 장관

발신인: 주일대사

참조: 국무총리, 청와대 비서실장, 중앙정보부장.

1. 본직은 금 15일 (화)11:20부터 12:05까지 외무성으로 시이나 대신을 방문하고 한일회담교섭의 각문제점 해결에 관한 일본측의 협력을 촉구하였음.

2. 현안 각조약 및 협정의 본조인 일자를 6.22.(화) 오전으로 정하였으며, 일본측이 제안하는 형식으로하여 이동원 외무부장관이 6.20 (일)에 동경을 방문하고, 익 21일에 외상회담을 개최하기로 합의함.

3. 상기 외상회담 일정의 공식발표에 관하여는, 시이나외상은 사또 수상의 양해를 금명간 얻어야할것이라고 말하고 본직도 또한 본국정부의 형편을 알아보겠다고 하여, 결국 여사한 과정을거쳐 별다른 이의가 양국정부로서 없는한 내 6.18.에 외상회담일정을 공식 발표하기로 합의하였으며, 발표직전에 상호간에 다시 합의하기로 하였음.

4. 한일회담 진행일정 및 현황, 외상회담의 성격, 공동성명에 포함될 사항등은 금 15일 파우치편으로 송부한 본직의 서한(파우치 목록 제 38호)을 검토하시기 바람.

1965.12.31.에 예고문에 의거 일반문서로 재분류됨

31. JAW-06341, 힐튼호텔 교섭 경과 보고, 1965. 6. 16

한국 외교문서 1468, 제7차 한일회담 청구권 관계 회의 보고 및 훈령, 1965, 전2권, V.2, 1965. 4. 3 가서명 이후의 청구권 및 경제협력위원회, 1965. 4-6

1965년 6월 16일 힐튼호텔에서의 회의 경과를 보고하는 문서(전문)다.

대한민국 외무부

부외비
종별

번호: JAW-06341

일시: 161356

수신인: 외무장관

발신인: 수석대표

공람

동북아주과

참조: 국무총리, 경제기획원장관, 중앙정보부장, 청와대비서실장.

연: JAW -06234

1. 연호로 보고한 청구권 및 경제협력에 관한 회의는 금일 (6.16) 아침 6시30분 까지 계속되였음.

2. 동회의에서 협정의 제목, 전문, 제2조 (청구권소멸문제) 및 협정에 관한 분쟁의 해결문제등을 제외하고 기타사항에 관하여 거의모두 합의에 도달하고 조문화를 완료하였음.

3. 계약은 동경에 설치될 사절단 또는 한국정부의 인가를 받은 자가 동경에서 계약에 서명하도록하고, 계약에 관한 분쟁의 해결은 행위지법에 의한 행위지의 재판관활로 한다는데 합의하였음. 이문제는 지금까지 아측이 조달청에 의한 서울 계약을 주장하여왔으며, 일측도 일단 이에동의하였던것이나, 이와 관련하여, 일측은 계약을 조달청에의하여 서울에서 체결하는 조건으로 비공개의 문서로, (가) 계약의 성립요건은 일본법에 의한다. (나) 계약의 분쟁 해결의 준거법은 일본법으로한다. (다)계약분쟁의 관할은 일본재판소가 한다는 3대 조건을 규정할것을 강력히 요구하였음. 따라서 계약지를 서울로 하면서 이상 3조건을 합의하는것보다는 차라리 사절단 계약으로 하는것이 보다낳은 것으로 판단되었고, 또한 계약에 관한 입찰공고낙찰자 결정등

계약체결의 서명이 전까지의 절차를 서울에서 할수있다는 양해도 있었으므로, 사절단에 의한 동경계약으로 합의하였음.

4. JAW -06272로 보고한 청구권 소멸에 관한 토의는 금 16일로 연기되었음.

5. 양측은 본건 협정 미결문제점 토의와 조문화 작업정리를 위하여 금16일 "힐튼" 호텔에서 오후 4시 부터 회담을 속개하기로 합의하였음.

6. 상세한 내용은 별도 보고위계임 (주일정-외아북)

32. JAW-06375, 청구권 및 경제협력에 관한 보고, 1965. 6. 17

한국 외교문서 1468, 제7차 한일회담 청구권 관계 회의 보고 및 훈령, 1965, 전2권, V.2, 1965. 4. 3 가서명 이후의 청구권 및 경제협력위원회, 1965. 4-6

1965년 6월 17일 힐튼호텔에서의 회의 경과를 보고하는 문서(전문)다.

대 한 민 국 외 무 부

부외비
종 별

번 호: JAW-06375
일 시: 171131

수 신 인: 외무부장관
발 신 인: 수석대표

참조: 국무총리, 경제기획원장관, 대통령 비서실장, 중앙정보부장

청구권 및 경제 협력에 관한 회의 보고

1. 작 16 일 오후 9 시 부 터 "힐튼" 에서 속 개된 기초 위원회에서는 금조 (6.17.) 2 시까지 작업을 계속 하여 청구권 소멸문제 (협정 제 2 조) 및 협정에 관한 분쟁 문제를 제외하고 거의 조문화를 완료 하였음. 조문화가 완료된 부분에 대하여는 국문을 작성하고 있음.

2. 오늘 회의는 오전 11 시 30 분에 속 개될 예정임.

(주일정-외아북, 외통협)

33. JAW-06450, 청구권 및 경제협력 관련 협정 조문화 작업 경과 보고, 1965. 6. 19

한국 외교문서 1468, 제7차 한일회담 청구권 관계 회의 보고 및 훈령, 1965, 전2권, V.2, 1965. 4. 3 가서명 이후의 청구권 및 경제협력위원회, 1965. 4-6

1965년 6월 19일 현재 청구권 및 경제협력 관련 협정 조문화 작업 경과를 보고하는 문서(전문)다.

대한민국 외무부

긴급 대외비
종별

번 호: JAW-06450
일 시: 190720

수 신 인: 외무 장관

발 신 인: 수석 대표

사본: 대통령, 국무총리, 경제기획원장관, 농림장관 각하

교섭현황을 보고함. (19일 07:00 현재)

1. 어업 협정은 유효기간을 제외하고는 10개 문서로 구성되는 전 협정문 작성 완료.

현안 어업에 관한 보완조항 작성은 포기되었고, 상호 승선, 합동 순시등 여타 7개 보완조항은 전부 안문 작성에 성공.

2. 청구권 관계 문서는 제2조 안문 작성만 남기고 차관 계약을 포함하여 21개 조약문 작성 완료됨.

3. 법적지위 협정은 법무대신의 전후 입국자 처리 문제에 관한 성명서를 포함한 4개 협정문 작성 완료함.

4. 문화재 협정은 4개 문서, 협정 조약문 작성 완료.

5. 따라서 청구권 협정 제2조 와 어업 협정 유효기간 문제를 제외하고는 한일 회담 관련 전 조약문 일본어 원문 작성은 완료되고 한국문 원문을 조합중에 있음.

6. 본국에서 파견된 회담 대표, 실무자 및 대표부 관계 직원의 헌신적인 노력으로 22일 본조인 서명이 확실하게 된것을 다행으로 생각함. (주일정-외아북)

청구권의 해결에 관한 조항 교섭: 숲속에 들어간 '개 논쟁'

청구권협정의 조문화 과정에서 가장 큰 어려움을 겪었고, 협정의 조인 직전에서야 최종 합의가 이루어진 부분은 '청구권의 해결'에 관한 내용을 규정하는 제2조였다. 제2조 조문화와 관련하여 한일 양국은 서로 다른 생각을 하고 있었다. 우선, 한국 측은 청구권협정 체결로 일본에서 도입하는 자금을 경제개발에 투입한다는 구상 중이었기에, 교섭의 마무리 단계에서 청구권의 해결과 관련한 법리논쟁으로 조문화 작업이 지체되는 것을 원치 않았다. 이에 따라 한국 정부는, 1965년 4월 24일 교섭 대표단에 "금 차의 청구권의 해결이 양국 간의 청구권 문제가 최종적으로 해결된 것이라는 취지로 교섭하라"라는 매우 간결한 훈령을 보냈다.[1] 그러나 한국에 거액을 지불해야 하는 일본으로서는 돈을 주고 난 후에도 한국으로부터 소송이 제기되거나 문제가 야기되는 것을 방지하고자 협정에 청구권의 해결과 관련한 가능한 한 모든 확인 장치를 규정해 놓을 필요가 있었다. 이를 위해 '청구권 해결'의 조문화 과정에서 수차례에 걸친 관계 성·청 회의와 외무성 내부 회의를 통해 신중하게 일본 측 입장을 수렴하는 과정을 거치기도 하였다.[2]

일본 측은 여러 차례 수정을 거쳐[3] 1965년 5월 31일 청구권 및 경제협력소위원회 제7차 회의에서 협정 문안을 한국 측에 제시하였다. 일본 측이 협정 문안 작성 과정에서 청구권의 해결과 관련하여 가장 고심한 부분은 청구권협정으로 해결 또는 소멸되는 재산과 청구권의 대상 및 해결되는 방식이었다.[4] 한국 측에 제시한 안에는 이 부분이 "어느 일방의 체약국도 자국 및 그 국민(법인 포함)의 재산, 권리 및 이익으로서 이 협정의 서명일에 타방 체약국의 관할 하에 있는 것에 관하여 타방 체약국이 이미 취하였거나 또는 금후 하게 될 조치의 효력을 승인하고, 또한 동일 이전에 발생한 사유에

---

1 한국 외교문서 1468, 제7차 한일회담 청구권 관계 회의 보고 및 훈령, 1965, 전2권, V.2, 1965. 4. 3 가서명 이후의 청구권 및 경제협력위원회, 1965. 4-6, 대일청구권 교섭지침, 1965. 4. 24, 1752쪽.

2 유의상, 『대일외교의 명분과 실리』, 439, 440쪽.

3 일본 측의 청구권 해결과 관련한 문구 수정 과정은 유의상의 『대일외교의 명분과 실리』 442-445쪽 참조.

4 유의상, 『대일외교의 명분과 실리』, 439, 440쪽.

기하여 타방 체약국 및 그 국민에 대한 자국 및 그 국민의 일체의 청구권을 포기한다"라고 규정되어 있다. 또한, 협정 제2조에 관한 교환공문 안에는 한국의 '대일청구요강'과 관련하여 '그 후의 수정 및 보족을 포함'이라는 문구를 추가함으로써 한국이 제6차 한일회담에서 수정을 시도했던 청구요강 제6항의 내용도 포함하였다. 5월 31일 일본 측이 제시한 협정 문안의 청구권 해결에 관한 부분과 4월 3일 양국이 가서명한 합의사항에 포함된 청구권의 해결과 관련된 항목(제5항) 및 합의의사록의 관련 부분을 비교해 보면 다음에 나오는 표와 같다.

6월 2일 개최된 청구권 및 경제협력 법적 문제 소위원회 제1차 회의는 한국 측이 일본 측 문안에 관해 질의하고 일본 측이 답변하는 식으로 진행되었다. 한국 측은 특히, 일본 측 문안 제2조 1항의 '타방의 체약국이 이미 취한 또는 취할 수 있는 모든 조치'와 2항의 '체약국이 취한 특별한 조치의 대상'의 구체적인 대상과 내용 등에 관해 상세한 답변을 요구하였다.[5] 일본 측은, '이미 취한 또는 취할 수 있는 모든 조치'는 "재산권, 채권 등을 소멸시키는 조치뿐 아니라 상대국 국민이 청구를 하더라도 이것을 각하시키는 조치 등을 포함한다"고 답하였다. 또한 앞으로 취할 조치는 한국의 대일청구요강안 8항목 정도로 할 수 있을 것이라는 설명도 있었다.[6] 6월 3일 제2차 회의에서는 일본 측이 전후 처리의 일환으로 취해진 특별 조치에 관해 상세히 설명하였다. 여기에는 1945년 9월 22일 금융거래통제에 관한 각서에 따라 시행된 대외거래 정지, 폐쇄기관령, 재외회사령, 금융기관 재건 정비령 등에 의한 외지 채권 정지, 청산, 미수금 공탁, 은급 수령권의 국적주의에 의한 처리, 일은권(日銀券) 신화폐 교환 조치에 따른 구화폐 실효 등의 조치가 포함된다는 것이었다.[7]

회의는 일단 2차까지만 개최되고 중단되었다. 일본 측과 긴 논쟁을 원치 않았던 한국은 두 차례의 회의 결과를 토대로 6월 7일 '청구권 해결에 관한 한국의 기본입장'을 수립하였다. 기본입장의 핵심은, "한국의 대일청구권은 종전 후 양국이 분리됨으로 말

5 한국 외교문서 1565, 한일 간의 기본관계에 관한 조약(등) 1964-65, 전5권, V.1 교섭 및 서명, 청구권 및 경제협력위원회 법적 문제 소위원회 회의 보고(제1차), 1965. 6. 2, 292, 293쪽.

6 日本外交文書 81, 第七次日韓全面會談請求權及び經濟協力委員會請求權分科委第一回會合, 1965. 6. 2.

7 日本外交文書 81, 第七次日韓全面會談請求權及び經濟協力委員會請求權分科委第二回會合, 1965. 6. 3.

미암아 발생한 것으로, 종전 자체로 권리가 발생하였거나 종전 이전에 권리가 발생되어 있는 것으로서 종전으로 인하여 권리 행사가 중단케 된 각종의 청구권을 말하는 것"이며, "따라서 [청구권]해결의 대상이 되는 한국의 대일청구권은 어디까지나 종전일을 기초로 하여 그 이전의 것이 된다"라는 내용이었다.[8] 청구권 자체의 의미나 해결되는 청구권의 내용 및 대상에 관해서는 아무런 언급이 없었고, 청구권을 규정하는 시점만 분명히 한 것이다. 한국 측은 이 기본입장을 토대로 다음과 같이 6월 10일 자 초안을 작성하여 일본 측에 제시하였다.

1. 이 협정의 체결에 의해 이 협정의 서명일에 존재하는 양 체약국 및 양 체약국민의 재산 및 양 체약국 및 양 체약국민 간의 청구권에 관한 문제는 1952년 9월 8일 샌프란시스코시에서 서명된 일본국의 평화조약 제4조에 규정된 것을 포함하여 완전히, 그리고 최종적으로 해결된 것으로 된다.
2. 1의 규정은 다음의 것에 영향을 미치는 것은 아니다.
   (a) 일방 체약국의 국민으로서 1945년 8월 15일 이전부터 이 협정의 서명일까지 계속해서 타방의 체약국에 거주하는 자의 재산 및 청구권(단, 이 협정의 서명일까지 각각 체약국이 취한 특별 조치의 대상이 되는 것에 관해서는 여기에 제한을 받지 않는다.)
   (b) 양 체약국 및 양 체약국 국민의 재산권 및 양 체약국 및 양 체약국 국민 간의 채권채무 관계로서 1945년 8월 15일 이후에 있어서 통상의 접촉으로 발생하는 관계에 기초한 것[9]

한국 측 안은 ① 제1항의 협정 서명일이 해결 대상의 확장을 의미하는 일본 측 안과 달리 그 시점까지 이어져 온 재산 및 청구권 문제를 해결한다는 의미로 적시되었으며,

---

8 한국 외교문서 1565, 청구권 해결에 관한 일 측 협정안에 관한 검토, 1965. 6. 7, 306-307쪽.

9 한국 외교문서 1468, 대한민국과 일본국 간의 청구권 문제 해결 및 경제협력에 관한 협정 및 그 관련 문서, 1965. 6. 10, 1996, 1997쪽.

10 이 책 322-324쪽을 참조바란다.

11 한국 외교문서 1468, JAW-05563, 일본 측의 청구권 및 경제협력 관련 7개 협정 문안 제시, 1965. 5. 31, 1876쪽.

12 한국 외교문서 1468, 1894, 1895쪽.

<table>
<tr><th>구분</th><th>1965. 4. 3 자 합의사항[10]</th><th>1965. 5. 31 자 일본 측 초안[11]</th></tr>
<tr><td rowspan="2">본문서</td><td>5. 청구권의 해결
관계협정의 성립 시에 존재하는 한일 양국 및 양 국민의 재산과 양국 및 양 국민 간의 청구권에 관한 문제는 샌프란시스코평화조약 제4조에 규정된 것을 포함하여 완전히 그리고 최종적으로 해결된 것으로 한다.</td><td>청구권협정 제2조
1. 어느 일방의 체약국도 자국 및 그 국민(법인 포함)의 재산, 권리 및 이익으로서 이 협정의 서명일에 타방 체약국의 관할 하에 있는 것에 관하여 타방 체약국이 이미 취하였거나 또는 금후 하게 될 조치의 효력을 승인하고, 또한 동일 이전에 발생한 사유에 기하여 타방 체약국 및 그 국민에 대한 자국 및 그 국민의 일체의 청구권을 포기한다.</td></tr>
<tr><td>단, 한일 양국 및 양 국민의 재산권과 양국 및 양국 민간의 채권 채무 관계로서, 종전 후 통상의 거래, 계약 등으로부터 생긴 관계에 의거한 것은 영향을 받지 아니한다.</td><td>2. 1의 규정은 다음 사항에 관하여는 적용되지 아니한다. 단, 이 협정의 서명일까지 각 체약국이 취한 특별한 조치의 대상으로 된 것은 여기에 해당되지 않는다.
(a) 일방 체약국 국민으로서 1945년 9월 2일 이전부터 이 협정 서명일까지 계속하여 타방 체약국에 거주하는 자의 재산, 권리 및 이익
(b) 양국 및 양국 국민 간의 무역 재개 후에 있어서의 통상의 접촉의 결과로서 1의 재산, 권리 및 이익에 해당하는 것으로 된 것</td></tr>
<tr><td>부속문서</td><td>합의의사록
1. 합의사항 5에 있어서 그리고 최종적으로 해결된 것으로 하는 한일 양국 및 양 국민의 재산 및 양국 및 양국민 간의 청구권에 관한 문제에는, 한일회담에서 한국 측으로부터 제출된 한국의 대일청구요강(소위 8항목)의 범주에 속하는 모든 청구권이 포함되어 있으며, 따라서 관계 협정의 발효에 의해 동 대일청구요강에 관해서는 어떠한 주장도 할 수 없는 것으로 함이 확인되었다.
2. 합의사항 5에 있어서 완전히 그리고 최종적으로 해결된 것을 하는 전기(前記)의 재산 및 청구권에 관한 문제에는 현재까지 대한민국에 의한 일본 어선의 나포로부터 발생한 모든 청구권이 포함되어 있으며, 관계 협정의 발효에 의해 그것의 모든 청구권은 이미 대한민국 정부에 대해 주장할 수 없는 것으로 함이 확인되었다.</td><td>재산 및 청구권에 관한 문제의 해결 및 경제협력에 관한 일본국과 대한민국 간의 협정 제2조에 관한 교환공문(안)[12]
1. 전기의 협정 제2조의 규정에 의해 한일회담에 있어서 한국 측으로부터 1952년 2월 20일 제출된 한국의 대일청구요강(그 후의 수정 및 보족을 포함)의 범위에 속하는 모든 재산, 권리 및 청구권에 관해서는 어떠한 주장도 할 수 없는 것으로 한다.
2. 동 협정 제2조의 규정에 의해, 동 협정의 서명일까지 대한민국에 의한 일본 어선의 나포로부터 발생한 일본국의 대한민국에 대한 모든 청구권에 관해서는 어떠한 주장도 할 수 없는 것으로 한다.</td></tr>
</table>

② "재산 및 청구권 문제는 완전히 그리고 최종적으로 해결된다"고 함으로써 일본 측과 달리 재산과 청구권의 해결방식을 구분하지 않았고, ③ 청구권 해결의 예외가 되는 시점을 1945년 8월 15일을 기준으로 하였다.[13] 4월 3일의 합의사항 내용, 그리고 이 합의사항의 토대가 되었던 샌프란시스코 강화조약 제4조 a) 항의 내용을 최대한 존중하여 작성하였음을 알 수 있다.[14]

한국 측 초안을 검토한 일본은 "한국 안이 법률적 명확성을 결여하고 있다"면서, ① 제1항의 "재산 및 청구권이 완전히 그리고 최종적으로 해결되었다"라고만 하면 법률적으로 그 해결 대상의 범위가 애매해지고, 또한 재산 및 청구권에 대해 어떤 처리가 이루어졌는지 알 수가 없고, ② '서명일에 존재하는'으로만 할 경우 양국 관할하에 있지 않은 것에도 적용되게 되며, ③ 제2항 a)의 단서 조항(단, 이 협정의 서명까지~제한을 받지 않는다)을 제2항 전체에 적용시키지 않으면 제2항 b)와 관련해, "대일청구요강안 8항목에 포함되어 있는 것이라도 8월 15일 이후 발생한 것은 해결되지 않게 된다"[15]라는 의견을 한국 측에 전달하였다.

양측은 뉴오타니호텔 합숙 회의 기간 중 개최된 청구권 법적 문제에 관한 국장급회의(6월 12일 및 14일)에서 이러한 입장 차를 좁히는 데 집중하였다. 공개된 양국 외교문서에서는 호텔 합숙 회의 기록(회의록 등)이 발견되지 않아 상세한 토의내용은 확인할 수 없다. 국장급 회의 일본 대표였던 사토 심의관은 후일 '한일회담 청구권·경제협력 협정 제2조에 관한 교섭' 제하 좌담회에서 이 회의의 협의내용을 다음과 같은 '개 논쟁'에 비유하였다.[16]

---

13 장박진, 「한일청구권협정 제2조의 형성 과정(1965. 3~6) 분석」, 동북아역사재단, 『동북아역사논총』, 48, 2015, 328-330쪽.

14 유의상, 『대일외교의 명분과 실리』, 447쪽.

15 한국 외교문서 1468, 2074-2078쪽; 日本外交文書 1314-3, 財産及び請求權に關する問題の解決並びに經濟協力に關する日本國と大韓民國との間の協定第二條に關する韓國案(1965. 6. 10案)について, 1965. 6. 11.

16 유의상, 『대일외교의 명분과 실리』, 448쪽. '개 논쟁'에 관해서는 장박진, 앞의 논문, 332-333쪽; 이동준, 「광복 70년·한일 수교 50년의 재인식」(23), 완전히 그리고 최종적으로 해결된 것의 의미, 『한국일보』,

한국 측이 시종 말한 것은 "일본 측 안은 숲에 도망쳐 들어간 개를 밖으로 몰아내기 위해서는 숲을 전부 불태워야 한다는 것이나, 그러지 말고 개를 밖으로 끌어내어 그것을 죽이면 되지 않겠느냐"는 것이었다. 이러한 '개 논쟁'을 많이 했다.[17]

한국 측은 예상할 수 있는 청구권들을 모두 예시하여 이들을 해결된 것으로 하자고 한 것이고, 일본 측은 예상치 못한 청구권이 제기되는 것을 막기 위해 협정 문안에 아예 제도적 장치를 마련하자고 주장한 것으로 해석할 수 있다. 결국, 한국 측은 일본 측의 요구를 받아들여 청구권협정 제2조 3항에 "(2항에 의해 인정되는 예외를 제외하고) 일방 체약국 및 그의 국민의 재산, 권리 및 이익으로서 본 협정의 서명의 날에 타방 체약국에 있는 것으로 특별 조치의 대상이 된 것 또는 되어야 할 것에 대한 조치와 일방 체약국 및 그의 국민의 타방 체약국 및 그의 국민에 대한 모든 청구권으로서 동일 이전의 사유에 기인하는 것에 관하여는 여하한 주장도 할 수 없는 것으로 한다"라는 내용을 포함시키는 방안을 제시하였다. 사토 심의관은 이 한국 측 제의가 '우리의 개죽이기 사고방식'을 반영한 만족스러운 것이었다고 술회하였다.[18]

양국이 이 같은 논쟁을 거쳐 6월 17일 각기 마련한 '청구권 해결' 관련 조문(협정 제2조) 및 합의의사록의 수정안은 다음과 같다.

양측이 6월 17일 자 수정안을 교환한 후 논의의 초점은 협정 제2조 2(a)와 2(b) '청구권 해결의 예외 대상'에 나와 있는 날짜로 옮겨졌다. 한국 측은 앞에 언급한 바와 같이 청구권협정 상 "청구권 해결의 대상이 되는 것은 어디까지나 종전(終戰) 이전의 것이며, 따라서 종전을 표준으로 하여 1945년 8월 15일 이후의 것은 원래 대상이 되지 않고 될 수도 없다"[19]라는 생각에 따라, "1945년 8월 15일부터 협정의 서명일까지 상

2015. 7. 20과 吉澤文壽, 「日韓諸條約に關する課題」, 한일관계사학회, 『한일수교 50년, 상호이해와 협력을 위한 역사적 재검토』, 2015. 9. 11, 한일수교 50주년 기념 국제학술회의 자료 등이 소개한 바 있다.

17 日本外交文書 1316, 日韓國交正常化交渉の記錄總說, XIII. 條文作成交渉と日韓條約諸協定の調印, 3. 請求權及び經濟協力問題, (B) 請求權の消滅事項問題 (4) ホテルニユ-オタニ, ヒルトンホテルにおける討議, 458, 459쪽. 한국 외교문서에서는 '개 논쟁' 관련 기록이 발견되지 않는다.

18 위의 문서, 459쪽.

19 한국 외교문서 1565, 청구권 해결에 관한 일 측 협정안에 관한 검토, 1965. 6. 7, 308-309쪽.

대방 국가에 거주한 일이 있는 사람의 재산, 권리 및 이익은 이 협정에 따라 소멸되지 않는다"라는 주장을 펼쳤다. 이에 대해, 일본 측은 전후 한일 간에 통상의 접촉(양국 간 민간무역의 재개)이 시작된 1947년 8월 15일 이후부터 일본에 거주한 자에 한해서만 예외로 할 것을 주장했다. 일본은 1947년 8월 15일을 일본 거주 재일한인의 귀국 완료 시점으로 보고 귀국한 한인들의 일본 내 재산, 권리 및 이익을 보호해 줄 수는 없다면서, 한국의 주장대로 1945년으로 하게 되면 '재일한인의 법적지위 문제'에서와 같이 일본에 계속 거주하는 자만을 대상으로 할 수밖에 없다고 강변하였다.[20]

6월 19~20일간 이 문제에 관하여 일본 측과 집중 교섭을 벌인 한국 측은, 일본의 양보 가능성이 없다는 판단을 내리고, 대표단이 일본에 와 있는 이동원 장관과 협의하여 6월 20일 최종 타협안을 작성하였다. 타협안의 내용은 "① 제2조 2(a)의 날짜는 일본 측 주장인 1947년 8월 15일을 수용하고, ② 2(b)의 날짜는 한국 주장대로 1945년 8월 15일로 하며, ③ 합의의사록의 '거주' 관련 조항에 외국인 등록조건을 삭제하고 1년 이상 거주를 1947년 8월 15일까지 1년이 된 자로 하며, ④ 1945~1947년간 귀국한 자라도 일본 소재 부동산은 실질적으로 영향을 받지 않는다는 일본 측의 양해하에 합의한다"라는 것이었다. 일본에 거주하다가 1947년 8월 15일 이전에 일본을 떠난 자의 재산, 권리 및 이익은 소멸 대상이 된다는 일본 측 주장을 수용하되, 소멸 대상의 예외가 되는 범위를 구체적으로 명기함으로써 한국 측의 주장도 최대한 반영한 내용이었다. 대표단은 6월 21일 새벽 본국에 이 타협안의 승인을 요청하였다.[21] 이동원 장관은 같은 날 오후 정일권 국무총리에게 별도로 전문을 보내, 6월 22일 예정대로 조인식을 거행하기 위해서는 이 타협안으로 합의할 수밖에 없다고 보고하였다.[22]

---

20 한국 외교문서 1565, JAW-06490, 청구권협정 제2조 관련 일본 측과의 합의 경위 및 본부 승인 요청, 1965. 6. 21, 333쪽.

21 한국 외교문서 1565, JAW-06490, 1965. 6. 21, 333-334쪽.

22 한국 외교문서 1565, JAW-06504, 청구권협정 제2조 관련 이동원 장관의 정일권 국무총리 앞 보고, 1965. 6. 21, 340쪽.

23 한국 외교문서 1468, JAW-06394, 일본 측의 청구권 관계 협정 제2조 안 제시, 1965. 6. 17, 2056-2060쪽.

24 한국 외교문서 1468, JAW-06420, 한국 측의 청구권 관계 협정 제2조 안 제시, 1965. 6. 18, 2089, 2090쪽.

25 한국 외교문서 1568, 한일 간의 기본관계에 관한 조약[등] 1964-65, 전5권, V.4 국내 조치. 대한민국과 일본국 간의 재산 및 청구권에 관한 문제의 해결과 경제협력에 관한 협정 1347-1349쪽 및 대한민국과 일본국 간의 재산 및 청구권에 관한 문제의 해결과 경제협력에 관한 협정에 대한 합의의사록(I), 1360-

청구권의 해결에 관한 한일 양국 수정안 및 최종 합의된 조문 대비

대상		일본 안 (65. 6. 17)[23]	한국 안 (65. 6. 17)[24]	최종 합의된 조문[25]
청구권협정 제2조	1.	양 체약국은 양 체약국 및 그 국민(법인을 포함)의 재산, 권리 및 이익과 양 체약국 및 그의 국민 간의 청구권에 관한 문제가 1951년 9월 8일에 샌프란시스코에서 서명된 일본국과의 평화조약 제4조 (a)에 규정된 것을 포함하여 완전하고도 최종적으로 해결된 것으로 되는 것을 이에 선언한다.	양 체약국은 본 협정 체결에 따라 양 체약국 및 그의 국민(법인을 포함)의 재산, 권리 및 이익과 양 체약국 및 그 국민의 사이의 청구권에 관한 문제가 1951년 9월 8일 샌프란시스코시에서 서명된 일본국과의 평화조약 제4조에 규정된 것을 포함하여, 완전 그리고 최종적으로 해결된 것을 확인한다.	양 체약국은, 양 체약국 및 그 국민(법인을 포함함)의 재산, 권리 및 이익과 양 체약국 및 그 국민 간의 청구권에 관한 문제가, 1951년 9월 8일에 샌프란시스코시에서 서명된 일본국과의 평화조약 제4조 (a)에 규정된 것을 포함하여, 완전히 그리고 최종적으로 해결된 것이 된다는 것을 확인한다.
	2.	본 조의 규정은 다음의 것(본 협정의 서명일까지 각각의 체약국에 의한 특별한 조치의 대상이 된 것을 제외)에 영향을 미치는 것은 아니다.	본 조 규정은 다음의 것(본 협정의 서명의 날까지 각각의 체약국이 취한 특별한 조치의 대상으로 된 것은 제외함)에 영향을 미치는 것은 아니다.	본 조의 규정은 다음의 것(본 협정의 서명일까지 각기 체약국이 취한 특별 조치의 대상이 된 것을 제외한다)에 영향을 미치는 것이 아니다.
	2(a)	일방의 체약국의 국민으로서 1947년 8월 15일부터 본 협정 서명일까지의 사이에 타방의 체약국에 거주한 사실이 있는 자의 재산, 권리 및 이익	일방 체약국의 국민으로서 1945년 8월 15일부터 본 협정의 서명의 날까지의 사이에 타방 체약국에 거주한 일이 있는 자의 재산, 권리 및 이익과 양국 및 양국 국민 간의 청구권	일방 체약국의 국민으로서 1947년 8월 15일부터 본 협정의 서명일까지 사이에 타방 체약국에 거주한 일이 있는 사람의 재산, 권리 및 이익
	2(b)	일방의 체약국 및 그의 국민의 재산 권리 및 이익으로서 1947년 8월 15일 이후에 있어서의 통상의 접촉의 과정에 있어서 취득된 또는 타방의 체약국의 관할하에 들어간 것	일방의 체약국 및 그의 국민의 재산, 권리 및 이익으로서 1945년 8월 15일 이후에 있어서의 통상의 접촉의 과정에 있어서 취득되고 또한 타방 체약국의 관할하에 있는 것으로 된 것	일방 체약국 및 그 국민의 재산, 권리 및 이익으로서 1945년 8월 15일 이후에 있어서의 통상의 접촉의 과정에 있어 취득되었고 또는 타방 체약국의 관할하에 들어오게 된 것
	2(c)	—	일방의 체약국 및 그의 국민의 타방 체약국 및 그의 국민에 대한 청구권으로서 1945년 8월 15일 이후에 있어서의 통상의 접촉으로부터 발생한 관계에 기인하는 것	—

대상		일본 안(65. 6. 17)	한국 안(65. 6. 17)	최종 합의된 조문
	3.	2의 규정에 따를 것을 조건으로 하여 일방 체약국 및 그의 국민의 재산, 권리 및 이익으로서 본 협정의 서명일에 타방의 체약국의 관할하에 있는 것에 대한 조치 및 일방의 체약국 및 그의 국민의 타방의 체약국 및 그의 국민에 대한 모든 청구권으로서 동일 이전에 발생한 사유에 기인하는 것에 관하여는 여하한 주장도 할 수 없는 것으로 한다.	2의 규정에 따를 것을 조건으로 하여, 일방 체약국 및 그의 국민의 재산, 권리 및 이익으로서 본 협정의 서명의 날에 타방 체약국에 있는 것으로 특별 조치의 대상이 된 것 또는 되어야 할 것에 대한 조치와 일방 체약국 및 그의 국민의 타방 체약국 및 그의 국민에 대한 모든 청구권으로서 동일 이전의 사유에 기인하는 것에 관하여는 여하한 주장도 할 수 없는 것으로 한다.	2의 규정에 따르는 것을 조건으로 하여 일방 체약국 및 그 국민의 재산, 권리 및 이익으로서 본 협정의 서명일에 타방 체약국의 관할하에 있는 것에 대한 조치와 일방 체약국 및 그 국민에 대한 모든 청구권으로서 동일자 이전에 발생한 사유에 기인하는 것에 관하여는 어떠한 주장도 할 수 없는 것으로 한다.
합의의사록	협정 제2조에 관하여	1. '특별한 조치'라 함은 일본국에 대하여는 제2차 세계대전의 종결의 결과로서 발생한 사태에 대처하여 1945년 8월 15일 이후 일본국에서 취해진 전후 처리를 위한 모든 조치(1951년 9월 8일에 샌프란시스코에서 서명된 일본국과의 평화조약 제4조에 의거한 특별협정을 고려하여 취해진 조치를 포함)를 말한다. 2. '거주'라 함은 외국인 등록을 행하고 1년 이상 거주한 자를 말한다.	1. "특별한 조치"라 하는 것은, 일본국에 대하여는 제2차 세계대전의 종결의 결과로서 발생한 사례에 대처하여, 1945년 8월 15일 이후의 일본국에 있어서 취해진 전후 처리를 위한 모든 조치(1951년 9월 8일 샌프란시스코시에서 서명된 일본국과의 평화조약 제4조에 의거한 특별약정을 고려하여 취하여진 조치를 포함)를 말한다. 2. '거주' 운운은 삭제.	(b) "특별 조치"라 함은, 일본국에 관하여는, 제2차 세계대전 전투 상태의 종결의 결과로 발생한 사태에 대체하여, 1945년 8월 15일 이후 일본국에서 취해진 전후처리를 위한 모든 조치(1951년 9월 8일에 샌프란시스코시에서 서명된 일본국과의 평화조약 제4조 (a)의 규정에 의거하는 특별약정을 고려하여 취해진 조치를 포함함)를 말하는 것으로 양해되었다. (c) '거주한'이라 함은 동조 2(a)에 기재한 기간 내의 어떠한 시점까지든 그 국가에 계속 1년 이상 거주한 것을 말하는 것으로 양해되었다. (g) 동 조 1에서 말하는 완전히 그리고 최종적으로 해결된 것으로 되는 양국 및 그 국민의 재산, 권리 및 이익과 양국 및 그 국민 간의 청구권에 관한 문제에는 한일회담에서 한국 측으로부터 제출된 "한국의 대일청구요강(소위 8개 항목)의 범위에 속하는 모든 청구가 포함되어 있고, 따라서 동 대일 청구요강에 관하여는 어떠한 주장도 할 수 없게 됨을 확인하였다.

대표단 전문 수신 후 서울에서는 6월 21일 정일권 국무총리 주재로 대통령 비서실장 및 관계 각료들이 참석한 회의가 열렸다. 이 회의에서는 한국의 기존 입장(1945년 8월 15일)을 고수해야 한다는 방침이 정해졌다. 이 방침에 따라 6월 21일 밤 10시 55분에 일본과 재교섭하라는 지시가 대표단에 하달되었다.[26] 6월 22일 새벽 2시 반에 대표단은 이 장관과 수석대표 연명으로 일본과의 재교섭은 불가능하다는 입장을 서울에 다시 타전하였다.[27] 그러자 정 국무총리는 같은 날 오전 8시 25분에, "금일 오전 중 시나 외상과 접촉하여 한국 입장 관철을 위해 노력하라"는 지시를 보냈다.[28] 그러나 곧이어 11시 45분 입장을 바꾸어, '대표단의 건의대로 처리하라는 지시'를 다시 보냄으로써[29] 본국과 대표단 간의 교신은 일단락되었다. 아마도 전화 연락 등을 통해 대표단이 본국을 설득한 것이 아닌가 생각된다. 청구권협정 교섭이 얼마나 어려웠던가를 잘 보여주는 대목이다.[30]

청구권협정은, 조인 당일인 6월 22일 오전 11시 20분 개최된 이동원 외무장관과 시나 외상 간의 제2차 회담에서, 협정에 관한 '합의의사록(I)'의 '구 재일한인의 부동산의 취급' 표현 문제를 일본 측의 최종안대로 하는 데 한국 측이 동의함으로써 마침내 완전하게 타결되었다.[31]

1361쪽.

26 한국 외교문서 1565, WJA-06339, 청구권협정 제2조 관련 대표단 승인 요청에 대한 본부 회신, 1965. 6. 21, 343쪽.

27 한국 외교문서 1565, JWA-06531, 청구권협정 제2조 관련일본 측과의 재교섭 불가 보고, 1965. 6. 22, 348쪽.

28 한국 외교문서 1565, WJA-06344, 청구권협정 제2조 관련 우리 측 입장 관철을 위한 노력 요청, 1965. 6. 22, 350쪽.

29 한국 외교문서 1565, WJA-06353, 대표단 건의대로 시행하라는 지시, 1965. 6. 22, 351쪽.

30 유의상, 『대일외교의 명분과 실리』, 453, 454쪽.

31 日本外交文書 1462, 椎名外務大臣,李東元外務部長官第2回會談記錄, 1965. 6. 23.

한국 외교문서	일본 외교문서
1. 1468, 제7차 한일회담 청구권 관계 회의 보고 및 훈령, 1965, 전2권, V.2, 1965. 4. 3 가서명 이후의 청구권 및 경제협력위원회, 1965. 4-6, 대일청구권 교섭지침, 1965. 4. 23	
2. 1468, 제7차 한일회담 청구권 관계 회의 보고 및 훈령, 1965, 전2권, V.2, 1965. 4. 3 가서명 이후의 청구권 및 경제협력위원회, 1965. 4-6, JAW-05563, 청구권 및 경제협력위원회 제7차 회의 결과 보고, 1965. 5. 31	
3. 1565, 한일 간의 기본관계에 관한 조약 (등) 1964-65, 전5권 V.1, 교섭 및 서명, JAW-06052, 청구권 및 경제협력위원회 법적 문제 소위원회 회의 보고(제1차), 1965. 6. 2	4. 81, 첫 번째 문서, 제7차 일한전면회담 청구권 및 경제협력위원회 청구권분과위 제1회 회합(第七次日韓全面會談請求權及び經濟協力委員會請求權分科委第一回會合), 1965. 6. 2
	5. 81, 두 번째 문서, 제7차 일한전면회담 청구권 및 경제협력위원회 청구권분과위 제2회 회합(第七次日韓全面會談請求權及び經濟協力委員會請求權分科委第二回會合), 1965. 6. 3
6. 1565, 한일 간의 기본관계에 관한 조약 (등) 1964-65, 전5권 V.1, 교섭 및 서명, 청구권 해결에 관한 일 측 협정안에 관한 검토, 1965. 6. 7	
7. 1468, 제7차 한일회담 청구권 관계 회의 보고 및 훈령, 1965, 전2권, V.2, 1965. 4. 3 가서명 이후의 청구권 및 경제협력위원회, 1965. 4-6, 대한민국과 일본국 간의 청구권 문제 해결 및 경제협력에 관한 협정 및 그 관련 문서, 1965. 6. 10	
8. 1468, 제7차 한일회담 청구권 관계 회의 보고 및 훈령, 1965, 전2권, V.2, 1965. 4. 3 가서명 이후의 청구권 및 경제협력위원회, 1965. 4-6, 財産及び請求權に關する問題の解決並びに經濟協力に關する日本國と大韓民國との間の協定第二條に關する韓國案(1965. 6. 10, 案)について, 1965. 6. 11	

한국 외교문서	일본 외교문서
	9. 1316, 일한국교정상화 교섭의 기록 총설 XIII. 조문 작성 교섭과 일한조약 제 협정의 조인, 3. 청구권 및 경제협력 문제, (B) 청구권의 소멸 사항 문제, (4) 호텔 뉴오타니, 힐튼 호텔에서의 토의(日韓國交正常化交涉の記錄總說, XIII. 條文作成交涉と日韓條約諸協定の調印, 3. 請求權及び經濟協力問題, (B) 請求權の消滅事項問題, (4) ホテルニユ-オタニ, ヒルトンホテルにおける討議)
10. 1468, 제7차 한일회담 청구권 관계 회의 보고 및 훈령, 1965, 전2권, V.2, 1965. 4. 3 가서명 이후의 청구권 및 경제협력위원회, 1965. 4-6, JAW-06394, 일본 측의 청구권 관계 협정 제2조 안 제시, 1965. 6. 17	
11. 1468, 제7차 한일회담 청구권 관계 회의 보고 및 훈령, 1965, 전2권, V.2, 1965. 4. 3 가서명 이후의 청구권 및 경제협력위원회, 1965. 4-6, JAW-06420, 한국 측의 청구권 관계 협정 제2조 안 제시, 1965. 6. 18	
12. 1565, 한일 간의 기본관계에 관한 조약 (등) 1964-65, 전5권 V.1, 교섭 및 서명, JWA-06490, 청구권협정 제2조 관련 일본 측과의 합의 경위 보고 및 본부 승인 요청, 1965. 6. 21	
13. 1565, 한일 간의 기본관계에 관한 조약 (등) 1964-65, 전5권 V.1, 교섭 및 서명, JWA-06504, 청구권협정 제2조 관련 일본 측과의 합의에 대한 장관 의견 보고, 1965. 6. 21	
14. 1565, 한일 간의 기본관계에 관한 조약 (등) 1964-65, 전5권 V.1, 교섭 및 서명, WJA-06339, 청구권협정 제2조 관련 대표단 승인 요청에 대한 본부 입장 회신, 1965. 6. 21	
15. 1565, 한일 간의 기본관계에 관한 조약 (등) 1964-65, 전5권 V.1, 교섭 및 서명, JWA-06531, 청구권협정 제2조 관련 일본 측과의 재교섭 불가 보고, 1965. 6. 21	

한국 외교문서	일본 외교문서
16. 1565, 한일 간의 기본관계에 관한 조약 (등) 1964-65, 전5권 V.1, 교섭 및 서명, WJA-06344, (청구권협정 제2조 관련 우리 측 입장 관철을 위한 노력 요청), 1965. 6. 22	
17. 1565, 한일 간의 기본관계에 관한 조약 (등) 1964-65, 전5권 V.1, 교섭 및 서명, WJA-06353, (청구권협정 제2조 관련 대표단 건의대로 시행하라는 지시), 1965. 6. 22	

1. 대일청구권 교섭지침, 1965. 4. 24

한국 외교문서 1468, 제7차 한일회담 청구권 관계 회의 보고 및 훈령, 1965, 전2권, V.2, 1965. 4. 3 가서명 이후의 청구권 및 경제협력위원회, 1965. 4-6

※ '한일 양국의 청구권협정 문안 제시' 6번 문서로 이미 수록하였으므로 여기서는 생략함.

2. JAW-05563, 청구권 및 경제협력위원회 제7차 회의 결과 보고, 1965. 5. 31

한국 외교문서 1468, 제7차 한일회담 청구권 관계 회의 보고 및 훈령, 1965, 전2권, V.2, 1965. 4. 3 가서명 이후의 청구권 및 경제협력위원회, 1965. 4-6

※ '한일 양국의 청구권협정 문안 제시' 13번 문서로 이미 수록하였으므로 여기서는 생략함.

3. JAW-06052, 청구권 및 경제협력위원회 법적 문제 소위원회 회의 보고(제1차), 1965. 6. 2

한국 외교문서 1565, 한일 간의 기본관계에 관한 조약(등) 1964-65, 전5권, V.1, 교섭 및 서명

※ '한일 양국의 청구권협정 문안 제시' 20번 문서로 이미 수록하였으므로 여기서는 생략함.

4. 第七次日韓全面會談請求權及び經濟協力委員會請求權分科委 第一回會合, 1965. 6. 2

日本外交文書 81, 첫 번째 문서

※ '한일 양국의 청구권협정 문안 제시' 21번 문서로 이미 수록하였으므로 여기서는 생략함.

5. 第七次日韓全面會談請求權及び經濟協力委員會請求權分科委 第二回會合, 1965. 6. 3
日本外交文書 81, 두 번째 문서

※ '한일 양국의 청구권협정 문안 제시' 23번 문서로 이미 수록하였으므로 여기서는 생략함.

6. 청구권 해결에 관한 일 측 협정안에 관한 검토, 1965. 6. 7

한국 외교문서 1565, 한일 간의 기본관계에 관한 조약(등) 1964-65, 전5권, V.1, 교섭 및 서명

일본 측이 1965년 5월 31일 제시한 청구권 및 경제협력 관련 협정안에 관한 한국 측의 검토 의견이 기재된 문서다.

한국 측은 "한국의 대일청구권은 종전 후 양국이 분리됨으로 말미암아 발생한 것으로, 종전 자체로 권리가 발생하였거나 종전 이전에 권리가 발생되어 있는 것으로서 종전으로 인하여 권리행사가 중단케 된 각종의 청구권을 말하는 것이며, 따라서 청구권 해결의 대상이 되는 한국의 대일청구권은 어디까지나 종전일을 기초로 하여 그 이전의 것이 된다"라는 입장을 수립하였다.

"請求權 解決"에 關한 日側 協定案에 關한 檢討

1965. 6. 7.

1. "請求權 解決"에 關한 韓國側의 基本立場

請求權 解決 및 經濟協力에 關한 協定에서 "請求權 解決"에 關하여 解決의 對象으로 되어 있는 所謂 請求權이라 함은 原則的으로 韓國의 對日請求權이며 附隨的으로 所謂 日本의 對韓請求權은 이미 消滅한 것이나 兩國間의 關係에서 이를 確認한다는 意味에서 規定을 둘 것은 考慮할 수 있는 것이다.

韓國의 對日請求權이라 함은 지금까지의 交涉經緯로 보아도 自明한 바와 같이, 終戰後 兩國이 分離되므로 말미암아 發生한 것으로

終戰自体로 權利가 発生하였거나 終戰 以前에 權利는 発生되어 있는 것으로서 終戰으로 因하여 權利行使가 中斷케 된 各種의 請求權을 말하는 것이다. 따라서 解決의 対象이 되는 韓国의 対日請求權은 어디까지나 終戰日을 基礎로하여 그 以前의 것이 되며 그 以後의 것은 対象의 밖이 되는 것이다.

또, 椎名合意事項에 依하면 "関係協定 時에 存在하는 兩国 및 兩国民間의 財産 및 請求權 問題가 解決된" 것으로 되어 있는 바, 지금까지 韓日会談 請求權委員会에서 다루어진 모든 請求權 即 韓国의 対日請求權이 解決된 것을 意味하는 것이다.

2. 日側案의 問題点과 韓国側의 立場

今番 提示된 日側案은 그 提案 意図가

理由가 어디에 있는지 더욱 穿鑿이 必要하나 지금까지의 說明으로서 推斷되는 바에 依하여도 上記 我側主張과 比較하여 몇가지 根本的인 疑問이 있다고 생각된다.

(1) 위에서도 指摘한 바와 같이 日側은 韓國側과 請求權 및 經濟協力에 關한 協定에서 다루어질 解決對象의 請求權의 內容에 關하여 根本的으로 理解를 달리하고 있다.

韓國의 對日請求權의 境遇 解決의 對象이 되는 것은 어디까지나 終戰以前의 것이며 따라서 終戰日을 標準으로 하여 그後의 것은 元來부터 對象이 되지 않고 될수도 없는 것이다. 日側案대로 한다면 終戰後 發生한 韓國 및 韓國民의 對日本國 또 日本人의 請求權 및 在日財產은 全部 一旦 消滅케 되는 結果가 있다. 이에 대한 例外 規定이 있으나 例外에 包含되지 않은 것, 例를 들면 戰後에 發生한 韓國人의 對日本人債權 (戰後入國者로서 通常의 貿易去來에 依하지 않은 것) 같은 것이 消滅의 對象으로 되는 것이다. 設令 戰後의 各種 請求權이 例外規定으로 救濟되나 하더라도 協定의 署名日을 標準으로 하여 解決 對象의 請求權의 範圍를 定하는 方式에는 贊同할 수 없다.

日側이 解決對象의 請求權을 協定의 署名日을 標準으로 定한다고 하면 이는 從來의 이에 關한 交涉과정에서 逸脫하는 것이므로 韓國側으로서는 解決對象의 請求權이 終戰日以前의 것이라는 것을 明確히 하는 規定을 마련하도록 하는 方案을

考慮하지 않을 수 없다.

(이러한 我側의 主張에 日側이 아래와 같은 疑問을 提起할 可能性이 있다.

가. 4.3. 合意에서 이미 "協定成立時"라는 것이 合意되지 않았는가?

韓國側은 [illegible] 對象請求權을 上述한 바와 같이 理解한다. 4.3. 合意時의 合意議事錄 1.은 解決對象請求權의 內容을 規定하고 있는 바, "韓國側이 提出한 所謂 八項目 請求要綱 內의 것이 包含된다"라고 하는 것은 終戰以前의 對日請求權을 總合하여 提出한 八項目 內의 請求權과 同八項目[illegible]에 빠져 있을지도 모르는 終戰前 請求權을 予想하여 그와 같이 規定한 것이다.

6.

또한 4.3. 合意事項 第5項의 但書는 当然한 것은 規定한 것이다.

4. 同合意議事錄 2. 에는 終戰後 発生한 日本의 拿捕漁船에 対한 請求權을 消滅対象에 包含되어 있는 것으로 되어 있지 않은가?

合意議事錄 1. 의 規定과 2. 의 規定은 性格上 다르다. 1. 의 規定은 当然한 것을 말한 注意規定과 같은 性格을 가진 反面 2. 의 規定은 創設的인 効果를 지닌 性格의 規定이라고 할 것이다. 따라서 "主張할수 없다"는 表現에 있어서도 1. 에서는 "主張할수 없는 것으로 되는 것" 이라고 한데 対하여 2. 에서는 "主張할 수 없는 것으로 하는 것"으로 되어 있다.

7.

元来 拿捕漁船 問題가 請求権 委員會에서 取扱된 일이 없는 것은 當時의 文書 記録等으로 보아도 明白하다.)

(2) 韓國의 対日請求権과 日本의 所謂 対韓請求権은 equal footing에 놓여질수 없다. 韓國의 対日請求権은 関係協定의 規定에 依하여 비로서 없어지는 것이며 日本의 所謂 対韓請求権은 그 以前에 이미 消滅되었으나 平和条約의 発效에 依하여 日本自体도 그 消滅을 正式으로 認定한 것이다. 따라서 日本의 所謂 対韓請求権의 消滅은 関係協定에 規定한다면 그것은 이미 없어진 것을 両國間에서 確認하는 意義밖에 없다. 4.3. 合意에서도 "桑港平和条約 第四条에 規定된 것을 包含하여"

解決하는 것으로 하였는 바, 그러한 意味에서 規定된 것이며 第3. 合意를 具体化시킨다면 平和条約 第四条에 依하여 解決된 請求權이 무엇인가 하는 것은 무엇보다도 規定할 必要가 있을 것이다.

(3) 日側案에 依하면 他方締約國의 既往의 措置는 勿論 將來의 措置까지 모든 措置를 除外하는 것으로 되어 있는 바, 自國 및 自國民의 財産 및 請求權에 關한 모든 措置를 相對方國家에 白紙로 委任하는 것은 危險한 일이다. 그보다도 韓國의 對日請求權에 對하여 日本이 이미 取한 措置란 무엇인지 알고 싶다. 왜냐하면 韓國의 對日請求權은 協定의 規定에 依하여 비로서 措置되는 것으로 그 以前에

9.

있어서의 日本의 獨自的인 措置는 合法的인 것으로 생각할 수 없기 때문이다.

또한 日本의 所謂 對韓請求權 (日本의 所謂對韓請求權이라고 할 때에도 勿論 終戰後의 것은 除外한다.)에 關해서는 이미 取해진 措置로서 充分하며 將來에 대한 措置가 거의 豫想될수 없으므로서 措置의 內容이 뚜렷한 反面 韓國의 對日 請求權의 措置의 內容이 問題가 되는바 (該當 措置라는 것은 受諾한다고 하더라도), 앞으로의 措置에 關한 日本側의 充分한 說明이 있어야 할 것이다.

(4) 他方의 締約國의 "管轄下"라는 表現은 絶對로 受諾할 수 없다. 지금까지 討議해 온 바와 같이 韓國側은 協定의 對象領域이 韓半島의 全域에 걸치는

것이라는 主張이다.

(5) 日本案에 依하면 協定의 名稱이나 其他 題目에 있어서 請求權 "問題"의 解決이라고 하는 反面 具体的으로는 請求權 自体의 解決에 主眼目을 두고 있는 바, 그와 같이 본다면 協定의 名稱이나 其他 題目에 있어서도 "請求權問題"의 解決보다는 "請求權의 解決"이라고 表現함이 더욱 適合할 것이다.

7. 대한민국과 일본국 간의 청구권 문제 해결 및 경제협력에 관한 협정 및 그 관련 문서, 1965. 6. 10

한국 외교문서 1468, 제7차 한일회담 청구권 관계 회의 보고 및 훈령, 1965, 전2권, V.2, 1965. 4. 3 가서명 이후의 청구권 및 경제협력위원회, 1965. 4-6

※ '한일 양국의 청구권협정 문안 제시' 24번 문서로 이미 수록하였으므로 여기서는 생략함.

8. 財産及び請求權に關する問題の解決並びに經濟協力に關する日本國と大韓民國との間の協定第二條に關する韓國案(1965. 6. 10, 案)について, 1965. 6. 11

한국 외교문서 1468, 제7차 한일회담 청구권 관계 회의 보고 및 훈령, 1965, 전2권, V.2, 1965. 4. 3 가서명 이후의 청구권 및 경제협력위원회, 1965. 4-6

한국 측이 1965년 6월 10일 자로 제시한 청구권 및 경제협력 협정 제2조 안에 대한 일본 측의 검토 의견이 담긴 문서다.

번역

재산 및 청구권에 관한 문제의 해결 및 경제협력에 관한 일본국과 대한민국 간의 협정 제2조에 관한 한국 안(1965. 6. 10, 안)에 관해

1965. 6. 11

제1항에 관해

1. 한국 측 제안은 다음과 같이 조약문으로서의 법률적 명확성을 결하고 있다. (합의의사록 작성 시 그것이 조문화 시의 표현을 구속하는 것이 아님은 쌍방 간에 명확한 이해가 존재하였다.)
   가) '재산 및 … 청구권에 관한 문제'는 법률적 표현으로는 그 범위가 아주 불명확하다(합의사항에서는 교섭의 경위를 전제로 하여 그 내용에 관해 쌍방이 일치된 이해가 있을 수 있었으나, 독립된 조문화로서는 그러한 이해를 명확히 정의하지 않은 채 조문화하는 것은 불가능하다).
   나) '완전하고 최종적으로 해결된 것이 된다'라고 하는 규정에는 법률적으로 재산 및 청구권 그것에 대해 어떠한 처리가 행해졌는지가 명백하지 않다.
2. '서명일에 존재하는'이라고 하면 제3국에 있는 것처럼 양국의 관할하에 있지 않은 것에 대해서까지 이것을 적용하는 것이 되지 않을 수 없으며, 이 협정의 취지로부터도 그것은 적당하지 않다.
3. '평화조약 제4조에 규정된 것을 포함하여'가 이 협정에서 최종적으로 해결되었다고 하면 그 반대 해석으로 제4조 b) 관계의 일본 측 권리는 모두 그때까지 유효하였다고 하는 것이 된다.
4. '재산'이라 하는 것은 베르사유조약(제297조) 이래 재산, 권리 및 이익이라고 하는 표현이 국제적으로 전통적으로 사용되어 온 표현이며, 그러한 표현으로 통일하는 것이 좋다고 생각한다.

제2항에 관해

1. 제2항과 같은 규정 방식을 취하게 되면, 다음과 같이 한국 측 청구권 8항목에 포함

되어 있는 것까지 적용에서 제외되는 결과가 되므로 정확하지 않다.

가) 제2항 a)의 단서는 제2항 전체의 단서로 하지 않으면 청구 8항목에 포함되는 것으로 8월 15일 이후 발생한 것마저 적용에서 제외된다.

나) 제2항 b)에서 1945년 8월 15일 일자를 채용하고 있는데, 이렇게 하면 청구 8항목 가운데 상당한 부분(예를 들어 군령 33호에 관련된 한국 측 청구)이 적용 제외가 된다.

2. 제2항 b)에서 '채권 채무'라고 하고 있는데, 이렇게 기재하면 서명일 현재에는 청구권에 불과한 것은 포함되지 않게 된다.
3. 제2항 a)의 날짜는 재일한국인의 대우에 관한 협정과의 관계도 있으므로 그것과의 관련하에 결정해야 할 것으로 생각한다.

교환공문에 관해

가서명(이니셜)된 합의의사록 내용은 협정의 해석을 명확히 하기 위한 교환공문의 형식으로 확인할 필요가 있다.

一九六五・六・一一

財産及び請求権に関する問題の解決並びに経済協力に関する日本国と大韓民国との間の協定第二条に関する韓国案（一九六五・六・一〇案）について

第一項に関し、

1　韓国側提案は、次のとおり条約文としての法律的明確さを欠いている。（合意事項作成の際、それが条文化の際の表現を拘束するものでないことは双方の間に明確な了解が存在した。）

(イ)　「財産並びに、、、、請求権に関する問題」は、法律的表現としては、その範囲がまつたく不明確である。（合意事項においては交渉の経緯を前提としてその内容について双方の一致した了解があり得たが独立した条約文としては、そのような了解を明確に定義しないままで条文化することはできない。）

(ロ)「完全かつ最終的に解決されたことになる」という規定では、法律的に財産及び請求権そのものについていかなる処理が行なわれたのか明らかでない。

2 「署名の日に存在する」とすると第三国にあるもののように両国の管轄の下にないものについてまでこれを適用するということになりかねないが、この協定の趣旨からも、それは適当でない。

3 「平和条約第四条に規定されたものを含めて」がこの協定で

最終的に解決されたというとその反対解釈として第四条(b)関係の日本側権利はすべてそれまで有効であったということになる。

4 「財産」とあるのはヴェルサイユ条約（第二九七条）以来財産、権利及び利益という言い方が国際的に伝統的に用いられている表現であるので、そのような言い方に統一した方がよいと思われる。

第二項に関し、

1　第二項のような規定の仕方をすると、次のとおり韓国側請求八項目に含まれているものまでも適用除外になる結果となるので正確でない。

(イ)　第三項(a)のただし書は第二項全体のただし書としなければ請求八項目に含まれるものであつて八月十五日以後発生したものまで適用除外となる。

(ロ)　第二項(b)において一九四五年八月十五日の日付を採用しているが、こうすると請求八項目のうちかなりの部分（たとえば軍令三三号に関連する韓国側請求）が適用除外となる。

2　第二項(b)で「債権債務」とあるが、このように書くと署名の日現在では請求権でしかないもの（aとbは不法行為に基づくものや係争中のもの）は入らなくなる。

3　第二項(a)の日付は在日韓国人の待遇に関する協定との関係もあるのでそれとの関連において決定すべきものであると考える。

交換公文について、

イニシアルされた合意議事録の内容は協定の解釈を明確にするため交換公文の形式で確認する必要がある。

9. 3. 請求權及び經濟協力問題, (B) 請求權の消滅事項問題 (4) ホテルニユ-オタニ, ヒルトンホテルにおける討議 日本外交文書 1316, 日韓國交正常化交涉の記錄總說, XIII. 條文作成交涉と日韓條約諸協定の調印

청구권 및 경제협력 협정 제2조 '청구권의 해결'과 관련하여 한일 간의 논쟁을 '개 논쟁'으로 비유한 일본 측 사토 심의관의 '한일회담 청구권·경제협력 협정 제2조에 관한 교섭' 제하 좌담회 언급 내용이 기재된 문서다.

(4) 뉴오타니호텔, 힐튼호텔에서의 토의

6월 11일부터 14일까지 뉴오타니호텔에서 경제협력 문제를 토의할 때 청구권에 대해서도 위원회가 네 차례 열렸다. 사토 심의관은 전기한 좌담회 '일한회담의 청구권 및 경제협력 협정 제2조에 관한 교섭'에서 다음과 같이 말했다.

상대측은 전상진 대표, 김정태(金正泰), 우리 측은 내가 주관했는데 대체로 싸움만 했던 것 같다는 생각이 든다. 나는 그 사이를 헤집어 전 대표와 만나 식사를 함께 하면서 우리 측 생각을 전했다. 한국 측이 시종 말하고 있던 것은 일본 측 안은 숲으로 도망친 개를 죽이기 위해 숲을 모두 태워 버리려는 생각이다. 그렇게 하지 말고 개를 끌어내어 죽이면 되는 것 아니냐는 것 같은 이야기였다 이 개를 둘러싼 논의를 많이 했다.

15일 밤부터는 힐튼호텔로 옮겼다.

한국 측이 양보할 기미를 보이지 않았으므로 14일부터 17일까지 일본 측은 열심히 타협안을 만들었다. 그래서 시안이 속속 왔다. 그동안 나는 전 대표와 마주 보고 가자는 생각으로 자주 접촉해 일본 측 시안을 그에게 보여줬다. 한국 측이 주장하는 것처럼 "최종적으로 해결된 것을 합의한다"는 내용을 먼저 내놓고, 깨뜨리는 부분을 3개 항 갖고 가자는 말도 이때 했다

한국 측 안은 밤늦게 새벽 2-3시경, 즉 18일 아침에 나왔다. 그 한국 측 안을 보면 우리 측의 개 죽이기 사고방식이 3항에 나오고 있으므로 이 정도면 됐다고 생각했다. 이것을 받아들이고 그 자리에서 그 안을 바탕으로 전 대표와 잘못된 곳을 함께 고쳐 나갔다. 그 다음은 합의의사록을 둘러싼 승부였다. 또한 제3조(중재 조항)는 어업 쪽으로 중재 조항이 나올 것 같았기 때문에 그렇다면 그대로 그것을 취해 버리기로 하고 제3조는 마지막까지 손을 대지 않은 채 어업협정에서 결정한 것을 그대로 담았다. 17일부터 19일에는 내가 법제국에 가서 "뭐, 이 정도에서 정리한다"라고 말했는데 장관이 "이 정도라면 잘 정리됐군"이라고 말했던 것을 기억한다.

13-458

(4) ホテル・ニューオータニ，ヒルトンホテルにおける討議

6月11日～14日，ホテル・ニューオータニで経済協力問題討議の際に請求権についても委員会が4回開かれた。佐藤審議官は前記座談会「日韓会談における請求権、経済協力協定第2条に関する交渉」で次のとおり述べている。「向うは全祥振代表、金正泰、こちらは自分が主で、大体けんかばかりしていたような気がする。その間をぬつて自分は全代表と会い、また食事を共にしてこちらの考えを伝えた。」

「韓国側が終始いつていたことは、日本の案は森に逃げ込んだ犬を殺すために森を全部焼いてしまうという考え方だ、そう

GA 6 務省

13-459

ではなく犬をひつぱり出してそれを殺せばいいではないかというようなことをいつていた。この犬論議は随分やつた。

15日夜からヒルトン・ホテルに移つた。」

「韓国側がおりそうにないというので14日～17日日本側で一生懸命妥協案を作つた。そこで試案が続々と出ている。この間に自分は全代表と差しでいこうということで度々接触して日本側の試案を全代表にみせた。韓国側が主張するように『最終的に解決されたことを合意する』ということを先に出して、つぶす方を3項にもつていこうという話もこの間にやつた。

韓国側の案は夜遅く朝の2時か3時頃、つまり18日朝持つてきた。その韓国案をみるとわが方の犬殺しの考え方が3項に出てきているので、これでできたと思つた。これをもらつた時に、その場でその案をもとに全代表とおかしなところを一緒に直して行つた。

GA 6 外務省

これから
あとは合意議事録の勝負になつてくる。

なお第3条（仲裁条項）は漁業の方で仲裁条項ができそうだつたので、できたらそのままそれをとつてしまおうということで3条は最後まで手をつけず、漁業協定できまつたのをそのまま入れた。17日と19日 私は法制局に行つて『ま、こんなところで収まる』といつたら『よくこんなところで収まつたね』と長官がいつていたのを覚えている。

GA 6 外務省

10. JAW-06394, 일본 측의 청구권 관계 협정 제2조 안 제시, 1965. 6. 17

한국 외교문서 1468, 제7차 한일회담 청구권 관계 회의 보고 및 훈령, 1965, 전2권, V.2, 1965. 4. 3 가서명 이후의 청구권 및 경제협력위원회, 1965. 4-6

일본 측 사토 심의관이 1965년 6월 17일 한국 측에 제시한 청구권 관계 협정 제2조 청구권 해결에 관한 일본 측 안을 보고하는 문서(전문)다.

대한민국 외무부

매저국 (부외비)
종 별

번 호: JAW-06394
일 시: 171917

수 신 인: 외무부장관 귀하

발 신 인: 수석대표

청구권 관계 협정 제 2 조의 청구권의 해결 문제에관련하여 일측은 아래와같은 안을 제시하여왔아옵기 보고함.

아래 "제 2 조안"

1. 양체약국은 양체약국 및 그 국민 (법인을 포함) 의 재산 권리 및 이익과 양 체약국 및 그의 국민간의 청구권에관한 문제가 1951 년 9 월 8 일에 산후란시스코에서 서명된 일본국과의 평화조약 제 4 조 (A) 에 규정된것을 포함하여 완전 하고도 최종적으로 해결된것으로되는것을 이에 선언한다.

2. 본조의 규정은 다음의것 (본협정의 서명일까지에 각각의 체약국이 취한 특별한 조치의 대상이된것을 제외) 에 영향을 미치는것은 아니다.

(A) 일방의 체약국의 국민으로서 1947 년 8 월 15 일부터 본협정 서명일까지의 사이에 타방의 체약국에 거주한 사실이였는 자의 재산 권리 및 이익.

(B) 일방의 체약국 및 그의 국민의 재산 권리 및 이익으로서 1947 년 8 월 15 일 이후 에있어서의 통상의 접촉의 과정에있어서 취득된 또는 타방의 체약국의 관할하에 들어간것.

3. 2 의 규정에따를것을 조건으로하여 일방의 체약국 및 그의 국민의 재산 권리 및 이익으로서 본협정의 서명일에 타방의 체약국의 관할하에 있는것에 대한

조치 및 일방의 체약국 및 그의 국민의 타방의 체약국 및 그의 국민에 대한 모든 채권으로서 동일 이전에 발생한 사유에 기인하는것에 관하여는 어떠한 주장도 할수없는것으로 한다.

합의 의사록 (안) (청구권 조항 관계)

제 2 조 2 에 관하여

1. "특별한 조치" 라함은 일본국에 대하여는 제 2 차 세계대전의 종결의 결과로서 발생한 사태에 대처하여 1945 년 8 월 15 일 이후 일본국에서 취해진 전후 처리를 위한 모든 조치 (1951 년 9 월 8 일에 샌프란시스코에서 서명된 일본국간의 평화 조약 제 4 조에 의거한 특별 협정을 고려하여 취해진 조치를 포함) 를 말한다.

2. "거주" 라함은 외국인 등록을 행하고 1 년 이상 거주한자를 말한다.

(외아북. 외통협)

（四〇・六・一七）

第二条（案）

1 両締約国は、両締約国及びその国民（法人を含む。）の財産、権利及び利益並びに両締約国及びその国民の間の請求権に関する問題が、千九百五十一年九月八日にサン・フランシスコで署名された日本国との平和条約第四条(a)に規定されたものを含めて、完全かつ最終的に解決されたこととなることをここに宣言する。

2 この条の規定は、次のもの（この協定の署名の日までにそれぞれの締約国が執つた特別の措置の対象となつたものを除く。）に影響を及ぼすものではない。

(a) 一方の締約国の国民で、千九百四十七年八月十五日[illegible]から

この協定の署名の日までの間に他方の締約国に居住したことがあるものの財産、権利及び利益

(b) 一方の締約国及びその国民の財産、権利及び利益であつて、千九百四十七年八月十五日以後における通常の接触の過程において取得され又は他方の締約国の管轄の下に入つたもの

3 2の規定に従うことを条件として、一方の締約国及びその国民の財産、権利及び利益であつてこの協定の署名の日に他方の締約国の管轄の下にあるものに対する措置並びに一方の締約国及びその国民の他方の締約国及びその国民に対するすべての請求権であつて同日以前に生じた事由に基づくものに関しては、いかなる主張もすることができないものとする。

（四〇・六・一七）

合意議事録（案）（請求権条項関係）

第二条2に関し、

1 「特別の措置」とは、日本国については、第二次世界大戦の終結の結果として生じた事態に対処して、千九百四十五年八月十五日以後日本国において執られた戦後処理のためのすべての措置（千九百五十一年九月八日にサン・フランシスコ市で署名された日本国との平和条約第四条に基づく特別取極を考慮して執られた措置を含む。）をいう。

2 「居住」とは、外国人登録を行なつて居住した者をいう。

11. JAW-06420, 한국 측의 청구권 관계 협정 제2조 안 제시, 1965. 6. 18

한국 외교문서 1468, 제7차 한일회담 청구권 관계 회의 보고 및 훈령, 1965, 전2권, V.2, 1965. 4. 3 가서명 이후의 청구권 및 경제협력위원회, 1965. 4-6

한국 측이 1965년 6월 17일 일본 측에 제시한 청구권 관계 협정 제2조 안을 본부에 보고하는 문서(전문)다.

대한민국 외무부

전문

종 별

번 호: JAW-06420

일 시: 181813

수 신 인: 장 관

발 신 인: 수 석 대 표

연: JAW-06421

청구권 협정 제2조 에 관하여 아측이 제시한 안은 아래와 같음.

다음.

제2조 (안) 1965년 6월 17일 제안

1. 양 체약국은 본협정 체결에 따라 양 체약국 및 그의 국민 (법인을 포함) 의 재산. 권리 및 이익과양 체약국 및 그의 국민의 사이의 청구권에 관한 문제가, 1951 년 9월 8일 샌프란시스코 시에서 서명된 일본국과의 평화조약 제4조 에 규정된 것을 포함하여. 완전 그리고 최종적으로 해결된것을 확인한다.

2. 본조 규정은 다음의 것 (본 협정의 서명의 날 까지에 각각의 체약국이 취한 특별한 조치의 대상으로 된것은 제외함) 에 영향을 미치는것은 아니다.

(A) 일방 체약국의 국민으로서 1945 년 8월 15 일 부터 본 협정의 서명의 날 까지의 사이에 타방 체약국에 거주한 일이 있는자의 재산. 권리 및 이익과 양국 및 양국 국민간의 청구권.

(B) 일방 의 체약국 및 그의 국민의 재산, 권리 및 이익으로서 1945 년 8월 15일 이후에 있어서의 통상의 접촉의 과정에 있어서 취득되고 또한 타방 체약국의 관할하에 있는것으로 된것.

2

(C) 일방의 체약국 및 그의 국민의 타방 체약국 및 그의 국민에 대한 청구권으로서 1945 년 8월 15 일 이후에 있어서의 통상의 접촉으로 부터 발생한 관계에 기인하는것.

3. 2 의 규정에 따를것을 조건으로 하여, 일 방 체약국 및 그의 국민의 재산, 권리 및 이익으로서 본 협정의 서명의 날에 타방 체약국에 있는것으로 특별 조치의 대상이 된것 또는 되어야 할것에 대한 조치와 일방 체약국 및 그의 국민의 타방 체약국 및 그의 국민에 대한 모든 청구권으로서 동일 이전에 사유에 기인하는것에 관하여는 여하한 주장도 할수 없는것으로 한다.

합의 의사록 (안)

제 2조에 관하여 .

" 특별한 조치 " 라는것은 , 일본국에 대하여는 제2차 세계 대전의 종결의 결과로서 발생한 사태에 대처하여 , 1945 년 8월 15 일 이후의 일본국에 있어서 취해진 전후 처리를 위한 모든 조치 (1951 년 9월 8 일 에 샌프란시스코 시에서 서명된 일본국과의 평화조약 제4조에 의거한 특별 약정을 고려하여 취하여진 조치를 포함함) 를 말한다.
거주 운운은 삭제함.

(주일정 -외아북-외통협)

12. JWA-06490, 청구권협정 제2조 관련 일본 측과의 합의 경위 보고 및 본부 승인 요청, 1965. 6. 21

한국 외교문서 1565, 한일 간의 기본관계에 관한 조약(등) 1964-65, 전5권, V.1, 교섭 및 서명

청구권협정 제2조 관련 일본 측과의 합의 경위 보고 및 본부의 승인을 요청하는 문서(전문)다.

대한민국 외무부

긴급 무역비
종 별

번 호: JAW-06490

일 시: 210109

수 신 인: 외무장관

발 신 인: 수석대표

대: WJA -06277

담당	과장	국장	차관	장관	공람 월 일	동북아주과

1. 청구권협정제2조에 관하여 19일 저녁밥 및 20일 아침 3차에 걸친 일본측과의 회의(전통상국장관 사도심의관)와 금일 오후의 우시바심의관과의 교섭을 통하여, 본국정부의 승인을 조건으로 다음과 같은 문안에 합의 하였아오니 본부승인여부를 지급 회전하여 주시기바람.

2. 중요내용

1.항 평화조약4조(A) 4조(B)는 이미 일본측이 수락하여 이번 협정시 문제가 안되는것이며 (C)는 해결방법은 합의하였으나 완전해결은 안된것이라는고려에서 (A)만을 기재함.

2항(A)재일교포 또는 교포였던 사람의 재일재산에있어 1947년8월15일은 45년부터 그때까지 약100만명의 귀환자가 있음으로 일본측이 절대 양보할수없는것이며 구지1945년으로 할경우에는 법적지위와 같이 계속거주하는자 만을 대상으로 할수밖에 없다고함. 따라서 합의의사록 일본안중 거주에 관한여 외국인등록 조건을 삭제하고 1년이상거주를 47년8월15일까지 1년이된자로 포함토록 수정하고 또한 45년부터 47년간에 귀국한자라도 ~~비합법처럼~~ 일본소재 부동산은 실질적으로 영향을 안받는다는 양해하에 47년8월15일을 수락키로함.

-2-

(B) 항은 우리요구대로 1945년8월15일을 일본이 수락함. 합의의사록에 전후 귀환자에 대한 규정을 두었는데 이는 한.일양국에 다필요한 해석이라고 사료됨.
"취득되고 또는"에 대하여는 적절한 해명을 받고 원안에 합의하였음.

2항에서 청구권에 인용되지않은것은 일본은 청구권을 개인의 채권등이 아닌 외교법권적인 정부 청구권으로 해석한다함으로 개인의 청구권은 재산,권리 및 이익에 포함된다는 또의 합의 의사록을 작성함.

3항의 조치에 대하여는 합의의사록에 있는대로 취할 조치의 성격을 한정하였음.

3. 4.3항의시의 합의 의사록은 본협정2조에 대한 여러가지 합의의사록 내용의 하나로 삽입키로 하였음.

표현중 한국측 8개 항목에 속하는것은 청구가되고 일본측 나포 어선관계는 청구권으로 된것은 전자는 실체 재산에 대한 처구를 포함하는것이며 후자는 나포선박에 관한한 실체권은 이미 한국국내법에 의하여 존재하지않고 일본정부의 청구권만이 남아있었다는 해석에 근거함.

첨부물.

제 2 조 (합의안)

1. 양체약국은 양체약국 및 그국민(법인을 포함함)의 재산,권리 및 이익과 양체약국 및 그국민간의 청구권에 관한 문제가, 1천9백51년9월8일에 샌프란시스코우시에서 서명된 일본국과의 평화조약 제4조(A) 에 규정된것을 포함하여, 완전히 그리고 최종적으로 해결된것이됨다는것을 확인한다.

2. 본조의 규정은 다음의것 (본협정의 서명일가지 주기 체약국이 취한 특별조치의 대상이 된것을 제외한다)에 영향을 미치는것이 아니다.

-3-

(A) 일방체약국의 국민으로서 1천9백47년8월18일부터 본협정의 서명일까지 사이에 타방체약국에 거주한 일이 있는 사람의 재산, 권리 및 이익

(B) 일방 체약국 및 그국민의 재산, 권리 및 이익으로서 1945년8월18일 이후에 있어서의 통상의 접촉의 과정에 있어 취득되었고 또는 타방체약국의 관할하에 들어오게된것

3. 2의 규정에 따르는것을 조건으로하여, 일방 체약국 및 그국민의 재산, 권리 및 이익으로서 본협정의 서명일에 타방 체약국의 관할하에 있는것에 대한 조치와 일방 체약국 및 그국민의 타방 체약국 및 그국민에 대한 모든 청구권으로서 동일자 이전에 발생한 사유에 기인하는것에 관하여는 어떠한 주장도 할수없는것으로한다.

합의 의사록

협정제2조에 관하여

(A) "재산, 권리 및 이익" 이라함은 법률상의 근거에 의거하여 재산적 가치가 인정되는 모든 종류의 실체적 권리를 말하는것으로 양해되었다.

(B) "특별 조치"라함은, 일본국에 관하여는, 제2차세계대전전후 상태의 종결의 결과로서 발생한 사태에 대처하여, 1945년8월15일 이후 일본국에서 취해진 전후 처리를 위한 모든조치(1951년9월8일에 샌프란시스코우시에서 서명된 일본국과의 평화조약 제4조 (A)에 의거하는 특별 약정을 고려하여 취해진 조치를 포함한다)를 말하는것으로 양해되었다.

(C) "거주한"이라함은 동조2(A)에 기재한 기간내의 어떠한 시점까지던 그나라에 계속하여 1년이상 거주한것을 말하는것으로 양해되었다.

(D) "통상의 접촉"에는 제2차 세계대전의 전후상태의 종결의 결과 일방국의 국민

오로서 타방국으로 부터 귀환한자 (지점 폐쇄를 행한 법인을 포함한다의)귀환시 까지의 사이에 타방국의 국민과의 거래등 종전후에 발생한 특수한 상태하에 있어서의 접촉을 포함하지 않는 것으로 양해되었다.

(E) 동조3에 의하여 금후 취할수 있는 "조치"이라함은 동조1에서 말하는 양체약국 및 그국민간의 청구권에 관한 문제를 해결하기위하여 취하여 질 각체약국의 국내조치를 말하는것으로 의견의 일치를 보았다.

(F) 한국측대표는 제2차 세계대전의 전후 상태의 종결후 1947년8월15일 까지의 사이에 귀국한한국국민이 일본국내에 소유하는 부동산에 대하여 신중한 고려가 베풀어 질수있도록 희망을 표명하고, 일본측대표는 이에대하여 신중히 검토할뜻 임을 대답하였다.

(G) 동조1항에서 완전히 그리고 최종적으로 해결된 것으로되는 양국 및 그국민의 재산,권리 및 이익과 양국 및 그국민간의 청구권에 관한 문제에는 한·일 회담에 있어서 한국측을부터 제출된 "한국의 대일 청구권" (소위 8항목)의 범위에 속하는 모든 청구가 포함되어 있고, 따라서 동대일청구요강에 관하여는 어떠한 주장도 할수없게됨을 확인 하였다.

(H)동조1항에 있어서 완전히 그리고 최종적으로 해결된것이 되는 양국 및 그국민의 재산,권리 및 이익과 양국 및 그국민간의 청구권에 관한 문제에는, 본협정의 서명일 까지에 대한민국에 의한 일본어선의 나포로부터 발생한 모든 청구권이 포함되어있고, 따라서 그러한 모든 청구권은 이미 대한민국정부에 대하여 주장할수없이되었음을 확인 하였다. 본직을 비롯한 현지 교섭대표로서는 상기 합의안은 제2조 타결을 위하여 사실 일본측과 합협할수있는 마지막안이라고 사료하오니 수락토록 21일 오전중으로 회전바랍 니다.

13. JWA-06504, 청구권협정 제2조 관련 일본 측과의 합의에 대한 장관 의견 보고, 1965. 6. 21

한국 외교문서 1565, 한일 간의 기본관계에 관한 조약(등) 1964-65, 전5권, V.1, 교섭 및 서명

1965년 6월 21일 이동원 외무부 장관이 정일권 국무총리에게 청구권협정 제2조와 관련하여 대표단이 일본 측과 합의한 내용이 적절하다는 내용을 재차 보고하는 문서(전문)다.

대한민국 외무부

긴급 (부외비)
종 별

번 호: JAW-06504
일 시: 211326

수 신 인: 국무총리

발 신 인: 외무부장관

(참조: 외무차관, 청와대비서실장, 중앙정보부장)

JAW-06490으로 청훈한 청구권협정제2조 및 이에관련한 합의 의사록에 관하여서는 법무부 법무국장을 포함한 대표단 전문지식을 총동원하여 검토한결과 우리측에 만족한 내용으로 타결된것이라 하오니 본직으로서 이문안으로 합의함이 적당하다고 사료함.

따라서 문안 표현에 정부로서 별도 재교섭 지시가 온다면 명일 조인이 불가능하다는 실정을 참작하여 주시기 바람.

국무총리

담 당	과 장	국 장	차 관	장 관

14. WJA-06339, 청구권협정 제2조 관련 대표단 승인 요청에 대한 본부 입장 회신, 1965. 6. 21

한국 외교문서 1565, 한일 간의 기본관계에 관한 조약(등) 1964-65, 전5권, V.1, 교섭 및 서명

일본 측과 합의한 청구권협정 제2조를 승인해 달라는 대표단 요청에 대한 본부 회신 문서(전문)다.

본부는 일본 측과 재교섭하라고 지시하였다.

대 한 민 국 외 무 부

번 호: WJA-06329
일 시: 212255

외 신 과	
접 수	암 호

수 신 인: 외무부장관, 주일대사

대: JAW-06504

1. 대호로 청훈하신 청구권 협정 제2조의 규정에 관하여서는 문제의 중대성에 비추어 국무총리, 이후락 실장, 및 관계 각료 연석하에 신중히 검토 결과 아래와 같은 결론을 내렸으므로 곧 시이나 외무대신과 회담하시어 이의 관철을 위하여 최선의 노력을 다하시기 바랍니다.

(가) 일측안 제2조 2항의 (A)에 대하여는 47.8.15. 대신 45.8.15.이 되도록 할 것.

(나) 거주의 정의를 규정한 합의의사록 (C)를 삭제토록할 것.

(다) 합의의사록 (D) 및 (F)도 삭제토록 할 것.

2. 이상의 선에 따라 귀하의 최선을 다하여 교섭하시되, 그 결과와 전망에 관하여 가능한 한 조속히 늦어도 명조 8시까지 보고하시기 바랍니다.

정부는 이에 따라 정부의 최종 방침을 재훈령할 것입니다.

3. 귀하의 건투와 성공을 바랍니다. (외아북)

외무부차관
국무총리

15. JWA-06531, 청구권협정 제2조 관련 일본 측과의 재교섭 불가 보고, 1965. 6. 22

한국 외교문서 1565, 한일 간의 기본관계에 관한 조약(등) 1964-65, 전5권, V.1, 교섭 및 서명

청구권협정 제2조 관련, 일본 측과의 재교섭이 불가능하다고 보고하는 문서(전문)다.

대한민국 외무부

긴 급 (부외비)

종 별

번 호: JAW-06531

일 시: 220232

수 신 인: 외무부차관 귀하

발 신 인: 장관, 수석대표

대: WJA -06339.

1. 대호로 훈령된 청구권 제2조 및 합의의사록에 관하여는, 일측으로서는 현재의 안이 최종적 타협안이라는 입장을 취하고 있을뿐만 아니라 교섭의 단계로 볼때 현시점에서의 재교섭은 불가능시됨.

2. 위를 참작하여 명조 08:00 시까지 다시 훈령바람. (주일정 - 외아북)

16. WJA-06344, 청구권협정 제2조 관련 우리 측 입장 관철을 위한 노력 요청, 1965. 6. 22

한국 외교문서 1565, 한일 간의 기본관계에 관한 조약(등) 1964-65, 전5권, V.1, 교섭 및 서명

청구권협정 제2조와 관련하여 우리 측 입장 관철을 위한 노력을 재차 요청하는 내용이 담긴 본부 문서(전문)다.

대한민국외무부

번호 WJA-06344

일시 220825

외 신 과	
접 수	암 호

수 신 인: 외무부 장관, 수석대표

연: WJA-06339

대: JAW-06531

대호 전문 접수하였아오며, 귀지 사정은 충분히 이해하오나, 문제가 중대함에 비추어 아측입장의 관철을 위하여 일차 노력하여야한다는 결정이 있었으니 금일 오전중으로 최단시간내에 시이나 외상과 접촉하시고 그결과를 알려주시기 바랍니다.(아북)

외무부 차관

담 당	과 장	국 장	차 관	장 관	월 일 앙고재	동북아주과

17. WJA-06353, 청구권협정 제2조 관련 대표단 건의대로 시행하라는 지시, 1965. 6. 22

한국 외교문서 1565, 한일 간의 기본관계에 관한 조약(등) 1964-65, 전5권, V.1, 교섭 및 서명

청구권협정 제2조 관련 대표단 건의대로 시행하라는 본부 지시 문서(전문)다.

대한민국 외무부

긴급

종별

번호: WJA-06353

일시: 221145

외신과	
접수	암호

수신인: 외무부 장관, 주일대사

대: JAW-06531

청구권 재조 문제에 관하여는 대호 귀견과 같이 처리하시기 바랍니다. (외아북)

외무부 차관

담당	과장	국장	차관보	차관	장관

동북아주과 양고재 월 일

국무총리

청구권협정의 조인과 비준

청구권협정의 조인

기본관계조약 및 청구권협정을 비롯한 제 협정의 조인 일자가 6월 22일로 잡히자 한국은 6월 18일 박정희 대통령 주재 회의(정일권 국무총리, 이후락 대통령 비서실장, 김재춘 중앙정보부장, 이동원 외무부 장관 등 참석)에서 이동원 외무부 장관이 일본을 방문하여[1] 김동조 주일대사와 함께 특명전권위원으로서 협정에 조인하는 것으로 결정했다.[2] 일본은 6월 18일 각의 후 사토 총리 주재로 외무, 대장, 후생, 법무, 문부, 농림, 운수, 자치대신 등이 참석한 한일회담 관계 각료회의를 개최하여 일본 측의 최종적인 의견을 조율한 뒤,[3] 시나 에쓰사부로 외상과 다카스기 신이치 회담 수석대표를 전권대표로 임명하였다.[4]

이동원 장관은 6월 20일 일본을 다시 방문하여 6월 21일 및 6월 22일 오전 두 차례에 걸쳐 시나 외상과 회담하고, 청구권협정과 어업협정의 미결 부분에 최종 합의하였다.[5] 이어 6월 22일 오후 4시 15분부터 사토 총리를 예방하여 독도를 염두에 둔 '분쟁의 해결에 관한 교환공문'의 문안에도 합의하였다.[6] 협정 조인식은 오후 5시 일본 총리 관저에서 개최되었다. 한국 측의 이동원 외무부 장관과 김동조 주일대사, 일본 측의 시나 외상 및 다카스기 대표가 함께 1개의 조약과 4개의 협정, 그리고 2개의 의정서(청구권 및 경제협력 협정 부속 문서)에 조인하였다.[7] 조인된 조약 또는 협정문은 기본관계에 관한 조약만이 한국어, 일본어, 영어본으로 되어 있고, 청구권 및 경제협력

---

1 한국 외교문서 1486, 이동원 외무부 장관 일본 방문, 1965, WJA-06270, 조약 및 협정 조인을 위한 이동원 장관 방일, 1965. 6. 18, 402쪽.

2 한국 외교문서 1486, 한일회담 특명전권위원 임명, 1965. 6. 18, 412쪽.

3 日本外交文書 1315, 日韓國交正常化交渉の記錄總說, XIII. 條文作成交渉と日韓條約諸協定の調印, 1. 條文作成交渉の進展, (1) 調印日をきめた會談.

4 한국 외교문서 1486, JAW-06482, 일본 측 전권대표 보고, 1965. 6. 20, 421쪽.

5 日本外交文書 1462, 椎名外務大臣, 李東元外務部長官會談記錄, 1965. 6. 21, 椎名外務大臣, 李東元外務部長官第2回會談記錄, 1965. 6. 23.

6 日本外交文書 1462, 佐藤總理·李長官會談記錄, 1965. 6. 22.

7 한국 외교문서 1486, JAW-06548, 한일 조약 및 협정 서명 보고, 1965. 6. 22, 441쪽.

협정을 비롯한 나머지 협정(법적지위, 어업, 문화재)과 그 부속 문서들은 모두 한국어본과 일본어본으로만 되어 있다.[8] 이로써 1951년 10월 한일 양국이 국교 정상화를 위한 예비회담을 시작한 이래 13년 8개월간 계속되어 온 한일회담은 대단원의 막을 내리게 되었다. 이동원 장관은 6월 24일 오전 시나 외상과 한 차례 더 회담을 하고,[9] "서명된 조약 및 협정이 가급적 조기에 비준되기를 희망한다"는 내용의 공동성명을 발표한 후[10] 같은 날 오후 귀국하였다.

'대한민국과 일본국 간의 재산 및 청구권 해결과 경제협력에 관한 협정'은 다음 표와 같이 본 협정과 8개의 부속 문서(모두 조약)로 구성되었다. 본 협정 및 부속 문서 이외에도 '차관 계약' [1965년 6월 22일 자로 대한민국과 일본국 양 정부 간에 체결된 '대한민국과 일본국 간의 재산 및 청구권에 관한 문제의 해결과 경제협력에 관한 협정' 제1조 1(b)와 그 부속 문서에 규정한 차관에 관한 대한민국 정부(이하 '차주'라 함)와 해외협력기금(이하 '기금'이라 함) 간의 1965년 6월 22일 자 차관 계약]이 한국의 김영준 경제기획원 차관보와 일본 야나기다 세지로(柳田誠二郎) 해외경제협력기금 총재 간에 별도로 체결되었다.[11]

6월 22일 한일 기본관계조약 및 제 협정이 조인되자 한국의 정일권 국무총리는, "[한일 조약 및 제 협정의] 조인은 양국이 불행했던 과거의 관계를 청산하고 주권의 상호존중과 호혜에 기초를 둔 새로운 역사적 출발의 계기를 마련하는 것으로, 우리는 구원(舊怨)에만 집착하지 말고 관용과 아량으로 이를 맞아야 할 것"이라는 내용의 담화

8 한국 외교문서 1486, JAW-06343, 한일 조약 및 제 협정에 사용될 언어 관련 보고, 1965. 6. 16, 399쪽; 같은 문서, WJA-불명, 한일 조약 및 제 협정에 사용될 언어 관련 대표단 건의 승인 통보, 1965. 6. 17.

9 日本外交文書 1462, 椎名外務大臣,李東元外務部長官第3回會談記錄, 1965. 6. 24.

10 한국 외교문서 1486, 한일 양국 외상 공동성명, 1965. 6. 24, 452쪽; 日本外交文書 1461, 共同聲明, 1965. 6. 24.

11 한국 외교문서 1568, 한일 간의 기본관계에 관한 조약 [등] 1964-65, 전5권, V.4 국내 조치, 1965년 6월 22일 자로 대한민국과 일본국 양 정부 간에 체결된 '대한민국과 일본국 간의 재산 및 청구권에 관한 문제의 해결과 경제협력에 관한 협정' 제1조 1(b)와 그 부속 문서에 규정한 차관에 관한 대한민국 정부(이하 '차주'라 함)와 해외경제협력기금(이하 '기금'이라 함) 간의 1965년 6월 22일 자 차관계약, 1385-1392쪽.

12 한국 외교문서 1568, 1347-1384, 1431-1489쪽.

한일 청구권협정 및 부속 문서[12]

협정 명칭	주요 내용	조약
① 대한민국과 일본국 간의 재산 및 청구권에 관한 문제의 해결과 경제협력에 관한 협정	본 협정	第172호
② 대한민국과 일본국 간의 재산 및 청구권에 관한 문제의 해결과 경제협력에 관한 협정 제1의정서	본 협정 제1조 1(a) 무상제공의 실시에 관한 상세 내용	第177호
③ 대한민국과 일본국 간의 재산 및 청구권에 관한 문제의 해결과 경제협력에 관한 협정 제1의정서의 실시 세목 에 관한 교환공문	제1의정서 제7조에 따른 실시 세목에 관한 내용	第178호
④ 대한민국과 일본국 간의 재산 및 청구권에 관한 문제의 해결과 경제협력에 관한 협정 제2 의정서	청산 감정 잔액 처리 관련 내용	第179호
⑤ 대한민국과 일본국 간의 재산 및 청구권에 관한 문제의 해결과 경제협력에 관한 협정에 대한 합의 의사록 (1)	청구권 본 협정 및 제1의정서 상의 용어에 대한 정의	第173호
⑥ 대한민국과 일본국 간의 재산 및 청구권에 관한 문제의 해결과 경제협력에 관한 협정에 대한 합의 의사록 (2)	본 협정 제1조 1(a)의 무상제공 한도액 증액에 관한 사항, 제1 의정서 관련 보완사항	第174호
⑦ 대한민국과 일본국 간의 재산 및 청구권에 관한 문제의 해결과 경제협력에 관한 협정 제1조 1(b)의 규정의 실 시에 관한 교환 공문	본 협정 제1조 1(b) 차관제공에 관한 상세 내용	第175호
⑧ 대한민국과 일본국 간의 재산 및 청구권에 관한 문제의 해결과 경제협력에 관한 협정 제1조 2의 합동위원회에 관한 교환공문	본 협정 제1조 2의 합동위원회 설치, 구성 및 임무 등에 관한 사항	第176호
⑨ 대한민국과 일본국 간의 상업상의 민간신용제공에 관한 교환공문	상업상의 민간신용제공 내용에 어업협력(9천만 불) 및 선박수출(3천만 불)을 위한 금액이 포함되어 있음을 규정	第180호

를 발표하였다.[13] 이어 6월 23일에는 박정희 대통령이 TV와 라디오로 방송된 특별담화를 통해, "어제의 원수라 해도 오늘과 내일을 위해 필요하다면 일본사람과도 손을 잡아야 하는 것이 국리민복(國利民福)을 도모하는 현명한 대처이며, 한일 간의 제 문제가 우리만의 희망과 주장대로 해결된 것은 아니나 우리가 처해 있는 제반 여건과 선

13 「새 歷史의 出發, 丁總理, 韓日協定調印에 談話」, 『조선일보』, 1965. 6. 23.

진국의 외교 관례에 비추어볼 때 우리의 국익을 위해 최선을 다했다"고 강조한 뒤, 협정의 국회비준 통과를 위한 국민들의 협조를 당부하였다.[14]

일본의 사토 총리는 같은 날, "오래 전부터 상호관계의 역사를 지니고 일의 대수의 관계에 있는 한일 양국이 각각의 입장을 존중하고 선린우호의 길을 걸어가는 것은 당연한 것이며, 이것에 의해 양국의 번영과 아시아의 평화 안정이 한층 증진할 것을 확신한다. 이것은 상호이해의 정신을 가지고 한다면 어떠한 인국 관계도 우호적으로 조정할 수 있다는 모범을 세계에 보여준 것이라고 생각한다. 정부는 금후 조약의 비준 절차를 신속히 진행하고 국민의 협력을 얻어 대한민국과의 선린 우호 관계를 강력히 추진해 나갈 것이다"라는 내용의 담화를 발표하였다.[15]

러스크 미 국무장관은 6월 23일, "미국은 한일 양국이 매우 건설적이고 중요한 조치를 담은 결정을 한 것에 만족한다. 이것은 양국 간 상호이익을 가져올 뿐만 아니라 아시아에 있어 자유국가 국민의 강화에 공헌할 것으로 믿는다"라는 내용의 성명을 발표하였다. 그러나 북한의 정부 성명을 비롯하여 소련, 공산 중국의 언론들은 한결같이 한일회담의 타결은 조선의 분할을 영구화하는 미 제국주의의 아시아 정책의 일환이라고 비난하였다.[16]

---

14 「우리의 主體意識 健全하면 韓日國交는 좋은 結果 가져온다」, 『동아일보』, 1965. 6. 24.

15 「善隣友好の關係を推進-日韓調印で首相談話」, 『朝日新聞』, 1965. 6. 23.

16 日本外交文書 1316, 日韓國交正常化交渉の記錄總說, XIII. 條文作成交渉と日韓條約諸協定の調印, 8. 日韓條約諸協定の調印, (3) 調印の反響.

한국 외교문서	일본 외교문서
1. 1486, 이동원 외무부 장관 일본 방문, 1965, WJA-06270, 조약 및 협정 조인을 위한 이동원 장관 방일, 1965. 6. 18	
2. 1486, 이동원 외무부 장관 일본 방문, 1965, 한일회담 특명전권위원 임명, 1965. 6. 18	
	3. 1315, 일한국교정상화 교섭의 기록 총설 XIII. 조문 작성 교섭과 일한조약 제 협정의 조인, 1. 조문 작성 교섭의 진전, (1) 조인일을 정한 회담(日韓國交正常化交涉の記錄總說, XIII. 條文作成交涉と日韓條約諸協定の調印, 1. 條文作成交涉の進展, (1) 調印日をきめた會談)
4. 1486, 이동원 외무부 장관 일본 방문, 1965, JWA-06482, 일본 측 전권대표 보고, 1965. 6. 20	
	5. 日本外交文書 1462, 첫 번째 문서, 시나 외무대신, 이동원 외무부 장관 회담 기록(椎名外務大臣, 李東元外務部長官會談記錄), 1965. 6. 21
	6. 日本外交文書 1462, 두 번째 문서, 시나 외무대신, 이동원 외무부 장관 제2회 회담 기록(椎名外務大臣, 李東元外務部長官第2回會談記錄), 1965. 6. 23
	7. 日本外交文書 1462, 세 번째 문서, 사토 총리 · 이 장관 회담 기록(佐藤總理 · 李長官會談記錄), 1965. 6. 22
8. 1486, 이동원 외무부 장관 일본 방문, 1965, JAW-06548, 한일 조약 및 협정 서명 보고, 1965. 6. 22	
9. 1486, 이동원 외무부 장관 일본 방문, 1965, JAW-06343, 한일 조약 및 제협정에 사용될 언어 관련 보고 1965. 6. 16	
10. 1486, 이동원 외무부 장관 일본 방문, 1965, WJA-불명, 한일 조약 및 제 협정에 사용될 언어 관련 대표단 건의 승인 통보, 1965. 6. 17	
	11. 日本外交文書 1462, 세 번째 문서, 시나 외무대신, 이동원 외무부 장관 제3회 회담 기록(椎名外務大臣, 李東元外務部長官第3回會談記錄), 1965. 6. 24

한국 외교문서	일본 외교문서
12. 1486, 이동원 외무부 장관 일본 방문, 1965, 한일 양국 외상 공동성명, 1965. 6. 24	
13. 한국 외교문서 1568, 한일 간의 기본관계에 관한 조약 [등] 1964-65, 전5권 V.4 국내조치, 대한민국과 일본국 간의 재산 및 청구권에 관한 문제의 해결과 경제협력에 관한 협정 등, 1965. 6. 22	
14. 한국 외교문서 1568, 한일 간의 기본관계에 관한 조약 [등] 1964-65, 전5권 V.4 국내조치, 1965년 6월 22일 자로 대한민국과 일본국 양 정부 간에 체결된 대한민국과 일본국 간의 재산 및 청구권에 관한 문제의 해결과 경제협력에 관한 협정 제1조 1(b)와 그 부속문서에 규정한 차관에 관한 대한민국 정부(이하 '차주'라 함)와 해외경제협력기금(이하 '기금'이라 함) 간의 1965년 6월 22일 자 차관 계약, 1965. 6. 22	

1. WJA-06270, 조약 및 협정 조인을 위한 이동원 장관 방일, 1965. 6. 18

한국 외교문서 1486, 이동원 외무부 장관 일본 방문, 1965

이동원 외무부 장관이 한일 조약 및 제 협정 조인을 위해 일본을 방문하기로 하였음을 주일 대표부에 통보하는 문서(전문)다.

대한민국외무부

긴 급

번호: WJA-06270
일시: 181700

수신인: 주일대사

1. 금 1일 대통령각하를 모시고 국무총리, 이실장, 김부장, 본인이 협의한 끝에 본인은 대통령각하의 지시에 따라 6.19. 서북항공편으로 (3:30 오후) 도일하기로 결정하였음.
2. 귀하의 그간 노고에 대하여 금일 회의에서 말씀이 계셨으며 특별히 건강에 유념하라는 당부의 말씀이 계셨읍니다. 귀하는 그곳에 계속 체재하면서 회담 지휘를 하시고 22일 까지 정식 조인이 틀림없이 될수 있도록 최선의 노력을 다하시기 바랍니다.
3. 본인의 금번 도일은 여러가지 고려하여 Official visit 는 설사 아닐지라도 서명을 위하여 본인의 도일을 일본정부가 "이니시에이트" 하는 의사표시에 의거 본인이 도일하는 형식으로 반드시 하여 주시기 바랍니다.
4. 본인의 공식 수행원으로서 연하구 아주국장과 이병호 비서관이 수행합니다.
5. 그외에 건강 관계로 주치의 1명이 수행할것 입니다.

※6. 독도문제에 있어서는 6.14. 아주국장편 서신으로 지시한바 있는 아국의 입장을 고수하여 주시기 바라며 이문제는 국내 형편이 조금도 융통성을 허용하지 않음을 양지하시기 바랍니다.

검토필(1965. 6. 30.)

담당	과장	국장	차관	장관	일 월 / 앙 고 재	동 아주 고

대한민국 외무부

번호: ______

일시: ______

수신:

8. 본인의 체일중 일정은 사무적인 필요성이 있는 것 이외에는 건강상 가능한한 여유있는 시간을 가지도록 배려하여 주시기 바랍니다.

9. 인원관계의 일본입국 허가 발급이 필요한 절차를 지급 취하여 주시기 바라며 상기에 관하여 일본측과 즉시 교섭하시고 처리 그 결과를 대지급으로 보고 하여 주시기 바랍니다.

6. JAW-06397, JAW-06392 전문은 무위 접수하였음. (외아북)

장 관

1965.12.31.에 예고문에 의거 일반문서로 재분류됨

예고: 일반문서로 재분류 (65.12.31.)

2. 한일회담 특명전권위원 임명, 1965. 6. 18

한국 외교문서 1486, 이동원 외무부 장관 일본 방문, 1965

이동원 외무부 장관과 김동조 주일대사를 한일 조약 및 제 협정 조인을 위한 특명전권위원으로 임명할 것을 건의하는 재가 요청 공문이다.

기 안 지

기 안 자	동북아과 홍순영	전화 번호		공 보	필 요	불필요
과 장	국 장	차 관	장 관		국무총리	대통령
					총무장관	6/20
협 조 자 성 명	방교국장	의전실장				
기 안 년 월 일	65. 6.10.	시 행 년월일		통 제 관		서 기 장
분 류 기 호 문 서 번 호						
경 유 수 신 참 조	건 의			발 신		
제 목	한일회담 특명 전권위원 임명					

오는 65. 6.22. 체결하기로 예정되고 있는 한일회담 제현안 해결을 위한 제조약 및 협정에 서명할 특명 전권위원을 아래와 같이 임명할 것을 건의합니다.

아 래

수석 특명 전권위원 외무부장관 이 동원

특명 전권위원 특명 전권대사 김 동조. 끝

공통서식 1—2 (갑) (16절지)

3. 1. 條文作成交渉の進展, (1) 調印日をきめた會談
日本外交文書 1315, 日韓國交正常化交渉の記錄總說, XIII. 條文作成交渉と日韓條約諸協定の調印

한일 조약 및 제 협정의 조인 일자 결정을 전후한 한일 양국의 움직임을 기록한 문서다.

번역

조인일을 정한 회담

이후 5월 31일 이동원 외무부 장관은 "알제리에서 열리는 AA 회의에 참석하기 전에 한일조약을 체결하고 싶다"라고 말했다. 당시 알제리 회의에는 한국 정부 대표도 참석할 예정이었다.

사토 총리는 6월 3일 개각을 단행했다. 유임된 시나 외상은 첫 각의 후의 기자회견에서 '회의에 출발하기 전 일한조약 체결'을 언급했다. 이는 6월 9일 관계 각료회의〔사토 총리, 시나 외무대신, 사카타 에이치(板田英一) 농림대신, 나카무라 운수대신〕에서 확인됐다고 보도됐다. 일한 양측은 서명 일주일 전인 6월 15일 시나 외상과 김동조 대사의 회담에서 6월 22일에 모든 안건에 대해 일괄적으로 조인한다는 것을 분명하게 결정했다.

15일 각의 전에 사토 총리는 시나 외상, 후쿠다(다케오) 대장상, 사카타 농림상에게 22일 이전에 사실상 타결을 도모하도록 현안 해결을 위한 협력을 지시했다고 보도됐다. 또 18일 각의 후에 사토 총리, 시나 외상, 후쿠다 대장상, 스즈키 젠코 후생상, 이시이 미쓰지로 법무상, 나카무라 우메키치 문부상, 사카타 농림상, 나카무라 도라타 운수상, 나가야마 다다노리 자치상 등이 참석한 일한회담 관계 각료회의에서 일본 측의 최종적 의견이 조율되었다고 보도됐다.

한편, 한국 측은 18일 박 대통령의 주재하에 열린 회의에서 이동원 외무부 장관을 수석 전권 자격으로 일본에 파견하는 것을 결정했다. 이 외무 장관은 20일 정부 및 민주공화당 합동회의〔정총리 이하 장관 전원, 민주공화당 당무위원 전원, 정책위원회 정부(正副) 위원장 등이 참석〕에서 도쿄로부터 보고받은 협정 내용을 설명하고, 22일 일괄 체결하는데 동의를 얻었다. '6월 22일 조인'이 회담 막판 일한 양국 대표단의 공통 화두가 된 것에 관해 우시로쿠 대사는 수기 '일한 교섭에 관한 약간의 회상'에서 다음과 같이 적었다.

외상이 6월 22일까지 서명하라는 지상 명령을 내렸다. 그러나 사무 당국이 속으로 생각한 계산으로는 비록 22일까지 실질적으로 모든 교섭이 타결된다 하더라도 보통 법제국이 텍스트를 심의하는데 열흘이 필요하기 때문에 외상이 알제리에서 귀국하고 미국으로 출발하기 전 이틀간 일본에 체류하는 동안 조인식을 가지면 된다는 관측이 있었다.

하지만 외상과 한국 측이 집요하게 추진 의사를 피력한 결과, 교섭에서 양쪽 모두 허둥지둥 양보할 것은 양보했다. 법제국도 심사관을 임시 증원하고, 조문이 타결되는 대로 교섭과 병행해 심사를 진행하는 신속함을 보였다. 결국, 체결 예정한 시간 전에 모든 텍스트 인쇄를 완료할 수 있었는데, 이는 참으로 '하면 된다'는 좋은 사례인 동시에 '아마추어는 무섭다'는 통례이기도 했다.

19일 알제리에 정변이 발발, 22일 외상의 알제리 출발이 불투명해지자 한국 측은 22일 체결에 구애 받지 않으면서 시간을 더 갖고 교섭을 유리하게 이끌려 하는 듯한 분위기를 연출했다. 따라서 이 같은 달콤한 기대를 서둘러 봉쇄하기 위해 21일 제1회 시나 외상과 이 장관의 회담 벽두에 시나 외상이 이 장관에게 "22일 알제리 출발과 관계없이 서명은 22일에 마무리한다는 기본 방침 하에 진행하고 싶다"라는 취지를 설명, 우리 측의 협상 완결에 대한 부동의 자세를 표명하는 데 성공했다.

その後、5月31日、李東元外務部長官は「アルジェで開かれるAA会議に出席する前に日韓条約を調印したい」と語った（当時はアルジェの会議に韓国政府代表も出席を予定していた）。~~記録にはないが、「韓国日報」は6月2日椎名外務大臣が金東祚大使との会談で、22日までに調印すること、その前に問題点を外相会談で処理することを提起したことを伝えている。~~

佐藤内閣は、6月3日に内閣改造が行なわれた。留任した椎名外務大臣は、初閣議

13-21

後の記者会見で、「AA会議に出発する前の日韓条約調印」を語った。このことは6月9日の関係閣僚会議（佐藤総理、椎名外務・坂田農林・中村運輸大臣）で確認されたと報ぜられた。6月22日にすべての案件について一括調印することをはっきり日韓間できめたのは、調印の1週間前の6月15日の椎名外務大臣・金東祚大使会談によってであった。

15日の閣議前に、佐藤総理は椎名外務大臣、福田大蔵大臣、坂田農林大臣に対し、22日以前に実質的妥結を図るよう懸案解決

GA-6 外務省

13-22

への協力を指示したと報ぜられ、さらに18日の閣議後に佐藤総理、椎名外務、福田大蔵、鈴木厚生、石井法務、中村文部、坂田農林、中村運輸、永山自治の各大臣による日韓会談関係閣僚会議で、日本側の最終的な意見調整が行なわれたと報ぜられた。

一方、韓国側は、18日に朴大統領の下で開かれた会議で、李外務部長官を首席全権として訪日させることを決定、20日に政府、民主共和党の合同会議(丁総理以下全閣僚、民主共和党の全党務委員、政策委員会正副委

GA-6　外務省

員長ら出席）で東京から報告された協定内容を李外務部長官が説明して22日の一括調印についての承認を得た。「6月22日調印」は会談最終期の日韓双方代表団の合言葉になっていたことについて、後宮大使の手記「日韓交渉に関する若干の回想」には次のとおり記した。

「6月22日までに調印に持ちこむようにとの至上命令が大臣から出された。しかし事務当局の内心の肚積りでは、たとえ22日までに実質的に全交渉が妥結しても普通ならテキストの法制局審議に10

GA-6 外務省

日は要するので、大臣がアルジェから帰国されて、米国へ出発される前の一両日間の日本滞在中に調印式に持ち込めれば上の部との観測であつた。しかし大臣及び韓国側の強引な推進により交渉も双方ともバタバタおりるべきはおりるとともに、法制局も審査官を臨時増員し、かつ妥結した数条文毎に流れ作業的に交渉と平行して審査を進めるという離れ業をやつてのけてくれ、かくて調印予定の一時間前に全テキストの印刷完了まで漕ぎつけ得たのであつた。全く『なせばなる』の好事例であるとともに『素人はこわい』の適例でもあつた。

１９日に至つてアルジェに政変が勃発し大臣の２２日アルジェ向出発が危ぶまれだしたところから韓国側では２２日調印にこだわらず更に時間をかけて交渉をねばりた

GA-6　　外務省

13-25

いようなムードがでてきた。よつてかかる
甘い期待を早く封ずるため21日第一回の
椎名・李会談のへき頭に大臣より長官に対
し『22日のアルジエ向出発の有無にかか
わらず調印は22日に了するとの既定方針
で進みたい』旨述べていただきわが方の交
渉完結についての不動の肚構を示したこと
も成功であつた。」

GA-6 外務省

4. JAW-06482, 일본 측 전권대표 보고, 1965. 6. 20

한국 외교문서 1486, 이동원 외무부 장관 일본 방문, 1965

한일 조약 및 제 협정에 서명하는 일본 측 전권위원을 보고하는 문서(전문)다.

대 한 민 국 외 무 부

482

긴급 부외비
종 별

번 호: JAW-06488/7

일 시: 201627

수 신 인: 외무부장관 (참조: 아주국장, 의전장)

발 신 인: 수석대표

과장	국장	차관	장관	공람	동북아주과

대: WJA- 06300 호

대호에 대하여 다음을 보고드림.

1. 일본측 전권대표는 외무대신 시이나 에쓰 사부로 와 직함없이 다 가스기 싱이 찌 양씨가 임명되어 열여사히 기본 조약 조문에 기재할것임.

2. 이에 대하여 한국측 전권 대표로서 "대한민국 외무부장관 이동원" 과 "대한민국 특명전권 대사 김동조" 로하여 기본조약 조문에 삽입하기로 합의 하였음.

3. 일본측 전권 위임장에는 위 1 항의 내용으로 작성하되 다만 다 까스기의 경우에는 일한 전면 회담일본정부 수석대표라는 직함을 부여하여 기술하고 구체적으로는 기본관계 조약및 관계 문서에 서명하는 전권을 부여한다는 취지로 작성될것이라고함. 그리고 FULL POWER 에 김대사의 경우 주일 대표부 수석 그리고 한일회담 한국 수석대표라는 내용의 칭호를 기입하는 경우라도 일본측으로서는 이의가 없다는 태도를 보였음. 이상의 각항을 참고하시와 조속히 FULL POWER 를 작성하여 송부바람.

4. 기본관계 협정외의 기타 협정에 다 까스기 싱이 찌가 서명함에 있어서 일본 정부로서는 한국정부의 요구가 있다면 위임장을 발급할 용의가 있다고하며

그경우에 김대사의 위임장을 동시에 받아야겠다는 태도임을 보고드림.
따라서 이점을 분명히 하여 주시고 다까스기의 위임장을 요구할 경우에는
정부로서 김 대사의 위임장도 동시에 작성하여야 할것으로 사료됨.(주일정-
외아북)

5. 椎名外務大臣, 李東元外務部長官會談記錄, 1965. 6. 21
日本外交文書 1462, 첫 번째 문서

1965년 6월 21일 개최된 이동원 외무부 장관과 시나 에쓰사부로 외상 간 제1회 회담 기록이다.

번역

시나 외무대신·이동원 외무부 장관 회담 기록

1965. 6. 21

6월 21일 오전 11시부터 약 1시간 반 외무성 접견실에서 개최된 본 건 회담의 개요는 다음과 같다(배석자 일본 측 우시바 심의관, 우시로쿠 국장, 한국 측 김 대사, 연 아주 국장).

1. 대신은 조인식을 내일 22일 오후에 거행키로 한 것은 자신이 알제리에 가든 가지 않든 관계없이 지금에 와서 움직일 수 없다고 말했으며, 장관도 이를 양승했다.
2. 대신은 어업협정 조인 후 발효까지의 기간에도 양국 간의 어업 관계를 협정 내용에 따라 규제해야 하며, 일본 측은 이미 이러한 선에서 국내 지도를 행하고 있으므로 한국 측도 이에 대응하는 조치를 취해 주기를 바란다고 말하였으며, 장관은 원칙적으로 이의 없으며 긍정적으로 검토하도록 청훈하겠다고 답했다.
3. 대신은 조인과 동시에 서울에 일본 정부 재외 사무소를 개설하는 것에 관해서는, 이전부터 한국 측도 이의 없는 것으로 알고 있다면서, 이 기회에 이것을 공동성명에 의해 공표하고 싶다고 했으며. 장관은 한국의 국민감정도 있고 해서 신중하게 그러나 호의적으로 청훈하고자 한다고 답했다. 일본 측은 일본 측으로서도 곧바로 독립된 건물에 입주한다든지 인원을 갑자기 증원한다든지 하는 자극적인 것은 하지 않을 것이라고 말했다.
4. 대신은 재한 일본상사 과세 문제에 관해, 본 건은 계속 국교 정상화까지 죽은 안건으로 해놓겠다고 했으며 장관도 이에 동의했다.
5. 대신은 무역협정 등의 신속한 교섭 개시를 희망했으며, 이에 대해 장관은 원칙적으로 이의 없다면서 입국 체재 문제만은 국교정상화 전에는 민감할 수 있다고 했다.
6. 대신은 울산 비료공장 연불 수출 허가 문제에 관해, 가급적 한국 측 취지가 실현되도록 노력하고 있다고 말했으며, 장관은 내일 조인 직후 발표가 가능한가 물었다. 이에 대해 대신은, 원칙적으로는 좋으나 통산성이 23일 clarification을 요구할지

모른다고 답했다.

7. 한국 측은 조인과 동시에 재일한국 대표부 직원 수의 제한을 해제해 주기 바란다고 하고, 한국 측으로서는 현재와 같이 민단이 반쯤 영사관과 같은 일을 하는 것은 곤란하므로 일본 국내 11곳에 영사관을 설치하기를 원한다면서 이것은 일본 측에도 도움이 되므로 상호주의에 얽매이지 말고 탄력적으로 생각해 주기 바란다고 했다.

8. 장관은 법적지위 문제에 관해, 우선, 금후 북한계를 차별 대우해 주기 바란다고 하고, 한국 학교 3개교 인허가 문제를 거론하면서, 선물이라는 취지에서 공동성명에 '신중히 고려한다'라고 하는 것과 같은 긍정적인 자세를 나타내는 표현을 기재하기를 원한다고 했다.

   일본 측은 학교의 인가에는 소요 조건이 있다면서, 한국만을 차별하는 것이 아니며, 자동적으로 자격 부여는 불가능하고 이미 본 건은 회담의 의제가 아니라는 점 등을 지적했으나 한국 측의 반복적인 요망이 있으므로 일단 문부성에 전달하겠다고 약속했다.

9. 대신은 어업 교섭에서의 연안 어업에 관한 보완사항 문제에 대해, 일본 안(별첨 1)을 제시하면서, 표현을 반드시 이처럼 하지 않으면 곤란하다고 했다. 이에 대해 한국 측은, 본 건은 차 농림부 장관의 강한 의향이 있으며, 박 대통령이 차 장관의 얼굴을 세워주기 위해 반드시 한국 측 주장이 관철되도록 지시한 바 있다고 했다. 대신은, 협정의 유효기간은 농림성의 강한 의향이 있으므로 반드시 6년이 되었으면 한다고 하자, 김 대사는 그렇다면 바로 대통령 선거와 맞물린다고 하면서도 검토를 약속했다.

10. 일본 측은 독도 문제 해결에 관한 일본 측 최종안(별첨 2)을 제시했다. 장관은, 박 대통령은 독도 문제를 일한회담의 의제에서 제외하라고 지시하였으며, 또한 본 건은 한국 정부의 안정과 운명이 걸린 중대 문제이고, 만일 한국 측이 수락할 수 있는 해결책이 없다면 일한회담을 중지해도 좋다고까지 듣고 있다고 말했다. 이에 대해 대신은, 일본 측으로서는 독도를 포함한 일괄 해결이 지상 명령이라고 했다. 그러자 장관은, 일본 측으로서도 섬 자체의 가치에 실리가 있는 것이 아니므로 어떻게든 상호 국회에 대한 설명이 가능한 방식을 내보고 싶다면서 여하튼 간에 독도 문제로 특기하는 것은 절대로 곤란하다고 말했다. 우시바 심의관은, 본 건

은 일본 측으로서도 내셔널 센티멘트(국민감정)의 문제라고 했다. 이어 김 대사는, 본 건을 일한 간의 전반적인 외교 관계를 금후 어찌할 것인가 하는 일반적 틀 내에서 검토하자고 했다. 마지막으로, 장관은 자신은 본 건에 관해서는 아무런 권한을 부여받지 못했으므로 1일의 유예를 달라고 말했다.

11. 장관은 한국의 AA 회의 참석 알선에 관한 일본의 노력에 감사하며, 지금부터는 국제회의에 일본이 참석하면 한국도 반드시 참석토록 하고 싶다면서, 일한회담 타결로 이제 자유아시아 제국의 결집의 시기가 도래했고, 관련해서는 오래 전부터 한국이 제창해 온 동남아시아 외상회의에 일본도 형으로서 협력해 주길 바라며, 자신이 귀국할 때까지 확실한 답을 주기를 원한다고 했다.

별첨 1

잠정적 어업규제 조치의 적용 대상이 되지 않는 연안 어업에 종사하는 일본국의 어선으로, 공동 규제 수역 내에 출어하는 것의 대다수는 영세한 경영 규모의 것이며, 그 조업 구역도 이러한 어선의 출어능력의 실체로부터 보아 동 수역 내에 있어서는 주로 쓰시마 북방으로부터 제주도 북서방까지로, 이러한 실체는 당해 어업의 실정으로 보아 금후 크게 변동하는 것은 아니라고 생각된다.

별첨 2

기본관계에 관한 조약 부속 교환공문(안)

....

양국 간이 모든 분쟁은, 우선 외교상의 경로를 통해 해결하는 것으로 하고, 이것에 의해 해결하는 것이 불가능한 것은, 별도의 합의가 있는 경우를 제외하고 양국 정부가 합의하는 절차에 따라 중재에 부탁하는 것에 의해 해결하는 것으로 한다. 이 절차에 관한 합의는, 일방국가의 정부가 당해 분쟁을 중재에 부탁하는 것을 제안한 날로부터 60일 이내에 행하는 것으로 한다.

椎名外務大臣・李東元外務部長官
会談記録

40. 6.21

6月21日午前11時より約1時間半外務省接見室において行なわれた本件会談の概要次のとおり。（陪席者、日本側牛場審議官、後宮局長、韓国側金大使、延亜州局長）

1. 大臣より、調印式を明22日午後に行なうという予定は、自分がアルジェに行くと行かないとにかかわらず、今となつては動かし得ないと述べ、長官もこれを了承した。

2. 大臣より、漁業協定調印後発効までの期間においても、両国間の漁業関係を協定内容に従つて規制すべく、日本側はすでにこの線で国内指導を行なつているので、韓国側もこれに対応する措置をとつてほしいと述べ、長官は、原則として異存ないので、前向きで検討すべく請訓すると答えた。

3. 大臣より、調印と同時にソウルに日本政府在外事務所を開設することについては、かねてから韓国側にも異存がないと承知しているので、この機会にこれを共同コミュニケにより公表したいと述べ、長官は、韓国の国民感情もあるので慎重にしかし好意的に請訓したいと答えた。日本側より、日本側としても直ぐに独立の建物に入るとか人数を急増するような刺戟的なことはしないと述べた。

4. 大臣より、在韓日本商社課税問題につき、本件は引続き国交正常化まで dead issue にしておきたいと述べ、長官はこれに同意した。

5. 大臣より、貿易取極等の交渉の速やかなる開始を希望したのに対し、長官は、原則として異存がないが、入国滞在問題だけは国交正常化前はデリケートであると述べた。

6. 大臣より、蔚山肥料工場延払輸出許可問題に関し、出来る限り御趣旨が実現するよう努力していると述べ、長官より、明日調印直後発表できないかと質した。これに対し、大臣より、原則的には結構なのだが、或いは通産省から2.3クラリフィケーションを求めるかもしれないと答えた。

7. 韓国側より、調印と同時に在日韓国代表部職員数の制限を解除してほしい、韓国側としては現在のように民団が半ば領事館のような仕事をしているのでは困るので、日本国内に11カ所位領事館をおきたいと思つている、これは日本側のお役にも立つのだから、あまり相互主義にこだわらず弾力的に考えてほしいと述べた。

8. 長官より、法的地位問題に関し、先ず、今後北鮮系を差別待遇してほしいと述べた後、韓国学校三校認可問題にふれ、お土産という趣旨で共同声明の中にでも「慎重考慮する」というような前向きの姿勢を書いてほしいと述べた。

日本側より、学校の認可には所要条件があること、韓国だけを差別してはいないこと、自動的資格付与はできないこと、すでに本件は会談の話題外になつていること等を指摘したが、韓国側よりくり返し要望したので、一応文部省に伝達することを約した。

9. 大臣より、漁業交渉における沿岸漁業についての補完事項問題に関し、日本案（別添 / ）を提示し、表現は是非このとおりにしてもらわなくては困ると述べた。これに対し、韓国側は、本件は車農林部長官の強い意向があるので、朴大統領が車長官の顔をたてるため是非韓国側主張を貫くように指示されているのであると述べた。

5

大臣より、協定の有効期間は農林省の強い意向があるので是非6年にしてほしいと述べたところ、金大使は、それではちようど大統領選挙とぶつかると述べつつも検討を約した。

10. 日本側より、竹島問題解決に関する日本側最終案(別添2)を提示した。長官より、朴大統領は竹島問題を日韓会談の議題外とするように指示されるとともに、本件は韓国政府の安定と運命にかかわる重大問題であり、もし韓国側として受諾しうる解決策がないならば日韓会談を中止してもよいとまでいわれていると述べた。これに対し、大臣より、日本側としては、竹島を含む一括解決は至上命令であると述べた。次に、長官より、日本側としても島自体の価値に実利があるわけではないのだろうから、何とかお互いに国会に説明できる方式を見出したい、いずれにしても「竹島」問題として特記することは絶対に困ると述べた。牛場審議官より、本件は日本側にとつてもナショナル・センチメントの問題であると述べた。次いで、金大使より、本件を日韓間の全般的な外交関係を今後どうするかという一般的枠内で検討しようと述べた。最後に、長官より、自分は本件については何ら権限を与えられていないので1日の猶予を与えてほしいと述べた。

11. 長官より、韓国のAA会議出席あつ旋についての日本の努力に感謝する、これからは国際会議では日本の出るところ必ず韓国も出るということにしたい、日韓会談の妥結により今や自由アジア諸国の結集の時期が到来した、ついては、かねて韓国の提唱している東南アジア外相会議に日本も兄貴分として協力していただきたく、自分の帰国までにはつきりした返事をいただきたいと述べた。

別添 1

暫定的漁業規制措置の適用の対象とならない沿岸漁業に従事する日本国の漁船で共同規制水域内に出漁するものの大半は零細な経営規模のものであり、その操業区域もこのような漁船の出漁能力の実体からみて同水域内においては主としてその南の部分であり、このような実体は、当該漁業の実情からみて今後大きく変動するようなものではないと考えられる。

別添2

基本関係に関する条約付属交換公文（案）

、、、、、、、

両国間のすべての紛争は、まず外交上の経路を通じて解決するものとし、これにより解決することができなかつたものは、別段の合意がある場合を除くほか、両国政府が合意する手続に従つて仲裁に付託することにより解決するものとする。この手続に関する合意は、一方の国の政府が当該紛争を仲裁に付託することを提案した日から六十日以内に行なわれるものとする。

、、、、、、、、

6. 椎名外務大臣, 李東元外務部長官第2回會談記錄, 1965. 6. 23
日本外交文書 1462, 두 번째 문서

1965년 6월 22일 오전 11시 20분부터 개최된 이동원 외무부 장관과 시나 에쓰사부로 외상 간 제2회 회담 기록이다.

번역

시나 외무대신·이동원 외무부 장관 제2회 회담 기록

1965. 6. 23

북동아시아과

6월 22일 오전 11시 20분 경부터 약 1시간 반 외무성 접견실에서 개최된 본 건 회담의 개요는 다음과 같다. (배석자 일본 측: 우시바 심의관, 우시로쿠 국장, 한국 측:김 대사, 연 아주국장)

1. 이 장관은 청구권 소멸조항(제2조)에 관한 합의의사록의 '구 재일한국인 부동산의 취급' 표현 문제는 대통령과 직접 전화 연락을 취한 결과 일본 측 최종안대로 하는 것으로 했다고 말했다.
2. 이 장관은 조인 후 서울에 일본의 재외사무소를 설차는 것에 동의한다면서, 이것을 공동성명으로 발표하는 것은 하지 않았으면 좋겠다고 하고, 재외사무소 설치를 위한 교환공문의 필요여부에 관해서는 실무적으로 검토하기를 원한다고 말했다. 이에 대해 일본 측은 평화조약 발효 시 재외사무소의 상호 설치에 관한 교환공문을 만들었으므로 새로운 공문을 교환하는 등의 필요는 없을 것으로 생각하나 일단 연구해 보겠다고 답했다.
3. 상기 관련, 이 장관은 한국 측의 장래 영사관의 숫자나 대사관, 영사관의 인원은 제한을 받지 않도록 해달라고 하였으며, 일본 측은 영사관 등에 관해서는 본래는 계약 베이스의 문제로 하나하나 상대국의 승인을 필요로 하는 것이나 원칙 문제로 제한할 의향은 가지고 있지 않다고 답했다.
4. 시나 대신은 어업 교섭에서 '연안 어업에 관한 일본 측 성명' 문제에 관해서는 어제 21일의 제1회 회담에서 제시한 라인에서 농림대신의 양해를 얻었으므로 이것을 받아주기 바란다고 말했으며, 한국 측은 이에 동의했다.
5. 기본관계조약의 번역 문제에 관해서는 22일 아침 김·우시로쿠 간의 협의대로 각각 상대방의 영어 번역문을 승인하는 것은 아니라는 유보하에 상대방의 문언에 불만

을 제기하지 않는 것을 확인했다. 한편, 이 때 한국 측이 그 유보를 통상의 백지라도 좋으니 글로 써서 남기고 싶다고 말하자, 이에 대해 일본 측은 이 유보는 외상회담 석상에서 구두 유보(oral reservation)로 충분하며, 또한 서명식 등 공식 석상에서는 반복하지 않는 것으로 이해된 것이라고 말하고 더 이상 거론하지 않았다.

6. 독도 문제에 관해 이 장관은 대통령과 전화 연락한 결과라면서, 분쟁 해결에 관한 교환공문의 문언을 '양국 간에 발생하는 분쟁'으로 하고 이 문언에서 '중재'를 삭제하기를 강하게 주장하였다. 이에 대해 일본 측은 후자에 관해 '중재'를 삭제하는 대안으로 '양국이 합의하는 절차에 따라'라고 하는 안을 제시하였으며, 한국 측은 이것은 '조정 또는 중재'라고 하는 원안보다도 나쁘다고 (비밀리에 '중재'의 약속이 있었던 것으로 의심받을 수 있음) 하고, 또한 '양국 간에 발생하는 분쟁'이라고 하는 문언을 일본 측이 받으면 '중재'는 남겨도 좋다는 뉘앙스의 발언을 했다. 이에 대해 일본 측은 '발생하는'을 빼고 '양국 간의 분쟁'이라는 표현 이외에는 생각할 수 없으며, 이 경우는 '중재'를 빼고 '조정'으로만 해도 어쩔 수 없다고 했다. 결국 이 마지막 의견을 잠정적인 결론으로 하여 이 문제를 총리 레벨까지 가지고 가는 것으로 했다. 그러나 총리에게 가져가는 것은 김 대사에 의하면 한국 내의 국내 정치를 고려한 '쇼'이며, 이 시안대로 정해도 어쩔 수 없다는 뜻을 내비쳤다.

椎名外務大臣・李東元外務部
長官第2回会談記録

40.6.23
北東アジア課

6月22日午前11時20分頃より約1時間半外務省接見室で行なわれた本件会談の概要次のとおり。（陪席者、日本側：牛場審議官、後宮局長。韓国側：金大使、延亜州局長）

1. 李長官より、請求権消滅条項（第2条）に関する合意議事録についての「旧在日韓国人の不動産の取扱」の表現問題は、大統領と直接に電話連絡をとつた結果、日本側の最終案のとおりとすることとした旨述べた。

2. 李長官より調印後ソウルに日本の在外事務所を設置することに同意するが、これを共同声明の中で発表することはやめてほしい、在外事務所設置のための交換公文の要否等については事務的に検討したいと述べた。これに対し日本側より、平和条約発効の際の在外事務所の相互設置に関する交換公文が生きているので、新たに交換公文をとり交わす等の必要はないと考えるもなお研究する旨述べた。

3. 上記に関連して、李長官より韓国側の将来の領事館の数や大使館・領事館の人員は制限を受けないようされたいとの要望があつたのに対し、日本側より領事館等については、本来は contractual basis のもので一々相手国の了承を必要とするものだが、principle の問題として、制限する意向はもつていない旨答えた。

4. 椎名大臣より、漁業交渉における「沿岸漁業についての日本側の声明」問題に関しては、昨21日の第1回会談で提示したラインで、農林大臣の了解をとりつけたので、これを受けてほしいと述べ、韓国側はこれに同意した。

5. 基本関係条約の翻訳問題に関しては同日（22日）の朝の金・後宮間の打合せのとおり、各々相手方の英語からの訳文を了承するものではないという留保の下に、相手方の文言に文句をつけないことを確認し合つた。なおこの際、韓国側より、その留保を通常の白紙にでもよいから書いた形にして残したいと述べたが、これに対し日本側よりこの留保はこの外相会談の席上における oral reservation で十分であり、また署名式等公式の席上では繰返さないことで了解ができていると述べとりあげなかつた。

竹島問題に関し、李長官より、大統領と電話連絡した結果として、紛争解決に関する交換公文の文言を「両国間に生ずる紛争」とし同文言中から「仲裁」を削つてほしいと強く主張するところがあつた。これに対し、日本側より後者に関し「仲裁」を削る代案として「両国が合意する手続に従つて」という案を示したが、韓国側よりこれは「調停又は仲裁」という原案よりもつと悪い（秘密に「仲裁」の約束があるかと疑わしい）と述べ、さらに「両国間に生ずる紛争」という文言をのめば

「仲裁」は残してもよいようなニュアンスの発言があつた。これに対し、日本側は「生ずる」をぬいた「両国間の紛争」という表現以外は考えられないとして、この場合は「仲裁」を落して「調停」のみとすることもやむをえないと述べた。結局、この最後の考え方を tentative の結論として、ともかくこの問題を総理レベルまでもちあげることとなつた。しかしこの総理への持ち上げは金大使によれば韓国内の国内政治を考慮しての「ショー」であり、この試案のとおり決つてもしかたない旨ヒントした。

7. 佐藤總理·李長官會談記錄, 1965. 6. 22
日本外交文書 1462, 세 번째 문서

1965년 6월 22일 한일 조약 및 제 협정 조인 직전 이루어진 이동원 외무부 장관과 사토 에사쿠 일본 총리의 회담 기록이다.

번역

사토 총리·이 장관 회담 기록

북동아시아과 1965. 6. 22

방일 중인 이동원 외무부 장관은 6월 22일 오후 4시 15분에 사토 총리대신을 관저로 방문하여 약 20분간 회담하였으며, 그 개요는 다음과 같다. (하시모토 관방장관, 우시로쿠 아시아국장, 김동조 대사, 연 아주국장 배석)

1. 사토 총리는 우선 인사말에 이어, 일한 간의 특수한 국민감정을 배경으로 하여 교섭은 곤란하기 이를 데 없었으나 그것을 극복하고 타결에 도달한 것은 실로 기쁜 일이 아닐 수 없다고 했다. 장관은, 교섭 추진의 노력에 대해 박 대통령의 총리에 대한 사의를 전달한 후, 일한 관계가 금후 정상화되면 형제국으로서 친밀하게 지냈으면 좋겠으며, 일본은 형으로서 큰 것을 보여 주었으면 한다고 말했다. 이어 장관은 일본의 외무성 관계자는 교섭을 통해 동정적이었으며, 깊이 감사한다고 했다(농담을 섞어, 매일 철야로 일해도 다음 날은 당근처럼 하고 있으니(피곤의 기색이 없이 하고 있으니) 교섭의 상대로서는 매우 어려운 일이라고 부언).
2. 이 장관은 독도 문제를 언급, 이것에 관한 일본 측의 입장도 이해는 하나, 한국으로서는 특별한 국내 감정이 있고 이것은 다이너마이트와 같은 것으로 한국의 야당이나 대중은 일본의 야당과는 비교되지 않을 정도로 위협적이며, 독도 문제는 정부의 목숨과도 관계가 있음을 이해해 달라고 했다. 지금까지의 일본 측 제안은 원안과 비교하여 충분히 양보한 것이지만, '2국 간에 발생하는 분쟁'이라고 하는 것과 같이 '발생하는'을 삽입해 주기 바란다, 지금까지 외무성 사무 당국과의 교섭에서 이 한 가지만을 남겨두고 타결하였으며, 이제 총리의 최후 결단으로 '발생하는'을 넣어주기를 바란다고 간청했다. 사토 총리는, 독도 문제는 일본 측으로서도 큰 문제로, 지금까지의 일본 측 안조차 자신의 예상을 넘은 양보였기에 자신으로는 불만이며, 대국적 견지에서 이것을 승인한 실정이니, 이 이상의 양보는 불가능하다고 하고, 동석한 우시로쿠 국장을 보면서 의견을 구했다. 동 국장은 '발생하는'을 쓰면 장래의 분쟁에 한정되어 독도 문제는 빠지게 되는 것이 확실해지므로 일본 측으로서는 곤

란하며, 이미 양국 간의 분쟁으로 명시적으로 독도를 언급하지 않는 형태까지 양보했으므로, 현존의 문제도 포함된다는 해석이 가능한 안으로 하는 것이 좋겠다, 이 안은 사실, 금일 아침의 외상회담에서 30분간이나 휴식 시간을 가지면서 이견을 좁혀 외무대신이 최종안으로 제시한 것이므로, 이러한 점을 고려하여 총리로서의 정치적 결정을 내려주기를 바란다고 했다. 그것을 받아 총리는, 일본 안은 마지막 선까지 간 것이라고 하면서 수락해 줄 것을 강하게 요구한 바, 이 장관도 그렇다면 할 수 없다, 일본 측의 최종안을 받기로 하겠으나 한 가지 부탁이 있다고 전제한 뒤, 한국 대표단이 귀국 후 본 건을 이해함에는 독도가 포함되지 않았다는 취지를 언명하더라도 일본 측이 공식적으로는 곧바로 반론을 삼가 달라(우리들의 목숨이 걸려 있다), 그렇지만 일본 측이 후일 국회에서 독도를 포함한다는 답변을 삼가해 달라는 부탁까지 할 작정은 아니라고 했다. 이에 대해 총리는 양승한다는 뜻을 표명했다.

3. 이 장관은 총리가 가급적 빠른 기회에 한국을 방문해 달라는 희망을 표명했으며, 그 후에 박 대통령도 조기에 방일하는 것을 희망한다고 부언했다. 또한, 한국의 기후는 10월 말이나 11월 상순이 이상적이라는 장관의 언질에 대해, 총리는 자신이 우선 한국을 방문하는 것으로 하고, 국회에서 비준 후 가급적 빠른 기회를 골라 보겠다고 했다.
4. 8개국 외상회의에 관해 이 장관은 자유세계는 결속해야 하며 일본은 아시아의 지도자로서의 사명관에 눈을 뜨고 동 회의에 참석해 주기를 바란다고 한 후, 일본에 대한 초청이 늦어지는 것은 국교 정상화가 이루어지지 않아 대기하고 있었기 때문이며, 금후는 이러한 장해가 없어질 것이고, 오히려 일본의 참가 없이는 곤란한 사태가 될 것이라고 말했다. 또한 이 장관은 이른바 NEATO는 전혀 생각하고 있지 않다면서 정치, 경제, 문화적인 관계 제국 간의 관계 긴밀화만을 생각하고 있다고 했다. 이에 대해 사토 총리는 자신으로서는 현재 제 협정의 국회 통과를 헤아리는 것이 선결문제로서, 그 전에 참가 문제 운운하는 것조차 오해를 불러일으킬 수 있으며, 비준을 앞에 두고 이 장관의 참석 요청은 듣지 않은 것으로 하고 싶다, 개인적으로는 8개국 외상회의와 같은 아이디어가 '실현되면 바람직한' 것으로 생각하지만, 여하튼, 비준 전에는 문제가 되지 않으며, 또한 이 자리에서 8개국 회의를 거론한 것도 외부에 나가지 않도록 해 주길 바란다고 했으며, 이 장관도 이에 동의했다.

佐藤総理・李長官会談記録

北東アジア課
40.6.22

訪日中の李東元外務部長官は6月22日午後4時15分に佐藤総理大臣を官邸に往訪し約20分間会談を行なつたが、その概要次のとおり。（橋本官房長官、後宮アジア局長、金東祚大使、延亜州局長、陪席）

1. 佐藤総理から、まず挨拶に次いで、日韓間の特殊の国民感情を背景として交渉は困難を極めたけれども、それを乗越えて妥結に至つたことは洵に喜ばしいと述べたところ、李長官は、交渉推進の努力に対し総理宛の朴大統領からの謝意を伝達した後、日韓関係が今後正常化すれば兄弟国として親密にしてもらいたく、日本は兄貴分として、大きいところを見せて頂きたいと述べた。引き続いて同長官は日本の外務省関係者は交渉を通じ同情的であつて、深く感謝しておると語つた（冗談まじりに、徹夜、徹夜と働いても翌日はケロツとしているので、交渉の相手としては大変なものだと付言。）。

2. 李長官から、竹島問題に言及して、これについての日本側の立場も理解はするが、韓国としては特別の国内事情もあつて、これはダイナマイトのようなもので、韓国の野党や大衆は日本の野党とは比較にならぬ程脅威的であるから、竹島問題は政府の死命にも係わつてくることを御理解願いたい。これまでの日本側提案は原案に比し随分と譲歩して頂いたものであるが、なお「二国間に生ずる紛争」というように「生ずる」を挿入してほしい。これまで外務省事務当局との交渉でこの一点を残して妥結しているので、この際総理の最後の裁断で「生ずる」を入れて欲しいと懇請した。佐藤総理から、竹島問題は日本側にとつても大問題であり、いままでの日本側の案ですら自分の予想をこえた譲歩であるので、自分としては不満であるが、大局的見地からこれを承認することにした実情なので、これ以上の譲歩は不可能であると述べて、同席の後宮アジア局長を顧みて意見を徴した。同局長は「生ずる」を省くと将来の紛争のことに限られ竹島問題は除かれることが、はつきりしてしまうので日本側として困るし、既に両国間の紛争として明示的に竹島を言及しない形にまで譲歩しているのだから、現存の問題も含まれるような解釈ができる案を呑んで欲しい。この案は事実、今朝の外相会談において30分間も休憩をとつて纏めあげ、外務大臣が最終案として提示されたものであるから、かかる点を御考慮の上、総理としての政治的御決定を仰ぎたい旨述べた。それをうけて総理から、日本案はギリギリの線であると述べて受諾方強く促したところ、李長官もそれでは仕方ない、日本側の最終案を呑むこととしたいが、一つお願いがあると前置きして、韓国側代表団が帰国後本件了解には竹島が含まれてないとの趣旨を言明することがあつても日本側からは公式には直ちに反論を行なわないで欲しい（われわれの命に係わる）。尤も、日本で後日国会で竹島を含む旨の答弁を差控えることまでお願いするつもりはないと述べた。これに対し、総理は了承する旨答えられた。

3. 李長官から、総理ができるだけ早い機会に韓国を訪問されるよう希望を表明し、その後において朴大統領も早い機会に訪日することを希望している旨付言した。さらに、韓国の気候は10月末か11月上旬が理想的であるとの長官の示唆に対し、総理から、自分がまず韓国を訪問することとし、国会での批准後できるだけ早い機会を選びたいと答えられた。

4. 8カ国外相会議に触れて、李長官は自由世界は結束すべきであり、日本はアジアの指導者としての使命感に目覚め、同会議に日本も参加して欲しい旨述べた後、日本に対する招請がおくれたのは国交正常化ができていなかつたので控えていたわけであるが、今後はこの障害が除かれるし、むしろ日本の參加なしには困る事態となる旨述べた。さらに、李長官はいわゆるNEATOは全然考えておらず、政治、経済、文化的な関係諸国間の関係の緊密化を考えているだけであると説明した。これに対し佐藤総理は自分としていまのところ諸協定の国会通過を計ることが先決であり、その前に参加問題を云々することすら誤解を招くので、批准をまえにして、貴長官からのお申し出は聞かなかつたことにしたい。自分個人としては8カ国外相会議の如きアイディアが「実現することは望ましい」との考え方であるが、いずれにせよ、批准前は問題にならないし、またこの場で8カ国会議にふれたことも表に出さぬようにして頂きたいと述べ、李長官はこれに同意した。

8. JAW-06548, 한일 조약 및 협정 서명 보고, 1965. 6. 22

한국 외교문서 1486, 이동원 외무부 장관 일본 방문, 1965

한일 조약 및 제 협정 조인식이 예정대로 1965년 6월 22일 일본 총리관저에서 거행되었음을 보고하는 문서(전문)다.

대 한 민 국 외 무 부

대지급
종 별

번 호: JAW-06548

일 시: 221804

수 신 인: 외무부장관 귀하

발 신 인: 주일대사

금 22일 오후 5시에 한일 양측 전권대표들은 일본 수상관저에서 예정대로 한일 현안 조약 및 협정관계 문서에 서명하였음.

서명식은 5시 45분에 완료하였음. 서명식에는 양국 정부의 회담 대표 전원이 참가하고 또한 사또 수상이하 일본 각료들이 참석하였음.

기타 서명식에관한 내용은 별도 송부위계임 (주일정-외아북)

JUN 22 PM 6 36

9. JAW-06343, 한일 조약 및 제 협정에 사용될 언어 관련 보고, 1965. 6. 16

한국 외교문서 1486, 이동원 외무부 장관 일본 방문, 1965

기본관계조약을 제외한 청구권과 경제협력에 관한 협정 등 제 협정의 언어가 한국어와 일본어로만 작성됨을 보고하는 문서(전문)다.

대한민국 외무부

번 호: JAW-06343
일 시: 161506

수신인: 장 관

발신인: 수석대표

연: JAW-04130, 044244
대: WJA-04127

1. 한일 제현안 조약 및 협정에 사용될 용어에관하여, 기본조약은 가조인으로서 영문 정본이 확정되어있으나, 기타 협정 즉 청구권 및 경제협력, 법적지위, 어업, 문화재의 4개협정의 조문화 작업이 현안 타결의 최종시점에가서 완료될 형편에 있어 시간적으로 영문 정본을 작성할 여유가없을뿐만아니라 일본측 태도가 가급적이면 영문정본을 만들지않겠다는 의사임에 비추어, 시이나외상의 아아회의 출발전에 이들 협정의 본조인을 실현 시키기위하여는 영문정본을 도저히 작성할수 없는 사정에 놓여있음을 보고함. 본건에관하여 긴급 지시바람.

2. 기본조약문제는 한일양국의 서명을위한 전권대표의 직위와 성함을 미리 명시적으로 삽입하도록 되어있음에비추어, 현지에서의 동 조약 원본 인쇄에지장을 초래하지않도록 본건에관하여 지급 회시바람.

3. 현안조약 및 협정에규정할 서명지 및 비준서 교환지를 확정해주시기바람. 서명지를 동경으로 하는 경우에, 비준서 교환지는, 관례에따른다면 서울이되어야 할것임을 첨언함.

- 2 -

4. 각현안 협정의 조문화작업이 완료되고 문안이 확정되는대로 즉시 이를 보고위계이오나, 시간적으로 극히 긴박함에 비추어, 조약 및 협정의 본조인에 필요한 국내법절차를 위한 대비조치를 취하여주시기바람. (주일정-외아북)

예고 : 재분류 (65.12.31)

10. WJA-불명, 한일 조약 및 제 협정에 사용될 언어 관련 대표단 건의 승인 통보, 1965. 6. 17

한국 외교문서 1486, 이동원 외무부 장관 일본 방문, 1965

대표단이 건의한 조약 및 제 협정의 언어 관련 사항을 승인하는 문서(전문)다.

대 한 민 국 외 무 부

3급 긴급

번 호:

일 시:

수 신 인: 수석대표

대 : JAW-06343

1. 기본관계조약을 제외한 기타현안에 있어서는 영문정본을 약하고 한일 양국어 정본만으로 협정안을 합의 작성하기 바람

2. 한일회담 제현안 조약 및 협정체결에 있어서 아국측 서명자는 외무부장관 이동원 및 특명전권대사 김동조가 될것임.

3. 제현안 조약 및 협정 서명지는 동경으로 하고 비준서교환지는 서울로 함. (외아북) 끝.

'67.12.31

장 관

검토필(1965. 6. 20)

11. 椎名外務大臣, 李東元外務部長官第3回會談記錄, 1965. 6. 24
日本外交文書 1462, 네 번째 문서

1965년 6월 24일 개최된 이동원 외무부 장관과 시나 에쓰사부로 외상간 제3회 회담 기록이다.

번역

시나 외무대신 이동원 외무부 장관 제3회 회담 기록

1965. 6. 24, 북동아시아과

6월 24일 오전 9시 반부터 약 20분간 외무성 접견실에서 개최된 본 건 회담의 개요는 다음과 같다(배석자 일본 측: 우시로쿠 국장, 한국 측: 김 대사, 연 아주국장).

1. 이 장관은 우선, 금번 방일시 일본 측으로부터 받은 따뜻한 대접에 감사한다고 한 후, 오늘 귀국하지만 자신은 (한국에 가면) 최저의 대접을 받게 될 것이라고 했다. 즉 김포의 비행장에서는 야당 등의 데모를 피하기 위해 헬리콥터를 준비해 만전을 기하고 있다, 나와 동행하여 보러 가면 야당의 반대 운동이 얼마나 격렬한지 실감하게 될 것이다, 여하튼 일한 관계는 이제부터가 중요하며, 이 조인을 일한 신 관계의 출발점으로 삼아야 한다, 지난 2월 대신이 방한했을 때 대신은 금년을 '영광 있는 을사년'으로 만들고 싶다고 했는데, 실로 그와 같이 만들어 가고 싶다, 이 조약이 역사상 훌륭한 조약이라고 칭찬받고 조인한 우리들이 좋은 조약을 만들었다고 전해질 것인가, 역적이라고 비판받을 것인가는 조약의 실시와 조약 발효 후의 일한 관계의 발전 여하에 달려 있다, 어제 박 대통령의 라디오 연설도 이러한 기분을 나타낸 것이다, 한국의 특정 정치인들은 쓸데없이 삐뚤어진 근성에 사로잡혀 있으며 평등의 관념은 결여되어 있다, 금후의 일한 관계에서는 일본은 형의 기분으로 해 나가길 바란다라고 말했다.
2. 대신은 일한 신 관계에서는 출발이 중요하다, 앞으로 경제 관계가 발전하리라 생각하지만, 한탕을 노리는 이권주의자, 예를 들어 대상사라 할지라도 돈 벌기에만 급급한 현지 주재원의 지나친 행동에는 일한 쌍방이 협력해서 충분히 주의를 기울여 나가길 원한다고 말했다.
3. 한국 측은 한국에서는 현재 8억엔 들여 김을 수매, 4억 장은 언제라도 수출 가능한데 아직 일본 측의 수입 할당이 이루어지지 않고 있다, 어업협정을 어민에게 '널리 알리기' 위해서라도 김의 수입 할당을 속히 부여해 주지 않으면 곤란하다라고 말

했다.

4. 일본 측이 어업협정의 잠정 실시는 어찌 되고 있는지 질문한 데 대하여, 한국 측은 귀국해서 관계 당국과 연구하겠지만, 이를 위해서라도 김 문제를 우선 해결할 필요가 있다고 답했다.

5. 한국 측은 한국의 학교 인가 문제에 관해, 공동성명에 인가라고는 분명히 하지 않더라도 일반적으로 이 문제를 호의적으로 검토하겠다고 해 주었으면 좋겠다고 했다. 이에 대해 일본 측은 '현행 법령에 비추어 어떠한 것이 가능한가 계속해서 호의적으로 검토하고 싶다'라고 하는 실무적으로 준비한 안을 제시, 한국 측도 이 안에 동의했다.

6. 동남아시아 8개국 외상회담에 관해 이 장관은 사토 총리도 호의적인 태도를 보이고 있으므로 대신도 긍정적으로 생각해 주기 바란다, 이번에도 일본이 불참함으로써 무산되고 있는 상태라고 했으며, 대신은 이 문제는 비준까지는 건드리고 싶지 않다고 답했다.

椎名外務大臣・李東元外務部
長官第3回会談記録

昭40.6.24
北東アジア課

6月24日午前9時半より約20分間外務省接見室で行なわれた本件会談の概要次のとおり。(陪席者、日本側:後宮局長、韓国側:金大使、延亜州局長)

1. 李長官よりまず、今回の訪日における日本側よりの厚遇を謝したあと、今日帰国するが自分は最低のレセプションを受けるであろう。即ち、金浦の飛行場では野党等のデモを避けるためヘリコプターを用意して万全を期している。私と同行して見に来ていただけば野党の反対運動の如何に激しいか実感されるであろう。

いずれにせよ日韓関係はこれからが大切であり、この調印をもつて日韓新関係の出発点とすべきである。さる、2月大臣が訪韓されたとき大臣は今年を「光栄ある乙巳の年」にしたいといわれたが、まさにそのようにやつていきたい。この条約が史上立派な条約としてたたえられ、調印者たるわれわれが良い条約をつくつたと伝えられるか、逆賊と批判されるかは条約の実施と条約発効後の日韓関係の発展如何にかかつている。昨日の朴大統領のラジオ演説もこの気持を示している。韓国の特定の政治家こそいたずらにひがみ根性にとらわれており、平等の観念はかえつて欠けている。今後の日韓関係では日本は兄貴の気分でやつていつてほしい旨述べた。

2. 大臣より、日韓新関係では、スタートが大切である。今後は経済関係が発展すると思うが、一旗組の利権屋や、例え大商社でももうけ主義一点張りの現地の駐在員のいきすぎには日韓双方で協力して十分注意していきたい旨述べた。

3. 韓国側より、韓国では現在のところ8億円

3

位だしてのりを買上げて4億枚はいつでも輸出可能であるのに、まだ日本側の輸入割当が行なわれていない。漁業協定を漁民に「売り込む」ためにものりの輸入割当を早急に行なつてもらわないと困る旨述べた。

4. 日本側より、漁業協定の暫定実施はどうなつているのかと質したのに対し、韓国側より帰国してから関係当局との間で研究したいがこのためにものりの問題をまず解決する必要がある旨答えた。

5. 韓国側より、共同声明の中で、韓国の学校の認可の問題について、認可とはつきりいえなくても一般的にこの問題を好意的に検討するといつてほしい旨述べたのに対し、日本側より「現行法令に照らしていかなることができるか、引き続き好意的に検討したい」という事務的に用意した案を提示し、韓国側もこれに同意した。

6. 東南アジア8カ国外相会談に関し、李長官より、佐藤総理も好意的な態度を示しているので大臣も前向きで考えてほしい、今回も日本が不参加なのでお流れになつている状態である旨述べたのに対し、大臣よりこの問題は批准までは触れないこととしたい旨答えた。

12. 한일 양국 외상 공동성명, 1965. 6. 24

한국 외교문서 1486, 이동원 외무부 장관 일본 방문, 1965

日本外交文書 1461, **共同聲明**, 1965. 4. 24

1965년 6월 22일 한일 조약 및 제 협정 조인 후 발표된 한일 양국 외상의 공동성명문이다.

한일 양국 외상 공동 성명

1965. 6. 24.

대한민국과 일본국의 전권대표는, 1965년 6월 22일 오후 5시반, 동경에서, "대한민국과 일본국간의 기본관계에 관한 조약", "대한민국과 일본국간의 재산 및 청구권문제의 해결과 경제협력에 관한 협정", "대한민국과 일본국간의 어업에 관한 협정", "대한민국과 일본국간의 일본국에 거주하는 대한민국국민의 법적지위 및 대우에 관한 협정", "대한민국과 일본국간의 문화재 및 문화협력에 관한 협정"과 관계문서에 서명을 마쳤다.

이서명은, 대한민국의 전권대표인 이동원 외무부 장관 및 김동조 대한민국 특명전권대사와 일본국의 전권대표인 시이나 에쯔사부로 외무대신과 다까스기 싱이찌 한일 전면회담 일본정부 대표간에서 행하여졌다.

이 외무부장관은 이서명을 위하여 6월 20일 부터 24일 까지 일본국을 방문하고 그동안 시이나외무대신과 매우 우호적인 분위기 가운데서 회담을 하였다.

양외상은, 다년간에 걸친 교섭이 드디어 전면적으로 타결되고, 그러한 조약 및 협정이 서명된데 대하여 깊은 기쁨과 만족의 뜻을 표명하였다. 양외상은, 또한, 그간의 교섭에 있어서 금반의 성과를 가져오게 하기 위하여 헌신적인 노력을 경한 양국정부의 모든 대표 및 교섭관계자에 대하여 심심한 경의와 사의를 표명하였다.

양외상은, 한일양국의 역사적 관계에 비추어, 금번의 제반안의 타결 및 관계문서의 서명은, 양국의 관계에 있어서 획기적인 의의를 가지는 것임을 강조하고, 또한, 이에 의하여 양국이 새로운 관계의 시발을 향하여 제일보를 내디뎠음을 인정하였다.

양외상은, 금번 서명된 조약 및 협정이 될수 있는한 조속히 비준되기를 희망함과 함께, 양국의 상호이익을 증진시키는 견지에서, 이번에 서명된 문서에 포함되어 있지 않은 사항이라도, 양국정부는 상호이해와 협조의 정신을 가지고 취급하여야 할것이라는 확신을 피력하였다. 이 외무부장관은 재일 한국인 자제의 학교 교육의 제문제에 대하여 설명하였다. 이에 대하여 시이나외무대신은 현행법령을 참조하여 어떠한것을 할수 있는지 계속해서 호의적으로 검토하겠다고 말하였다.

양외상은, 가장 가까운 이웃나라인 한일양국이 정의와 평등과 상호 존중의 원칙하에 긴밀하고도 항구적인 우호관계를 증진하고 발전시켜, 양국의 상호번영을 도모하여야 할것이라는 확신을 피력하였다. 양외상은, 이러한것이 아세아, 나아가서는 세계의 평화와 자유 세계의 평화와 자유세계의 번영에도 기여한다는것을 인정하였다.

共同声明

昭和四十年六月二十四日

日本国および大韓民国の全権委員は、一九六五年六月二十二日午後五時東京において、「日本国と大韓民国との間の基本関係に関する条約」、「財産及び請求権問題の解決並びに経済協力に関する日本国と大韓民国との間の協定」、「日本国と大韓民国との間の漁業に関する協定」、「日本国に居住する大韓民国国民の法的地位及び待遇に関する日本国と大韓民国との間の協定」、「文化財及び文化協力に関する日本国と大韓民国との間の協定」並びに関係文書に署名を了した。

この署名は、日本国の全権委員たる椎名悦三郎外務大臣および高杉晋一日韓全面会談日本政府代表と大韓民国の全権委員たる李東元外務部長官および金東祚大韓民国特命全権大使との間で行なわれた。

李外務部長官は、この署名のため、六月二十日から二十四日まで日本国を訪問し、その間に椎名外務大臣と極めて友好的な雰囲気のうちに会談を行なつた。

両外相は、多年にわたる交渉が遂に全面的に妥結し、これらの条約および協定が署名されたことについて深い喜びと満足の意を表明した。両外相は、さらに、その間の交渉において今般の成果をもたらすために献身的な努力を行なつた両国政府のすべての代表および交渉関係者に対し、深い敬意と謝意を表明した。

両外相は、日韓両国の歴史的関係に鑑み、今般の諸懸案の解決および関係文書の署名は、両国の関係において画期的な意義を有するものであることを強調し、また、これにより両国が新しい関係の樹立に向つて第一歩をふみ出したことを認めた。

両外相は、今般署名された条約および協定ができる限りすみやかに批准されることを希望するとともに、両国相互の利益を増進するものである限り今回署名された文書に含まれていない事項であつても、両国政府が相互理解と協調の精神をもつて話し合うべきであるとの確信を披瀝した。李外務部長官は、在日韓国人子弟の学校教育に関連する諸問題について説明した。これに対し椎名

3 外務大臣は、現行法令に照していかなることができるか、ひき続

き好意的に検討したいと述べた。

両外相は、最も近い隣国である日韓両国が正義と平等と相互の尊敬の原則の下に緊密かつ恒久的な友好関係を増進し、発展させて、両国相互の繁栄をはかるべきであるとの確信を披瀝した。両外相は、このことはアジアひいては世界の平和と自由世界の繁栄にも寄与するものであることを認めた。

4

13. 대한민국과 일본국 간의 재산 및 청구권에 관한 문제의 해결과 경제협력에 관한 협정 등, 1965. 6. 22

한국 외교문서 1568, '한일 간의 기본관계에 관한 조약 [등] 1964-65, 전5권 V.4 국내 조치

1965년 6월 22일 조인된 대한민국과 일본국 간의 재산 및 청구권에 관한 문제의 해결과 경제협력에 관한 협정 및 부속 문서다.

대한 민국과 일본국 간의 재산 및 청구권에 관한 문제의 해결과 경제 협력에 관한 협정

대한 민국과 일본국은,

양국 및 양국 국민의 재산과 양국 및 양국 국민 간의 청구권에 관한 문제를 해결할 것을 희망하고,

양국 간의 경제 협력을 증진할 것을 희망하여,

다음과 같이 합의하였다.

제 1 조

1 일본국은 대한 민국에 대하여,

(a) 현재에 있어서 1천8십억 일본 원(108,000,000,000원)으로 환산되는 3억 아메리카 합중국 불($300,000,000)과 동등한 일본 원의 가치를 가지는 일본국의 생산물 및 일본인의 용역을, 본 협정의 효력 발생일로부터 10년 기간에 걸쳐 무상으로 제공한다. 매년의 생산물 및 용역의 제공은 현재에 있어서 1백8억 일본 원(10,800,000,000원)으로 환산되는 3천만 아메리카 합중국 불($30,000,000)과 동등한 일본 원의 액수를 한도로 하고, 매년의 제공이 본 액수에 미달되었을 때에는 그 잔액은 차년 이후의 제공액에 가산된다. 단, 매년의 제공 한도액은 양 체약국 정부의 합의에 의하여 증액될 수 있다.

(b) 현재에 있어서 7백20억 일본 원(72,000,000,000원)으로 환산되는 2억 아메리카 합중국 불($200,000,000)과 동등한 일본 원의 액수에 달하기까지의 장기 저리의 차관으로서, 대한 민국 정부가 요청하고 또한 3의 규정에 근거하여 체결될 약정에 의하여 결정되는 사업의 실시에 필요한 일본국의 생산물 및 일본인의 용역을 대한 민국이 조달하는데 있어 충당될 차관을 본 협정의 효력 발생일로부터 10년 기간에 걸쳐 행한다. 본차관은 일본국의 해외 경제 협력 기금에 의하여 행하여지는 것으로 하고, 일본국 정부는 동 기금이 본 차관을 매년 균등하게 이행할 수 있는데 필요한 자금을 확보할 수 있도록 필요한 조처를 취한다.

전기 제공 및 차관은 대한 민국의 경제 발전에 유익한 것이 아니면 아니된다.

2 양 체약국 정부는 본 조의 규정의 실시에 관한 사항에 대하여 권고를 행할 권한을 가지는 양 정부 간의 협의 기관으로서 양 정부의 대표자로 구성될 합동 위원회를 설치한다.

제 2 조

1 양 체약국은, 양 체약국 및 그 국민(법인을 포함함)의 재산, 권리 및 이익과 양 체약국 및 그 국민 간의 청구권에 관한 문제가, 1951년 9월 8일에 샌프런시스코우시에서 서명된 일본국과의 평화 조약 제4조 (a)에 규정된 것을 포함하여, 완전히 그리고 최종적으로 해결된 것이 된다는 것을 확인한다.

2 본 조의 규정은 다음의 것(본 협정의 서명일까지 각기 체약국이 취한 특별 조치의 대상이 된 것을 제외한다)에 영향을 미치는 것이 아니다.

(a) 일방 체약국의 국민으로서 1947년 8월 15일부터 본 협정의 서명일까지 사이에 타방 체약국에 거주한 일이 있는 사람의 재산, 권리 및 이익

(b) 일방 체약국 및 그 국민의 재산, 권리 및 이익으로서 1945년 8월 15일 이후에 있어서의 통상의 접촉의 과정에 있어 취득되었고 또는 타방 체약국의 관할 하에 들어오게 된 것

3 2의 규정에 따르는 것을 조건으로 하여, 일방 체약국 및 그 국민의 재산, 권리 및 이익으로서 본 협정의 서명일에 타방 체약국의 관할 하에 있는 것에 대한 조치와 일방 체약국 및 그 국민의 타방 체약국 및 그 국민에 대한 모든 청구권으로서 동 일자 이전에 발생한 사유에 기인하는 것에 관하여는, 어떠한 주장도 할 수 없는 것으로 한다.

제 3 조

1 본 협정의 해석 및 실시에 관한 양 체약국 간의 분쟁은 우선 외교상의 경로를 통하여 해결한다.

2 1의 규정에 의하여 해결할 수 없었던 분쟁은 어느 일방 체약국의 정부가 타방체약국의 정부로부터 분쟁의 중재를 요청하는 공한을 접수한 날로부터 30일의 기간 내에 각 체약국 정부가 임명하는 1인의 중재 위원과 이와 같이 선정된 2인의 중재 위원이 당해 기간 후의 30일의 기간 내에 합의하는 제3의 중재 위원 또는 당해 기간 내에 이들 2인의 중재 위원이 합의하는 제3국의 정부가 지명하는 제3의 중재 위원과의 3인의 중재 위원으로 구성되는 중재 위원회에 결정을 위하여 회부한다. 단, 제3의 중재 위원은 양 체약국 중의 어느 편의 국민이어서는 아니된다.

3 어느 일방 체약국의 정부가 당해 기간 내에 중재 위원을 임명하지 아니 하였을 때, 또는 제3의 중재 위원 또는 제3국에 대하여 당해 기간 내에 합의하지 못하였을 때에는,

중재 위원회는 양 체약국 정부가 각각 30일의 기간 내에 선정하는 국가의 정부가 지명하는 각 1인의 중재 위원과 이들 정부가 협의에 의하여 결정하는 제3국의 정부가 지명하는 제3의 중재 위원으로 구성한다.

4 양 체약국 정부는 본 조의 규정에 의거한 중재 위원회의 결정에 복한다.

제 4 조

본 협정은 비준되어야 한다. 비준서는 가능한 한 조속히 서울에서 교환한다.
본 협정은 비준서가 교환된 날로부터 효력을 발생한다.

이상의 증거로서, 하기 대표는 각자의 정부로부터 정당한 위임을 받아 본 협정에 서명하였다.

1965년 6월 22일 토오쿄오에서 동등히 정본인 한국어 및 일본어로 본서 2통을 작성하였다.

대한 민국을 위하여	일본국을 위하여
(서명) 이 동 원	(서명) 시이나 에쓰사부로오
김 동 조	다까스기 싱이찌

~67~

條約第一七二号

財産及び請求権に関する問題の解決並びに経済協力に関する大韓民国と日本との間の協定

大韓民国及び日本国は、

両国及びその国民の財産並びに両国及びその国民の間の請求権に関する問題を解決することを希望し、

両国間の経済協力を増進することを希望して、

次のとおり協定した。

第一条

1. 日本国は、大韓民国に対し

(a). 現在において千八十億円（一〇八、〇〇〇、〇〇〇、〇〇〇円）に換算される三億合衆国ドル（三〇〇、〇〇〇、〇〇〇ドル）に等しい円の價値を有する日本國の生産物及び日本人の役務を、この協定の効力發生の日から十年の期間にわたつて無償で供與するものとする。各年における生産物及び役務の供與は、現在において百八億円（一〇、八〇〇、〇〇〇、〇〇〇円）に換算される三千萬合衆國ドル（三〇、〇〇〇、〇〇〇ドル）に等しい円の額を限度とし、各年における供與がこの額に達しなかつたときは、その残額は、次年以降の供與額に加算されるものとする。ただし、各年の供與の限度額は、兩締約國政府の合意により増額されることができる。

(b) 現在において七百二十億円（七二、〇〇〇、〇〇〇、〇〇〇円）

に換算される二億合衆国ドル(二〇〇、〇〇〇、〇〇〇ドル)に
に等しい円の額に達するまでの長期低利の貸付けで、
大韓民国政府が要請し、かつ、3の規定に基づいて締
結される取極に従つて決定される事業の実施に必要な
日本国の生産物及び日本人の役務の大韓民国による調
達に充てられるものをこの協定の効力発生の日から十
年の期間にわたつて行なうものとする。この貸付けは、
日本国の海外経済協力基金により行なわれるものとし、
日本国政府は、同基金がこの貸付けを各年において均
等に行ないうるために必要とする資金を確保すること
ができるように、必要な措置を執るものとする。

前記の供與及び貸付けは、大韓民國の経済の発展に役立つものでなければならない。

2. 両締約國政府は、この条の規定の実施に関する事項について勧告を行なう権限を有する両政府間の協議機関として、両政府の代表者で構成される合同委員会を設置する。

3. 両締約國政府は、この条の規定の実施のため、必要な取極を締結するものとする。

第二条

1. 両締約國は、両締約國及びその國民（法人を含む。）の、財産、権利及び利益並びに両締約國及びその國民の間の請求権に関する問題が、 千九百五十一年九月八日に、サン、フランシスコ市で署名された日本國との平和條約第四條(a)に規定されたものを含めて、 完全かつ最終的に解決されたこととなることを確認する。

2. この条の規定は、 次のもの(この協定の署名の日までにそれぞれの締約國が執つた特別の措置の對象となつたものを除く。)に影響を及ぼすものではない。

(a) 一方の締約國の國民で千九百四十七年八月十五日からこの協定の署名の日までの間に他方の締約國に居住したことがあるものの財産、 權利及び利益

(b) 一方の締約國及びその國民の財産、 權利及び利益であ

つて千九百四十五年八月十五日以後における通常の接触の過程において取得され又は他方の締約國の管轄の下にはいつたもの。

3、 2の規定に從うことを条件として、一方の締約國及びその國民の財産、 權利及び利益であつてこの協定の署名の日に他方の締約國の管轄の下にあるものに對する措置並びに一方の締約國及びその國民の他方の締約國及びその國民に對するすべての請求權であつて同日以前に生じた事由に基づくものに関しては、 いかなる主張もすることができないものとする。

第三條

1、この協定の解釈及び実施に関する両締約国間の紛争は、まず、外交上の経路を通じて解決するものとする。

2、1の規定により解決することができなかつた紛争は、いずれか一方の締約国の政府が他方の締約国の政府から紛争の仲裁を要請する公文を受領した日から三十日の期間内に各締約国政府が任命する各一人の仲裁委員と、こうして選定された二人の仲裁委員が当該期間の後の三十日の期間内に合意する第三の仲裁委員又は当該期間内にその二人の仲裁委員が合意する第三国の政府が指名する第三の仲裁委員との三人の仲裁委員からなる仲裁委員会に決定のため付託するものとする。ただし、第三の仲裁委員は、両締約国のうちいずれかの国民であってはならない。

3. いずれか一方の締約国の政府が当該期間内に仲裁委員を任命しなかったとき、又は第三の仲裁委員若しくは第三国について当該期間内に合意されなかったときは、仲裁委員会は、両締約国政府のそれぞれが三十日の期間内に選定する国の政府が指名する各一人の仲裁委員とそれらの政府が協議により決定する第三国の政府が指名する第三の仲裁委員をもって構成されるものとする。

4. 両締約国政府は、この条の規定に基づく仲裁委員会の決定に服するものとする。

~75~

第四條

この協定は、批准されなければならない。批准書は、できる限りすみやかにソウルで交換されるものとする。この協定は、批准書の交換の日に効力を生ずる。

以上の証拠として、下名は、各自の政府からこのために正当な委任を受け、この協定に署名した

千九百六十五年六月二十二日に、東京で、ひとしく正文である韓國語及び日本語により本書二通を作成した

大韓民國のために

（署名）이동원

김동조

日本國のために

（署名）椎名悦三郎

高杉晋一

제 1 의 정 서

대한 민국과 일본국 간의 재산 및 청구권에 관한 문제의 해결과 경제 협력에 관한 협정(이하 "협정"이라 함)에 서명함에 있어서 하기 대표는 각자의 정부로부터 정당한 위임을 받아, 협정 제1조 1 (a)의 규정의 실시에 관하여 협정의 불가분의 일부로 인정되는 다음의 규정에 합의하였다.

제 1 조

일본국이 제공하는 생산물 및 용역을 정하는 연도 실시 계획(이하 "실시 계획"이라 함)은 대한 민국 정부에 의하여 작성되고 양 체약국 정부 간의 협의에 의하여 결정된다.

제 2 조

1 일본국이 제공하는 생산물은 자본재 및 양국 정부가 합의하는 기타의 생산물로 한다.

2 일본국의 생산물 및 일본인의 용역의 제공은 대한 민국과 일본국 간의 통상의 무역이 현저히 저해되지 아니 하도록 하며 또한 외국 환에 있어서의 추가 부담이 일본국에 과하여 지지 아니 하도록 실시된다.

제 3 조

1 제5조1의 사절단 또는 대한 민국 정부의 인가를 받은 자는 실시 계획에 따라 생산물 및 용역을 취득하기 위하여 일본 국민 또는 그가 지배하는 일본국의 법인과 직접 계약을 체결한다.

2 1의 계약(그의 변경을 포함함)은, (1) 협정 제1조 1 (a) 및 본 의정서의 규정 (2) 양 정부가 협정 제1조 1 (a) 및 본 의정서의 실시를 위하여 행하는 약정의 규정 및 (3) 당시에 적용되는 실시 계획에 합치되어야 한다. 이러한 계약은 전기 기준에 합치되는 것인가의 여부에 대하여 인증을 받기 위하여, 일본국 정부에 송부된다. 이 인증은 원칙적으로 14일 이내에 행하여진다. 소정의 기간 내에 인증을 받지 못할 때에는 그 계약은 협정 제1조 2의 합동 위원회에 회부되어 합동 위원회의 권고에 따라 처리된다. 동 권고는 합동 위원회가 동 계약을 접수한 후 30일 이내에 행한다. 본 항에서 정하는 바에 따라 인증을 받은 계약은, 이하 "계약"이라 한다.

3. 모든 계약은, 그 계약으로부터 또는 계약과 관련하여 야기되는 분쟁은 일방 계약 당사자의 요청에 의하여, 양 정부 간에 행하여 질 약정에 따라 상사 중재 위원회에 해결을 위하여 회부된다는 취지의 규정을 포함하여야 한다. 양 정부는 정당하게 이루어진 모든 중재 판단을 최종적인 것으로 하고 또한 집행될 수 있도록 하기 위하여 필요한 조치를 취한다.

4 1의 규정에 불구하고, 생산물 및 용역의 제공이 계약에 의거 실행될 수 없다고 인정된 경우에는, 양 정부 간의 합의에 따라 계약 없이 실행할 수 있다.

제 4 조

1 일본국 정부는, 제5조 1의 사절단 또는 대한 민국 정부의 인가를 받은 자가 계약에 의하여 지는 채무와 전조 4의 규정에 의한 생산물 및 용역 제공의 비용에 충당하기 위한 지불을 제7조의 규정에 의거하여 정하는 절차에 따라 행한다. 이 지불은 일본 엔으로 한다.

2 일본국은 1의 규정에 의거한 지불을 함으로써 그 지불을 행한 때에, 그 지불이 된 생산물 및 용역을 협정 제1조 1 (a)의 규정에 따라, 대한 민국에 제공한 것으로 간주한다.

제 5 조

1 대한 민국 정부는, 동 정부의 사절단(이하 "사절단"이라 함)을 일본국 내에 설치한다.

2 사절단은 협정 제1조 1 (a) 및 본 의정서의 실시를 임무로 하며, 그 임무에는 다음의 사항이 포함된다.

(a) 대한 민국 정부가 작성한 실시 계획의 일본국 정부에의 제출

(b) 대한 민국 정부를 위한 계약의 체결 및 실시

(c) (b)의 계약 및 대한 민국 정부의 인가를 받은 자가 체결하는 계약의 인증을 받기 위한 일본국 정부에의 송부

3 사절단의 임무의 효과적인 수행을 위하여 필요하며, 또한, 오로지 그 목적을 위하여 사용되는 사절단의 일본국에 있어서의 사무소는, 토오쿄오 및 양 정부간에서 합의하는 기타 장소에 설치할 수 있다.

4 사절단 사무소의 구내 및 기록은 불가침으로 한다. 사절단은 암호를 사용할 수 있다. 사절단에 속하며 또한 직접 그 임무의 수행을 위하여 사용되는 부동산은, 부동산

취득세 및 고정 자산세가 면제된다.

사절단의 임무의 수행으로부터 발생되는 사절단의 소득은, 일본국에 있어서의 과세가 면제된다. 사절단이 공적 목적으로 수입하는 재산은, 관세 기타 수입에 관하여 또는 수입에 관련하여 부과되는 과징금이 면제된다.

5 사절단은, 타 외국 사절단에 통상적으로 부여되는 행정상의 원조로서 사절단의 임무의 효과적인 수행을 위하여 필요로 한 것을 일본국 정부로부터 부여받는다.

6 대한 민국의 국민인 사절단의 장, 사절단의 상급 직원 2명 및 3의 규정에 따라 설치되는 사무소의 장은 국제법 및 국제 관습에 따라 일반적으로 인정되는 외교상의 특권 및 면제를 받는다. 사절단의 임무의 효과적인 수행을 위하여 필요하다고 인정될 때에는, 전기 상급 직원의 수는 양국 정부간의 합의에 따라 증가할 수 있다.

7 대한 민국의 국민으로서 통상 일본국 내에 거주하고 있지 아니하는 사절단의 기타 직원은, 자기의 직무 수행상 받는 보수에 대한 일본국에 있어서의 과세가 면제되며 또한 일본국의 법령에 정하는 바에 따라 자기용 재산에 대하여 관세, 기타 수입에 대하여 또는 수입에 관련하여 부과되는 과징금이 면제된다.

8 계약 또는 이와 관련하여 야기되는 분쟁이 중재에 의한 해결을 보지 못한 때, 또는 동 중재 판단이 이행되지 아니한 때에는, 그 문제는 최후의 해결 수단으로서 계약지의 관할 재판소에 제기할 수 있다. 이 경우에 있어서, 필요한 소송 절차상의 목적을 위하여서만 사절단의 법무부장의 직에 있는 자는 2 (b)의 계약에 관하여 제소하며 또는 응소할 수 있으며, 이를 위하여 사절단의 자기 사무소에 있어서 소장 기타의 소송 서류의 송달을 접수할 수 있다. 단, 소송 비용의 담보 제공 의무가 면제된다. 사절단은 4 및 6에 정하는 바에 따라, 불가침 및 면제가 부여되나, 전기 경우에 있어서, 관할 재판소가 행한 최종의 재판이 사절단을 구속하는 것으로 수락한다.

9 최종의 재판 집행에 있어서, 사절단에 속하며 또한 그 임무 수행을 위하여 사용되는 토지 및 건물과 그 안에 있는 동산은, 어떠한 경우에 있어서도, 강제 집행을 받지 아니한다.

제 6 조

1 양 정부는 생산물 및 용역의 제공이 원활하고 효과적으로 행하여 지도록 하기 위하여 필요한 조치를 취한다.

2 생산물 또는 용역의 제공과 관련하여 대한 민국 내에 있어서 필요로 하는 일본 국민은, 그 작업 수행을 위하여 대한 민국에의 입국, 동국으로부터의 출국 및 동국에 있어서의 체재에 필요한 편의가 부여된다.

3 일본국의 국민 및 법인은 생산물 또는 용역의 제공으로부터 발생하는 소득에 대하여 대한 민국에 있어서의 과세가 면제된다.

4 일본국이 제공하는 생산물은 대한 민국의 영역으로부터 재수출 되어서는 아니된다.

5 어느 일방 체약국의 정부도, 일본국이 제공하는 생산물의 수송 및 보험에 관하여, 공정하고도 자유로운 경쟁을 방해하는, 타방 체약국의 국민 및 법인에 대한 차별적 조치를 직접 또는 간접으로 취하지 아니한다.

6 본 조의 규정은 협정 제1조 1 (b)에 정하는 차관에 의한 생산물 및 용역의 조달에 대하여도 적용된다.

제 7 조

본 의정서의 실시에 관한 절차 기타의 세목은 양 정부간의 협의에 의하여 합의한다.

이상의 증거로서, 하기 대표는 본 의정서에 서명하였다.

1965년 6월 22일 도오쿄오에서 동등히 정본인 한국어 및 일본어로 본서 2통을 작성하였다.

대한 민국을 위하여
(서명) 이 동 원
김 동 조

일본국을 위하여
(서명) 시이나 에쓰사부로오
다까스기 싱이찌

條約第一七七号

第一議定書

財産及び請求権に関する問題の解決並びに経済協力に関する大韓民國と日本國との間の協定（以下「協定」という。）に署名するに当たり、下名は、各自の政府から正当に委任を受け、協定第一条１(a)の規定の実施に関し、協定の不可分の一部と認められる次の規定を協定した。

第一条

日本國が供与する生産物及び役務を定める年度実施計画（以下「実施計画」という。）は、大韓民國政府により作成され、両締約國政府間の協議により決定されるものとする。

~77~

第二条

1、日本国が供与する生産物は、資本財及び両政府が合意するその他の生産物とする。

2、日本國の生産物及び日本人の役務の供与は、大韓民國と日本国との間の通常の貿易が著しく阻害されないように、かつ、外國為替上の追加の負担が日本国に課されないように、実施されるものとする。

第三条

1、第五条1の使節団又は大韓民國政府の認可を受けた者は、実施計画に従い生産物及び役務を取得するため、日本国民又はその支配する日本国の法人と直接に契約を締結するものとする。

2 1の契約（その変更を含む。）は、(i)協定第一条1(a)及びこの議定書の規定、(ii)両政府が協定第一条1(a)及びこの議定書の実施のため行なう取極の規定並びに(iii)その時に適用される実施計画に合致しなければならない。これらの契約は、前記の基準に合致するものであるかどうかについて認証を得るため、日本國政府に送付されるものとする。この認証は、原則として十四日以内に行なわれるものとする。定められた期間内に認証が得られなかつたときは、その契約は、協定第一条2の合同委員會に付託され、合同委員會の勧告に從つて処理されるものとする。その勧告は、合同委員会がその契約を受領した後三十日以内に行なわれるものとする。この項に定めるところに従つて認証を得た契約は、以下「契約」という。

3、すべての契約は、その契約から又はこれに関連して生ずる紛争が一方の契約当事者の要請により、両政府間で行なわれることがある取極に従つて商事仲裁委員会に解決のため付託される旨の規定を含まなければならない。両政府は、正当になされたすべての仲裁判断を最終的なものとし、かつ、執行することができるようにするため必要な措置を執るものとする。

4、1の規定にかかわらず、生産物及び役務の供与は、契約によることができないと認められる場合は、契約なしで、両政府間の合意により行なうことができる。

第四条

1　日本國政府は、第五条1の使節団又は大韓民國政府の認可を受けた者が契約により負う債務並びに前条4の規定による生産物及び役務の供与の費用に充てるための支払を、第七条の規定に基づいて定める手続によつて、行なうものとする。この支払は、日本円で行なうものとする。

2.　日本國は、1の規定に基づく支払を行なうことにより、その支払を行なつた時に、その支払に係る生産物及び役務を、協定第一条1(a)の規定に従い、大韓民國に供与したものとみなされる。

第五条

1 大韓民國政府は、同政府の使節団へ以下「使節団」という。)を日本國内に設置する。

2、使節団は、協定第一条1(a)及びこの議定書の実施を任務とし、その任務には次の事項を含むものとする。

(a)、大韓民國政府が作成した実施計画の日本国政府への提出

(b) 大韓民國政府のための契約の締締及び実施

(c) (b)の契約及び大韓民國政府の認可を受けた者の締結

する契約の認証を受けるための日本國政府への送付

3 使節団の任務の効果的な遂行のため必要であり、かつもつぱらその目的に使用される使節団の日本國における事務所は、東京及び両政府間で合意することがある他の場所に設置する。

4 使節団の事務所の構内及び記録は、不可侵とする。使節団は、暗號を使用することができる。使節団に属し、かつ、直接その任務の遂行のため使用される不動産は、不動産取得税及び固定資産税を免除される。使節団の任務の遂行から生ずることがある使節団の所得は、日本國における課税を免除される。使節団が公用のため輸入する財産は、関税その他輸入について又は輸入に関連して課される課徴金を免除される。

5 使節団は、他の外国使節団に通常与えられる行政上の援助で使節団の任務の効果的な遂行のため必要とされるものを日本國政府から与えられるものとする。

6、大韓民國の國民である使節団の長、使節団の上級職員二人及び3の規定に従つて設置される事務所の長は、國際慣習に基づいて一般的に認められる外交上の特権及び免除を与えられる。使節団の任務の効果的な遂行のため必要があると認められたときは、前記の上級職員の数は、両政府間の合意により増加することができる。

7、大韓民國の國民であり、かつ、通常日本國内に居住していない使節団のその他の職員は、自己の職務の遂行について受ける報酬に對する日本國における課税を免除され、かつ、日本國の法令の定めるところにより、自用の財産に對する關税その他輸入について又は輸入に關連して課される課徴金を免除される。

8、契約から若しくはこれに關連して生ずる紛争が仲裁により解決されなかつたとき、又は当該仲裁判断が履行されなかつたときは、その問題は、最後の解決手段として、契約地の管轄裁判所に提起することができる。この場合において、必要とされる訴訟手続上の目的のために、み使節団の法務部長の職にある者は、2(b)の契約に関し訴え、又は訴えられることができるものとし、そのために使節団における自己の事務所において訴状その他の訴訟書類の送達を受けることができるものとする。ただし、訴訟費用の担保を供する義務を免除される。使節団は、4及び6に定めるところにより不可侵及び免除を与えられてはいるが、前記の場合において管轄裁判所が行なった最終の裁判を、使節団を拘束するものとして受諾するものとする。

9. 最終の裁判の執行に当たり、使節団に属し、かつ、その任務の遂行のため使用される土地及び建物並びにその中にある動産は、いかなる場合にも強制執行を受けることはない。

第六条

1、両政府は、生産物及び役務の供与が円滑かつ効果的に行なわれるため必要な措置を執るものとする。

2 生産物又は役務の供与に関連して大韓民國内において必要とされる日本國民は、その作業の遂行のための大韓民國への入國、同國からの出國及び同國における滞在に必要な便宜を与えられるものとする。

3、日本國の國民及び法人は、生産物又は役務の供与から生ずる所得につき、大韓民國における課税を免除される。

4、日本國により供与される生産物は、大韓民國の領域から再輸出されてはならない。

5、いずれの一方の締約國の政府も、日本国により供与される生産物の運送及び保險に関し、公正かつ自由な競争を妨げることがある他の締約國の國民及び法人に対する差別的措置を、直接又は間接に執らないものとする。

6、この条の規定は、協定第一条1(b)に定める貸付けによる生産物及び役務の調達についても適用されるものとする。

第七条

この協定の実施に関する手続その他の細目は、両政府間で協議により合意するものとする。

以上の証拠として、下名は、この協定に署名した。

千九百六十五年六月二十二日に東京で、ひとしく正文である韓國語及び日本語により本書二通を作成した。

大韓民國のために

(署名) 이동원

김동조

日本國のために

(署名) 椎名悦三郎

高杉晋一

〔제 1 의정서의 실시 세목에 관한 교환 공문〕

〔일본측 서한〕

(역 문)

1965 년 6 월 22 일

각 하,

본 대신은 금일 서명된 일본국과 대한 민국 간의 재산 및 청구권에 관한 문제의 해결과 경제 협력에 관한 협정(이하 "협정"이라 함)와 제 1 의정서(이하 "의정서"라 함)에 언급하는 영광을 가집니다. 일본국 정부는, 양국 정부가 의정서 제 7 조의 규정에 의거하여 다음과 같이 합의할 것을 제의합니다.

Ⅰ 실 시 계 획

1 의정서 제 1 조의 연도 실시 계획(이하 "실시 계획"이라 함)은 양 정부가 그 시기 및 총기를 합의하는 연도에 대하여 결정된다.

2 실시 계획의 결정은 원칙적으로 다음과 같이 행하여 진다.

(a) 제 1 년도를 제외한 각 연도의 실시 계획은 그 적용되는 연도의 개시에 앞서 결정된다. 이를 위하여 당해 연도의 실시 계획은 그 연도의 개시에 앞서 적어도 60 일 전에 협의를 위하여 일본국 정부에 제출된다.

(b) 제 1 년도의 실시 계획은, 협정 효력 발생일로부터 60 일 이내에 결정 된다. 이를 위하여 동 연도의 실시 계획은 가능한 한 조속히 일본국 정부에 제출된다.

3 실시 계획에는 당해 연도중에 대한 민국에 의한 조달이 예정되는 일본국의 생산물 및 일본인의 용역을 열거한다.

4 실시 계획은 양 정부 간의 합의에 의하여 수정될 수 있다.

Ⅱ 계 약

1 의정서 제 3 조 1 의 계약은 일본 원으로 통상의 상업상의 절차에 따라 체결된다.

2 의정서 제 3 조 2 의 계약(이하 "계약"이라 함)의 실시에 관한 책임은 의정서 제 5 조 1 의 사절단(이하 "사절단"이라 함) 또는 대한 민국 정부의 인가를 받은 자 및 의정서 제 3 조 1 의 일본국 국민 또는 일본국의 법인으로서, 계약의 당사자인 자 만이 진다.

3 제 3 조 3 의 적용상, 상사 중재 위원회라 함은, 계약의 어느 일방 당사자가 중재에의 회부를 요청한 경우에 있어서의 타방 당사자가 거주하는 국가에 있는 상사 중재 기관

을 말한다.

Ⅱ 지 불

1 대한 민국 정부는 일본국의 법률에 의거하여 외국환 공인 은행으로 인가되었으며 또한 일본 국민에 의하여 지배되는 일본국의 은행 중에서 의정서의 실시에 관한 업무를 행할 은행을 지정한다.

2 사절단 또는 대한 민국 정부의 위임을 받은 기관(이하 "기관"이라 함)은 1에 규정하는 지정 은행과 약정을 하여 대한 민국 정부의 명의로 특별 계정을 개설하고 그러한 은행에 일본국 정부로부터의 지불의 수령 등을 수권하고 또한 일본국정부에 대하여 그 약정의 내용을 통고 한다. 특별 계정은 무이자로 한다.

3 사절단 또는 기관은 계약의 규정에 의거하여 지불 의무가 발생할 일자 이전에 충분한 여유를 두고, 지불금액, 2의 지정 은행 중 지불이 행하여 져야 할 은행(이하 "은행"이라 함)의 명칭 및 사절단 또는 기관이 관계 계약자에게 지불을 행하여야 할 일자를 기재한 지불 청구서를 일본국 정부에 송부한다.

4 일본국 정부는 지불 청구서를 수령하였을 때에는 사절단 또는 기관이 관계 계약자에 지불을 행하여야 할 일자 전에 은행에 청구 금액을 지불한다.

5 일본국 정부는 또한 의정서 제3조4의 규정에 의하여 양 정부가 합의하는 제공에 관한 지불을 4에 정하는 바와 같은 방법으로 행한다.

6 4 및 5의 규정에 의거하여 일본국 정부가 지불하는 금액은 특별 계정에 대기하는 것으로 하고 기타의 어떠한 자금도 특별 계정에 대기되지 아니한다. 특별 계정은 3 및 5의 목적만을 위하여 차기한다.

7 사절단 또는 기관이 특별 계정에 대기된 자금의 전부 또는 일부를 계약의 해제 기타에 의하여 인출하지 않았을 경우에는 미불 금액은 양 정부 간의 협의에 의하여 3 및 5의 목적을 위한 지불에 충당된다.

8 특별 계정으로부터 지불된 금액의 전부 또는 일부가 사절단 또는 그 기관에 반환되었을 경우에 그 반환된 금액은 6의 규정에 불구하고 특별 계정에 대기한다. 그 반환된 금액은 양 정부간의 협의에 따라 3 및 5의 목적을 위한 지불에 충당한다.

9 의정서 제4조 2의 규정의 적용상, "지불을 행한 때"라 함은 지불이 일본국 정부에 의하여 은행에 대하여 행하여진 때를 말한다.

10 일본국이 의정서 제4조2의 규정에 따라 대한 민국에 제공한 것으로 간주되는 생산물 및 용역의 액수를 결정함에 있어서는 일본 원으로 지불된 금액으로 부터 환산되는 아메리카 합중국 불의 등가액이 계산의 기초로 된다.

전기의 환산에 사용되는 외환율은 일본국 정부가 정식으로 결정하고 또한 국제 통화 기금이 동의한 일본 원의 아메리카 합중국 불에 대한 평가로서 다음에 열거하는 일자에 적용되는 것으로 한다.

(a) 계약에 관한 지불의 경우에는 일본국 정부가 당해 계약을 인증한 일자

(b) 기타의 경우는 각 경우에 있어서 양 정부가 합의하는 일자

단, 합의한 일자가 없을 경우에는 일본국 정부가 지불 청구서를 수령한 일자로 한다.

Ⅳ 사 절 단

대한 민국 정부는 계약에 관하여 사절단을 대표하여 행동하는 권한이 부여된 사절단의 장 기타의 직원의 성명을 일본국 정부에 수시 통고하고, 일본국 정부는 그 성명을 일본국의 관보에 공시한다. 전기의 사절단의 장 기타의 직원의 권한은 일본국의 관보로 별도의 공시가 있을 때까지는 계속되는 것으로 간주한다.

본 대신은, 또한, 본 서한 및 전기 제안에 대한 귀국 정부에 의한 수락을 확인하는 각하의 회한을, 의정서 제7조의 규정에 의거하여 의정서의 실시 세목에 관한 양국 정부간의 합의를 구성하는 것으로 간주할 것을, 의정서의 기타 절차 세목은 양국 정부 당국 간에 합의할 것이라는 양해하에, 제안하는 영광을 가집니다.

본 대신은 이 기회에 각하에 대하여 경의를 표합니다.

일본국 외무대신

(서명) 시이나 에쓰사부로오

대한 민국 외무부 장관 이동원 각하

〔한국측 회한〕

1965년 6월 22일
토 오 쿄 오 에 서

각 하,

본관은 금일자 각하의 다음과 같은 서한을 접수하였음을 확인하는 영광을 가집니다.

"............

(일본측 서한)

............"

본관은 각하의 서한에서 언급된 제안을 본국 정부를 대표하여 동의하며 또한 각하의 서한과 본 회한을 대한 민국과 일본국 간의 재산 및 청구권에 관한 문제의 해결과 경제 협력에 관한 협정 제1의정서의 실시 세목에 대한 양국 정부 간의 합의를 구성하는 것으로 간주할 것을 동의하는 영광을 가집니다.

본관은 각하에게 새로이 본관의 변함없는 경의를 표합니다.

외무부 장관
(서명) 이동원

일본국 외무대신
시이나 에쓰사부로오 각하

第一議定書の実施細目に関する交換公文

（日本側書簡）

書簡をもつて啓上いたします。本大臣は、本日署名された財産及び請求権に関する問題の解決並びに経済協力に関する日本国と大韓民国との間の協定（以下「協定」という。）の第一議定書（以下「議定書」という。）に言及する光栄を有します。日本国政府は、両国政府が議定書第七条の規定に基づいて次のとおり合意することを提案いたします。

I 実施計画

1 議定書第一条の年度実施計画（以下「実施計画」という。）は、両政府がその始期及び終期を合意する年度について決定されるものとする。

2 実施計画の決定は、原則として次のとおり行なわれるものとする。

(a) 第一年度を除く各年度の実施計画は、その適用される年度の開始に先だつて決定される。このため当該年度の実施計画は、その年度の開始の少なくとも六十日前に協議のため日本国政府に提出される。

(b) 第一年度の実施計画は、協定の効力発生の日から六十日以内に決定される。このため同年度の実施計画は、できる限りすみやかに日本国政府に提

一

出される。

3 実施計画は、当該年度中に大韓民国による調達が予定されている日本国の生産物及び日本人の役務を掲げるものとする。

4 実施計画は、両政府間の合意により修正することができる。

Ⅱ 契約

1 議定書第三条1の契約は、日本円で通常の商業上の手続によつて締結されるものとする。

2 議定書第三条2の契約（以下「契約」という。）の実施に関する責任は、議定書第五条1の使節団（以下「使節団」という。）又は大韓民国政府の認可を受けた者及び議定書第三条1の日本国民又は日本国の法人で、契約の当事者であるもののみが負うものとする。

3 議定書第三条3の適用上、商事仲裁委員会とは、契約のいずれか一方の当事者が仲裁への付託を要請した場合における他方の当事者が居住する国にある商事仲裁機関をいう。

Ⅲ 支払

1 大韓民国政府は、日本国の法律に基づき外国為替公認銀行として認可され、かつ、日本国民によつて支配されている日本国の銀行のうちから、議定書の実施に関する業務を行なう銀行を指定する。

2　使節団又は大韓民国政府の委任をうけた機関（以下「機関」という。）は、1に規定する指定銀行と取極を行ない、大韓民国政府の名義で特別勘定を開設してそれらの銀行に日本国政府からの支払の受領等を授権し、かつ、日本国政府に対しその取極の内容を通告するものとする。特別勘定は、利子を附さないものとする。

3　使節団又は機関は、契約の規定に基づいて支払の義務が生ずる期日前に十分な余裕をもつて、支払金額、2の指定銀行のうち支払が行なわれるべき銀行（以下「銀行」という。）の名称及び使節団又は機関が関係契約者に支払を行なうべき期日を記載した支払請求書を日本国政府に送付するものとする。

4　日本国政府は、支払請求書を受領したときは、使節団又は機関が関係契約者に支払を行なうべき期日前に、銀行に請求金額を支払うものとする。

5　日本国政府は、また、議定書第三条4の規定に従つて両政府が合意する供与に係る支払を、4に定めるのと同様の方法で、行なうものとする。

6　4及び5の規定に基づいて日本国政府が支払う金額は、特別勘定に貸記す

三

四

るものとし、他のいかなる資金も、特別勘定に貸記されないものとする。特別勘定は、3及び5の目的のためにのみ借記を行なうものとする。

7 使節団又は機関が特別勘定に貸記された資金の全部又は一部を契約の解除その他によつて引き出さなかつた場合には、未払金額は、両政府間の協議により3及び5の目的のための支払に充てられるものとする。

8 特別勘定から支払われた金額の全部又は一部が使節団又は機関に返還された場合には、その返還された金額は、6の規定にかかわらず、特別勘定に貸記するものとする。その返還された金額は、両政府間の協議により、3及び5の目的のための支払に充てられるものとする。

9 議定書第四条2の規定の適用上「支払を行なつた時」とは、支払が日本国政府により銀行に対して行なわれた時をいう。

10 日本国が議定書第四条2の規定に従い大韓民国に供与したものとみなされる生産物及び役務の額の決定に当たつては、日本円で支払われた金額から換算される合衆国ドルの等価額が計算の基礎となるものとする。前記の換算に用いられる為替相場は、日本国政府が正式に決定し、かつ、国際通貨基金が同意した日本円の合衆国ドルに対する平価で、次に掲げる日に適用されているものとする。

(a) 契約に関する支払の場合には、日本国政府が当該契約を認証した日

(b) その他の場合には、各場合につき両政府間で合意する日。ただし、合意した日がないときは、日本国政府が支払請求書を受領した日とする。

IV 使節団

大韓民国政府は、契約に関して使節団を代表して行動する権限を与えられる使節団の長その他の職員の氏名を日本国政府に随時通知するものとし、日本国政府は、その氏名を日本国の官報で公示するものとする。この使節団の長その他の職員の権限は、日本国の官報で別段の公示がされるまでの間は、継続しているものとみなされる。

本大臣は、さらに、この書簡及び前記の提案の貴国政府による受諾を確認される閣下の返簡を、議定書第七条の規定に基づく議定書の実施に関する細目についての両政府間の合意を構成するものとみなすことを、議定書のその他の手続細目は両政府の当局の間で合意するとの了解の下に、提案する光栄を有します。

本大臣は、以上を申し進めるに際し、ここに重ねて閣下に向かつて敬意を表

五

します。

千九百六十五年六月二十二日に東京で

日本国外務大臣　椎名悦三郎

大韓民国外務部長官　李東元閣下

六

（韓国側書簡）

（訳文）

書簡をもつて啓上いたします。本長官は、本日付けの閣下の次の書簡を受領したことを確認する光栄を有します。

（日本側書簡）

本長官は、閣下の書簡に述べられた提案に本国政府に代わつて同意し、さらに、閣下の書簡及びこの返簡を、財産及び請求権に関する問題の解決並びに経済協力に関する大韓民国と日本国との間の協定の第一議定書の実施に関する細目についての両国政府間の合意を構成するものとみなすことに同意する光栄を有します。

七

八

本長官は、以上を申し進めるに際し、ここに重ねて閣下に向かつて敬意を表します。

千九百六十五年六月二十二日に東京で

外務部長官　李東元

日本国外務大臣　椎名悦三郎閣下

제 2 의 정 서

대한 민국과 일본국 간의 재산 및 청구권에 관한 문제의 해결과 경제 협력에 관한 협정(이하"협정"이라고 함)에 서명함에 있어서, 하기의 대표는 각자의 정부로부터 정당한 위임을 받고, 또한 협정의 불가분의 일부로 인정되는 다음의 규정에 합의하였다.

제 1 조

대한 민국은 대한 민국과 일본국 간의 청산 계정의 잔액으로서 1961년 4월 22일자 교환 공문에 의하여 양 체약국 정부 간에 확인되어 있는 일본국의 채권인 4천 5백 7십 2만 9천 3백 9십 8 아메리카 합중국 불 8 센트($45,729,398.08)를 협정의 효력 발생일로부터 10년의 기간 내에 다음과 같이 분할하여 변제한다.
이 경우에 있어서는 무이자로 한다.

제1회부터 제9회까지의 연부불의 액--매년 4백 5십 7만 3천 아메리카 합중국 불($4,573,000)

제10회의 연부불의 액-- 4백 5십 7만 2천 3백 9십 8 아메리카 합중국 불 8 센트($4,572,398.08)

제 2 조

전 조의 매년의 부불금에 대하여 대한 민국의 요청이 있을 경우에는, 그 요청이 있은 금액에 상당한 협정 제1조 1 (a)의 규정에 의한 생산물 및 용역의 제공과 전 조의 규정에 의한 부불금의 지불이 된 것으로 간주하고 이에 의하여 협정 제1조 1 (a)의 규정에 의한 생산물 및 용역의 제공액 및 그 해의 제공 한도액은 동 조 1 (a)의 규정에 불구하고 그 금액만큼 감액된다.

제 3 조

제1조에서 언급한 일본국의 채권액의 변제에 관하여, 대한 민국은 제1회의 연부불을 협정의 효력 발생일에 행하는 것으로 하고, 제2회 이후의 연부불을 매년에 있어서 제1회의 지불 일자와 동일한 일자까지에 행한다.

제 4 조

제2조에 의한 대한 민국 정부의 요청은 일본국의 재정상의 관행을 고려하여 전 조의 규정에 의한 지불 일자가 속하는 일본국의 회계년도가 시작되는 역년의 전년의 10월 1일까지에 당해 지불 일자에 지불하여야 할 부불금에 대하여 행하여 진다. 단, 제1회의 지불(및 본문의 규정에 의한 수 없을 경우에는 제2회의 지불)에 대한 요청은 협정의 효력 발생일에 행하여 진다.

제 5 조

대한 민국의 요청은 제1조에서 언급한 매년의 부불금의 전부 또는 일부에 대하여 행할 수 있다.

제 6 조

대한 민국의 요청이 제4조의 규정에 의한 일자까지에 행하여 지지 않고, 또한 부불금의 전부 또는 일부의 지불이 제3조의 규정에 의한 지불 일자 까지에 행하여 지지 않았을 경우에는 그 부불금의 전부 또는 일부에 대하여 제2조에 따라 대한 민국의 요청이 있었던 것으로 간주한다.

이상의 증거로서 하기 대표는 본 의정서에 서명하였다.

1965년 6월 22일 토오쿄오에서 동등히 정본인 한국어 및 일본어로 본서 2통을 작성하였다.

대한 민국을 위하여
(서명) 이 동 원
김 동 조

일본국을 위하여
(서명) 시이나 에쓰사부로오
다까스기 싱이찌

~91~

條約第一七九号

第二議定書

財産及び請求権に関する問題の解決並びに経済協力に関する大韓民國と日本國との間の協定（以下「協定」という。）に署名するに当たり、下名は、各自の政府から正當な委任を受け、さらに、協定の不可分の一部と認められる次の規定を協定した。

第一條

大韓民國は、大韓民國と日本國との間の清算勘定の残高として千九百六十一年四月二十二日の交換公文により、両締約國政府間で確認されている日本國の債権である四千五百七十二万九千三百九十八合衆國ドル八セント（四五・七二九・

三九八・〇八ドル）を協定の効力発生の日から十年の期間内に、次のとおり分割して返済するものとする。この場合においては、利子を附さない。

第一回から第九回までの年賦払の額　各年四百五十七万三千合衆国ドル（四、五七三、〇〇〇ドル）

第十回の年賦払の額　四百五十七万二千三百九十八合衆国ドル八セント（四、五七二、三九八・〇八ドル）

第二条

前条の各年の賦払金について大韓民国の要請があつたときは、その要請のあつた金額に相当する協定第一条1(a)の規定による生産物及び役務の供与並びに前条の規定による。

賦払金の支払が行なわれたものとみなし、これにより、協定第一条1(a)の規定による生産物及び役務の供与の額並びにその年の供与の限度額は、同条1(a)の規定にかかわらず、その金額だけ減額されるものとする。

第三条

第一条にいう日本国の債権の返済に関し、大韓民国は、第一回の年賦払を協定の効力発生の日に行うものとし第二回以降の年賦払を各年において第一回の支払期日と同一の日までに行うものとする。

第四条

第二条の大韓民国政府の要請は、日本国の財政上の慣行を考慮して、前条の規定による支払期日が属する日本国の会計年度が始まる暦年の前年の十月一日までに當該支拂期日に先帯われるべき賠償金について行なわれるものとする。ただし、第一回の支払(及び本文の規定によることができない場合の第二回の支払い)についての要請は、協定の効力発生の日に行なわれるものとする。

第五条

大韓民国の要請は、第一条にいう各年の賠償金の全部又一部について行なうことができる。

第六条

大韓民国の要請が第四条の規定による期日までに行なわ

れず、かつ、賦払金の全部又は一部の支払が第三条の規定による支払期日までに、行なわれなかつたときは、その賦払金の全部又は一部について第二條の大韓民国の要請があつたものとみなす。

以上の証拠として、下名は、この議定書に署名した。

千九百六十五年六月二十二日に東京で、ひとしく正文である韓国語及び日本語により本書二通を作成した。

~96~

大韓民國のために

（署名）　이동원

김동조

日本國のために

（署名）　椎名悦三郎

高杉晋一

대한 민국과 일본국 간의 재산 및 청구권에 관한 문제의 해결과 경제 협력에 관한 협정에 대한 합의 의사록(I)

대한 민국 정부 대표와 일본국 정부 대표는, 금일 서명된 대한 민국과 일본국 간의 재산 및 청구권에 관한 문제의 해결과 경제 협력에 관한 협정(이하 "협정"이라 함) 및 관련 문서에 관하여 다음의 양해에 도달하였다.

1 협정 제1조1에 관하여,

일본국이 제공하는 생산물 및 용역은 일본국 내에 있어서 영리 목적을 위하여 사용되지는 아니한다는데 의견의 일치를 보았다.

2 협정 제2조에 관하여,

(a) "재산, 권리 및 이익"이라 함은 법률상의 근거에 의거하여 재산적 가치가 인정되는 모든 종류의 실체적 권리를 말하는 것으로 양해되었다.

(b) "특별 조치"라함은, 일본국에 관하여는, 제2차 세계 대전 전투 상태의 종결의 결과로 발생한 사태에 대처하여, 1945년 8월 15일 이후 일본국에서 취해진 전후 처리를 위한 모든 조치(1951년 9월 8일에 샌프랜시스코우시에서 서명된 일본국과의 평화조약 제4조(a)의 규정에 의거하는 특별 약정을 고려하여 취해진 조치를 포함함)를 말하는 것으로 양해되었다.

(c) "거주한"이라 함은 동조 2(a)에 기재한 기간 내의 어떠한 시점까지던 그 국가에 계속하여 1년이상 거주한 것을 말하는 것으로 양해되었다.

(d) "통상의 접촉"에는 제2차 세계 대전의 전투 상태의 종결의 결과, 일방국의 국민으로서 타방국으로부터 귀환한 자(지점 폐쇄를 행한 법인을 포함함)의 귀환시 까지의 사이에, 타방국의 국민과의 거래등, 종전후에 발생한 특수한 상태하에서의 접촉이 포함되지 않는 것으로 양해되었다.

(e) 동 조3에 의하여 취하여질 "조치"는 동 조1에서 말하는 양국 및 그 국민의 재산, 권리 및 이익과 양국 및 그 국민 간의 청구권에 관한 문제를 해결하기 위하여 취하여 질 각국의 국내 조치를 말하는 것으로 의견의 일치를 보았다.

(f) 한국측 대표는 제2차 세계 대전의 전투 상태의 종결후 1947년 8월 15일 전에 귀국한 대한 민국 국민이 일본국 내에 소유하는 부동산에 대하여 신중한 고려가 베풀어질 수 있도록 희망을 표명하고, 일본측 대표는 이에 대하여 신중히 검토한다는

취지의 답변을 하였다.

(g) 동 조 1에서 말하는 완전히 그리고 최종적으로 해결된 것으로 되는 양국 및 그 국민의 재산, 권리 및 이익과 양국 및 그 국민 간의 청구권에 관한 문제에는 한일 회담에서 한국측으로 부터 제출된 "한국의 대일 청구 요강" (소위 8개 항목)의 범위에 속하는 모든 청구가 포함되어 있고, 따라서 동 대일 청구 요강에 관하여는 어떠한 주장도 할 수 없게 됨을 확인하였다.

(h) 동 조 1에서 말하는 완전히 그리고 최종적으로 해결된 것으로 되는 양국 및 그 국민의 재산, 권리 및 이익과 양국 및 그 국민 간의 청구권에 관한 문제에는, 본 협정의 서명일까지에 대한 민국에 의한 일본 어선의 나포로부터 발생한 모든 청구권이 포함되어 있고, 따라서 그러한 모든 청구권은 대한 민국 정부에 대하여 주장할 수 없게 됨을 확인하였다.

3 협정 제3조에 관하여.

동 조 3에서 말하는 양 정부가 각각 선정하는 국가 및 이들 국가의 정부가 협의에 의하여 결정하는 제3국은 대한 민국 및 일본국의 양국과 외교 관계가 있는 국가 중에서 선정한다는 데 의견의 일치를 보았다.

4 제1의정서 제2조1에 관하여.

(a) 대한 민국 대표는 협정 제1조1의 규정에 의거한 제공 또는 차관에 의하여 행하여 지는 사업의 수행상 필요하다고 예상되는 대한 민국의 국내 자금 확보를 위하여, 대한 민국은 일본국 정부가 1억 5천만 아메리카 합중국불($ 150,000,000)과 동등한 일본 원의 액수를 초과하는 자본재 이외의 생산물을 제공할 것을 기대한다는 취지를 진술하였고,

일본국 대표는 이에 대하여 고려할 용의가 있다는 취지의 답변을 하였다.

(b) 일본국이 제공하는 생산물은 무기 및 탄약을 포함하지 아니한다는 데에 의견의 일치를 보았다.

5 제1의정서 제2조2에 관하여.

외국환에 있어서의 추가 부담이 일본국에 과하여 지는 경우라 함은, 당해 생산물을 제공하기 위하여,

1 특히 높은 외화 부담이 필요로 되는 경우 및

2 동등한 품질의 일본국의 생산물에 의하여 대처할 수 있는 수입품 또는 독립적인 기능을 가지는 수입 기계 부분품의 구입에 있어서 외화 부담이 필요로 되는 경우를 말한다는 데에 의견의 일치를 보았다.

6 제1의정서 제3조에 관하여,

(a) 동 조 1에 대하여 대한민국 대표는 계약의 체결이 일본국 내에서 행하여 진다는 것 및 이 계약의 체결이라 함은 서명을 의미하며, 서명에 이르기까지의 입찰, 공고 기타 행위에 대하여는, 대한 민국 정부(조달청)가 행하는 경우에는 원칙적으로 대한 민국에서, 기타의 경우에는 대한 민국 또는 일본국에서 이러한 행위가 행하여 진다는 것을 양해한다고 진술하였고, 일본국 대표는 이에 대하여 이의가 없다는 취지의 답변을 하였다.

(b) 동 조 2의 계약으로서 수송, 보험 또는 검사와 같은 부수적인 용역의 제공을 필요로 하고, 또한 이를 위한 지불이 제1의정서에 따라서 행하여 지기로 되어 있는 것은 모두 그러한 용역이 일본 국민 또는 일본국의 법인에 의하여 행하여져야 한다는 취지의 규정이 포함되어야 한다는것이 양해되었다.

7 제1의정서 제6조 4에 관하여.

일본국에 의하여 제공된 생산물이 가공(단순한 조립가공 또는 이와 같은 정도의 가공은 제외함) 또는 양 정부간에 합의될 기타의 처리가 가하여진 후 대한 민국의 영역으로부터 수출되었을 경우에는 동 조 4의 규정은 적용되지 아니한다는 데 의견의 일치를 보았다.

8 협정 제1조 1(b)의 규정의 실시에 관한 교환 공문에 관하여,

(a) 동 교환 공문 2(b)의 사업 계획 합의서의 효력 발생일이라 함은, 사업 계획 합의서에 별도의 규정이 있을 경우를 제외하고, 각각의 사업 계획 합의서의 서명 일을 의미한다는 것이 양해되었다.

(b) 동 교환 공문 2(c)의 차관 이행의 일이라 함은, 일본측의 수출자와 대한 민국측의 수입자 간에 체결되는 계약의 정하는 바에 따라, 해외 경제 협력 기금이 대한 민국 정부를 위하여, 일본측의 수출자에 대하여 지불을 행하고, 동 기금에 개설되는 대한 민국 정부의 계정에 차기하는 일자임이 확인되었다.

1965년 6월 22일

토오쿄오에서

條約第一七三号

財産及び請求権に関する問題の解決並びに経済協力
に関する大韓民國と日本國との間の協定についての
合意された議事録（I）

大韓民國政府代表及び日本國政府代表は、本日署名され
た財産及び請求権に関する問題の解決並びに経済協力に関
する大韓民國と日本國との間の協定（以下「協定」という。）
及び関連文書に関して次の了解に到達した。

1、協定第一条 に関し

日本國が供与する生産物及び役務は、日本國内におい
て営利目的のために使用されることはないことに意見の
一致をみた

~145~

2\. 協定第二条に関し

(a) 「財産、権利及び利益」とは、法律上の根拠に基づき財産的価値を認められるすべての種類の実体的権利をいうことが了解された。

(b) 「特別の措置」とは、日本国については、第二次世界大戦の戦闘状態の終結の結果として生じた事態に対処して、千九百四十五年八月十五日以後日本国において執られた戦後処理のためのすべての措置（千九百五十一年九月八日にサン・フランシスコ市で署名された日本国との平和条約第四条(a)の規定に基づく特別取極を考慮して執られた措置を含む。）をいうことが了解された。

(c)

「居住した」とは、同条２(a)に掲げる期間内のいずれかの時までその国に引き続き一年以上在住したことをいうことが了解された。

(d)

「通常の接触」には、第二次世界大戦の戦闘状態の終結の結果として一方の国の国民で他方の国から引き揚げたもの(支店閉鎖を行なつた法人を含む。)の引揚げの時までの間の他方の国の国民との取引等、終戦後に生じた特殊な状態の下における接触を含まないことが了解された。

(e)

同条３により執られる措置は、同条１にいう両国及びその國民の財産、權利及び利益並びに両國及びその國民の間の請求權に関する問題の解決のために執られるべきそれぞれの國の國内措置ということに意見の一致をみた。

(f) 韓國側代表は、第二次世界大戦の戰闘状態の終結後千九百四十七年八月十五日前に歸國した韓國國民が日本國において所有する不動産について慎重な考慮が払われるよう希望を表明し、日本側代表は、これに対して、慎重に検討する旨を答えた。

(g) 同條1にいう完全かつ最終的に解決されたこととなる両國及びその國民の財産、權利及び利益並びに両国及びその国民の間の請求権に関する問題には、韓日会談において韓国側から提出された「韓国の対日請求要綱」(いわゆる八項目)の範囲に属するすべての請求が含まれており、したがつて、同対日請求要綱に関しては、いかなる主張もなしえないこととなることが確認された。

(ん) 同条1にいう完全かつ最終的に解決されたこととなる両国及びその国民の財産、権利及び利益並びに両国及びその国民の間の請求権に関する問題には、この協定の署名の日までに大韓民国による日本漁船のだ捕から生じたすべての請求権が含まれており、したがつて、それらのすべての請求権は、大韓民国政府に対して主張しえないこととなることが確認された。

3. 協定第3条に関し、

同条3にいう両国政府のそれぞれが選定する国及びそれらの国の政府が協議により決定する第三国は、大韓民国及び日本国の双方と外交関係を有する国のうちから選ばれるものとすることに意見の一致をみた。

4. 第一議定書第二条1に関し、

(a) 韓国側代表は、協定第一条1の規定に基づく供与又は貸付けにより行なわれる事業の遂行上必要であると予想される大韓民国の国内資金を確保するため、大韓民国は、日本国政府が一億五千萬合衆国ドルに等しい円の額をこえる資本財以外の生産物を供与することを期待する旨を述べ、日本側代表は、これに対し考慮を払う用意がある旨を答えた。

(b) 日本側が供与する生産物は、武器及び弾薬を含まないものとすることに意見の一致をみた。

5. 第一議定書第二条3に関し、外国為替上の追加の負担が日本国に課される場合とは、当該生産物を供与するために、(i)特に高い外貨負担が必要とされる場合、及び(ii)同等の品質の日本国の生産物により代替することができる輸入品又は独立の機能を有する輸入機械部品の購入に当たつて外貨負担が必要とされる場合をいうことに意見の一致をみた。

6. 第一議定書第三条に関し、

(2) 同条1につき、韓国側代表は、契約の締結が日本国内で行なわれること、及びこの契約の締結とは署名を意味し、署名にいたるまでの入札、公告その他の行為については、大韓民国政府(調達庁)が行なう場合は原則として大韓民国において、その他の場合は大韓民国又は日本国において、これらの行為が行なわれることを了解すると述べ、日本側代表は、これに対し異議がない旨を答えた。

(b) 同條々の契約であつて、輸送、保険又は檢査のような附随的役務の供與を必要とし、かつ、そのための支払が第一議定書に從つて行なわれることとなつているものは、すべて、これらの役務が日本國民又は日本國の法人によつて行なわれるべき旨の規定を含まなければならないことが了解された。

7. 第一議定書第六条4に関し、日本國により供與された生産物が加工（単純な組立加工又はこれと同程度の加工を除く。）又は両政府間で合意されるその他の處理を加えられた後大韓民國の領域から輸出された場合には、同条4の規定は適用されないものとすることに意見の一致をみた。

8. 協定第一条1(b)の規定の実施に関する交換公文に関し、

(a) 同交換公文2(b)の事業計画合意書の効力発生の日とは、事業計画合意書に別段の規定がある場合を除くほか、それぞれの事業計画合意書の署名の日を意味することが了解された。

(b) 同交換公文2(c)の貸付けの実行の日とは、日本側の輸出者と大韓民国側の輸入者との間で締結される契約の定めるところに従つて、海外経済協力基金が、大韓民国政府のために、日本側の輸出者に対して支払を行ない、同基金に開発される大韓民国政府の勘定に借記する日であることが確認された。

千九百六十五年六月二十二日に東京で

대한 민국과 일본국 간의 재산 및 청구권에 관한 문제의 해결과 경제 협력에 관한 협정에 대한 합의 의사록(Ⅱ)

대한 민국 정부 대표와 일본국 정부 대표는, 금일 서명된 대한 민국과 일본국 간의 재산 및 청구권에 관한 문제의 해결과 경제 협력에 관한 협정 (이하 "협정"이라 함) 및 관련 문서에 관하여 다음과 같은 양해에 도달하였다.

1 협정 제1조에 관하여,

동 조 1(a)의 단서 규정에 의하여, 매년의 제공의 한도액이 증액되는 경우에는, 그 증액은 매년의 제공의 한도액이 제2의정서 제1조에서 정하는 당해 연도의 연부불의 액수 이하로 되지 않는 범위 내에서, 최종년의 제공의 한도액으로부터 순차적으로 앞당겨 행하여진다는 것이 양해되었다.

2 제1의정서 제6조에 관하여,

동 조 5의 규정의 적용에 대하여 양국 정부가 양국에 있어서의 수송 및 보험의 실정을 고려하여, 합동 위원회에서 협의한다는 것이 양해되었다.

3 제1의정서의 실시 세목에 관한 교환 공문에 관하여,

계약으로부터 또는 이와 관련하여 발생하는 분쟁은, 당해 계약의 일방 당사자가 거주하는 국가에 상사 중재 기관이 설립되어 있지 아니한 때에는 동 교환 공문 II 3의 규정에 불구하고, 타방 당사자가 거주하는 국가에 있는 상사 중재 기관에 회부된다는 것이 양해되었다.

1965년 6월 22일

토오쿄오 에서

～157～

財産及び請求権に関する問題の解決並びに経済協力
に関する大韓民国と日本国との間の協定についての
合意された議事録（II）

大韓民国政府代表及び日本国政府代表は、本日署名された財産及び請求権に関する問題の解決並びに経済協力に関する大韓民国と日本国との間の協定（以下「協定」という。）及び関連文書に関して次の了解に到達した。

1. 協定第一条に関し、

同条1(a)ただし書の規定により各年の供与の限度額が増額される場合には、その増額は、各年の供与の限度額が第二議定書第一条に定めるその年の年賦払の額以下とならない範囲内で、最終年の必要の限度額から順次くり上げることにより行なわれることが了解された。

2. 第一議定書第六条に関し、

同条5の規定の運用について、両国政府が、両国における運送及び保険の実情を考慮し、合同委員会において協議することが了解された。

3. 第一議定書の実施細目に関する交換公文に関し、

契約から又はこれに関連して生ずる紛争は、当該契約の一方の当事者の居住する国に商事仲裁機関が設立されていないときは、同交換公文Ⅱ3の規定にかかわらず、他方の当事者が居住する国にある商事仲裁機関に付託されることが了解された。

千九百六十五年六月二十二日に東京で

〔대한 민국과 일본국 간의 재산 및 청구권에 관한 문제의 해결과 경제 협력에 관한 협정 제1조 1(b)의 규정의 실시에 관한 교환 공문〕

〔일본측 서한〕

(역 문)

1965년 6월 22일

각 하,

본 대신은 금일 서명된 일본국과 대한 민국 간의 재산 및 청구권에 관한 문제의 해결과 경제 협력에 관한 협정(이하 "협정"이라 함) 제1조 1 (b)의 규정의 실시에 관하여, 양국 정부가 다음과 같이 합의할 것을 제안하는 영광을 가집니다.

1 협정 제1조1(b)에 정하는 차관은 대한 민국 정부와 해외 경제 협력 기금 간에 체결되는 차관 계약 및 사업별의 사업 계획 합의서에 의거하여 행하여 진다.

2 양 정부는 1에서 언급한 차관 계약 및 사업 계획 합의서에는 다음의 제 조건이 포함되는 것임을 양해한다.

(a) 차관의 이행은 합리적인 정도로 매년 균등히 배분하여 행한다.

(b) 원금의 상환 기간은 각각의 사업 계획 합의서의 효력 발생일로부터 6개월후에 시작되는 7년의 거치 기간을 포함한 20년의 기간으로 하고 금리는 연 3.5퍼센트로 한다.

(c) 원금의 상환은 14회에의 계속된 균등 연부불로 행하며 이자의 지불은 차관이 이행된 일자 이후에 원금의 그때 그때의 미상환 잔액에 대하여 반년마다 행한다.

(d) 차관액은 일본 원으로 대출된 금액으로 환산되는 아메리카 합중국 불의 등가액을 기초로 하여 계산하며 그 환산에서 사용되는 외환율은 일본국 정부가 정식으로 결정하고 또한 국제 통화 기금이 동의한 일본 원의 아메리카 합중국 불에 대한 평가로서 각각의 사업 계획 합의서의 효력 발생일에 적용되어 있는 것으로 한다.

(e) 원금의 상환 및 이자의 지불은 교환 가능한 일본 원으로 행한다.

3 양국의 재정 사정 및 해외 경제 협력 기금의 자금 사정에 따라서는 합의에 의하여 2 (b)에서 언급한 상환 기간이 연장될 수 있다.

4 해외 경제 협력 기금은 차관 및 동 차관으로부터 발생되는 이자에 대하여 또는 그와 관련하여 부과되는 대한 민국의 조세, 기타의 과징금이 면제된다.

5 양 정부는 대한 민국 정부가 제시하는 차관의 대상이 되는 사업 및 그 연도 실시 계획을 결정하기 위하여 매년 협의한다.

본 대신은 또한 본 서한 및 전기 제안에 대한 귀국 정부에 의한 수락을 확인하는 각하의 회한을 협정 제1조1(b)의 규정의 실시에 관한 일본국 정부와 대한 민국 정부간의 합의를 구성하는 것으로 간주할 것을 제안하는 영광을 가집니다.

본 대신은 이 기회에 각하에 대하여 경의를 표합니다.

일본국 외무대신

(서명) 시이나 에쓰사부로오

대한 민국 외무부 장관 이동원 각하

〔한국측 회한〕

1965년 6월 22일
토 오 쿄 오 에 서

각 하,

본관은 금일자 각하의 다음과 같은 서한을 접수하였음을 확인하는 영광을 가집니다.

"............

(일본측 서한)

............"

본관은 각하의 서한에 언급된 제안을 본국정부를 대표하여 동의하며, 또한 각하의 서한과 본 회한을 대한 민국과 일본국 간의 재산 및 청구권에 관한 문제의 해결과 경제 협력에 관한 협정 제1조1(b)의 규정의 실시에 관한 양국 정부 간의 합의를 구성하는 것으로 간주할 것에 동의 합니다.

본관은 각하에게 새로이 본관의 변함없는 경의를 표합니다.

외무부 장관
(서명) 이동원

일본국 외무대신
시이나 에쓰사부로오 각하

財産及び請求権に関する問題の解決並びに経済協力に関する大韓民国と日本国との間の
（~~請求権経済協力~~協定第一条１(b)の規定の実施に関する交換公文）

（日本側書簡）

書簡をもつて啓上いたします。本大臣は、本日署名された財産及び請求権に関する問題の解決並びに経済協力に関する日本国と大韓民国との間の協定（以下「協定」という。）第一条１(b)の規定の実施に関し、両国政府が次のとおり合意することを提案する光栄を有します。

１　協定第一条１(b)に定める貸付けは、大韓民国政府と海外経済協力基金との間で締結されることになる借款契約及び事業別の事業計画合意書に基づき行なわれる。

２　両政府は、１にいう借款契約及び事業計画合意書には次の諸条件が含まれることになることを了解する。

(a)　貸付けの実行は、合理的な程度に各年均等に配分して行なわれる。

(b)　元金の償還期間は、それぞれの事業計画合意書の効力発生の日から六箇月後に始まる七年の据置期間を含む二十年の期間とし、金利は、年三・五パーセントとする。

(c) 元金の償還は、十四回の継続した均等年賦により行なわれ、利子の支払は、貸付けの実行の日以後の元金の随時の未償還残高について半年ごとに行なわれる。

(d) 貸付けの額は、日本円で貸し付けられた額から換算される合衆国ドルの等価額を基礎として計算され、その換算に用いられる為替相場は、日本国政府が正式に決定し、かつ、国際通貨基金が同意した日本円の合衆国ドルに対する平価で、それぞれの事業計画合意書の効力発生の日に適用されているものとする。

(e) 元金の償還及び利子の支払は、交換可能な日本円で行なわれる。

3 両国の財政事情及び海外経済協力基金の資金事情によつては、合意により2(b)にいう償還期間が延長されることがありうる。

4 海外経済協力基金は、貸付け及びそれから生ずる利子につき又はそれらに関連して課される大韓民国の租税その他の課徴金を免除される。

5　両政府は、大韓民国政府が提示する貸付けの対象となる事業及びその年度実施計画を決定するため毎年協議を行なう。

本大臣は、さらに、この書簡及び前記の提案の貴国政府による受諾を確認される閣下の返簡を、協定第一条1(b)の規定の実施に関する日本国政府と大韓民国政府との間の合意を構成するものとみなすことを提案する光栄を有します。

本大臣は、以上を申し進めるに際し、ここに重ねて閣下に向かつて敬意を表します。

千九百六十五年六月二十二日に東京で

日本国外務大臣　椎名悦三郎

大韓民国外務部長官　李東元閣下

三

四

(韓国側書簡)

(訳文)

書簡をもつて啓上いたします。本長官は、本日付けの閣下の次の書簡を受領したことを確認する光栄を有します。

(日本側書簡)

本長官は、閣下の書簡に述べられた提案に本国政府に代わつて同意し、さらに、閣下の書簡及びこの返簡を、財産及び請求権に関する問題の解決並びに経済協力に関する大韓民国と日本国との間の協定第一条1(b)の規定の実施に関する両国政府間の合意を構成するものとみなすことに同意いたします。

本長官は、以上を申し進めるに際し、ここに重ねて閣下に向かつて敬意を表します。

千九百六十五年六月二十二日に東京で

外務部長官　李東元

日本国外務大臣　椎名悦三郎閣下

〔대한 민국과 일본국 간의 재산 및 청구권에 관한 문제의 해결과 경제 협력에 관한 협정 제1조 2의 합동 위원회에 관한 교환 공문〕

〔한국측 서한〕

1965년 6월 22일
토오쿄오에서

각 하,

본관은 금일 서명된 대한 민국과 일본국 간의 재산 및 청구권에 관한 문제의 해결과 경제 협력에 관한 협정(이하 "협정"이라 함) 제1조 2에서 정하는 합동 위원회에 관하여, 양국 정부가 다음과 같이 합의할 것을 제안합니다.

1 합동 위원회는 토오쿄오에 설치한다.

2 합동 위원회는 양 정부가 각각 임명하는 대표 1명 및 대표 대리 수명으로 구성된다.

3 합동 위원회는 일방 정부의 대표의 요청에 의하여 회합한다.

4 합동 위원회는 다음의 사항에 관한 권고를 위하여 협의를 행하는 것을 임무로 한다.

(a) 제1 의정서에 의거한 연도 실시 계획, 계약의 인증 및 지불에 관한 절차

(b) (a)에서 언급한 연도 실시 계획에 관한 문제

(c) 협정 제1조 1(b)의 규정의 실시에 관한 교환 공문 5에서 언급한 사업 및 그 연도 실시 계획에 관한 문제

(d) (a)에서 언급한 계약의 인증

(e) 협정 제1조 1의 규정의 실시 상황의 검토(수시의 제공 및 차관의 이행 총액의 산정을 포함함)

(f) 협정 제1조의 규정의 실시에 관한 기타의 사항으로서 양 정부가 합의에 의하여 합동 위원회에 회부하는 것

본관은 또한 본 서한 및 전기 제안에 대한 귀국 정부에 의한 수락을 확인하는 각하의 회한을 협정 제1조 2에서 정하는 합동 위원회에 관한 대한 민국 정부와 일본국 정부 간의 합의를 구성하는 것으로 간주할 것을 제안하는 영광을 가집니다.

본관은 이 기회에 각하에 대하여 경의를 표합니다.

외무부 장관
(서명) 이동원

일본국 외무대신
시이나 에쓰사부로오 각하

일본 측 회한

(역문)

1965년 6월 22일 도쿄에서

각하,

본 대신은 금일 자의 각하의 다음 서한을 접수하였음을 확인하는 영광을 가집니다.

" ------------------

(한국 측 서한)

-------------------"

본 대신은 각하의 서한에 기술된 제안에 본국 정부를 대신하여 동의하며, 또한 각하의 서한 및 본 회한을, 재산 및 청구권에 관한 문제의 해결과 경제협력에 관한 일본국과 대한민국 간의 협정 제1조 2의 합동위원회에 관한 양국 정부 간의 합의를 구성하는 것으로 간주할 것에 동의하는 바입니다.

본 대신은 이 기회에 각하에 대하여 경의를 표합니다.

일본국 외무대신

대한민국 외무부 장관 이동원 각하

大韓民国と日本国との間の財産及び請求権に関する問題の解決並びに経済協力に関する

~~請求権経済協力~~協定第一条2に定める合同委員会に関する交換公文

（韓国側書簡）

（訳文）

書簡をもつて啓上いたします。本長官は、本日署名された財産及び請求権に関する問題の解決並びに経済協力に関する大韓民国と日本国との間の協定（以下「協定」という。）第一条2に定める合同委員会に関し、両国政府が次のとおり合意することを提案いたします。

1 合同委員会は、東京に設置する。

2 合同委員会は、両政府がそれぞれ任命する代表一人及び代表代理数人により構成される。

3 合同委員会は、一方の政府の代表の要請によつて会合するものとする。

4 合同委員会は、次の事項に関し勧告のため協議を行なうことを任務とする。

(a) 第一議定書に基づく年度実施計画、契約の認証及び支払に関する手続

二

(b) (a)にいう年度実施計画に関する問題

(c) 協定第一条1(b)の規定の実施に関する交換公文5にいう事業及びその年度実施計画に関する問題

(d) (a)にいう契約の認証

(e) 協定第一条1の規定の実施状況の検討（随時の供与及び貸付けの実施総額の算定を含む。）

(f) 協定第一条の規定の実施に関するその他の事項で両政府が合意により合同委員会に付託するもの

本長官は、さらに、この書簡及び前記の提案の貴国政府による受諾を確認される閣下の返簡を、協定第一条2に定める合同委員会に関する大韓民国政府と日本国政府との間の合意を構成するものとみなすことを提案する光栄を有します。

本長官は、以上を申し進めるに際し、ここに重ねて閣下に向かつて敬意を表します。

千九百六十五年六月二十二日に東京で

外務部長官　李東元

日本国外務大臣　椎名悦三郎閣下

三

四

（日本側書簡）

書簡をもつて啓上いたします。本大臣は、本日付けの閣下の次の書簡を受領したことを確認する光栄を有します。

（韓国側書簡）

本大臣は、閣下の書簡に述べられた提案に本国政府に代わつて同意し、さらに、閣下の書簡及びこの返簡を、財産及び請求権に関する問題の解決並びに経済協力に関する日本国と大韓民国との間の協定第一条2の合同委員会に関する両国政府間の合意を構成するものとみなすことに同意いたします。

本大臣は、以上を申し進めるに際し、ここに重ねて閣下に向かつて敬意を表します。

千九百六十五年六月二十二日に東京で

日本国外務大臣　椎名悦三郎

大韓民国外務部長官　李東元閣下

〔상업상의 민간 신용 제공에 관한 교환 공문〕

〔일본측 서한〕

(역 문)

1965 년 6 월 22 일

각 하,

본 대신은, 일본국의 국민이 대한 민국 정부 또는 국민에 대하여 행하는 상업상의 민간 신용 제공에 관하여, 양국 정부의 대표자 간에 도달한 다음의 양해를 확인하는 영광을 가집니다.

1 3억 아메리카 합중국 불($300,000,000)의 액수를 초과하는 상업상의 기초에 의거한 통상의 민간 신용 제공이, 일본국의 국민에 의하여 체결되는 적당한 계약에 의거하여 대한 민국 정부 또는 국민에 대하여 행하여 질 것으로 기대되며, 이러한 신용 제공은 관계 법령의 범위내에서 용이하게 되고 또한 촉진된다.

2 1의 제공에는 9천만 아메리카 합중국 불($90,000,000)의 액수에 달할 것이 기대되는 어업 협력을 위한 민간 신용 제공 및 3천만 아메리카 합중국 불($30,000,000)의 액수에 달할 것이 기대되는 선박 수출을 위한 민간 신용 제공이 포함되며, 이러한 신용 제공의 일본국 정부에 의한 승인에 있어서는 가능한 한 호의적으로 배려되는 것으로 한다.

본 대신은 또한 본 서한 및 전기의 양해를 확인하는 각하의 회한을 양 정부간의 합의를 구성하는 것으로 간주할 것을 제안하는 영광을 가집니다.

본 대신은 이 기회에 각하에 대하여 경의를 표합니다.

일본국 외무대신

(서명) 시이나 에쓰사부로오

대한 민국 외무부 장관 이동원 각하

〔한국측 회한〕

1965년 6월 22일
토오쿄오에서

각 하,

본관은 금일자 각하의 다음과 같은 서한을 접수하였음을 확인하는 영광을 가집니다.

"............

(일본측 서한)

............"

본관은 또한 전기의 양해를 확인하고 또한 각하의 서한 및 본 회한을 양 정부 간의 합의를 구성하는 것으로 간주할 것에 동의하는 영광을 가집니다.

본관은 각하에게 새로이 본관의 변함없는 경의를 표합니다.

외무부 장관
(서명) 이동원

일본국 외무대신
시이나 에쓰사부로오 각하

（商業上の民間信用供与に関する交換公文）

（日本側書簡）

書簡をもつて啓上いたします。本大臣は、日本国の国民が大韓民国の政府又は国民に対し行なう商業上の民間信用供与に関して両国政府の代表者間で到達した次の了解を確認する光栄を有します。

1　三億合衆国ドル（三〇〇、〇〇〇、〇〇〇ドル）の額をこえる商業上の基礎による通常の民間信用供与が、日本国の国民により締結されることがある適当な契約に基づいて、大韓民国の政府又は国民に対し行なわれることが期待され、これらの信用供与は関係法令の範囲内で容易にされ、かつ、促進されるものとする。

2　1の供与には、九千万合衆国ドル（九〇、〇〇〇、〇〇〇ドル）の額に達することが期待される漁業協力のための民間信用供与及び三千万合衆国ドル（三〇、〇〇〇、〇〇〇ドル）の額に達することが期待される船舶輸出のための民間信用供与が含まれ、これらの信用供与が日本国政府により承認され

一

二

るに当たつては、できる限り好意的に配慮されるものとする。

本大臣は、さらに、この書簡及び前記の了解を確認される閣下の返簡を両政府間の合意を構成するものとみなすことを提案する光栄を有します。

本大臣は、以上を申し進めるに際し、ここに重ねて閣下に向かつて敬意を表します。

千九百六十五年六月二十二日に東京で

日本国外務大臣　椎名悦三郎

大韓民国外務部長官　李東元閣下

（韓国側書簡）

（訳文）

書簡をもつて啓上いたします。本長官は、本日付けの閣下の次の書簡を受領したことを確認する光栄を有します。

（日本側書簡）

本長官は、さらに、前記の了解を確認し、かつ、閣下の書簡及びこの返簡を両政府間の合意を構成するものとみなすことに同意する光栄を有します。

本長官は、以上を申し進めるに際し、ここに重ねて閣下に向かつて敬意を表します。

千九百六十五年六月二十二日に東京で

外務部長官　李東元

日本国外務大臣　椎名悦三郎閣下

三

14. 한일 간의 기본관계에 관한 조약 [등] 1964-65, 전5권, V.4 국내 조치, 1965년 6월 22일 자로 대한민국과 일본국 양 정부 간에 체결된 대한민국과 일본국 간의 재산 및 청구권에 관한 문제의 해결과 경제협력에 관한 협정 제1조 1(b)와 그 부속 문서에 규정한 차관에 관한 대한민국 정부(이하 '차주'라 함)와 해외경제협력기금(이하 '기금'이라 함) 간의 1965년 6월 22일 자 차관계약, 1965. 6. 22

한국 외교문서 1568, '한일 간의 기본관계에 관한 조약 [등] 1964-65, 전5권 V.4 국내 조치

대한민국 정부와 일본 해외경제협력기금 간에 체결된 차관 계약이다.

1965년 6월 22일자로 대한 민국과 일본국 양 정부 간에 체결된 "대한 민국과 일본국 간의 재산 및 청구권에 관한 문제의 해결과 경제 협력에 관한 협정" 제1조 1(b)와 그 부속 문서에 규정한 차관에 관한 대한민국 정부(이하 "차주"라 함)와 해외경제협력기금(이하 "기금"이라 함)간의 1965년 6월 22일자 차관 계약

(차관 금액)

제 1 조

(1) "기금"은 "차주"에 대하여 이 차관 계약 및 이에 부수되는 약정(이하 "차관 계약"이라 함)의 조건에 의거하여 현재에 있어서 720억 일본 원(¥ 72.000.000.000)으로 환산되는 2억 아메리카 합중국 불(US $ 200.000.000)에 동등한 일본원의 액수에 달하기까지의 차관을 표제 협정의 효력 발생일로 부터 10년의 기간내에 이행할 것을 약정한다. 단, 대출의 누계액이 이 한도에 달하였을 때에는 신규 대출은 행하지 아니한다.

(2) "차관 계약"에 의거한 대출은 합리적인 정도로 매년 균등히 배분하여 행하여지는 것으로 한다.

(3) 제1항에 규정하는 일본 원화 대출액에 대한 아메리카 합중국 불 상당액의 산정은 일본국 정부가 정식으로 결정하고, 또한 국제 통화 기금이 동의한 일본 원의 아메리카 합중국 불에 대한 평가로서, 제3조에 규정되는 각 사업계획 합의서의 서명일에 적용되고 있는 것에 의하는 것으로 한다.

(차관금의 용도)

제 2 조

"차주"는 이 차관금을 일본 국민 또는 일본 국의 법인인 공급자(이하 "공급자"라 함)와 대한 민국의 수입자(이하 "수입자"라 함)간에 체결되는 구매 계약(이하 "구매 계약"이라 함)에 따라 다음 조항에 규정되는 사업계획의 달성을 위하여 필요로 하는 일본국의 생산물 및 일본인의 용역의 구입을 위하여 사용하는 것으로 한다.

(사업계획 합의서)

제 3 조

(1) "차주"는 "기금"에 대하여 차관이 행하여 질 사업계획의 실시 계획을 제출하여 당해 사업계획이 경제적 및 기술적으로 실시 가능하다는 것과 해외 경제 협력 기금법에 의거한 차관의 대상으로서 적당하다는 것에 대하여 "기금"의 동의를 얻는 것으로 한다.

(2) 전항의 사업계획에 대하여 "차주"와 "기금"이 합의한 경우에는 "차주"와 "기금"은 일본국 토오쿄오에서 사업별로 사업계획 합의서(양식 별첨 1)에 서명하는 것으로 한다.

("구매 계약"의 인증)

제 4 조

(1) "공급자"와 "수입자"간에 이 차관을 받는 데 적당한 "구매 계약"이 체결될 때마다 "차주"는 "기금"에 대하여 당해 계약서의 확인필 사본 및 "기금"이 필요로 하는 서류를 제출하여, "기금"의 인증을 얻는 것으로 한다.

(2) 전항에 의하여 인증된 "구매 계약"의 내용에 변경이 생기는 경우에는 "차주"는 사전에 서면으로 "기금"에 통지하는 것으로 한다.

단, 당해 계약의 내용에 중대한 변경이 생기는 경우에는 "기금"의 동의를 필요로 한다.

(대출의 방법)

제 5 조

(1) "차주"는 "구매 계약"의 인증 통지를 수령하는 대로 "기금"에 대하여 취소 불능 지불 수권서(양식 별첨 2)를 발급하고 동시에 "공급자"에 대하여 그 사본을 송부하는 것으로 한다. "기금"은 인증을 한 후 "차주"에 대하여 수령하였다는 통지를 한다.

(2) 전항에 규정된 지불 수권서에 의하여 "차주"는 "기금"에 대하여, 당해 수권서에 기재된 금액의 한도내에 있어서 당해 수권서에 기재되는 지불 조건에따라 "공급자"가 제출하는 수령서 및 당해 수권서에 기재되는 기타 서류와 교환으로 "공급자"에게 자금을 교부하고 당해 금액을 "기금"에 개설되는 "차주" 명의 계정에 차기할 것을 수권하는 것으로 한다.

단, "차주"가 "공급자"의 서면에 의한 동의서를 첨부하여 "공급자"에 대한 지불의 보류를 "기금"에 서면으로 요청하였을 때에는 "기금"은 그 지불을 보류하는 것으로 한다.

(3) "차주"는 "기금"이 지불 수권서에 따라 "공급자"에게 자금을 지불하였을 때 마다, "기금"으로 부터 "차관 계약"에 의거한 대출을 수령한 것으로 한다.

(4) "기금"은 "차관 계약"에 의거한 대출을 실행한 때마다 "차주"에 대하여 대출 실행 통지서(양식 별첨 3) 2통을 송부하는 것으로 한다.

"차주"는 그중 1통에 수령의 표시를 하여 "기금"에 반송하는 것으로 한다.

(원금 상환의 방법)

제 6 조

(1) "차관 계약"에 의거한 차관 원금은, 각 사업계획 합의서 서명일의 6개월 후의 일자로 부터 기산하여 7년의 거치 기간 만료일을 제 1회 부불일로 하는 14회에 계속된 균등 연부불로서 상환되는 것으로 한다.

단, 각회의 부불액 계산상 생기는 10만 일본 원(¥ 100.000)의 단수 금액은 제 1회의 부불액에 가산하여 각회의 부불액을 결정하는 것으로 한다.

(2) "차주"가 사업계획 합의서의 차관 한도액까지 차입하지 아니하였을 경우에는 차관 한도액과 실제 대출액의 차액은, 최종 부불액으로 부터 차인하는 것으로 한다. 그래도 잔액이 있을 때는 상환 기한의 역순으로 차인하는 것으로 한다.

(3) "차주"는 "기금"이 승락하였을 경우에는 앞당겨서 차관금을 상환할 수 있다.

(4) 상환 기간을 연장하는 것에 관하여 양국 정부 간의 합의가 있었을 때는 "차주"와 "기금"은 상환 기간을 연장하는 것에 대하여 협의하는 것으로 한다.

(이자 및 그 지불 방법)

제 7 조

(1) "차주"는 "차관 계약"에 의거하여 교부된 각 사업마다의 차관 원금의 수시의 잔액에 대하여 연 3.5%의 비율로 계산된 이자를 본 조 제 3 항에 규정된 이자 지불일마다 지불하는 것으로 한다.

(2) 이자의 계산 기간은 사업계획 합의서의 서명일을 시기로 하는 6개월 간 및 그에 계속하는 6개월 간 마다로 한다.

(3) 이자 지불일은 각 사업에 대한 대출의 실행중에 있어서는, 이자 계산 기간의 종기의 익일로 부터 1개월 후의 일로하고 당해 사업에 대한 대출의 실행 완료후는 이자 계산 기간의 종기의 익일로 한다.

또한 각 사업에 관련한 제 1회의 이자 지불은 "기금"에 의한 당해 사업에 대한 대출이 실행된 후에 행하여지는 것으로 한다.

(4) 이자의 계산에 있어서 그 기간이 6개월에 미달할 경우에는 1년 365일의 일수를 기준으로 한 계산법에 의한다. 그 기간이 6개월 단위로 단수가 없는 경우에는 1년을 기준으로 하여 계산한다.

(원리금의 지불 장소와 지불 통화)

제 8 조

"차관 계약"에 의한 차관의 원금, 이자, 만약 있을 경우에는, 기타 제 비용의 지불 장소는 일본국 토오꼬오 또 치요다 꾸에 있는 "기금"의 사무소로 하고 그 지불 통화는 교환 가능한 일본 원으로 한다.

("기금"의 구제 수단)

제 9 조

다음의 각 호의 1에 해당하는 경우에는 "기금"은 "차주"에 대하여 서면에 의한 통지로서, 그 사업계획에 대한 대출을 정지하거나 또는 종지할 수 있으며, 혹은 기한의 이익을 상실하게 할수 있다.

(a) "차주"가 "차관 계약"의 조항에 위반한 경우.

(b) "구매 계약"의 파기 또는 제 3조에 규정되는 사업의 완성 또는 수행이 불가능하게 되거가 혹은 현저하게 곤란하게 되는 사태가 발생하였을 경우.

(기한후의 지불)

제 10 조

"차주"가 제 6조 및 제 7조에 정하는 차관 원금 및 이자를, 각각의 지불 기한까지 지불하지 아니하였을 경우에는 "차주"는 "기금"에 대하여 지불을 요하는 금액에 대하여, 당해 기일로부터 그 실제 지불일의 전일까지 연 5.5%의 비율로 계산된 연체 이자를 지불하는 것으로 한다.

(권리 불행사)

제 11 조

"기금"에 의한, "차관 계약"에 의거한 권리의 불행사, 또는 지연은, 당해 권리 포기의 효과를 발생케하지 않으며 또한 그 권리중의 어느 하나의 행사 또는 부분적인 행사는, 당해 권리의 그밖의 또는 장래의 행사, 혹은 기타 권리의 행사를 방해하는 것은 아니다.

("차주"의 의무 불면책)

제 12 조

"구매 계약"의 실시상 발생하는 "클레임" 및 분쟁은 당사자 간에서 해결하는 것으로 한다. 그러한 "클레임" 및 분쟁은, 본 차관에 관련된 "차주"의 의무를 하등 면책하는 것은 아니다.

(비용의 부담)

제 13 조

(1) "차주"는 "차관 계약"의 작성과 "차관 계약"에 의거한 차관금 채권의 관리에 관한 "기금"의 통상의 사무 경비 이외의 비용을 "기금"의 청구에 의하여 지불한다.

(2) 차관의 실행, 원금의 상환 및 이자의 지불에 관하여 징수될 수가 있는 은행의 수수료 및 경비는, 만약 있을 경우에는, "차주" 또는 "수입자"에 의하여 부담된다.

(중 재)

제 14 조

(1) "차관 계약"으로부터 발생하는 모든 양 당사자 간의 분쟁, 논의, 일방의 당사자로부터 타방에 대한 "클레임", 양 당사자 간의 의견의 상이(이하 "분쟁"이라 함)는 "차주", "기금" 및 양국 정부로서 구성되며, 일본국 토오쿄오에서 개최되는 위원회에서 협의하여 해결하도록 노력하는 것으로 한다.

(2) (a) 전항의 위원회가 일방의 당사자로부터의 개최 요청에도 불구하고 그후 60일 이내에 실제로 개최되지 아니 하였을 때, 또는 (b) 전기 기간내에 개최되었음에도 불구하고 최초의 회합일로부터 90일 이내에 합의에 달하지 못하였을 때, 또는 (c) 전항의 위원회에서 합의에 달하였음에도 불구하고 당해 합의를 의무자가 그후 60일이내에 이행하지 아니 하였을 때에는 "차주" 또는 "기금"은 "차주"와 "기금"간에 따로 협정되는 중재 규칙의 정하는 바에 따라 "분쟁" 및 상기 (c)의 경우의 의무자에 대한 이행의 청구를 중재 재판소에 의한 중재에 회부될 수 있는 것으로 한다.

(3) "차관 계약"의 양 당사자는 전항의 중재 규칙의 모든 조항을 승락하고 이 규칙이 "차관 계약"과 일체를 이루는 것을 이에 확인한다.

(위임장 및 서명감)

제 15 조

(1) "차주"는 "기금"에 대하여 다음의 서류를 제출하는 것으로 한다.

(a) "차관 계약"을 작성 서명하는 권한을 특정의 관직에 있는 자에 부여한 취지의 위임장.

(b) 전호의 특정 관직에 있는 자의 서명감으로서, 대한 민국 정부의 외무부 장관이 인증한 것.

(2) 전항의 서류에 기재된 사항에 변경이 생긴 경우에는 "차주"는 조속히 서면으로 "기금"에 통지하고, 신임자에 대한 위임장 및 그 사람의 서명감을 제출하는 것으로 한다.

(법률 의견서)

제 16 조

"차주"는, "기금"에 대하여, 다음 사항을 내용으로 하는 대한 민국 정부의 법무부 장관이 작성하는 법률 의견서를 제출하는 것으로 한다.

(a) "차주"는 대한 민국의 법률에 의거하여 합법적으로 "기금"으로부터 차관을 받을 수가 있다는 것.

(b) 대한 민국 정부의 경제 기획원 장관은 대한 민국의 행정 조직법상 대한 민국 정부를 대표하여 "차관 계약"의 당사자가 된다는 것.

(c) "차주"가 "차관 계약"의 조항에 따라 부담한 채무는 유효하고 또한 구속력이 있는 대한 민국의 채무로 된다는 것.

(차관 계약의 발효)

제 17 조

(1) 이 차관 계약의 발효에는, 다음의 조건을 필요로 한다.

(a) 대한 민국과 일본국의 양 국회에서 표제 협정의 비준이 행하여지고 비준서의 교환이 완료되어 있을 것.

(b) 대한민국의 국회에서 이 차관계약에 관한 의결이 행하여지고, 대한민국 정부로부터 그러한 취지의 통지가 "기금"에 송달되어 있을 것.

(c) "기금"이 제 15조 제1항 (a)에 규정하는 위임장, 제 15조 제 1항 (b)에 규정하는 서명감 및 제 16조에 규정하는 법률 의견서를 수령하고 이러한 것에 만족하며 그 취지가 "차주"에게 통지되어 있을 것.

(2) 이 차관 계약은 전항 (a), (b), 및 (c)의 모든 조건이 갖추어진 날에 발효하는 것으로 한다.

(준거법)

제 18 조

"차관 계약"의 효력 및 해석은 이 차관 계약 서명지의 법령에 따른다.

(잡 칙)

제 19 조

(1) "차관 계약"에 의거하여 양 당사자에게 필요로 하는 통지는 다음의 주소에 대하여 서면으로 송달되었을 때에 이것이 정당히 행하여진 것으로 간주한다.

"차주" 대한 민국 서울 특별시
경제 기획원 장관
"기금" 일본국 토오쿄오 토 치요다 꾸
우찌사이와이 쬬오 2 쬬오메
22번지 이이노빌딩 내
해외 경제 협력 기금 총재

주소 또는 명칭에 변경이 생겼을 때는 양 당사자는 각기 상대방에게 서면으로 통지하는 것으로 한다.

(2) "차주"는 "기금"이 차관금의 관리상 특히 필요로 하는 사업계획의 실행 및 운영 상황에 대한 보고를, "기금"에 제출하는 것으로 한다.

(3) "구매 계약"에 정하는 사유로 인하여 "차주"가 "공급자"에 대하여 어떠한 금전 채권을 취득하게 되었을 경우에는 "차주"는 이에 의한 채권의 행사에 대하여 "기금"과 협의하는 것으로 한다.

(4) "차관 계약"에 의하여 산출된 이자(연체 이자 포함)에 대하여 1 일본 원(¥ 1)단위 미만의 단수가 생겼을 때에는 이를 절사한다.

(5) 각 조의 표제는 참조의 편의상 열거된 것이며 이 계약 증서의 일부가 되는 것은 아니다.

이 계약을 확증하기 위하여 "차주" 및 "기금"은 각각 정당하게 권한이 부여된 대표자에 의하여 두서의 일자에 일본국 토오쿄오에서 동등히 정본인 한국어, 일본어 및 영어로 된 증서 각 2통을 작성 서명하고 각각 그 1통씩을 교환하였다.

해석의 상이가 있을 때에는 영어증서에 의한 것으로 한다.

대한 민국 정부를 위하여	일본국의 해외 경제 협력 기금을위하여
경제 기획원 기획 차관보	총재
(서명) 김 영 준	(서명) 야나기다 세이지로오

Annex I

Ref. No.

Project Agreement, dated ______ 19___, pursuant to Paragraph 2 of Article III of the Loan Agreement, dated June 22, 1965, concluded between the Government of the Republic of Korea(hereinafter referred to as the Borrower) and the Overseas Economic Cooperation Fund(hereinafter referred to as the Fund).

Article I

Amount of the Loan

On terms and conditions set forth in the above-mentioned Loan Agreement and this Project Agreement, a principal amount up to the limit of______ JAPANESE YEN (¥______) shall be extended by the Fund to the Borrower for the implementation of the project referred to in the succeeding Article.

Article II

Project financed for under this Loan

(1) The project financed for under this Loan will be as follows:

(a) Name

(b) Location

(c) Purpose

(d) Sponsor

(e) Funds required and financing thereof

(f) Other important features

(2) Details of the items in the preceding paragraph shall be annexed.

Article III

Due Dates and Amounts of the Principal

Due dates and amounts of the principal mentioned in Article I shall be:

First instalment due on ________________ JAPANESE YEN(¥______)

Second instalment due on ________________ JAPANESE YEN(¥______)

⋮

Fourteenth instalment due on ________________ JAPANESE YEN(¥______)

Total ________________ JAPANESE YEN(¥______)

Article IV

Computation Periods and Due Dates of Interest

(1) Before the date of the last advance for this project, the Borrower shall pay to the Fund on ______ interest that has accrued up to ______ from ______, and on ______ interest that has accrued up to ______ from ______.

(2) After the date of the last advance for this project, the Borrower shall pay to the Fund on ______ interest that has accrued up to ______ from ______, and on ______ interest that has accrued up to ______ from ______.

Article V

Effectuation of the Project Agreement

This Project Agreement shall come into effect on the date of signing.

Article VI

Miscellaneous

The headings of the Articles are inserted for convenience of reference only and do not constitute part of this Agreement.

IN WITNESS WHEREOF, the Borrower and the Fund, acting through their representatives thereunto authorized, have caused this Agreement to be duly executed in duplicate in the English language and signed in their respective names and delivered in Tokyo, Japan, as of the date first above written.

For the Government of the Republic of Korea	For the Overseas Economic Cooperation Fund, Japan
By (Signature)	By (Signature)
(Title)	(Title)

Annex II

Letter of Authorization

Date:
Ref. No.

Mr.
President
The Overseas Economic Cooperation Fund
Tokyo, Japan

Dear Sir:

Pursuant to the Loan Agreement dated June 22, 1965 and the Project Agreement No. ______ dated ____________, 19___ made between the Government of the Republic of Korea and the Overseas Economic Cooperation Fund, we hereby irrevocably authorize you to pay on our behalf as stipulated in the Payment Terms mentioned hereunder to(name and address of the supplier) (hereinafter referred to as the "Supplier") up to ____________ JAPANESE YEN(¥__________) and to debit our account with such payment against respective signed receipts issued by the Supplier, accompanied by such instruments, if any, as required in the Payment Terms.

A copy of this Letter of Authorization is sent to the Supplier who shall have it verified by you before the first such payment and who shall also be required to notify you in writing at least five (5) days in advance, of the date upon which each payment under the Payment Terms is to become due.

We hereby declare that the Supplier's signed receipt as stipulated herein shall be sufficient evidence of your right to debit with such payment our account with you.

Payment Terms:

(All banking charges, if any, in connection with this Letter of Authorization are to be paid by us.)

This authorization will expire on ______, 19___.

Yours faithfully,

For and on behalf of the
Government of the Republic of Korea

(Signature)
(Title)

Annex III

Notice of Advance

Date:
Ref. No.

Mr. ____________________
(Address)

Dear Sir:

We hereby notify you that with reference to the Project Agreement No. ______ dated ____________, 19______, and your Letter of Authorization No.______ dated ___________, 19______, our Fund has advanced the under-mentioned sum of money as the _____th instalment under the above Letter of Authorization and duly debited the said sum against your account, with particulars as follows:

(1) Date of Advance:

(2) Amount of Advance: ¥____________

(3) Party to which the Advance has been made:

(4) Cumulative Total of Advances already made under the said Letter of Authorization, including present Advance: ¥____________

Authorized Amount not yet Advanced: ¥____________

Total: ¥____________

(5) Cumulative Total of Advances already made under the said Project Agreement, including present Advance: ¥____________

We are sending you herewith enclosed a copy of the receipt addressed to us from the Supplier to which the Advance has been made.

In confirmation of this Notice, please return to us immediately second copy hereof duly signed by yourself.

Yours faithfully,
For the Overseas Economic Cooperation Fund

________(Signature)________
(Title)

....

Date:

We hereby acknowledge the receipt of this Notice.

For the Government of the Republic of Korea

________(Signature)________
(Title)

LOAN AGREEMENT

BETWEEN

THE GOVERNMENT OF THE REPUBLIC OF KOREA

AND

THE OVERSEAS ECONOMIC COOPERATION FUND, JAPAN

Dated June 22, 1965

LOAN AGREEMENT

BETWEEN
THE GOVERNMENT OF THE REPUBLIC OF KOREA
AND
THE OVERSEAS ECONOMIC COOPERATION FUND, JAPAN

Dated June 22, 1965

LOAN AGREEMENT, dated June 22, 1965, between the GOVERNMENT OF THE REPUBLIC OF KOREA (hereinafter referred to as "the Borrower") and the OVERSEAS ECONOMIC COOPERATION FUND (hereinafter referred to as "the Fund,") in connection with the loan set forth in Section 1 (b) of Article I of the "Agreement between the Republic of Korea and Japan concerning the Settlement of the Problems of Property and Claims and concerning Economic Cooperation" and documents incidental thereto, dated June 22, 1965, between the GOVERNMENT OF THE REPUBLIC OF KOREA and the GOVERNMENT OF JAPAN.

Article I

Amount of the Loan

(1) The Fund agrees to lend the Borrower, on terms and conditions in this Loan Agreement and agreements incidental thereto (hereinafter referred to as "the LOAN AGREEMENT"), a principal amount up to the sum of Japanese Yen equivalent to TWO HUNDRED MILLION UNITED STATES DOLLARS (U.S. $200,000,000) presently corresponding to SEVENTY-TWO BILLION JAPANESE YEN(¥72,000,000,000) in a period of ten years starting from the date of the coming into effect of the Agreement between the two Governments mentioned in the above title; provided, however, that, in case a cumulative total of advances under the Loan has reached the limit, the Fund shall make no further advance.

(2) Advances under the LOAN AGREEMENT shall be made in reasonably even distribution for each year.

(3) The dollar equivalents of Yen advances set forth in Section (1) shall be calculated at the parity of Japanese Yen against United States dollar which, having been duly determined by the Government of Japan and consented to by the International Monetary Fund, is ruling on the date of signing each Project Agreement set forth in Article III.

Article II

Use of Proceeds of the Loan

The Borrower shall apply the proceeds of the Loan to purchasing Japanese products and Japanese services necessary for the implementation of projects set forth in the following Article in accordance with purchasing contracts (hereinafter referred to as "the Purchasing Contract") to be concluded between the suppliers, being nationals or juridical persons of Japan (hereinafter referred to as "the Supplier") and importers of the Republic of Korea (hereinafter referred to as "the Importer").

Article III

Project Agreement

(1) The Borrower shall furnish the Fund with the implementation program of any project to be financed for and apply to the Fund for its consent that the said project be economically and technically feasible and eligible for loan under the Law relating to the Overseas Economic Cooperation Fund.

(2) In case the Borrower and the Fund come to an agreement on the project in the preceding Section, the Borrower and the Fund shall sign a Project Agreement (form attached as Annex I) for each project in Tokyo, Japan.

Article IV

Verification of the Purchasing Contract

(1) Whenever a Purchasing Contract eligible for the Loan is concluded between the Supplier and the Importer, the Borrower shall furnish the Fund with an authorized copy of the contract and related papers required by the Fund and apply to the Fund for its verification.

(2) In case the Purchasing Contract verified in accordance with the preceding Section is to be changed in its contents, the Borrower shall notify the Fund thereof in advance in writing: provided, however, that in case of a significant change in its contents a consent by the Fund thereto shall be necessary.

Article V

Method of Lending

(1) The Borrower, upon receipt of a notice of the verification of the Purchasing

Contract, shall issue and deliver to the Fund an irrevocable Letter of Authorization (form attached as Annex II) and send its copy to the Supplier concurrently. The Fund shall verify it and notify the Borrower of the receipt thereof.

(2) By the Letter of Authorization referred to in the preceding section the Borrower shall authorize the Fund to pay to the Supplier within the limit of the amount mentioned and in accordance with the Payment Terms specified in the said Letter against a receipt submitted by the Supplier together with other documents mentioned in the said Letter; and to debit with the amount the Borrower's account to be opened with the Fund. The Fund shall, however, withhold the payment, in case the Borrower requests the Fund in writing, accompanied by a written consent of the Supplier, to withhold such payment.

(3) Whenever the Fund has made the payment to the Supplier in accordance with the Letter of Authorization, the Borrower shall thereby be deemed to have received from the Fund an advance under the LOAN AGREEMENT.

(4) Whenever the advance is thus made to the Borrower, the Fund shall send the Borrower a Notice of Advance (form attached as Annex III) in duplicate. The Borrower shall return the second copy thereof to the Fund, indicating its acknowledgement of receipt.

Article VI

Method of Repayment of Principal

(1) The principal of the Loan under the LOAN AGREEMENT shall be repaid in fourteen consecutive equal annual instalments, the first instalment being paid on the day of the expiration of a seven-year grace period which starts six months after the date of signing each Project Agreement. The amount of each instalment shall, however, be determined after adding to the first instalment any fractional amount less than ONE HUNDRED THOUSAND JAPANESE YEN (¥ 100,000) that may appear in calculating each instalment.

(2) In case the Borrower has not borrowed up to the Loan limit as provided for in the Project Agreement, the difference between the amount of the Loan limit and the actual amount of borrowing shall be deducted from the final instalment. In case there should still remain any further balance of such difference after the deduction, it shall be deducted from other instalments in the inverse order of their maturities.

(3) The Borrower may prepay any amount of the principal of the Loan subject to a consent of the Fund thereto.

(4) If an extension of the repayment period is agreed upon between the two

Governments, the Borrower and the Fund shall negotiate about extending the due dates of the said repayment.

Article VII

Interest and Method of Payment thereof

(1) The Brrower shall pay interest at a rate of three and a half per cent (3.5%) per annum on the principal amount advanced for each project under the LOAN AGREEMENT and outstanding from time to time on such dates specified in Section (3) of this Article.

(2) The computation of interest shall be based on a six-month period commencing on the date of signing the Project Agreement and successive six-month periods.

(3) Before the date of the last advance for each project, the interest shall be due and payable on days one month later than the days next to the last days of the above-mentioned computation periods; while after the date of the last advance, it shall be due and payable on days next to the last days of the said periods. The first payment of interest relevant to each project shall however be made after the Fund has begun to make advances for the project.

(4) The amount of interest for a period of less than six (6) months shall be computed on a daily basis using a 365-day factor. For even period of six (6) months, the computation shall be made on an annual basis.

Artice VIII

Place of, and Currency for, Making
Payment of Principal, Interest, etc.

The place of making payment of the principal of the Loan, interest and other expenses, if any, under the LOAN AGREEMENT shall be the Office of the Fund in Chiyoda-ku, Tokyo, Japan, and the currency in which such payment is to be made shall be convertible Japanese Yen.

Article IX

Remedies of the Fund

If any of the following events should have happened and be continuing, the Fund may by notice in writing to the Borrower suspend or terminate further advances for the project concerned and/or may make the Borrower forfeit the benefit of payment at maturities:

(a) Any of the provisions of the LOAN AGREEMENT shall have been violated by the Borrower.

(b) The Purchasing Contract concerned shall have been cancelled and / or a situation shall have arisen which makes the completion or implementation of the project mentioned in Article III impossible or substantially difficult.

Article X

Overdue Payment

In case the Borrower fails to pay the principal and / or interest due and payable under Article VI and VII, the Borrower shall pay to the Fund interest for delay on the overdue principal and / or interest at a rate of five and a half per cent (5.5%) per annum for a period from the due date to the day immediately preceding to the day of actual payment thereof, both inclusive.

Article XI

Waiver

No failure to exercise, nor delay in exercising on the part of the Fund, any of its rights hereunder shall operate as a waiver thereof, nor shall any single or partial exercise by the Fund of any of its rights hereunder preclude any other or further exercise of such right or the exercise of any other right.

Article XII

Non-Exemption of the Borrower from Obligations

Claims or disputes arising from the implementation of any Purchasing Contract shall be settled between both parties thereto; such claims or disputes shall not exempt the Borrower from any obligation incurred under the Loan.

Article XIII

Expenses and Charges

(1) The Borrwer shall reimburse the Fund on demand for such costs and expenses, other than the ordinary business expenditures, as incurred by the Fund in connection

with the execution of, and the administration of the Loan under, the LOAN AGREEMENT.

(2) Banking charges or fees, if any, for the disbursement, the repayment of principal and the payment of interest of the Loan shall be borne by the Borrower or by the Importer concerned as the case may be.

Article XIV

Arbitration

(1) Any dispute, controversy or difference of opinion between both parties, or any claim by either of the parties against the other, arising from the LOAN AGREEMENT (hereinafter referred to as "the Dispute") shall be settled as far as possible through consultation by a committee composed of the Borrower, the Fund and the two Governments at a meeting to be held in Tokyo, Japan.

(2) (a) In the event that the said committee shall not have actually been held within 60 days after a request by either of the parties; or (b) in the event that the committee, in spite of having been held within such period, shall not have come to agreement within 90 days after its first meeting; or (c) in the event that, in spite of the committee's coming to agreement, the obligated party shall not have performed the agreement thus reached within 60 days thereafter, the Dispute or, in case of (c) above, a demand for the performance of the agreement by the obligated party may be submitted by the Borrower or the Fund to arbitration by an Arbitral Tribunal in accordance with the provisions of an Arbitration Rule to be separately agreed upon between the Borrower and the Fund.

(3) Both parties to the LOAN AGREEMENT accept all the provisions in the Arbitration Rule mentioned in the preceding Section and confirm that the Rule shall be read into and made a part of the LOAN AGREEMENT.

Article XV

Power of Attorney and Specimen Signatures

(1) The Borrower shall submit to the Fund following documents:

(a) A Power of Attorney that persons holding specific offices are authorized to execute and sign the LOAN AGREEMENT; and

(b) Specimen Signatures, as authenticated by the Minister of Foreign Affairs of the Republic of Korea, of the persons holding specific offices referred to above.

(2) In case the documents referred to in the above Section are changed in their

contents, the Borrower shall without delay notify the Fund thereof in writing and submit to the Fund the Power of Attorney for, and the Specimen Signatures of, newly designated persons.

Article XVI

Legal Opinion

The Borrower shall submit to the Fund a Legal Opinion by the Minister of Justice of the Government of the Republic of Korea, stating as follows:

(a) The Borrower may receive the Loan from the Fund lawfully in accordance with laws of the Republic of Korea;

(b) The Minister of Economic Planning Board of the Government of the Republic of Korea, representing the Government of the Republic of Korea, shall be the party to the LOAN AGREEMENT according to the administrative laws of the Republic of Korea: and

(c) Obligations of the Borrower under the provisions of the LOAN AGREEMENT shall constitute legal and binding obligations of the Republic of Korea.

Article XVII

Effectuation of this Loan Agreement

(1) For the effectuation of this Loan Agreement following conditions are necessary:

(a) The Agreement between the two Governments referred to in the title of this Agreement has been approved by the National Assembly of the Republic of Korea and the Diet of Japan; and the exchange of instruments of ratification has been effected;

(b) The National Assembly of the Republic of Korea has approved for this Loan Agreement and a notice in this regard has been served by the Government of the Republic of Korea on the Fund; and

(c) The Fund has received the Power of Attorney referred to in Section 1 (a) of Article XV, the Specimen Signatures referred to in Section 1 (b) of Article XV and the Legal Opinion referred to in Article XVI, has been satisfied therewith and has sent the Borrower a letter in this regard.

(2) This Loan Agreement shall come into effect on the date that all conditions of (a), (b) and (c) in the preceding Section are fulfilled.

Article XVIII

Applicable Law

The validity and interpretation of the LOAN AGREEMENT shall be governed by the laws and regulations enforceable and effective at the place of signing this Loan Agreement.

Article XIX

Miscellaneous

(1) Any notice required or made under the LOAN AGREEMENT shall be deemed to have been duly given or made when it is served in writing on the party at the following addresses:

The Borrower: Minister of Economic Planning Board
Republic of Korea
Seoul, Korea

The Fund: President
The Overseas Economic Cooperation Fund
Iino Building, No. 22, 2-chome,
Uchisaiwaicho, Chiyoda-ku,
Tokyo, Japan

In case the above addresses and/or names are changed, the party concerned shall notify in writing the other party thereof.

(2) The Borrower shall furnish to the Fund such reports and information with regard to the performance and operation of any project as may especially be required by the Fund for administration of the Loan.

(3) In case the Borrower should acquire any monetary claim against the Supplier through causes set forth in the Purchasing Contract, the Borrower shall consult the Fund on disposing such a claim.

(4) Any fractional sum of less than ONE JAPANESE YEN (¥1) that may appear in the computation of the interest (including interest for delay on overdue principal and/or interest) as provided for in the LOAN AGREEMENT shall be discarded.

(5) The headings of the Articles are inserted for convenience of reference only and do not constitute part of this Agreement.

IN WITNESS WHEREOF, the Borrower and the Fund, acting through their representatives duly authorized, have signed this Agreement, done in duplicate, in the Korean, Japanese and English languages, each text being equally authentic and delivered in Tokyo, Japan, on the date which appears in the title of this Agreement. In case of any divergence of interpretaion, the English text shall prevail.

For
THE GOVERNMENT OF
THE REPUBLIC OF KOREA

Yung Joon Kim

(Assistant Minister for Planning,
Economic Planning Board)

For
THE OVERSEAS ECONOMIC
COOPERATION FUND, JAPAN

Seijiro Yanagita

(President)

一九六五年六月二二日付で大韓民国および日本国両政府間に締結された「財産及び請求権に関する問題の解決並びに経済協力に関する大韓民国と日本との間の協定」第一条一(b)ならびにその付属文書に定める貸付に関する大韓民国政府(以下「借主」という。)と海外経済協力基金(以下「基金」という。)との間の一九六五年六月二二日付借款契約

(貸付金額)

第一條

(1)「基金」は，「借主」に対し，この借款契約およびこれに付随する約定(以下「借款契約」という。)の条件にもと

づき，現在において七百二十億日本円（￥七二、〇〇〇、〇〇〇、〇〇〇）に換算される二億合衆国ドル（U.S.＄二〇〇、〇〇〇、〇〇〇）に等しい円の額に達するまでの貸付を，頭書協定の効力発生の日から一〇年の期間内に，行なうことを約諾する。ただし，貸出の累計額がこの限度に達したときは新たな貸出は行なわない。

(2) 「借款契約」にもとづく貸出は，合理的な程度に各年均等に配分して行なうものとする。

(3) 第一項に規定する円貨貸出額のドル相当額の算定は、日本国政府が正式に決定し、かつ、国際通貨基金が同意した日本円の合衆国ドルに対する平価で，第三条に規定される各事業計画合意書の調印日に適用されているものによるものとする。

（貸付金の使途）

第二条

「借主」は、この貸付金を日本国民または日本国の法人である供給者（以下「供給者」という。）と大韓民国の輸入者（以下「輸入者」という。）との間に結ばれる購買契約（以下「購買契約」という。）にしたがって、次条に規定される事業計画の達成のために必要とされる日本国の生産物および日本人の役務の購入のために使用するものとする。

（事業計画合意書）

第三條

(1) 「借主」は、「基金」に対し、貸付が行なわれるべき事業計画の実施計画を提出し、当該事業計画が経済的および技術的に実施可能であることおよび海外経済協力基金法にもとづく貸付の対象として適当であることについて、「基金」の同意を求めるものとする。

(2) 前項の事業計画について「借主」と「基金」が合意した場合は、「借主」と「基金」は、日本国東京都において、事業別に事業計画合意書(書式別表1)に調印するものとする。

(「購買契約」の認証)

~119~

第四條

(1) 「供給者」と「輸入者」との間にこの貸付を受けるに適当な「購買契約」が締結されるつど、「借主」は、「基金」に対し、当該契約書の確認済写および「基金」の必要とする書類を提出し、「基金」の認証を求めるものとする。

(2) 前項により認証された「購買契約」の内容に変更が生ずる場合は、「借主」は、事前に書面で「基金」に通知するものとする。

ただし、当該契約の内容に重大な変更が生ずる場合には、「基金」の同意を必要とする。

（貸出の方法）

第五条

(1) 「借主」は、「購買契約」の認証の通知を受領しだい、「基金」に対し、不改変支払授権書（書式別添2）を交付し、同時に「供給者」に対しその写を交付するものとする。「基金」は、認証のうえ、「借主」に受領のむね通知する。

(2) 前項に規定する支払授権書により、「借主」は、「基金」に対し、当該授権書に記載された金額の限度内において、当該授権書に記載された支払条件にしたがい、「供給者」の提出する受領書および当該授権書に記載されるその他の書類と引き換えに「供給者」に資金交付を行ない、当該金額を「基金」に開設される「借主」

~121~

名義勘定に借記することを授権するものとする。

ただし、「借主」が「供給者」の書面による同意書を添付して、「供給者」に対する支払の保留を「基金」に書面により申し入れたときは、「基金」は、その支払を保留するものとする。

(3) 「借主」は、「基金」が支払授権書にしたがい「供給者」に資金交付を行なったつど、「基金」から「借款契約」にもとづく貸出を受けたものとみなされる。

(4) 「基金」は、「借款契約」にもとづく貸出を実行したつど、「借主」に対し、貸出実行通知書(書式別添3)二通を送付するものとする。「借主」は、うち一通に受領の表示をして「基金」に返送するものとする。

（元本返済の方法）

第六條

(1) 「借款契約」にもとづく貸付金元本は、各事業計劃合意書調印日の六か月後の日から起算し、七年の据置期間満了の日を第一回賦払日とする十四回の継續した均等年賦払で返済されるものとする。ただし、各回の賦払額計算上生ずる十万日本円（￥一〇〇、〇〇〇）の端數金額は、第一回の賦払額に加算して各回の賦払額を決定するものとする。

(2) 「借主」が事業計劃合意書の貸付限度額まで借り入

れなかった場合は、貸付限度額と実際貸出額の差額は、最終賦払額から差し引くものとする。なお残額があるときは、返済期限の逆の順序により差し引くものとする。

(3) 「借主」は、「基金」が承諾した場合は、繰り上げて貸付金の返済を行なうことができる。

(4) 償還期間を延長することにつき、両国政府間の合意があったときは、「借主」と「基金」は、返済期間を延長することについて協議するものとする。

(利息およびその支払方法)

第七条

(1) 「借主」は、「借款契約」にもとづいて交付された各事業ごとの貸付金元本の随時の残高に対して年三、五%の割合で計算された利息を、本条第三項に定める利払日ごとに支払うものとする。

(2) 利息の計算期間は、事業計画合意書の調印日を始期とする六か月間およびそれに続く六か月間ごととする。

(3) 利払日は、各事業に対する貸出の実行中においては、利息計算期間の終期の翌日から一か月後の日とし、当該事業に対する貸出の完了後は、利息計算期間の終期の翌日とする。なお、各事業にかかわる第一回の利払は、「基金」による当該事業に対する貸出が実行されたのちに行なわれるものとする。

(4) 利息の計算においてその期間が六か月に満たない場合は、一年三六五日の日割計算法による。その期間が六か月単位で端数がない場合は、一年を基準として計算する。

（元利金の支払場所および支払通貨）

第八條

「借款契約」による貸付金の元本、利息、もしある場合、その他の諸費用の支払場所は、日本国東京都千代田区にある「基金」の事務所とし、その支払通貨は、交換可能な日本円とする。

（「基金」の救済手段）

第九条

下記の各号の一つに該当する場合には、「基金」は、「借主」に対し、書面による通知をもって、その事業計劃に対する貸出を停止し、または終止することができ、もしくは期限の利益を失わしめることができる。

(a) 「借主」が、「借款契約」の条項に違反した場合

(b) 「購買契約」の破棄または第三条に規定される事業の完成または遂行が不可能となるか、もしくは著るしく困難となる事態が発生した場合。

〜127〜

（期限後の支拂）

第十條

「借主」が第六条および第七條に定める貸付金元本および利息を、それぞれの支拂の期限までに支拂わなかつた場合、「借主」は、「基金」に対し、支拂を要する金額につき、當該期日からその実際の支拂日の前日まで、年五、五％の割合で計算された延滞利息を支拂うものとする。

（權利不行使）

第十一條

「基金」による、「借款契約」にもとづく權利の不行使または遅延は、當該權利の放棄の効果を生ぜず、また、それらの權利のいずれか一つのまたは部分的な行使は、當該權利のその他のまたは將來の行使、もしくはその他の權利の行使を妨げるものではない。

（「借主」の義務の不免責）

第十二條

「購買契約」の実施上生ずる苦情および紛争は、當事者間において解決するものとする。かかる苦情および紛争は、本貸付金にかかわる「借主」の義務をなんら免責するものではない。

（費用の負担）

第十三條

(1)「借主」は、「借款契約」の作成ならびに「借款契約」にもとづく貸付金債権の管理に関する「基金」の通常の事務経費以外の費用を、「基金」の請求により支払う。

(2)貸付の実行、元本の返済および利息の支払に関して徴収されることがある銀行の手数料および経費は、もしある場合は、「借主」または「輸入者」により負担される。

(仲裁)

第十四條

(1)「借款契約」から生ずるあらゆる両当事者間の紛争、論議、一方の当事者から他方に対する苦情、両当事者間の意見の相違(以下「紛争」という。)は、「借主」、「基金」ならびに両国政府で構成され、日本国東京都で開催される委員会において協議して解決に努力するものとする。

(2)

(a)前項の委員会が一方の当事者からの開催要請にもかかわらず、その後六十日以内に実際に開催されなかったとき、または(b)前記期間内に開催されたにもかかわらず、最初の会合の日から九十日以内に合意に達し得なかったとき、または(c)前項の委員会において合意に達したにもかかわらず、当該合意を義務者がその後六十日以内に履行しなかったときは、「借主」または「基金」は、「借主」と「基金」との間で別に協定される仲裁規則の定めるところにより「紛争」および上記(c)の場合の義務者に対する履行の請求を、仲裁裁判所による仲裁に付託できるものとする。

(3) 「借款契約」の両当事者は、前項の仲裁規則のすべての条項を承諾し、この規則が「借款契約」と一体をなすことをここに確認する。

（委任状および署名欄）

第十五條

(1)「借主」は、「基金」に対し、次の書類を提出するものとする。

(a)「借款契約」を作成調印する権限を特定の官職にある者に付與したむねの委任状

(b)前号の特定の官職にある者の署名鑑で、大韓民國政府の外務部長官の認證したもの

(2)前項の書類に記載された事項に変更が生じた場合は、「借主」は、すみやかに書面をもって「基金」に通知し、新任の者に対する委任状およびその者の署名鑑を提出するものとする。

~133~

（法律意見書）

第十六條

「借主」は、「基金」に対し、次の事項を内容とする大韓民國政府の法務部長官の作成する法律意見書を提出するものとする。

(a)「借主」は、大韓民國の法律にもとづいて、合法的に「基金」から借款を受けることができるものであること

(b)大韓民國政府の經濟企劃院長官は、大韓民國の行政組織法上、大韓民國政府を代表して、「借款契約」の当事者となるものであること

(c)「借主」が「借款契約」の条項にしたがって負担した債務は、有効、かつ、拘束力のある大韓民國の債務となるものであること

（借款契約の発効）

第十七條

(1) この借款契約の発効には、次の条件を必要とする。

(a) 大韓民國および日本國の両國会において頭書協定の批准が行なわれ、批准書の交換が完了していること

(b) 大韓民国の国会においてこの借款契約に関する議決が行われ、大韓民国政府からその旨の通知が

「基金」に送達されていること

(c)「基金」が、第十五條第一項(a)に規定する委任状第十五條第一項(b)に規定する署名鑑および第十六条に規定する法律意見書を受領し、それらに満足し、そのむね「借主」に通知を発していること

(2) この借款契約は、前項(a)、(b)および(c)のすべての条件が整った日に発効するものとする。

(準拠法)

第十八條

「借款契約」の効力および解釈は、この借款契約調印地の法令に従う。

第十九條　（雑則）

(1)「借款契約」にもとづき両当事者に必要される通知は、次の住所に対し書面をもって送達されたときに、これが正当に行なわれたものとみなす。

「借主」　大韓民国ソウル特別市
　　　　経済企画院長官

「基金」　日本国東京都千代田区内幸町
　　　　二丁目　二二番地　飯野ビル内
　　　　海外経済協力基金総裁

住所または名称に変更が生じたときは、両当事者はそれぞれ相手方に書面により通知するものとする

(2) 「借主」は、「基金」が貸付金の管理上特に必要とする事業計画の実行および運営状況についての報告を、「基金」に提出するものとする。

(3) 「購買契約」に定める事由により、「借主」が「供給者」に対し、なんらかの金銭債権を取得するに至ったときは、「借主」は、これによる債権の行使について「基金」と協議するものとする。

(4) 「借款契約」により算出された利息(延滞利息を含む。)に一日本円(¥1)位未満の端数が生じたとき

は　これを切り捨てる。

(5) 各条の標題は、参照の便宜上掲げられたもので、この契約証書の一部をなすものではない。

この契約を証するため「借主」および「基金」は、それぞれ正当に権限を付与した代表者によって頭書の日に、日本国東京都において、等しく正本である韓国語、日本語および英語による証書各二通を作成、署名し、それぞれその各一通をとりかわした。解釈に相違があるときは、英語の証書によるものとする。

~139~

大韓民國政府のために

經濟企劃院企劃次官補

（署名）金　榮　俊

日本國の

海外經濟協力基金のために

総裁

（署名）柳田　誠　二　郎

청구권협정의 비준 및 한일 국교 정상화

한국 정부는 1965년 7월 12일 소집된 제51회 임시국회에 '1965년 6월 22일 일본국 도쿄에서 서명된 대한민국과 일본국 간의 조약과 제 협정 및 그 부속 문서의 비준에 관한 국회 동의안'을 제출하였다.[1] 그러나 야당의 불참으로 토의가 제대로 이루어지지 못한 채 7월 21일 폐회되었다. 7월 29일 제52회 임시국회가 다시 개회되어, 31일 의원 28명으로 구성된 '한일 간 조약과 제 협정 비준동의안 심사 특별위원회'가 설치되었다.[2] 이 특위에서 한일협정의 비준 문제를 토의한 후, 8월 11일 여당인 민주공화당 의원들만의 찬성(16표)으로 비준동의안이 가결되었다.[3] 이어 비준동의안은 8월 13일 본회의에 상정되었으며, 8월 14일 야당이 불참한 가운데 개최된 본회의에서 출석의원 111명(여당 110명, 기타 1명, 당시 총의원 수는 175명) 가운데 찬성 110명, 기권 1명으로 비준안이 통과되었다.[4]

일본도 공산당, 사회당 등 야당의 반대로 비준안의 국회 처리가 순조롭지는 못하였으나, 11월 12일 중의원에서 찬성 다수로,[5] 12월 11일 참의원에서 투표 총수 136표, 찬성 136표로 각각 비준안(승인)을 통과시켰다.[6] 이어 일본 정부는 12월 14일 자로 각의에서 한일 조약 및 제 협정을 정식 비준하였다.[7]

---

1 한국 외교문서 1566, 한일 간의 기본관계에 관한 조약 [등] 1964-65, 전5권 V.2 국회비준심의, 한일 간의 제 조약 및 협정의 국회비준동의 요청안, 1965. 7. 6, 320-350쪽.

2 『제52회 국회 한일 간 조약과 제 협정 비준동의안심사특별위원회 회의록』, 제2호, 1965. 7. 31, 1-2쪽.

3 위 회의록, 제10호, 1965. 8. 11, 56쪽.

4 위 회의록, 제12호, 1965. 8. 14, 54쪽; 한국 외교문서 1566, 대한민국과 일본국 간의 조약과 제 협정 및 그 부속 문서의 비준 동의, 1965. 8. 16, 413쪽.

5 「第50回 國會 衆議院本會議 會議錄」, 第12號(1), 1965. 11. 12, 160-161쪽. 한국 외교문서 1566, JAW-11236, 한일 조약 및 제 협정 동의안 일본 중의원 통과 보고, 1965. 11. 12, 549쪽.

6 위 會議錄, 第14號, 1965. 12. 11., 251쪽; 한국 외교문서 1566, JAW-12282, 한일 조약 및 제 협정 동의안 일본 참의원 통과 보고, 1965. 12. 11, 581쪽.

7 한국 외교문서 1567, 한일 간의 기본관계에 관한 조약 [등] 1964-65, 전5권 V.3 비준서 교환, JWA-12428, 일본 정부의 한일 조약 및 제 협정 정식 비준 보고, 1965. 12. 15, 1057쪽.

한일 양측은 애초 12월 21일 서울에서 이동원 외무 장관과 시나 외상 간에 비준서[8]를 교환하는 것으로 합의하였으나,[9] 일본 측의 국내 정치 일정에 따른 교환 일자 변경 요청을 한국 측이 수용하여[10] 12월 18일에 교환식을 거행하였다. 비준서 교환으로 조약 및 제 협정은 발효되었으며, 발효와 동시에 양국 정부는 관보를 통해 이를 공포하였다.[11] 양국의 국교는 이 날짜로 정상화되었으며, 한국은 1949년 1월 14일 설치된 주일한국 대표부를, 일본은 1965년 9월 20일 설치된 주한일본 사무소를 각각 대사관으로 변경하였다.[12]

---

8 한국 외교문서 1567, 한일 간의 조약 및 제 협정의 비준서 문안 확정 및 서명, 1965. 12. 9, 1208-1224.

9 한국 외교문서 1567, WJA-1244, 비준서 교환 일자 관련 지시, 1965. 12. 2, 926쪽; 같은 문서, JAW-12074, 비준서 교환 일자 합의 보고, 1965. 12. 3, 936쪽.

10 한국 외교문서 1567, JAW-12341, 일본 측의 비준서 교환 일자 변경 요청 보고, 1965. 12. 13, 1032쪽; 같은 문서, JAW-12343, 일본 측의 비준서 교환 일자 변경 요청 수락 건의, 1965. 12. 13, 1036-1037쪽; 같은 문서, WJA-12262, 일본 측 비준서 교환 일자 변경 요청 수락 통보, 1965. 12. 14, 1037쪽.

11 한국 외교문서 1568, 한일 간의 기본관계에 관한 조약 [등] 1964-65, 전5권 V.4 국내 조치, 한국 관보, 1965. 12. 18, 1554-1642쪽; 한국 외교문서 1567, 일본 관보, 1965. 12. 18, 1109-1140.

12 유의상, 『대일외교의 명분과 실리』, 462쪽.

한국 외교문서	일본 외교문서
1. 1566, 한일 간의 기본관계에 관한 조약 [등] 1964-65, 전5권 V.2 국회비준심의, 한일 간의 제 조약 및 협정의 국회비준동의 요청안, 1965. 7. 6	
2. 1566, 한일 간의 기본관계에 관한 조약 [등] 1964-65, 전5권 V.2 국회비준심의, 대한민국과 일본국 간의 조약과 제 협정 및 그 부속 문서의 비준 동의, 1965. 8. 16	
3. 1566, 한일 간의 기본관계에 관한 조약 [등] 1964-65, 전5권 V.2 국회비준심의, JAW-11236, 한일 조약 및 제 협정 일본 중의원 통과 보고, 1965. 11. 12	
4. 1566, 한일 간의 기본관계에 관한 조약 [등] 1964-65, 전5권 V.2 국회비준심의, JAW-12282, 한일 조약 비준 한일 조약 및 제 협정 일본 참의원 통과 보고, 1965. 12. 11	
5. 1567, 한일 간의 기본관계에 관한 조약 [등] 1964-65, 전5권 V.3 비준서 교환, JAW-12428, 일본 정부의 한일 조약 및 제 협정 정식 비준 보고, 1965. 12. 15	
6. 1567, 한일 간의 기본관계에 관한 조약 [등] 1964-65, 전5권 V.3 비준서 교환, 한일 간의 조약 및 제 협정의 비준서 문안 확정 및 서명, 1965. 12. 9	
7. 1567, 한일 간의 기본관계에 관한 조약 [등] 1964-65, 전5권 V.3 비준서 교환, WJA-1244, 비준서 교환 일자 관련 지시, 1965. 12. 2	
8. 1567, 한일 간의 기본관계에 관한 조약 [등] 1964-65, 전5권 V.3 비준서 교환, JWA-12074, 비준서 교환 일자 합의 보고, 1965. 12. 3	
9. 1567, 한일 간의 기본관계에 관한 조약 [등] 1964-65, 전5권 V.3 비준서 교환, JWA-12341, 일본 측의 비준서 교환 일자 변경 요청 보고, 1965. 12. 13	

한국 외교문서	일본 외교문서
10. 1567, 한일 간의 기본관계에 관한 조약 [등] 1964-65, 전5권 V.3 비준서 교환, JWA-12343, 일본 측의 비준서 교환 일자 변경 요청 수락 건의, 1965. 12. 13	
11. 1567, 한일 간의 기본관계에 관한 조약 [등] 1964-65, 전5권 V.3 비준서 교환, WJA-12262, 일본 측의 비준서 교환 일자 변경 요청 수락 통보, 1965. 12. 14	

1. 한일 간의 제 조약 및 협정의 국회비준동의 요청안, 1965. 7. 6

한국 외교문서 1566, 한일 간의 기본관계에 관한 조약 [등] 1964-65, 전5권 V.2 국회비준심의

1965년 7월 6일 작성된 한일 간 조약 및 제 협정의 국회비준동의 요청안 내부재가 문서다.

재가 문서의 별첨 1. 국회비준동의 요청안 문서는 재가 후 정서된 것을 수록하였으며, 별첨 2. 동 조약 및 협정문은 첨부되어 있지 않다.

기 안 지

기 안 자	조 약 과	전화번호	74-2474	공 보	필 요	불필요

과 장	국 장	차 관	장 관	국무총리		대통령
			총무처 장관			7/12

협조자 성명	아주국장 통상국장 기획관리실장 동북아과장	보존년한	
기안년월일	1965. 7. 6.	시행년월일	통제 1965.7.12 통제관	정서	기장
분류기호 문서번호	외방조		
경유 수신 참조	내 부 결 재	발 신	
제 목	한일간의 제 조약 및 협정의 국회 비준 동의 요청안		

국무 회의(제 55 회) 의결과 대통령의 재가를 받아 지난 6월 22일 일본국 토오쿄오에서 한일 양국 전권 대표간에 정식 서명된 아래의 조약 및 협정과 그 부속 문서에 대한 국회의 비준 동의를 다음과 같이 요청할것을 건의 합니다.

(1) 기본 관계에 관한 조약

(2) 재산 및 청구권에 관한 문제의 해결과 경제 협력에 관한 협정

(가) 제 1 의정서

(나) 제 2 의정서

(다) 제 1 의정서의 실시 세목에 관한 교환 공문

(라) 협정 제 1 조 1 (b) 규정의 실시에 관한 교환 공문

(마) 차관 계약

(바) 상업상의 민간 신용 제공에 관한 교환 공문

(사) 합동 위원회에 관한 교환 공문

발송 1965. 7. 12

1-2 (갑)

(아) 합의 의사록 (I)

(자) 합의 의사록 (II)

(3) 어업에 관한 협정

(가) 부속서

(나) 합의 의사록

(다) 직선 기선 사용의 협의에 관한 교환 공문

(라) 제주도 양측의 어업에 관한 수역에 관한 교환 공문

(마) 어업 협력에 관한 교환 공문

(바) 표지에 관한 교환 공문

(사) 외상의 일방적 성명

(아) 농상의 일방적 성명

(자) 조업 안전과 질서 유지에 관한 아주국장간의 왕복 서한

(차) 토의 기록

(4) 일본국에 거주하는 대한 민국 국민의 법적 지위 및 대우에 관한 협정

(가) 합의 의사록

(나) 토의 기록

(5) 문화재 및 문화 협력에 관한 협정

(가) 부속서

(나) 합의 의사록

(다) 문화재 인수에 관한 양국 대표간의 왕복 서한

(6) 분쟁의 해결에 관한 교환 공문

위의 조약, 협정, 및 그 부속 문서 가운데, 헌법 관계조 제 56 조 제 1 항에 따라 아래의 문서에 관하여 별첨 (1)과 같이 국회의 비준 동의를 요청하고

공통서식 1—1 (을) (16절지)

어하의 문서는 국회에서의 비준 동의를 위한 심의의 참고 자료로서 송부한다.

(1) 기본 관계에 관한 조약

(2) 일본국에 거주하는 대한민국 국민의 법적 지위와 대우에 관한 협정

(3) 어업에 관한 협정

(가) 부속서

(나) 합의 의사록

(다) 직선 기선 사용의 협의에 관한 교환 공문

(라) 제주도 양측의 어업에 관한 수역에 관한 교환 공문

(4) 재산 및 청구권에 관한 문제의 해결과 경제 협력에 관한 협정

(가) 제 1 의정서

(나) 제 2 의정서

(다) 제 1 의정서의 실시 세목에 관한 교환 공문

(라) 협정 제 1 조 1 (b) 규정의 실시에 관한 교환 공문

(마) 차관 계약

(바) 상업상의 민간 신용 제공에 관한 교환 공문

(사) 합의 의사록 (I)

(아) 합의 의사록 (II)

(5) 문화재 및 문화 협력에 관한 협정 및 부속서

(6) 분쟁의 해결에 관한 교환 공문

(~~따라, 위의 (4) (라) 항에 의거하여 체결될 (4) (마)의 차관 계약은 헌법 제 54 조에 의한 국회의 동의 대상이나 (4) (라)항의 교환 공문 내용을 실시하는 불가분의 차관계약이므로 여기에~~

공동서식 1-1 (을) (16절지)

~~동시에 제출하는 것입니다.~~)

유첨: (1) 국회 제출 동의 요청안

(2) 동 조약 및 협정문 끝.

공통서식 1—1 (을) (16절지)

정 부

외방조 1965. 7. 12.

수신: 국회 의장 귀하

제목: 조약 비준 동의 안 제출

1965. 6. 22. 한일 양국의 전권 위원간에 정식 서명된 아래의 조약 및 협정을 비준하기 위하여, 헌법 제 조에 따라 동 비준에 대한 국회 동의 안을 제출하오니, 이를 심의 의결하여 주시기 바랍니다. 아래의 부속 문서도 송부 하오니 비준 동의 안 심의에 참고 하시기 바랍니다.

1. 기본 관계에 관한 조약
2. 일본국에 거주하는 대한 민국 국민의 법적 지위와 대우에 관한 협정
3. 어업에 관한 협정 및
   가. 부속서
   나. 합의 의사록
   다. 직선 기선 사용의 협의에 관한 교환 공문
   라. 제주도 양측의 어업에 관한 수역에 관한 교환 공문

4. 재산 및 청구권에 관한 문제의 해결과 경제 협력에 관한 협정 및
   가. 제 1 의정서
   나. 제 2 의정서
   다. 제 1 의정서의 실시 세목에 관한 교환 공문
   라. 협정 제 1 조 1 (b) 규정의 실시에 관한 교환 공문
   마. 차관 계약 (상기 라.의 실시를 위한 기본 계약임.)
   바. 상업상의 민간 신용 제공에 관한 교환 공문
   사. 합의 의사록 (I)
   아. 합의 의사록 (II)
5. 문화재 및 문화 협력에 관한 협정 및 부속서
6. 분쟁의 해결에 관한 교환 공문

유첨: 비준 동의안 (유인물) 450 부 끝.

대 통 령 박 정 희

국 무 총 리 정 일 권

국 무 위 원 외무부 장관 이 동 원

1965. 6. 22. 日本國 토오교오에서 署名된 大韓民國과 日本國間의 條約과 諸協定 및 그 附屬文書의 批准에 關한

國會同意案

政　府

提案府: 政府

1965. 6. 22. 日本國 도오꾜오에서 署名된 大韓民國과 日本國間의 條約과 諸 協定 및 그 付屬文書의 批准에 關한 國会同意案

1. 國会의 同意対象 條約 및 協定과 그 付属文書:

가. 基本 關係에 関한 條約

나. 日本國에 居住하는 大韓民國国民의 法的地位와 待遇에 関한 協定

다. 漁業에 関한 協定 및

(1) 付属書

(2) 合意議事錄

(3) 直線 基線 使用의 協議에 関한 交換公文

(4) 済州島 両側의 漁業에 関한 水域에 関한 交換公文

~1~

라. 財産 및 請求权에 関한 問題의 解決과 経済協力에 関한 協定 및

(1) 第1議定書

(2) 第2議定書

(3) 第1議定書의 実施 細目에 関한 交換公文

(4) 協定 第1條 1 (b) 規定의 実施에 関한 交換公文

(5) 借款 契約 ((4) 項의 実施를 爲한 基本 契約임.)

(6) 商業上의 民间 信用 提供에 関한 交換 公文

(7) 合意 議事録 (I)

(8) 合意 議事録 (II)

마. 文化財 및 文化協力에 関한 協定 및 付属書

바. 紛争의 解決에 関한 交換公文

2. 提案 理由:

가. 政府는 韓日 両国間에 介在하는 諸懸案問題를 解決하고저 1951年10月 以來 韓日 全面会談을 通하여 日本 政府와 外交交渉을 進行하여 왔음. 이와 같은 交渉에 있어서 政府의 基本目的은 日本의 強占으로 因한 不美한 過去를 清算하고 主权의 相互 尊重과 互恵 平等에 立脚하여 国交를 正常化하려는 것이며; 나아가서는 自由陣営의 結束을 強化하므로써 亜細亜의 安全과 世界平和에 寄與하고저 하는 것이었음.

나. 韓日全面会談의 主된 議題는 基本関係, 財産 및 請求权; 在日韓人의 法的地位와 処遇; 漁業 및 文化財等의 諸問題인바, 政府는 이와 같은 諸懸案을 正義와 衡平의 原則에 따라 解決하므로써, 우리 国家와 国民의 最大의 权益을 確保하고저 最善의 努力을 傾注하여 온 것임.

-3-

各懸案問題의 性格과 基本的인 問題点은 아래와 같음.

(1) 基本関係:

日本의 36年間에 걸친 韓国의 強制占據는 第2次 世界大戰에서의 日本의 敗戰으로 終結되고 우리나라는 主权을 回復하였음. 한편 日本은 敗戰后 聯合軍의 占領下에 놓여 있다가 1952年 4月28日 桑港 対日平和條約의 発効로서 独立을 回復한 것임. 따라서, 両国間에는 日本의 韓国不法 占據로 発生한 諸懸案問題를 解決하고 日本의 過去 韓国占領이 不法이였음을 確認하는 同時에 또한 우리 政府가 韓半島에 있어서의 唯一한 合法 政府임을 確認게하고 北傀와의 関係에 있어서 있을수 있는 모든 外交的인 関係를 封鎖하므로서, 自由民主主義에 対한 信奉을 같이하고 隣国으로서 主权의 相互 尊重과 互恵平等에 立脚한 国交를 樹立할 必要가 生긴 것임.

(2) 在日 韓國人의 法的地位

現在 日本에는 第2次世界大戰 終結以前에 日本政府에 依한 徵兵, 徵用等의 强制徵發 또는 其他의 事情으로 渡日하여 繼續 生活의 土台를 日本에 두고 있는 우리나라 國民 또는 그 子孫이 約60萬에 達하고 있음. 政府는 이들의 日本內에서의 法的地位를 保障케 하고 安住를 營爲케 하기 爲하여 一般 外國人보다 有利한 特殊地位를 確保하고 또한 이에 相應하는 有利한 待遇, 卽 日本에 있어서의 敎育, 生活保險 및 國民健康保險等 社會保障의 利益을 確保코저 하는 것임.

(3) 漁 業

1952年 4月 28日 桑港 对日平和條約의 発效를 앞두고 日本漁船의 漁撈制限区域이었던 "맥아더 라인"의 撤廢를 豫想하였고, 또한 同條約 第9條에 依據하여 우리나라와 日本國間의 漁業에 關한 條約을 締結하여야 한다는 日本의 義務가 發生한後 우리政府는 漁業協定

~5~

締結을 提議하므로서 発展된 装備와 技術을 兼備한 日本漁船에 依한 漁業資源의 濫獲을 抑制하여 漁族을 保護하고 우리漁民의 安定되고 持續的인 漁撈를 保障할것을 꾀한바 있으나, 日本은 이에 不應하였으므로, 日本漁船에 依한 濫獲을 防止하고 漁族을 保護하여야 하겠다는 目的으로 政府는 우리나라 周辺海域에 平和線을 宣布한 바임.

平和線 宣布는 韓·日間의 漁業協定이 締結되지 못한 限度内에서의 規制措置였으므로, 그 以後의 會談에서는 同 海域에 있어서의 漁業資源의 最大持續的 生産性을 確保하고 또한 装備와 技術이 日本에 比하여 未及한 우리漁民의 最大의 利益을 確保한다는 大原則下에, 日本漁船에 依한 濫獲을 効果的으로, 그리고 実効性있게 阻止하는 方策을 條約에 依하여 우리나라 利益의 最高極限点에서 規制하였던것임.

이로 因하여 平和線 宣布에서 目的하였든 政策的인 面

을 本協定에 具顯한 것임.

(4) 財産 및 請求權

第2次世界大戰에서의 日本의 敗戰으로 우리나라는 日本에 対하여 各種 財産 및 請求權을 갖게 되었음.

이와같은 우리의 請求權은 桑港 対日平和條約 第4條의 規定에 依하여서도 確認되었던 것임.

(但, 우리나라는 桑港 対日平和條約 第14條에 規定된 対日賠償權의 恵沢은 받지 못하였음)

따라서 政府는 이와같은 対日請求權을 우리의 利益을 最大限으로 確保하면서 우리나라의 経済再建과 発展을 達成하는데 유용하게 活用코저 한것임.

対日請求權 解決交涉에서 가장 問題된 点은 日本의 補償金을 導入하는 方法과 節次에 関한것이었는바, 우리経済의 発展에 가장 効果的으로 使用할수 있게 하기 爲하여 日本의 干涉을 排除하고, 우리政府가 自主的으로

~7~

施行할 수 있는 方案을 마련하는데 最大의 努力을 傾注하고 이를 協定에 反映하였던 것임.

(5) 文化財

文化財問題는 過去 日本이 韓國을 强制的으로 支配하기 始作한 1905年(乙巳保護條約이 締結된 해) 以後 韓國으로부터 不法 不當하게 搬出하여간 우리文化財를 現物로서 返還토록 要求하는 것임.

文化財에 關한 附屬書에 列擧된 바와 같은 文化財를 이번에 返還받는 것으로 되어 있음.

다. 위와 같은 懸案問題를 圍繞하고 韓日 全面會談은 1951年 10月에 始作된 以來 滿13年半에 걸쳐 7次의 會談을 거듭하여 왔음.

其間 여러 迂餘曲折이 있었으나, 1957年 12月 31日에 會談의 議題, 日本의 所謂 對韓請求權의 撤回等에 關한 文書의 合意가 있었으며, 1965年 2月 20日에는 基本關係에 關한 條約의 假調印이 서울에서 行하여지고

同年 4月3日에는 請求權, 法的地位 및 漁業等의 懸案에 關하여 兩國의 外務部長官과 農林部長官 사이에서 대강의 合意가 이루어 졌던 것임.

끝이어 續行된 兩國代表者間의 會談에서는 이 "合意事項"을 基礎로 하여 條約案文 作成 作業이 進行되어 同 6月 22日에는 (1) 基本關係에 關한 條約, (2) 日本國에 居住하는 大韓民國 國民의 法的地位와 待遇에 關한 協定 및 그 附屬文書, (3) 漁業에 關한 協定 및 그 附屬文書, (4) 財産 및 請求權에 關한 問題의 解決과 經濟協力에 關한 協定 및 그 附屬文書, (5) 文化財및 文化協力에 關한 協定 및 그 附屬文書等이 韓日兩國의 全權委員間에 日本 東京에서 正式 署名되었던 것임.

3. 主要骨子

前項 提案理由에서 說明한 立場에 依據하여 다음과 같은 各 條約이 締結되었고 各 條約의 內容을 보면

~9~

가. 基本關係에 關한 條約

外交 및 領事關係의 樹立, 合邦條約과 그 以前의 모든 條約과 協定의 無效確認, 大韓民國政府의 韓半島에 있어서의 唯一合法性 確認, 貿易, 通商, 海運協定의 締結原則等을 規定하고 있으며, 批准書交換에 依하여 発效하게 됨.

나. 在日僑胞의 法的地位 및 待遇에 關한 協定

僑胞에 대한 永住權의 賦與, 社會保障制度의 惠沢의 賦與, 歸國時의 財産搬出權의 認定等을 規定하고 있으며, 批准書의 交換 30日後에 発效함.

다. 漁業에 關한 協定

專管水域과 共同規制水域의 設定, 暫定的 漁業規制措置의 実施, 团束 및 裁判管轄權, 共同資源調査区域의 設置, 共同委員會와 常設事務局의 設置 運営, 紛争解決 方法等을 規定하고 있으며, 批准書의 交換으로 発效하고, 效力期間을 5年으로 하고 있음.

라. 請求權 및 經濟協力에 關한 協定

無償 3億弗 및 長期低利借款 2億弗의 提供, 모든 請求權의 解決 確認, 提供 生産物의 內容, 購買機關 및 方法, 契約에 關한 紛爭의 解決方法, 使節團, 實施計劃, 民間信用 提供과 이에 附隨되는 借款契約, 清算計定殘額의 處理等을 規定하고 있으며, 批准書 交換日에 發效함.

마. 文化財에 關한 協定

文化協力의 一般原則, 文化財의 引渡, 文化財의 保管 및 硏究等을 爲한 施設의 相互 利用等을 規定하고 있으며, 批准書 交換日에 發效함

4. 參考事項

가. 國會同意案의 審議를 爲한 參考資料로서 다음의 附屬文書를 別添함

(1) 大韓民國 國民의 法的地位와 待遇에 關한 協定에 對한 合意議事錄과 討議記錄

~11~

(2) 漁業에 関한 協定에 対한 漁業協力에 関한 交換公文, 標識에 関한 交換公文, 外務部長官의 一方的 声明, 農林部長官의 一方的 声明, 操業安全과 秩序維持에 関한 外務部 亜州局長間의 往復書翰 및 討議記録

(3) 財産 및 請求権에 関한 問題의 解決과 経済協力에 関한 協定에 対한 合同委員会에 関한 交換公文

(4) 文化財 및 文化協力에 関한 協定에 対한 合意議事録 및 文化財 引受에 関한 両国 代表間의 往復書翰

(5) 法的地位와 待遇에 関한 協定調印에 즈음한 日本国 法務大臣 声明文과 同 法務省 入管局長의 談話文

끝

2. 대한민국과 일본국 간의 조약과 제 협정 및 그 부속 문서의 비준 동의, 1965. 8. 16

한국 외교문서 1566, 한일 간의 기본관계에 관한 조약 [등] 1964-65, 전5권 V.2 국회비준심의

국회가 대통령에게 제52회 국회 제12차 본회의에서 한일 조약과 제 협정 및 그 부속 문서에 비준 동의하였음을 통보하는 문서다.

대 한 민 국 국 회

국사의 제 1060 호 1965. 8. 16.

수신 대통령

참조 외무부장관

제목 대한민국과 일본국간의 조약과 제협정 및 그부속문서의 비준동의

외장조 741.13-11387(1965. 7. 12)로 동의요청한 대한민국과 일본국간의 조약과 제협정 및 그 부속문서를 1965. 8. 14. 제52회국회 제12차 본회의에서 동의하였으므로 이를 통지합니다. 끝.

의 장 이 효

3. JAW-11236, 한일 조약 및 제 협정 일본 중의원 통과 보고, 1965. 11. 12

한국 외교문서 1566, 한일 간의 기본관계에 관한 조약 [등] 1964-65, 전5권 V.2 국회비준심의

1965년 11월 12일 일본 중의원에서 한일 조약 및 제 협정의 동의안이 가결되었음을 보고하는 문서(전문)다.

대한민국 외무부

긴 급
종 별

번 호: JAW-11236
일 시: 120858

수 신 인: 외무부장관

발 신 인: 주일 대사

한일 조약 안건은 12 일 0시 13분부터 열린 중의원 본회의 벽두에 의장의 발의로 기립 다수로 승인 가결, 중의원의 통과가 확정되어 곧 참의원으로 송부되었음.

(주일정-외아북)

공람 11월 12일	담 당	과 장	국 장
		11/12	

4. JAW-12282, 한일 조약 비준 한일 조약 및 제 협정 일본 참의원 통과 보고, 1965. 12. 11

한국 외교문서 1566, 한일 간의 기본관계에 관한 조약 [등] 1964-65, 전5권 V.2 국회비준심의

1965년 12월 11일 일본 참의원에서 한일 조약 및 제 협정의 동의안이 가결되었음을 보고하는 문서(전문)다.

대한민국 외무부

긴급
종 별

번 호: JAW-12282

일 시: 111039

수 신 인: 장관

발 신 인: 주일대사

연:JAW -12279

한일조약 비준:

참의원 본회의는 연호로 보고한바와 같이 한일간의 조약 및 협정에 관한 의결에 곧이어 관계국내 법안 3건을10시14분에 137대0으로 통과시켰음.

이로서 한일조약 및 관계안건이 모두 국회를 통과하게된것임.

특별국회는 예정대로 13일 폐회하게될것이라함. (주일정-아북)

5. JAW-12428, 일본 정부의 한일 조약 및 제 협정 정식 비준 보고, 1965. 12. 15

한국 외교문서 1567, 한일 간의 기본관계에 관한 조약 [등] 1964-65, 전5권 V.3 비준서 교환

1965년 12월 14일 자로 일본 정부가 한일 조약 및 제 협정을 정식 비준하였음을 보고하는 문서(전문)다.

대 한 민 국 외 무 부

번 호: JAW-12428
일 시: 151218

긴급

수 신 인: 외무부장관

발 신 인: 주일대사

~~전보~~

1. 금 15일 외무성 조약과 "다나다" 사무관에게 확인한바, 일본정부는 14일 각의에서 한일 조약, 협정을 12월 14일자로 정식 비준하였다함.

2. 각의에서 정식 비준된 동 조약 및 협정은 천황의 인증을 구하게 되는바 비준서 교환 일자인 12월 18일자로 인증의 효력이 발생한다 함을 보고함.

3. 일본측 비준문의 일자는 1965. 12. 14일 일자 된다함. (주일정-외방조., 외아북)

6. 한일 간의 조약 및 제 협정의 비준서 문안 확정 및 서명, 1965. 12. 9

한국 외교문서 1567, 한일 간의 기본관계에 관한 조약 [등] 1964-65, 전5권 V.3 비준서 교환

한일 조약 및 제 협정 비준서 문안 확정 및 서명을 건의하는 내부재가 문서다.

기 안 지

기 안 자	조약과	전화번호	74-2474	공 보	필 요	불필요
과장	국장	차관	장관		국무총리	대통령
12/10	12/10		12/10		12/10	12/17
협 조 자 성 명	동북아과장		아주국장		보존년한	
기 안 년 월 일	1965.12.9	시행년월일		통제관	정 서	기 장
분류기호 문서번호						
경 유 수 신 참 조	내부결재			발 신		
제 목	한.일간의 조약 및 제협정의 비준서 문안 확정 및 서명					

오는 12월 21일에 있을 위의 조약 및 제협정 비준서 교환식에서 일본측과 교환할 우리나라의 한.일간의 조약 및 제협정에 대한 비준서의 문안을 별첨 (1)과 같이 확정하고(여 비준서에 서명하고), 별첨 (2)의 비준서에 서명하여 주실 것을 건의합니다.

유첨: 1. 비준서 문안

가. 기본관계에 관한 조약

나. 일본국에 거주하는 대한민국 국민의 법적 지위 및 대우에 관한 협정

다. 어업에 관한 협정

라. 재산 및 청구권에 관한 문제의 해결과 경제협력에 관한 협정

마. 문화재 및 문화협력에 관한 협정

2. 일본측과 교환할 비준서 및 동의정서

가. 기본관계에 관한 조약

공용서식 1-2(갑) (16절지)

나. 일본국에 거주하는 대한민국 국민의 법적 지위 및
대우에 관한 협정

다. 어업에 관한 협정

라. 재산 및 청구권에 관한 문제의 해결과 경제 협력에 관한
협정

마. 문화재 및 문화협력에 관한 협정 끝.

(단, 별첨에는 [illegible] 된후 첨부할것임)

공용서식 1-2 (을) (16절지)

비 준 서

대한민국 대통령 박 정 희는 이 문서를 보는 모든 사람에게 선서한다.

대한민국과 일본국간의 기본 관계에 관한 조약이 1965년 6월 22일 토오쿄오에서 양국의 전권 위원간에 서명되었고, 동 조약의 원문은 다음과 같으며:

(원문의 총 조문을 사진판으로 제작하여 본 비준서에 삽입함.)

대한민국 국회는 1965년 8월 14일 제 52 회 국회 제 12 차 본 회의의 의결로서 전기 조약의 비준에 대하여 동의하였으므로,

나, 대한민국 대통령 박 정 희는 동 조약을 열람 검토하여, 이에 동 조약의 각 조항과 구절을 비준 확인한다.

이상의 증거로서, 나는 이 비준서에 서명하고 이에 대한민국 국쇄를 날인한다.

1965년 월 일 서울에서

대한 민국 대통령

국무 총리

외무부 장관

(TRANSLATION)

INSTRUMENT OF RATIFICATION

CHUNG HEE PARK

PRESIDENT OF THE REPUBLIC OF KOREA

TO ALL WHO SHALL SEE THESE PRESENTS, GREETING:

KNOW YE That, whereas Treaty on Basic Relations between the Republic of Korea and Japan was signed by their respective Plenipotentiaries at Tokyo on June 22, 1965, the original of which Treaty is, word for word, as follows:

(Texts)

AND WHEREAS the National Assembly of the Republic of Korea, by its twelfth plenary meeting resolution of August 14, 1965 in the fifty-second session, did consent to the ratification of the said Treaty;

NOW, THEREFORE, be it known that I, Chung Hee Park, President of the Republic of Korea, having seen and considered the said Treaty, do hereby ratify and confirm the same and every article and clause thereof.

IN TESTIMONY WHEREOF, I have signed the present Instrument of Ratification and caused the Seal of the Republic of Korea to be hereunto affixed.

Done at the city of Seoul on this day of December in the year of one thousand nine hundred and sixty five.

PRESIDENT OF THE REPUBLIC OF KOREA

PRIME MINISTER

MINISTER OF FOREIGN AFFAIRS

유첨: 1의 나 (일본국에 거주하는 대한민국 국민의 법적지위 및 대우에 관한 협정)

비 준 서

대한민국 대통령 박 정 희는 이 문서를 보는 모든 사람에게 선서한다.

대한민국과 일본국간의 일본국에 거주하는 대한민국 국민의 법적 지위와 대우에 관한 협정이 1965년 6월 22일 도오쿄오에서 양국의 전권 위원간에 서명되었고,
동 조약의 원문은 다음과 같으며:

(원문)

대한민국 국회는 1965년 8월 14일 제 52 회 국회 제 12 차 본 회의의 의결로서 전기 조약의 비준에 대하여 동의하였으므로,

나, 대한민국 대통령 박 정 희는 동 조약을 열람 검토하여, 이에 동 조약의 각 조항과 구절을 비준 확인한다.

이상의 증거로서, 나는 이 비준서에 서명하고 이에 대한민국 국새를 날인한다.

1965년 월 일 서울에서

대한 민국 대통령

국무 총리

(TRANSLATION)

INSTRUMENT OF RATIFICATION

CHUNG HEE PARK

PRESIDENT OF THE REPUBLIC OF KOREA

TO ALL WHO SHALL SEE THESE PRESENTS, GREETING:

KNOW YE That, whereas Agreement on the Legal Status and the Treatment of the Nationals of the Republic of Korea residing in Japan between the Republic of Korea and Japan was signed by their respective Plenipotentiaries at Tokyo on June 22, 1965, the original of which Agreement is, word for word, as follows:

(Texts)

AND WHEREAS the National Assembly of the Republic of Korea, by its twelfth plenary meeting resolution of August 14, 1965 in the fifty-second session, did consent to the ratification of the said Agreement;

NOW, THEREFORE, be it known that I, Chung Hee Park, President of the Republic of Korea, having seen and considered the said Agreement, do hereby ratify and confirm the same and every article and clause thereof.

IN TESTIMONY WHEREOF, I have signed the present Instrument of Ratification and caused the Seal of the Republic of Korea to be hereunto affixed.

Done at the city of Seoul on this day of December in the year of one thousand nine hundred and sixty five.

PRESIDENT OF THE REPUBLIC OF KOREA

PRIME MINISTER

MINISTER OF FOREIGN AFFAIRS

유첨: 1의 다 (어업에 관한 협정)

비 준 서

대한민국 대통령 박 정 희는 이 문서를 보는 모든 사람에게 선서한다.

대한민국과 일본국간의 어업에 관한 협정이 1965년 6월 22일 도오꾜오에서 양국의 전권 위원간에 서명되었고,
동 조약의 원문은 다음과 같으며:

(원 문)

대한민국 국회는 1965년 8월 14일 제 52회 국회 제 12차 본 회의의 의결로서 전기 조약의 비준에 대하여 동의하였으므로,

나, 대한민국 대통령 박 정 희는 동 조약을 열람 검토하여, 이에 동 조약의 각 조항과 구절을 비준 확인한다.

이상의 증거로서, 나는 이 비준서에 서명하고 이에 대한민국 국새를 날인한다.

1965년 월 일 서울에서

대한 민국 대통령

국무 총리

외무부 장관

(TRANSLATION)

INSTRUMENT OF RATIFICATION

CHUNG HEE PARK

PRESIDENT OF THE REPUBLIC OF KOREA

TO ALL WHO SHALL SEE THESE PRESENTS, GREETING:

KNOW YE That, whereas Agreement on Fisheries between the Republic of Korea and Japan was signed by their respective Plenipotentiaries at Tokyo on June 22, 1965, the original of which Agreement is, word for word, as follows:

(Texts)

AND WHEREAS the National Assembly of the Republic of Korea, by its twelfth plenary meeting resolution of August 14, 1965 in the fifty-second session, did consent to the ratification of the said Agreement;

NOW, THEREFORE, be it known that I, Chung Hee Park, President of the Republic of Korea, having seen and considered the said Agreement, do hereby ratify and confirm the same and every article and clause thereof.

IN TESTIMONY WHEREOF, I have signed the present Instrument of Ratification and caused the Seal of the Republic of Korea to be hereunto affixed.

Done at the city of Seoul on this day of December in the year of one thousand nine hundred and sixty five.

PRESIDENT OF THE REPUBLIC OF KOREA

PRIME MINISTER

MINISTER OF FOREIGN AFFAIRS

유첨: 1의 마 ([illegible]산 및 청구권에 관한 문제의 해결[illegible] 경제협력에 관한 협정)

비 준 서

대한민국 대통령 박 정 희는 이 문서를 보는 모든 사람에게 선서한다.

대한민국과 일본국간의 재산 및 청구권에 관한 문제의 해결과 경제 협력에 관한 협정이 1965년 6월 22일 토오쿄오에서 양국의 전권 위원간에 서명되었고,

동 조약의 원문은 다음과 같으며:

(원 문)

대한민국 국회는 1965년 8월 14일 제 52회 국회 제 12차 본 회의의 의결로서 전기 조약의 비준에 대하여 동의하였으므로,

나, 대한민국 대통령 박 정 희는 동 조약을 열람 검토하여, 이에 동 조약의 각 조항과 구절을 비준 확인한다.

이상의 증거로서, 나는 이 비준서에 서명하고 이에 대한민국 국새를 날인한다.

1965년 월 일 서울에서

대한 민국 대통령

국무 총리

외무부 장관

(TRANSLATION)

INSTRUMENT OF RATIFICATION

CHUNG HEE PARK

PRESIDENT OF THE REPUBLIC OF KOREA

TO ALL WHO SHALL SEE THESE PRESENTS, GREETING:

KNOW YE That, whereas Agreement on the Settlement of ~~the~~ Problem concerning Property and Claims and on the Economic Cooperation between the Republic of Korea and Japan was signed by their respective Plenipotentiaries at Tokyo on June 22, 1965, the original of which Agreement is, word for word, as follows:

(Texts)

AND WHEREAS the National Assembly of the Republic of Korea, by its twelfth plenary meeting resolution of August 14, 1965 in the fifty-second session, did consent to the ratification of the said Agreement;

NOW, THEREFORE, be it known that I, Chung Hee Park, President of the Republic of Korea, having seen and considered the said Agreement, do hereby ratify and confirm the same and every article and clause thereof.

IN TESTIMONY WHEREOF, I have signed the present Instrument of Ratification and caused the Seal of the Republic of Korea to be hereunto affixed.

Done at the city of Seoul on this day of December in the year of one thousand nine hundred and sixty five.

PRESIDENT OF THE REPUBLIC OF KOREA

PRIME MINISTER

MINISTER OF FOREIGN AFFAIRS

유첨: 1의 마 (문화재 및 문화 협력에 관한 협정)

비 준 서

대한민국 대통령 박 정 희는 이 문서를 보는 모든 사람에게 선서한다.

대한민국과 일본국간의 문화재 및 문화 협력에 관한 협정이 1965년 6월 22일 토오쿄오에서 양국의 전권 위원간에 서명되었고, 동 조약의 원문은 다음과 같으며:

(원 문)

대한민국 국회는 1965년 8월 14일 제 52회 국회 제 12차 본회의의 의결로서 전기 조약의 비준에 대하여 동의하였으므로,

나, 대한민국 대통령 박 정 희는 동 조약을 열람 검토하여, 이에 동 조약의 각 조항과 구절을 비준 확인한다.

이상의 증거로서, 나는 이 비준서에 서명하고 이에 대한민국 국새를 날인한다.

1965년 월 일 서울에서

대한 민국 대통령

국무 총리

외무부 장관

(TRANSLATION)

INSTRUMENT OF RATIFICATION

CHUNG HEE PARK

PRESIDENT OF THE REPUBLIC OF KOREA

TO ALL WHO SHALL SEE THESE PRESENTS, GREETING:

KNOW YE That, whereas Agreement on the Art Objects and the Cultural Cooperation between the Republic of Korea and Japan was signed by their respective Plenipotentiaries at Tokyo on June 22, 1965, the original of which Agreement is, word for word, as follows:

(Texts)

AND WHEREAS the National Assembly of the Republic of Korea, by its twelfth plenary meeting resolution of August 14, 1965 in the fifty-second session, did consent to the ratification of the said Agreement;

NOW, THEREFORE, be it known that I, Chung Hee Park, President of the Republic of Korea, having seen and considered the said Agreement, do hereby ratify and confirm the same and every article and clause thereof.

IN TESTIMONY WHEREOF, I have signed the present Instrument of Ratification and caused the Seal of the Republic of Korea to be hereunto affixed.

Done at the city of Seoul on this   day of December in the year of one thousand nine hundred and sixty five.

PRESIDENT OF THE REPUBLIC OF KOREA

PRIME MINISTER

MINISTER OF FOREIGN AFFAIRS

유첨: 2의 가 (기본관계에 관한 조약)

비 준 서 교 환 의 정 서

하기 서명한 대한민국 외무부 장관 이 동 원과 일본국 외무대신 시이나 에쓰사부로오는 각자의 정부로 부터 정당히 위임을 받아, 1965년 6월 22일 도오꾜오에서 서명된 대한민국과 일본국 간의 기본 관계에 관한 조약의 각자의 정부의 비준서를 교환하기 위하여 회합하였다.

전기 조약의 비준서를 상호 검토하고 그것이 타당하다고 인정한 후 금일 동 비준서를 교환하였다.

이상의 증거로서, 하기 서명자는 본 비준서 교환 의정서에 서명하였다.

1965년 12월 일 서울에서 한국어 및 일본어로 본서 2통을 작성하였다.

대한민국을 위하여 　　　　일본국을 위하여

유첨: 2의 나 (일본국에 거주하는 대한민국 국민의 법적 지위 및 대우에 관한 협정)

비 준 서 교 환 의 정 서

하기 서명한 대한민국 외무부 장관 이 동 원과 일본국 외무대신 시이나 에쓰사부로오는 각자의 정부로 부터 정당히 위임을 받아, 1965년 6월 22일 토오쿄오에서 서명된 대한민국과 일본국 간의 일본국에 거주하는 대한민국 국민의 법적 지위 및 대우에 관한 협정의 각자의 정부의 비준서를 교환하기 위하여 회합하였다.

전기 ~~조약~~ 협정의 비준서를 상호 검토하고 그것이 타당하다고 인정한 후 금일 동 비준서를 교환하였다.

이상의 증거로서, 하기 서명자는 본 비준서 교환 의정서에 서명하였다.

1965년 12월 일 서울에서 한국어 및 일본어로 본서 2통을 작성하였다.

대한민국을 위하여 일본국을 위하여

비 준 서 교 환 의 정 서

하기 서명한 대한민국 외무부 장관 이 동 원과 일본국 외무대신 시이나 에쓰사부로오는 각자의 정부로 부터 정당히 위임을 받아, 1965년 6월 22일 토오쿄오에서 서명된 대한민국과 일본국 간의 어업에 관한 협정의 각자의 정부의 비준서를 교환하기 위하여 회합하였다.

전기 ~~조약~~협정의 비준서를 상호 검토하고 그것이 타당하다고 인정한 후 금일 동 비준서를 교환하였다.

이상의 증거로서, 하기 서명자는 본 비준서 교환 의정서에 서명하였다.

1965년 12월 일 서울에서 한국어 및 일본어로 본서 2통을 작성하였다.

대한민국을 위하여　　　　일본국을 위하여

유첨: 2의 다 (재산 및 청구권에 관한 문제의 해결과 경제협력에 관한 협정)

비 준 서 교 환 의 정 서

하기 서명한 대한민국 외무부 장관 이 동 원과 일본국 외무대신 시이나 에쓰사부로오는 각자의 정부로 부터 정당히 위임을 받아, 1965년 6월 22일 토오쿄오에서 서명된 대한민국과 일본국 간의 재산 및 청구권에 관한 문제의 해결과 경제협력에 관한 협정의 각자의 정부의 비준서를 교환하기 위하여 회합하였다.

전기 협정의 비준서를 상호 검토하고 그것이 타당하다고 인정한 후 금일 동 비준서를 교환하였다.

이상의 증거로서, 하기 서명자는 본 비준서 교환 의정서에 서명하였다.

1965년 12월 일 서울에서 한국어 및 일본어로 본서 2통을 작성하였다.

대한민국을 위하여 | 일본국을 위하여

유첨: 2의 마 (문화재 및 문화협력에 관한 협정)

비 준 서 교 환 의 정 서

하기 서명한 대한민국 외무부 장관 이 동 원과 일본국 외무대신 시이나 에쓰사부로오는 각자의 정부로 부터 정당히 위임을 받아, 1965년 6월 22일 토오쿄오에서 서명된 대한민국과 일본국 간의 문화재 및 문화 협력에 관한 협정의 각자의 정부의 비준서를 교환하기 위하여 회합 하였다.

전기 ~~조약~~협정의 비준서를 상호 검토하고 그것이 타당하다고 인정한 후 금일 동 비준서를 교환하였다.

이상의 증거로서, 하기 서명자는 본 비준서 교환 의정서에 서명하였다.

1965년 12월 일 서울에서 한국어 및 일본어로 본서 2통을 작성하였다.

대한민국을 위하여　　　　일본국을 위하여

7. WJA-1244, 비준서 교환 일자 관련 지시, 1965. 12. 2

한국 외교문서 1567, 한일 간의 기본관계에 관한 조약 [등] 1964-65, 전5권 V.3 비준서 교환

일본 측에 한일 조약 및 제 협정 비준서 교환식 일자를 1965년 12월 21일로 하는 것을 확인하도록 지시하는 문서(전문)다.

대한민국외무부

지급 111 극비

번 호: WJA-12244

일 시: 021835

외 신 과	
접 수	암 호
(서명)	

수신인 주일대사

대: JAW-12001, JAW-12010

대호에 관하여 아래와 같이 지시하니 이를 일측과 확인하고 보고하시기바람.

1. 비준서 교환일자에 관하여는 일본대표단의 19 일 내한, 20 일 예방 및 무역회담 폐회, 21 일 비준서 교환, 22 일 귀국의 일정은 가함.
2. 무역회담 개시일자를 15 일로 확정하는데 이의없음.
3. 대표단 외에 고문단을 파견하는데 이의없음. (외아북)

장관

일반문서로 재분류 (65.12.31)

8. JWA-12074, 비준서 교환 일자 합의 보고, 1965. 12. 3
한국 외교문서 1567, 한일 간의 기본관계에 관한 조약 [등]
1964-65, 전5권 V.3 비준서 교환

일본 측과 한일 조약 및 제 협정 비준서 교환식 일자를 1965년 12월 21일 거행하는 것으로 합의하였음을 보고하는 문서(전문)다.

대한민국 외무부

지급 CONFIDENTIAL

번호: JAW-12074
일시: 031549

수신인: 장관
발신인: 주일대사

대: WJA -12044

1. 본직은 대호지시 제 1 항의 비준서 교환 일정대로 "시모다" 차관과 합의하였음을 보고함. 일본측은 따라서 왕복 일본항공 정기편을 이용하게될것이라함. 본건 비준서 교환일정 발표에 관하여는 별도 일측과 협의되는대로 보고위계임.

2. 무역회담 개시일자는 일측과 합의되는대로 별도 보고위계임. (주일정-외아북)

예고: 일반문서로 재분류. (65. 12. 31)

9. JWA-12341, 일본 측의 비준서 교환 일자 변경 요청 보고, 1965. 12. 13

한국 외교문서 1567, 한일 간의 기본관계에 관한 조약 [등] 1964-65, 전5권 V.3 비준서 교환

일본 측이 국내 정치 일정으로 한일 조약 및 제 협정의 비준서 교환 일자를 변경해 줄 것을 요청했음을 보고하는 문서(전문)다.

대 한 민 국 외 무 부

번 호: JAW-12541

일 시: 131050

종 별

수 신 인: 외무부장관

발 신 인: 주 일 대 사

참조: 국무총리, 청와대 비서실장

일본 정부는 추 계예산의 연내 성립을위한 국회 운영에 관련된 이유로 이미 합의된바 있는 12.21. 비준서 교환 일정을 앞당겨서 12 월 17 일내지 18 일에 행하여야 되겠다고 하며, 금일 하오 외무부장관을 위한 "시이나" 외상 초대 만찬에 "사또" 총리가 직접 참석하여 여사한 일본측 사정을 한국측이 들어주기를 간곡히 요청하였음. 본건에 관하여 긴급 정부방침을 검토해주기 바라며, 장관님에게 보고해주시기 바람.

(주일정- 외아북)

10. JWA-12343, 일본 측의 비준서 교환 일자 변경 요청 수락 건의, 1965. 12. 13

한국 외교문서 1567, 한일 간의 기본관계에 관한 조약 [등] 1964-65, 전5권 V.3 비준서 교환

일본 현지에 출장 중인 이동원 외무부 장관이 대통령 및 국무총리에게 일본 측의 한일 조약 및 제 협정 비준서 교환 일자 변경 요청을 수락할 것을 건의하는 문서(전문)다.

대 한 민 국 외 무 부

TOP URGENT
총 별

번 호: JAW-12343

일 시: 132236

수 신 인: 대통령각하, 국무총리 각하

발 신 인: 외무부장관 이동원

참조: 외무부차관.

1. 이미 보고드린바와같이 금 13일 이상회담에서 시이나외상, 피할수없는 일본국회 사정으로 말미암아 비준서 교환을 12월 21일에 하지않고 이를 앞당겨 20일 이전에 할수없는냐고 본직에게 부탁하여왔읍니다. 본직은 이에대하여 21일에 교환한다는 것은 이미 공식으로 합의된것이고 또한 이를 발표하였으므로 단축한다는것은 불가능하다고 말하였읍니다.

2. 금일 오후 2시 본직이 "사또" 수상을 방문한자리에서 수상은 외상으로부터 보고를 받었으나 당과 국회의 사정이 급변하여 12월 20일에 소집되는 정기국회를 외상과 농상이 비울수없게되었다고말하고 25일 내지 26일까지는 추경예산을 처리하여야할 형편인데 그때 외상과 농상이 없으면 동 예산안을 심의할수없으므로 여사한 일본측 사정을 들어 달라고 부탁하여왔읍니다. 이에 대하여 본직은 계속 난색을 표명하였읍니다.

3. 그간 "사또" 수상은 본직과의 면담후 당수뇌 6자회담을 개최하고 이문제를 협의하였으며 시이나외상은 하오 6:45분에 본직과의 단독회담 (시이나외상의 요청으로

가겠음) 에서 교환일자를 앞당겨 달라고 계속 요청하였으며 이어서 개최된 시이나 외상 주최 만찬에서 "사또" 시이나외상, 사가다 농사, 하시모도 관방장관등이 본건에 관하여 간곡한 부탁을 하면서 한국정부의 특별한 고려를 요망하여왔읍니다.

4. 본직이 대표부를 통하여 파악한 정세로는 이시기에와서 일본정부가 비준서 교환 일자의 단축을 바라는 이유로는 국회운영 대책에 있어서 여야간에 합의를 보지못하고 또한 추경예산문제와 관련하여 일본 내각이 어려운 사정에 놓여있는것으로 보이는바 전술한바와같이 일본정부의 최고지도자들이 그와같은 간곡한 요청을하고있음에 비추어 아국정부로서 이문제에 관하여 너무 지나치게 인색하면 금후 한일관계의 운면에 있어서 영향이 있을것으로 사료됨으로 본직으로서는 아국정부로서 여러가지 어려운 사정이 있겠아오나 일본측의 입장을 봐아줄것을 건의합니다.

현재 일본측은 12월 17일에 대표단이 출발하여 18일에 비준서를 교환하고 19일에 귀국하겠다고하며 이에따라 무역회담을 15일부터 서울에서 개최하자고 말하고 있읍니다.

추기: 상기 문제에관한 자세한것은 본직이 직접 이후락 비서실장과 국제전화로 통화할때 보고드리기로하겠읍니다. (주일정-외아북)

11. WJA-12262, 일본 측의 비준서 교환 일자 변경 요청 수락 통보, 1965. 12. 14

한국 외교문서 1567, 한일 간의 기본관계에 관한 조약 [등] 1964-65, 전5권 V.3 비준서 교환

일본 측의 한일 조약 및 제 협정 비준서 교환 일자 변경 요청(12월 21일에서 18일로 변경)을 수락함을 통보하는 문서(전문)다.

대 한 민 국 외 무 부

번 호: WJA-12262

일 시: 140005

외 신 과	
접 수	암 호

긴급

이동원

수 신 인 외 무 부 장 관

사 본: 주 일 대 사

대 JAW-12337

정부는 비준서교환일자 및 무역회담개최일자 변경에 관한 일본측의 제의를 받어드리기로 결정하였음을 보고합니다.

외무부차관

한일회담 자료총서 22

한일회담 청구권 교섭 핵심 자료집 IV

청구권협정 조문 교섭/조인/비준

초판 1쇄 인쇄 2025년 12월 2일
초판 1쇄 발행 2025년 12월 12일

엮은이 동북아역사재단
해제·번역·감수 조윤수, 유의상
펴낸이 박지향
펴낸곳 동북아역사재단

등록 제312-2004-050호(2004년 10월 18일)
주소 서울시 서대문구 통일로 81 NH농협생명빌딩
전화 02-2012-6065
홈페이지 www.nahf.or.kr
제작·인쇄 역사공간

ISBN 979-11-7161-250-5 94910
979-11-7161-234-5 (세트)